KB083726

나의 한국전쟁

한 중국인민지원군 전쟁포로의 60년 회고

글쓴이

장쩌스 張泽石, 1929~

원적은 쓰촨성 광안현이고 상하이에서 태어났다. 1946년 청화대학에 입학, 1947년 여름 중국 공산당에 가입 후 국공내전 기간 지하 해방투쟁에 투신했다. 1951년 중국인민지원군으로 한국 전쟁에 참전했다가 생포되어 전쟁포로수용소에서 인민지원군 귀국 희망 포로의 총대표와 총 통역을 맡았다. 정전협정 체결 후 귀국하였으나 당적을 박탈당하고 반우파투쟁과 문화대혁명 시기에 극심한 박해를 받았다. 개혁개방 이후 귀국 포로의 복권과 명예 회복을 위한 노력 끝에 1981년 재평가정책으로 당적을 회복하였다. 현재 베이징시 작가협회와 중국작가협회 회원이 며 본서 외에도 많은 한국전쟁 관련 작품이 있다.

옮긴이

손준식 孫準植, Son Jun-sik

타이완 국립정치대학에서 박사학위를 받고 현재 중앙대학교 역사학과 교수로 재직 중이다. 주요 저・역서로는 『대만을 보는 눈』, 『한중관계의 역사화 현실』, 『중서교통사』 등이 있고 타이완 역사에 관한 다수의 논문이 있다.

이사사 李沙沙, Li Sha-sha

중국 산둥성 출신으로 한국 중앙대학교 역사학과에서 학사, 석사를 졸업하고 현재 박사과정에 재학 중이다. 논문으로 「헌신의 대가-한국전쟁 중국군 포로의 귀국 이후의 삶」, 「문화대혁명 시기 『인민일보』 보도를 통해 본 중국 정부의 한국 인식」 등이 있다.

나의 한국전쟁-한 중국인민지원군 전쟁포로의 60년 회고

초판 인쇄 2022년 12월 20일 초판 발행 2022년 12월 25일

지은이 장쩌스 옮긴이 손준식・이사사 펴낸이 박성모 펴낸곳 소명출판 출판등록 제1998-000017호

주소 서울시 서초구 사임당로14길 15 서광빌딩 2층

전화 02-585-7840 팩스 02-585-7848

전자우편 somyungbooks@daum.net 홈페이지 www.somyong.co.kr

값 63,000원 ⓒ 소명출판, 2022

ISBN 979-11-5905-750-2 03910

이 번역서는 2017년 「대한민국 교육부와 한국연구재단의 지원을 받아 수행된 연구임 (NRF-2017S1A6A3A03079318)

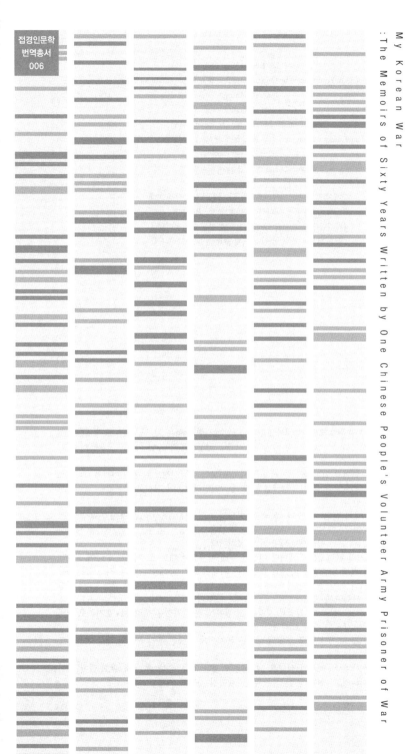

접경인문학
번역총서
006

나의 한국전쟁

한 중국인민지원군 전쟁포로의 60년 회고

My Korean War
: The Memoirs of Sixty Years Written by One Chinese People's Volunteer Army Prisoner of War

장쩌스 지음
손준식·이시찬 옮김

My Korean War:

The Memoirs of Sixty Years written by One Chinese People's Volunteer Army Prisoner of War

by Zeshi Zhang

Copyright ⓒ Zeshi Zhang

Originally published in China by Zeshi Zhang

This Korean edition published 2022 by Somyong Publishing, Seoul

by arrangement with author

through Li Sha-sha, delegator of author

일러두기

1. 이 책은 중국 금성출판사(金城出版社)에서 2010년 12월 출간한(발행은 2011년 7월) 장쩌스[張澤石]의 『나의 조선전쟁(我的朝鮮战争) – 한 중국인민지원군 전쟁포로의 60년 회고(一个志愿军战俘的 六十年回乙)』를 우리말로 옮긴 것이다.

2. 본문에 나오는 '조선전쟁'이란 용어는 책을 제외하고 모두 한국전쟁으로 통일하여 표기하였으나, '항미원조(抗美援朝)'란 용어는 한국전쟁 중 중국인민지원군이 참전한 부분만을 지칭함으로 원문대로 표기했다.

3. 저자는 본문에서 때에 따라 '조선'과 '한국'을 병용하고 있는데, '조선'이란 용어가 특별히 조선민주주의인민공화국·조선인민군·조선노동당과 같은 고유명사 내지는 북한 주민을 지칭하는 것을 제외하고는 모두 한국으로 통일하여 표기했다.

4. 중국 고유명사 표기와 관련해서 신해혁명 이전은 우리 한자 발음대로, 그 이후는 중국어 원음대로 표기하도록 한 현행 맞춤법을 따랐고 표기법은 외래어 표기 용례를 따랐다. 각 고유명사는 처음 나올 때 원서의 한자(간체자)를 함께 적었다. 단 건축물이나 학교·잡지·책·출판사·방송국·정부 기관·사회단체·철도·도로·술·담배·노래 이름 등은 우리 한자음대로 표기했다.

5. 본문에서 중국어로 표기한 서양 인명과 지명은 그 발음에 가장 가까운 우리말로 표기하고 원명을 확인할 수 있는 것은 첨자로 표기했다.

6. 본문에서 중국식으로 표기한 각국 군대의 계급은 독자에게 익숙한 우리 군대의 계급 이름으로 바꿔 표기했다.

7. 독자의 이해를 돕기 위한 역자의 설명은 그 내용이 짧은 경우 본문 중 첨자 괄호 안에 넣어 '-역자'라고 표기하였고, 설명이 긴 경우 같은 페이지 하단에 각주로 처리했다.

총서 발간사

중앙대·한국외대 HK+ 접경인문학연구단은 2017년 한국연구재단의 인문한국사업HK+에 선정되어 1단계 사업을 3년에 걸쳐 수행한 후, 2020년부터 2단계 사업을 시작했습니다. 접경 인문학에서 접경은 타국과 맞닿은 국경이나 변경만을 의미하지 않습니다. 같은 공간 안에서도 인종, 언어, 성, 종교, 이념, 계급 등 다양한 내부 요인에 의해 대립과 갈등이 발생하기 때문입니다. 연구단이 지향하는 접경 인문학 연구는 경계선만이 아니라 이 모두를 아우르는 공간을 대상으로 진행됩니다. 다양한 요인들이 접촉 충돌하는 접경 공간Contact Zone 속에서 개인과 집단이 이를 어떻게 인식하고 변화시키려 했는지를 추적하고 분석하는 것이 접경 인문학의 목표입니다.

연구단은 2단계의 핵심 과제로 접경 인문학 연구의 심화와 확장, 이론으로서의 접경 인문학 정립, 융합 학문의 창출을 선택하였습니다. 1단계 연구에서 우리는 다양한 접경을 발견하고 그곳의 역사와 문화를 '조우와 충돌', '잡거와 혼종', '융합과 공존'의 관점에서 규명하였습니다. 이 성과를 바탕으로 삼아 2단계에서는 접경 인문학을 화해와 공존을 위한 학술적이면서 동시에 실천적인 방법론으로 제시하고자 합니다. 연구단은 이 성과물들을 연구 총서와 번역 총서 및 자료 총서로 간행하여 학계에 참고 자원으로 제공하고 문고 총서의 발간으로 사회적 확산에 이바지하고자 합니다.

유례없는 팬데믹을 맞아 세상은 잠시 멈춘 듯합니다. 이 멈춤의 시간 속에서도 각종 국가주의와 민족주의가 횡행하며, 국가와 민족 사이의 충돌은 더욱더 첨예해지고 있습니다. 접경은 국가주의의 허구성, 국가나 민족 단위의 제한성, 그리고 이분법적 사고의 한계성을 여실히 드러내는 대안적인 공간이자 역동적인 생각의 틀이라 생각합니다. 우리 연구단은 유라시아의 접경에서 일어나는 다양한 조우들이 연대와 화해의 역사 문화를 선취하는 여정을 끝까지 기록하고 기억할 수 있기를 희망합니다.

중앙대·한국외대 HK+ 접경인문학연구단 단장

손준식

영혼을 뒤흔드는 한 권의 책

구상·顾骧[1]

나는 장쩌스[张泽石]가 쓴 『전쟁포로 수기[战俘手记]』青海人民出版社 출판를 아주 몰입하여 다 읽었다. 이 책은 내 영혼을 크게 뒤흔들어 놓았다. 예전에 그의 글을 단편적으로 읽은 적은 있었지만, 이번에는 완전히 통독하였다. 이 책을 읽는 동안 나는 고통스러운 감정을 참기 어려워 여러 번 책장을 덮을 뻔도 했지만, 한편 끝까지 읽지 않을 수 없게 하는 강한 흡인력이 있었다.

이 책의 가치는 문학적인 면에서만 아니라, 중대한 사상과 인식을 담고 있다는 점에서 더욱더 크다. 그것은 현대 혁명사에 나타난 커다란 비극이자 보기 드문 비극으로, 개인적인 운명의 비극일 뿐만 아니라 하나의 민족적인 비극이다.

그것은 허구의 소설이 아니라 있었던 사실 그대로의 아주 진실한 역사이지만, 수많은 우수한 비극 문학에 비해 조금도 손색이 없는 비극 미학의 특징을 지니고 있다. 그것은 사람의 폐부를 찌르고 마음을 아프게 하여 눈물 흘리게 만들며 영혼을 뒤흔드는 숭고한 비극적 힘을 지니고 있는데, 그것이 실재이기에 더욱 사람을 감동하게 만든다.

그것은 또한 우리를 심사숙고하게끔 하는 풍부한 역사 문화적 함의를

---

1   구상(顾骧, 1930~2015) : 본명은 구바오샹[顾宝骧]이고 중국의 유명한 문학평론가이다. 장쑤성[江苏省] 출신으로 1944년부터 공산혁명에 참가하였고 1953년 중국공산당에 가입하였으며 중국작가협회 부주임(副主任)을 역임했다.

지니고 있다.

이 책의 비극적인 힘은 독자의 무한한 슬픔을 자아내게 하는데, 특히 '하권下卷'에 나오는 주인공들의 운명과 미美적 괴멸은 더욱 깊은 생각을 하게 만든다. 본래 영웅이던 사람이 어느 날 갑자기 '죄인'이 된다고 생각해 보라! 주인공 본인을 포함한 모두가 죄책감을 느낀다는 것이 그 얼마나 놀라운 일인가! 솔직히 말해 전쟁포로 문제에 대한 과학적인 현대 관념은 나 자신도 최근 몇 년 사이에 비로소 갖게 되었으니, 이 문제에 관한 우리 민족의 역사적 문화적 평가 또한 그 얼마나 가혹했던가!

인류가 출현한 이래 전쟁은 늘 있었다. 채집자와 수렵자 간의 쟁탈은 원시적 전쟁이었으나, 전쟁이 있으면 전쟁포로도 있었다. 전쟁포로를 대우하는 것과 그 관념은 인류문화의 발전에 따라 변화하였다. 서양에서는 「전쟁포로 대우에 관한 제네바 협약」이 있을 뿐 아니라, 관념상으로도 전쟁포로를 전쟁 중 피할 수 없고 이해할 수 있는 일상적이고 합리적인 현상이라고 간주하고 있다. 내 생각에 이것은 '문예부흥' 이래 인도주의 사조가 스며든 것과 밀접한 관계가 있다. 우리나라에서는 혁명 대오 중 '강물에 투신한 여덟 여전사八女投江',[2] '랑야산 다섯 열사狼牙山五壮士'[3]의 장거壯舉가 있을

---

2 팔녀투강(八女投江): 일본 제국주의의 괴뢰정권 만주국 군대에 저항하다 목숨을 바친 8명의 중국 동북항일련군(东北抗日联军) 제5군 여성 장교와 사병, 즉 부녀단 지도원 렁윈[冷云], 반장 후시우즈[胡秀芝]·양구이전[杨贵珍], 사병 궈구이친[郭桂琴]·황구이칭[黃桂淸]·왕후이민[王惠民]·리펑산[李凤善]과 피복공장 공장장 안순푸[安順福]을 일컫는다. 1938년 10월 제5군 일부가 무단장[牡丹江]지구 우스훈허[乌斯浑河] 나루터에서 만주국 군대와 마주쳤는데, 이미 강가에 도착해 있던 이들 여전사는 부대의 포위 돌파를 엄호하기 위해 만주국 군대의 화력을 자신에게로 집중시킴으로써 부대가 적의 공격을 벗어나게 하였다. 하지만 탄약이 떨어진 상황에서 그들은 투항을 거부하고 서로 팔장을 낀 채 강물로 걸어 들어가 장렬하게 순국했다.

3 낭아산오장사(狼牙山五壮士): 중일전쟁 시기 일본군의 포위 공격을 받은 팔로군 주력부대와 군중의 철수를 엄호하기 위해 허베이성[河北省] 이현[易县]의 랑야산에서 끝까

뿐 아니라, 국민당 군대에도 "성공하지 못하면, 목숨을 바치리라不成功, 便成仁"라는 훈시가 있지 않은가? 본래 이것은 우리 민족의 문화 전통인 '살신성인殺身成仁'의 정신이다. 나는 혁명전쟁 중에 총알이 다하고 식량이 떨어져 목숨을 버리고 절개를 지킨 열사들을 감히 비난할 수 없다. 그들은 의심할 바 없이 천고千古의 모범이며 만세万世의 사표이다. 하지만 한국전쟁 중에 포로가 된 전쟁포로들도 적들과 매우 감동적인 투쟁을 벌여 승리하고 돌아왔으니, 두말할 것 없이 그들도 사람들의 존경을 받아야 하는 큰 공신이요 영웅이어야 마땅한데 …… 이는 우리의 역사적 문화적 관념 차원에서 비극의 발생 원인을 생각해 볼 필요가 있는 것이지, 단순히 몇몇 사람의 잘못으로 돌릴 수는 없을 것이다.

그리고 '전쟁포로'들의 귀국 후 운명이 우리나라 건국 후 장기간 존재했던 '좌경' 사조와 분명 긴밀히 연관되어있다는 점도 생각해야 할 것이다. 1980년대 말까지 거의 한 세기 동안 계속되었던 국제공산주의운동의 '좌경' 사조가 우리에게 얼마나 많은 재난을 가져왔던가! '전쟁포로' 문제도 그중의 하나이니, 이 또한 깊이 생각해 볼 가치가 있지 않겠는가?

나와 장쩌스 동지는 동년배로 아마도 운명인 듯, 나는 1949년 도강전역渡江战役[4] 후 오래지 않아 지방으로 자리를 옮겨 신문사에서 일했는데, 내가 만약 계속 군대에 남아있었고 또 한국으로 떠났다면 어떻게 되었을까? 내가

지 저항하다 절벽에서 뛰어내려 자살을 기도한 펑바오위[冯宝玉]·후더린[胡德林]·후푸차이[胡福才]·거쩐린[葛振林]·숭쉐이[宋学义] 등 5명의 병사로, 그중 3명은 사망하고 거쩐린과 숭쉐이는 나뭇가지에 걸려 중상을 입고 구조되었다.

4   도강전역(渡江战役): 국공내전 중인 1949년 4월 말부터 6월 초까지 중국인민해방군이 중국국민당 정부의 정치 경제적 중심 지역을 점령하기 위하여 양쯔강 중·하류를 건너 대규모 전략적 공격을 한 전투로 4월 24일에는 수도 난징[南京], 5월 27일에는 중국 최대 도시인 상하이[上海]를 점령하였다.

생각하고 느끼는 바가 남들보다 더 많은 것이 어쩌면 당연하지 않겠는가!

이것은 한 권의 보통 책이 아니다.

이처럼 커다란 역사적으로 억울한 사건을 위로부터 정부 차원에서 그 누명을 벗겨주지 못하고 장쩌스 동지를 대표로 하는 피해자들 스스로 매우 강인한 노력으로 투쟁하여 명예 회복을 이루어내었으니, 『전쟁포로 수기』는 이 억울한 사건의 누명을 벗겨준 산물이며 이 비극의 문화적 결정結晶이다.

이것은 세계의 문화 인사들이 모두 관심을 가질 수 있는 책이다.

이것은 문화인류학에서 연구해야만 하는 책이다.

이것은 거대한 비극적 역량을 지닌 훌륭한 애국주의 교재이다.

저자설명 : 이 글은 저명한 문예평론가인 구샹이 북경작가협회에서 개최한 '『전쟁포로 수기』 좌담회' 석상에서 서면 발표한 것으로 나중에 1995년 4월 10일 자 『북경일보北京日报』 부간副刊에 게재되었다. 『전쟁포로 수기』는 1995년 1월 본서 초판 때의 책 제목이다.

영원히 잊을 수 없는 한국전쟁
―한 중국인민지원군 전쟁포로의 60년 후 회고

한국전쟁이 발발한 지 꼭 60년이 지났다. 한반도에 피어올랐던 짙은 화약 연기는 일찍이 다 흩어졌으나, 그 당시 전장에서의 격렬했던 전투, 특히 태평양 고도孤島 위의 전쟁포로수용소에 우리가 감금되었던 1천여 나날들은 지금까지도 여전히 나의 몽혼夢魂 속에서 맴돌고 있다.

한국전쟁은 잊어버릴 수 없을 뿐 아니라 그 전쟁이 그렇게나 많은 의문점을 갖고 있기에 나를 줄곧 곤혹스럽게 한다. 전쟁을 일으킨 진정한 원흉이 누구인가? 우리가 치렀던 커다란 희생과 우리가 받았던 엄청난 고통은 도대체 누구를 위한 것인가? 전쟁포로수용소에서 벌어진 중국인간의 그 잔혹하고 피비린내 나는 투쟁은 왜 발생했는가? 왜 전쟁이란 환경 속에서 특히 전쟁포로수용소 안에서 인간성과 야만성의 갈림이 극단으로 치달을 수 있었는가? 인격의 존엄과 심령의 순결을 반드시 지켜야 하는 결정적인 순간에 왜 사랑이 원한보다, 지식이 맹종보다 백배의 역량을 더 갖게 되는가? 그리고 우리 지원군 포로들이 귀국 후 무슨 이유로 그렇게나 큰 차별과 많은 고난을 받아야만 했던가? 만약 또다시 비슷한 전쟁이 일어난다면 나와 나의 후손들은 마땅히 국가를 위해 몸을 바칠 수 있을 것인지? ……

나는 일찍이 여러모로 이들 의문에 대한 답을 찾고자 했다.

내가 한국에 들어가 전투 중 다쳐 포로가 된 뒤 죽기 살기로 귀국하였으나, 심사 결과 처벌을 받고 끊임없이 비판받으며 문화대혁명의 대재난浩劫 시기에 이르기까지 30년 동안 나는 이들 의문에 대한 정확한 답을 찾지 못했고 찾을 수도 없었다.

나는 운 좋게 문화대혁명이 끝나기를 기다릴 수 있었다. 오류를 바로 잡아 억울함을 풀고 군적과 당적을 회복하였을 뿐 아니라 다행히 개혁개방 후 지금까지 30년의 세월을 살아서 누릴 수 있었다. 그리하여 나는 국내외에서 출판된 많은 한국전쟁 관련 역사서와 일부 중요한 인물의 한국전쟁 회고록을 읽을 수 있었다. 또한 미국 1번, 한국 2번, 타이완台灣을 3번 방문하여 관련 사실과 사료를 수집하고 내가 몸소 전장과 전쟁포로수용소에서 겪은 경험 및 귀국 후의 불행한 처지를 결합하여 새롭게 한국전쟁을 자세히 살펴봄으로써 마침내 약간의 믿을만한 답을 얻을 수 있었다. 나는 세상을 떠날 때, 이 책을 썼다는 기쁨으로 편히 눈을 감길 희망한다.

나의 가장 큰 아쉬움은 생사와 환난을 함께 했던 수많은 전우와 동료들이 나와 같은 행운을 누릴 수 없었다는 점이다. 그들 중 어떤 이는 전장에서 장렬히 산화했고, 어떤 이는 전쟁포로수용소에서의 투쟁 중 용감히 희생했으며, 더 많은 이들은 귀국 후 고난의 세월 속에 너무나 일찍 세상을 떠났다. 그 외 적지 않은 동료들은 그 당시 협박을 당해 타이완으로 가서 타향에서 죽음을 맞이했다. 그들 모두 엄청난 번뇌를 지낸 채 떠나지 않았던가!

항미원조抗美援朝[1] 60주년을 맞이하여 나는 이 책을 먼저 간 전우와 동료

1　항미원조(抗美援朝) : "미국에 대항해 조선을 돕다"라는 말로 중국(대륙)에서 '조선전쟁'이라 부르는 한국전쟁 중 중국인민지원군이 참전한 시기를 '항미원조전쟁'이라고 구분해

들에게 삼가 바치고자 한다.

장쩌스

2011년 3월

부르고 있다. 한국전쟁을 부르는 명칭은 국가나 지역에 따라 다른데, 우리나라에서는 한국전쟁 혹은 6·25전쟁(사변)이라 하는 데 반해, 북한에서는 '조국 해방전쟁', 홍콩·타이완·싱가포르 등지에서는 '한국전쟁(韓战)', 미국에서는 '한국 충돌(Korean Conflict)' 혹은 '한국전쟁(Korean War)'으로 부른다. 한국전쟁이 제2차 세계대전과 베트남전쟁 사이에 발생하여 중시되지 못하였기 때문에 구미 국가에서는 종종 '잊혀진 전쟁(The Forgotten War)'이라 부르기도 한다.

차례

상권

연옥의 불 煉獄之火

성스러운 영혼들이여, 불길에 물리지 않고는 더 이상 나아가지 못하니,

불속으로 들어가 저기 노랫소리를 귀담아들어라.

저쪽에서 들려오는 노랫소리가 우리를 인도하였고, 우리는 거기에만

관심을 기울이며 위로 오르는 곳으로 나왔다.

Venite, benedicti Patris mei

(라틴어, 대략적인 뜻은 "내 아버지께 복을 받은 이들아, 와서, 세상 창조 때부터

너희를 위하여 준비된 나라를 차지하여라")

텐더왕(田德望) 역, 단테(Dante Alighieri) 『신곡(神曲), 연옥편(炼狱篇)』 제27장

제1장

천 리 길을 야간행군하여 급히 38선으로 향하다

1951년 3월 하순 ~ 1951년 4월 상순, 북조선

1. 압록강 대교를 건너다

60년 전 나는 스무 살을 막 넘긴 학도병으로 갓 태어난 송아지처럼 온몸에 혈기가 넘쳐 전쟁에 대해 무척 낭만적인 관점을 갖고 있었다. 입대 후 비록 청두成都 해방 전역과 찬시川西 (쓰촨성 서부지역-역자) 비적 토벌 전투에도 참여했으나, 그것은 마치 바람이 낙엽을 쓸어버리는 듯한 마무리 작전에 불과했다. 게다가 문예병文艺兵이던 나는 한 번도 직접 전투에 투입되지 않았다. 이로 인해 전쟁에 대한 나의 인식은 앞으로의 고난과 잔혹함을 겪을 어떠한 마음의 준비도 되어 있지 않았다.

내가 소속된 60군 180사단 538연대는 1951년 3월 21일 한국으로 들어가 전투에 투입되었다. 출발 전 상부에서는 나를 연대 선전대宣传队에서 연대 정치처政治处로 전속시켜 선전교육 수습 간사의 임무를 맡기고 『전투쾌보战斗快报』의 편집과 인쇄를 책임지게 하였다. 이와 함께 선전대의 한 그

룹을 나의 지휘하에 두어 『전투쾌보』의 취재·편집·인쇄·발송 임무를 돕도록 하였다. 나는 영광과 긍지에 넘쳐 하루바삐 항미원조 전투에 투입되길 갈망하였다.

하지만 그렇게 무거운 짐을 메야만 할 줄은 전혀 생각지도 못했다. 배낭 안에는 군용 면 이불 1장, 군용 코트 1벌, 군용 내의 1세트, 군용 우의 1벌, 군화 1켤레, 군용 삽 1자루, 수류탄 2발 외에 밥을 담거나 세수 또는 발 씻는데 쓰는 알루미늄 대야 1개 및 나의 '전용 무기'인 『전투쾌보』 인쇄에 필요한 등사판·철필鐵筆·등사지 등이 들어있었고, 식량 주머니에는 볶음가루 10근, 압축 건량干糧 몇 근, 쇠고기 육포 1봉지가, 군용 잡낭雜囊에는 수건·면도칼·칫솔·치약·비누, 실과 바늘, 공기와 젓가락, 휴지, 담배와 성냥, 수첩 및 『투항 권유용 영어 핸드북英語战地喊话手册』과 『조선어 일상 회화 핸드북朝语日常会话手册』 등이 들어가 있었으며 물이 가득 담긴 군용 수통도 차야 했다. 내가 한쪽 어깨에 수통, 다른 어깨에 군용 잡낭을 건 다음 있는 힘을 다해 배낭을 메려 했지만 여의치 않자, 곁에 있던 전우가 뒤에서 들어주어 겨우 멜 수 있었다. 그러나 집합해 출발할 때 병사들 어깨에 소총 1자루가 더해지는 것을 보고는 내가 배려받은 편에 속한다고 느꼈다.

나는 아직도 그날 안둥安东(지금의 단둥시丹东市)에서 압록강 대교를 건널 때의 장면을 선명하게 기억하고 있다. 우리 대오는 씩씩하고 기세등등하게 다리 위를 걸으면서 수시로 뒤돌아보며 우리를 환송하러 나온 사람들에게 손을 흔들어 작별 인사를 하였다. 다리를 거의 다 건넜을 때, 우리 선전대 대원들은 몸을 돌려 함께 큰 소리로 "안녕히 계세요, 조국의 여러분! 우리의 승리 소식을 기다리세요!"라고 외쳤다. 나는 몸을 돌려 석양에 반사되어 금빛 찬란하게 빛나는 압록강 물결을 바라보며 마음속으로 '너는 걱정하지 말고 그대로 바다로 흘러가거라. 우리는 결코 적의 군홧발이 너를 넘어 조국의 신성한 땅을 짓밟는 것을 허락하지 않으리라!'라고 생각했다.

2. 내가 정말로 38선까지 걸어갈 수 있을까?

상부의 명령에 따라 우리는 급히 서둘러 15일 내 반드시 38선에 도착해야 했으니, 그러기 위해선 평균 매일 100리(중국에서 습관적으로 사용되는 시제市制. 1리는 0.5km로 100리면 50km에 해당함-역자)를 걸어야 했다. 게다가 당시 아군이 제공권을 장악하지 못했기 때문에 우리는 밤에만 행군해야 했다. 지금 돌이켜 생각하면 1,500리나 되는 강행군을 어떻게 버텨냈는지 정말 상상하기조차 어렵다. 한국전쟁에서 우리가 겪어야 했던 첫 번째 시련이 그 얼마나 가혹했던지!

북조선은 산이 많아서 우리는 어둠 속을 더듬으며 산을 오르내렸다. 간혹 넓은 평지를 지나기도 했지만, 그때마다 항상 적군의 조명탄이 공중으로 발사되고 곧바로 적기의 폭격과 기총 소사가 있었다. 한편 우리가 산골짜기의 비교적 평탄한 길을 따라 걸어갈 때마다, 적군은 양쪽 산등성이에서 네이팜napalm탄으로 점화한 두 줄기 불기둥으로 조명탄을 대신함으로써 그들의 F-80 제트 전투기[1]가 우리를 향해 돌아가며 무차별 폭격을 가할 수

1　F-80 제트 전투기 : 미군 최초의 실용 제트 전투기로 한국전쟁에서 지상 공격용으로 가장 광범위하게 활약한 1인승 전투폭격기이다. 유성처럼 빠르다는 의미로 슈팅 스타(Shooting Star)라는 별명을 부여받았는데, 양 날개 끝단에 연료탱크를 장착한 모습이 마치 멜대에 기름을 매달고 있는 것처럼 보여 중공군들이 '유도자(油挑子)'라는 별명을 붙이기도 했다.

있었다. 그 결과 아군은 적지 않은 사상자가 발생했을 뿐 아니라 행군에도 방해받았다. 우리는 수시로 흩어져 엎드리거나 구보로 급히 피할 수밖에 없었다. 정상적인 행군할 수 있을 때는 등에 멘 100근에 가까운 배낭 무게로 양어깨가 점점 더 찢어지는 듯한 통증을 다시 느꼈고, 양어깨가 눌려 마비된 후에는 눈꺼풀이 점점 더 무거워졌다. 가까스로 기다리던 "제자리에서 휴식!"이란 소리를 들어도 배낭을 맨 채 어둠 속 길가에서 돌을 찾아 몸을 기댈 수밖에 없었다. 담배 한 대 피우며 피로를 풀고 싶은 생각 굴뚝같았지만, 목표물로 노출되지 않기 위해 야간 행군 시 흡연을 엄히 금하였고, 나는 혹시 잠이 들어 낙오할까 더욱 두려웠다. 힘들게 겨우 마을이 있는 숙영지에 도착하더라도 집에 들어가 쉴 수도 없었다. 더군다나 그때는 이미 폭격에 훼손되지 않은 집을 찾기도 어려웠으니, 우리는 먼저 포탄을 피할 구덩이를 판 후에 비로소 배낭을 풀고 누울 수가 있었다. 만약 비가 오면 야간 행군은 더욱 힘들어져 하룻밤에 몇 번이나 넘어졌는지 모를 정도였으니!

나는 한 번도 이처럼 무시무시한 위험과 고생을 겪어본 적이 없었다. 이 모든 것들이 한국전쟁 참전을 내가 더 이상 단순히 영광스러운 일로 여기지 못하게 하였고 또 이국적인 풍경을 감상할 마음도 없게 하였으며, 심지어 "내가 정말로 38선까지 걸어갈 수 있을까?"라고 스스로 묻게 했다.

다만 행군하는 동안 내내 미군의 포화로 폐허가 된 도시와 시골 마을을 보고 가족을 잃은 한국의 부녀자와 아이들의 슬픈 울음소리를 끊임없이 들으면서, 마음속에서 적에 대한 분노와 조국에 대한 책임감이 갈수록 강렬하게 일어나 비로소 나 자신의 나약함을 점차 극복하게 되었다. 그 후 나는 이를 악물고 자신에게 "폭탄에 맞아 죽지 않고 지쳐 쓰러지지 않는 한 기어서라도 38선까지 가서 전투에 참여해 놈들을 없애리라!"라고 다짐했다.

3. 너무 놀라 바지에 오줌을 싸다!

하루는 이른 새벽 큰비를 맞으며 주둔지에 도착해 각자 흩어져 숙영하게 되었다. 하지만 아무리 해도 비 피할 곳을 찾지 못하고 파놓은 엄폐호 안에 금방 물이 가득 차서, 나는 할 수 없이 몸을 나무줄기에 묶어 놓고 우비를 입은 채 서서 잠을 청하였다. 막 잠이 들려는 순간 갑자기 근처에서 호접탄蝴蝶弹(적기가 떨어뜨린 일종의 시한폭탄) 터지는 소리가 나면서 머리 위에 있던 팔뚝만 한 굵은 나뭇가지가 부러졌다. 나는 눈앞에 으스러진 커다란 나뭇가지를 보면서 심장이 벌렁벌렁 뛰면서 갑자기 아랫도리가 축축해지는 걸 느꼈다.

난 무슨 일이 벌어졌는지 알고는 창피해서 '이번에야말로 '놀라서 방귀 뀌고 오줌 싸는 기분'이 뭔지 제대로 알게 되었구먼!'이라고 속으로 생각했다.

그러나 나는 퍼붓는 빗속에서 옷을 벗고 내의를 갈아입을 수가 없어 괴로웠지만, 비가 그칠 때까지 참을 수밖에 없었다. 다행히 내가 너무 피곤해 정신없이 반나절을 자고 정오에 깨어보니 비가 그쳤다. 나는 묶었던 줄을 풀고 숲속 깊은 곳으로 달려가 바지를 갈아입었다. 볶음 가루를 먹고 나서 중대로 가서 『전투쾌보』 편집을 위해 행군 도중에 있었던 모범 사례를 탐문 수집하였다. 나는 한 병영의 문화 간사로부터 몇 편의 원고를 받았는데, 그중에 한 어린 병사가 행군 중에 나이 든 취사반장의 짐을 대신 짊어진 일을 칭찬한 아주 뛰어난 시가 있었다.

내가 기쁜 마음으로 도로를 따라 연대본부 주둔지로 돌아오고 있을 때, 미군 전투기 1대가 앞쪽 산봉우리 사이에서 날아오는 것이 아닌가! 도로 위에는 나 혼자뿐이어서 긴장해 도롯가의 흙구덩이 안으로 뛰어들었다.

하지만 그 구덩이가 너무 얕아서 머리를 붙잡고 최대한 몸을 웅크렸다. 전투기가 귀를 찌르는 듯한 굉음을 내고 지나가는 소리를 듣고 나서 일어나 다시 길을 나섰다. 내가 화가 나 몸을 돌려 그 전투기를 바라보는 순간, 전투기가 기수를 돌려 다시 돌아오고 있는 것이 마치 나를 발견한 조종사 놈이 나를 없애버릴 작정인 것처럼 보였다. 정말로 전투기는 나를 향해 급강하해왔고 기관총탄이 땅바닥에 엎드린 나의 곁을 아슬아슬하게 스쳐 지나가며 흙먼지가 연달아 튀어 올랐다.

나는 '안 돼, 여기 엎어져 저 녀석의 과녁이 될 순 없어!'라는 생각에 벌떡 일어나 멀지 않은 곳에 있는 무덤 쪽으로 뛰어갔다. 미군 전투기가 다시 기수를 돌려 아주 낮게 나를 향해 날아왔으나 다행히 무덤이 나를 엄폐해준 덕분에 무덤 위에 있던 비석만 총탄에 의해 모두 박살이 나버렸다. 내가 몸을 뒤집고 그 나쁜 자식이 떠나는 걸 쳐다보는데, 전투기가 멀리서 다시 돌아오고 있는 것이 아닌가. 어느 정도 차분해진 나는 무덤의 다른 쪽으로 몸을 피하며 머리를 들어 눈을 부릅뜨고 조종사 놈을 주시하였다. 전투기가 급강하했을 때, 난 징그러운 미소를 짓고 있는 조종사의 긴 얼굴을 뚜렷하게 보았다. 전투기 날개 아래의 붉은 등이 켜지는 바로 그 순간 나는 침착하게 사격 사각지대로 몸을 숨겼고 마침내 전투기의 모습도 멀리 사라졌다.

이번 대결을 통해 나는 미군 전투기의 폭격과 기총 소사에 대해 훨씬 침착하게 대응할 수 있게 되었다.

4. 네이팜탄에 불타 녹아버린 전우

그러나 우리의 한 전우는 미 공군에 의해 더욱 잔혹하게 살해당하고 말았다.

우리 부대가 조선에 들어온 지 7일째 되던 날 비도 그치고 밝은 달이 휘영청 비추던 저녁, 이틀 동안의 큰비와 산길로 인해 지체된 행군 일정을 보충하기 위해 여러 부대가 동시에 골짜기 사이로 난 도로 위를 급히 행진하고 있었다. 좁은 길에는 군수품을 실은 노새와 대포를 견인하는 차량도 함께 뒤섞여 매우 시끌벅적했다. 마침 내가 견인차에 타고 있던 전우에게 "내려와 좀 움직여, 내가 대신 올라갈 테니!"라며 농담하고 있을 때, 산꼭대기 방공초소의 경보 총성이 울리고 남쪽에서 폭격기의 무거운 굉음이 들려왔다. 곧이어 소이탄이 쏟아져 양쪽 산봉우리 위에서 두 줄기 불기둥이 빠르게 타오르며 골짜기 사이의 도로를 밝게 비추었다.

적기 편대가 몰려오자 우리 부대원 대부분은 숲속과 강가로 피신했지만, 위장그물을 덮은 대포차와 노새들은 산비탈 옆 도로 어두운 곳에 세워져 있었다. 나는 도로에서 멀지 않은 숲속에 숨어 경계를 늦추지 않고 갈수록 가까이 다가오는 적기들을 주시하고 있었는데, 공중에서 낙하산에 매달린 조명탄이 잇달아 터지면서 대포차와 노새들의 모습이 확연하게 드러났다. 첫 번째 적기가 대포차를 향해 기총 소사를 가하자 총탄을 맞은 대포차가 맹렬하게 앞으로 달려 나갔다. 두 번째 적기가 급강하하면서 쏜 것은 기관총탄도 로켓포도 아닌 분홍색 섬광의 화염으로 구불구불 공중에서 흘러내리며 노새들을 향해 날아가 폭포처럼 쏟아지자, 즉시 온몸에 큰 불이 붙었고 커다란 불덩어리로 변한 노새들은 미친 듯이 강가로 달려갔다. 그 밑에 몸을 숨기고 있던 치중 중대 병사는 노새 발에 차여 땅바닥에 내동댕이쳐지면서 몸에 불이 붙자 땅바닥에 몸을 뒹굴며 옷에 붙은 불을 끄고자 했다. 하지만 땅 위에 뿌려진 것이 공기를 만나면 자연 발화하는 백린白燐이 용해된 네이팜 첨가액임을 누가 알았겠는가! 뒹굴면 뒹굴수록 불은 더욱 커져만 갔다. 병사는 미친 듯 소리치며 선 채로 군복을 찢으려 했으나, 불길이 그의 얼굴과 머리 위에까지 번지고 말았다. 몇몇 전우들이 그의 곁으로 달려갔으나 주변의 활활 타오르는 화염에 막혀 가까이 갈 수도 그를 구할 수도 없었다. 모두 그가 쓰러져 불 속에서 경련을 일으키며 오그라드는 것을 지켜볼 수밖에 없었다. 큰불이 꺼진 후 땅 위에는 원숭이처럼 구부러진 검은색 해골만 남아 그가 얼마 전까지 생생하게 살아서 나와 생사를 함께 했던 전우였다곤 전혀 상상할 수가 없었다.

5. 이상한 냄새와 맛이 나는 물을 마시다

적기의 공습을 피해 우리는 조선에 들어온 이래 행군 중에는 물론 숙영하면서도 더운밥을 먹지 못했고 끓인 물을 마시지 못했다. 산중의 샘물을 마시거나 이를 부어 볶음 가루를 비벼 먹을 수만 있으면 충분히 만족했다. 네이팜탄에 전우가 불타 죽은 참극을 직접 목격한 다음 날 저녁, 부대는 침묵 속에 산 사이로 난 작은 길을 밤새 급히 행군하였다. "제자리에서 휴식!" 명령이 전해졌을 때 나는 마침 계곡 물가에 멈추었다. 달빛에 비친 조선의 풍경은 몽롱한 아름다움을 띠고 있었고 숲속 깊은 곳에서는 들려오는 산새들의 지저귐 소리는 마치 전쟁이 일어나지 않은 듯했다.

곁에 있는 선전대 전우들을 보니 모두 짬을 내어 계곡물을 부어 볶음 가루를 비벼 먹고 있었다. 나도 급히 반 그릇의 볶음 가루를 비벼 먹고 나서 물 반 그릇을 마셨다. 마지막 한 모금을 삼키는 순간, 나는 물맛이 이상하다는 걸 확실히 알게 되었다. 내가 전우들에게 물에서 이상한 맛이 나지 않느냐고 묻자 다들 고개를 끄떡이면서도 무슨 맛인지는 말하지 못했다.

우리는 계곡을 따라 위쪽으로 거슬러 올라가다 굽이진 곳을 돌았을 때, 앞서가던 어린 선전대원이 갑자기 비명을 지르며 "빨리 와보세요, 저기 물웅덩이 안에 있는 게 사람 아니에요?"라고 하였다. 우리는 정말로 웅덩이 안에 사람처럼 생긴 것이 엎드려 있는 것을 보고 가까이 가서 보니 놀랍게도 헐벗은 조선 노인네 시체였다. 게다가 노인의 창자가 배에 난 총상에서 삐져나와 계곡물 속에 둥둥 떠다니고 있지 않은가! 그 순간 모두 조금 전 마셨던 물에서 왜 이상한 맛이 났던지 알고 누군가 격하게 토하기 시작하자, 다들 개울가에 쪼그리고 앉아 배속의 더러운 물을 다 토해버리려 했다. 내가 소리 내며 한참을 토하려고 하는데, 누군가 "목구멍을 후벼, 목구멍을 후벼봐"라고 소리쳐서 시키는 대로 해보니 과연 토할 수가 있었다. 하지만 눈물도 따라서 쏟아졌다.

우리는 노인의 시체를 숲속으로 옮겨 나뭇가지를 덮어주고는 바로 급히 길을 떠났다.

6. 선량한 조선 어머니

다음날 새벽 우리는 한 산골짜기 안에서 숙영했다. 잠에서 깨자마자 배고프고 목이 말라 작은 물웅덩이를 찾아 얼굴을 씻고 수통에 물을 담으려

하다 어제저녁 더러운 물을 마신 생각이 나서 물을 끓여 먹을 방법을 찾기로 결심했다. 나는 먼 곳을 바라보다가 산 중턱 절벽 아래에 있는 지붕 위에서 옅은 연기가 피어오르는 작은 초가집을 발견했다. 나는 즉시 수통을 든 채 잡낭을 메고 그 초가집으로 내달렸다. 집안에는 나이 든 아주머니 한 분만 부뚜막 앞에서 바삐 일하고 있었다. 나는 배운 지 얼마 안 된 조선어로 노인에게 말했다.

"어머니, 안녕하십니까! 뜨거운 물 있습니까?"

"있어, 있어!" 아주머니는 나의 지원군 복장을 위아래로 훑어보고는 웃으면서 답했다.

내가 기뻐서 물이 든 수통을 아주머니에게 건네자, 아주머니는 수통을 받아들고는 아궁이 쪽으로 가지 않고 집 문 앞으로 나가 하늘을 자세히 바라보며 귀를 기울여 무슨 소리가 나는지 들으려 했다. 나는 아주머니가 미군 비행기 걱정을 하는 것을 알았지만, 그녀가 왜 이 시점에 비행기를 무서워하는지는 알지 못했다. 조금 있다 아주머니가 집으로 들어와 가마솥 안에 물을 붓고 아궁이에 땔감을 넣어 불붙이는 것을 보고는 지금 바로 물을 끓이려는 것을 알고 연기가 많이 나서 적기를 불러들일까 두려웠다. 내가 급히 가서 땔감을 더 넣으려는 아주머니를 말렸지만, 아주머니는 나를 밀치고는 화통火筒(입으로 불어서 불을 피울 때 쓰는 대나무 대통-역자)을 불어 힘껏 불을 피웠다.

가마솥의 물이 끓기 시작할 무렵 비행기 소리가 들려와 바로 문 앞으로 달려 가보니, 이미 적기 1대가 우릴 향해 날아오고 있었다. 아주머니는 몸을 돌려 나를 저장실 안으로 밀어 넣고 마치 기관총탄이 뚫지 못할 것인 양 작은 문을 힘껏 닫아버렸다. 이때 나는 급강하는 적기의 슈웅하는 소리와 기총 소사 소리를 들으며 어머니에게 이런 큰 화를 불러오게 해서는 안 되었다고 속으로 생각했다. 비행기 소리가 사라진 후 뛰쳐나와 보니, 아주머니가 차분하게 수통에 뜨거운 물을 부으면서 고개를 돌려 나를 보고 미소 짓고 있지 않은가! 나는 뜨끈뜨끈한 수통을 받아들곤 한동안 아무 말도 못 하다가 잡낭 속에서 비누 반쪽을 꺼내 부뚜막 위에 놓았다. 아주머니는 한 손에 비누를 쥐고 가슴 앞에다 붙이고는 큰 소리로 "고맙습니다, 고맙습니다!"라고 말했다.

나는 아주머니 집을 떠나면서 지붕 위를 살펴보았지만 연기 나는 곳을 찾을 수가 없었다. 내가 볼 때 초가집 뒤에 높이 솟아있는 암벽으로 인해 미친 미군 전투기가 감히 가까이서 소사할 수 없었기에 이 외딴 작은 집과 아주머니의 생명을 보존할 수 있었던 것 같다.

7. 숲속에 숨겨진 시체 더미

우리가 조선에 들어왔을 때는 제4차 전역이 막 끝난 시점이어서 미군이 후퇴하며 버리고 간 군용물자를 곳곳에서 볼 수 있었다. 상자째 남겨진 전투식량, 담요와 오리털 침낭, 심지어 휘발유가 떨어져 버린 지프차 등등. 숙영지에 도착한 다음 간 큰 병사들은 미군이 방어했던 진지 또는 주둔했던 병영에 가서 '전리품'을 찾기도 했는데, 어떤 이는 전투식량과 담요를 주워서 돌아왔고 어떤 이는 오리털 침낭을 안고 오기도 했다.

조선에 들어온 지 약 10일이 되는 날 새벽 숙영지에 도착한 후, 우리는 산비탈 위 숲속에 어렴풋하게 보이는 미군 텐트를 발견했다. 선전대원 몇 명이 나를 불러 전리품이 있는지 함께 가보자고 해서 우리는 배낭을 내려놓고 산 위로 올라갔다. 하지만 텐트 안은 텅 비었고 텐트 뒤로 돌아가 보니, 아침 햇살을 통해 숲속 안 빈터에 여러 장의 담요가 쌓여있는 것이 보였다. 참전 전 청두에서 막 입대한 샤뤄 군이 흥분해서 "있다, 있어"라고 고함지르며 달려가 담요를 집어 들었다가, "죽은 사람, 죽은 사람이야!"라고 크게 소리치며 담요를 내던지고는 곧장 되돌아 달려왔다.

우리가 용기를 내어 걸어가서 군용담요를 들춰보니, 뻣뻣하게 굳은 미군 시체가 일렬로 누워있는 게 보였다. 백인, 흑인 합쳐 모두 8명으로 모두 붕대를 감고 있는 것으로 보아 채 옮기지 못한 전사자들인 듯했다. 내가 담요를 끌어다 끝에 있는 시체 2구를 덮어주는 것을 보고 다들 묵묵히 담요를 끌어다 나머지 시체를 다시 덮어주었다.

우린 빈손으로 김이 빠진 채 돌아왔다. 그 후 다시는 '전리품'을 찾으러 가자는 사람이 없었다.

산에서 내려오는 중에 나는 고등학교 다닐 때 미국인 영어 선생님이 가르쳐 준 미국 노래 〈내 사랑 보니 My Bonny is over the ocean〉[2]가 생각났다.

저 머나먼 바다 건너 My Bonny is over the ocean,

아무도 모르는 곳에 My Bonny is over the sea,

그리운 내 사랑 보니는 My Bonny is over the ocean,

고요히 잠들어있네 Oh, bring back my Bonny to me!

---

2 〈내 사랑 보니(My Bonny is over the ocean)〉: 이 곡은 본래 스코틀랜드 민요로 서구 여러 나라에서 주로 동요로 불렸으며 우리나라 고등학교 음악 교과서에도 실림으로써 많은 이들에게 친숙한 노래이다. 원서에는 제목이 〈Bring back my Bonny to me〉로 되어 있고 가사 내용도 원곡과 약간 차이가 있는 것을 바로잡아서 번역했다.

돌아오라 그리운 내 사랑 보니 Bring back, bring back,

돌아오라 그리운 내 사랑 Oh, bring back my Bonny to me.

이 곡은 제2차 세계대전 중 "아들의 귀환을 바라는 어머니의 마음"을 표현한 유행가였다.

숲속에서 본 사망한 사병들 모두 아주 젊어 보였는데, 멀리 태평양 건너 저편에 있는 그들의 어머니는 눈이 빠지게 자기 아들이 돌아오길 바라고 있지 않을까? ……

8. 아무도 없는 작은 산골 마을

조선에 들어온 후 너무 피곤해서 원래 그리 심하지 않던 담배 중독이 갈수록 깊어졌다. 출발할 때 가져온 담배 몇 갑은 금세 다 피워버리고 이틀을 참았더니 더 이상 견딜 수가 없었다. 그래서 우리 기관 중대 사무장인 류 씨老刘에게 잎담배를 조금 구걸해 피워보니, 특별한 향기가 나서 그가 관둥关东(산하이관山海关 이동以东 즉 중국 둥베이 지방 - 역자)에서 가져온 담배인지 물어보았다. 류 사무장이 말하길 그가 바로 어제 실과 바늘로 조선 시골 사람과 교환한 조선 담배라고 했다.

나는 가지고 있던 실과 바늘을 갖고 바로 나가서 조선 시골 사람을 찾기 시작했다. 그날 우리의 주둔지는 지세가 비교적 평탄한 38선 근처의 구릉지여서 촌락이 꽤 있고 집들도 대체로 온전했지만, 마을 사람 대부분이 아직 돌아오지 않은 상태였다. 나는 부근에서 담배를 가진 시골 사람을 찾지 못해 산골짜기에 있는 작은 마을로 달려갔다. 마을 밖 두렁에서 수확하고 남은 담뱃잎을 발견한 나는 기뻐서 꼼꼼하게 주워 잡낭 속에 집어넣고 이 마을에서는 분명 담배를 교환할 수 있을 거라 속으로 생각했다.

햇볕으로 따뜻해진 마을 안으로 걸어 들어가자, 조용하고 행복한 분위기가 가득했고 지붕 위에서는 고양이 몇 마리가 장난을 치고 있었다. 나는 공손하게 "여보세요"라고 부르면서 한 시골 집 문을 두드렸으나 아무런 반응이 없었다. 내가 조심스럽게 미닫이문을 밀고 들어갔지만, 집안에는 아무도 없었다. 다시 두 번째 집을 두드리고 세 번째 집을 가봤으나 어디에도 사람이 없었다.

나는 그제야 마을이 너무 조용하다는 것을 느끼고 긴장되기 시작했으나 그만두고 싶지 않았다.

내가 작은 마당이 있는 네 번째 집 가장 안쪽에 있는 방 앞으로 가서 문 앞에 서서 귀를 기울이니, 방안에서 고양이 우는 소리가 나는 게 아닌가. 속으로 기뻐서 "여보세요"라고 부르면서 방문을 열자, 아주 진한 썩은 냄새가 몰려나왔다. 온돌 위에 누워있는 백골이 드러난 여자시체를 뜯어먹던 고양이 몇 마리가 고개를 돌려 이글거리는 눈빛을 번쩍이며 나를 노려보았다. 나는 급히 문을 닫고 연달아 뒷걸음치며 곧장 마을을 벗어났으나 두근거리는 심장을 멈출 수가 없었다.

그 광경은 한국전쟁이 나의 가슴에 각인시킨 또 하나의 참혹한 장면이었다.

제2장

전장에 투입되어 첫 전투에서 승리하다

1951년 4월 상순 ~ 1951년 5월 상순, 조선 38선 이북

1. 소총으로 미군鬼子 전투기를 격추시키다

1951년 4월 4일 우리는 마침내 주어진 기한 내에 38선 북쪽의 최전방 진지에 도착하였다. 우리 연대는 비록 포를 실어 나르던 노새가 몇 마리 남지 않고 탄약과 식량을 운반하던 자동차도 거의 전부 폭격으로 파괴되었지만, 다행히 사상자는 그리 많지 않았다. 짧은 시간의 휴식과 정비를 거치고 나서 병사들은 다시 활달하고 팔팔하게 원기를 회복하였다.

우리 연대는 중부 전선에 위치한 금화金化와 철원鐵原의 돌출된 지대에 있는 한 산골짜기에 주둔하였다. 지난번 전역에서 아군의 매우 빠른 진격으로 적군이 파괴할 겨를 없이 쫓겨난 까닭인 듯 산골짜기 안의 마을은 뜻밖에도 대부분 온전하였다. 다만 주민들은 모두 전란을 피해 떠나고 없었다. 『전투쾌보』의 편집과 인쇄를 위해 사무장 류 씨는 내가 머물 한 칸짜리 집을 찾아주었다. 당시 『전투쾌보』의 주된 임무는 방공안전을 중시하고 전

투준비를 강화하는 데 있어 각 중대의 모범적인 인물과 사례를 보도하는 것이었다.

적기의 소사와 폭격에 대응하기 위해 기관포 중대는 양쪽 산봉우리에 고사기관총을 가설했는데, 10여 대의 고사기관포가 일제히 발사하면 그 위력은 매우 대단했다. 우리가 주둔한 지 이틀째 되던 날 오전, 미군 정찰기 1대가 우리 주둔지 상공을 선회하며 정탐하다 기습적인 고사기관총의 집중사격을 받고 꽁무니에 연기를 뿜으며 삼십육계 줄행랑을 쳤다. 오후에 내가 그들의 전투실적을 취재하러 갔을 때, 마침 미군 전투기들이 날아와 보복성 습격을 가해왔다. 그들은 서로 다른 방향에서 차례로 급강하면서 우리 기관총 진지에 기총 소사를 퍼부었지만, 기관총 사수들이 침착하게 맹렬한 교차 화력으로 응전하자 적기는 저공 공격을 포기하고 고공에서 로켓탄을 발사할 수밖에 없었다. 그런데도 엄폐호를 아주 잘 갖춘 우리의 기관포들이 고공의 적기를 향해 사격을 계속하였고 마침내 미군 전투기를 달아나게 했다.

나는 『전투쾌보』에 이번 "기관포 중대가 적기에 맞서 용맹하게 싸운" 전황을 보도하면서 미 공군의 미쳐 날뛰는 기세에 처음으로 타격을 입힌 데 대해 환호하였다.

사흘째 되던 날 오전 4대의 미군기가 다시 날아와 소란을 피울 때, 더욱 매서운 타격이 가해졌다. 우리 연대는 사단에서 지시한 전술에 따라 미리 3,000여 명의 모든 병사에게 소총에 실탄을 장전하고 기다리게 하였다. 공습경보의 총소리가 울리자 수천 정의 소총이 날아오는 첫 번째 적기를 겨누었고, 비행기의 속도와 방향에 맞춰 예상지점을 가늠한 다음 신호탄이 날아오는 순간 일제히 사격을 시작했다. 그러자 앞장서 날아오던 그 위세 등등한 F-80 제트 전투기 1대가 정말로 우리가 동시에 발사한 3천여 발의 총탄을 피하지 못하고 곧장 산허리에 처박히며 불이 나면서 폭발하였다. 이 모습을 보며 나와 선전대 대원들은 서로 얼싸안고 함께 웃으며 펄쩍펄쩍 뛰었다. 샤 군은 기뻐서 큰 소리로 "이 몸의 소총만으로도 네 놈을 해치울 수 있어. 이 잡종 놈아! 이래도 뻐길래, 말래"라고 외쳤다.

그 후로 적기는 감히 다시 오지 않았고, 우리는 전투준비에 온 힘을 집중할 수 있었다.

2. 정치위원이 부대원 앞에서 나를 칭찬하다

전투를 준비하면서 가장 중요한 일은 충분한 양식과 탄약을 갖추는 것이다. 내가 류 사무장에게 건량을 받으러 가니, 그가 날옥수수와 날 노란 콩을 합쳐 7근을 나에게 주었다. 류 씨는 이상하다는 표정을 짓는 나의 얼굴을 보고는 병참 양식창고에서 받아온 볶음 가루는 중대 전투병에게만 지급되고, 나머지 사령부司令部・정치부政治部・후근부后勤部(우리의 군수부대에 해당함-역자) 소속 인원은 모두 직접 7일분의 건량을 마련해야 한다고 웃으면서 설명했다. 내가 한 번도 면을 볶아 본 적이 없다고 말하자, 류 씨가 이곳 시골 마을에는 집마다 맷돌이 있으니 먼저 옥수수와 노란 콩을 각각 볶아서 익힌 다음 갈아서 가루로 만들어 함께 섞으면 완성된다고 말해주었다.

마을에 있는 집으로 돌아와 나는 세심하게 옥수수와 노란 콩을 볶아서 익혔지만, 그 집에 있는 작은 맷돌이 너무 가벼워서 가루로 만들기가 매우 힘들었다. 다행히 우리가 소총으로 적기를 격추한 승리의 회열 속에 여전히 빠져있었기에, 나는 노래를 흥얼거리며 인내심을 갖고 맷돌로 면 가루를 갈았다. 마침 우리 기관机关 중대에 와서 대원들의 전투준비 상황을 시찰하던 연대 정치위원 자오쭤돤趙佐端 동지가 나의 노랫소리에 이끌려 방으로 들어와 내가 간 볶음 가루를 기쁘게 맛보았다. 다음날 자오 정치위원은 기관 중대의 전투 동원 회의 석상에서 나를 칭찬하며 "여러분! 장쩌스 동지는 대도시의 풍족한 생활에 익숙한 대학생이었지만, 지금은 산골짜기에 처박혀 거친 식량을 먹으면서도 너무나 기뻐하고 있지 않습니까! 이런 걸 보면 전쟁이 참으로 사람을 단련시킨다는 걸 알 수 있어요"라고 말했다. 그게 언제 때 일인가! 그렇게 오랜 세월이 지났어도 연대 당 위원회 서기가 그날 일개 지식인 당원인 나에게 해준 격려를 결코 잊을 수가 없다.

3. 연대장이 나에게 준 진귀한 상품

이와 함께 또 하나의 잊을 수 없는 일은 그날 오후 팡커창庞克昌 연대장이 나에게 준 상품이었다.

그날 오후 내가 한창 『전투쾌보』 최신호를 인쇄하고 있을 때, 연대장 경호원인 리李 군이 찾아와 21호(한국전쟁 때 연대장을 지칭하던 별칭)가 나를 보잔다고 말했다. 내가 그를 따라 연대본부에 도착하니, 팡 연대장이 책상 위에 있는 라디오를 가리키며 "이 녀석이 파업하는구먼. 대학생인 자네가 이놈을 손 좀 봐주면 좋겠어"라고 말했다. 자오 정치위원도 "우린 그걸 통해 뉴스를 듣고 있어. 어제까지도 멀쩡했는데 오늘 옮겼더니 소리가 나지를 않아. 자네가 빨리 좀 고쳐보게"라고 거들었다.

그것은 페달 발전기의 전기로 작동하는 진공관 라디오였다. 검사 기구도 수리 도구도 없는 상황에서 나는 그 녹슨 철제상자를 쳐다보며 두려운 마음이 들었다. 내가 라디오의 후면 뚜껑을 열자, 진공관 몇 개가 가지런히 배열된 것만 볼 수 있었다. 나는 옮기는 도중에 진공관이 헐거워진 것일 수도 있다고 생각하고 경호원에게 페달 발전기를 돌려보게 하니, 과연 한 진공관 필라멘트에 불이 들어오지 않았다. 내가 그것을 힘을 줘 빼낸 다음 다시 제대로 꽂아 넣자, 오 마이 갓! 그 진공관에 진짜 불이 켜지며 라디오에서 소리가 나는 것이 아닌가.

"너 이 녀석 장張 군, 손대자마자 해결하다니. 대단해!" 팡 연대장이 나의 어깨를 두드리며 말했다.

"본래 큰 문제가 없었습니다." 나는 겸연쩍게 웃었다.

"리 군, 내 담배 한 갑 가져와. 장 간사幹事에게 상을 줘야지!" 팡 연대장이 기뻐하며 경호원을 향해 크게 손을 흔들었다.

생각지도 못했던 것은 내가 받은 상품이 '대전문大前门표 담배[1]'라는 점이다.

---

[1] '대전문(大前门)'표 담배 : 1916년 영미연초공사(英美烟草公司)가 출시한 이래 현재까지도 생산 판매되는 중국의 유명한 담배 상표이다. 전문은 베이징 천안문광장 남쪽에 있는 정양문(正阳门)의 속칭이다.

4. 노새 고기로 인한 사달

1951년 4월 22일 우리 연대는 제5차 전역² 1단계 전투에 투입되었다. 당시 우리 지원군의 임무는 더 이상 남쪽으로의 점령지역 확대가 아니라 기동전 중에 적의 인적 전력을 소멸시키는 것이었다. 우리 180사단은 명령에 따라 7일치 건량과 충분한 탄약을 갖고 적의 취약 지점을 찾아서 야간에 적진 후방으로 재빨리 침투하여 퇴로를 차단하고 분할 포위해 전멸시킨 후, 신속히 출발지로 철수하여 휴식과 정비를 하고 식량과 탄약을 보충함으로써 다음번 전투에 대비하기로 했다.

출전하던 날 한낮, 류 사무장이 우리 정치처에 노새 다리 한쪽을 주면서 치중 중대에서 다리가 부러진 노새를 죽일 수밖에 없어 모두가 영양 보충하라고 보낸 것이라 하였다. 나는 손바닥만 한 고기를 받자마자 채소를 뜯고 사무장에게 소금을 얻어 시골집 솥에 익혀서 채소 노새 고기 요리 한 그릇을 맛있게 먹었다.

그날 밤 긴급 행군을 시작했을 때만 해도 몸 상태가 꽤 좋았는데, 얼마

---

2 제5차 전역 : 중국 학계에서는 한국전쟁을 크게 조선인민군 진공 시기(1950.6.25~9. 15), 유엔군 공격 시기(1950.9.15~10.25), 중국인민지원군 공격 시기(1950.10.25~1951. 5.23), 대치 단계와 정전 담판 시기(1951.6.23~1953.7.27)로 나누는데, 중국인민지원군 공격 시기는 다시 5차례의 전역으로 구분한다. 제5차 전역은 전세가 유엔군의 우세로 기우는 가운데 중국인민지원군이 1951년 4월 22일에 개시하여 29일 '일요일 공세'에 이르러 종료되었다. 이에 유엔군이 '제2차 춘계 공세'을 개시하여 철원과 연천을 압박했고, 중국인민지원군 제63군은 산 하나 강 하나를 놓고 사수하였다. 그 결과 유엔군이 다시 38선을 넘었고 중국인민지원군은 약 40km를 후퇴하여 유엔군의 진공을 겨우 저지하였다. 이 전역에서 미군이 사용한 탄약은 평소의 5배나 되어서 당시 미8군 사령관의 이름을 따 '밴 프리트(Van Freet)의 탄약량'이라 불렸다. 중국인민지원군의 타격은 매우 커서 사상자와 행방불명자가 7,644명이었고 180사단 병력 손실의 대부분인 약 5,000여 명이 포로가 되었다. 7월 10일 쌍방이 정전에 동의함으로써 정전 담판에 들어갔다.

되지 않아 배가 참을 수 없이 아프더니 이어 설사가 나오려고 했다. 나는 하는 수 없이 길가 수풀로 들어가서 급히 일을 보고 바지를 올린 다음 대오를 쫓아갔다. 하지만 설사가 수사水海로 변해 대오를 따라잡자마자 다시 달려가 쪼그리고 일을 봐야 했다. 내가 볼일을 끝내고 비틀거리며 대오로 돌아왔을 때 갑자기 몸에서 구린내가 나는 게 아닌가. 손으로 옷과 바지를 만져보았지만, 이상한 데가 없어서 마지막으로 군용 잡낭을 살펴보니, 채소화되지 않은 채소 잎이 섞인 끈적끈적한 게 묻어있었다. 더욱 난처한 것은 내가 잡낭에서 휴지를 꺼내고 나서 덮개를 제대로 덮지 않아 그 안도 끈끈하게 젖어버렸다는 점이다. 순간 나는 길가에 주저앉고 말았다. 곁에 있던 선전대원 샤 군이 달려가 기관 중대의 위생병 왕王 군을 불러왔다. 왕군은 나의 상태를 파악하고는 아편 환약 1알을 먹게 한 다음, 샤 군에게 나를 데리고 뒤따라오는 후미 부대의 들것을 기다리라고 시켰다.

"이 모든 게 그놈의 노새 고기 때문이야!" 나는 너무나도 괴로웠다.

하지만 기적이 일어났다. 30분 뒤 들것이 도착했을 때, 배가 더 이상 아프지 않고 설사도 나지 않는 것이 아닌가! 나는 들것에 눕지 않고 바로 야영지로 곧장 달려갔다.

나는 한국전쟁으로 인해 아편이 마약이기도 하지만 좋은 약도 된다는 걸 깨닫게 되었다.

5. 내 곁에서 쓰러져간 전우

다음 날 저녁 나는 선전대원 몇 명과 함께 대오 맨 뒤에서 후미 부대로 처진 병사들을 책임졌다. 우리 대오는 소리 없이 38선을 넘어 꾸불꾸불한 산속 오솔길을 통해 적진 후방 깊숙이 침투하였다. 그날 밤 행군은 경비 중대 병사 1명이 발목을 삐어 우리가 야영지까지 부축한 것을 빼고는 순조로웠다. 자고 난 다음 그를 경비 중대로 데려다줄 생각이었다.

우리는 한 숲속에 흩어져 몸을 숨겼다. 내가 배낭을 열고 누우려는 순간, 갑자기 맞은편 산꼭대기 상공에 붉은색 신호탄 2개가 솟아오르는 것이 보였다. 빌어먹을, 결국 적의 정찰대에 발견되고 말았잖아! 오래지 않아 적기 편대가 바로 우리 머리 위로 날아와 폭탄을 줄지어 투하하였다. 폭탄 1발이 부근에서 귀가 멀 정도로 큰 소리를 내며 폭발하였고, 나는 날아오른 흙더미와 돌, 풀잎에 묻혀버렸다. 내가 뒤집어쓴 흙과 돌을 힘겹게 털고 몸을 일으켜 보니, 겨우 1~2m 떨어진 곳에 폭발로 생긴 커다란 포탄 구멍이 있었고 그 가장자리에 우리가 데리고 왔던 병사가 웅크린 채 엎어져 있었다. 내가 놀라 급히 달려가 보니, 머리에서 피가 줄줄 흐르고 있고 호흡은 이미 멎어있었다.

그는 한국전쟁 중 내 곁에서 전사한 첫 전우였지만, 그의 이름이 확실히 기억나질 않는다.

6. 수류탄으로 중형 탱크를 폭파시키다

우리 연대가 적진 후방으로 침투한 지 3일째 되던 날, 미군 1개 탱크 중대를 포위하였다. "없애버려!"라는 연대장의 명령에, 정치위원은 "우리가 조선에 들어와 싸우는 첫 번째 전투다. 제아무리 딱딱한 뼈다귀라도 발라버려야 해!"라고 병사들을 분기시켰다. 하지만 나는 '우리가 가진 소총과 수류탄만으로 발라버릴 수 있을까?'라고 좀 불안한 생각이 들었다.

나는 종군기자로서 주력 대대를 따라 미군 탱크 중대를 섬멸한 전투에 참여하였다. 이 전투에서 나는 처음으로 적의 고도로 기계화된 장비의 기술력을 체험하였다. 그들의 탱크 포와 유탄포榴弾炮[3] 소리는 놀랄 정도로 크고 화력은 아주 맹렬하여, 우리가 점거하고 있던 산봉우리를 초토화해 임시로 파놓은 엄폐호가 거의 전부 평평해져 버렸다. 다행히 우리는 산등성이 뒤에 숨어있어서 사상자가 아주 많지는 않았다. 그런데도 우리의 영웅전사들이 굴하지 않고 완강하게 싸우는 모습을 나는 직접 보았다. 일부 전사들은 용감하고 기지 넘치게 적의 탱크 가까이 접근하여 무반동포를 발사함으로써 적의 화력을 유인하였다. 또 다른 전사들은 작은 개천을 끼고서 관목 숲 사이로 탱크에 접근한 다음, 갑자기 뛰쳐나가 수류탄 묶음과

---

3 유탄포(榴弾炮, howitzer) : 구포(臼砲)와 카농포의 특징을 합쳐서 만든 대포로 현재는 곡사포라고 한다. 야포에 비하여 대형이기 때문에 기동성이 떨어지고 발사속도도 느리지만, 탄환 효력이 큰 대구경 유탄(大口径榴弾)이 포물선을 그리며 날아가 표적을 맞히기 때문에 평사(平射)·저신(低伸) 탄도인 카농포로는 직격할 수 없는 엄폐물 뒤의 표적을 격파할 수 있다. 현재 야전포병의 주력 화포로 쓰이고 있다. 또한 기동성·발사속도·탄환효력·사격정밀도 등의 우수성으로 인해 일반보병의 지원 대포로 가장 많이 장비되었으며, 전장에서의 기동성을 높이기 위해 각종 유탄포의 자주화도 추진되었다. 한편 산악지역에서의 사용과 낙하산에 의한 공중투하를 위한 경량화도 실현되었다.

폭파 통으로 여러 대의 탱크 캐터필러를 망가뜨려 버렸다. 그러자 한때 위용을 뽐내던 녀석들이 마치 강철 괴물처럼 연기를 뿜으며 빙글빙글 돌다가 결국 강가의 모래톱에 걸려 넘어지고 말았다. 그 순간 나는 단숨에 달려가 그들을 얼마나 안아주고 싶었던지! 전투가 끝난 후, 나는 『전투쾌보』에 자진모리장단快板 노래 1곡을 써서 전사들의 용감무쌍한 무공을 대대적으로 칭송하였다.

우리 180사단이 1단계 전투를 성공적으로 수행한 결과 전선에서 적의 포로들이 압송되어왔는데, 그중에는 미군과 한국군 외에 영국과 터키 등에서 온 피부색과 군복이 다르고 서로 다른 마크를 단 병사들도 있었다. 이를 보면서 나도 모르게 원명원圓明園[4]을 불태웠던 8국 연합군[5]과 열강의 군대 앞에서 일패도지하여 주권을 잃고 나라를 욕되게 한 청 정부 생각이 떠올랐다. 헤헤, 오늘은 우리 염황炎黃[6]의 자손들이 기염을 토해도 좋지 않을까!

----

4 원명원(圓明園) : 베이징 서쪽 교외의 이화원(頤和園) 동쪽에 있으며 원명원·장춘원(長春園)·기춘원(綺春園 : 나중에 万春園으로 개명) 3원을 통틀어 일컫는다. 1709년 강희(康熙) 황제가 넷째 아들 윤진(胤禛)에게 하사한 별장이었으나, 윤진이 황제(雍正帝)가 된 뒤 1725년 황궁의 정원으로 조성하였다. 그 뒤 건륭(乾隆) 황제가 바로크식 건축양식을 더하여 원명원을 크게 넓혔고 장춘원과 기춘원을 새로 지었다. 원명원은 제2차 아편전쟁 중이던 1860년 영·불 연합군이 베이징을 점령했을 때 불태워졌는데, 저자가 1900년 8국 연합군의 베이징 점령 때로 착각한 것 같다.
5 8국 연합군 : 청말 반제국주의, 반기독교를 표방하며 일어난 의화단운동(义和团运动, 1899~1901)에 대응하여 서방(일본 포함) 8개국이 결성한 군대로 1900년 베이징을 점령한 뒤 학살과 파괴·약탈 등 온갖 만행을 저질렀다.
6 염황(炎黃) : 중국인이 시조로 섬겨온 염제(炎帝)와 황제(黃帝)를 가리킨다. 중국의 전설적인 제왕인 삼황오제(三皇五帝)에 포함되는 가상의 인물로 삼황오제가 누구인지는 학설이 분분하지만, 신농씨(神農氏)로 불리는 염제는 삼황 중의 1명으로, 헌원씨(軒轅氏)로 불리는 황제는 요(堯)·순(舜)과 더불어 오제로 분류해 중국인들은 일반적으로 염황 자손으로 자처하고 있다.

제3장

겹겹이 포위되어 적의 수중에 떨어지다

1951년 5월 중순 ~ 1951년 5월 27일, 한국 38선 이남

1. 속임수에 걸려들다

1951년 5월 16일 제5차 전역 2단계 전투가 시작되었다. 인민지원군 각 병단兵團은 동서 두 방면에서 재차 적군을 향해 총공세를 발동하였다.

우리 180사단은 다시 7일분 건량과 소화기를 휴대하고 두 갈래 능선을 따라 남쪽으로 침투하였다. 첫 이틀 동안은 적의 아무런 저항을 받지 않았다.

5월 18일 우리 연대는 북한강을 건넜다. 별빛 아래 북한강은 아주 편안하고 은은하였다. 우리가 건너던 구간의 강폭은 넓지 않았고 유속도 급하지 않았으며 강바닥도 비교적 평탄했다. 그리고 가장 깊은 곳의 수심도 겨우 1m 정도였다. 우리는 면바지를 벗어서 둘둘 말아 배낭과 함께 머리 위에 올리고 줄지어 건넜다. 사방이 너무나도 고요하여 나는 자신이 생사가 갈리는 전쟁터에 있음을 거의 잊어버렸다.

5월 19일 큰비를 맞으며 우리가 춘천 부근까지 전진하였을 때, 사단 본

부로부터 아군 인접 부대가 한국군 1개 연대를 포위했다는 좋은 소식을 들었다. 우리 연대가 즉시 출동해 엄호 진지를 구축하려 하자, 정면에 있던 적이 뜻밖에 싸우지도 않고 후퇴해버리는 게 아닌가. 그러고 나서 양 측면으로부터 아주 밝은 탐조등 빛줄기가 빗속에서 떠오르며 마치 다락방 천정의 버팀목처럼 우리 머리 위 상공에 교차 배열되면서 적의 포병들에게 우릴 향해 발포하도록 지시를 하였다. 그 순간 나는 "적이 이미 우리의 행군노선을 알고 있는데 뭐 하러 계속 서둘러 전진하는 걸까?"라는 의심과 불안함이 생겨났다. 하지만 동시에 "명령에 따르는 것이 군인의 직분이니 잔말 말고 따라가야지!"라는 또 다른 소리가 내 마음속에서 울렸다.

우리는 아군에 의해 한국군 부대가 섬멸되었다는 승리의 소식을 간절히 기다리며 언제든지 야영지로 철수할 준비를 완료하였다.

하지만 일찌감치 방어진지를 구축한 한국군이 매우 완강하게 저항하였고, 게다가 큰비가 계속 내리는 악천후 속에서 소화기만 휴대한 아군은 이틀간의 연속 공격에도 불구하고 많은 사상자를 낸 채 전투를 마무리할 수가 없었다.

우리가 공세에 돌입한 지 7일째 되던 5월 22일, 미군의 강력한 전면적인 반격이 시작되었다.

그날 오후 우리는 몸을 숨기고 있던 숲속에서 멀리 떨어진 도로 위를 적의 기계화 부대가 북쪽으로 끊임없이 이동하는 모습을 볼 수 있었다. 그제야 신속히 후퇴하라는 명령이 떨어졌고, 나는 우리가 속임수에 걸려들었음을 깨달았다. 미군은 이미 우리에게 7일치 식량과 탄약뿐임을 정확히 파악하고 먼저 한국군 부대를 미끼로 삼아 적진 후방 깊숙이 유인한 다음, 우리가 포위 공격을 하게 하여 허리에 차고 있던 건량 주머니가 텅 비길 기다렸다가 거꾸로 우릴 포위하려 한 것이었다.

우리는 날이 어두워지기도 전에 적기의 소사를 받을 위험을 무릅쓰고 북한강을 향해 돌진하였다. 그러나 우리가 급히 행군하여 북한강 남안에 도착하기 직전, 다시 그 자리에서 적을 저격할 방어진지를 구축하라는 명령을 받았다. 우리 180사단은 전 병단의 부상병 수천 명을 이송하는 임무를 맡게 되었다.

5월 23일과 24일 이틀 내내 우리는 북한강 남안에 머물렀지만, 정면에 있던 미군은 전혀 공격해오지 않았다. 하지만 우리 좌우 양측에서 들려오던 쾅쾅거리는 대포 소리는 갈수록 북쪽으로 올라가고 있었다.

5월 24일 해 질 무렵이 되어서야 우리 180사단은 북한강을 건너 북쪽으로 철수하라는 명령을 받았다. 그러나 이때는 북한강의 모든 나루터가 이미 미군에게 점령된 상태였다.

2. 북한강을 피로 물들이다

우리 538연대가 사단 직속부대의 뒤를 따라 강변의 임시 나루터에 도착했을 때, 내 눈 앞에 펼쳐진 장면을 보고는 겁이 나서 벌벌 떨지 않을 수 없었다.

며칠 동안의 많은 비로 북한강은 이미 물결이 넘실대는 큰 강으로 변해 있었다. 수면은 미군이 쏜 수많은 조명탄 불빛으로 뒤덮여있었고, 미군의 포탄이 끊임없이 밀집된 사람들 사이에서 터지면서 높은 물기둥이 솟구쳐 오르고 있었다. 온통 아수라장이 된 가운데 수많은 사상자가 강물에 떠내려가고 강물은 선혈로 붉게 물들어있었다.

나는 대오를 따라 가슴 높이의 물속에 뛰어들어 두 손으로 수면 위에 가설한 철삿줄을 잡아당기며 죽을힘을 다해 앞으로 나아갔다. 발바닥이 미끄러지고 차가운 물이 살을 파고들어도 살필 겨를이 없었다. 내 앞에는 들것을 들고 가던 전우가 부상병 머리의 상처에 물이 들어가지 않도록 자기 머리 위로 들것을 들어 올려 비틀거리며 전진하고 있었고, 우측에는 노새 1마리와 그 꼬리를 꽉 붙잡고 있는 여성 전우가 건너고 있었다.

그때 포탄 1발이 나의 앞쪽 가까운 곳에서 터지면서 피로 혼탁해진 강물이 나를 덮쳤다. 내가 힘껏 머리를 흔들며 더러운 물을 토하고 눈을 떠 보니, 앞서가던 들것이 보이지 않고 들것을 들고 가던 2명의 전우는 이미 멀리 떠내려가고 있었다. 내 곁의 노새도 물속에 넘어져 바동거리고 있어 급히 여성 전우를 찾아보니, 내 뒤쪽에서 겨우 머리만 수면 위로 드러내고 있었다. 내가 곧장 다가가 잡으려 했으나 손에 쥔 것은 물 위에 떠 있는 그녀의 군모뿐이었다. 그녀는 이미 무정한 강물에 떠내려가 영원히 사라지고 말았다.

북한강 도하를 강행했을 당시 비록 나는 요행히 살아남았지만, 우리 180사단은 600명의 전우를 잃고 말았다.

3. 첫 번째 포위 돌파

5월 25일 우리 180사단은 북쪽으로 퇴각할 마지막 통로인 마평리馬坪里를 미군에 빼앗김으로써 미군 7사단과 24사단 및 한국군 6사단에 겹겹이 포위되고 말았다.

적은 각 방향에서 포위망을 좁혀오기 시작했다. 적기의 끊임없는 폭격과 밀집된 일제 포사격으로 우리 부대가 점거한 산 정상의 나무는 거의 모두 파괴되었고 참호도 복구할 수 없을 정도로 망가졌다. 미군 보병이 탱크의 엄호를 받으며 산을 타고 올라오는 모습을 보면서, 우리 전사들은 부상의 아픔과 배고픔과 피로를 참으며 바위 뒤에서 기관총과 소총 그리고 수류탄으로 적의 잇따른 공격을 물리쳤다. 우리 같은 비전투 인원은 명령에 따라 모을 수 있는 모든 탄약을 운반하여 적을 저지하도록 하였다. 하루 밤낮의 격렬한 전투 결과, 우리 측은 일부 중요한 거점을 잃고 막대한 사상자가 발생했지만, 미군도 커다란 대가를 치러야 했다. 적은 더 이상 무리하게 공격하지 않고 전투기와 대포를 이용해 우리가 지키고 있는 고지를 향해 강철탄鋼铁弹과 네이팜탄을 쏟아부었다.

5월 26일 해 질 무렵, 180사단은 어떤 희생을 치르더라도 응봉鷹峰을 향해 포위를 돌파하라는 명령을 드디어 받았다. 그에 따르면 응봉 산기슭에 도착만 하면 바로 지원부대와 만날 수 있다고 하였다. 그래서 부대원들은 배낭을 버리고 최대한 몸을 가볍게 하였다.

우리 538연대의 2대대와 3대대는 전 사단의 돌격부대가 되어 도로 위에 밀집해있던 미군 탱크를 향해 쳐들어갔다. 전사들은 탱크 대열 주변 여기저기에 피워진 모닥불을 둘러싸고 많은 미군이 농담하며 떠들고 있는 모습을 보고는 기관총과 수류탄을 맹렬히 퍼부어 순간 그들을 정신없이 만들었다. 하지만 훈련이 잘된 미군들이 즉시 반격하고 탱크에서 미친 듯이 기관총을 쏘아대는 와중에 4중대 지휘관 거의 모두가 전사하고 말았다. 5중대는 함성을 지르며 돌격하여 마지막 남은 힘으로 적과 육박전을 펼쳤고, 일부는 수류탄을 운전석 안으로 억지로 집어넣어 탱크 몇 대를 파괴하기도 하였다. 3대대의 몇 개 중대도 잇달아 투입되어 목숨을 던져 싸움으로써 마침내 적의 포위망에 폭 100m가량의 구멍이 뚫렸다.

나는 선전대원을 데리고 180사단의 남은 부대를 따라 피로 물든 그 구멍을 통해 전우와 미군의 시체를 넘으며 포위망을 돌파하였다.

우리는 어떤 산 능선을 오르며 배고픔과 피곤함을 억지로 참고 비바람 속에서 응봉을 향해 비틀거리며 서둘러 행군해갔다.

4. 전우의 시체를 밟고도 움직이지 못하다

우리 기관 중대는 경비 중대의 뒤를 따랐다. 처음에는 정해진 행군 순서를 유지하였으나, 날이 어두워지고 비가 심해져 길이 미끄러운데다 적의 집중포화가 끊임없이 계속됨으로 인해 대오가 순식간에 흩어지고 말았다. 내가 인솔하던 선전대원들은 대부분 신병이어서 특히 낙오될까 두려워했다. 나는 그들에게 흰 천을 팔뚝에 묶어 서로 바짝 따라가게 시켰다. 나는 모두에게 "너희들 방금 우리 전사들이 얼마나 용감하고 두려움이 없는지 보았지! 우리 부대는 절대로 지지 않아! 반드시 포위를 돌파할 수 있어! ……"라고 말했다.

그 순간 나는 포탄이 날아오는 날카로운 소리를 듣고 급히 "엎드려!"라고 고함쳤다. 첫 번째 포탄이 멀지 않은 곳에서 터지자, 우리는 잇달아 산비탈 가에 움푹 파인 포탄 구덩이 안으로 뛰어들어 사방으로 날아오르는 파편을 피하였다.

구덩이로 가장 먼저 뛰어든 나는 바로 발아래에서 물컹거리는 느낌이 들어 자리를 조금 옮겼지만, 내가 사람 몸을 밟고 있다는 감각이 분명하게 느껴졌다. "맙소사! 방금 희생된 전우가 아니면 누구겠는가." 나는 급히 "발밑에 사람이 있으니 아래로 뛰어내리지 마!"라고 미친 듯 소리쳤지만, 나의 외침은 포탄의 폭발 소리에 완전히 묻혀버리고 말았다. 사람들이 계속 뛰어드는 바람에 구덩이 안이 꽉 차서, 나는 전우의 시체를 밟은 채 꼼짝달싹도 못하게 되었다. 그때의 기분은 무서움이 아니라 일종의 아주 깊이 찔린 듯한 아픔, 마치 나 자신이 중상을 입고 전우들에게 짓밟히고 있는 듯한 느낌이라고나 할까!

적의 집중포화가 잠시 멈춘 사이, 우리는 신속히 그 이름을 알 수 없는 전우의 시체를 포탄 구덩이에서 끄집어내어 비통함과 미안한 마음으로 구덩이 가의 돌과 흙더미로 대충 묻고 나서 대오를 따라잡기 위해 서둘러 출발하였다.

5. "자네는 이 볶음 가루를 갖고 어서 가게!"

우리가 온갖 고난을 겪고 응봉 중턱에 도달했을 때는 이미 5월 27일 새벽이었다.

지정된 집결지에 도착했음을 전혀 알지 못한 채 우리는 앞쪽에 멈춰있는 부대만 바라보고 있었지만, "제자리에서 휴식하며 명령을 기다려라." 등의 지시가 전달되지 않았다. 나는 즉시 부근에서 나의 상사인 정훈 간사 먼페이잉門培英과 연대 정치처 주임 장치張杰를 찾아 다음 단계의 행동 지침을 요청할 생각이었다. 하지만 우리 앞쪽에서 가고 있었던 그들 둘 다 아무리 찾아도 찾을 수가 없었다.

나는 길가 커다란 나무 아래에 앉아서 배를 움켜쥐고 매우 고통스러워하는 사무장 류 씨를 발견하였다. 내가 급히 웅크리고 앉아 "다치셨어요?"라고 물으며 그를 부축해 세우려고 하자, 그가 나를 밀치며 "위궤양이 도져서 움직일 수가 없네"라고 말했다.

그는 허리에 차고 있던 건량 포대를 풀어 나에게 건네며 "응봉은 미국 놈에게 점령되어버렸어. 상부에서 각자 포위를 돌파하라고 명령하였으니, 자네는 이 볶음 가루를 갖고 어서 가게. 당장 가!"라고 헐떡이며 말하고 나서 눈을 감고 힘없이 나를 향해 손을 내저었다.

그가 준 비상식량을 받아들고 나는 완전히 혼란에 빠지고 말았다. 각자 포위를 돌파하라고! 어떻게? 어디로? ……

나는 망연자실하여 사방을 둘러보다, 비속에 앉아 눈 빠지게 나를 기다리고 있는 선전대 대원들을 가슴 아프게 바라보았다.

6. "나한테 수류탄이 남아있으니 가져가시오!"

내가 사무장이 준 건량 포대를 몸에 딱 붙도록 꼼꼼히 허리에 매달고 있을 때, 산꼭대기에서 한차례 급박하게 기관총을 연달아 쏘는 소리가 들려왔다. 나는 응봉을 넘어 포위를 돌파하는 것이 이미 불가능함을 깨달았다.

"응봉은 이미 적에게 완전히 제압되었대. 각자 포위를 돌파하라는 명령이니, 우린 서둘러 하산해서 다른 탈출구를 찾아야 해!" 나는 스스로 생각해낸 유일한 방법을 선전대 대원들에게 알려주었다.

모두가 두말없이 일어나 나를 따라 산비탈의 나무줄기를 잡으며 산 아래로 뛰어 내려갔다. 경사가 매우 심하고 바닥이 미끄러운데다 마음마저 급해서 우리 모두 수없이 넘어져 진흙투성이가 되어버렸다.

"지미랄! 내 손자 놈은 절대로 조선에 못 오게 할 거야." 또 한 번 심하게 자빠지고 나서 나는 속에서 욕이 나오기 시작했다. 욕을 마치자마자 멀지 않은 곳에 '진흙 비탈 미끄럼 길'이 나 있는 것이 보였다. 앞서가던 전우들이 몸으로 뚫은 것이 분명했다. 미끄럼 길에 튀어나온 돌부리에 손을 다치지 않기 위해 우리는 두 손을 군복 주머니 안에 넣고 미끄럼대를 타는 것처럼 앞다투어 곧장 응봉산 계곡 시내 바닥까지 내려왔다.

비는 갈수록 거세졌고 산벼랑 아래에 피해 있던 우리는 모두 이미 온몸이 흠뻑 젖은 채 추위와 굶주림과 두려움 속에서 벌벌 떨고 있었다.

머리 위에서 또다시 조명탄의 창백한 섬광이 터지면서, 나는 쏟아지는 빗줄기 사이로 이 길쭉한 산골짜기 안에 셀 수 없이 많은 전사가 고개를 숙이고 묵묵히 흙탕물 속에 빽빽이 앉아있는 것을 보았다. 그 순간 나는 뼈를 자르는 듯한 한기가 가슴속을 파고드는 걸 느꼈다.

포격이 멈추자 온 전장이 고요해졌다. 곧이어 적기의 붕붕거리는 소리가 울려왔다. 나는 적의 정찰기가 포병의 사격지점을 조정하기 위해 오는 것으로 알고 모두에게 최대한 몸을 숨기라고 말하려는 찰나, 갑자기 공중에서 깜짝 놀랄 방송 소리가 울렸다.

"중공군 180사단 병사들이여! 너희는 이미 겹겹이 포위되었으니 더 이상 무의미한 저항을 하지 말고 투항하라. 유엔군은 포로를 우대한다."

이 소리에 나는 정신적으로 너무나 큰 충격을 받았다. "지금까지는 줄곧 우리가 적에게 항복하라고 외치지 않았던가! 어쩌다가 이런 지경에 빠지게 되었단 말인가! 이게 현실은 아니겠지!?" 그러나 적기가 머리 위에까지 다가오자 방송 소리는 더욱 우렁차고 뚜렷하게 들렸다.

이 항복 권유 방송은 우리가 반드시 당장 행동에 나서 날이 밝기 전에 포위망을 뚫고 나가야지, 그렇지 않으면 정말로 기회가 없다는 점을 일깨워주었다. 바로 그때 앞쪽 골짜기 입구에서 함성이 나면서 누군가가 "포위망을 뚫으려면 나를 따르라! 골짜기 입구를 뚫고 나가 도로만 건너면 포위를 돌파할 수 있다. 우리의 생사가 이번 행동에 달려있다. 돌격!"이라고 대원들을 분기시키는 말을 나는 분명하게 들었다.

곧이어 골짜기 입구에서 격렬한 총성이 울렸다.

나는 "좋아, 우리도 그들을 따라서 밖을 향해 돌격하자!"라고 곁에 있던 대원들에게 말하면서 건량 포대를 풀어 사무장이 준 볶음 가루를 전부 털어서 모두에게 나누어주었다. 수통은 일찌감치 비어서 우리는 나뭇잎에 묻은 빗물을 핥아 볶음 가루를 목구멍으로 넘겼다. 그때 장쾌 군이 "우리는 아무 무기도 없는데 어떻게 뚫고 나가지요!"라고 물었다.

내가 난처해하고 있을 때, 곁에 누워있던 다리에 온통 붕대를 감은 한 부상병이 몸을 일으키며 말했다. "나한테 수류탄 1발이 남아있으니 가져가시오! 나는 어차피 못 움직이니, 당신들이나 빨리 밖으로 뚫고 나가시오!"

나는 그 소중한 수류탄을 받아들며 그의 손을 꽉 잡았지만, 목이 메어 아무 말도 나오질 않았다. 그는 얼굴을 돌리고 손가락으로 골짜기 입구를 가리키면서 우리에게 빨리 가라는 뜻을 나타냈다.

7. "장 간사干事, 수류탄을 던지면 안 돼요!"

내가 동료들을 데리고 많은 부상한 전우들의 몸을 넘어 급히 골짜기 입구 쪽으로 빠져 나가보니, 앞쪽에 폭 50m에 길이 100m 정도의 널따란 평지가 펼쳐져 있었다. 조명탄 불빛 아래 그 평지 위에는 포위망을 뚫다가 사망한 열사들과 부상병들이 곳곳에 쓰러져 있고, 일부 부상병들은 몸부림치며 골짜기 입구로 기어 오고 있는 것이 아닌가! 적의 예광탄이 양쪽 산꼭대기에서 교차하며 쏟아져 내리면서 널따란 평지를 죽음의 그물망으로 뒤덮고 있었다.

나는 지형을 관찰하다 왼쪽 산기슭의 작은 시냇가에 나무숲 그림자가 있는 것을 발견하고는 수류탄을 꼭 쥔 채 동료들을 이끌며 시내를 따라 허리를 숙이고 앞을 향해 돌진하였다. 그러나 채 50m도 달리지 못해 바로 적에게 발견되어 총탄이 내 주위에 박히면서 흙탕물을 튕겼다. 그 순간 뒤에서 "아" 하는 비명이 들려 돌아보니, 동료 1명이 벌써 땅에 쓰러져 있었다.

나는 큰 소리로 "엎드려!"라고 외치면서 제풀에 옆에 있는 시내로 굴러떨어졌다. 시냇물은 무릎높이까지 찼는데, 우리는 물속에 몸을 담그고 숨어서 때를 기다리는 수밖에 없었다.

우리 뒤를 이어 또 많은 전우가 밖으로 돌진하다가 대부분 도중에 쓰러졌고, 적지 않은 사람이 시내로도 굴러떨어졌다.

상황을 보아하니 조명탄이 꺼지기를 기다렸다 다시 포위를 뚫는 수밖에 없었다. 하지만 낙하산에 매달린 조명탄은 끊임없이 공중으로 쏘아졌고, 시간은 창백한 섬광 속에 멈춘 것 같았다.

비가 그치면서 동쪽에서 어렴풋한 서광이 비치기 시작했다. 오래지 않아 시내 밖 도로 위에서 탱크의 요란스러운 소리가 울리며 짙은 안개가 소용돌이치는 골짜기 입구에 검은색 탱크 포신이 나타났다. 망했구나. 탱크가 골짜기로 들어왔으니! 곧이어 탱크 뒤를 바짝 따라오고 있는 철모를 쓴 미군 모습이 보였다.

"마지막 시각이 왔구나!" 내가 미친 듯이 뛰는 가슴을 진정시키며 허리를 숙여 수류탄 덮개를 열고 안전핀 안에 손가락을 집어넣은 다음 미군 놈들에게 집어던지려는 순간, 옆에 있던 대원 우(禹) 군이 나의 팔을 있는 힘을 다해 붙잡았다. 그는 울면서 "장 동지! 수류탄을 던지면 안 돼요. 던지면 우린 모두 죽어요!"라고 외쳤다.

나는 내 주위를 둘러싸고 있는 아무 죄도 없고 도움도 받을 수 없는 어린 전우들의 진흙으로 범벅이 된 얼굴을 보며 마음이 약해졌다.

"뛰어! 흩어져 뒷산으로 뛰어! 안개가 짙은 틈을 타서 일단 숨고 나서 다시 방법을 찾아보자." 나는 말이 끝나기도 전에 앞장서 시내를 빠져나와 산 위로 맹렬히 기어올랐다.

하지만 산세가 매우 가팔라서 내가 약 2장(丈)(1장은 3.33m-역자) 높이를 기어오르자 미끌미끌한 거대한 바위가 길을 가로막았다. 나는 수류탄을 허리띠에 꽂은 다음 발돋움해서 양손으로 바위틈 사이의 작은 나무를 잡고 힘껏 오르기 시작했다. 발밑은 너무 미끄러웠고 머리 부근에서 총탄이 튀어 생긴 돌 부스러기로 인해 이마에 상처가 났다. 내가 세게 한 번 힘을 쓰자 작은 나무가 뿌리째 뽑히면서, 나는 거꾸로 곤두박질쳤고 잠시 극심한 고통을 느끼다 정신을 잃고 말았다. ……

8. 쇠못이 달린 커다란 가죽 군화

내가 고통 속에 깨어났을 때 처음 본 것은 쇠못이 달린 커다란 가죽 군화였고, 처음으로 들은 소리는 "OK, This fellow is alive!"좋아, 이 녀석 아직 살아있어!였다. 이어서 그 가죽 군화를 신은 자가 면 모자를 쓴 나의 머리를 발로 차며 "Get up!"일어내이라고 소리쳤다.

나는 정신을 다 차리고 나서, 양키 몇 놈이 총을 들고 나를 둘러싸고 있는 것을 보고는 순간 놀라서 바로 일어나 앉았다. 나는 눈앞에 온통 별이 번쩍여서 머리를 숙이고 잠깐 숨을 돌린 다음, 무의식적으로 허리춤을 더듬어보니 수류탄도 사라지고 없었다. 나는 이대로 포기할 순 없다고 여겨 주위를 두리번거리다 바로 옆에 수류탄이 떨어져 있는 것을 발견하고는 곧바로 불쑥 손을 뻗어 수류탄을 잡았다. 하지만 가죽 군화를 신은 자의 동작이 나보다 빨라 수류탄을 쥔 나의 손을 밟아버렸다.

"끝났어, 완전히 끝났어. 내가 어떻게 떨어져 죽지 않았지!"

이어 더욱 거칠어진 "Get up!" 소리와 함께 차디찬 총검이 나의 턱을 돋우는 바람에 나는 비틀거리며 일어났다.

가죽 군화로 나를 찬 그 백인 병사가 "Put your hands beyond your neck!"양손을 목 뒤로 올려!이라고 명령했다. 내가 무슨 말인지 못 알아들은 것처럼 꼼짝하지 않자, 다른 흑인 병사가 친절하게 내가 어떻게 해야 하는지 자세를 취하며 보여줬다. 나는 어쩔 수 없이 양손을 목 뒤로 올릴 수밖에 없었다.

그때 나와 함께 포위망을 뚫던 장싱화張兴华·샤마오칭夏茂清·리궈싱李国兴·황웨이한黄维翰 등이 멀지 않은 곳에서 머리를 숙인 채 양손을 머리 뒤에 올리고 절뚝거리며 압송되어왔다. 내 곁의 미군은 포로를 압송하는 미군 사병에게 나를 넘기고는 다시 산 위로 올라가 수색을 계속하였다.

고개를 들어 나를 쳐다보던 동료들의 눈가가 금세 붉어졌다. 나는 고통스러운 심정으로 고개를 끄덕이며 그들의 행렬로 들어가 서로 부축하며 골짜기 입구를 걸어 나갔다.

그날은 1951년 5월 27일로 이후 나의 길고 긴 포로 생활이 시작되었다. 수십 년이 지났어도 나는 그날을 줄곧 분명하게 기억하고 있다.

제4장

시련과 결단

1951년 5월 말, 한국의 북한강

1. 깊은 치욕감에 빠지다

골짜기 입구를 돌아나가니 도로 위에 포로가 된 아군들의 기다란 행렬이 눈에 들어왔다. 그들 대부분 남루한 옷에 걷기조차 힘들어했다. 그중에는 붕대를 감은 사람, 나뭇가지를 지팡이 삼아 겨우 버티고 있는 사람도 있어 차마 눈 뜨고 볼 수 없는 지경이었다. 하지만 양옆에서 압송하는 미군은 오히려 위세를 부리며 큰 소리로 "Hurry up!"[빨리개이라고 고함을 질러댔다.

나는 마치 칼에 찔린 듯 마음이 아프면서 "우리가 진 것인가? 지다니! 이것이 어찌 된 일인가?"라고 스스로 되물었다.

무감각하게 발을 옮기던 나는 극도의 정신적 치욕감으로 육체적 고통을 잊어버렸다. '내가 어떻게 포로가 될 수 있단 말인가? 조직 상부에는 어떻게 설명한단 말인가?!' '목숨을 버려 절개를 지키고[舎身成仁], 대의를 위해 사리사욕을 버린다捨身取义'라고 하는 옛 교훈과 랑야산 다섯 열사의 장렬한 죽음을 떠올리며, 내가 왜 독한 마음을 먹고 마지막 순간 수류탄을 터트려 적과 함께 죽지 못했던가 라는 수치스러움에 눈물이 끊임없이 흘러내렸다.

"그래 목숨을 걸자! 지금도 늦지 않았어." 나는 곁에 있는 키 큰 흑인 병사를 흘겨보면서, 내가 갑자기 달려들어 그의 손에 있는 총을 빼앗을 수 있을지를 가늠해보았다. 한창 생각하는 순간 돌에 걸려 몸이 심하게 휘청거리면서 한동안 호흡을 가다듬지 못했다.

그때 갑자기 앞에 있던 미군 병사가 "Stop! Or you will be killed!"[멈춰! 너 죽고 싶어!]라고 외치는 소리와 함께 총성이 울렸다.

알고 보니 전우 1명이 배를 잡고 산기슭으로 달려가자, 미군이 공중에 대고 총을 쏜 것이었다. 나는 급히 영어로 "쏘지 마시오. 그는 이질에 걸려 볼일을 보려는 것이오!"라고 크게 외쳤다.

내 곁에 있던 흑인 병사가 매우 놀란 듯 눈을 휘둥그렇게 뜨고 나를 바라보고는, 즉시 나를 뒤쪽에 있는 호송대 지프차 옆으로 데리고 가서 앞쪽에 앉아 있는 장교에게 "소위님, 이 포로가 영어를 할 줄 압니다!"라고 보고하였다.

그 미군 소위는 신기한 듯 나를 아래위로 한 번 훑어보더니, 나보고 차에 타 옆에 앉으라고 하였다. 그는 운전하면서 나에게 "자네 이름이 뭔가? 어디에서 영어를 배웠지? 어떻게 한국까지 와서 싸우게 된 거지?"라고 물었다.

나는 "어차피 내가 영어를 할 줄 안다는 것이 드러난 이상, 사실대로 이야기하고 너희들이 나를 어떻게 처리하나 보자!"라고 맘먹었다. 나는 그에게 "나의 성은 장張이고 청화대학清华大学 학생이며, 한국에 와서 싸우는 것은 조국을 지키기 위해서입니다"라고 말하였다.

그러자 소위는 도리어 큰소리로 "아ー! 청화대학, 나도 거기를 아는데 유명한 학교지. 안타깝게도 자네가 공산당의 꾐에 속아 지금 이런 처지에 빠지게 되었군!"이라고 말했다.

그는 아무 말 없이 외면하고 있는 나의 모습을 보고는 곧바로 온화하게 "장! 자넨 두려워할 필요 없어. 내가 아는 바로는 정전회담이 막 시작되려고 해. 전쟁이 끝나면 쌍방이 포로 교환을 할 것이고, 자넨 돌아가서 계속 학교에 다닐 수 있을 거야!"라고 다시 말하였다.

이 소식이 얼마나 나의 마음을 뒤흔들었는지 그는 전혀 의식하지 못했다. "정전회담! 전쟁포로 교환! 조국으로의 귀환! 가족 재회!" 이 얼마나 소중한 희망의 불빛인가. 설령 그것이 아직은 극히 멀고 아득한 일일지라도 실의에 빠져있던 나를 분발시키기 시작했다.

그러나 내가 차에 내려 대오로 돌아오자 미군의 총검이 바로 내 뒤를 바싹 뒤따랐고, 이에 나는 다시 냉혹한 현실 속으로 돌아왔다. "적이 설마 우리를 진짜 놓아줄 수 있을까? 적에게 너무 큰 환상을 품지 않는 게 좋아!"

나는 극심한 기아와 피로로 온몸이 축 늘어지고 현기증이 나서 걷는 내내 비틀거렸으나, 머릿속은 오히려 긴박하게 움직이고 있었다.

'적이 만약 정말로 우리를 타이완으로 보내 장제스蔣介石[1]의 총알받이로 삼으려 하면 어떻게 해야 하지? 절대 속수무책으로 당할 수는 없어! 적과 끝까지 목숨 걸고 싸울 각오로 전우들과 단결해서 함께 저항하는 수밖에 없어!'

'내가 반미항폭反美抗暴 학생운동(북경대학 여학생 침숭沈崇 성폭행 사건을 도화선으로 1946

---

1 장제스(蔣介石 : 1887~1975) : 저장성[浙江省] 펑화현[奉化县] 출신으로 이름은 중정[中正]이다. 황포군관학교(黄埔军官学校) 초대 교장을 지냈고 국민혁명군 총사령관으로 북벌을 완성하였다. 난징국민정부 주석으로 중일전쟁에서 승리했지만, 국공내전에서 패배해 1949년 타이완으로 쫓겨갔다. 냉전 시기 아시아의 대표적 반공 정치가로 활동했으나, 1971년 중화민국의 유엔 탈퇴 후 실의에 빠진 가운데 사망했다.

년 말에서 1947년 초 미군에 항의한 전국규모의 운동-역자)에 참여하면서부터 혁명에 뛰어들었으니, 지금도 반미항폭 투쟁을 계속해야 하는 거야!'

'포로가 된 것은 분명 부끄럽지만, 기왕 적과 함께 죽지 못한 이상 새로운 투쟁 중에서 치욕을 씻을 수 있도록 해야지!'

이런 생각이 들자 놀라 두렵고 멍했던 나의 마음이 차츰 안정되기 시작했다.

걸어가다 시내를 건널 때 흑인 병사의 허락을 받아 나는 시냇물로 여러 날 동안 씻지 못했던 얼굴을 깨끗이 씻었다. 또 더럽고 축축한 솜 군복을 벗어 버리고 안에 껴입고 있던 새 홑겹 군복만 걸치자 정신이 훨씬 맑아지는 느낌이 들었다.

보슬비가 다시 내리기 시작했고 새까만 구름이 양쪽 산봉우리를 완전히 뒤덮었다. 우리 대오 중에서 쓰러지는 사람이 나오기 시작했다. 극도로 허약해진 나도 안팎에서 뼛속까지 스며드는 한기에 온몸이 부들부들 떨렸고 이빨이 부딪치며 소리가 났다. 나는 "반드시 견뎌야 해. 절대로 쓰러지면 안 돼!"라며 자신을 엄하게 타일렀다.

마침내 황량한 모래톱 위에 여러 개의 군용 막사와 철조망으로 둘러싸인 숙영지가 나타났는데, 보아하니 그곳이 바로 전쟁포로수용소인 것 같았다. 우리는 잇달아 철조망 안으로 압송되어 들어갔다.

2. "우리가 중국 군인임을 잊지 마라!"

그 '전방 임시 전쟁포로수용소'는 철조망에 둘러싸인 여러 개의 직사각형 숙영지로 나누어져 있었고, 매 숙영지는 농구장 하나 정도의 크기였다.

우리가 도착했을 때 함께 들어온 전쟁포로는 아직 그리 많지 않아서, 내가 머문 작은 숙영지 안에 약 200명 정도가 있었다.

모두가 철조망 주변에 기대어 앉아 견딜 수 없는 피로감으로 말없이 침묵만 지키고 있었다.

숙영지에서 멀지 않은 곳에 번들번들한 막사 하나가 있었는데, 한국 민간인 인부들이 트럭에서 막사 안으로 새끼로 짠 곡물 자루를 운반하고 있었다. 그 막사의 문틈 사이로 간간이 증기가 새어 나와 사람을 유혹하는 밥 향기가 바람을 타고 날아왔다. 이 때문에 나의 위장은 한바탕 경련을 일으켰고 쇠약해질 대로 쇠약해진 동료들도 고개를 쳐들고 향기의 출처를 찾았다.

시간이 이렇게 더디게 흐를 줄이야! 드디어 그 막사의 문발이 걷어 올려지면서 취사원 2명이 주먹밥을 광주리에 담아 들고 철조망 대문 앞으로 왔다. 동료들은 술렁거리기 시작하며 일제히 닫쳐있는 대문을 향해 몰려갔다. 취사원이 문 입구에 접근하기도 전에 동료들은 이미 한데 뭉쳤고 심지어 어떤 이는 손을 철조망 밖으로 뻗어 주먹밥을 쥘 준비를 하였다. 쇠사슬을 풀어 문을 열려던 미군 경비병이 이 모습을 보고는 동작을 멈추고 큰소리로 "Get out of the way! Step aside!"비켜! 옆으로 비켜!라고 외쳤다. 다른 2명의 경비병도 따라서 "Line up you!" "God damn you!"줄 세! 빌어먹을 녀석들!라고 소릴 질렀다. 하지만 동료들은 그들의 외침을 아예 알아듣지 못했고 도리어 더욱 심하게 한곳으로 몰려들었다.

이때 오는 도중 대열 뒤에서 호위하던 그 미군 소위가 입구에 나타나 멀리 서 있는 나를 보고는 손을 흔들며 큰소리로 "Zhang! Come over here!" 쟝! 이리 와봐!라고 불렀다.

내가 비집고 문 입구로 나오기를 기다렸다가, 그는 나에게 사람들을 한 줄로 세워서 순서대로 입구에 와서 밥을 타게 하라고 하면서 1인당 주먹밥 1개씩 나누어주게 시켰다. 나는 있는 힘껏 큰소리로 소위의 말을 모두에게 통역하고 나서, 마지막에 낮은 목소리로 "줄을 서시오, 줄을 서. 제발 좀 줄을 서시오. 우리가 중국 군인임을 잊지 마시오!"라고 말했다.

그러자 일부 동료들이 뒤로 물러나면서 대열이 천천히 정리되기 시작했다. 한국인 취사원이 주먹밥을 들고 들어오자, 나는 광주리 앞에 쪼그리고 앉아 미군의 감시하에 주먹밥을 나눠주기 시작했다. 모두가 묵묵히 앞으로 이동하여 밥을 배급받았다. 나는 주먹만 한 보리 주먹밥을 나눠주면서 "군사기밀을 누설하지 말고 조국을 배반하지 마시오!"라고 말했다. 많은 동료가 이 말을 듣고는 눈물을 머금고 고개를 끄덕였고, 어떤 동료는 표정이 전혀 없는 얼굴로 멍하니 주먹밥만 줄곧 쳐다보았다. 또 일부 다른 동료들은 놀라 두려워하는 표정으로 나를 보면서 한편으로 내 양쪽에 총을 들고 서 있는 미군을 쳐다보았는데, 그 모습이 마치 "지금이 대체 어떤 상황인데, 네가 감히 이런 말을 해!"라고 말하는 것 같았다.

과연 한 백인 병사가 "What are you speaking?"너 지금 뭐라고 말한 거야?이라고 물었다.

나는 영어로 "나는 그들에게 너무 급히 먹지 말라고 권하는 거요. 그렇지 않으면 체할 수도 있다고요"라고 대답했다.

그러자 다른 흑인 병사가 나를 향해 엄지손가락을 치켜들며 "Number one!"최고야!이라고 말했다.

나는 마음속으로 정말 마르크스가 말한 대로 인생 투쟁에 있어서 외국어가 일종의 무기가 된다는 생각에 기쁨을 금할 수 없었다.

마지막 남은 동료에게 배급을 마치자, 그 흑인 병사가 주먹밥 2개를 들고 와서 나에게 주면서 '수고에 대한 격려'의 뜻을 표시했다. 나는 거절하지 않고 동료들 곁으로 돌아와서 그중 하나를 쪼개어 선전대의 어린 병사들에게 나누어주었다.

3. "절대 매국노汉奸가 되어서는 안 된다!"

내가 아직 보리쌀에 섞인 완두콩의 '달콤한 맛'을 제대로 느끼기도 전에 주먹밥은 통째로 입안으로 사라져 버렸다. 내가 막 후회막급해할 때, 그 미군 소위가 뚱뚱한 미군 대위를 데리고 철조망 가까이 와서 나를 가리키며 "It's him can speak English"저자가 영어를 할 줄 압니다라고 말했다.

뚱뚱한 대위가 나를 잠시 자세히 살피더니, 손을 뻗어 나를 향해 집게손가락을 까딱거리며 "Let's go with me, you!"너, 나랑 같이 가재라고 말했다.

보아하니 좋은 일이 아닌 것 같아서 나의 심장이 급히 뛰기 시작했다.

대위는 나를 트럭 운전석 안으로 데리고 들어가서, 내 옷이 얇은 것을 보고는 내 어깨에 군용담요를 덮어주며 영어로 이야기를 나누기 시작했다. 그는 나의 이런 모습을 보고 매우 난감하며, 자신이 쿤밍昆明(중국 원난성云南省 정부 소재지-역자)에서 태어나 중국이 제2의 고향이나 마찬가지기 때문에 중국인에 대해 특별한 감정이 있다고 말하였다. 또 자신을 소개하면서 이름은 브룩스Brooks이고 아버지는 미국 선교사이며 어머니는 중국인의 후손华裔이라는 등을 말해주었다. 자신이 중국 혈통을 지니고 있음을 증명이라도 하려는 것처럼 서투른 중국어로 "나는 너와 친구가 되고 싶다!"라고 말했다.

이런 제의는 예상 밖이었을 뿐 아니라 또한 나의 경계심을 불러일으켰다. 나도 모르게 고개를 들어 그의 얼굴을 쳐다보았다. 그의 높은 코와 파란 눈에서 황인종의 피가 섞였다는 것을 조금도 찾아볼 수 없었지만, 그 눈빛에서 거짓이나 위선의 흔적은 보이지 않았다. 나는 '혹시 그의 말이 사실일까?'라고 가늠해보았다.

이어서 그는 또 영어로 나의 이름과 어디 사람인지, 부친은 어떤 일을 하시는지, 대학에서 무엇을 전공했는지를 물었다. 나는 이것들이 별 중요한 문제가 아니니 사실대로 말해도 괜찮다고 속으로 생각하였다. 그래서 바로 그에게 "나는 쓰촨四川 사람이고, 아버지는 엔지니어工程师이며, 대학에서 물리학을 전공했다"라고 대답하였다. 그가 또 "너의 영어 발음이 어떻게 이렇게 좋지?"라고 물어서, 나는 중고등학교 6년을 줄곧 교회학교에 다녔고 영어 선생님이 미국인이었다고 알려주었다.

"아, 그랬구나. 그럼 너의 부모님은 당연히 기독교인이겠군!" 그가 기뻐하며 말했다.

나는 잠시 말을 멈추고 속으로 재빨리 '당신이 틀렸어. 내가 교회학교에 다닌 것은 단지 가르치는 수준이 높아서였어. 교회학교에 다닌다고 해서 모두 다 서양인의 노예가 되는 건 아니야!'라고 항변하면서도, 다른 한편으로 '불분명한 태도로 적을 현혹시켜야 한다'라는 지하 투쟁의 책략이 생각나서 바로 "저도 역시 기독교도지요!"라고 대답했다.

브룩스 대위는 더욱 기뻐하는 표정을 지으며 "이봐, 어쩌다가 공산당을 따라 여기까지 싸우러 왔니? 만약 싸우다 죽는다면 얼마나 가치 없는 일인가!"라고 하였다.

"아니요, 저는 지원해서 왔어요!"

"그럼 네가 속은 거야. 공산당은 너희처럼 순수한 청년들을 잘 속여!"

"그러나 저는 우리나라를 사랑하지 않을 수 없습니다. 당신이 미국을 사랑하는 것처럼."

"그야 당연하지. 하지만 너는 공산당과 국민당 중 도대체 어느 쪽이 좋다고 여기나?"

"저는 자연과학을 배운 사람으로 정치에 대해서는 흥미가 없어요. 견해는 당연히 조금 있지만, 당신이 제가 진실을 말하기를 원하는지 거짓을 말하기를 원하는지 모르겠군요?"

"당연히 진실된 말이지!"

"그렇다면 저는 공산당이 국민당보다 좋다고 생각해요."그리고는 해방
(국공내전의 결과 중국공산당에 의해 중국국민당의 지배에서 벗어난 것을 지칭-역자) 후의 물가안정과 교통회복, 사회질서의 호전, 학생들이 안심하고 공부할 수 있게 된 사실들을 열거했다.

그는 다 듣고 나서 깊이 생각하더니, "장! 난 너의 성실함이 마음에 들어. 하지만 넌 너무 어려서 정치를 이해하지 못해. 넌 학업을 계속해야만 해"라고 말했다.

"저는 본래 전쟁이 끝나면 돌아가서 학업을 계속할 생각이었지만 이젠 불가능하잖아요!"

"아니, 전혀 안 그래. 나는 지금 바로 너를 도와줄 수 있어! 만약 네가 우리 제8군 사령부에서 통역 일을 맡는 것에 동의한다면, 너의 전쟁포로 신분을 해제시켜 우리가 고용하는 문관 요원이 되게 할 수 있어. 전쟁이 끝나자마자 바로 너를 미국으로 보내 대학을 다니게 해주지"라고 대위가 목소리를 높이며 말했다.

그의 이런 제안에 나는 정말 매우 놀랐다. 나의 뇌는 또 긴박하게 움직이기 시작했다. "만약 그의 제안에 응하면 난 매국노가 되는 게 아닌가! 앞으로 아마도 비행기를 타고 아군에게 선전 활동을 해야 하겠지? 하지만 나를 정말로 비행기에 태운다면 비행기를 납치해 둥베이东北(중국 동북부에 있는 랴오닝辽宁·지린吉林·헤이룽장黑龙江 3성으로 이루어진 지방으로 대략 과거 만주 지역을 지칭-역자)로 돌아갈 기회가 있지 않을까! 아냐, 이건 너무 비현실적이야. 일이 잘못되어 특무特务기관으로 보내져 간첩이 되면 끝장이지! 아무래도 동료들과 같이 있어야만 투쟁을 전개할 수 있을 거야. 그러니 적당한 이유를 찾아서 거절해야만 해."

그래서 나는 "당신의 호의는 고맙지만, 약혼녀가 중국에서 기다리고 있어요. 자신이 한 언약을 저버릴 수야 없잖아요!"라고 말했다.

그는 나를 바라보며 한숨을 쉬면서 "네가 자신의 사랑에 충실해지려 한다니, 내가 막을 수는 없겠지. 하지만 너무 유감이야! 전쟁포로 생활은 너에게 무척 힘들 텐데…… 만약 네 생각이 바뀌면, 언제든지 내가 써주는 소개서를 너를 압송하는 미군 병사에게 건네줘. 그러면 그들이 즉시 너를 제8군 사령부로 보내줄 거야. 우리는 현재 주로 중공군과 싸우고 있어서 너의 이런 수준의 중국어 통역이 매우 필요해"라고 했다. 그러고는 곧바로 자신이 서명한 쪽지를 나에게 주었고, 또 초콜릿 2조각을 건네며 내가 덮고 있던 담요도 철조망 안으로 가지고 가라고 하였다.

브룩스 대위는 철조망 입구까지 나를 전송하면서 나에게 또 "장! 지금 상황에서 내가 이렇게 많은 중국 포로를 관리할 통역 인원을 파견할 수가 없으니, 자네가 먼저 이 수용소의 통역을 맡아 우리의 관리업무를 도와주면 좋겠는데!"라고 말했다.

나는 잠시 주저하다, 조금 전 주먹밥 쟁탈전이 일어날 뻔한 상황이 떠올라 바로 고개를 끄덕이며 동의하였다.

4. '애국주의 그룹小组'

나는 철조망 안으로 돌아와 해방 전 지하 투쟁에 종사했을 때 중국공산당이 가르쳐 준 책략에 근거해 나의 행동 방침을 기획하기 시작했다. 나는 '통역'을 맡아 적에게 접근하여 우리에 대한 적의 의도를 이해하고, 내가 동료들 사이에서 전개하려는 선전과 조직 공작을 엄폐하기로 했다. 나는 또 '애국주의 그룹'이란 이름의 비당단非党团(중국공산당과 공산주의청년단의 정식 기구가 아니라는 의미-역자) 비밀조직을 만들어, 이를 핵심으로 동료들이 애국적 절개와 공산주의 신념을 견지하도록 단결시키기로 했다. 짐작건대 연대 지도자들도 포위를 뚫고 나갈 수 없었을 테니, 우선 우리 연대 당 위원회 구성원을 최대한 빨리 찾아서 나의 계획을 그들에게 보고하고 지시를 청해야 했다. 생각이 여기까지 미치자 나의 의기소침했던 심정은 완전히 사라지고 일종의 새로운, 뭔가 하고 싶어 안달하는 열정이 마음속에서 일어났다.

그때 낮게 훌쩍이는 소리가 들려서 가까이 가서 보니, 16, 7세쯤 되어 보이는 어린 녀석이 울고 있었다. 나는 브룩스 대위가 준 담요를 그의 몸에 덮어주면서 작은 목소리로 집 생각이 나느냐고 물었다. 그러자 그는 "방금 양키 놈들이 저를 데리고 가서 심문하였는데, 지원군 중에 공산당원이 어느 정도의 비율을 차지하느냐고 묻기에, 제가 모두가 다 공산당원이라고 말했지요. 또 중국에 공산당원이 얼마나 되냐고 물어서, 제가 4억 5

천만 명이라고 말했죠. 그랬더니 그자들이 발로 차고 주먹으로 쳐서 다친 상처가 터져 다시 피가 났어요!"라고 말했다.

"너는 대답을 너무 잘했어! 넌 정말 기골이 있는 대장부야. 울지 마."

"전 아픈 건 두렵지 않은데, 평생 다시 돌아가지 못하면 식구들이 어찌 할지 모르고 저 때문에 마음 졸일 것이 걱정되는 거예요!" 나는 그에게 "평화회담이 곧 시작되면 포로 교환도 희망이 있어"라고 위로하면서 "지금 우리의 임무는 동료들을 단결시켜 양키 놈들의 학대에 반대하는 거야"라고 알려주었다.

나는 그를 나의 '애국주의 그룹'의 첫 번째 멤버로 만들어 그에게 동료들의 정치적 입장을 관찰하고 모두가 혁명의 신념을 견지하도록 고무해서, 조국을 배반하는 데 반대하고 교환 귀국을 쟁취할 투쟁을 어떻게 전개할지를 알려주었다. 이 말을 듣고 그는 기쁜 듯 웃었다. 그가 바로 나중에 배신자들을 놀라게 하고 벌벌 떨게 만든 기골 있는 사내대장부 장루이푸姜瑞溥였다.

그날 저녁 나는 함께 포위망을 뚫으려 했던 선전대 동료들을 불러 모아 그들에게 조국으로 돌아갈 희망이 있다는 상황을 알려주고, 분발해서 적과 투쟁할 준비를 하도록 고무시키며 그들을 '애국주의 그룹'의 최초 멤버로 발전시켰다. 그리하여 샤마오칭·황웨이한·천스치陳世祺를 1조에, 장싱화·황위런黃郁仁·자오훙趙宏을 2조에 배치하였다. 나는 모두에게 만일 적에 의해 분산 압송된다면, 각자 독립적으로 투쟁하며 독자적으로 조직을 발전시키고 선전 활동을 전개해야 한다고 당부했다.

이들 전우 거의 대부분이 끝까지 버텨 나중에 조국으로 돌아왔다.

5. "장 군君, 난 차에서 뛰어내려 죽기로 마음먹었어!"

1951년 5월 28일 이른 새벽, 대략 1,000명에 이르는 우리 전쟁포로들은 자다 깨어나 기다란 차량 행렬로 나뉘어 압송되었다. 브룩스 대위가 맨 끝 차량의 운전석에 앉아있는 미군 장교에게 가서 뭔가를 말하더니, 그 장교가 내려서 브룩스 대위와 함께 내가 타고 있는 차로 다가왔다. 브룩스 대위가 나를 가리키며 그 장교에게 "저 사람이 바로 내가 말한 장張이야. 수원水原에 도착하면 그를 클라우스Klaus 중위에게 데리고 가게"라고 말했다. 차가 움직이기 시작하자 브룩스 대위는 큰소리로 "장! 진지하게 나의 제안을 고려해봐!"라고 외쳤고, 나는 고개를 끄덕였다. 차가 한참을 달린 후, 고개를 돌려보니 그는 아직도 나를 향해 손을 흔들고 있었다.

우리가 탄 차량 행렬은 구불구불한 산길을 달렸다. 왼쪽 산 정상에 비치기 시작한 검붉은 서광을 보면서 나는 우리가 남쪽을 향해 가고 있음을 짐작했다. 정면에서 불어오는 차가운 바람에 나는 벌벌 떨면서 곁에 있던 동료 — 우리 연대의 작전계장 한뤄푸韓洛夫의 몸에 바짝 붙어 온기를 받았다. 그는 아예 솜 군복을 열어 나를 그 속에 함께 있게 해주었다.

트럭이 산 아래를 향해 빠른 속도로 달릴 때, 한 계장이 갑자기 솜 군복을 벗어 내 몸에 덮어주고는 "장 군! 이쪽이 낭떠러지인데, 난 차에서 뛰어내려 죽기로 마음먹었어! 만약 자네가 살아서 조국에 돌아간다면, 부대에 나의 상황을 보고하고 열사증烈士証을 신청해서 내 가족들에게 보내줘······"라고 말했다.

나는 그의 말이 채 끝나기 전에 몸을 돌려 그를 꽉 붙잡고 "한 계장님! 이렇게 자살하는 것은 정말 가치 없는 일이에요. 죽더라도 기회가 있을 때 적의 총을 빼앗아 그들과 한판 목숨을 다해 싸워야 본전이라도 찾는 거 아니겠어요!"라고 소리쳤다. 나는 또 앞쪽 산길에 불을 밝히고 달리는 수십 대의 차량 행렬을 가리키며 "보세요. 우리의 이렇게 많은 전사가 모두 포로가 되었어요! 우린 당원이고 간부인데 스스로 죽는 건 쉽지만, 그러면 누가 그들을 돌보고 누가 그들의 힘든 전쟁포로 생활을 견딜 수 있게 이끌어 줄 겁니까?"라고 말했다.

그는 고개를 떨어뜨리고 고통스럽게 울면서 내게 꽉 잡혀있는 몸을 격렬하게 떨었다.

차량 행렬은 산골짜기 속에서 빠른 속도로 남쪽을 향해 달려갔다.

"조국으로부터 점점 멀어지는구나!" 나는 북쪽을 쳐다보며 북극성을 찾아보려 했지만, 북쪽의 거무스레한 산봉우리 위에는 여전히 먹구름이 짙게 덮여있었다.

제5장

수원水原 교외 전쟁포로 수송 중계기지에서

1951년 5월 말 ~ 1951년 6월 말, 한국 수원

1. 적의 심문에 대처하다

1951년 5월 28일 저녁 무렵, 한국의 수원시로 압송된 우리는 차에서 내려 한 광장에 집결했다. 그곳은 학교 운동장 같아 보였는데, 광장 정중앙에 한 줄로 길게 배열된 탁자마다 뒤편에 모두 사복을 입은 문관들이 앉아 있었다. 우리는 한 명씩 불려 나가 심문받았다. 나를 심문한 사람은 황인종으로 광둥广东 억양의 중국어를 구사하였는데, 한국 주재 타이완 대사관에서 임시로 차출된 통역원인 듯했다.

심문을 기다리는 동안 나는 적의 심문에 대처할 원칙을 생각해냈다. 즉아군과 우리 당의 위신을 훼손하거나 중대한 군사기밀을 폭로해서는 결코안 되지만, 일반적인 상황은 사실대로 이야기한다. 이렇게 정한 이유는 내가 전개하려는 지하 투쟁을 엄폐하기 위해 적의 신임을 얻어야 했을 뿐 아니라 우리가 집단 포로여서 일반적인 상황은 적이 쉽게 알 수 있기 때문이

었다. 이에 따라 적이 묻는 성명·나이·본적·학력·소속 부대 번호 등에 대해서는 모두 사실대로 대답하였다. 그러나 직책·정치적 입장·등급· 종교 신앙 등 몇 항목에 대한 물음에는 선전대 대원·일반 민중·분대급· 기독교도라고 허위 보고를 하였다. 우리 중대의 장비 상황을 물었을 때, 내가 전투원이 아니어서 부대의 장비 내용을 파악하지 못한다고 말하였 다. 마지막으로 내가 속한 연대 지휘관들의 성명을 물어서, 나는 입대한 지 겨우 1달여밖에 안 되어 아는 이름이 없다고 답했다.

"너는 선전대 대원이니, 다른 건 몰라도 너의 연대 정치부 주임의 이름 은 당연히 알고 있겠지!"

"모두가 그를 장張 주임이라고만 부릅니다."

그러자 그는 영어로 된 『중공부대정황휘편中共部队情况汇编』이란 책을 펴서 우리 군단, 사단, 연대가 적힌 페이지를 넘긴 다음, 손가락으로 짚으며 연 대 정치부 난을 찾은 후에 고개를 끄덕였다. 나는 이『휘편』을 보고 깜짝 놀랐다. 적의 정보가 이처럼 정확한데, 우리 지휘부에서는 이런 정황을 파 악하고 있기나 한 건지?

그 심문관이 손을 흔들며 나에게 차에 타라고 하였고, 그제야 나는 한숨 을 돌렸다. 그리하여 이 첫 번째 심문은 간신히 그럭저럭 넘긴 셈이 되었다.

2. '통역관'이 되다

우리를 압송하는 트럭이 수원시 교외의 들판을 통과해 근교에 있는 전 쟁포로 수송 중계기지에 도착했다. 이곳의 여건은 전방 임시수용소보다 조금 나아서 포로들은 막사 안의 볏짚 방석 위에서 잠을 잘 수 있었고, 식사는 매일 보리쌀 주먹밥 2개 외에 간혹 오징어 몇 조각이 들어있기도 한 채소로 만든 묽은 국이 약간 나왔다.

차에서 내리자, 압송 책임자인 키 큰 중위가 나에게 따라오라고 하였다. 그는 나를 철조망 안 정문 입구에 가까운 독립된 막사 안으로 데리고 가더니, 탁자 앞에 앉아있는 미군 중위에게 "하이, 클라우스! 브룩스 대위의 명령을 받아 자네에게 영어를 할 줄 아는 중국 포로 1명을 넘겨주려고 왔어. 그는 이미 통역을 맡도록 임명받았으니, 자네가 중국 포로를 관리하는 데 협조할 거야. 이제 더 이상 자네 업무가 가벼운 것을 부러워하지 않게 됐어. 내가 오늘 한 번에 대략 1,000여 명의 중국 포로를 이송해왔으니, 자네 한동안 충분히 바쁠 거야!"라고 말했다.

클라우스 중위는 키가 크지 않고 갈색 피부에 회색 눈이었다. 그는 말을 다 듣고 나서 나를 데리고 온 장교에게 어쩔 도리가 없다는 손짓을 하며 일어나면서, "어떻게 하면 너의 동포에게 나의 손짓을 이해시키나 걱정하고 있던 참이야. 네가 와서 너무 좋구나. 이름이 뭐지?"라고 나에게 물었다.

그 키 큰 장교가 말을 가로채며 "그의 성은 장이고 대학생이지. 그리고 기독교도고!" 이어서 또 나에게 "장! 클라우스 중위는 나의 좋은 친구야. 그를 겁낼 필요 없이 그의 일을 대신 잘해주면 돼!"라고 말하고는 중위에게 미소 지으며 몸을 돌려 나갔다.

클라우스 중위는 나에게 그의 맞은편 의자에 앉으라고 하면서 막사 안의 야전침대를 가리키며 "너는 이 침대에서 자면 돼. 지금부터 너는 나의 업무 요원으로 「전쟁포로 대우에 관한 제네바 협약」에 따라 우리가 고용한 다른 요원들과 동등한 대우를 누리게 될 거야. 너의 업무는 너의 동포

들의 식사와 진료 등 생활문제를 관리하는 거야"라고 말한 다음, 서랍에서
요원용 완장 하나를 꺼내 나에게 두르라고 했다.

나는 그에게 "당신이 저를 우대해주는 것은 고맙지만, 저는 아무래도 동
료들과 함께 있는 편이 좋을 것 같습니다"라고 의사를 표시했다.

그는 "이것은 단지 업무의 편의를 위한 것이니, 너는 당연히 언제든지
동료들을 보러 갈 수 있어"라고 말하였다.

한창 그가 말하고 있는 도중에, 한국인 1명이 들어와 매우 서툰 영어로
"중위님! 이송되어 온 포로들이 모두 막사 안으로 들어갔는데 식사를 시작
할까요?"라고 물었다. 클라우스 중위는 고개를 끄덕이고는 곧바로 나를
그에게 소개했다. "박朴! 그의 성은 장이고, 영어 실력이 너보다 좋아. 중국
어는 말할 필요도 없고. 생활 관리는 그가 책임질 테니, 너는 위생만 책임
지면 돼." 박은 나를 한번 흘겨보고는 굽실거리며 나갔다.

나는 즉시 대오를 정리해 주먹밥을 나누어주겠다고 하였다. 클라우스
중위는 "좋아! 네가 가서 취사장의 취사원에게 밥을 막사 안으로 날라달라
고 해서 나누어 주고, 다 분배한 다음에 즉시 돌아와 식사하도록 해"라고
말하였다. 그러고는 좀 생각하더니, 다시 "내가 일단 너와 함께 한번 가보
지!"라고 말했다.

그는 먼저 나를 데리고 취사장으로 가서 박에게 취사장의 취사원을 나
에게 소개하도록 하고, 아울러 앞으로 내가 식사 배급을 맡게 되었음을 설
명해 주라고 하였다. 또 나와 취사원들을 데리고 각 막사 안으로 음식을
갖고 가서, 나에게 나이가 비교적 많은 동료 2명을 골라 임시로 배급 책임
을 맡기라고 하였다. 나는 이 기회를 이용해 포로가 된 동료 중 우리 연대
의 지도자가 있는지를 살펴보았다. 이때 나의 심리는 매우 모순되어, 그들

이 모두 포위를 뚫고 나갔기를 바라면서도 연대 당 위원회 위원 한두 명을 운좋게 만나서 그들 지도하에 투쟁을 전개할 수 있기를 바랐다. 특히 최대한 빨리 지도자에게 내가 자발적으로 '통역관' 자리를 쟁취한 의도를 설명하여 매국노가 되려 한다는 오해를 피하고 싶었다.

클라우스 중위는 줄곧 나를 따라다니며, 한국인 취사원들의 행동이 너무 느릴 때마다 큰 소리로 욕하며 꾸짖었다.

식사 배급을 모두 마치고 대대 본부로 돌아오자, 클라우스 중위가 철제 로커에서 직사각형의 종이상자 하나를 꺼내 윗면에 인쇄된 '시레이션'C-RATION(전투식량-역자)이라는 글자를 가리키며 "이건 우리 병사들의 '하루 보급품'인데, 이게 바로 오늘 너에게 정해진 보급량이야"라고 말했다.

내가 상자를 열어보니, 그 안에는 육류식품이 담긴 주물 통조림 3개, 과자 통조림 3개, 그리고 담배 1갑, 커피 1봉지, 사탕 1개, 종이 성냥 1통이 든 종이 자루 하나가 들어있었다. 이를 보고 나서 나는 동료들과 같은 대우를 받고 싶다는 뜻을 진지하게 표명하였다.

클라우스 중위는 한참 나를 빤히 쳐다보더니 "장! 너의 심정을 이해하지만, 난 구별해서 대우해야만 해. 너는 내가 고용한 요원으로 설령 너의 신분이 포로일지라도 우리 미국이 「전쟁포로 대우에 관한 제네바 협약」에 서명했으니, 난 그것을 위반할 생각이 없어"라고 말했다.

이는 정말 내가 예상하지 못한 말이었다. 나는 나의 동료들에게도 이렇게 대우해주면 얼마나 좋겠냐고 말하려 했으나, 나의 입에선 오히려 "정 그러시다면 감사히 먹겠습니다"라는 말이 튀어나왔다.

식사 후 나는 육류 통조림을 갖고 클라우스 중위에게 부상병과 환자를 보러 간다고 말한 다음 막사 몇 군데를 살펴보다가, 막 열이 나는 중환자

2명을 발견하고 그들을 부축해 의무실로 데려가서 미군 군의관에게 주사를 놔주고 약을 달라고 부탁하였다. 내가 그 군의관에게 사의를 표하자, 그도 이것은 「전쟁포로 대우에 관한 제네바 협약」에 규정된 것이라고 말했다. 나는 만약 모든 미군이 이렇게 협약을 준수한다면 포로수용소 생활도 어쩌면 전혀 두려울 게 없을지 모른다는 생각이 문득 들었다.

아픈 동료들을 막사로 돌려보낼 때, 나는 통조림을 그들의 상의 주머니에 집어넣어 주었다. 그러자 두 동료가 갑자기 나의 손을 잡고 오열하기 시작했다. 그 얼마나 따뜻한 위로가 필요했었는지! 그들의 이러한 행동은 나를 매우 슬프게 하였다.

3. "중국인의 체면을 깎을 순 없소"

막 내가 돌아가려 할 때, 갑자기 귀를 자극하는 괴상한 웃음소리가 들려왔다. 머리를 돌려보니 포로수용소 밖 전봇대 아래에서 보초 서는 미군이 수중의 담배를 하나씩 절단해서 철조망 안으로 던지자, 한 무리의 우리 동료들이 우르르 좌우에서 달려들어 땅에 떨어진 담배꽁초를 서로 빼앗으려 하고 있었다.

순간 나는 피가 머리 위로 솟구치는 걸 느끼며 참지 못하고 달려가 큰소리로 "돌아가시오. 모두 막사로 돌아가시오!"라고 외쳤다.

그 동료들은 내 팔의 완장을 보더니 마지못해 막사로 돌아갔다. 나는 뒤따라 들어가서 그들에게 "비록 우리가 곤경에 처했더라도 중국인의 체면을 깎을 순 없소!"라고 말했다. 하지만 동료들의 초췌한 모습을 보는 순간 마음이 흔들려 "부대가 포위된 후로 여러분 모두 담배 냄새를 맡지 못했을 거요. 여기 마침 담배가 있으니 모두 하나씩 피우시오!"라고 말하며 미제 럭키 스트라이크Lucky Striker 담배를 꺼내 피우라고 권했으나, 동료들은 고개를 숙이고 아무도 손을 내밀지 않았다.

그때 어떤 키 큰 동료가 갑자기 머리를 감싸 쥐고 흐느끼기 시작했다. 나는 그에게 다가가 담배와 성냥을 앞에 놓아두고 얼른 고개를 돌리며 자리를 떠났다.

이날 저녁 나는 혼자 야전침대에 누워 뒤척이며 잠을 이루지 못했다. 내가 가장 걱정했던 점은 더 이상 적이 우리를 어떻게 대하는 것이 아니라, 이렇게 무서운 좌절을 겪고 이렇게 큰 환경 변화가 생긴 후에 나타나는 동료들의 심각한 소극적 정서였다! 내가 어떻게 해야만 이런 상황을 바꿀 수 있을까? 누군가 와서 나를 지도해 주길 그 얼마나 바랬던가!

4. 피터Peter 상사의 내면세계

다음 날 아침 마르고 키가 크며 순수 백인종인 미군 상사가 왔다. 클라우스 중위는 그를 나에게 소개하며 "장! 이 사람은 피터 상사야. 그가 오늘 너의 동료 20명을 데리고 가서 임시 도로를 보수하려고 하니, 가서 신체 건강한 20명을 골라서 네가 이끌고 피터 상사를 따라가도록 해!" 나는 잠시 생각하고 나서 "저의 동료 중에는 몸이 괜찮은 사람도 있지만, 당신이 알다시피 다들 몸이 매우 허약합니다. 만약 일을 시키려면 그들에게 음식을 좀 늘려주길 바랍니다"라고 말했다. 클라우스 중위는 그들에게 주먹밥

2개씩을 더 배급하도록 허락했다.

　내가 막사로 가서 이러한 정황을 얘기하자, 많은 동료가 서로 가려고 손을 들었다. 나는 여전히 굶주림의 고통을 받는 동료들을 보며 마음이 매우 안 좋았으나, 곧 모질게 마음먹고 부상과 병이 없고 나이가 비교적 젊은 동료 20명을 골라 취사장으로 가서 식사를 배급받고 피터 상사를 따라 출발하였다.

　우리가 수리해야 하는 것은 미군 병영 밖에 있는 진흙 도로였다. 피터 상사의 지시에 따라 우리는 먼저 자갈을 운반해 깔고, 다시 굵은 모래를 그 위에 덮었다. 그리 힘든 일은 아니었지만 모두 바구니를 드는 것도 매우 힘들어서 식은땀만 흘려댔다. 피터 상사는 나에게 여러 번 작업에 참여하지 말라고 했으나, 완곡한 말로 거절하고 동료들과 함께 땀을 흘렸다. 나는 영화 속에 나오는 일본 놈 곁에 붙어서 중국인 노동자들에게 함부로 이래라저래라 시키는 그런 매국노 통역관으로 동료들에게 여겨지고 싶지 않았다.

　중간 휴식 시간에 피터 상사가 나를 불러 병영 안의 그가 머무는 막사로 가자고 하여서 그를 따라갔다. 그의 막사 안에는 10여 개의 야전침대가 가지런히 배치되어있고 침대 머리마다 큰 철제상자가 있었는데, 상자 덮개 위에는 대부분 작은 액자·맥주·통조림 등 여러 잡동사니가 놓여있고 어떤 곳에는 화장품까지 있었다. 나는 매우 놀라 그에게 만약 행군하거나 전투를 하게 되면, 이 많은 짐은 어떻게 하느냐고 물었다. 그러자 그는 이 물건들은 많은 편에 속하지도 않으며 행군할 때는 각기 상자 하나에 방수 배낭 하나씩인데, 한 분대마다 10여 명이니까 트럭 1대면 모두 다 실을 수 있다고 말했다. 나는 속으로 '정말로 도련님 군대네!'라고 생각했다.

피터 상사는 그의 상자를 열어 가족사진을 꺼내 보여주면서 나에게 누가 그의 아내고 여동생인지 말해주었다. 이어서 또 그가 한국에서 찍은 사진 한 묶음을 보여주었는데, 거의 모두가 나체의 한국 부녀자였다. 내가 곤혹스러워서 얼른 고개를 돌리자, 그는 큰 소리로 하하 웃으며 "여태 여자를 접해본 적이 없지. 장!"이라고 말했다.

"당신은 아내가 이 사진들을 볼까 두렵지 않나요?" 나는 얼굴을 붉히며 말했다.

"그녀가 보게 되면 나에게 더욱 잘해주는 수밖에 없지!"

나는 문득 해방 전 미군이 베이핑北平[1]에서 제멋대로 나쁜 짓을 한 일이 생각나서, 피터 상사에 대한 증오심이 갑자기 일어났다.

피터 상사는 나의 낯빛이 변한 것을 보더니, 그의 물건들을 거두며 "너희 중국인들은 정말 이해하기 어려워"라고 말하였다.

나는 말없이 그를 따라 공사하던 곳으로 돌아왔는데, 마음속에는 피터 상사에 대한 혐오와 한국 부녀자에 대한 연민으로 가득 차 있었다.

5. 클라우스 중위와의 대화

연속 며칠 동안 매일 수백 명의 동료가 전방으로부터 압송되어왔는데, 기차 한편을 다 채울 인원이 되면 전용 열차로 부산釜山에 있는 전쟁포로수

---

1   베이핑[北平] : 베이징의 다른 이름. 1928년 중국국민당이 난징을 중화민국 수도로 삼음에 따라 베이핑으로 개명하였으나, 1949년 중화인민공화국 수립 이후 베이징으로 다시 회복되었다.

용소로 이송되었다.

나는 매일 숙식을 안배하고 부상병을 돌보거나 동료들을 데리고 출장 등을 다니느라 바빴다. 클라우스 중위는 나의 일 처리에 대해 만족을 표했다. 그는 저녁 당번을 설 때, 나에게 여러 번 홍차를 타 주었을 뿐 아니라 연유까지 넣어주면서 나와 이야기를 나누었다.

그의 아버지 역시 군인이며 자신은 전문학교 졸업 후 적당한 일을 찾지 못하다가, 아버지의 제안으로 군인이 되었고 서독에서 몇 년 주둔하다 일본으로 파견되었다고 하였다. 한국에 온 것은 월급이 많고 빨리 귀국할 수 있어서 스스로 요청한 것이며, 반년만 지나면 귀국해서 결혼할 수 있다는 등의 얘기를 하였다.

그는 역사가 오래된 중국에 대해 매우 흥미를 느낀다고 말하면서, 나에게 만리장성과 자금성紫禁城2의 상황에 관해 물었다. 나는 이 기회를 빌어 그에게 우리의 유구한 역사와 찬란한 문화에 대해 말하면서, 신중국新中國(중화인민공화국을 지칭-역자) 성립 후 국가 차원에서 문화 고적을 소중히 여기고 있음과 국공내전 기간 중 베이핑의 고성古城이 전화戰火에 파괴되지 않도록 보호하기 위해 우리가 했던 힘든 노력을 알려주었다. 그는 듣고 나서 언젠가 베이징의 명승고적을 유람할 수 있기를 바란다고 했다. 나는 "전쟁이 끝나고 중국과 미국의 외교관계가 회복되면, 당신의 바람도 실현될 수 있

---

2 자금성(紫禁城) : 베이징에 있는 명·청 시대의 궁성. 자금이란 천제의 궁성으로 전해져 내려오는 자미원(紫微垣) 성좌에서 따온 이름으로 황제의 거처를 뜻한다. 명 영락제가 원 대도(大都)의 궁성 터를 이용해서 축조하여 1420년 완성되었다. 지금의 건물은 명나라 양식을 대체로 계승하여 청나라 때 세워진 것들이다. 건물과 담 그리고 문이 정연하게 배치되고 노란 유리(瑠璃)기와와 붉은 칠의 기둥들이 어우러져서 집단미를 이루는 이 호화로운 대궁전은 권력의 강대함을 잘 표현한 것이다. 1925년 이래 고궁박물원으로 일반에게 공개되고 있다.

을 겁니다!"라고 답했다. 아울러 기회를 틈타 그에게 정전회담이 시작되었는지, 전쟁이 끝난 후 포로 교환이 정말 이루어질 건지를 묻자, 클라우스 중위는 정전회담은 곧 시작될 것이고 포로 교환도 분명하다고 대답해주었다. 그러면서 신문 1장을 나에게 건네며 "이 기사를 보면 알 수 있어"라고 말했다.

이틀 전 나는 그의 사무실 책상 위에 놓여있던 그 신문을 그가 자리를 비운 사이 몰래 훔쳐보아서, 그것이 미국의 군사 전문 일간지 『성조보星條報, Star&Stripes』임을 알았다. 1면의 큰 표제가 정전회담에 관한 소식이어서 자세히 읽어보고 싶었지만, 그가 갑자기 들어올까 두려워 읽고 싶은 갈망을 간신히 참았었다. 그렇기에 신문을 받아든 순간 나의 손이 부들부들 떨렸다. 그 기사에는 유엔군과 공산군이 이미 합의에 이르러 정전회담이 7월 10일부터 시작될 것이라고 분명하게 적혀 있었다. 내가 너무 흥분한 모습을 보였는지, 클라우스 중위가 다가와 어깨를 두드리며 "장! 나도 너와 마찬가지로 이 의미 없는 전쟁이 빨리 끝나서 하루라도 일찍 돌아가 가족들과 만나길 희망해"라고 말했다.

그날 저녁 나는 오랫동안 잠들지 못했다. 포로가 된 후 처음으로 집 생각이 나서 쏟아지는 눈물을 아무리 해도 멈출 수가 없었다.

6. 연대 당 위원회 지도자를 만나다

수원에 도착한 지 10일쯤 되는 날 오후, 나는 새로 압송되어 온 전쟁포로 중에서 우리 연대의 부참모장 두강杜崗 동지를 발견하였다.

그의 머리카락과 수염이 아주 길게 자랐고 머리에 붕대도 감고 있었으며 입고 있던 솜 군복은 온통 찢어지고 더러웠지만, 그의 큰 체격과 윤곽이 선명한 얼굴은 여전해서 나는 즉시 그를 알아보았다. 얼마나 반가웠던지 정말 바로 달려가 그를 껴안고 싶었다.

나는 애써 이런 충동을 억제하고 일을 다 처리한 후, 조용히 담배와 통조림을 들고 그의 막사로 찾아갔다. 내가 그의 대호代號(부대에서 소속 계급을 나타내는 기호-역자)인 '24호'를 부르려는 순간, 그가 즉시 눈짓으로 제지하였다. 나는 주위의 모르는 동료들을 둘러보면서, 바로 그의 머리 붕대를 가리키며 "나와 약을 갈러 갑시다!"라고 말했다. 이에 그가 일어났으나 금세 몸을 제대로 가누지 못해서, 내가 얼른 가서 그를 부축하여 함께 막사를 나왔다.

구석지고 조용한 곳을 찾아 앉은 뒤, 나는 한 손으로 그의 손을 꼭 잡고 조용히 '24호'라 부르려 했지만, 말이 입에서 나오질 않았다. 그도 눈가가 빨개지며 "이번 전투에서 패한 것은 우리에게 책임이 있어!"라고 말했다. 이어서 그는 나에게 어쩌다가 포위를 뚫지 못했는지, 또 어떤 동지들이 같이 포로가 되었는지를 물었다.

나는 포위를 뚫던 과정과 포로가 된 정황, 현재 동료들의 상태와 우리에 대한 적의 태도 및 내가 스스로 나서 통역을 맡은 의도와 '애국주의 그룹'을 조직한 방식을 상세히 보고하고, 그에게 실행해도 좋을지를 물어보았다. 그는 나의 방식에 완전히 동의하고 나의 주동적인 자세를 칭찬해 주었다. 이어서 그는 산에서 열몇 명의 동지를 이끌고 유격 활동을 하다, 적과 만나 머리를 다쳐 포로가 된 정황을 나에게 말해주었다.

마지막으로 그는 나에게 우리에 대한 적의 의도를 한층 더 이해하고 믿을만한 동지를 찾도록 노력해서 더 많은 동료를 단결시키고 모두의 투지를 고무시켜야 하지만, 반드시 변절자들에게 배신당하지 않도록 조심해야 한다고 지시하였다.

그는 또 나에게 자신을 취사병이라 신고했으며 사병들 사이에 숨어서 적과 투쟁하려 하니, 그의 신분이 폭로되지 않게 주의하라고 했다.

그를 만난 후 나는 의지할 사람이 생겼다고 여겨 정말 매우 기뻤다. 하지만 안타깝게도 이틀 후 그는 대대를 따라 부산으로 압송되었고, 거의 1년이 지난 후에야 다시 만나 함께 있을 수 있게 되었다.

7. 미군 장교식당에서의 송별연

6월 말이 되자 더 이상 포로가 전방에서 거의 압송되어 오지 않았다. 그래서 내가 클라우스 중위에게 "여기 일은 이제 많지 않으니, 저는 부산으로 가서 동료들과 함께 있고 싶습니다"라고 말했다. 그러자 그는 "장! 우리 이곳은 전방에서 가까워 처우가 부산보다 더 좋아. 네가 만약 남기를 원한다면 나야 환영이지만, 너에게 강요할 수는 없지!"라고 답하였다. 나는 그에게 감사의 뜻을 표했으나, 그의 만류는 사절하였다.

그날 해 질 무렵 클라우스 중위가 나에게 깔끔한 군복을 갈아입히고 지프차에 태워 미군 장교식당으로 데리고 가 식사를 하였다. 그곳은 함석으로 만든 아주 커다란 건물로 이미 수십 명의 장교가 그 안에서 뷔페를 먹고 있었다. 클라우스 중위는 내가 들고 있는 군용 찬합에 여러 가지 맛있는 음식을 집어주면서, 특별히 거위고기 몇 조각을 더 올려놓으며 그것이 막 미국에서 직접 공수해 온 살아있는 거위를 구운 것이니 놓치면 안 된다고 했다. 우리가 앉아 함께 식사할 때, 내가 계속 고개를 숙이고 있는 것을 보고 클라우스 중위가 이렇게 말했다.

"장! 여기 너에게 신경 쓸 사람 아무도 없으니 마음 놓고 편안히 먹어." 그리고는 "네가 내일이면 떠나잖아. 지난 한 달 동안 네가 내 일을 정말 많이 도와줬고 서로 아주 유쾌하게 지냈어. 이게 우리의 고별 식사 자리인 거네."

나는 상기된 얼굴을 들고 그를 쳐다보며 "클라우스 중위님! 늘 저를 평등하게 대해주셔서 정말 감사했습니다. 저 자신이 포로인 걸 거의 잊어버릴 정도로요. 그것이 제 정신적 고통을 얼마나 줄여주었는지 몰라요!"라고 말하면서 못난이처럼 눈가에 눈물이 맺혔다.

"장! 우린 모두 본래 평등한 거야. 전쟁 중에 개인의 운명은 스스로 정할 수 없는 거여서 나도 너희들의 포로가 될 수 있는 거지!"

······

다음날 나는 포로를 실은 마지막 기차 편에 올라 부산으로 압송되었다. 그것은 화물열차로 밀폐된 차량에 작은 창문 2개만 열려있어서, 차 안은 매우 더럽고 땀 냄새와 지린내로 가득했다. 하지만 다행히도 사람이 그다지 붐비지는 않아, 우리는 돌아가며 작은 창문으로 가서 맑은 공기를 마실 수 있었다.

열차는 상당히 긴 시간 동안 동해안을 따라 달렸다. 나는 차량의 작은 창문을 통해 짙은 남색의 바다, 청록색의 죽 이어진 산에 둘러싸인 항만, 햇볕 아래 하얗게 반사되는 백사장과 해변에서 조개 줍는 아이들을 볼 수 있었다. 이러한 것들을 보면서 나는 기차가 멈추어 내가 해변의 모래사장으로 달려가 자유롭게 뛰어다닐 수 있기를 얼마나 바랐던가! 나는 창문에

쳐진 쇠창살을 잡으며 그 단단함과 차가움을 깊이 느꼈다. 나의 머릿속에 한 구절의 불꽃 같은 격언이 떠올랐다.

"자유가 아니면 죽음을 달라!"

저 앞쪽 멀지 않은 곳에 부산의 전쟁포로수용소가 있을 텐데, 나를 기다리고 있는 것은 과연 어떠한 죄수 생활일지. ......

제6장

부산 제10 전쟁포로수용소에서

1951년 6월 말 ~ 9월 중순, 한국 부산

1. 부산 전쟁포로수용소

1951년 6월 29일 나는 이번 전역戰役 중 포로가 된 마지막 동료들을 따라 부산시에 세워진 전쟁포로수용소에 도착하였다.

부산은 한국 최남단의 항구도시로 미군이 한국전쟁에 필요한 군용물자를 운송하는 주요 창구였다.

수송 열차가 부산역에 도착한 다음, 차량에서 내쫓긴 우리는 강렬한 햇빛에 눈을 뜰 수가 없었다. 6월 말이었지만 부산 지역의 태양은 이미 매우 뜨거웠다. 우리는 기차역에서부터 대열을 지어 포로수용소로 압송되었다. 한국 군대가 경계선을 쳐서 구경하러 온 일반인들을 아주 멀리 격리했고, 우리는 포로로 잡혔을 때 입고 있던 해진 군복을 입은 채 미군의 감시하에 땀을 비 오듯 흘리며 이동하였다.

대다수 동료는 한 달여 동안 산에서 수색을 피하고 포위를 뚫을 기회를 찾느라 기아와 질병에 시달려 몹시 쇠약해져 있었기 때문에, 우리 대오는 온통 매우 낭패한 모습이었다. 내가 마음속으로 동료들이 당당하게 가슴을 쭉 펴서 비록 싸움에 패했더라도 적의 앞에서 중국인민지원군의 기개를 나타낼 수 있길 얼마나 바랐던가! 하지만 동료들이 분명 내가 막 포로가 되었을 때처럼 아직 심한 치욕과 고통 그리고 머릿속이 멍한 상태에 빠져있으리라는 점도 이해했다.

어떤 산기슭을 돌아 고개를 올라가니, 포로수용소의 촘촘한 철조망이 갑자기 내 눈앞에 나타났다.

미군은 바다에서 멀지 않은 외지고 조용한 산의 우묵한 곳에 도로 양편으로 거대한 포로수용소 단지를 건설했다. 이곳은 경비가 삼엄한 정규 수용소로 수용소마다 삼중의 철조망이 둘러싸여 있으며, 모퉁이 4곳에 모두 10m 높이의 망루가 세워져 있었다. 철조망을 따라 길을 만들어 장갑차가 순찰하거나 밤낮으로 무장한 병사들이 수용소 주위를 돌면서 감시할 수 있게 하였고, 수용소에서 멀지 않은 산꼭대기에는 탐조등이 설치되어있었다. 부근에는 또 헬리콥터 이착륙장이 있어 언제라도 수색과 전투에 투입될 수 있는 헬리콥터가 대기하고 있었다. 수용소 부근에는 미군 해병대와 한국 경비부대의 병영 외에도 미군 헌병사령부, 극동정보국, 제8군 정보부 등 군·경·헌·특무기관이 있었다.

다시 앞으로 가자, 도로 양쪽의 철조망 안에는 붕대를 감거나 지팡이를 짚고 있는 많은 동료가 빽빽이 서서 우리 대오를 쳐다보고 있는 것이 보였다. 그들은 비록 미군의 헌 군복으로 갈아입고 있었지만, 여전히 자신의 군모를 쓰고 있는 동료들이 적지 않았고 그중에는 조선인민군 군모를 쓴 사람도 많았다. 보아하니 여기는 상병傷病 포로수용소로 중국과 조선 동지들이 함께 수용되어있는 곳이었다.

중국인민지원군 동지들은 대부분 괴로운 눈빛으로 묵묵히 우리를 쳐다보았으나, 조선인민군 동지들의 표정은 훨씬 명랑했고 심지어 두 손을 들어 서로 깍지를 끼고 우리를 향해 흔들며 중국과 조선 군대의 단결과 우의를 표하는 동지들도 있어 나를 매우 감동하게 했다. 나는 내 주위의 동료들이 아무런 반응을 하지 않는 것을 보고 얼른 그들에게 고개를 끄덕이며 인사를 하였다.

2. 조선인민군 여성 동지의 노랫소리

여러 개의 상병 포로수용소를 지나자, 도로가 가파른 언덕으로 나 있었다. 가파른 언덕 옆에 고립된 캠프가 하나 있었는데, 그곳에서 은은한 노랫소리가 한동안 흘러나와 나를 매우 놀라게 하였다. 가파른 언덕을 올라가니 철조망 안의 작은 광장에 조선인민군 군모를 쓴 100명이 넘는 여성 포로가 가지런히 정방형으로 둘러앉아 있고, 팔에 완장을 찬 아가씨가 뜻밖에 거기서 여성 사부합창을 지휘하고 있는 것이 보였다. 그 노래는 일찍이 조선인 집주인 딸이 부르는 것을 내가 들은 적이 있었는데, 유행하던 한국 민요 〈봄노래春之歌〉였다. 아! 얼마나 아름다운 선율이고 감동적인 화음인가! 신선의 음악이 따로 없지 않은가! 한 달여 동안 노랫소리라고는 전혀 없는 세상에서 생활하다 갑자기 감옥 안에서 흘러나오는 여성합창, 게다가 봄날을 묘사한 노래를 듣게 되다니! 그것은 내 마음속의 자유와 애정과 광명에 대한 갈망을 깊이 불러일으켰다. 나는 눈앞이 몽롱해졌다. 봄,

봄! 만약 내 눈앞에 흔들거리는 것이 가시철조망과 검은색 총구가 아니라 녹색 나무와 신선한 꽃이라면, 만약 이 꿈만 같은 노랫소리가 신선한 꽃밭 속에서 흘러나오는 것이라면 얼마나 좋았을까!

노랫소리가 갑자기 중단되고, 우리 대오를 본 그 합창단 지휘자가 우리에게 달려와 철조망 앞에 서서 둥베이 억양의 중국어로 "중국인민지원군 전우들 안녕하십니까! 조선과 중국 인민은 한 가족입니다. 김일성金日成, 마오쩌둥毛澤东[1] 만세!"를 외쳤다.

우리 대오는 잠시 멈춰 섰고, 동료들은 고개를 들었다. 내가 감격하여 답례하기를 "조선인민군 여성 전우 여러분 안녕하십니까! 마오쩌둥, 김일성 만세!"라고 외치는 순간, 느닷없이 총 개머리판이 날아와 나의 등을 강타하는 동시에 화난 욕 소리가 내 귓가에 울렸다. "God damn! Don't stop! Don't look around!"망할 자식, 멈추지 마! 두리번거리지 마! 이 구타와 욕설로 나는 냉정을 되찾았고, 자신이 죄수 신분임을 더욱 통절히 느끼게 되었다.

3. 미군 병사들의 몸수색 시합

우리는 '제10 전쟁포로수용소'라는 간판이 걸린 병영 입구까지 압송되어 멈춰 섰다. 이어서 양쪽에 있던 미군 경비병들이 우리에 대한 '몸수색 시합'을 시작했다. 그들은 미친 듯이 소리치며 우르르 몰려들어 만년필이

---

1 마오쩌둥(毛澤東, 1893~1976): 후난성 샹탄[湘潭] 출신으로 중국공산당 창립 멤버이다. 제1차 국공합작 결렬 후 장시 소비에트를 건립했고, 대장정 도중 당 주도권을 잡은 이래 1942년 옌안 정풍운동을 거쳐 죽을 때까지 최고지도자의 지위에 있었다. 신중국 수립 후 반우파투쟁·대약진운동·문화대혁명 등 일련의 정치 운동을 주도했다.

나 손목시계며 라이터…… 등 모든 값나가는 물건을 뒤져서 찾은 사람이 생길 때마다 기쁨의 괴성을 질러댔다. 내 딴에 잘 숨겨서 재난을 면했다고 여겼던 스위스제 시마Cyma표 회중시계도 한 키 큰 미군이 나의 바짓가랑이 안에서 찾아냈다. 그는 더듬어 찾은 후 의기양양한 괴상한 미소를 지으며, 억지로 나의 바지를 전부 끌어 내리고는 회중시계를 들어 다른 미군들에게 큰 소리로 "Cyma! Cyma!"라고 외치며 그의 '승리'를 자랑했다.

그 회중시계는 본래 내가 청화대학에 합격한 후 아버지께서 주신 귀중한 기념품이었다. 1948년 내가 베이핑에서 해방구解放区(중일전쟁 및 국공내전 시기에 공산군에 의해 해방된 지구-역자)로 가기 위해 봉쇄선을 넘을 때도 일찍이 같은 방법으로 국민당 병사의 수색을 피했었다. 그러나 이번에는 더욱 교활하고 탐욕스러운 미군 병사의 마수를 피할 수가 없었다.

이 대낮의 강탈을 겪고 나서 우리는 제10 포로수용소로 몰아넣어졌다. 우리는 대열을 지어 한 막사에 들어가 개개인의 입영 등록을 마쳤다. '전쟁포로 등록카드'에는 성명·성별·나이·본적·소속 부대 번호·계급·직무·건강 상태 등을 기재하는 항목 외에도 카드 맨 위에 포로 본인이 꼭 기억해야 하는 전쟁포로 일련번호가 있었다.

나의 일련번호는 730030번이었다.

그런 후에 일부 같은 포로 출신인 요원들이 각기 50명의 새로 온 포로를 차례로 빈 막사 안으로 데리고 갔다. 그들은 먼저 우리에게 옷을 전부 벗으라고 한 다음, 알몸으로 줄을 서서 헌 군용담요와 미군 사병이 입었던 2벌의 헌 군복과 내의를 받아 가게 했다. 군복 위에는 'P.W.'Prisoner of War(전쟁포로의 약자로 보통 POW로 표기-역자)라는 글자가 인쇄되어 있었고, 우리의 중국인민지원군 군복은 모두 몰수되었다. 이로부터 우리는 정식으로 포로수용소에서의 수인囚人 생활을 시작하였다.

4. 최초의 '절친知心人'

내가 너무 피곤해서 축축한 짚으로 만든 매트에 누워 앞으로의 행동계획을 생각하고 있을 때, 뚱뚱한 포로 1명이 들어와 쓰촨 억양으로 "당신들 중 누가 영어를 쓸 줄 아시오? 할 줄 아는 사람이 있으면, 등록카드 기재하는 것을 도와주시오. 우린 일손이 부족하오"라고 물었다. 막사 안에 응답하는 사람이 아무도 없어서 내가 천천히 손을 들자, 그는 기쁜 듯이 나를 향해 손짓하며 불러 함께 막사를 나왔다.

우리는 밭두렁에 앉아서 포로수용소를 짓느라 무성해진 발아래의 잡초를 뜯으며 천천히 이야기를 나누기 시작했다.

처음에 우리는 서로를 탐색하며 각자의 간단한 정황만을 교환했는데, 그가 나도 쓰촨 출신이고 대학생이며 선전대원이라는 등의 정황을 알고 난 후에는 확실히 감정상 비교적 가까워졌다. 그래서 그는 나에게 자기 이름이 팡샹첸方向前이고 쓰촨 사람이며 고등학교 때 자원입대해 부대에서 문화 교원으로 근무한 이야기와 함께 비교적 일찍 포로가 되었는데, 영어를 좀 할 줄 알아서 줄곧 이 포로수용소의 '카드 등록과'에서 일하고 있다고 알려주었다.

나의 요청으로 그는 이곳의 여러 정황에 대해 다음과 같이 소개해주었다. 이 포로수용소는 주로 전방에서 새로 압송된 중국인민지원군 전쟁포로를 인계받아, 이들을 등록 분류하고 편대編队를 한다. 초기에는 조선인민군 포로만 있었기에 포로 편제를 인민군의 소대·중대·대대·연대(우리의 배排·런连·영营·단团에 해당함) 명칭에 따라 진행했다. 지금 지원군 포로들도 그들의 편대 명칭을 사용하고 있다. 보통 한 막사 안에 거주하는 50명을 1개 소대로 삼고, 5개 소대로 1개 중대, 5개 중대로 1개 대대로 구성한다. 인계한 새로운 포로가 1개 대대를 채우면, 바로 길 건너편에 있는 제11 포로수용소로 옮기고 거제도 포로수용소로 보내어 장기 수용되길 기다린다.

그가 설명하던 중에 내가 "그러면 누가 편대의 책임을 맡으며, 누가 각급 포로 장교를 임명하나요?"라고 물었다.

"이 포로수용소의 미군 총관리인인 테일러Taylor 대위가 그의 통역관을 통해 광장에 포로들을 불러 모아 회의를 열어서 「전쟁포로의 대우에 관한 제네바 협약」의 포로 자치 관리에 관한 조항을 읽은 다음, 모두에게 대대장 1명을 추천하게 시키지요. 만약 추천하지 못하면, 통역관이 포로 중에서 대대장을 선택하고 대대장에게 아래 각급 포로 장교 임명과 작업 요원 선발 권한을 줘서 편제를 진행하고요."

"보아하니 통역관의 권한이 적지 않네요! 하지만 통역관이 또 뭘 근거로 대대장을 선택하나요?" 나는 급히 알고 싶은 질문을 했다.

"「전쟁포로의 대우에 관한 제네바 협약」에 포로 중 계급이 가장 높은 사람이 지휘관을 맡도록 규정되어있다고 인민군 동지가 내게 알려주었어요. 이 점 인민군 대부분이 미군의 인천상륙작전 뒤에 집단으로 포로가 되어 포로수용소 내에 원래 부대의 편제가 유지되고 있어서 그들에게는 문제가 되지 않아요. 하지만 우리 지원군 동료에게는 문제가 크지요."

"왜요?"

"우선 우리 모두 포위를 뚫기 위해 힘든 전투를 거쳤기에 포로가 된 후

부대 편제가 완전히 무너진 데다, 우리 당 간부들이 포로가 된 후에 대부분 이름을 감추려 하고 있으며 사실대로 본인의 장교 신분을 밝힌 동지들은 거제도 제72 포로수용소 장교대대로 보내져 구금되었기 때문이죠. 이런 상황에서 신망 있는 동료를 선택해 대대장을 맡기기가 정말 어렵지 않겠어요!"

"설마 당 간부 중에 나서서 맡으려는 사람이 아무도 없었나요?"

"당연히 있었죠. 당신네 180사단의 마싱왕馬興旺이란 대대장을 내가 포로 카드 작성할 때 그의 이름을 리옌李彦으로 고치고 사육병이라고 보고했지요. 미군 총관리인의 통역인 인민군 동지 김 씨老金가 그가 전쟁영웅이란 말을 듣고 그에게 일을 맡겼고요. 그가 나서서 대대장을 맡기로 동의했지만, 안타깝게도 이틀도 안 되어 미군에 의해 쫓겨나고 말았어요!

"어찌 된 일이죠?"

"마 대대장이 취임 후 소집한 회합에서 '양키가 자진 귀순하는 자를 장려한다고 하니 귀순할 사람은 손을 들어라!'라고 선포하자, 10여 명이 손을 들었죠. 마 대대장이 '그들을 특별 소대로 편성해서 특수 대우를 해주라'고 분부했고, 그날 저녁 1명씩 막사 밖으로 불려 나가 흠뻑 두들겨 맞았죠. 그 중 바이페이밍白佩鳴이란 배신자가 다음날 전쟁포로 전문專門 심문관인 미군을 찾아가서 마싱왕이 대대장 신분을 숨긴 사실을 고발했지요. 미군 심문관이 바로 마 대대장을 끌고 가서 심문하고는 그 배신자를 대신 대대장으로 삼아버렸어요."

마지막으로 그는 나에게 "'카드 등록과'에 와서 같이 일합시다! 그러면 최소한 힘든 노역에 나가지 않고 배불리 먹을 수 있어요"라고 말했다. 내가 "어째서 일반 포로는 밥조차 배불리 먹을 수가 없지요?"라고 묻자, 그가 쓴웃음을 지으며 "여기서는 매일 두 끼를 먹는데, 매끼 보리밥 반 그릇 뿐이니 굶어 죽지는 않더라도 배부를 수야 없지요"라고 답했다.

"일을 맡는 포로들은 마땅히 미군 병사와 동등하게 대우해줘야 하지 않나요?"

"누가 그런 말을 했나요?"

"「전쟁포로의 대우에 관한 제네바 협약」에 규정된 것인데요!"

"여기서는 한 번도 들어본 적이 없어요."

"당신들은 어떻게 배불리 먹을 수가 있지요?"

"미군 대위가 우리 업무 요원들의 식사는 직접 취사장에서 보내오도록 규정하였지요. 그 양이 보통 일반 포로보다 좀 많으니, 이것이 바로 일한 대가인 셈이지요!"

나는 반드시 먼저 환경을 충분히 알고 적과 우리 편의 정황을 확실히 파악한 다음, 나의 행동 방침을 다시 확정해야겠다고 생각했다. '카드 등록과'에서는 행동의 자유가 비교적 큰 만큼 팡상첸의 추천을 받아들여 그와 함께 카드 등록 업무를 하기로 했다.

며칠 후 나는 그가 인정 많고 정직한 애국청년임을 인정했고, 곧이어 그가 '애국주의 그룹'에 참가할 만큼 우리 관계는 발전하였다.

5. 조선인민군 동지 최성철崔成哲

하루는 내가 감기로 열이 나서 포로수용소 내의 의무실로 진찰받으러 갔다. 나를 진료해 준 사람은 매우 야무진 황인종이었는데, 나이는 서른이 채 안 돼 보였고 흰색 가운을 입고 있었다. 나는 처음에 미국 측이 고용한 화교 의사인 줄 알았다. 그러나 내가 그 옆에 앉기를 기다려, 그가 엄지손가락을 들며 아주 서툰 중국어로 "당신, 장제스가 최고?"라고 물었다.

나는 놀라서 그를 바라보면서 대답하지를 못했다.

그는 또 "그럼 마오쩌둥이 최고?"라고 물었다.

나는 주위를 둘러보면서 영어로 그에게 "영어 할 줄 아세요?"라고 물었다.

그는 매우 기쁜 듯 힘주어 고개를 끄덕이며 "당연하지요!"라고 하면서, 영어로 내게 중국공산당원인지 아닌지 물었다. 나는 도리어 그에게 조선노동당 당원인지 아닌지? 어떻게 여기서 의사를 하고 있는지? 되물었다.

그는 웃으면서 "나는 조선인민군 군의관으로 작년에 포로가 되었고, 그후 줄곧 중국인민지원군 동지들을 진료하고 있소. 하지만 나에게 진찰받으러 오는 사람들은 모두 (방금과 같은) 시험을 치러야만 되지요. 만약 그가 장제스가 좋다고 말한다면, 나는 그에게 좋은 약을 주지 않아요!"라고 말했다.

그의 표정은 그렇게 천진스러울 수가 없었다. 그래서 나도 웃음을 금치 못하며 "당신은 내가 테일러 대위에게 가서 밀고할 것이 두렵지 않아요?"라고 물었다.

그는 머리를 흔들며 "내가 보기에 당신은 나쁜 사람 같지 않소. 당신이 영어로 말하자마자 더욱 그 점을 확신할 수 있었소. 당신네 중국인민지원군 중에 영어를 할 줄 아는 사람은 대학생뿐이고, 대학생이라면 배신자 짓을 할 리는 없지요!"라고 말했다.

"당신의 이런 추리는 전혀 믿을만하지 않지만, 내가 당신의 동지이자 형제라는 건 알려줄 수 있어요!"

그는 감격해서 일어나 나를 꽉 끌어안고 내 귓가에 낮은 소리로 "나는 조선노동당 당원인데, 당신은 중국공산당 당원이지요!"라고 말했다.

내가 가볍게 고개를 끄덕이자, 우리는 더욱더 꽉 끌어안았다! 옆에 있던 환자들이 우리를 이상하게 쳐다보는 것을 보고는, 그는 냉정을 되찾고 나를 놓아주었다. 그리고는 자세히 나의 병세를 살피고 나서 약을 지어주면서, 또 상의할 중요한 일이 있으니 저녁 후 의무실에서 보자고 영어로 나와 약속하였다.

저녁 식사 후 내가 의무실로 가보니, 그이 혼자 나를 기다리고 있었고 탁자 위에는 뚜껑을 딴 과일 통조림이 놓여있었다. 그는 나를 보자마자 다가와 열렬하게 끌어 안고 나서, 나를 자기 의자에 앉히고 통조림을 내 앞으로 밀며 "좋은 친구를 초대해놓고 대접할 더 좋은 음식이 없네요. 먹어요!"라고 영어로 말했다.

"먼저 이 통조림이 어디서 생긴 건지 말해줘요." 나는 웃으며 말했다.

"이건 이곳 병참을 관리하는 미군 소위가 내가 늘 그에게 귀중한 약품을 처방해서 그걸 암시장에 가져가 비싼 값에 팔아 돈을 벌게 해주는 사례로 나에게 준 거요. 나의 이런 행동은 적의 물자를 적이 훔치도록 도와준 것이니 얼마나 재미있는 일이에요!" 그는 낮은 소리로 말하고 나서 쾌활하게 웃었다.

"의사 동지! 나는 아직 당신 이름도 몰라요."

"아! 나는 최성철이라고 하는데, 평양 의과대학을 졸업하였고 계급은 중위이며 나이는 29세요. 당신은?" 그리하여 나는 나 자신의 정황을 소개했다.

그는 "이 포로수용소 안에 인민지원군 변절자가 있는데, 이미 'G-2 특호'의 내부통제권을 장악해 미 제8군 정보부를 도와 심문받는 동료들을 고문하고 있어요. 그들은 취사장도 장악해서 안 그래도 매우 부족한 동료들의 식대를 횡령하고 있지요. 정말 화가 치밀어 죽겠소! 내가 보기에 인민지원군 전우들은 너무 우직하고, 변절자들은 너무 악질이오! 당신이 주동적으로 테일러 대위의 신임을 쟁취해서 이 수용소의 대대 지휘부를 통제해야 해요. 그렇지 않으면 너무 늦소!"라고 나에게 알려주었다.

그는 내 손을 잡고 세차게 흔들며 위와 같은 건의를 하였고, 이에 나도 힘차게 고개를 끄덕였다.

6. 'G-2 특호特号'의 내부 사정

그날 밤 나는 최성철을 만났던 일을 팡상첸에게 설명했다. 그는 웃으며 최 의사가 좋은 사람이지만, 너무 단순하게 생각한 면이 있다고 말했다. 나는 그에게 'G-2 특호'가 뭐냐고 물었다. 그는 'G-2'가 전쟁포로를 심문하는 미군 정보기관의 약칭으로 미군 정보장교 몇 명과 그들이 고용한 민간인 통역원으로 구성되어있는데, 날마다 조선과 중국 포로들을 나누어 심문하여 각종 정보를 수집하고 있다. 'G-2 특호'는 제10 포로수용소 안에 있지만, 철조망으로 격리되어있고 입구에 '포로경비대원'이 지키고 있어서 마음대로 출입할 수 없기에 'G-2' 특호라고 불린다. 그 안에 막사 4개가 있는데, 2개는 심문용이고 1개는 심문받는 포로가 대기하는 곳이며 나머지 1개는 '포로경비대' 대원들이 거주하는 곳이라고 알려줬다.

"'포로경비대'란 뭐 하는 곳이죠?"

"그건 미군이 포로수용소 내 질서 유지를 위해 만든 경비조직이죠. 미군 총관리인이 포로경비대 대장을 임명하고 그에게 경비대원 몇 명을 선발하도록 한 다음, 그들에게 'P.W.Guard'라는 의미의 'P.G' 글자가 인쇄된 완장을 나누어줘서 포로들이 그들의 관리를 받도록 한 거지요."

"현재 'G-2'의 내부통제권을 변절자들이 장악했다는 건 또 어찌 된 일이에요?"

그러자 팡샹첸이 그간의 사정을 다음과 같이 설명해 주었다.

그가 3개월 전 포로가 되었을 때 지원군 포로는 4천 명 정도에 불과했는데, 다치거나 병든 1,000여 명은 부산의 상병 포로수용소 몇 군데에 수용되고 나머지는 모두 거제도 제72 포로수용소로 보내졌다. 당시 '카드 등록과'와 'G-2 특호'의 '포로경비대원'을 포함한 제10 포로수용소 내부 관리 인원은 모두 조선 동지들이 맡았고, 지원군 포로의 영문 카드 등록 업무를 맡은 쑨쩐관孙振冠이란 중국 포로만이 '카드 등록과'에 있었다. 그는 지원군 제20군의 대대 교도원敎导员(중국인민해방군의 중대급 정치공작원, 중대장과 함께 부대의 수장-역자)으로 상하이 출신이며 고등학교 지식수준의 준수하고 당차게 생긴 사람인데, 2차 전역 중 동상에 걸려 포로가 되었다. 쑨쩐관은 영어를 좀 할 줄 알고 테일러 대위의 통역인 김대전金大全, 의무실의 최성철 의사를 포함한 제10 포로수용소의 조선 동지들과 사이가 매우 좋았다.

대략 2개월 전 한 무리의 인민지원군 포로들이 새로 도착했다. 포로 카드를 등록할 때, 리다안李大安이라는 모 수송 중대 운전병이 있었다. 등록을 마치자, 그가 쑨쩐관에게 미군이 자기에게 어떤 상을 줄 것인지 물었다. 왜냐하면 그가 탄약을 실은 트럭을 몰고 자진해서 자유세계의 품에 안겼기 때문이었다. 쑨쩐관은 일단 양키에게 물어보겠으니 소식을 기다리라고 답했다. 화가 머리끝까지 난 쑨쩐관이 바로 팡샹첸에게 이 배신자를 어떻게 처벌할 것인지 상의했고, 팡샹첸은 김대전과 최성철을 찾아 방법을 찾아보라고 제안했다. 그 결과 그날 저녁 리다안은 조선 동지 몇 명에게 속아 빈 막사로 끌려가 호되게 얻어맞았다. 다음날 리다안은 'G-2' 입구에서 출근하는 미군 정보장교 2명을 보자마자 무릎을 꿇고 양키에게 머리를 조아리며 퍼렇게 멍들고 부어오른 자기 얼굴을 가리키며 "나리, 살려주세요! 나리, 살려주세요!"라고 울부짖었다. 양키가 그 모습을 보고 리다안을 데리고 들어가 'G-2'의 통역원에게 자세한 사정을 알아보도록 했다. 그날 오후 'G-2'로 불려간 쑨쩐관은 미군 정보장교의 명령하에 리다안에게 주먹과 발로 흠씬 두들겨 맞는 복수를 당했다. 쑨쩐관은 즉시 거제도 제72 포로수용소 장교대대로 압송되었다. 그리하여 'G-2'의 포로경비대는 모두 중국 포로로 교체되고, 리다안이 '경비대장'을 맡게 되었다. 얼마 지나지 않아 리다안은 도쿄로 보내져 훈련받은 다음, 제72 포로수용소의 '부연대장'이 되었다.

7. 제10 포로수용소 내부의 통제권

나는 팡샹첸이 해준 설명을 다 듣고 나서, 어떻게 하면 제10 포로수용소의 통제권을 최대한 빨리 장악할 수 있을지 그와 의논하였다. 팡샹첸은 "가장 좋은 방법은 중대나 대대 간부를 찾아 대대장으로 모시고, 당신이 대대의 통역관을 맡아 그에 대한 미군의 신임을 얻게 하는 것이죠"라고 말했다. 하지만 내가 잘 아는 538연대의 중대와 대대 간부는 그곳에 1명도 없었다. 나는 팡샹첸에게 새로 온 몇 무리의 동료 중 다른 부대의 중대와 대대 간부가 없는지 물었다. 그는 포로 카드 등록할 때 발견하지 못했고, 일반적으로 모두 자신을 전투병이라 신고한다고 말했다. 결국에는 아예 내가 대대장을 맡도록 노력해보라고 팡샹첸이 제안했다.

다음날 나는 팡샹첸과 함께 김대전 통역을 찾아가서 나를 테일러 대위에게 추천해달라고 부탁했다. 그러자 김 통역이 "당신의 영어 실력은 나보다 좋으니, 직접 테일러 대위를 찾아가 스스로 추천해서 그를 놀라게 하면 어떻겠소!"라고 하였다.

그날 오후 나는 포로수용소 입구에 있는 테일러 대위의 사무실을 들렀다. 테일러 대위는 50여 세쯤 되어 보였는데, 군인 같지 않고 오히려 선량한 노인네 같았다. 나는 최대한 자연스럽게 영어로 "헬로우, 테일러 대위님! 안녕하세요? 제가 당신을 위해 노고를 덜어드릴 무언가 할 수 있기를 바랍니다!"라고 말했다.

체격이 건장하고 얼굴색이 불그레한 테일러 대위가 고개를 들고는 무슨 괴물을 본 것처럼 놀라는 표정을 지었다. 그런 후에 두 손을 펼치며 "어찌된 일이야. 자네 하늘에서 떨어졌나? 어떻게 내 눈앞에 이렇게 영어를 잘하는 포로가 있는 줄 몰랐지!"라고 말했다.

"저는 줄곧 '카드 등록과'에서 당신을 위해 봉사하고 있었는데, 현재 작업량이 매우 적어서 곧 일자리를 잃게 될 것 같습니다. 하지만 저는 가능한 한 영어를 계속 사용해서 저의 회화 능력을 향상할 수 있는 기회를 놓치지 않게 되길 바랍니다."

그러자 테일러 대위는 "잠깐만, 우선 앉아서 자네 이름이 뭐며 어떻게 영어를 배웠는지, 미국에서 생활한 적은 있는지 말해보게"라고 잇달아 나에게 질문하였다.

나는 일찍이 브룩스 대위에게 했던 말을 그에게 다시 되풀이했다.

그는 상체를 뒤로 기대며 "오! 오! 영어 연습할 기회를 얻고 싶다고? 자네가 내 밑에 있기만 하면 틀림없이 가질 수 있지! 지금부터 자넨 나의 통역관이야! 아니 잠깐만, 그래. 지금 일부 포로들에 대한 편성작업을 해야 하니, 자네가 나 대신 즉시 새로운 대대 지휘부를 조직해서 그 대대장을 겸하도록 하게"라고 말했다.

나는 짐짓 곤란한 상황이 된 것처럼 "네? 대대장요! 제가 해내지 못할 거예요. 저는 지금까지 장교들의 명령을 수행했을 뿐 다른 사람을 지휘해본 적이 없거든요!"라고 대답했다.

테일러 대위는 생각해볼 가치도 없다는 듯이 손을 내저으며 "내가 있잖아! 누가 감히 자네에게 복종하지 않으면, 내가 본때를 보여줄 것이야!"라고 말했다.

"그럼 제가 한번 해보겠습니다만, 만약 해봐서 안 되면 당신 통역을 맡으면 그만이지요!" 나는 겸손하게 말했다.

"아니, 자네는 분명히 할 수 있어!"

"예, 제가 힘껏 해보겠습니다!" 그리하여 나는 대대장 완장을 차고 정말로 제10 포로수용소 내 최고의 '포로 관리관'이 되었다.

그날 나는 팡샹첸을 찾아가 대대의 문서업무를 맡기고, 아울러 나 대신 관리원·위생원·통신원·통역원 등을 물색해달라고 요청해 대대 지휘부를 조직하였다. 제1차 대대 지휘부 회의에서 나는 "테일러 대위의 지시에 근거하여" 반드시 준수해야 하는 두 가지 규정을 발표하였다.

(1) 싸우고 남을 욕해서는 안 된다. 모두 다 중국인이니 동포 형제의 단결과 상호 부조를 중시해야 한다.
(2) 횡령을 하거나 특별 대우를 받아서는 안 되고 모두와 동고동락해야 한다.

그런 다음 나는 또 총무를 관리하는 미군 소위 브라운Brown에게 나를 데리고 취사장과 청소작업반에 가서 '시찰'해달라고 부탁하였다. 취사장에서 내가 소위에게 지시를 청하자, 소위는 음식을 잘 만들고 위생을 철저히 해야 한다고 강조했다. 나는 통역하는 기회를 틈타 상술한 두 가지 규정을 덧붙여 설명하고, 아울러 규정 위반자는 즉시 직무 해제되어 거제도로 이송된다고 분명하게 말했다.

8. 정치 성향을 관찰하는 특수한 방식

나는 이러한 책략으로 나의 권위를 세운 후, 핵심 대오를 조직하는 일에 착수했다. 그러기 위해서는 우선 주변 동료들의 정치적 입장과 정신 상태를 깊이 이해하되, 나 자신을 노출해서는 안 되었다. 어떻게 해야 할까? 이리저리 생각하다 좋은 방법이 떠올랐다.

팡샹첸이 나 대신 선발한 통신병 류劉 군, 위생병 사룕 군, 사무병 리李 군은 모두 쓰촨 출신의 어린애들이고, 원래 청소작업반에서 통역을 맡았던 차오유曹友만이 후베이湖北 사람으로 '나이 든' 전쟁포로였다.

팡샹첸의 소개에 따르면 차오유는 뇌를 다쳐 약간 정신이 나갔다고 하였는데, 이 점이 먼저 나의 경계심을 불러일으켰다. 그래서 매일 저녁 식사 후 나는 몇몇 어린애들에게 『안데르센 동화』부터 『아라비안나이트』에 이르기까지 온갖 옛날이야기를 해주면서 그의 반응을 관찰하였고, 나중에는 또 그들에게 민가를 가르쳐 가극 〈왕귀와 이향향王贵与李香香〉[2]의 삽입곡을 부르게 하였다.

하루는 내가 이미 잠들었는데, 차오유가 군용담요를 들고 내 곁에 와 누우면서 작은 소리로 가극 〈유호란刘胡兰〉[3]과 〈백모녀白毛女〉[4]의 삽입곡을 다시 불러달라고 하였다. 그래서 내가 작은 목소리로 몇 곡 부르는 중에 갑자기 낮게 흐느끼는 소리가 들려 바로 그에게 어찌 된 일이냐고 물었다.

그는 한참을 침묵하다 "너무 잘 부르는군요. 이 노래들을 들으면 조국에서의 자유롭고 행복했던 시절이 떠오르지만, 이젠 모든 게 다 끝나버렸소"라고 말했다.

나는 그에게 어떻게 포로가 되었느냐고 물었다. 그는 정찰병으로 적 후방 깊숙이 들어가 '설두舌头'(적의 정보를 캐기 위하여 잡아 온 적군─역자)를 잡으려다 적

2 〈왕귀와 이향향(王贵与李香香)〉: 청년 시인 리지[李季]의 장편 서사시로 1945년 12월에 완성되어 『해방일보(解放日报)』에 발표되었다. 산시성[陕西省] 북부의 전통적 민가인 신천유(信天游) 형식을 운용하여 해방구에서의 토지혁명 과정과 그 속에서 펼쳐지는 젊은 남녀의 사랑을 그린 작품으로 전체 12장에 3부분으로 구성되어있다.

3 〈유호란(刘胡兰)〉: 중국인민해방군 120사단 전투극사(战斗剧社)에서 류후란[刘胡兰]의 사적을 제재로 만든 가극. 1947년 고향인 산시성 원수이현[文水县]에서 열성 공산당원으로 활동하던 15세 소녀 류후란은 국민당 옌시산[阎锡山] 부대에 붙잡혀 공산당원이 숨은 곳을 대라는 협박에 굴하지 않고 맞서다 잔혹하게 살해되었다. 그 이야기는 1달 뒤 지역 신문에 상세히 연재되었고, 이를 안 마오쩌둥은 그녀의 어머니에게 "살아서는 위대했고 죽어서는 영광(生的伟大, 死的光荣)"이라는 친필서신을 보내기도 했다. 신중국 수립 이후 그녀는 국가적 영웅으로 추앙되었고, 그녀가 숨진 마을 이름도 류후란촌으로 바뀌었다. 특히 그녀의 영웅적인 희생은 초등학교 교과서에도 실렸고, 그녀의 거룩한 희생을 내용으로 한 노래는 삼척동자도 다 아는 동요가 되었다.

4 〈백모녀(白毛女)〉: 1945년 옌안 노신예술학원(鲁迅艺术学院)의 허징즈[贺敬之]·딩이[丁毅] 등에 의해 집단 창작되었다. 이야기는 빈농인 양바이라오[杨白劳]가 악덕 지주 황쓰런[黄世仁] 때문에 자살하고, 딸 시얼[喜儿]도 임신한 채 황의 집을 도망쳐 나와 산속 동굴에서 숨어 사는 사이에 백발이 되었다. 배가 고파 밤에 무덤의 공물(供物)을 훔치는 시얼의 모습에 마을 사람은 백모녀라고 두려워하여 받든다. 팔로군의 병사가 된 옛 애인 다춘[大春]은 사람들의 미신 타파를 위해 백모녀의 정체를 파헤치려고 산속에 들어갔다가 시얼를 발견한다. 구출된 시얼은 지주 타도의 선두에 서게 되고 곧 머리는 검게 되었다. 허베이성의 민간 전설을 소재로 민요·앙가(秧歌)의 몸놀림을 도입해 오페레타 형식으로 만든 작품이며, 주제곡 〈북풍은 불고〉는 유명하다. 1950년 영화화되어 제6회 국제영화제에서 입상했다.

에게 발견된 후, 전우들의 철수를 위해 엄호하다가 머리에 중상을 입고 포로가 되었던 과정을 상세하게 설명하였다.

"이 얼마나 훌륭한 동지인가!" 나는 그에 대한 의심을 완전히 씻었다. 그리하여 나는 당면한 형세를 자세히 설명한 다음, 우리가 변절자들과 투쟁하기 위해서는 동료들을 단결시켜 교육하고 혁명 기개의 임무를 견지하며 비밀리에 '애국주의 그룹'을 세워 투쟁의 핵심을 구성해야만 한다고 하였다. 그는 듣고 나서 매우 흥분하여 "당신이 내 마음의 고민을 없애주었소. 당신이 하라는 대로 따르겠으니, 나에게 임무를 나누어주시오!"라고 말했다. 나는 그에게 계속 일부러 미친 척해 스스로 엄폐하면서 'G-2 특호' 내의 변절자들에게 접근하여 그들의 활동 내막을 최대한 알아내서, 우리가 그들과 투쟁할 다음 단계를 위한 정보를 제공하도록 맡겼다.

같은 방식으로 나는 대대 지휘부 내의 몇몇 어린애들과 각각 마음을 터놓고 얘기함으로써 그들을 '애국주의 그룹'의 멤버로 만들었다.

9. 연대 정치위원을 엄폐하다

하루는 차오유가 청소작업반을 인솔하고 'G-2 특호'로 분뇨를 푸러 갔는데, 갑자기 달려와 나를 빈 막사로 끌고 가더니 "당신 사단의 왕팡王芳이란 연대 정치위원이 지금 'G-2'에서 심문받고 있는데, 변절자들이 미군 정보장교의 지시하에 잔혹하게 그를 학대하며 강제로 군사기밀을 털어놓게 하려고 해요. 그를 구할 방법을 빨리 생각해야 해요!"라고 말했다.

나는 잠시 생각을 하고는 바로 담뱃갑 종이에다 "이질에 걸렸으니 빨리

의무실에 가서 진찰받아야 한다고 요구하세요! 내일 오전 제가 기다리고 있겠습니다. 당신의 전사戰士"라고 쓴 다음, 차오유에게 이 메모를 단독 구금되어있는 정치위원의 막사 안에 몰래 집어넣을 방법을 찾아보라고 했다. 차오유는 'G-2 특호'로 돌아간 후, 경비대 대원들과 시시덕거리며 떠들다가 공산당 고관을 보고 싶다고 요구해 경비대원들을 따라 정치위원을 보러 들어갔다. 그는 연대 정치위원이 봉두난발에 온통 때 낀 얼굴로 찢어진 군용담요를 감싸고 등을 구부린 채 눈을 감고 볏짚 매트에 앉아있는 모습을 보고 "이게 어디 연대 정치위원 같아! 아마도 취사반장이겠지!"라고 말해서 경비대원들을 떠들썩하게 웃게 만든 다음, 문을 나설 때 마지막에 쳐져서 등 뒤로 메모를 막사 안에 던져 넣었다.

"어느 연대 정치위원이지? 설마 우리 연대의 자오趙 정치위원이 이름을 바꾼 건 아니겠지?" 다음날 나는 의무실 밖에서 연대 정치위원 '왕팡'이 진찰하러 오기를 기다리면서 마음속으로 계속 이 문제를 생각했다.

아침 9시쯤 나는 경비대원 2명이 걷기 힘들어하는 영감을 압송해오는 것을 보았다. 그 모습이 자오 정치위원 같으면서도 그리 닮아 보이지 않았는데, 가까이 다가왔을 때 자세히 보니 과연 정말 우리 연대의 자오 정치위원이 아닌가!

한 경비대원이 먼저 나에게 굽실거리며 "대대장님! 진찰받으러 오셨습니까?"라고 인사하였다.

"이 사람 누구야? 제가 뭔데 진찰받으러 오면서 너희들을 귀찮게 해!"

그러자 한 경비대원이 "헤헤, 대어大魚예요!"라고 말하였다.

"무슨 병이지?"

"오늘 이른 아침부터 배 아프다고 소리치면서 계속 화장실을 들락거렸는데, 보아하니 많이 먹어서 그런 것 같아요. 하하!"

"좋아, 자네들은 밖에서 좀 쉬어. 내가 데리고 들어가 진짜 병인지 꾀병인지 한번 보지!" 말을 마치고 그들에게 테일러 대위가 준 '카멜Camel'표 미제 담배를 1개비씩 던져주었다.

나는 자오 정치위원을 의무실로 데리고 들어온 다음, 다시 하얀 베 커튼으로 막아놓은 검사실로 안내했다. 우리 두 사람만 있게 되자, 나는 몸을 돌려 두 손으로 자오 정치위원의 손을 꽉 잡고 한층 나이 들어 보이고 쇠약해진 얼굴을 바라보며 마음속으로 "나의 정치위원! 고생하셨습니다"라고 말하였다. 적의 포로수용소 안에서 다시 만난 아픔과 자신의 연대 당위원회 서기에 대한 걱정과 사념에 나도 모르게 눈물이 흘러내렸다. 정치위원의 눈도 축축해졌다.

우리는 한참을 서로 마주 보며 말이 없었다. 나는 눈물을 닦으며 낮은 소리로 "정치위원님! 여기는 대화할만한 장소가 아니니, 우리가 우선 당신을 상병 포로수용소로 이송하여 요양 치료받도록 조치하고 이틀 후 제가 뵈러 가겠습니다"라고 말했다. 그리고는 그를 최성철 의사의 책상으로 안내하였다.

최 의사는 내가 데리고 온 '환자'를 보더니 곧 알았다는 듯이 머리를 끄덕이고 한 차례 자세히 '검사'를 한 다음, 우리의 사전 약속에 따라 진단서에 '바이러스성 이질'이라는 병명을 썼다. 그리고 이를 테일러 대위에게 보고하자, 전염병을 특히 무서워하는 테일러 대위가 즉시 전화로 구급차를 불러 자오 정치위원을 제3 상병 포로수용소로 이송토록 하였다.

상병 포로수용소에서는 중국과 조선 동료들이 함께 힘들고 어려운 투쟁을 통해 이미 내부 관리권을 장악하고 있었다. 그리하여 자오 정치위원은 마침내 'G-2'를 장악한 변절자들의 박해에서 잠시 벗어날 수 있었다.

며칠 후 나는 분뇨 푸는 무리를 데리고 제3 상병 포로수용소에 가서 자오 정치위원을 만났다. 그는 이발하고 환자복으로 갈아입고 있어서 기력이 훨씬 나아 보였다.

나는 그의 야전 침대 앞에서 나 자신이 포로가 되었던 과정과 포로가 된 후 2달여 동안의 정황을 상세하게 보고하였다. 마지막으로 내가 초안을 잡고 팡샹첸과 차오유 등과 공동으로 연구한 「애국주의 그룹 회칙爱国主义小组章程」을 꺼내어 그에게 지시를 청하였다.

자오 정치위원은 그것을 보고 매우 기뻐하였다. 그는 침착한 표정으로 나를 보며 "적이 우리의 육체를 포로로 잡을 수 있지만, 우리의 혁명정신은 빼앗아 가지 못한다. 나는 우리 부대의 대부분 전사와 절대다수의 당원이 배반하지 않으리라 믿는다. 자네 같은 젊은이들이 이렇게 주동적으로 적극적과 투쟁하고 변절자들과 투쟁하니, 나의 믿음은 더욱 확실해졌다. 자네들은 결연하게 행동하라! 내가 자네들을 지지하겠다!"라고 말하였다. 그런 후에 구체적인 투쟁 책략에 대해 나에게 상세한 지시와 제안을 해주었다.

이 얼마나 감격스러운 일인가! 어찌 되었든 간에 나는 마침내 의지할 곳을 찾았다. 이후 나는 늘 직접 무리를 이끌고 제3 상병 포로수용소로 분뇨를 푸러 갔다.

또한 나를 매우 기쁘게 한 것은 바로 그 제3 상병 포로수용소에서 위장병이 생겼다고 우겨 입원한 나의 첫 번째 '애국주의 그룹' 멤버인 장루이푸를 다시 만난 것이었다. 겨우 2달여 동안 그를 보지 못했는데, 그 사이 어른이 다 된 것 같았다. 그는 나에게 제3 상병 포로수용소에서 이미 '애국주의 그룹' 멤버 2명을 확보했다고 말했다. 또 각 상병 포로수용소마다 중국인민지원군 포로들의 행동이 모두 괜찮은데, 특히 우리 사단의 중대급 간부인 리시얼李喜尔과 한즈젠韩子建이 지하 갱도를 파고 나가서 한국 지하유격대와 연락을 하다 양키 놈들에게 잡혀 심하게 맞았어도 전혀 굴복하지 않았다고 알려줬다. 나는 그의 이야기를 듣고 매우 기뻐서 그에게 이런 당원 간부들에게 잘 배워야 한다고 말하고, 아울러 우리 연대의 정치위원이 이미 이 수용소에 와있다는 사실을 그에게 알려주었다. 뒤이어 나는 즉시 그를 데리고 자오 정치위원을 보러 가서 자오 정치위원에게 그의 투쟁을 직접 지도해 달라고 청하였다.

10. 유일한 지원군 여성 동지

1951년 7월 말의 어느 날 오후 휴식을 취하고 있는데, 테일러 대위가 대대 지휘부 막사 안으로 와서 "빨리 일어나, 장! 너희 여성 병사가 이송되어 왔으니 빨리 가서 그녀 대신 카드를 등록해줘"라고 나에게 소리쳤다. 나는 몸을 돌려 벌떡 일어나 서둘러 그를 따라 나갔다. 반 정도 왔을 때, 그가 멈춰 서며 "잠깐, 브라운 소위에게 가서 나의 일일 보급품 중에서 통조림 하나를 꺼내 달라고 해서 가져와 너의 여성 동포를 잘 접대하도록 하고!"라고 말했다. 그래서 나는 브라운 소위가 있는 사무실로 달려가 통조림 1통을 가지고 테일러 대위의 사무실로 급히 갔다.

들어가자 과연 한 아가씨가 탁자에 기대어 서 있는데, 기껏해야 16, 7살 정도 되어 보였다. 중국인민지원군 남자 군복을 입고 군모 밖으로 긴 머리를 드러내지 않았어도, 소녀의 얌전하고 고운 자태는 숨길 수가 없었다.

이 또한 얼마나 마음 아프게 하는 일인가! 나는 여성 동지 혼자서 포로수용소 내의 힘들고도 암울한 날들을 어떻게 견뎌낼지 상상하기 어려웠다.

내가 감자 쇠고기 통조림을 따고, 테일러 대위는 직접 연유를 타서 각설탕 한 조각을 넣어 함께 그녀 앞에 내놓았다. 나는 친절하게 "우선 앉아서 음식을 좀 먹어!"라고 말했다. 그녀는 나를 잠시 쳐다보더니 앉아서 급히 음식을 삼켰다. 그녀가 다 먹고 나서, 나는 그녀에게 질문하면서 그녀의 포로 등록카드를 기재해나갔다. 그녀는 성이 양楊이고 16살에 쓰촨 사람이며 우리 사단 위생부대 간호사였다. 나는 그녀에게 어떻게 이제야 포로가 되었느냐고 물었다. 그녀는 병이 나서 포위를 뚫는 대오를 따라가지 못했고, 5월 말 들것에 누운 채 포로가 되었다고 말했다. 다행히 그녀는 머리를 이미 짧게 자른데다 남자 군복을 입고 있어서 적들이 여자인 줄 알아보지 못했고, 전방 미군병원에서 병이 다 나은 후에도 남장하고서 상병 동료들을 보살폈는데, 며칠 전 결국 여자라는 것이 발각되어 바로 이곳으로 이송되어 온 것이라고 하였다.

"너와 함께 포로가 된 사람 중에 또 다른 여성 동지는 없어?"

"당시 저와 함께 포위를 뚫던 3명의 여성 간호사들은 선두부대를 따라 갔는데, 포로로 잡혔는지 모두 이송되었는지 모르겠어요." 나는 그녀에게 지금까지 이곳에 온 사람은 너 하나뿐이라고 알려줬다. 그 순간 그녀의 눈에서 눈물이 막 쏟아져 내렸다. 나는 얼른 "울지 마, 울지 마. 미국 놈들의 웃음거리가 되면 안 돼! 너는 절대 외롭지 않아. 우리가 모두 너를 보살펴 줄 거니까!"라고 위로했다.

이때 테일러 대위가 나를 나무라며 "왜 그녀를 슬프게 하니! 그녀에게 전쟁이 끝나면 바로 엄마 곁으로 돌아갈 수 있다고 말해줘! 이제 그녀를 여자 포로수용소로 데리고 가도록 해!"라고 말했다. 그리고는 경비병을 불러 우리 둘을 여자 포로수용소로 압송하게 하였다.

가는 길에 나는 테일러 대위가 한 말을 그녀에게 알려주었다. 그녀는 고개를 숙이고 "저는 어려서부터 엄마가 없었어요. 저는 할머니 손에 자랐지요!"라고 말했다. 아! 역시 고아였구나! 나는 조용히 그녀에게 "조선인민군 여성 동지들은 모두 좋으니, 너를 친동생처럼 대해줄 거야! 너는 조선의 큰언니들에게 잘 배워서 조선말도 배우고 조선 노래도 배우고 그녀들의 투쟁 정신도 배워야만 해. 정전회담이 조인되면 바로 교환되어 고국으로 돌아갈 수 있으니, 고생스럽더라도 끝까지 버텨야 해!"라고 일러주었다. 그녀는 알아들었다는 듯이 고개를 끄덕이며 눈물 어린 눈으로 나에게 "자주 저를 보러 와주셔야 해요!"라고 말했다. 나는 당연히 그러겠다고 고개를 끄덕였다.

우리가 여자 포로수용소에 도착하자 곧바로 조선인민군 여성 전우들에게 둘러싸였고, 그들은 왁자지껄 떠들썩하게 제대로 통하지도 않는 어설픈 중국어로 그녀에게 물어댔다. '대대장' 완장을 찬 여성 동지가 비집고 들어왔는데, 알고 보니 바로 그 여성합창을 지휘했던 동지였다. 그녀는 가슴 아파하며 샤오양小暘을 안아주면서 "어린 동생이 고생했구나! 이제 나를 따르면 돼!"라고 하였다. 말을 마치고는 고개를 돌려 나에게 "대대장님, 안심하세요. 나는 옌볜延边 조선족 중국인이며 원래 인민해방군 사야四野부대5 문공단文工团(문화선전공작단의 준말로 군대·지방기관·대중단체 등에 부설되어 연극·노래·무

---

5   사야(四野)부대 : 국공내전 후기 중국인민해방군 주력 부대 중 하나인 제4 야전군을 말한다. 그 전신은 동북인민자치군과 동북민주련군에서 발전한 동북야전군인데, 1949년 3월 중공중앙 군사위원회의 명령에 따라 제4 야전군으로 개칭했다. 사령관은 린뱌오[林彪]이고 정치위원은 뤄룽환[罗荣桓]이었다.

용 등을 통해 문화선전을 하는 기관-역자) 단원인데, 작년에 조선으로 소환되어 조선인 민군으로 전투에 참여했어요. 내가 그녀를 잘 돌볼게요!"라고 말했다.

나는 "그럼 당신에게 부탁합니다! 대대장님, 당신 이름은요?"라고 물었다.

"박정옥朴貞玉."

나는 샤오양에게 "나는 돌아가야만 해. 너는 박 언니 말 잘 듣고 함께 있으면 돼!"라고 말했다.

샤오양이 또 소리 없이 울기 시작했다. 나는 소매로 그녀의 눈물을 닦아주면서 "내가 반드시 자주 너를 보러 올게!"라고 말하고 여자 포로수용소를 떠나 나를 압송하는 미군과 함께 돌아왔다.

나는 그녀의 홀로 의지할 데 없는 표정을 감히 뒤돌아볼 수 없었지만, 그녀가 조선 언니들의 도움 아래 빨리 굳세지길 바랬다. 그 후 나는 또 자진해서 직접 무리를 데리고 여자 포로수용소에 가서 분뇨를 푸는 임무를 추가하였다.

한번은 내가 막 청소 작업대를 데리고 여자 포로수용소에 들어가자, 박정옥이 기쁜 얼굴로 나에게 달려와 다음과 같이 말했다. "샤오양이 너무잘하고 있어요. 그저께 우리가 '8·15' 광복절을 기념하기 위해 〈김일성 장군의 노래〉를 불렀는데, 미국 놈들이 최루탄으로 우리를 진압해서 어제 하루 단식으로 이에 항의했었죠. 미군 병사가 들어와서 모두를 강렬한 태양 아래로 내몰고 억지로 우리에게 밥을 먹게 했지만, 우리는 거기 앉아서 따끈따끈한 쌀밥을 앞에다 두고 미동도 하지 않았어요. 나중에 샤오양이 갑자기 일어나 막사로 들어가서 우리가 모두 깜짝 놀랐어요. 한 미군 여소위가 아주 기뻐하며 밥과 반찬을 담아 그녀에게 가져다주었는데, 샤오양이 손바닥으로 쳐서 땅바닥에 떨어뜨리고는 큰소리로 '너희들이 무슨 근거로 우리를 땡볕에다 세우는가!'라고 외칠 줄이야 누가 알았겠어요. 열받은 미군 년이 그녀의 따귀를 올려붙이자, 샤오양이 뺨을 감싸고 노려보니 되레 그 소위가 놀라 한 발 뒤로 물러섰고 화를 내면서 가버렸어요. 샤오양은 정말 기골 있는 애예요!"

이미 내 곁에 와 있던 샤오양이 듣고는 부끄러운 듯 웃었다. 나는 좀처럼 볼 수 없는 그녀의 웃는 모습을 정말이지 보고 싶었다. 내가 "샤오양! 네가 우리 중국인의 체면을 세워주었구나!"라고 말하자, 그녀는 더욱 어쩔 줄 몰라 했다.

11. 거제도로의 이송 준비

1951년 9월 중순 제10 포로수용소 내에는 전방에서 계속 이송되어온 포로가 이미 500명에 가까웠다. 테일러 대위는 나에게 그들을 한 대대로 묶어 거제도로 보낼 계획이라고 알려주었다. 또 그는 "거제도의 제72, 제86 2개 포로수용소에 이미 근 2만 명의 중국인민지원군 포로가 모여 있다. 거제도의 조선인민군 포로들이 끊임없이 소동을 일으켜, 포로수용소 총책임자가 이것 때문에 매우 화가 나 있다. 그래도 너희 인민지원군 포로는 괜찮은 편이어서 소동 일으키려 하지 않고 있다. 지금 판문점板门店 정전회담은 전쟁포로에게 자유롭게 귀국 지원을 선택하게 할 것인지 아닌지의 문제에 대한 쌍방의 의견 차이가 너무 커서 이미 결렬되었다고 한다. 그리고 너희 중국 포로 중 적지 않은 수가 타이완으로 가고 싶어 한다고 들었다"라고 설명하면서 마지막에 "너는 어떻게 할 작정인가?"라고 물었다.

내가 진지하게 "약혼녀가 국내에서 기다리고 있는데, 제가 어떻게 타이완으로 갈 수가 있겠습니까!"라고 대답하자, 테일러 대위가 웃으면서 나의 어깨를 툭툭 치고는 가버렸다.

다음날 나는 즉시 분노를 푸는 무리를 데리고 자오 정치위원을 보러 가서, 테일러 대위가 말한 정황을 그에게 보고했다. 나는 내가 최대한 빨리 거제도로 가서 더욱 큰 투쟁에 뛰어들어야만 할 것 같다는 의견을 제기했다. 자오 정치위원은 오랫동안 망설이다가 나의 의견에 동의하며, 아울러 나에게 무슨 일이 있더라도 반드시 제86 포로수용소로 가야 한다고 했다. 그는 "제72 포로수용소는 오래된 수용소여서 이미 변절자들에게 장악되었으나, 제86 포로수용소는 아직 변절자들에게 완전히 제압되지 않았다. 네가 도착한 후에 우리 사단의 선전교육 간사 진푸金甫, 원래 이름은 장성원(张城垣) 동지와 연락해서, 그에게 '내가 너를 보내 그와 함께 '86'이라는 지하조직을 이끌고 많은 동료를 단결시켜 '배반 반대' 투쟁을 적극적으로 전개하라 지시했다'고 전해라"라고 말했다.

나는 제10 포로수용소로 돌아온 후, 즉시 테일러 대위에게 이번에 이송되는 동료들을 따라 함께 거제도로 가겠다고 요청했다.

"뭐라고? 거제도로 가겠다고? 너는 그 섬이 여기보다 얼마나 고생스러운지 모르나? 나조차도 가고 싶지 않아!" 그가 놀라며 나에게 반문하였다. 나는 하는 수 없이 남동생도 포로가 되었는데, 섬에 가서 그와 함께 있으며 잘 돌봐주고 싶다고 거짓말을 하였다. 테일러 대위는 매우 애석해하며 동의했다.

그래서 나는 팡상첸과 차오유에게 부산에 남아서 계속 투쟁하는 임무를 맡겼다. 그날 저녁 나는 최성철을 찾아가서 그와 포옹하며 이별을 고했다.

그는 나에게 만약 거제도에서 쑨쩐관이란 교도원을 만나면 꼭 안부를 전해달라고 하면서, 그는 자기가 만났던 사람 중 가장 존경할 만한 중국 형제라고 했다. 최성철은 또 "만약 자네가 제86 포로수용소로 가게 되면, 그곳 의무실 의사인 김광선金光銑이 나의 동창이고 친한 친구이니, 역시 나 대신 안부를 물어주게"라고 말하였다.

다음날 나는 또 상병 포로수용소에 가서 자오 정치위원과 장루이푸에게 이별을 고하고, 장루이푸에게 가능한 한 방법을 찾아 샤오양을 보살펴 주라고 부탁했다.

마지막으로 나는 여자 포로수용소에 가서 샤오양과 이별을 고하며 굳세게 조선인민군 언니들과 함께 투쟁을 견지하라고 격려하고, 내가 사람을 통해 그녀에게 편지 전할 방법을 찾아보겠다고 말했다. 샤오양이 등을 돌리며 울었다. 나는 박정옥에게 좀 더 신경 써서 그녀를 보살펴달라고 부탁했다. 박정옥은 샤오양의 어깨를 다정하게 끌어안으며 "걱정 마세요! 이애는 우리의 유일한 중국 동생이어서 모두 다 반드시 아주 잘 보호할 거예요"라고 말했다.

1951년 9월 13일 나와 근 500명의 동료는 거제도로 압송되었다.

우리는 먼저 기차를 타고 부산항에 도착했다. 항만에는 군함이 즐비해 있었으며, 부두는 긴장감이 돌 정도로 바빴다. 거대한 타워크레인이 무기를 내려놓고 있었고, 탱크와 기계화 보병들이 마침 상륙용 함정의 커다란 입구에서 부두로 쏟아져 나오고 있었다.

나는 미군의 전쟁물자가 고속으로 운반되는 것을 보고, 이번 전투에서 우리가 패한 원인이 결코 미군의 정신과 기질 때문이 아니라 미국의 과학기술과 공업력 때문이었음을 절실하게 느꼈다.

'우리의 고난과 희생으로 조국이 조속한 시일 내에 번영하고 부강하게 바뀔 수만 있다면, 기꺼이 그렇게 되길 원하는 바이다!' 나는 거친 파도가 일렁이는 망망대해를 바라보며 비통한 생각에 잠겼다.

적은 우리를 커다란 상륙용 함정으로 압송하여 싣고 항구를 떠나 대해를 향해 출발했다. 나는 통풍용 현창艦窗 가까운 곳에 동지들과 빽빽하게 앉아 요란스럽게 울리는 함정의 엔진소리를 들으며 포로가 된 후 2달여 동안의 과정을 되돌아본바, 나의 투쟁 성과가 아주 미미하고 심지어 아직 진정으로 변절자들과 정면으로 부딪쳐 본 적도 없음을 깨달았다. 다행인 것은 투쟁 방향이 이미 명확해졌고 환경에 대해 어느 정도 이해하게 되었으며, 특히 조직의 지도자를 찾았다는 점이 중요했다.

내가 막 시름에 잠겨 있을 때, 갑자기 동료 하나가 "다 왔다!"라고 외치는 소리가 들렸다. 일어나 현창 밖을 내다보니, 망망대해에 우뚝 솟아있는 거제도의 어두컴컴한 톱니 형태의 윤곽이 보였다. 배가 섬으로 점점 다가가자, 세차게 솟구치는 파도가 포효하며 해안에 가파르게 우뚝 선 암벽에 부딪혀 광폭한 물보라를 튀겼다.

나는 나도 모르게 가슴이 요동치며 '아! 옛날 고려왕조 때부터 죄수들을 유배했던 죽음의 섬이여, 그대가 지금 마침내 중화의 아들딸 20,000여 명을 또 가두는구나!' 그러면서 문천상文天祥[6]의 명구名句 '자고로 죽지 않은

---

6 문천상(文天祥, 1236~1283) : 남송(南宋) 사람으로 진사에 수석 합격했다. 1259년 몽골군의 침입으로 남송 조정이 수도를 옮기려 하자 이를 반대하다 결국 면직되고 만다. 1275년 의용군을 조직하여 원에 대항하던 중 원과 강화하기 위해 바얀[伯顔]의 진중으로 갔다가 그의 기량을 두려워한 바얀에 의해 갇혀버리고, 그 사이 남송은 멸망해 버린다. 그렇게 잡혀 북송되던 중 탈출하여 도종(度宗)의 장자를 받들고 잔병을 모아 싸웠지만, 1278년 오파령(五坡嶺) 전투에서 패해 포로가 되었다. 대도(大都)에 갇혀있는 동안 옥중에서 〈정기가(正气歌)〉를 지었다고 한다. 쿠빌라이 칸의 회유를 거부하며 충신은 두

자가 있었던가? 충심을 남겨 역사에 새기리라! 人生自古谁无死, 留取丹心照汗青'가 생각났다.

그 성난 바다와 미친 듯한 파도는 앞으로 이 외로운 섬에서 펼쳐질 잔혹한 투쟁을 예시하는 것 같았다.

주군을 섬기지 않는다는 말만 반복하다 사형되었다. 쿠빌라이가 크게 애석해했다고 한다.

제7장

거제도 제86 전쟁포로수용소

1951년 9월 중순 ~ 1951년 10월 9일, 한국 거제도

1. 외로운 섬의 인상

우리를 압송한 상륙용 함정이 거제도 항구의 부두에 도착하였을 때, 내가 처음 느낀 것은 섬의 분위기가 부산보다 많이 긴장되고 엄중하다는 점이었다.

완전히 무장한 미 해병대 병사들을 가득 실은 순찰함 여러 척이 우리가 정박한 곳을 에워쌌다. 부두에도 카빈총을 든 보초들이 우리가 상륙할 지점 부근에 도열해있었다.

멀지 않은 곳에서 많은 전쟁포로가 호통 소리를 들으며 산처럼 쌓인 식량 포대와 미군의 장비 물자를 운반하고 있었다. 강하게 내리쬐는 햇볕 아래서 무게를 이길 수 없어 비틀거리는 그들의 몸짓은 우리에게 이 섬에서의 냉혹하고 심각한 포로수용소 생활을 말없이 보여주고 있었다.

미군은 우리 근 500명의 전쟁포로 대오를 호송하여 섬 안으로 뻗어있는

도로를 따라 걸어갔다. 대략 30분을 걸어서 작은 고개 하나를 넘자, 막사로 가득 찬 도시가 불쑥 눈앞에 펼쳐졌다. 막사들은 앞쪽의 좁고 긴 분지盆地 안에 흩어져 있었는데, 그 거대한 규모와 삼엄한 경계가 부산의 포로수용소를 훨씬 능가하였다.

그때까지 나는 1년 전 미군이 인천에 상륙하여 한반도의 가는 허리를 끊은 후 조선인민군 10여만 명을 포로로 잡았으며, 중국인민지원군도 한국에 들어온 후 20,000여 명이 포로가 되었다는 사실을 알지 못했다. 눈앞의 광경은 나의 마음을 깊이 뒤흔들었다. 이렇게 많은 중국과 조선의 아들딸들이 영어의 몸이 되었으니, 이번 전쟁이 내가 직접 체험한 것보다 훨씬 더 치열했음을 알 수 있었다.

발걸음이 무거운 우리의 긴 행렬은 묵묵히 여러 포로수용소 앞을 지났는데, 수용소의 커다란 입구마다 해당 수용소의 편성 번호패가 걸려있었고 번호는 60부터 시작해서 그 위로 배열되어있었다.

마침 정오 때가 되어 강하게 내리쬐는 태양이 하늘에 걸려있어서, 포로수용소 사방의 이동 초소를 제외하고는 사람 모습이 거의 보이지 않았다. 게다가 마치 만리장성 위의 봉화대처럼 도열해있는 망루가 '막사 도시城' 사방에 높이 솟아있어 지옥의 분위기를 더하였다.

갑자기 맞은편에서 커다란 철통을 든 포로 대오가 모두 붉은색 짧은 소매 셔츠와 붉은색 반바지를 입고 걸어왔는데, 옷 위쪽에 까맣고 조잡하게 'P.W.'란 글자가 인쇄되어 있었다. 그들이 입은 선홍빛 옷 색깔은 검은색 철조망과 초록색 막사를 배경으로 매우 눈을 자극했다. 게다가 그들의 헝클어진 머리와 때 긴 얼굴, 그리고 비썩 마르고 거무스레한 모습은 내가 어렸을 때 본 말타기 공연을 하던 원숭이를 생각나게 하였다.

우리 두 대오가 몸을 스쳐서 지나갈 때, 그들 몸에서 나는 땀 냄새가 분뇨통의 냄새와 섞여 코를 찔렀다. 그러나 우리를 더욱 놀라게 한 것은 이런 '쿨리苦力'(주로 막일을 하는 중국·인도 출신의 노동자를 말하는데, 여기서는 포로들의 열악한 상태를 빗대어 사용함-역자)를 압송하는 사람이 총을 가진 미군 외에도 손에 곤봉을 쥔 똑같은 죄수복을 입은 포로라는 사실이었다. 게다가 이 감독들이 뜻밖에도 중국어로 "지 미랄, 꾸물거리지 말고 빨리 안 가!"라며 소릴 질러댔다.

그 '오래된 포로'들은 땀을 비 오듯 흘리며 힘들게 발걸음을 옮기고 있었다. 그들이 고개를 들어 우리 '새로 온 포로'들을 보았을 때, 그 비분에 찬 눈빛과 하고 싶은 말을 참는 듯한 표정에 나는 깊은 충격을 받았다. 마치 그들 가슴속에 흐르는 피가 보이는 것 같았다.

분명한 것은 이 '쿨리'들이 바로 제72 포로수용소의 동료이며, 변절자들이 이미 제72 포로수용소를 확실히 통제하고 있다는 점이었다.

'제72 포로수용소로 압송되는 건 아닐까? 만일 우리가 거기로 압송된다면 어떻게 투쟁해야 옳을까? 무슨 방법으로 그 안의 우리 편과 연락하지?' 긴박하게 이러한 문제들을 생각하는 사이, 어느새 제72 포로수용소 정문 입구에 이르렀다. 앞쪽의 대오가 아직 멈추지 않는 걸 봐서, 우리는 제72 포로수용소로 보내지지 않을 것 같았다.

나는 한숨 돌리며 걸으면서 제72 포로수용소 안을 관찰하였다. 이 수용소 정문 입구 안에는 가림 벽이 하나 있고, 그 뒤에 미국 국기, UN기, 중화민국 청천백일만지홍기青天白日満地紅旗[1]가 걸린 깃대 3개가 세워져 있었다.

---

1   청천백일만지홍기(青天白日満地紅旗) : 일명 청천백일기라고도 하는데, 1928년 장제스가 난징국민정부를 성립시켰을 때 정식으로 사용되었다. 청천백일만지홍기는 쑨원의 삼민주의 사상을 표현하는 색깔인 파랑, 빨강, 하얀색으로 구성되어있다. 파랑은 민권주의와 자유를, 빨강은 민족주의와 혁명에 몸을 바친 사람들의 피와 우애를, 하얀색은 민생

가림 벽 앞에 그리 크지 않은 흰색 조각상이 서 있는데, 자세히 보니 '자유의 여신상'으로 조각이 너무 졸렬하여 흐릿하고 광택 없는 여신의 표정이 마치 자신도 새장에 갇혀버린 슬픈 운명을 애통해하는 것 같았다. 나는 변절자들에 대한 혐오감을 품고 제72 포로수용소 앞을 지나갔다.

걸어가면서 그 자유의 여신상 모습이 계속 머릿속에 떠올랐다. 나는 뉴욕 해변에 서 있는 크고 장엄한 자유의 여신상이 만약 자신의 국가가 현재 다른 사람의 자유를 빼앗고 있는 것을 본다면, 어떤 느낌이 들까라고 생각해보았다.

2. 제86 포로수용소

앞쪽의 대오가 마침내 멈춰 섰고, 우리는 드디어 목적지인 제86 중국인민지원군 전쟁포로수용소에 도착했다. 우리는 압송되어 정문으로 들어가, 열 지어 광장에 앉아서 인원 점검과 포로 카드 검증을 기다렸다. 나는 땀을 닦으며 수용소의 상황을 관찰하였다.

이 포로수용소는 평탄한 경사지에 세워졌고, 뒤쪽 산비탈에는 불타 죽지 않은 작은 나무 몇 그루가 있었다. 작은 나무 위로는 바야흐로 푸른 하늘과 자유자재로 떠다니는 흰 구름이 떠 있었다. 작은 나무 아래로는 1여 장 높이의 3중 철조망이 쳐져 있고, 모퉁이에 높이 솟아있는 2개의 망루 위에는 중형 기관총의 총구가 수용소 전체를 내려다보고 있었다. 수용소 내의 중

주의와 평등을 각각 상징하고 있다. 현재 타이완의 중화민국 정부의 국기로 여전히 사용되고 있다.

심광장 양쪽에 각각 3개의 막사 군群이 있는 것을 보아, 본 수용소 안에 6개 대대가 있는 것 같았다. 우측 막사 뒤쪽에는 한창 밥 짓는 연기가 일렬로 나고 있는 함석으로 지은 취사장 건물이 있었다. 좌측 막사 뒤쪽에도 커다란 함석 건물이 있는데, 문 위에 'C.I.E.'라는 간판이 있었다. 이것은 소위 평민 교육학교라는 곳으로 '교사'는 미군이 파견한 종군목사이며 초빙되어온 스님과 도사 등도 있었다. 우측 막사 뒤쪽에는 또 '연대 경비대'가 머무는 철조망으로 격리된 막사 몇 개가 있었다. 정문 입구 양쪽에도 각각 막사 하나씩이 있는데, 우측은 의무실이고 좌측은 '연대 지휘부'였다.

내가 막 새로운 환경을 자세히 관찰하고 있을 때, 갑자기 어떤 사람이 둥베이 억양으로 "730030호, 장쩌스! 연대 지휘부로 오시오"라고 외쳤다. 나를 부른 사람은 중간 정도의 체격에 구레나룻을 기르고 옷차림이 단정한 '포로 관리자'였다.

그가 나를 연대 지휘부로 데리고 들어가자, 우리의 압송을 책임진 미군 소위가 다른 미군 대위에게 "이 친구가 바로 장입니다"라고 소개하고 나서, "본 포로수용소 총책임자 스미스Smith 대위가 친구인 테일러 대위의 소개를 근거로 네가 업무에 협조하길 바라신다"라고 나에게 말했다.

내가 몸을 돌려 스미스 대위에게 영어로 "대위 각하, 당신을 위해 일할 수 있게 되어 매우 기쁩니다!"라고 말하자, 스미스 대위는 웃으며 "좋았어, 우린 마침 통역 인원을 늘려서 관리를 강화하려던 참이야"라고 말했다.

스미스 대위는 키가 아주 크고 나이는 50에 가까운 금발에 푸른 눈을 가진 자로 보아하니 그 역시 직업군인인 것 같았다.

스미스 대위는 방금 나를 불렀던 사람이 연대 서기장인 궈나이젠郭乃堅이라고 알려주면서, 궈나이젠에게 연대 지휘부 동료들을 나에게 소개해 주

도록 했다. 연대장은 잉샹윈^{应祥云}²이라 하고 부연대장은 왕푸톈王福田이라
하였다. 연대 지휘부에는 이미 2명의 통역이 있는데, 가오화룽高化龙과 안
바오위안安宝元이었다. 또 양융청杨永成이라는 어린 친구가 통신원을 맡고 있
었다. 그들 모두 우호적으로 나에게 고개를 끄덕이며 인사했다.

나는 드디어 나의 외국어 능력을 이용해 투쟁에 유리한 위치를 점하는
1단계 계획을 실현하였다. 이렇게 해서 나의 포로수용소 생활에 새로운
페이지가 다시 열리게 되었다.

3. 지하조직의 관계를 잇다

이틀 후 나는 통역관의 지위를 이용하여 자오 정치위원이 내게 연락하
라고 했던 사단 선전교육 간사 장청위안张城垣을 6대대에서 아주 빨리 찾았
다. 그는 이름을 진푸로 바꾸고 부대 문서병 신분으로 6대대의 '서기'를
맡고 있었다. 대대 서기의 업무는 연대 서기장 궈나이젠의 지휘를 직접 받
기 때문에 활동이 비교적 자유로웠다. 6대대 대대장 왕푸톈은 그를 통해
서만 전 대대의 포로 카드를 관리할 수 있었다.

한 막사 구석에서 나는 자오 정치위원의 지시를 그에게 전달했다. 그는
매우 기뻐하며 즉시 나에게 제86 포로수용소 내의 기본적인 상황을 다음
과 같이 소개했다.

"제86 포로수용소는 3개월 전에 새로 편성된 중국인민지원군 포로수용

---

2   원문에는 应向云이라 되어 있으나, 이곳을 제외하고 뒤에서는 모두 应祥云이라 표기되어
     있고 동일 인물임이 분명하여 应祥云으로 바로잡았다.

소로 현재 이미 8,000여 명의 동료들이 있는데, 모두 5차 전역 시작 후 포로가 된 사람들이다. 그중 우리 180사단이 거의 절반을 차지하고 있다. 이들 8,000여 명의 동료들은 대부분 사병이고, 일부 소대와 중대 간부들도 사병 신분으로 신고해 사병대대 안에 썩어 있다. 86연대는 6개 대대로 구성되어있다. 그중 1, 4, 5대대의 대대장은 각각 왕강王剛, 다이위수戴玉书, 웨다홍岳大洪인데, 그들 모두 귀국을 단호하게 요구하는 좋은 동지여서 이 3개 대대의 지휘권은 기본적으로 우리 편이 장악하고 있지만, 그 밖의 3개 대대의 지휘권은 대부분 변절자의 수중에 있다. 변절자들은 또 'P.G.대대'(즉 연대 경비대)와 'C.I.E.'학교(평민교육학교)를 장악하고 있다. 다행히 취사장은 우리 사람의 수중에 있다. 의무실의 조선인민군 군의관 박朴 의사는 우리의 투쟁을 지지하고 있으며 연대 지휘부는 현재 중립상태에 있다."

여기까지 이야기하다 그는 기뻐하며 "자네가 와서 너무 좋아! 자네는 우선 연대 지휘부 요원들이 우리 쪽에 가까워지도록 노력해서 '자기 사람'으로 만들도록 해, 이는 우리가 투쟁을 전개하는 데 매우 중요한 일이야!"라고 말했다.

나는 반드시 최선을 다해 이 임무를 완수하겠다고 답했다. 나는 또 현재 포로수용소 내 우리 지하조직의 상황을 물었다. 그는 현재까지 통일된 지하 투쟁조직은 없고 일부 자발적인 지하 당단党团(중국공산당과 중국공산주의청년단을 지칭-역자) 지부와 애국 군중 조직이 있지만, 아직 모두가 연결되지는 않고 있다고 말했다.

"현재 우리는 은폐와 노출, 불법과 합법을 서로 결합하는 전술을 취하고 있어. 예를 들어 4대대의 자오밍즈赵明智와 스잔쿠이时占魁는 비밀 당 지부를 조직했고, 또 다이위수의 '형제회弟兄会'를 우리 편으로 끌어들였지. '형제회'는 "근심과 고난을 같이하며 조상을 잊지 말자患难与共, 不忘祖宗"를 구호로 귀국을 견지하는 100명 넘는 동료들이 단결한 거야. 변절자들은 이런 포가袍哥[3]나 청홍방青红帮[4]과 유사한 조직에 대해 한동안 그 정치적 태도를 명확히 알지 못했어. 변절자들도 '반공항아反共抗俄(공산당에 반대하고 소련에 저항하자-역자)동맹'을 발전시켜 자기 세력을 확충하려 했지만, 완전히 자발적으로 원하거나 감히 공개적으로 그 반동 조직에 참여한 자는 절대 많지 않아. 현재 이 포로수용소 내에서 쌍방의 투쟁은 아직 승부를 가리지 못했고, 대다수 동료는 아직 관망하는 중이야."

장청위안은 끝으로 나의 손을 잡고 "자네가 정말 때맞춰 와줬어. 지금이야말로 서둘러 애국 역량을 발전시켜 변절자들의 수중에서 포로수용소 내의 통제권을 우리가 완전히 빼앗아 오도록 노력해야 할 때야"라고 말했다.

이러한 정황을 듣고 나는 매우 흥분하여 앞으로 닥칠 이 투쟁을 위해 뭔가 해보고 싶어 안달이 났다. 나는 먼저 의무실에 가서 김광선 의사를 만나 영어로 최성철의 안부 인사를 전했다. 그랬더니 김광선이 뜻밖에 중국

---

3 포가회(袍哥会) : 청말·민국 시기에 성행했던 일종의 민간 방회(帮会) 조직으로 다른 지역에서는 가로회(哥老会)라 불렸으며 청방(青帮)·홍문(洪门)과 더불어 당시 3대 민간 방회 조직이었다. 포가회는 청대 충칭과 쓰촨에서 소수의 비밀조직이었는데, 신해혁명 후 오랫동안 충칭의 대다수 성년 남자가 모두 직접 가입하거나 간접적으로 그 통제를 받는 공개적인 조직이 되었다. 쓰촨과 충칭, 구이저우[贵州] 사회의 다방면에 매우 중대한 영향을 미쳤고, 심지어 오늘날 충칭 사람의 성격 중에서도 포가회의 많은 흔적을 볼 수 있다고 한다.

4 청홍방(青红帮) : 청방과 홍방의 병칭(并称). 청방은 명나라 때 결성된 비밀결사로 상호부조를 목적으로 형성되어 청문(清门)·안청방(安清帮)·청문라교(清门罗教) 등으로 불렸으며 홍방과 쌍벽을 이루었다. 본래 양선(粮船) 운수 노동자와 하급 병사의 종교 결사였는데, 청말 화중[华中] 지구를 중심으로 도시나 농촌의 하층사회에 침투하였다. 중화민국 성립 뒤 소금·아편 밀매, 도박장 경영 등으로 재력을 쌓아 간부들이 정계와 실업계에 진출하였으며 1927년 장제스의 반공 쿠데타 때 적극적으로 활동하였다.

어로 "최성철은 나와 환난을 함께 한 친구요. 나도 당신을 알게 되어 매우 기쁘오. 앞으로 도움이 필요할 때면 언제든 나를 찾아와도 좋소"라고 말했다. 그는 또 나의 놀란 표정을 보고 "난 어린 시절 옌볜에서 살다가 조선이 광복된 후 평양에 가서 의과대학을 다녔지요"라고 설명했다. 우리 두 사람은 약속이나 한 듯이 동시에 두 손을 뻗어 서로 꽉 맞잡았다.

4. 연대 지휘부의 또 다른 번역관 2명을 우리 편으로 끌어들이다

나는 연대 지휘부 멤버들을 우리 편으로 끌어들이는 공작을 시작했다.

우리 연대 지휘부 멤버에게는 일반 포로들이 거주하는 막사보다 훨씬 넓은 단독 막사가 배정되었다. 그래서 막사의 절반은 헌 군용담요와 헌 군복, 칫솔·비누·수건, 상표 없는 담배 등 잡다한 물건을 쌓아두는 창고로 사용하고 나머지 절반은 우리 6, 7명이 거주하였는데, 깔고 덮는 것이 모두 일반 포로들 것보다 두꺼웠다.

나는 우선 나보다 먼저 온 2명의 통역관 가오화룽과 안바오위안에게 관심을 집중시켜 그들을 관찰하는 데 노력했다. 여러 날 동안 진지하게 온종일 구체적인 업무만 얘기하고 절대 '국사國事'(여기서는 전쟁포로인 자신들의 현실이나 미래 문제에 대한 일을 빗대어 말한 것-역자)를 논하지 않는 그들의 겉모습 때문에 나는 그들의 진실한 심리상태를 알기가 어려웠다. 보아하니 그들도 나의 정체를 알지 못해 경계심을 품고 있는 것 같았다. 그런 상황에서 내가 먼저 주동적으로 출격하는 수밖에 없었다.

그래서 이른 저녁 모두가 막사 내에서 쉬고 있을 때, 나는 일부러 〈해방구의 하늘解放区的天〉, 〈단결이 바로 힘이다团结就是力量〉, 〈가자, 마오쩌둥을 따라서 가자走, 跟着毛泽东走〉 등과 같은 해방군 부대에서 유행하던 노래 몇 구절을 아무렇지도 않게 흥얼거리면서 그들의 반응을 주의해서 살펴보았다. 그러나 호응해주는 사람도 없을 뿐 아니라 몰래 와서 계속 부르라고 권하는 사람도 없었다. 분명 이곳의 환경은 부산 제10 포로수용소에 비해 훨씬 복잡했다.

오래된 방식이 통하지 않자, 나는 기회를 잡아 개별적으로 이야기를 나누는 수밖에 없었다. 나는 본래 나 자신의 진실한 사상을 드러내지 않으면서 상대방의 진실한 생각을 확실하게 파악하려 했지만, 두 차례 시도 모두 난관에 부딪혔다. 나는 약간 조급해져서 하루는 저녁 소등 후 담요를 안고 가오화룽 옆에 누워서 다음과 같은 대화를 나누기 시작했다.

"가오 형! 정전 담판에 관해서 들은 적이 있지요!"

"스미스 대위가 나에게 말한 적이 있소."

"제발 하루빨리 담판이 성사되어, 이 전쟁이 더 이상 계속되지 않기를 원해요! 당신 생각은요?"라고 그의 생각을 떠보았다.

"계속 싸우든 아니든 나와는 상관없는 일이오!" 가오화룽은 전혀 개의치 않는다는 듯이 나의 질문에 대답했다.

"아니죠. 하루빨리 정전되어야, 우리가 하루라도 먼저 자유를 회복할 수 있잖아요. 당신은 아직도 여기서 계속 고생하고 싶어요?"

"앞으로 어떻게 될지 누가 알겠소? 나는 그냥 하루하루 잘 지내면 그만이오."

"아뇨, 가오 형! 당신이 지금 하는 말은 진심이 아니에요."

가오화룽은 침묵하며 말이 없었다.

"가오 형! 당신은 우리 연대의 지금 상황이 어떤지 보이지 않아요? 잘못하면 곧 제72 포로수용소처럼 변하게 될 거예요!"

그는 여전히 대답이 없었다.

나는 그가 아무 대꾸도 하지 않는 것을 보고 머리를 가까이 대고는 낮은 목소리로 "가오 형! 내가 보기에 당신은 기개 있는 사람인데, 우리가 언제까지 기꺼이 적에 투항한 악당들이 제멋대로 나쁜 짓을 하게 내버려 둘 수는 없지 않소!"라고 말했다.

"장 형! 부대에서 난 보통 사병일 뿐이요. 지금 나는 정치투쟁에 참여하고 싶은 생각도 없고 밥만 먹을 수 있으면 그것으로 충분하오."

"가오 형! 우리와 함께 투쟁합시다! 우리가 한데 뭉쳐 단결하지 못하면, 배신자들이 우리를 우습게 보고 업신여길 것이오."

"나, 나는 담이 작아 어느 쪽도 참가하지 못하오."

"아!" 이것은 나에게 너무나도 의외였다.

그 순간 가오화룽이 뜻밖에 다시 한마디를 보충하였다.

"장 형! 안심하시오. 당신들에게 미안한 일은 절대 하지 않을 것이오."

"좋아요!" 나는 한숨을 쉬며 "다시 잘 생각해보길 바라요"라고 말했다.

이번 대화를 하고 나서 나는 매우 화가 나서 '과연 이래서 지식인들을 연약하고 동요하는 겁쟁이라고들 말하는구나!'라고 생각하였다. 나는 기회를 잡아 이러한 정황을 장청위안에게 말하자, 그는 오히려 웃으며 "모두가 아직 우리를 믿지 못하는 거지. 우리에게 미안한 일은 절대 하지 않겠다는 말로 태도를 밝힌 것은 그나마 괜찮은 거야. 조급해하지 말고 그들에 대한 공작을 계속하면 돼! 서기장 궈나이젠은 우리 사단의 문화 교원教員으로 좋은 사람 같아 보이니, 그에 대한 공작을 먼저 해봐"라고 말했다.

이번 경험으로 나는 제86 포로수용소의 투쟁 환경이 생각했던 것보다 복잡하고 험난하다는 것을 느꼈다. 반드시 상황을 깊이 이해하고 조심스럽게 행동해야 했다. 나는 안바오위안과의 상담을 서둘지 않고 먼저 궈나이젠에게 접근하기로 했다.

5. 돌파구를 찾다

오래지 않아 좋은 기회가 찾아왔다. 궈나이젠이 바이러스성 감기에 걸려 거제도의 제64 야전병원으로 이송되어 입원 치료를 받게 되었다. 다음날 나는 의무실에 가서 김광선 의사에게 나도 바이러스성 감기에 걸려 입원이 필요하다는 진단서를 떼어달라고 부탁했다. 스미스 대위가 (진단서를) 보고는 즉시 병원에 전화를 걸어 차를 보내 나를 싣고 가도록 했다.

제64 야전병원은 정규 의료시설로 대부분 아치형 함석 건물로 지어졌지만, 각종 진료과목이 갖추어져 있고 규모도 매우 컸다. 포로 병동은 철조망으로 둘러싸여 미군 병동과 격리되어있었지만, 포로 병동 내에서는 중국과 조선 포로를 나누지 않았고 환자에 대한 관리도 비교적 느슨해서 포로들이 몰래 모일 수 있는 좋은 장소였다. 나는 내과 병동에서 환자복을 입은 궈나이젠을 발견했다. 나를 본 궈나이젠이 놀라 "내가 당신에게 전염시켰나요?"라고 말해서, 내가 웃으며 "난 전혀 아프지 않은데 당신 보러 특별히 왔지요!"라고 알려줬다. 궈나이젠이 주변의 낯선 환자 몇 명을 둘러보고는 작은 소리로 "우리 밖으로 나가 걸읍시다"라고 말했다. "괜찮으세요? 병세를 악화시키지 마세요!" "괜찮아요, 이미 열이 내렸는걸요."

우리가 병실을 나오니 바깥의 바람과 햇빛이 적당했다. 후미진 곳을 찾아 둔덕 위에 앉자 궈나이젠이 먼저 입을 열었다.

"장 통역! 난 진작 당신과 소통하고 싶었어요. 당신이 영어만 잘하는 게 아니라 인간성도 좋다는 걸 알아봤지요!"

"어떻게 알아보셨죠?"

"당신 몸에서 아주 농후한 서생 기질과 정의감이 새어 나오고 있거든!"

"격려 감사합니다. 나도 당신의 온화하면서도 관대한 성품을 느껴서 서로 이해의 폭을 넓혀 어려움을 함께하는 친교를 정말 맺고 싶었습니다."

"좋아요, 당신이 이해하고 싶은 게 뭔지 마음껏 물어보세요!"

"나는 당신의 간단한 이력과 어떻게 연대 지휘부 서기장이 되었는지 알고 싶습니다."

궈나이젠의 진술을 통해 나는 다음과 같은 사실을 알게 되었다. 그는 나보다 2살 많고 랴오닝辽宁 푸순撫順 사람이다. 농민 출신으로 만주국 통치 시절 몇 년 학교에 다니고 점원과 노동자 생활을 하면서 일어를 조금 배웠다. 항일전쟁 승리 후 국민당의 황포黃埔군관학교에 합격해 영어도 조금 배웠다. 청두 해방 직전 소속 군대와 함께 귀순하여 서남군정대학西南軍政大学에 입학해 공부한 후, 180사단 539연대에 배치되어 문화 교원을 맡았다. 5월 27일 부상한 지휘관을 들것에 들고 가다 함께 포로가 되었고, 최초의 중국 포로 500명과 함께 부산 제10 포로수용소에 도착했다. 당시 조직은 이미 완전히 마비되고 사상도 매우 혼란하여 밥을 뺏기 위해 서로 싸우는 일이 일어났다. 그러자 테일러 대위가 통역관 김대전에게 중국 포로 대대를 조직하게 시켰다. 그때 김대전이 일어로 싸움을 제지해달라는 궈나이젠의 요청을 알아듣고 그를 대대장으로 삼으려 했으나, 궈나이젠이 그럴 능력이 없다고 극구 사양하자 그를 서기로 삼아 전 대대의 포로

카드를 관리하도록 했다. 김대전이 대대 서기는 반드시 영어를 아는 사람이 맡아야 하며, 또 해당 대대의 인원 배치를 관리하는 아무튼 포로 관리자 신분이어서 자신을 보호하는 데도 좋다고 하여 궈나이젠이 승낙했다고 하였다.

"에이! 그때 대대장을 맡는다고 했으면 얼마나 좋아요. 그랬다면 지금 86연대장이 되었을지도 모르는데." 나는 애석하다는 듯이 말했다.

"당신이 생각하는 것처럼 사정이 그렇게 간단하지 않아요. 자초지종을 얘기하자면 길어요." 궈나이젠은 깊이 숨을 들이켜고 이야기를 계속했다.

그의 설명을 다 듣고 나서, 나는 비로소 86연대가 편성된 후 3개월여 동안 있었던 여러 일을 비교적 온전히 알게 되었다. 연대 지휘부는 허수아비인 연대장과 부연대장 외에 나머지 사람은 모두 같은 편이어서, 사실상 이미 우리 수중에 장악되어있음을 알고 나는 마음이 놓였다. 이어서 나는 그에게 내가 포로가 된 전후 사정을 설명해주었다. 이번 대화를 통해 우리 사이에 신뢰와 우의가 쌓았을 뿐 아니라 동료들과 86연대의 투쟁 형세에 대한 비교적 깊이 있는 인식을 하게 되었다.

6. 86연대의 정세 불안과 변화

1) 역경에 처해야 사람의 진가를 알 수 있다疾风劲草 – 애국 지식 청년들이 가장 먼저 용감히 나섰다

궈나이젠은 왜 대대장을 맡길 거절했던가? 그는 자신이 명망이 있는 공산당 장교가 아닐뿐더러 국민당 군대 출신 사병들도 그의 지휘를 받지 않는 외톨이여서, 그러한 혼란 상황에 수백 명의 동료를 잘 관리할 수 없음을 알았기 때문이었다. 궈나이젠이 거절함으로 인해 부산 제10 포로수용소의 그 당시 집회에서 한참 동안 대대장을 선출하지 못하자, 산둥山东 사나이 왕王 씨가 일어나 손을 흔들며 큰소리로 "젠장! 아무도 안 하겠다면 내가 하지!"라고 말했다. 그리하여 그가 중국 전쟁포로 대대의 첫 대대장이 되었다. 왕 대대장은 산둥 출신 몇 사람을 찾아 대대 지휘부를 구성하고는 "이 몸이 국민당 군대에 있다 공산군의 포로가 되었고 이번엔 양키의 전단을 들고 항복해 양키의 포로가 되었으니, 두려울 게 뭐가 있나! 너희들이 나를 따르면 모두가 고생 덜하게 보장하마!"라고 말한 다음, 궈나이젠에게 "궈 서기! 난 무식쟁이이니, 당신이 형제들을 한몫 도와줘야 하오!"라고 하였다. 하지만 3일째 되던 날 한 무리의 '포가 형제'들이 대대 지휘부 막사 입구를 막고 대대 지휘부 사람들이 먹을 것과 물건들을 많이 차지한다고 항의해서 하마터면 양쪽이 충돌할 뻔했다. 결국 궈나이젠이 나서서 '포가 형제'의 우두머리 잉샹윈을 설득하여 겨우 수습되었다.

다행히 이틀 후 압송되어온 한 무리의 전우 중에 궈나이젠의 사관학교 동창 양원화阳文华와 왕화이린王怀麟이 있었다. 궈나이젠은 이들 두 사람과 상황을 어떻게 통제할지 세심히 검토했다. 이때 마침 김대전이 와서 미군이 그들 대대 내 수십 명의 중국 포로를 골라서 부산 화물 부두에서 포로용 물자를 하역하던 조선 포로를 대체하려 한다고 알려왔다. 궈나이젠은 이 기회를 틈타 '왕 대대장'과 그 패거리를 함께 전출시키고, 아울러 김대전에게 "미군 총관리인이 왕화이린을 대대장으로 임명했다"고 선포해 달라고 부탁했다. 왕화이린이 양원화를 '부대대장'으로 임명하고 잉샹윈에게도 부대대장을 맡아 달라고 요청함으로써 잠시 상황을 진정시켰다.

며칠 후 새로운 포로를 따라 제10 포로수용소에 도착한 12군 영어 통역

가오화룽이 대대 통역을 맡았고, 그와 함께 온 황포군관학교와 서남군정 대학 동문인 우춘성吳春生 · 리츠李炽 · 뤄허우근罗厚根 등이 각각 중대 서기를 맡게 됨으로써 이 대대를 통제할 애국 역량이 한층 더 보강되었다.

이들 1,000여 명의 중국 포로가 거제도 제86 포로수용소에 가장 먼저 입 소함에 따라 포로수용소 내 최초의 대대가 되었다. 제86 포로수용소에 연대 지휘부를 만들 때 스미스 대위가 직접 가오화룽을 연대 통역, 궈나이젠을 연 대 서기장으로 임명했다. 스미스 대위는 가오화룽이 연대장을 겸하길 희망 했으나, 가오화룽이 완곡히 거절하면서 잉샹원을 연대장, 양원화를 부연대 장으로 추천하였다. 궈나이젠에 따르면 그것은 가오화룽과 그가 상의해서 정한 것이었다. 그들은 잉샹원의 포가 집단이 기왕 세력을 떨치고 있는 데다 '동고동락'의 형제 의리로 똘똘 뭉쳐있기에, 잉샹원에게 '연대장'이란 감투 를 줘서 그들을 이용해 벌써 준동하고 있던 변절자들을 상대할 수 있을 것이 며 연대의 실권은 양원화가 직접 장악하면 될 것으로 보았다. 나중에 미군이 도쿄에서 훈련받고 돌아온 왕푸톈을 부연대장으로 임명했으나 "정치는 묻 지 않는다不问政治"라는 잉샹원 연대장을 상대로 어떻게 해볼 도리가 없었으 니, 궈나이젠과 가오화룽의 결정이 앞날을 미리 내다본 한수임을 증명했다.

1951년 6월 중순에서 말까지 86연대는 1개 대대에서 6개 대대, 총 8,000여 명으로 확대되었다. 궈나이젠 · 가오화룽 · 양원화는 영어를 할 줄 아는 안바오위안 · 펑쩌췬冯泽群 등 대학생을 병참 보급과 취사장 등 주요 부 서의 통역으로 배치하고, 그들의 황포군관학교와 서남군정학교 동문을 각 대대의 서기 또는 문서 담당관으로 끼워 넣었다. 바로 이러한 지식 청년들 이 가장 먼저 나서서 86연대의 애국 투쟁을 위한 비교적 양호한 국면을 만 들어 나갔다.

2) 길이 멀어야 말의 힘을 알 수 있다路遥知马力 - 당원 간부들이 응집 작용을 발휘하다

"그럼, 우리 연대의 당원 간부들의 언동은 어떠했나요?" 내가 궈나이젠에게 물었다.

궈나이젠이 알려준 바에 따르면, 86연대에 사병 신분으로 사병대대의 중대나 소대 안에 숨어있는 간부가 적지 않으나, 포로가 된 후 그들의 사상적 부담이 사병보다 훨씬 무거워서 '포로 관리관'으로 나서길 원치 않았다. 나중에 어떤 이가 몰래 선전조직 활동을 조금씩 시작했지만 지나치게 조심스러웠다. 그가 가장 탄복한 사람은 우리 539연대의 대대장 마싱왕으로 정말 과감하게 행동하고 용감하게 책임을 졌다고 했다.

"배신자에 의해 밀고 되어 양키가 'G-2'로 끌고 간 그 마 대대장요?" 나는 팡샹첸이 해줬던 얘기가 생각났다.

"마 대대장은 심문 끝에 자신의 신분이 장교로 바뀐 것이 싫어서 그를 대대장으로 만든 조선인민군 전우 김 씨를 찾아가 자기의 장교 카드를 사병 카드로 다시 바꿀 방법을 마련해달라고 부탁했지요. 그래서 6대대가 배에 올라 거제도로 출발할 때, 그를 부두로 보내 함께 제86 포로수용소로 오게 된 거죠."

나는 "와-, 마 대대장. 정말 대단하네요!"라고 감탄하였다.

"마 대대장은 제86 포로수용소에 오자마자 각 대대에 가서 '친구를 만나고' 그의 옛 부하들을 찾아 '대화'하면서, 공개적으로 '정전협정 양측이 정전 후 모든 전쟁포로를 조건 없이 교환하기로 이미 합의했으므로 얼마 안 있어 우린 귀국할 수 있을 거다!'라고 선전하는 한편, 특별히 2대대에 가서 자신을 밀고했던 바이페이밍에게 '네놈이 개과천선하지 않는다면 결코 좋은 결말이 없을 거다!'라고 경고했지요."

"멋진 분이네요. 그가 직접 대대장을 맡는 것보다 더 큰 작용을 했군요!"
나는 더욱 존경스러웠다.

"얼마 후 마 대대장이 4대대에서 그의 통신원이던 양융청을 만났어요. 기쁜 나머지 양군을 데리고 여기저기 다니면서 '친목' 모임을 열어 양군에게 〈왕 아주머니가 평화를 요구하다王大媽要和平〉·〈백모녀〉·〈유호란〉의 삽입곡을 선창하게 해서 적잖은 반향을 일으켰지요. 곧바로 왕푸텐이 공산당 노래를 부르지 못하게 명령하자, 마 대대장이 화를 내며 그의 앞에서 '누가 감히 공산당 노래를 못 부르게 해? 설마 우리 공산당 부대에서 국민당 노래를 부르라는 게야? 너희 부하 중에 남몰래 당원 간부를 조사하는 놈들이 있다는데, 그놈들은 중국인이 아닌가? 귀국한 다음 어떤 결말을 맞을지 생각해보라고 해!'라고 받아버렸어요. 이 일이 알려지면서 애국자들의 기개가 크게 고취되었고 변절자들의 위풍은 사라지고 말았죠."

"왕푸텐과 바이페이밍 일당이 듣고서 그냥 내버려 두지는 않았을 텐데요?"

"당연하죠. 다만 자기들이 영어를 할 줄 몰라 즉시 스미스 대위에게 일러바칠 방법이 없었어요. 그런데 얼마 지나지 않아 중국말을 할 줄 아는 우페이리伍培礼라는 자칭 미군 종군목사가 중국 포로에게 하나님의 복음을 전파하겠다면서 왔지요. 하지만 그는 제86 포로수용소에 오자마자 맨 먼저 2대대로 기어들어 가 바이페이밍을 찾았어요. 그 결과 며칠 만에 마 대대장은 미군에 의해 재차 부산 'G-2'로 압송되어 심문받고 제72 장교대대에 갇히게 되었지요."

"이 미국 특수 공작원 우페이리 때문에 제86 포로수용소의 일상이 편치 않았겠어요!"

"우 목사는 먼저 4대대 대대장에서 쫓겨난 청리런程立人을 'C.I.E.' 학교 교장으로 삼았지요. 청리런의 공식 임무는 우 목사를 대신해 학교에서 포교하며 청중을 모으는 것이었지만, 암암리에 'C.I.E.' 학교를 기반으로 '반공항아동맹'을 발전시키고자 했어요. 우 목사는 뒤이어 또 저우옌다周演达라는 자를 데리고 와서 연대 경비대장을 맡기고, 연대장 잉상원을 심문한다는 명목으로 부산으로 보내버렸죠. 그러자 연대 경비대를 차지하고 있던 잉상원의 패거리 '포가 형제'들이 점점 저우옌다에게 빌붙게 되어 우 목사의 지휘를 받는 졸개가 되고 말았어요. 그런데 저우옌다는 말하는 거나 행동하는 짓이 아무리 보아도 포로 같지는 않아서, 타이완에서 보낸 특수 공작원일 가능성이 매우 커요."

"만약 마 대대장이 제86 포로수용소에 남아있었다면, 그를 중심으로 분산된 애국 역량을 조직할 수 있을 텐데!" 나는 그 점이 매우 애석했다.

"다행히도 장청위안·자오밍즈·스잔쿠이·먼페이잉·겅지증耿基增·주정취안朱政权 등 중대와 소대 간부들이 배반 반대 활동을 강화하기 시작해서 적지 않은 응집 작용을 발휘하고 있어요."

3) 맹렬한 불길이 진짜 금을 만든다烈火炼真金 – 용감히 적진으로 돌진하는 의로운 용사들

궈나이졘은 또 나에게 4대대의 '형제회' 용사들이 완고한 매국노 리다안을 엄히 징벌한 일을 알려주었다.

86연대 4대대의 포로 1,000여 명은 주로 180사단 사병들로 구성되어 있고, 그 대부분은 청두 해방 당시 봉기한 국민당 95군 소속의 쓰촨 출신 병사들이었다. 그중에는 가난한 소작농과 도시빈민이 적지 않았는데, 원래 강제로 잡혀서 95군 병사가 된 사람들이었다. 포로가 된 후, 그들은 고난 속에서 본능적으로 생존과 개인의 앞날을 위해 서로 뭉쳤다. 그들 단체의 이름은 '형제회'이고 그 우두머리는 '다이위수 형님'이었다. 다이위수는 힘든 생활 속에서 단련된 굳세고 호탕한 사내로 관운장关云长(즉 삼국시대 촉나라의 관우-역자)의 의리와 충성과 용맹을 숭상하였다. 그는 많이 먹고 많이 차지할 생각만 하고 약자에 강하고 강자에 약한 잉샹원 패거리의 '포가 형제'를 매우 경멸했다. 그는 자기 형제들에게 우리는 기개 있게 살고 맹렬한 불길을 두려워하지 않는 진짜 금과 같이 관우关羽의 "몸은 조조曹操 진영에 있어도 마음은 한나라에 있다"라는 정신을 배워야 한다고 말했다. '형제회'에는 또 지혜와 용기를 다 갖춘 자오밍즈라는 '참모军师'가 있었다. 자오밍즈는 쓰촨 사람이 아닐뿐더러 95군 병사도 아니었지만, 다이위수와 형제들의 깊은 신뢰를 받았다. 자오밍즈는 원래 산시山西 사람으로 항일유격대 정찰병 출신이었다. 그는 다이위수의 인품이 믿을만하고 성격도 서로 매우 맞는 것을 알고 다이위수를 도와 '형제회'를 '배반 반대 투쟁'의 돌격대로 만들려고 결심했다. "근심과 고난을 같이하며 조상을 잊지 말자患难相助, 不忘祖宗"라는 '형제회'의 구호는 자오밍즈가 제시한 것이었다. 자오밍즈는 또 당원 간부인 스잔쿠이·정지증·쉬궁두续公度 등을 '형제회'에 소개하여 참가시켰다.

'형제회'는 세력이 강대해진 후, 맨 먼저 '투항분자'인 청리런의 대대장 권력을 빼앗아 다이위수와 자오밍즈가 대대장과 부대대장을 맡고, '형제회' 회원들로만 조직된 4대대 자체의 '포로경비대'를 성립시켰다. 그리하여 4대대를 86연대의 애국 역량 기지로 만들었다.

1951년 8월 2일 72연대의 리다안 부연대장이 갑자기 미군에 의해 86연대로 전출되어 부연대장을 맡게 되었다. 스미스 대위가 가오화룽을 통해 연대 지휘부 성원에게 이 사실을 선포한 후, 리다안은 사람들을 향해 두 손을 맞잡고 인사하며 "새내기인 아우를 다들 많이 돌봐주시길 바랍니다!"라고 말했다.

그 순간 궈나이젠은 피가 솟구쳐 머리가 터질 것 같았지만, 웃으면서 "모두 한 식구이니 겸손해하지 마세요"라고 답했다. 가오화룽은 급히 4대대에 가서 다이위수에게 이 '특종 뉴스특종'를 통보하면서 "족제비가 닭에게 세배하러 왔나 봐요黄鼠狼给鸡拜年来了!"라는 말을 남겼다.

다이위수는 즉시 핵심 간부회의를 소집하여 이 '족제비'를 몰아내기로 했다. 자오밍즈는 "양키가 우리 제86 포로수용소를 제72 포로수용소처럼 바꾸게 절대 내버려 둘 순 없어! 하지만 우린 이 빌어먹을 매국노를 정말 때려죽여도 안 돼! 그러면 양키에게 대숙청의 구실을 줄 수 있어"라고 말했다.

그날 늦은 밤 형제회는 쩡더취안曾德全과 천즈쥔陈志军 등 몇 명의 용사를 보내 주먹과 곤봉으로 리다안을 호되게 혼내주었다. 만신창이 된 리다안은 다음날 미군에게 제72 포로수용소로 돌려보내달라고 애원했다.

이틀 후 미군은 다이위수를 부산으로 압송하여 심사한 다음, 그를 제72 포로수용소에 가두어 리다안의 잔혹한 보복을 받게 했다. 하지만 그가 세운 '형제회'는 제86 포로수용소에서 전과 다름없이 웅거하면서, 제86 포로수용소에 가능한 한 빨리 백색공포 통치를 강화하려는 미군의 음모를 억제하였다.

7. 포로수용소의 홍문연鸿门宴[5]

귀나이젠을 통해 제86 포로수용소의 사정을 비교적 깊이 전반적으로
이해하게 됨에 따라, 병원에서 돌아온 후 나의 마음은 많이 안정되었다.
나는 장청위안과 상의하여 제86 포로수용소의 애국 역량을 더욱 통합시
키기로 했다. 그는 우리 180사단의 당원 간부와 각 대대 서기들과 접촉하
는데, 나는 우 목사와 연대 포로경비대 및 'C.I.E.'학교의 동향을 살피는
데 공작의 중점을 두었다. 나는 또 '형제회'와의 연계를 강화해야 했다.

1951년 9월 하순의 어느 날 오후, 'C.I.E.'학교의 통신원이 연대 지휘부
로 나를 찾아와서 "미군 우 목사가 와서 장 통역관을 보자고 합니다"라고
말했다. 나는 그를 따라서 학교 사무실로 들어갔다. 제86 포로수용소로 온
이래 나는 아직 이 '학교'에 온 적이 없었는데, 이번 기회에 살펴보는 것도
좋겠다고 속으로 생각했다. 내가 '사무실'을 둘러보니 교육 용품은 전혀 보
이지 않고, 방 정중앙에 네모난 탁자만이 덩그러니 놓여있는 게 보였다. 탁
자 위에는 포로수용소에서 보기 드문 통조림 식품과 캔 맥주가 가득 쌓여
있고, 탁자 주위에 여러 명이 앉아있었지만 우 목사는 보이지 않았다.

멋대가리 없이 덩치만 크고 피부가 검고 투박한 왕곰보大麻子(얼굴 전부가 얽은

---

5   홍문연(鸿门宴) : 진(秦)나라 수도 함양(咸阳)을 먼저 점령한 유방(刘邦)은 진왕을 포로
로 삼고 항우(项羽)의 도착을 기다리고 있었다. 토진군(讨秦军) 최고 지휘관 항우는 관중
(关中)에 먼저 들어간 사람을 왕으로 봉한다는 의제(义帝)의 칙명을 이행할 의사가 없는
데다, 모사(谋士) 범증(范增)이 유방을 모살(谋杀)할 것을 진언, 자신의 본진이 있는 홍문
으로 유방을 불러 주연을 베풀었다. 사전에 지시받은 항장(项庄)이 칼춤을 추면서 때를
봐서 유방을 찌르려 하였으나, 항백(项伯)의 방해로 뜻을 이루지 못하였고 위험을 느낀
유방은 장량(张良)의 계략으로 탈출하는 데 성공했다. 홍문은 지금의 산시성[陕西省] 린
통현[临潼县] 동쪽이다. 여기서는 필자 자신이 배신자들의 소굴에 들어갔다 기지를 발휘
해 무사히 빠져나온 것을 유방의 사례에 비유하여 절 제목으로 붙인 것으로 보인다.

사람-역자) 청리런 교장이 일어나 "장 통역관! 왕림을 환영하오. 환영하오!"라고 하자, 다른 사람들도 일어나 "장 통역관! 앉으시오. 앉으시오"라고 말했다.

나는 평소 이런 사람들과 내왕할 기회가 거의 없어서, 청 왕곰보가 '완고한 매국노'라는 것만 알고 있었다.

"그들이 여기서 무얼 하려는 걸까?" 나는 마음속으로 조금 의심이 들었으나, 입으로는 오히려 "별말씀을 다 하십니다. 우 목사가 저를 보자고 한 게 아닌가요?"

"우 목사는 오늘 오지 않았고 우리 형제들이 장 통역관을 청해서 세상 돌아가는 이야기나 해볼까 하는데, 체면을 봐주지 않을까 걱정되네요. 앉으세요. 마음대로 드시면서 편하게 이야기를 나눕시다!" 청 왕곰보는 억지웃음을 지으며 말하면서 녹색 군용 통조림을 내 앞으로 옮겨 놓았다.

나는 그의 맞은편에 천천히 앉으면서 미소로 심리적 긴장을 감추려 노력하며 평온하게 "제가 부산에서 온 지 얼마 되지도 않고 종일 스미스 대위를 따라다니느라 공연히 바빠서 일찍 여러분들을 찾아뵙지 못해 죄송합니다. 죄송합니다!"라고 말했다.

그러자 다른 사람들이 제각기 떠들며 앞다투어 말했다.

"장 통역관! 너무 겸손하시네요."

"우리 같이 밥만 먹고 나면 온종일 할 일이 없는 조무래기랑 비교할 순 없죠!"

"우린 진작부터 당신을 모셔서 만나고 싶었어요!"

"모두가 재난을 당한 사람들이니 너무 예의 차리실 것 없어요!"

"앞으로 아무쪼록 장 통역관께서 우리 형제들을 많이 도와주길 바랍니다!"

청 왕곰보가 손을 흔들자 모두 조용해졌다. 그는 뚜껑을 딴 캔 맥주를 들고 일어나 "장 통역관! 당신의 재능이 미국 사람의 인정을 깊이 받고 있다고 일찍이 들었는데, 당신이 만약 우리를 존중한다면 오늘 우리 형제와 함께 단원주團圓酒(사건이 원만히 낙착되거나 거래 또는 화해 등이 성립되었을 때 마시는 술-역자)를 마시고 앞으로 고락을 함께하는 겁니다. 듭시다!"라고 말했다.

그 순간 내 마음은 오히려 평온해져서, 나도 맥주를 들고 일어나 "청 교장님! 과찬이십니다. 저는 단지 양문洋文 몇 구절 말할 줄 알아서 그걸로 그럭저럭 살아가는 데 불과합니다. 앞으로 아무쪼록 여러분들의 많은 지도를 부탁드립니다!"라고 말하고는 맥주 한 모금을 마시고 앉았다.

청 왕곰보는 앉고 나서 한참을 생각하더니, "장 통역관! 당신이 제86 포로수용소에 온 지 얼마 안 돼서 아마 이곳의 상황을 정확히 모를 겁니다. 우리 수용소에 있는 포로들은 비록 말로는 모두 사병이라고 하지만, 그 속에 적지 않은 장교가 섞여 있고 많은 공산분자도 있어서 이들이 암중에 결탁해 제기랄 권력을 잡아 우리를 억압하려고 하지요. 우리 같은 사병들은 출신도 안 좋고 학교에 가본 적도 없어서 이전에 부대에서 온갖 배척과 억압을 받다가 이제 가까스로 해방되었는데, 그들이 다시 우리 머리 위에 올라타게 둘 수는 결코 없어요! 당신은 연대 지휘부에 있고 또 스미스 대위에게 중용되고 있으니 우리 편에 서야만 해요. 오늘 당신을 초대한 것은 우리 조직에 가입하길 요청하고 싶어서입니다"라고 말했다.

나는 맥주 캔을 손으로 돌리며 미소를 머금고 "당신들 조직의 이름은 뭐지요?"라고 물었다.

청리런은 "그건 당신이 참가한다고 승낙하면, 제가 당연히 알려드릴 겁니다!"라고 대답했다.

나는 몸을 뒤로 기대면서 "우리는 모두 유엔에 충성하고 있으니, 조직에 참여하고 안 하고는 형식적인 문제일 뿐이에요. 다시 말해 유엔군 사령부가 일찍이 포로수용소 내에서의 어떠한 정치활동도 금지한다고 선포하였고, 따라서 스미스 대위가 만약 내가 어떤 조직에 참여했다는 것을 안다면 도리어 좋지 않을 겁니다. 당신은 생각은요?"

청 교장은 나를 한참을 뚫어지게 쳐다보더니, "장 통역관! 당신이 이렇게 말하는 이상 저도 억지로 강요하지는 않겠습니다. 하지만 오늘 당신이 이왕 왔으니, 우리는 그래도 당신의 확실한 말을 듣고 싶습니다. 요컨대 우리와 한편에 설 것인지? 중요한 시기에 스미스 대위 앞에서 우리를 위해 말해주길 기대해도 되는지요?"라고 말했다.

야—! 이놈이 내게 태도를 분명히 밝히라고 몰아붙이네. 내가 이 앞잡이들에게 어떻게 대응해야 좋을까? 나도 그를 똑바로 바라보며 긴박하게 머리를 굴렸다.

갑자기 그가 턱을 흔들자, 즉시 밖에서 손에 경찰봉을 든 덩치 큰 'P.G.' 대원 몇 명이 들어와 내 뒤를 에워쌌다. 나는 심장이 급하게 뛰면서 피가 머리 위로 솟구치는 걸 느꼈다.

나는 '절대로 그들에게 당황하는 모습을 보여선 안 돼!'라고 마음을 다잡으면서, '노예가 가장 무서워하는 것은 그들의 주인이다'라는 생각이 문득 떠올랐다.

그래서 나는 맥주 캔을 탁자 위에 세게 내려놓으면서 "청 교장님! 당신은 미군이 까닭 없이 저를 중용했을 거로 생각하지는 않겠지요? 저에 관해서는 당신이 스미스 대위에게 물어볼 수도 있고 혹은 제8군 정보부에 문의해보면 더욱 확실하겠지요! 하지만 오늘 당신의 후한 환대를 받았으니,

저도 여러분께 안심하라고 말씀드리겠습니다. 누가 친구고 누가 적인지 이제 제 마음속에 매우 분명해졌네요!"라고 말하고 나서, 아주 자연스럽게 주위를 한 바퀴 둘러보았다.

한순간 그들은 모두 어리둥절해서 말을 하지 못했다. 잠시 후 청 왕곰보가 앞장서서 박수를 치기 시작했다.

청리런은 엄지를 치켜들며 "장 통역관! 당신의 이 말이면 충분합니다. 자, 자, 술 마십시다. 술 마셔요. 요리도 드시고요. 요리!"라고 말했다.

나는 남은 맥주를 다 마시고 나서 "죄송합니다! 저는 연대 지휘부로 돌아가야 합니다. 스미스 대위가 시킬 일이 있는데 저를 찾지 못하는 일이 없도록요!"라고 했다

"좋아요. 좋아요. 접대가 변변치 못했지만, 장 통역관이 널리 양해해 주세요." 청리런은 말을 마치고 이들 노예에게 공손하게 나를 문 밖까지 전송하도록 지시하였다.

나는 '학교' 정문을 나와 상쾌한 바닷바람을 맞으며, 우 목사가 이번 '홍문연'의 기획자일 가능성이 크다는 생각이 들었다. 보아하니 더욱 격렬한 폭풍이 이미 가까이 다가온 것 같았다.

8. 깃발 뺏기 전쟁 — 미·중 간의 경쟁이 국·공 간의 경쟁으로 바뀌다

1951년 10월에 접어들자, 미군은 일찍이 제72 포로수용소에서 성공적으로 추진했던 각종 활동을 제86 포로수용소에서 더욱 강화하기 시작했다. 예컨대 '국민당 지부'나 '반공항아동맹' 등의 반공 조직을 확대하고,

연대 경비대의 법 집행 권리를 이용하여 조직적으로 포로들을 'C.I.E.'학교에 강제로 보내 '수업을 듣고' 반공 노래를 부르며 반공 구호를 외치게 하였다. 또 포로들이 공산당 간부를 검거하도록 꾀거나, 반공 글자를 몸에 새기고 타이완으로 가겠다는 신청서를 혈서로 작성하게도 했다. 게다가 경비대는 반항하는 포로에게 온갖 형벌을 가하여 백색공포를 조장하였다. 일순간 86연대 내에 먹구름이 짙게 깔리며 포로들이 "국민당을 옹호하고 타이완으로 가길 요구하지" 않을 수 없게 하는 난기류가 몰아쳤다.

어느 날 정오 궈나이젠이 몰래 미군의 『성조보』 1장을 나에게 건네며, 청소 작업대가 병원에서 주운 것이니 신문에 실린 정전회담과 관련된 상세한 내용을 보라고 했다. 나는 기사를 읽고 나서, 판문점 정전회담 중 미국 측이 제기한 "포로의 희망에 따라 송환을 진행한다"라는 제안을 공산당 측에서 강력히 반대함으로써 정전 담판이 이미 중단되었다는 것을 알게 되었다. 『성조보』에는 제72 중국인민지원군 포로수용소 포로들이 미군 포로수용소 총관리인에게 「타이완으로 가길 단호하게 요구하는 단체 청원서」를 제출했다는 거제도발 보도도 실려 있었다.

나는 『성조보』에서 본 소식을 장청위안에게 알려주고 서로 의견을 교환했다. 우리 두 사람은 포로수용소에서 우리가 진행하고 있는 이번 투쟁이 판문점에서 우리의 대표가 하는 투쟁과 매우 밀접한 관계가 있으며, 중국인민지원군 포로수용소가 이미 항미원조의 적 후방 전쟁터가 되었음을 한층 더 인식하게 되었다. 이런 생각이 들자 우리의 어깨가 더욱 무거워지는 것 같았다. 우리는 분산되고 자발적인 지하 당단과 애국 조직을 연결하여, 미군이 포로수용소 내에서 포로들이 귀국할 권리를 포기하게끔 강요하는 데 항거하는 견고한 통일역량을 최대한 빨리 만들기로 하였다.

우리는 조만간 제86 포로수용소에서 "국민당을 옹호하고 타이완으로 가길 요구하는" 자와 "공산당을 옹호하고 자기 고향으로 돌아가길 요구하는" 사람 간에 대결전이 분명 벌어지리라 예상했다.

1951년 10월 9일 오후, 장청위안이 사람을 보내 나에게 1대대로 가서 회의에 참석하라고 했다. 내가 가서 보니 1대대의 스잔쿠이, 4대대 부대대장 자오밍즈와 위생병 중쥔화鍾駿骅 등 이미 비교적 익숙한 지하조직 책임자들 외에 잘 알지 못하는 10명 정도의 동지들이 있었는데, 그중에는 4대대 경비대장 천즈쿤과 5대대 경비대장 천치우陳其武 등이 포함되어있었다.

장청위안이 회의를 주관하며 "형세가 긴박하여 각 대대 지하조직의 책임자를 모두 함께 불러 긴급회의를 열게 되었습니다. 먼저 리즈훙李志虹 동지가 상황을 설명해 주시오"라고 말했다.

리즈훙은 우리가 몰래 연대 경비대에 잠입시킨 우리 쪽 사람이었다. 그는 다음과 같이 상황을 보고했다.

그날 정오 연대 경비대장 저우옌다가 긴급회의를 소집했다. 저우옌다는 먼저 보따리 하나를 꺼내놓고 보따리 안에 어떤 물건이 들었는지 모두에게 맞춰보라고 했다. 모두가 맞추지 못해 그가 보따리를 풀자, 그 안에서 중화민국의 청천백일기가 드러났다. 앞잡이들은 그만 놀라서 소리를 질렀다. 저우옌다는 즉시 손을 내저으며 "조용, 공산분자들이 듣지 못하도록 하시오!"라고 말한 후, 득의양양하게 대원들에게 "이 깃발은 우리 경비대가 내일 아침 정문 입구에 깃발을 걸고 쌍십절双十节(즉 '중화민국' 국경절)[6]을 경축

---

6 쌍십절(双十节): 중화민국의 건국 기념일로 1911년 10월 10일 발생한 우창[武昌]봉기를 기념하는 것이다. 우창봉기가 신해혁명의 발단이 되어 중국 각지에서 혁명운동이 발생하였고, 이 영향으로 청나라 만주족 정권이 붕괴하고 중국 역사상 첫 번째 공화국이 성립되었다. 매년 쌍십절에는 중화민국 정부가 주최하는 각종 축하 행사가 이루어진다.

하는 모습을 미국 종군 기자들이 와서 사진 찍게 하려고 우 목사가 보내온 것이요. 이 사진이 실리면 전 세계가 중국 전쟁포로들이 타이완으로 가길 원한다는 것을 알게 될 것이고, 이는 판문점에서 담판에 나선 공산당 대표를 궁지에 몰아넣게 될 것이오! 그러면 우리 경비대 역시 큰 공을 세우는 것이 되오!"라고 털어놓았다. 저우옌다는 또 "공산분자가 말썽 일으킬 것을 대비해서, 모두가 엄밀히 그들을 감시하고 우두머리에 대해서는 기습 수색을 해 일단 먼저 체포부터 하시오. 우 목사가 이미 헌병사령부에 알려 놓았으니, 필요할 때는 미군이 우리 행동에 협력할 것이오!"라고 말했다.

리즈훙이 적의 이런 비루한 음모를 폭로하는 것을 듣고, 모두가 매우 분노하여 나라를 팔아 영화를 구하는 이들 앞잡이를 심하게 욕하였다.

장청위안이 일어나 손을 흔들어 모두에게 진정하라는 표시를 한 다음, "시간이 긴박하니 어떻게 적의 음모를 분쇄할지 우리 집중적으로 연구합시다!"라고 말했다.

그러자 4대대 부대대장 자오밍즈가 산시山西 억양으로 허둥거리지 않고 여유 있게 그의 생각을 말하였다. "미친개를 상대하는 데 가장 좋은 방법은 몽둥이로 때리는 겁니다. 나는 우리 각 대대의 역량을 긴급히 동원할 것을 건의합니다. 오늘 저녁 우리가 연대 경비대를 포위 공격하여 앞잡이들의 깃발을 태워버립시다!"

모두가 그의 제안에 일제히 동의하였고, 그다음 어떻게 일을 나누고 어떻게 전투력을 강화할 것인가의 의견을 보충하였다. 한편 리훙즈에게 먼저 방법을 찾아서 앞잡이들의 깃발을 훔쳐 태워버리자는 제안도 제기되었다. 장청위안이 모두의 의견을 귀납하여 세세한 배치를 하였다. 끝으로 그는 "오늘 저녁의 행동은 장 통역이 각 대대와의 연락과 협조업무를 책임져야 하니, 지금부터 장 통역의 이야기를 듣도록 합시다"라고 말했다.

　나는 흥분된 상태로 일어나서, 옷은 남루하고 얼굴은 초췌하지만 지조가 굳고 굽힐 줄 모르는 전우들을 둘러보며 "동지 여러분! 이번 투쟁은 우리 앞날의 운명과 관련되어있으므로 결코 미국 놈들의 이런 정치적 음모가 실현되게 해서는 안 되며, 또 우리 부대 안의 이런 민족 변절자들이 중국인민지원군 포로의 이미지를 제멋대로 왜곡하게 내버려 두어서도 절대 안 됩니다! 설령 붉은 피와 생명을 바쳐야 한다 해도 조금도 아깝지 않습니다! 모두 가서 즉시 우리의 애국 역량을 동원하여 오늘 밤 반드시 앞잡이의 깃발을 태워버리고 나쁜 놈 우두머리를 다 때려잡도록 힘쓰길 바랍니다. 나는 스미스 대위에게 이 나쁜 놈들이 하나같이 악행을 일삼아 대중의 분노를 불러일으키는 것을 고발하고, 이렇게 소동을 일으키는 분자들을 제86 포로수용소에서 다른 곳으로 이송시켜 달라고 요청함으로써 우리 연대의 안정을 보장하도록 하겠습니다"라고 말했다.

　내가 연대 지휘부로 돌아왔을 때, 스미스 대위는 불안한 표정으로 문서를 보는 중이었다. 내가 온 것을 보자 즉시 문서를 나에게 건넸다.

　얼핏 보니 영문으로 인쇄된 문서에는 "제86 포로수용소 총관리인 스미스 대위에게 보냄. 들리는 바로는 당신 수용소 내의 중국 공산분자가 오늘 저녁 폭동을 일으킨다고 해서, 내가 이미 해병대에게 모든 방범 준비를 잘하라고 명령을 내렸으니, 수용소의 모든 포로에게 오늘 저녁 계엄을 실시한다고 통지하시오. 첫 번째 경보가 울릴 때 막사 밖에 있는 모든 사람은 반드시 그 자리에 멈춰서야 하고, 두 번째 경보가 울린 후에는 반드시 바로 막사로 돌아가야 하며, 그렇게 하지 않는 사람은 사살해도 무방하오"라고 적혀 있었다. 문서에 서명한 사람은 유엔군 거제도 전쟁포로수용소 사령관 피츠제럴드Fitzgerald 대령이었다.

스미스 대위는 이어 나에게 "이게 대체 무슨 일이냐?"라고 물었다.

나는 어깨를 으쓱하며 "저도 이상하네요. 어째서 폭동의 흔적이 조금도 보이지 않죠. 저는 저들 공산당원이 정말 이처럼 유치할까 회의마저 드네요. 생각해보세요. 설령 목숨을 걸고 철조망을 넘는다 해도 중국 해안까지 몇천 마일을 헤엄쳐 갈 수 없잖아요"라고 대답했다.

"요컨대 어찌 된 일인지 상관없이 너는 곧장 피츠제럴드 대령의 명령을 전달하도록 해!"

내가 통신원을 통해 각 대대와 각 직속 단위의 책임자에게 명령을 청취하러 오라는 말을 전하고 있을 그때, 포로수용소 바깥 도로에서 우르릉거리는 엔진 소리가 들리며 해병대 병사들을 가득 실은 몇 대의 장갑차가 몰려왔다. 병사들은 삽을 들고 차에서 내려 철조망 주위에 약 20m 간격으로 흩어져 한 장교의 지휘하에 기관총 엄폐호를 파기 시작했다.

나는 속으로 몰래 "적이 이미 제86 포로수용소에 국민당 깃발을 올리려고 주도면밀한 배치를 하였으니, 오늘 밤 깃발을 빼앗으려는 투쟁은 한바탕의 유혈 투쟁이 되겠구나!"라고 한탄하였다.

나는 미군 거제도 전쟁포로수용소 사령관의 명령을 전달한 후, 즉시 4대대로 가서 자오밍즈 등의 동지를 찾아 새로운 형세에 대해 검토했다. 우리는 먼저 리즈훙에게 있는 힘을 다해 깃발을 훔쳐서 태우도록 하고, 그의 성공 여부와 관계없이 4대대를 주력으로 가로등이 켜질 때를 신호로 삼아 연대 경비대를 급습하여, 미군이 알아차리기 전에 전투를 해결하기로 하였다.

저녁 식사 전 내가 연대 지휘부 막사로 돌아와 밥 먹을 준비를 하는데, 갑자기 "저놈 잡아라! 저놈 잡아!"라는 고함소리가 들려왔다.

내가 막 일어나 무슨 일인지 확인하려고 할 때, 막사 문이 갑자기 열리며 한 사람 헐레벌떡 뛰어 들어왔다. 내가 부축하고서 보니 바로 리즈훙여서 황망히 어찌 된 영문인지 물었다.

그는 헐떡거리며 "빨리, 빨리 저를 숨겨주세요! 그들이 나를 잡으려고 해요!"라고 말했다.

나는 급히 "네가 이 막사로 들어오는 걸 그들이 보았니?"라고 물었다.

"아니, 아니요. 저는 빙 돌아서 왔어요."

그의 말이 끝나기도 전에 궈나이젠이 그를 '저장실'로 끌고 가서 잡물더미 속에 숨기고는 군용담요 여러 장으로 빈틈없이 덮었다. 우리가 막 밥그릇을 옮기고 있는데, 'P.G.'(경비대원의 영문 약자) 완장을 두르고 낭아봉狼牙棒(무수한 못 끝이 밖으로 나오게 박아 긴 자루를 단 무기-역자)을 든 경비대원 대여섯 명이 우리 막사로 들어와 두리번거리며 사람을 찾았다.

나는 아주 불쾌한 얼굴로 "너희들은 우리가 무슨 통조림 고기를 훔쳐 먹고 있는지 조사하러 왔냐!"라고 말했다.

경비대원 1명이 재빨리 허리를 구부리며 "그럴 리가 있나요. 우리는 공산분자 한 놈을 쫓고 있는데, 당신네 막사 쪽으로 달아난 것 같아서요!"라고 말했다.

"그거야 간단하지. 우리 연대 지휘부 사람들이 모두 여기 있으니, 어디 한번 수색해봐!" 나는 웃으며 말했다.

'P.G.'들은 '저장실' 안을 한번 넘어다보고는 흥이 깨진 듯 가버렸다.

나는 통신원 양융청을 밖에다 보초 세우고 '저장실'로 들어가 온 얼굴이 땀범벅인 리즈훙을 꺼내주고는 그에게 어떻게 된 일인지 물었다. 그는 흥분해서 나에게 앞잡이들의 깃발을 훔쳐 취사장 아궁이에 쑤셔 넣어 태웠으나, 재수 없게도 막 깃발을 태울 때 취사장의 나쁜 놈이 발견하여 경비대에 보고하는 바람에 쫓기게 된 것이라고 알려주었다.

"너무 잘했어. 하지만 이곳도 믿을 수 없으니, 날이 어두워진 다음 4대대로 가서 숨는 것이 안전할 거야."

나는 속으로 '일이 아주 시끄러워졌군. 나쁜 놈들이 절대로 가만있지는 않을 텐데. 오늘 밤 이 한판의 전투가 제86 포로수용소의 운명을 결정하겠구나! 우리의 힘은 연대 경비대를 쳐부수기에 충분하지만, 미군 당국이 직접 나서 그들을 지지해줄지 아닌지를 봐야 한다'라고 생각했다. 나는 불안하게 전투 시각이 다가오기를 기다렸다.

해는 마침내 서쪽 산등성이 뒤로 떨어졌고, 밤의 장막이 바다로부터 산 꼭대기를 타고 넘어 천천히 다가왔다.

가로등에 불이 들어오자, 나는 연대 지휘부 막사를 나와 언덕에 서서 격하게 뛰는 심장박동을 느끼며 약 100여 명의 전우가 4대대와 1대대 막사를 빠져나와서 허리를 숙인 채 손에 막사 기둥과 돌을 들고 연대 경비대 쪽으로 모이는 것을 바라보았다.

갑자기 누군가의 '돌격!' 하는 고함과 함께 "배신자들을 때려죽이자!" "매국노를 타도하자!"라는 거대한 노호가 밤하늘에 울려 퍼졌고, 보초 서던 'P.G.'들이 놀라 허둥대며 머리를 감싸고 후퇴하였다.

전우들은 철조망으로 된 작은 문을 넘어뜨리고 안으로 우르르 밀고 들어가 'P.G.'에게 덤벼들었다. 이들은 서로 부둥켜안고 물어뜯거나 서로 팔을 꺾으며 땅 위를 구르기도 하고, 위에 올라탔던 자가 다시 뒤집혀 깔리기도 했다. 곤봉이 서로 부딪치고 주먹과 발로 치며 싸우는 소리 속에 한바탕의 혼전이 격렬하게 진행되었다.

바로 이때 정문 밖 미군 경비 차량의 경보가 울렸다. 처량하고 날카로운 음파가 싸우는 소리를 덮어버리며, 장갑차 몇 대가 포로수용소 안으로 들어오기 시작했다. 완전무장한 미군 약 1개 중대가 차에서 내려 총을 들고 달려와 무력 충돌 지점을 포위하면서 큰소리로 "Stop! Stop!"멈춰! 멈춰!이라고 외치자, 싸우던 쌍방 모두 멈추지 않을 수 없었다.

나는 덩치 큰 스미스 대위가 미군 몇 명의 경호를 받으며 연대 경비대 주둔지로 걸어가는 것을 보았다. 얼마 후 연대 경비대원들이 모두 몰려나와 열을 지어 광장에 앉았고, 우리 쪽 사람들은 미군에게 쫓겨 각자의 막사로 되돌아갔다.

나는 '빌어먹을! 우리 쪽 사람은 일단 분산되면 다시 모이기가 힘든데'라는 생각이 들며 각개 격파될까 두려웠다.

이때 연대 경비대의 중대장 1명이 달려와서 "장 통역관! 스미스 대위가 당신을 오라고 합니다!"라고 외쳤다.

내가 그를 따라 도착했을 때, 스미스 대위는 'P.G.' 대원들 앞에 서 있고 무장한 미군이 명령을 기다리며 한쪽에 모여 있었다.

스미스 대위는 'P.G.' 대원들에게 명령을 내리려 하니 나에게 통역하라고 말했다.

이어 그는 명령을 발표하였는데, 주된 내용은 "유엔군 당국이 너희들에게 포로수용소의 질서를 유지하도록 책임을 위임하였으나, 너희들의 평상시 관리가 엄격하지 않아 오늘 밤의 폭동이 발생하기에 이르렀다. 지금 내가 너희들에게 명령하건대, 폭동의 주동자를 나에게 잡아 오면 헌병사령부가 그들을 심문할 것이다. 내가 동원한 미군이 필요시 너희들이 수색 체포하는 데 협조할 것이다"였다.

나는 이러한 명령을 결코 그대로 통역할 수가 없어서 "스미스 대위가 말하길, 너희들 모두 중국인이고 동포 형제인데 왜 싸우느냐! 지금 이후로 서로 때리고 싸우는 것을 다시는 허락지 않으며, 누구든 때려서 다치게 한 자는 감옥에 보내고 때려서 죽인 자는 목숨으로 갚도록 하겠다"라고 전달하였다.

내가 막 '통역'을 마치자, 앞잡이 중의 1명이 "공산분자가 폭동을 일으키려고 한다!"라는 구호를 외쳤다.

또 어떤 자가 "장 통역관은 공산당이므로 우리는 그의 통역이 필요 없다!"라고 외쳤다.

스미스 대위는 나에게 그들이 뭐라고 외치는지 물었다.

나는 "그들이 대위님의 명령을 집행하겠다는 굳은 결의를 나타낸 것이니 안심하셔도 됩니다"라고 대답했다.

스미스 대위는 사람 붙잡는 손짓을 하며 "그럼 됐어. 지금 즉시 행동하도록!"이라고 말했다.

경비대장 저우옌다가 일어나 배치를 하며 "장 통역의 말 듣지 말고 가서 공산당 폭동분자를 먼저 잡아들인다. 1중대는 1대대로 가고, 2중대는 4대대로 간다! 내가 너희에게 준 명단에 따라 수색 체포한다"라고 말하였다.

스미스 대위는 나에게 그를 수행하여 연대 지휘부로 가서 압송되는 사람을 기다렸다가 헌병사령부로 데리고 가라고 하였다. 스미스 대위는 앉으면서 마치 무거운 짐을 벗어버린 것처럼 후유 하고 한숨을 쉬고 담배를 꺼내 깊이 한 모금 들이마시고는 또 1개비를 꺼내 나에게 던졌다. 하지만 나는 손에 담배를 쥐고도 성냥불 붙이는 걸 잊어버릴 정도로 전우들을 보호할 방법이 없어 애가 탔다.

잠시 후 나는 옆쪽의 작은 철조망 안에서 고함소리와 채찍질 소리가 나는 것을 들었다. 창문을 통해 'P.G.' 대원들이 이미 적지 않은 사람을 잡아다 거기에서 고문하고, 광장에서는 양손을 뒤로 결박당한 우리 쪽 전우들이 발버둥 치며 탐조등 아래에서 앞잡이들에 의해 작은 철조망 안으로 계속 압송되고 있는 것이 보였다. 광장에 서서 구경하는 미군 병사 중에는 휘파람을 부는 자도 있었고, "Number fuking one!"^{지미랄, 최고야}라고 소리치는 자도 있었다. 작은 철조망 안에서 전해오는 비명소리가 점점 더 높아져서, 나는 마침내 참지 못하고 스미스 대위에게 "대위 각하, 이렇게 계속하다가는 사람이 죽겠습니다. 정말 사람이 죽게 되면서 당신에게도 유엔군에게도 귀찮은 일이 생기게 될 겁니다"라고 말했다.

스미스 대위는 나를 똑바로 바라보더니 "좋아, 우리가 가서 한번 보지"라고 말하면서 곧바로 밖으로 걸어 나갔고, 나는 그를 따라 작은 철조망 앞으로 갔다.

스미스 대위는 입구에 서서 감독하고 있던 저우옌다에게 "벌주는 것을 중지하라!"라고 말하였다.

나는 대위의 명령을 통역하였다. 저우옌다는 나의 안색을 보고는 고개를 돌리면서 "스미스 총관리자가 그들의 하찮은 목숨을 남겨두라고 하니, 형제들은 멈추고 좀 쉬시오!"라고 외쳤다. 그리고는 다시 고개를 돌려 남의 재앙을 보고 기뻐하듯이 나를 향해 잔인한 웃음을 지었다.

나는 이런 역겨운 놈의 기생오라비 같은 얼굴에 호되게 주먹 한 방 휘두르고 싶은 충동을 가까스로 참았다.

9. '폭동분자'를 따라 제86 포로수용소를 떠나다

정문 밖에서 헌병사령부 죄수호송차의 브레이크 소리가 들리자, 스미스 대위는 곧 나에게 이미 잡힌 약 60명의 '폭동분자'를 차로 압송하라는 명령을 전하라고 했다.

머리가 깨져 피를 흘리는 전우들이 내 곁을 지나 죄수호송차로 압송되는 것을 보았을 때, 내 마음은 너무나도 괴로웠다.

나는 스미스 대위에게 "이 사람들의 상처가 매우 심하니, 먼저 병원으로 보내 상처를 싸매게 해서 전쟁포로에 대한 각하의 인도주의 정신을 보여주시면 안 될까요?"라고 말했다.

스미스 대위는 듣고서 웃으며 "OK, 너의 의견대로 하지"라고 말하면서, 바로 죄수호송차를 압송하는 미군에게 그렇게 하라고 지시했다.

나는 이어서 "그럼 제가 저들을 따라 병원에 가서 의사 선생을 위해 통역을 맡겠습니다!"라고 요구하였다.

스미스 대위는 다시 나를 한동안 똑바로 바라보더니 "장! 난 네가 이들 공산분자를 동정하고 있는 것을 알고 있어. 네가 그들과 함께 있기를 원한다면, 나는 너의 소원을 만족시켜줄 수 있지!"라고 말했다.

나는 그에게 "안녕히 계세요!"라고 태연히 말하고, 곧바로 전우들을 따라 죄수호송차에 올라탔다.

공기가 통하지 않는 죄수호송차에 앉아, 나는 어둠 속에서 눈을 감고 곁에서 반쯤 드러누운 이름 모를 전우의 손을 꼭 잡은 채 덜컹거리며 달리는 자동차의 요란한 엔진소리를 들으며 소용돌이치는 마음을 억제할 수 없었다.

"나는 그냥 이렇게 제86 포로수용소에서의 투쟁을 끝내야 하나? 내일 우목사가 분명 앞잡이의 깃발을 다시 보내 'P.G.'에게 제86 포로수용소 대문 앞에서 기를 올리게 해서 중화민국 국경절을 경축하게 할 텐데. 그리되면 제86 포로수용소는 정말 제72 포로수용소처럼 변해버리고 말 텐데. ……

난 자오 정치위원의 부탁을 완성치 못했어! 단 미국 놈들이 무장 진입해 진압하지 않았더라면, 우리의 이번 깃발 뺏기 전투와 제86 포로수용소 통제권 탈취 전투는 분명 이길 수 있었는데! 만약 우리가 정말로 저들 매국노 앞잡이들을 내쫓고, 게다가 오성홍기를 만들어서 내걸 수 있었다면 얼마나 좋았을까! ……

미국 놈들은 너무나도 음험해. 국·공 양측의 여러 해 동안 누적되어온 철천지한을 이용해 미국인에 대한 중국인의 '반미항폭' 투쟁을 군이 중국인끼리 서로 싸우고 죽이도록 함으로써 국공내전의 연장으로 바꾸어버렸어! ……

이제부터 제86 포로수용소의 적과의 투쟁은 더욱 힘들어지겠군. 궈나이젠 등과 아직 정체를 드러내지 않은 채 제86 포로수용소에 남아있는 전우들의 책임이 더욱 무거워지겠구나. ……"

제8장

포로수용소 내의 '형사 죄인'

1951년 10월 10일 ~ 1951년 11월 10일, 거제도

1. '형사 죄인'이 되다

1951년 10월 9일 밤 우리는 거제도 제64 야전병원으로 압송되었고, 미군 의사와 조선인민군 전쟁포로 의사들이 상처 입은 전우들에게 간단하게 상처를 싸매는 치료를 해주었다. 이미 움직일 수 없을 정도로 중상을 입은 전우 2명만 남겨져 상태를 지켜보는 외에, 그 나머지 사람들은 그날 늦은 밤 다시 죄수호송차로 압송되어 헌병사령부 구치소로 보내졌다. 그 병영에는 철제로 된 사무용 건물과 몇 개의 서로 격리된 범인을 가두는 작은 철조망이 있었다. 그것들은 비교적 평탄한 계곡 안에 자리 잡고 있었는데, 우리를 가둔 작은 철조망 안에는 2개의 막사만 있었다.

다음날 새벽 나는 맞은편 약 50m 거리의 작은 철조망 안을 거닐고 있는 조선인민군 모자를 쓴 일군의 조선 동지들을 보았다. 나는 손을 흔들어 그들에게 인사를 하였다. 그들은 놀란 듯이 나를 쳐다본 다음 한국어로 "당

신들은 중국 동지요? 어떻게 당신들도 '형사 죄인'이 되어 이곳까지 와서 갇히게 되었소?"라고 외쳤다.

나는 알아들을 수는 있지만 한국어는 잘하지 못해, 단지 서툴게 "우리는 배신자들을 타도하였소! 배신자들은 몹시 나쁜 놈이오!"라고만 대답했다.

이때 흰 헬멧을 쓰고 보초 서던 헌병이 다가와서 큰 소리로 "병신 같은 자식, 입 닥치지 못해!"라고 소리쳤다. 그럼에도 아랑곳하지 않고 나는 또 "김일성 장군 만세!"라고 외치고 나서 막사 안으로 들어가려고 할 때, 맞은 편에서 "마오쩌둥 만세!"라고 외치는 소리가 들려왔다.

아침 식사 전 또 1대의 죄수호송차가 구치소 앞에 멈춰 섰다. 우리는 모두 철조망 쪽으로 우르르 몰려들었는데, 압송되어 온 사람들은 예상대로 모두 제86 포로수용소 전우들이고 한 20여 명 되었다. 그들은 어제 저녁 우리가 압송된 후 잇달아 붙잡힌 투쟁 핵심 인물로 그중에는 4대대의 부대 대장인 자오밍즈와 지하 당 지부 서기인 스잔쿠이 등의 지도자가 있었다.

그들 역시 온몸이 상처투성이인 걸 보고 모두 의분이 가슴에 차서 어쩔 줄 몰라 했다. 특히 왕샤오치王紹其 전우가 배신자들에게 심하게 맞아 죽었다는 소식을 듣고 많은 동료가 소리 내어 울었다. 어젯밤 왕샤오치 전우는 맨 먼저 경비대로 쳐들어가 배신자들의 우두머리 저우옌다를 두들겨 팼다고 하였다. 그는 조국의 영예를 지키기 위해 용감하게 희생한 것이리라!

오전에 헌병 1명이 들어와서 "누가 장쩌스냐? 앞으로 나와!"라고 하였다. 모두가 나 홀로 제86 포로수용소로 보내질까 두려워했고, 또 내가 그들 곁을 떠나는 것도 원하지 않았다. 나는 전우들의 걱정스러운 눈길을 받으며 그를 따라 사무실로 들어갔다. 사무실에는 황색 피부와 파란 눈의 미군 중위 1명이 탁자 뒤에 앉아있었다. 그는 나에게 앉으라는 제스처를 하고는 자기소개하길, "나는 C.I.D. Criminal Investigation Department(미 육군 범죄수사 대-역자)의 심문관으로 이번 유혈 사건의 조사를 맡았는데, 스미스 대위의 소개에 따르면 자네가 나를 위해 통역을 맡아줄 수 있다고 했네. 자네가 나에게 협조해 주게나"라고 말하였다.

나는 한숨 돌리며 "이번 조사를 어떻게 진행할 건지 준비되셨습니까?" 라고 물었다.

"우리 먼저 상처가 가장 심한 사람부터 시작하지! 자네가 그들을 차례 대로 데리고 와서 내 질문에 대답하게 해주게."

나는 즉시 돌아가서 스잔쿠이 · 자오밍즈와 상의하여 순서를 안배하되, 표현 능력이 뛰어난 동지를 찾아서 먼저 보내기로 했다. 그리고 모두를 불러 모아 어떻게 통일되게 질문에 대답할지를 간단하게 이야기해 주었다. 그 내용은 연대 경비대의 그칠 줄 모르는 잔악무도한 짓, 즉 마음대로 사람을 때리거나 잡아가고 포로들의 음식을 빼돌리는 행위가 다수의 분노를 불러일으켰으며, 이번 유혈 사건도 그들이 무고하게 사람을 잡아가서 가혹한 형벌과 고문을 했기 때문에 일어난 것임을 고발한다. 그들이 이번에 또 왕샤오치를 때려죽이고 우리 쪽의 이렇게 많은 사람을 다치게 한 것을 고발한다. 모두 일치단결하여 살인범을 엄벌하고 경비대의 주요 우두머리를 감옥으로 보내 형을 살게 할 것을 요구한다 등이었다.

심문은 꼬박 일주일이나 진행되어 모든 사람이 다 심문을 받고 심문 기록을 남겼다. 다행히 내가 통역을 맡아서 어떤 전우가 불완전하거나 타당하지 않게 대답하는 것에 대해서는 내가 통역할 때 모두 적당하게 수정하고 보충해 주었지만, 태도와 용어상에서 나는 전혀 치우침 없이 사실에 근거하여 일을 논하는 방법을 취했다.

심문이 끝난 후, 심문관은 나에게 사의를 표하고 나서 나와 이야기를 나누었다. 그는 나의 집안과 학력 등을 묻고는, 내가 '기독교 지식인 가정' 출신이고 또 청화대학 물리학과 학생이라는 것에 대해 매우 흥미를 느끼고 그 자신의 정황도 이야기해 주었다.

원래 그의 모친은 미국 국적의 일본인이며 그의 성은 블랙Black으로 대학에서 법률을 전공하고 학업을 마친 후에 지원병이 되었는데, 본래 모친의 고향인 일본에 가보고 싶었으나 생각지도 않게 한국전쟁이 일어나서 이곳으로 오게 되었다고 했다. 그는 전쟁포로수용소에서 일하게 되어 매우 기쁜데, 이곳이 전방보다 안전해서라고 말하였다.

나는 그와 이야기를 나누면서 전쟁포로수용소 내에서 미국 측이 부적합한 나쁜 사람들에게 '포로 관리인' 직을 맡기는 바람에, 이 사람들이 세력을 믿고 일반 포로들을 잔혹하게 학대하여 반항을 불러일으키고 수용소 내의 동요와 불안을 조성하고 있으니, 그의 영향력을 발휘하여 이 문제를 해결하는 데 협조해 주면 좋겠다고 말했다.

그는 어깨를 으쓱거리면서 양손을 벌리며 "나는 자네가 말한 것이 사실이라고 믿지만, 나에게는 그럴 만한 힘이 없네. 자네도 알다시피 우리 정부 정책은 공산주의를 이미 더 이상 믿지 않는 전쟁포로들을 지지하는 것인데, 이 사람들은 왕왕 아주 질이 나빠. 나 자신도 그처럼 기개 없는 배신자들을 혐오하네. 하지만 나는 살인범을 정확히 조사할 때 군법의 관점에서 그들을 처벌하도록 보고서만 제출할 수 있을 뿐, 최종 결정권은 나의 상사의 손에 달려있네. 이번 유혈 사건에 대해 나는 사실대로 보고할 것이고, 자네 동료들은 책임이 없으니 처벌받아야 하는 범인은 그 'P.G.' 대장이겠지"라고 말했다.

"그럼, 우리 쪽 사람들은 어떻게 처리되는 겁니까?"

"미군 군법에 따르면 심하게 소란을 일으킨 사람은 형사범으로 간주하여 구류 1개월을 살게 되어 있으니, 자네들은 아마 1개월 뒤에야 다시 중국 전쟁포로수용소로 돌려보내질 거네."

대화를 마치고 일어나려고 하자, 그는 나에게 '카멜'표 담배 2갑과 초콜릿 2개를 사례로 주었다. 그리고 "자네는 일하는 게 뛰어나고 공정하니, 앞으로 자네가 어느 포로수용소에 있든지 간에 내가 맡는 중국인민지원군 전쟁포로 형사 안건 심문에 꼭 다시 통역을 맡아주게나"라고 말했다.

나는 그의 신임에 대해 감사를 표시했다. 막사로 돌아와서 나는 담배와 초콜릿을 모두에게 나누어 주었다. '카멜' 담배는 당연히 전쟁포로수용소에서 나누어 주던 그 상표도 없는 한국 담배보다 훨씬 더 맛이 좋았는데, 하물며 이곳에 구류된 이후로 벌써 여러 날을 '굶었기'에 더 말할 나위도 없었다. 우리 81명의 동료는 1개비씩 돌려가면서 여러 날을 피웠는데, 모두 그것이 마치 세상에서 가장 맛있는 것인 듯 느꼈다(1985년 봄 내가 베이징 시 과학기술협회 시찰단 단원이 되어 홍콩香港을 방문했을 때, 우연히 미제 '카멜' 담배를 발견하고는 여러 개비를 피우며 아무리 맛을 보아도 그 당시의 구름과 안개를 타고 하늘을 나는 듯한 그러한 느낌을 전혀 찾을 수가 없었다).

2. 지하당 연대 지부

내가 블랙 중위로부터 우리 쪽 '형사 죄인'들이 구류기간을 채운 다음 제86 포로수용소나 심지어는 제72 포로수용소로도 보내질 수 있다는 정황을 알게 된 후, 형세가 매우 엄중함을 느꼈다. 우리의 정치적 입장이 이미 완전히 폭로되었으니, 제86으로 가든 제72로 가든 상관없이 배신자들에게 엄격하게 통제되고 격리되어 육체가 소멸할 때까지 잔혹한 학대를 받게 될 것이 뻔했다! 설령 나 개인은 그나마 '통역'이란 지위 때문에 육체적 고통은 면할 수 있을지도 모르나, 더 이상 '중립'적인 모습으로 미군 총관리 책임자와 배신자들을 대하는 것이 불가능해졌다. 나의 행동은 앞으로 엄밀하게 감시되어 투쟁을 전개하기 매우 곤란해질 것이 틀림없었다.

심문이 끝난 다음 날 야전병원에 남아 다친 상태를 관찰하던 전우 2명이 구치소로 압송되어왔다. 그들은 최근 이틀 사이 제86 포로수용소에서 병원으로 이송되어 입원한 '잘 아는 사람'으로부터 들어서 알게 된 정황을 전하였다. 10월 9일 유혈 투쟁 이후 배신자들은 계속해서 "폭동분자를 철저히 조사한다"라는 명목으로 우리 지하조직 멤버를 함부로 수색 체포하고 적지 않은 '포로 관리자'를 교체함으로써 이미 기본적으로 포로수용소 내부의 권력을 장악하였다고 했다.

이러한 소식은 모두의 불안감을 더욱 불러일으켰다. 나는 스잔쿠이 · 자오밍즈 · 중췐화 · 저우티에싱周鐵行 등의 동지를 불러 함께 우리가 직면한 형세를 분석했다. 그리하여 우리는 귀중한 핵심 역량인 우리 자신을 지키기 위해, 즉시 관리 당국에 제86 포로수용소와 제72 포로수용소로는 죽어도 가지 않겠다는 의지를 표명하고 단독으로 작은 포로수용소 하나를 설치해 달라고 단호하게 요구하기로 하였다.

나는 단결을 강화하고 조직의 지도력 증강을 위해 정식으로 지하 당 지부를 결성하여 우리 대오를 이끄는 핵심으로 삼자고 제안하였다. 당시의 상황이 특수했기 때문에 당 지부를 대내적으로 공개하자는 나의 제안을 만장일치로 동의하였다. 그러나 어느 동지가 공산당원인지를 조사해보니, 우리 81명의 동료 중 뜻밖에 스잔쿠이와 자오밍즈 그리고 나만이 당원이었다. 알고 보니 그 나머지 동지들은 모두 해방 후에 새로 군대에 입대한 나이 어린 청년들이었다. 그중에서 중쥔화·저우티에싱·위궈판余国藩·양서우랑杨守让·위안차오모어袁朝模 등 열대여섯 명만이 중공청년단中共青年团[1] 단원이었고, 나머지 사람들은 모두 일반 군중이었다. 제86 포로수용소에 있을 때, 그들은 단지 '형제회' 명의로 자신들을 조직했던 것뿐이었다. 그러나 바로 이 '형제회' 회원들이 이번 투쟁 중에 피를 흘리며 희생하는 것을 두려워하지 않고 조국의 영예를 위해 용감하게 앞장서서 돌진하였던 것이다.

당시 우리는 중대 지도원을 맡은 적이 있는 스잔쿠이 동지가 지부 서기, 자오밍즈 동지는 조직위원, 내가 선전위원을 맡기로 상의하여 결정하였다. 아울러 나는 대외적으로 우리 81명의 전쟁포로 대표를 겸임하기로 하였다. 동시에 지하 단 지부를 결성하여 저우티에싱이 단 지부 서기, 중쥔화가 단 지부 위원을 맡기로 하였는데, 그들은 당 지부 확대 회의에도 참석하는 핵심 지도 멤버가 되었다.

그날 저녁 우리는 전체 동료가 참가한 가운데 지하 당단 지부 결성대회

1　중공청년단(中共青年团) : 중국공산주의청년단의 약칭으로 공청단(共青团)이라고도 부른다. 1920년 중국사회주의청년단이라는 이름으로 결성되어 1921년 중국공산당 창당 후 산하 조직으로 확대 개편되었지만, 한동안 공산당과의 관계가 모호했다. 그러나 공청단 대회를 통해 "공산당의 지도에 복종한다" "공청단의 정치활동은 당의 감독과 지도를 받는다"로 정리되고 1925년 이름을 중국공산주의청년단으로 바꾸었다. 중일전쟁 때는 민주청년단, 건국 이후에는 중국신민주주의청년단으로 개칭되기도 했지만, 1957년부터 다시 중국공산주의청년단이란 이름으로 불리고 있다. 문화대혁명 시기 활동이 정지되는 등 한때 암흑기를 맞기도 했지만, 1978년 이후 자리를 잡기 시작해 1982년 '공산당의 예비 역량'으로 규정됐다. 18세부터 입당 가능한 공산당원과 달리 14세부터 단원이될 수 있으나 28세가 되면 간부직을 맡지 않는 한 단을 떠나야 한다고 규정되어 있다.

를 거행하였다. 몽당연필로 담뱃갑 종이에 당기党旗를 그려서 막사의 북쪽 벽에 붙여놓고, 동지들은 눅눅해서 곰팡내가 나는 거적 위에 가지런히 열지어 앉았으며 우리 3명의 공산당원은 '당기' 아래에 섰다. 비록 그 15와트짜리 전등이 매우 어두웠음에도 불구하고 벽 위의 '낫과 도끼'[2]는 마치 번쩍번쩍 빛나는 듯했다.

당 지부 서기 스잔쿠이 동지가 대회의 시작을 선포했고, 의사일정의 첫 번째 순서로 전체가 경건하게 서서 〈국가国歌〉[3]를 불렀다. 동료들이 일어섰으나, 실내는 매우 조용해서 이따금 멀리서 들려오는 파도 소리와 철조망 밖 미군 보초병의 무거운 발자국 소리밖에 들리지 않았다. 내가 나지막하게 노래를 시작하며 지휘하자 모두가 낮은 소리로 따라 부르기 시작했다. "일어나라! 노예가 되기를 원치 않는 사람들이여! 우리의 피와 살로 새로운 장성长城을 건설하자! 중화민족에 가장 위험한 시기가 닥쳐올 때, ……" 몇 소절 부르기도 전에 모두 다 흐느껴 울었고 뜨거운 눈물이 누렇게 여윈 얼굴 위로 흘러내렸다. 하지만 노래가 이어지면서 점차 동료들이 고개를 들었고 노랫소리도 커지기 시작했다. "…… 우리의 마음을 하나로 모아서, 적의 포화에 맞서, 전진! 전진!"

모두가 앉은 후에 내가 지부를 대표하여 발언하였다. 나는 먼저 북쪽을

2 '낫과 도끼' : 중국공산당의 당기는 초기 소련 공산당(볼셰비키)의 당기를 모방했으나, 1942년 4월 중공중앙정치국에서 중국공산당 당기의 양식에 대해 다음과 같이 결정을 내렸다. 길이와 너비의 비례는 3대 2이고 붉은색 바탕에 왼쪽 윗부분에는 노란색의 도끼와 낫이 있다. 붉은색 바탕은 혁명을 상징하고 낫과 망치는 노동자와 농민의 노동 도구로 중국공산당이 광범한 인민대중의 이익을 대표함을 상징하며 노란색은 광명을 상징한다.
3 〈국가(国歌)〉: 톈한[田汉, 1898~1968] 작사, 녜얼[聂耳, 1912~1935] 작곡의 원래 노래 제목은 〈의용군 행진곡(义勇军进行曲)〉이고 영화 〈풍운아녀(风云儿女)〉의 주제곡이었다. 1949년부터 중화인민공화국의 국가로 채택되었다.

향해 깊이 허리를 굽혀 절하고 '당기'를 바라보며 말하였다.

"친애하는 조국, 경애하는 당이여! 나는 당신의 품에서 멀리 떨어진 3명의 공산당원과 적에 의해 외로운 섬에 갇힌 당신의 전사 모두를 삼가 대표하여 당신에 대한 우리의 충성을 밝힙니다. 조국이여! 우리는 포로가 되어 당신과 멀리 떨어졌을 때부터 어머니를 잃은 고아와 같았습니다. 우리는 고난 속에서 매 순간 의지할 데가 없는 고통을 깊게 느끼고 있습니다. ······"

나는 여기까지 말하고는 말을 잇지 못했는데, 등 뒤에서 들려오는 억누르는 흐느낌 소리는 더욱더 나의 마음을 잡아당겨 아프게 했고 눈물이 쏟아지도록 만들었다. 그 순간 전투에서 패하고 포위를 뚫지 못해 대량으로 포로가 되었던, 그리고 미국 놈들의 위세 남용과 배신자들의 광폭함 등이 한 장면 한 장면씩 내 눈앞에 다시 펼쳐졌다. ······

하지만 일종의 책임감에 나는 억지로 눈물을 참고 다시 말하기 시작했다.

"오늘 우리 3명의 공산당원과 81명의 애국자는 새로이 당신의 깃발 아래 뭉쳐서 더욱 잔혹해지는 투쟁을 맞이할 준비를 잘하겠습니다! 우리는 조국이 항상 우리의 이러한 충성스러운 아들딸에게 관심이 있고, 4억 5천만 동포들도 늘 우리를 지지해주고 있다는 것을 깊이 믿고 있습니다! 우리는 당의 이상을 우리의 영혼으로 삼고 조국에 대한 우리의 열렬한 사랑으로 투쟁의 노염怒焰을 타오르게 하여, 전투와 포위를 뚫을 당시 그리고 포로수용소에서의 투쟁에서 장렬하게 희생한 전우들의 핏자국을 밟고 계속해서 적과 끝까지 싸울 것입니다!"

"친애하는 조국, 경애하는 당이여! 지금 이국의 외로운 섬에서 적의 총구 아래 우리 염황의 자손들은 자기 모친을 향해 장엄하게 선서합니다." 나는 오른손을 들어 주먹을 꽉 쥐고 맹세를 앞장서서 외쳤다.

"망망대해, 거센 노도怒濤여! 목숨이 붙어 있는 한 싸움을 중지하지 말자! 정의를 위하여 깨끗이 죽을지언정 구차하게 살지 말자! 타향의 귀신이 될지언정 망국민亡國民이 되지 말자!"

선서를 마치고 나서 나는 몸을 돌려 동료들을 향해 먼저 우리 당 지부는 여러분 모두와 생사고락을 함께 할 결심이며, 나 자신도 결코 여러분 곁을 떠나지 않을 것임을 보증한다고 말했다. 그런 후에 우리가 현재 직면한 위태로운 상황에 관해 설명하고, 모두가 지하 당 지부를 중심으로 굳게 단결하여 함께 난관을 헤쳐 나갈 것을 요구하였다.

뒤이어서 자오밍즈가 당 지부를 대표하여 '형제회'의 투쟁 정신을 표창하고 이번 투쟁에서의 그들의 공헌을 높이 평가하였다. 그런 후에 '형제회'는 이미 그 역사적 임무를 완성하였기에 지금부터 활동을 중지하고, 앞으로 모든 '형제회' 회원들은 당 지부의 통일된 지도하에 적과의 투쟁을 계속 전개해나갈 것임을 선포하였다. 단 지부 대표와 군중 대표도 나와서 발언을 하였는데, 그들은 당 지부의 지도에 끝까지 복종하며 힘들고 위험한 상황에서도 절대 동요하지 않고 적에게 절대 굴복하지 않겠다는 결심을 표명하였다.

3. '전쟁포로 귀국 대대'

다음날 나는 음식을 가지고 온 흑인 병사에게 "관리 당국에 호소하는 편지를 쓰려고 하니, 나에게 펜과 종이를 좀 갖다주면 안 되겠소"라고 말하였다. 그 병사는 나를 잠시 쳐다보고는, 백지 한 묶음과 펜 한 자루 및 검은 잉크 반병을 금세 가져다주었다.

나는 저우티에싱과 함께 연구하여 「미군 전쟁포로수용소 관리 당국에 보내는 편지」의 초안을 잡았다. 그 편지에서 우리는 제72와 제86 포로수용소 내에서 배신자들이 제네바 협약을 위반하여, 억지로 전쟁포로의 신앙을 바꾸려고 기도하고 전쟁포로에게 백색테러 통치를 한 죄행을 고발하였다. 또 우리 81명은 자신의 국가를 배반하길 원하지 않고 조국으로 돌아갈 것을 단호히 요구하며, 미국 측 관리 당국이 「전쟁포로 대우에 관한 제네바 협약」을 준수하여 우리의 개인적 염원을 존중해주기를 바란다는 것을 명확히 표시하였다. 마지막으로 우리의 생명과 안전을 위하여 우리는 죽어도 제72와 제86 포로수용소로는 가지 않을 것이며, 우리를 단독 수용하여 조국으로 돌아가길 원하는 전쟁포로 대대 하나를 별도로 만들어주기를 결연히 요구한다고 적었다.

나는 즉시 그것을 영문으로 번역하였다. 정오에 그 흑인 병사가 음식을 가져왔을 때, 나는 그에게 나 대신 편지를 그의 상사에게 전해달라고 부탁하였다. 그는 깔끔하게 정서한 영문 편지를 이리저리 훑어보더니, 마음에 든다는 표시의 휘파람을 불고서는 갔다.

잠시 후 그 흑인 병사가 또 백지의 군용 편지 봉투 하나를 들고 슬그머니 들어와 나에게 "너희들 편지는 내가 이미 사령부 대장에게 직접 배달했어. 너 정말 대단해. 어떻게 영문을 그렇게 잘 쓰지. 나 대신 집에 보낼 편지를 써줄 수 있니?"라고 말하였다.

나는 웃으며 "당신은 내가 편지에다 공산주의 선전을 하지는 않을까 겁나지 않느냐?"고 말했다.

그는 잠시 생각하더니, "나는 겁나지 않아. 네가 그렇게 하지 않을 것이라는 걸 믿어"라고 대답했다.

"그럼 당신은 어떻게 나에게 사례할 거요?"

"너에게 담배 1갑을 주지. 됐지?"

나는 바로 승낙하려다가 뭔가 이건 아니라는 생각이 들어 바로 "당신도 알다시피 당신들이 주는 음식은 너무 적어서 우리 모두 항상 배가 고파 꼬르륵꼬르륵 소리가 나니, 당신이 몰래 우리에게 식사를 좀 더 갖다줄 수 있으면 좋겠소!"라고 말했다.

"그건 별로 어렵지 않아. 내가 밥을 좀 더 꽉 누르면 되지!" 그는 즐겁게 손짓으로 흉내 내며 말하였다.

그래서 나는 그가 불러주는 대로 캘리포니아에 사는 그의 늙으신 어머니에게 평안을 기원하는 편지 1통을 썼다. 가장 인상 깊었던 것은 그가 편지의 맨 끝에 써 달라고 한 "작년 성탄절에 귀국하지 못했는데 올해 성탄절에도 귀국할 희망이 크지 않으니, 어머니와 제가 함께 하나님의 도움으로 이 전쟁이 하루빨리 끝나기를 기도드려요!"라는 구절이었다.

그 이후로 그가 우리에게 주는 음식이 과연 많아졌다. 우리는 초조하게 관리 당국의 회답을 기다렸으나 며칠이 지나도 아무 소식이 없어, 나는 경비병에게 헌병 사령관을 만나게 해달라고 요구하였다. 그는 사령부에 갔다 돌아와서 "사령관께서 당신들에게 거제도 전쟁포로수용소 소장 피츠제럴드 대령의 결정을 기다리라고 하신다"라고 말하였다. 이 말을 듣고서 우리는 적들이 우리를 분산시켜 제72와 제86 포로수용소로 보내는 것을 막을 준비를 충분히 잘하면서 참을성 있게 기다리는 수밖에 없었다.

앞날을 예측할 수 없는 나날 속에 모두가 매우 불안해하자, 당 지부는 모두에게 사상을 선전하고 이해시키는 활동을 분담해서 하기로 했다. 나의 쓰찬 동향이며 청두와 충칭重庆에서 입대한 어린 청년들과 투항 후 해방군에 편입된 국민당 95군 출신의 몇몇 동료들은 생각이 비교적 단순하고 머리도 그다지 쓰려고 하지 않았다. "어차피 당 지부 지도자가 우리 모두를 이끌고 일할 테니까!" 틈만 나면 그들은 나에게 이야기해달라고 귀찮게 굴었다. 해진 군용담요를 걸치고 막사 구석에 둘러앉은 그들에게 문천상이 박해를 당한 일부터 소무苏武[4]가 양을 치던 일까지, 그리고 『로빈슨 표류기』에서 『성냥팔이 소녀』까지 이야기를 해주었다. 그때 거제도는 이미 매우 추워져서 막사 밖에서는 가랑비를 동반한 해풍이 휙휙 소리를 내며 지나갔고, 다들 심한 추위에 몸이 사무치는 것을 느끼며 서로 함께 몸을 더욱 밀착시켰다. 바깥에서 울리는 북풍의 포효 소리를 조용히 들으며 모두 성냥팔이 소녀가 바로 이런 찬바람 속에서 얼어 죽었을 것이라고 느꼈다. ……

나중에 청년단원 몇 명이 혁명 이야기를 듣고 싶다고 해서 나는 자신이 직접 겪은 몇 가지 일을 들려주었다. 내가 1948년 해방구로 갔을 때 마침 8·1 건군절建军节[5]을 맞아 화북군정대학华北军政大学 개학식에서 주더朱德[6] 총

---

4   소무(苏武, B.C.140~B.C.60) : 전한(前汉)의 명신. 무제(武帝) 때 한나라에 구류(拘留)된 흉노 사자(使者) 송환 문제로 흉노에게 갔다. 흉노는 그를 굴복시키려 했으나 이를 거부하자 움막에 갇혀 먹을 것이 없는 상황에서 눈과 모직물 털로 굶주림을 견디었고, 다시 북해 땅에 숫양 방목을 위해 옮겨지자 들꿩나 풀, 열매를 먹으며 어려움을 견뎌냈다. 훗날 흉노에게 항복한 이릉(李陵)이 항복을 권했으나 듣지 않고, 소제(昭帝) 때 양국의 화친으로 19년 만에 겨우 귀국하였다.

5   8·1 건군절(建军节) : 중국공산당이 1927년 8월 1일 난창[南昌]에서 중국국민당에 반대해 무장 봉기한 것을 기념하여 중국인민해방군 건군일로 제정하였다.

6   주더(朱德, 1886~1976) : 쓰촨성 출신으로 1922년 중국공산당에 가입했다. 국공합작이 결렬되고 난창봉기가 실패하자, 잠시 소비에트에 들어가 홍군 총사령으로 장제스의 토벌군을 여러 차례 격파했다. 장정 중 쭌이[遵义]회의에서 마오쩌둥이 당의 주도권을 잡는 데 찬성했다. 중일전쟁 중 팔로군 총사령관을 지냈고, 국공내전 시기 인민해방군 총사령관으로 공산당이 승리하는 전기를 이루었다. 신중국 수립 후 국가 부주석, 전국인민대표대회 상임위원회 위원장이 되어 군사 최고지도자이자 당과 정부의 장로로서 국가

사령관과 예젠잉[叶劍英][7]·네룽전[聶榮臻][8] 등 최고 지도자의 접견을 받았던 상황을, 또 내가 해방구에서 쓰촨으로 돌아와 학생운동과 농민운동 및 비적운동[匪匪]을 하고 치웅다산[邛大山] 구역에서 유격 활동을 했던 이야기를 해주었다.

비록 나도 당시 겨우 22살에 불과했지만, 이 어린 형제들의 핏기가 전혀 없는 얼굴에 웃음이 퍼지고 아직은 천진하며 어린애티가 나는 눈에서 진리와 자유, 그리고 조국을 동경하는 반짝이는 빛을 볼 때마다 기쁘기도 하고 또 마음이 아프기도 하였다.

건설에 공헌했다. 문화대혁명 때 격하되었지만 린뱌오 실각 후 복권되었다.

7 예젠잉[叶劍英, 1897~1986] : 광둥성 객가 출신으로 황포군관학교 교관을 거쳐 1926년 중국공산당에 입당하였다. 1927년 광둥코뮌에 참가했으나 실패, 모스크바 중산대학(中山大学)에 유학한 후 1931년 귀국했다. 장시 소비에트에 들어가 홍군학교 교장, 제1방면군 참모장 등을 지냈다. 장정에 참여하였고 중일전쟁 때 팔로군 참모장, 1949년 베이징 시장을 지냈다. 1955년 원수 진급, 린뱌오 실각 후 국방부장 대행, 당 부주석이 되었다. 1976년 화궈펑[华国锋] 정권의 탄생을 도왔고 전국인민대표대회 상무위원장, 군사위원회 부주석을 겸하였으나 1985년 모든 공직에서 물러났다.

8 네룽전[聶榮臻, 1899~1992] : 쓰촨성 출신으로 1923년 중국공산당에 가입했다. 1924년 소련에서 군사학을 공부하고 귀국하여 황포군관학교 정치부 장교로 일하다가, 국공합작이 결렬되자 난창봉기에 가담했다. 이후 홍군에 들어가 중일전쟁 때 팔로군 부사단장으로 일본군과 싸웠다. 국공내전 중 베이징과 톈진을 함락하는 데 공을 세웠다. 이후 인민해방군 총참모장으로 한국전쟁에서 작전을 입안했고 1955년 원수가 되었다. 인민해방군 현대화에 공헌했고 핵무기 개발을 주도했다. 문화대혁명 중 실각했으나 사인방(四人帮) 체포에 주도적 역할을 했고 1988년까지 군사위원회 부주석을 맡았다.

4. 제72 포로수용소로 죽어도 가지 않길 맹세하다

11월 초가 되었다. 1개월의 구류 기한이 곧 다가오는 것을 보면서 우리는 긴장되기 시작했다. 당 지부는 논의 끝에 제72와 제86 포로수용소로 가지 않겠다는 우리의 결심을 재차 표시하기 위해 관리 당국과 피츠제럴드 대령에게 우리의 결연한 의지를 밝힌 영문 편지 1통을 다시 전달하기로 했다. 편지 중에 만약 관리 당국이 우리의 생명과 안전 및 고국으로 돌아가겠다는 희망을 고려하지 않고 우리를 강제로 제72와 제86 포로수용소로 가게 한다면 우리의 시체를 들고 들어갈 수밖에 없을 것이며, 그때가 되면 우리는 어쩔 수 없이 압송하는 미군과 목숨을 걸고 끝까지 싸우지 않을 수가 없을 것이라고 표명하였다.

이 편지를 건네기 전에 나는 편지의 대략적인 내용을 전체 동료들에게 설명하고 모두에게 편지에 서명하고 피로 손도장을 찍어 달라고 청하였다. 당 지부는 또 일단 미군이 우리를 압송하여 구치소를 떠나게 되면 다들 손에 손을 꽉 잡고 있다가 제86이나 제72 포로수용소 정문 입구에 도착한 다음에는 모두가 서로 껴안고 함께 뭉쳐서 둘러앉는다. 만약 적이 강제로 끌어내려고 하면 바로 힘차게 일어나 총을 빼앗아 적과 끝까지 싸우자고 결정하였다. 모두 감정이 격해져서 일제히 지부의 결정을 옹호한다고 표명했다. 자오밍즈는 모두를 조직하여 행군 편대編队와 총을 빼앗는 격투 연습을 반복하여 진행하였는데, 왕강 · 웨다훙 · 천즈쿤 · 천치우 등 이전 '형제회' 지도자들은 특히 훌륭한 격투 기량을 보였다.

11월 10일 우리의 구류기간 1개월을 채우는 그 날 이른 아침, 대략 20명의 완전무장한 미군이 작은 철조망 입구에 도착했고 소위 1명이 문을 열고 우리에게 대열을 지어 나오라고 하였다.

우리 몇 명의 지도자들은 서로를 쳐다보면서 서로 손을 꽉 잡았다. 자오밍즈는 미리 안배한 그룹에 따라 4열 종대로 서라고 명령을 내렸다. 비교적 신체가 건장하고 힘이 있는 동료들이 양쪽에 서서 몸이 약하고 부상한 동료들을 보호하였다. 맨 앞에 선 사람은 왕강·웨다훙·천즈췬·천치우였다.

나와 자오밍즈는 대오를 이끌고 도로를 걸어갔다. 우리를 압송하는 미군은 마치 강한 적과 맞닥뜨리고 있는 것처럼 수중의 카빈총에 전부 총검을 꽂고 있었다. 이러한 형세를 보고 우리는 앞으로 한바탕의 치열한 싸움이 우리를 기다리고 있음을 알았다. 내가 고개를 돌려 쳐다보니 모든 전우의 얼굴빛이 그렇게 침착할 수가 없었으니, 마치 죽음을 집에 돌아가는 것같이 여기는 그런 굳세고 강한 힘을 느낄 수 있었다. 내가 해주는 이야기 듣기를 가장 좋아하는 커다란 눈의 꼬마 중쿤화도 나를 향해 웃고 있었다.

아! 나의 사랑스러운 골육과 같은 형제들이여, 나는 너희들과 같이 태어날 수는 없었지만 오로지 너희들과 같이 죽을 수 있기를 바란다!

압송되어 침묵 속에 대략 1시간 정도 걷자(우리에게는 정말 10시간보다 더 길게 느껴졌다), 앞쪽에 별안간 모든 중국인민지원군 전쟁포로에게 지옥의 문과 같은 바로 그 제72 포로수용소 정문이 보였다.

내가 자오밍즈와 눈을 맞추자, 그는 바로 미리 약속한 암호에 따라 모자를 벗어 땀을 닦으면서 모든 전우에게 전투준비를 하도록 신호를 보냈다. 그 순간 가볍게 술렁이는 소리가 잠시 났지만, 곧바로 신속하게 다시 평정을 되찾았다.

곧 제72 포로수용소 입구에 도착하려 할 때, 나는 큰소리로 기침을 하며 멈추어 섰고 뒤쪽에서도 즉시 발걸음을 멈추었다.

나는 옆에서 압송하는 미군 병사에게 "용무가 있으니 압송 책임자인 소

위를 불러주시오"라고 말했다

"안 돼! 너의 더러운 입을 다무는 게 좋아! 빨리 가!" 그는 한편으로 욕을 하면서 한편으로는 총검으로 나를 다그쳤다.

우리는 다시 천천히 발걸음을 옮겼고, 그 소위가 급히 따라와서 "What's the matter?"무슨 일인가라고 물었다. 나는 기회를 이용해 소위에게 "소위께서는 우리가 피츠제럴드 대령에게 보낸 편지를 알고 계십니까? 그가 어떤 지시를 하지 않았습니까?"라고 물었다.

"나는 모른다. 나는 단지 헌병사령부의 명령을 집행할 뿐이다!"

"그럼 도대체 우리를 어디로 보내려는 겁니까?"

"도착하면 곧 알게 될 것이다!"

눈 깜짝할 사이였다! 말하는 중에 우리는 이미 제72 포로수용소 정문 입구에 와 있었다. 소위의 "Stop!"멈춰!하고 외치는 소리가 들리자마자 자오밍즈가 즉시 손짓을 하였고, 우리는 와— 하며 신속히 밀집 대형을 취하며 한데 뭉쳐 적이 반응할 사이도 없이 모두 이미 손에 손을 꽉 잡고 함께 도로 가운데 앉았다. 나는 얼떨결에 증더취안에 의해 안으로 떠밀렸고, 매우 용맹하고 힘센 그가 앞쪽에서 나를 보호하였다.

이때 제72 포로수용소 정문이 열렸고 미군 몇 명은 벌써 총 개머리판을 흔들고 있었다. 나는 즉시 소위에게 "만약 당신들이 대담하게도 강제로 우리를 끌고 들어가려 한다면, 우리는 오직 죽을 각오로 끝까지 싸울 것이다. 당신이 이 사실을 이미 안 이상 지금부터 일어나는 일의 모든 결과는 당신 책임이다!"라고 큰소리로 외쳤다.

소위는 한 걸음 물러나서 우리의 진용을 살펴보고는 사병들에게 손을 흔들어 명령하자, 미군 모두가 즉시 우리를 에워싸서 총검으로 압박하기 시작했다.

나는 다시 분노하여 "소위! 당신이 만약 정말로 무력 행사를 한다면, 나도 바로 우리 81명에게 당신 한 사람을 잡으라고 명령을 내릴 거요! 우리 마지막 한 사람까지 숨이 붙어 있는 한 물고 또 물어 당신을 죽일 것이요!"라고 외쳤다.

소위는 놀라 두려워 뒤로 물러나면서 미군들에게 총검을 내려놓으라는 표시를 하였다. 그는 잠시 머뭇거리다가 바로 전화를 하러 제72 포로수용소로 들어갔다.

잠시 후 그는 걸어 나오면서 제72 포로수용소의 'P.G.' 대원들에게 정문을 닫으라고 지시하고, 곧 도로 맞은편의 제71 포로수용소 정문 입구로 가서 그곳의 미군 총책임자에게 몇 마디 말을 했다.

그러자 제71 포로수용소 정문이 열렸다. 그 소위가 내 앞으로 걸어와서 "너희들이 목숨을 아끼지 않는 중국인이라는 걸 내가 인정하마. 너희들이 이겼다. 제71 포로수용소로 가라! 너희들은 하나의 독립된 중국 전쟁포로 대대가 되었다"라고 말했다.

나는 즉시 일어나 소위의 말을 모두가 알아듣도록 통역하였다. 모두가 참지 못하고 환호하기 시작했다.

우리는 모두 일어나 양쪽에 2줄로 늘어선 미군 병사들의 존경으로 가득 찬 눈빛을 받으며 손에 손을 잡고 4열 종대로 서서 씩씩하게 제71 포로수용소로 들어갔다.

바로 이렇게 스스로 일치단결하여 목숨을 걸고 살길을 찾는 항쟁을 통해서 우리는 2년여 전쟁포로 생활 중에 하나의 중대한 전환점을 쟁취하였다.

제9장

제71 포로수용소 – 거제도의 작은 옌안延安

1951년 11월 10일 ~ 1952년 2월 말, 거제도

1. 고난 중 우군과 합류하다

1951년 11월 10일 오전 우리 81명의 제86 포로수용소에서 나온 '강경 공산분자'는 제71 포로수용소로 압송되었다. 먼저 눈에 들어온 것은 정문 좌측으로 도로에 가장 근접한 철조망 안에 있는 조선인민군 전쟁포로였다. 그들은 방금 우리가 제72 포로수용소 정문 밖에서 한 항쟁을 지켜보았기에, 그중 어떤 이들은 철조망 옆에 서서 우리를 향해 엄지손가락을 세우며 존경의 뜻을 표하였다. 나는 포로가 된 이래 이렇게 많은 조선인민군 전우들과 함께 감금되기는 처음이었다. 그들은 몇 개월 전만 해도 제72 포로수용소에 수용되어있었는데, 중국 포로의 투쟁을 지지하였기 때문에 이곳으로 이송된 것이었다.

이 첫 번째 '조선인 대대'를 지나자, 광장 좌측에 두 번째로 분리되어있는 철조망 안은 비어있었다. 우리를 데려간 곳은 광장 좌측 세 번째 철조

망 앞이었다.

제71 포로수용소 연대의 미군 총책임자는 작은 문을 열고 나와 머리를 돌려가며 인원수를 세고 나서 우리를 압송한 소위로부터 포로 등록카드를 넘겨받아 숫자를 대조한 다음, 손을 흔들어 우리에게 들어가라고 하고는 즉시 병영 문을 잠갔다.

작은 병영 안에는 함석지붕으로 된 커다란 건물 하나만 있었다. 우리는 건물 안으로 들어가 창고로 사용했던 것 같은 시멘트 바닥의 커다란 방을 휙 둘러보면서 괜스레 일종의 새롭고 비교적 자유로운 생활이 시작될 것 같은 느낌을 받았다.

우리는 서로 바라보면서 문득 정신이 든 것처럼 갑자기 부둥켜안고 뛰기 시작하였고, 승리와 기쁨의 눈물이 흘러내리도록 내버려 두었다.

갑자기 우리 모두 조용해지면서 정연하고 웅장한 노랫소리가 들려왔으니, 바로 〈중국인민해방군 행진곡〉[1]이 아닌가! "앞으로, 앞으로, 앞으로! 우리 대오는 태양을 향해······" 맙소사! 이게 어찌 된 일이지? 하늘에서 내려온 신선이 부르는 음악인가? 아니야. 이 노랫소리는 근처, 바로 건물 뒤쪽에서 나오고 있었다.

우리는 한꺼번에 뒷문으로 몰려 나가 우측 철조망 뒤쪽에 가지런히 정렬해있는 100여 명의 중국인민지원군 전쟁포로를 보았는데, 바로 그들이 우리를 향해 노래하고 있는 것이 아닌가!

우리는 모두 철조망으로 달려들었다. 처음에는 다들 멍하니 그들을 바

---

1 〈중국인민해방군 행진곡〉: 원래 식민지 조선에서 태어난 정율성(鄭律成, 1914~1976)이 1939년 옌안에서 창작한 〈팔로군 대합창〉(전 8곡) 중의 1곡인 〈팔로군 행진곡〉이다. 해방전쟁 시기 팔로군을 해방군으로 개칭하면서 노래의 표제가 바뀌었고, 1951년 중앙인민정부 혁명군사위원회에 의해 〈중국인민해방군 군가〉로 결정되었다.

라보다가 바로 이어 우리 중 어떤 사람이 흐느끼며 노래를 따라 부르기 시작했고, 곧 철조망 양쪽의 노랫소리가 하나로 모여졌다.

......

두려움 없이 절대 굴복하지 않고 용감하게 싸워从不畏惧, 绝不屈服, 勇敢战斗,

반동 패들을 깨끗이 소멸시킬 때까지直到把反动派消灭干净,

마오쩌둥의 깃발을 높이 휘날리리다毛泽东的旗帜高高飘扬!

......

무슨 말이 더 필요한가, 모든 것이 분명해졌다.

나는 맞은편 대열 중에서 내가 가장 익히 알고 있던 전우들의 얼굴을 보았는데, 찬시 지하당 유격대 때부터 함께 싸웠던 연대 선전대 간부 마유쥔马有钧, 운장溫江군분구军分区(쓰촨 서부에 있는 운장현을 기반으로 한 군사 단위-역자) 문예 공작대부터 함께 했던 연대 선전대 감독 뤄싱이骆星—, 또 연대 선전대 지도원 난양전南阳珍도 있었고...... 다른 동료들도 각자 자기 부대의 상급 지도자와 전우들을 발견하였다.

그래서 노래가 끝나자마자, 양쪽 전우들은 철조망을 사이에 두고 열렬하게 악수하고 어깨를 두드리며 포옹하다 철조망 가시에 손이 찢어져 피가 나고 자신의 얇은 옷 안으로 파고들어도 개의치 않았다.

마유쥔은 내 손을 잡고 눈물을 글썽이며 "우리도 막 제72 포로수용소 장교대대에서 투쟁하다 나왔는데, 요 반년여 동안 제72 포로수용소에서 받은 고통은 한마디로 다할 수가 없어! 방금 너희들이 압송되어 들어오는 것을 보고, 너희들이 혹시 우리를 혼내러 미국 놈들이 보낸 'P.G.' 대원인 줄 알았지! 나는 멀리서 네가 앞장서 걸어오는 것을 보고 배신자 무리 같지는 않다고 말했어. 하지만 방심할 수가 없어서 노래를 불러 너희들의 반응을 살펴보기로 한 거야. 잘 됐어, 정말 잘 됐어. 우리 다시 함께 싸우게 되었어. 우리 두 대오의 힘을 함께 모으면 적의 어떤 음모도 두렵지 않아!" 나는 눈물을 머금고 계속 고개를 끄덕였다. 옆의 어떤 동료는 철조망을 사이에 두고 함께 껴안고 통곡하다 목이 메어 소리도 나오지 않았다.

이때 어디선가 "동지 여러분, 전우 여러분, 조용히 해주세요. 제가 몇 마디 하겠습니다"라고 크게 외치는 소리가 들렸다.

그러자 모두 점차 조용해지기 시작했다. 말을 꺼낸 사람은 이목구비가 반듯하고 은테 안경을 쓴 청년으로 키가 큰 편은 아닌데 기개는 보통이 아니었다.

마유쥔이 낮은 소리로 "저 사람은 20군 대대 교도원 쑨쩐관이야"라고 소개해주었다.

아! 쑨쩐관, 부산 제10 포로수용소의 조선인민군 군의관 최성철이 나에게 찾아보라고 했던 바로 그 사람이었다. 그는 작은 흙더미 위에 서서 상하이 억양의 보통화로 "전우 여러분, 우리 제72 포로수용소에서 투쟁하다 나온 모든 동지는 제86 포로수용소에서 투쟁하다 나온 동료들에게 가장 열렬한 환영을 표합니다. 오늘부터 우리 두 대오가 합류하였습니다. 앞으로 우리가 함께 싸우고 생사도 함께 하여 중국인민지원군 포로수용소 최고의 견고하여 파괴할 수 없는 선봉대가 되도록 단결합시다. 현재 우리 대오는 인원수가 아직 많지 않은데, 이는 그리 중요하지 않습니다. 단지 우리가 이 거제도에서 애국주의와 공산주의의 깃발을 높이 쳐들어 만 명이 넘는 중국 포로의 마음을 우리 쪽으로 기울게 해서 함께 불굴의 투쟁을 전개할 수만 있으면 됩니다. 우리는 적의 목구멍 안에 끼인 경골硬骨이 되어 모든 동료를 끌어당기는 자석이 되어야 합니다……".

얼마나 낭랑하고 힘 있는 말인가! 얼마나 사람을 감동케 하는 호소인가! 나는 그 자리에서 당장 나보다 나이가 별로 많아 보이지 않는 이 젊은 지휘관을 매우 좋아하게 되었다.

2. 통일된 영도領導

그날 저녁 우리는 장교대대와 사병대대를 가로막고 있는 철조망 아래쪽에 몰래 구멍을 파서, 나와 스잔쿠이·자오밍즈·저우티에싱·중췐화가 뚫고 들어가 웨이린魏林(연대 부참모장, 홍군 출신)이 서기이고 쑨쩐관과 구쩌성顧则圣(교도원)이 부서기인 장교대대 당 지부에 제86 포로수용소에서의 투쟁과 우리 81명이 제86 포로수용소를 떠나게 된 과정 및 우리 스스로 지하 당단 지부를 결성한 상황을 보고하였다. 마지막으로 우리가 10월 9일의 유혈 투쟁에서 승리하지 못해 제86 포로수용소의 내부통제권을 탈취하지 못한 것이 부끄럽다고 말했다.

하지만 지도자들은 우리의 투쟁을 칭찬해 주었고, 쑨쩐관은 그 실패에 대해서 "이는 여러분의 잘못이 아니라 배신자들이 미국 놈의 직접적인 무력 지지를 얻은 필연적인 결과입니다. 여러분은 겨우 81명이라는 미약한 힘으로 여러분을 범의 아가리로 보내려는 적의 음모를 분쇄하여 귀중한 투쟁의 핵심 역량을 보전하였으니 큰 공을 세운 것입니다. 이제 우리가 함께 있게 되었으니 힘이 더욱 커졌습니다"라고 말했다.

우리는 "포로가 된 후 모두 줄곧 상급자와 당 조직을 찾아서 상급 당의 지도를 받고 싶었습니다. 이제 드디어 찾게 되었으니 지도자들께서 우리의 당단 조직을 합병하여 사병대대를 함께 지도해 주시길 요청합니다"라고 의사를 표명하였다.

지도자들은 기뻐하며 우리의 요구를 받아들여 스잔쿠이·자오밍즈와 나를 통일된 당 지부 활동에 참여하도록 했다. 스잔쿠이는 당 지부 위원회에 참가하고 단원들은 통일된 단 지부 활동에 참여하며 저우티에싱은 단 지부 위원회에 참가하기로 하였다. 나는 71연대 중국 전쟁포로 대적對敵 총통역으로 임명되어 연대 대표 쑨전관 동지와 협력하여 적에 대한 심리공작의 책임을 맡았다. 교도원 구쩌성이 나와 함께 일할 영문 통역 장지량張济良, 일문 통역 우샤오중吳孝宗, 비서조秘书组의 리즈잉黎子颖과 허핑구何平谷 전우 등을 소개해주었다.

쑨전관은 당면한 적과의 투쟁 형세와 중점에 대해 우리에게 다음과 같이 설명해 주었다. 현재 평화회담 투쟁은 이미 포로송환 문제에 집중되어 있는데, 미국 측은 "포로 개인의 희망을 존중"해야 한다는 점을 견지하면서, 배신자들을 이용해 포로수용소를 통제하여 강제로 포로에게 본국송환을 거부하도록 하고 있다. 이를 통해 그들은 신생 사회주의 중국과 북조선의 위신에 정치적 타격을 가하고 평화회담을 결렬시키려고 한다. 우리의 임무는 적의 비루한 수법을 폭로하고, 적이 배신자와 특무를 시켜 포로수용소를 통제하여 포로를 잔혹하게 진압하는 것에 반대하는 일이다. 우리는 힘을 다해 제71 포로수용소의 대오와 영향력을 확대하도록 노력해야 하고, 특히 연대와 대대 간부들이 배신자의 통제에서 벗어나 제71 포로수용소로 올 수 있도록 최대한 애써야 한다. 이번 투쟁에서 우리는 조선인민군 전우들의 지지도 쟁취해야만 하는데, 우선 71연대의 조선인민군 전우들과 잘 단결해야 한다. 그밖에 또 하나의 중요한 임무는 바로 맞은편 제72 포로수용소 전우들에게 선전을 확대하여 배신자들의 통치를 동요시키는 것이다.

나는 그의 이야기를 듣고서 훌륭한 지도자를 만나게 되어 너무 기쁘고 다행이라 생각하며 그의 지도하에 온 힘을 다해 임무를 완성하고 싶다고 말했다. 또 내가 부산 제10 포로수용소에서 조선인민군 군의관 최성철을 알게 된 경위를 설명하면서, "그가 나에게 당신을 만나면 대신 안부를 전해달라고 했어요"라고 덧붙였다.

이어서 "친구의 부탁을 마침내 완수한 셈이네요!"라고 웃으며 말하였다.

쑨쩐관도 웃으면서 고개를 끄덕이며 "최성철은 매우 열정적인 좋은 동지죠. 그가 나에게 준 도움이 아주 커요"라고 말했다.

밤이 매우 깊어서야, 우리는 이제까지 없었던 흥분을 지닌 채 '구멍'을 통해 사병대대로 돌아왔다. 그날 밤 나는 오랜만에 처음으로 매우 평온하게 잠을 잤다.

3. 첫 번째 추도회

다음날 밤 우리는 왕샤오치 열사의 추도회를 열었는데, 영정도 영당靈堂 (영구나 영정을 모신 방-역자)도 없이 휴지와 철사를 꼬아서 만든 조화와 장교대대와 조선인민군 전우들이 담뱃재를 물에 묻혀 휴지에 써서 보내온 애도의 대련對聯 몇 장만 있었다.

뜨거운 눈물을 참으며 전우를 추모하고 忍将热泪祭战友,

분노하여 적에게 피 값을 요구하네 怒讨血债向敌人!

굴복하지 않고 충절을 다하는 애국 의지는 不屈忠贞爱国志,

뜨거운 피를 다 뿌리고 민족의 혼이 되었구나 尽洒热血民族魂!

나를 가장 감동시킨 것은 조선인민군 전우들이 뜻밖에도 양초 2개와 과일 몇 개를 보내온 것이었다.

그날 오전 내가 추도사를 쓴 뒤, 뤄싱이가 그것에 곡을 붙이고 악보를 읽을 줄 아는 10여 명의 동료가 이 만가挽歌를 연습하였다.

그날 새벽녘부터 큰비가 내리기 시작해서 추도회를 열 때는, 비바람이 더욱 몰아쳐 함석지붕 위로 떨어지는 폭우 소리가 마치 추모제의 폭죽 소리 같았다. 실내의 흐릿한 전등 불빛이 모두의 비분한 얼굴을 비추는 가운데, 추도회는 나지막한 만가와 함께 시작되어 격앙된 만가와 함께 끝이 났다.

태양이 없는 곳에서 在没有太阳的地方,

고난의 날들 속에 在苦难的日子里,

당신의 선혈이 이국의 땅을 붉게 물들였네 你的鲜血染红了异国的土地.

광명을 찾고 진리를 지키기 위해 为了追求光明, 坚持真理,

적들의 총검 아래에서 죽더라도 굴하지 않았네 在敌人的刺刀下, 你宁死不屈!

피맺힌 채무는 피로 갚아야 하니 血债要用血来偿,

그 원한을 영원히 마음속에 기억하리다 仇恨永记在心里.

당신의 핏자국을 밟고 我们将踏着你的血迹,

적들과 끝까지 투쟁할 것 和敌人战斗到底.

편안히 쉬세요, 친애하는 전우여 安息吧, 亲爱的战友!

조국과 인민은 영원히 당신을 그리워할 것입니다 祖国和人民将永远怀念你!

이것은 나의 생애 중 첫 번째로 창작한 가사이고, 또 유일하게 비분의 뜨거운 눈물을 머금고 써 내려간 가사이기도 하다. 그것은 나중에 전쟁포로수용소에서 거행된 모든 추도회마다 만가로 불려서 내 평생 잊기 어려운 노래가 되었다.

추도회에서 마지막 발언을 한 사람은 지하당 지부 대표 마싱왕 대대장이었다. 그는 제86 포로수용소에서 부산의 'G-2'를 거쳐 제72 포로수용소 장교대대로 압송된 후, 장교대대가 "제72 포로수용소를 뛰쳐나오는 대분가大分家 투쟁"을 지휘하여 제71 포로수용소로 온 인물이었다. 이때 그는 "제86 포로수용소 '형제회'의 왕샤오치 열사는 자기 선혈로 조국에 대한 충성을 실증하였으니, 그는 조국의 훌륭한 아들이자 당의 훌륭한 전사였다"라고 말하면서 열사의 혁명 기개와 투쟁 정신을 배워 그가 생전에 다하지 못한 뜻을 완성하고, 적의 박해에 반대하고 조국을 배신하는 데 반대하는 투쟁을 최후의 승리를 거둘 때까지 견지해줄 것을 모두에게 호소하였다.

4. 큰 감옥 안에서 작은 자유를 쟁취하다

제71 포로수용소의 미군 총책임자 그린Green 중위는 경솔하게 말하거나 웃지 않는 사람으로, 나이는 사십이 채 안 되어 보였고 옅은 갈색 머리카락에 마르고 키가 크며 말투나 태도가 비교적 점잖았다. 나는 제71 포로수용소에 도착한 지 3일째 되던 날 혼자서 그를 만났다.

그날 나는 미군 총책임자와 담판해서 우리의 작은 병영 문을 개방하여 2개의 중국 대대가 자유롭게 왕래할 수 있도록 허가해 달라고 요구하라는 임무를 부여받았다. 나는 작은 병영 입구에 서서 철문을 힘껏 흔들며 "문을 여시오. 연대 총책임자를 만날 일이 있소!"라고 영어로 고함을 쳤다.

그때 연대 지휘부 막사 안에서 'INT^{interpreter}'(즉 통역자의 준말-역자) 완장을 찬 한국 사람이 뛰어나왔는데, 중간 정도의 키에 고뇌에 가득 찬 얼굴이었다. 그는 걸어와서 귀찮다는 듯이 매우 서툰 영어로 "당신! 당신 뭘 하자는 거요?"라고 말했다.

"나는 급히 총관리 책임자를 만나야 할 일이 있소!"

"당신 대신 내가 전해주겠소."

"안 되오. 나는 반드시 총관리 책임자를 만나서 얘기해야만 하오!"

기분 나쁜 표정으로 연대 지휘부로 돌아간 그는 잠시 후 열쇠 한 뭉치를 들고 와서 작은 병영 문을 열면서, "그린 중위가 당신을 연대 지휘부로 오라고 했소"라고 하였다.

연대 지휘부에 도착하자, 나는 먼저 자연스러운 표정으로 "중위님, 안녕하십니까!"라고 말을 건넸다.

그린 중위는 마지못한 목소리로 "안녕! 무슨 일이야? 말해봐!"라고 대답했다.

"우리는 제71 포로수용소에 온 이후 비교적 유쾌하게 잘 지내고 있습니다. 저의 동료들이 나에게 우리를 너그럽고 후하게 대우해준 당신께 사의를 표하라고 하였습니다!" 나의 유창한 영어에 분명 놀란 듯 고개를 들어 쳐다보는 그의 눈가에 웃음이 스치고 지나가며 머리를 끄덕였다.

이어서 나는 "당신께 작은 부탁이 하나 있는데, 우리 양쪽 병영의 문을 헐어서 우리 두 대대의 중국인이 서로 왕래할 수 있도록 허락해 주십시오. 장교들의 문화 수준이 높아 우리 사병들은 그들에게 지식을 배워서 헛되이 시간을 보내지 않기를 희망합니다"라고 말했다

그는 즉시 고개를 흔들며 "안 돼. 너희는 모두 투쟁을 좋아하는 자들이어서, 상급 지시에 따라 반드시 엄하게 단속하고 평소 마음대로 나와서 자유행동을 해서는 안 돼"라고 말했다.

"그럼, 우리 두 중국 대대 사이에 작은 문 하나를 터 줄 수는 있는지요?"

"이 건의는 나름 고려해 볼 만하니, 내가 되도록 빨리 너희에게 회답해 주겠다."

"그 밖에 당신의 번거로움을 덜어드리기 위해 또 한 가지 건의할 것은, 앞으로 우리 중국인은 단일한 대표 1명, 통역 1명, 서기 1명, 연락원 1명을 파견하여 관리받겠다는 겁니다."

"좋아!"

"만약 당신이 적당하다고 생각하신다면, 제가 통역을 맡고 쑨쩐관 소령이 대표를 맡겠습니다."

"그렇게 해!"

나는 일어나 그에게 감사의 표시를 하였다. 곧이어 그 '통역'이 나를 돌려보냈다. 돌아가는 길에 그는 나를 뒤따르며 "당신, 영어를 아주 잘하더군. 막힘이 없이"라고 말하였다. 나는 일부러 못들은 체함으로써 그가 사서 멋쩍은 일을 한 것처럼 여기게 했다.

다음날 그린 중위는 과연 사람을 보내 우리 두 대대 사이의 철조망에 사람이 지나갈 수 있는 통로 하나를 가위로 잘랐다. 모두 이에 대해 매우 기

뻐하며 "우리 장 통역은 외교에 정말 대단한 수완을 지녔어!"라고 나를 칭찬하였다.

우리는 양셔우랑을 파견하여 서기를 맡게 하고 중췐화에게는 연락원을 맡겼다.

영리한 데다 손재주도 있는 자오밍즈는 나와 쑨쩐관이 '외교 석상'에서 더욱 기운을 내도록 특별히 우리를 위해 군용담요로 '마오쩌둥 식毛式 팔각모자'를 꿰매어 만들어주었다.

5. 적을 폭로하여 동지들을 고무시키다

제71 포로수용소 지하당 지도부는 미군 관리 당국에 다음과 같은 정식 항의서를 건네기로 했다. 즉 제72와 제86 포로수용소의 특무와 배신자가 미국 측 사주하에 중국 전쟁포로에게 저지른 각종 죄행을 전부 폭로하고, 미국 측이 멋대로 「전쟁포로 대우에 관한 제네바 협약」을 위반한 것에 항의하며, 미군 관리 당국이 제72와 제86 포로수용소에서 특무와 배신자 및 그 졸개들을 철수시켜 포로들이 자유롭게 각급 행정 인원을 선출하여 내부의 민주적 관리를 실행하게 해 달라고 엄정히 요구하는 내용이었다.

나는 이 '외교 공문'을 번역하면서, 이 방면에 대한 나의 어휘가 매우 부족해 한영汉英사전이 필요함을 알게 되었다. 이에 당 지부에서는 미국 측이 우리에게 1인당 1장씩 나누어준 군용담요 중 2장을 골라, 일본어를 할 줄 아는 우샤오중을 통해 철조망 밖에서 야간 보초를 서는 한국 병사에게 영일英日사전 1권을 '구매'하기로 했다. 가격흥정을 거쳐 깊은 밤 인적이 없을 때, 담요 3장을 밖으로 내던지고 낡은 영일사전 1권과 맞바꾸었다. 이 때문에 동료 3명은 다른 사람과 군용담요를 같이 덮어야만 했다.

나의 일생 중 아마도 이 사전의 '가격'이 가장 비쌌을 뿐 아니라 혁명에 대한 공헌도 가장 컸던 것 같다. 그것(사전의 日文 주석 중에 많은 한자가 있었다)에 의지해서, 나는 연이어 「항의서」·「미군 관리 당국에 알리는 글」·「도 드Dodd[2] 장군에게 보내는 공개 편지」·「국제적십자회에 보내는 비망록」·「판문점 정전회담 대표에게 보내는 공개 편지」 등 10여 만자에 달하는 글을 영문으로 번역했다. 이들 문건은 대량의 사실을 열거하여 미국 측의 음모와 특무·배신자의 죄행을 폭로하고, 우리 전체 중국인민지원군 전쟁포로가 학대에 반대하며 정의를 견지하고 단호하게 조국으로 돌아가겠다는 엄정한 태도를 밝히고 있으며, 아울러 각종 합리적인 요구를 제시하고 있었다.

이들 문건 중에는 그린 중위를 통해 관리 당국에 보낸 것도 있고, 미스터 필립Philip(이 사람에 대해서는 뒤에서 소개할 것이다)에게 건네서 전달된 것도 있었다. 또 아주 작은 글씨로 매우 얇은 종이에 적어 약 2cm 지름의 두루마리로 말아 석박錫箔으로 싸서 항문에 넣고 그 사람을 제64 야전병원에 보내 입원시킨 다음, 기회를 봐서 조선노동당 거제도 지하당 연락원에게 전달하여 그들이 책임지고 발송한 것도 있었다.

우리가 사용한 특수한 종이와 펜, 잉크는 모두 옷이나 담요로 한국 병사에게서 바꾸어 온 것이었다.

---

2   도드(Francis Townsend Dodd, 1899~1973) : 미 육군 준장으로 한국전쟁 시기 유엔군 거제도 전쟁포로수용소 지휘관을 맡던 중 조선인민군 포로에게 납치되어 인질이 됨으로써 유명해졌다. 도드는 무사히 풀려났으나, 그를 비롯한 이 사건 관련 장교들은 결국 군인 생활을 마감하게 되었다.

우리가 병원으로 파견한 '지하 연락원'은 극심한 고통을 참아야만 했다. 고춧가루로 눈을 짓무르게 하여 전염성 결막염인 것처럼 보이게 해서 입원시키거나, 생간장을 사레들게 폐에 집어넣어 격렬한 기침과 폐에 음영陰影이 생기게 하여 폐결핵인 것처럼 보이게 해서 입원시키기도 했다. 난양전은 바로 이렇게 병원으로 보내져 편지를 전달했다.

조선노동당 거제도 지하당은 처음에는 단지 조선인민군 포로수용소 자체 조직이었지만, 나중에는 한국군 내의 조선노동당 지하당을 통해 평양과 연락을 취하고 있었다. 우리 제71 포로수용소 지하당 지부는 제64 야전병원에서 일하고 있는 조선인민군 군의관을 통해 그들의 지하당 조직과 연락하였다.

상술한 문건의 기초를 잡고 번역하기 위해, 우리 적공조敵工組(적에 대한 정치선전과 책동 및 정보수집과 분석 등의 업무를 하는 중국인민해방군 내 조직-역자)와 비서조 동지들은 자주 함께 밤을 새워가며 일했다. 전우들은 가련할 정도로 적은 그들의 밥 반 그릇에서 남긴 음식을 자주 우리에게 '야식'용으로 보내주었다. 지도자 동지들은 항상 우리와 함께했으며, 어떤 때는 또 동료들이 융통해준 담요를 가지고 와서 우리의 등을 덮어주어 거제도의 겨울 혹한을 견디게 해주었다.

1951년 겨우내 나는 제71 포로수용소에서 보냈다. 미군은 우리의 함석 지붕으로 된 큰 방안에 커다란 휘발유 통으로 만든 간이난로를 놓아주었는데, 위쪽에는 연통이 있고 아래쪽에는 작은 페인트 통을 집어넣을 만한 노문爐門이 있었다. 연료는 석유이고 정해진 양만 주어서 자기 전 1시간여 동안 땔 수 있을 정도였다. 석유를 땔 때면 표면이 온통 빨갛게 변한 난로 주위에 모두가 둘러앉는데, 앞가슴은 너무 뜨겁고 등 뒤는 찬 바람이 쌩쌩

불었다. 밤에 우리는 짚으로 만든 멍석 1겹만 깐 시멘트 바닥에서 자는 것이 매우 참고 견디기 어려워, 모두 있는 힘을 다해 빽빽하게 모여 옷을 전부 입은 채 군용담요 몇 장을 함께 덮어야만 겨우 억지로라도 잠이 들 수 있었다.

나는 늘 한밤중에 추위서 잠이 깼는데, 깨서도 곁의 전우들이 놀라 깰까봐 몸을 움직일 수가 없었다. 할 수 없이 눈을 뜨고 어린 시절 고향에서 겨울에 옹이를 태워 몸을 따뜻하게 했던 정경을 회상하거나, 유격대에 있을 때 모닥불에 둘러앉아 감자를 구워 먹던 즐거움을 회상하면서 "정신적 온기를 취하는" 수밖에 없었다. 이 때문에 우리는 함께 모여 밤새워 무언가를 쓰는 것을 원했는데, 마실 뜨거운 물도 있고 '야식'도 먹을 수 있으며, 발이 얼면 일어나서 뛰고 이야기로 웃음꽃을 피우는 것이 도리어 시간이 빨리 쉽게 지나간다고 느꼈다.

우리는 영향력을 확대하기 위하여 미군 관리 당국에 서면으로 폭로 항의하는 것과 동시에 작은 철조망 안에서 시위행진도 전개하였다. 200여 명의 사람이 2줄로 서서 중국어와 영어로 쓰인 "전쟁포로를 잔혹하게 박해하는 미군 측의 죄행에 강력히 항의한다!" "포로수용소 내의 파시스트 죄악 통치를 취소할 것을 단호하게 요구한다!" "미군 측이 강제로 포로들의 신앙을 바꾸는 것에 반대한다!" "미군 측이 포로에게 조국을 배반하도록 강제하는 것에 반대한다!" 등의 커다란 표어를 펼쳐 들고 행진하면서 큰소리로 구호를 외쳤다. 이러한 표어는 모두 막사 장대에 붕대를 묶고 휴지를 가로세로로 이어 붙여 만든 띠에 한국 병사에게 물건을 주고 얻은 머큐로크롬으로 쓴 것들이었다.

우리는 〈국가〉·〈인터내셔날 노래〉·〈중국인민해방군 행진곡〉·〈가자,

마오쩌둥을 따라서 가자〉 등의 노래를 큰 소리로 부르면서 대략 농구장 2개만 한 광장을 원을 그리며 계속 맴돌았다.

우리의 행동은 맨 먼저 맞은편 제72 포로수용소에 있는 동료들의 반응을 불러일으켰다. 많은 사람이 노랫소리를 듣고 막사에서 달려 나와 철조망에 매달려 우리를 바라보았다.

그러자 금세 'P.G.'들이 노여워 어쩔 줄 모르며 달려 나와 몽둥이로 동료들을 막사로 쫓아 보냈고, 그러면 우리는 바로 높은 소리로 "매국노 앞잡이들을 타도하자!" "포로를 박해하게 내버려 두지 마라!" "원수를 아비로 섬기는 배신자들은 부끄러움을 알라!" 등의 구호를 외쳤다.

'P.G.'들은 창피하고 부끄러운 나머지 발끈해서 발을 동동 구르며 매우 상스러운 말로 마구 욕을 내뱉었다. 그러면 우리는 바로 다시 "국민당아! 그 엉망 덩어리야. 매국노 특무가 정말 많구나⋯⋯"를 부르기 시작했다.

시위를 처음 했을 때는 보초 서던 한국군과 순찰하던 미군들이 모두 도로에 서서 구경하였고, 어떤 미국 병사는 큰소리로 "Encore!"^{한 번 더 불러!}라고 외치기도 했다. 하지만 다음에 다시 시위하자 헌병사령부는 곧바로 장갑차를 출동시켜 방독면을 쓴 병사들이 뛰쳐나와 최루탄을 투척하는 바람에 우리는 황록색 짙은 연기에 포위되고 말았다. 우리는 표어를 거두어 기침하고 눈물 흘리면서 실내로 철수해서 문을 꼭 닫고 있을 수밖에 없었다.

이후 우리는 경험이 생겨 큰바람이 부는 날만 골라 시위하였는데, 그런 날은 노랫소리도 멀리 퍼지고 최루탄 가스도 빨리 흩어지기 때문이었다. 진압부대를 인솔한 헌병대 대장은 화가 나서 우리를 "완고한 고집불통 공산분자"라고 욕하면서 다시 소동을 일으키면 총을 쏘겠다고 위협하였다. 나는 바로 영어로 "당신들 미국은 민주와 자유를 소중히 여기지 않는가?

당신들 헌법에도 시위와 행진의 자유를 인정하는데, 당신은 왜 허가하지 않는가? 당신은 당신의 총책임자에게 왜 우리의 항의에 회답하지 않느냐고 한번 물어보는 게 좋을 거다"라고 큰소리로 반문하자, 화가 난 대장은 나를 노려보기만 할 뿐 아무 대답도 하지 못했다.

우리의 투쟁 행동은 "거제도에 홍색 중국인민지원군 포로수용소가 세워졌다"라는 소식이 되어 거제도와 부산의 각 포로수용소로 매우 빠르게 전해졌다.

조선인민군 전우들은 분뇨통을 들고 제71 포로수용소를 지날 때마다 모두 모자를 벗어 흔들며 우리에게 인사를 하였고, 일부 부산에 가서 심문받고 거제도로 돌아오는 중국 포로들도 앞다투어 제72나 제86 포로수용소로는 돌아가지 않겠으며 제71 포로수용소로 보내달라고 요구하였다. 관리 당국은 매우 골머리를 앓아 우리에 대한 감시를 더욱 엄격히 했다. 그들은 제71 포로수용소 내에서 우리를 지지하던 조선인민군 포로를 인민군 포로 중 일부 변절자들로 바꾸어 놓았을 뿐 아니라 이때부터 식량과 기타 생활용품을 옮기는 업무에 우리 쪽 사람들을 더 이상 파견하지 않았다. 나중에는 우리의 대소변조차 직접 나가서 버리지 못하게 하고 분뇨통을 들어 광장에 놓아두면 인민군 포로 변절자들이 해변에 가지고 가서 쏟아버렸는데, 이 때문에 그 나쁜 놈들이 우리를 더욱 미워하게 되었다.

12월 초 인민군 포로 변절자들도 한국의 무슨 기념일을 경축하는 시위를 한차례 거행하였다. 그들은 판지를 잘라 김일성과 마오쩌둥의 만화 형상을 만들어, 미군의 동의하에 근 천 명이나 되는 무리가 그 형상을 쳐들고 광장에서 시위하였다. 그들은 반동 노래를 부르고 "김일성을 타도하자" "마오쩌둥을 타도하자"라는 반동 구호를 외치며 만화 형상에 침을 뱉고 돌을 던졌다. 이런 행동은 우리를 무척 화나게 하였다. 그래서 우리는 돌과 기와 조각을 준비해 시위대가 우리 건물 입구로 오길 기다렸다 일제히 던졌고, 그들은 머리를 감싸 쥐고 급히 달아나면서 허둥지둥 철수해 버렸다. 그 후 우리는 그들의 도발에 단호하게 항의하고 그들을 제71 포로수용소에서 전출시킬 것을 요구하면서, 만약 그렇게 하지 않으면 앞으로 있을 모든 심각한 결과에 대해 그들 스스로 책임져야 할 것이라고 하였다.

오래지 않아 이 나쁜 놈들은 정말 꼬리를 감추고 도망쳐버렸다. 그리하여 제71 포로수용소도 마침내 완전히 우리의 천하가 되었다. 취사장과 의무실 모두 우리가 관리하기 시작했다.

6. 단식으로 14명의 전우를 되돌려 받다

12월의 어느 날 동료 몇 명이 부산에서 제72 포로수용소로 압송되어왔다. 그들이 제72 포로수용소 입구에 도착했을 때, 그중 1명이 압송하던 미군의 감시가 소홀한 틈을 타 몸을 돌려 제71 포로수용소 정문으로 달려왔다. 그는 철조망 가시에 찔려 상처가 남에도 불구하고 신속히 기어올라 정문을 넘어 우리의 작은 병영 입구로 달려왔다.

그때는 마침 식사 시간이라 밥을 운반하기 위해 작은 병영의 문이 열려 있었기에, 우리는 환호성을 지르며 그를 사병대대로 끌어들였다.

그러자 바로 그린 중위가 압송하던 미군들을 데리고 들어와 사람을 요구하였고, 우리는 즉시 그를 장교대대에 숨겼다. 미군 병사들은 우리를 줄 세워놓고 1명씩 식별하였으나 찾지 못하자, 다시 장교대대로 가서 찾았다.

장교대대에는 4개의 막사가 있었는데, 모두가 이리 밀치고 저리 밀치고 하니 그들 눈에 중국인이 매우 비슷하게 생겨서 마지막에는 하는 수 없이 찾는 것을 포기하고 말았다. 그러나 그 이후로 미군은 중국 포로를 압송하여 제71 포로수용소 앞을 지나갈 때 특별히 더 경계하였다.

1952년 새해가 밝았다.

조국에서 만 리 멀리 떨어진 외로운 섬에 갇힌 우리 아들딸들은 조국에 대한 무한한 그리움을 지닌 채, 이 고난으로 가득 찬 새해를 맞이했다. 앞으로의 힘들고 험한 세월을 예견하고, 지하당 지부는 두 대대의 신년 '단배식'을 거행하여 투지를 고무시키기로 하였다.

이른 아침 우리 200여 명의 '완고한 공산분자'는 살을 에는 듯한 차가운 바람을 무릅쓰고 광장에 서서 국가를 부르기 시작했다. "일어나라! 노예가 되기를 원치 않는 사람들이여! 우리의 피와 살로 새로운 장성을 건설하자. ……"

아! 우리의 국가가 어찌나 우리를 위해 작곡된 것만 같았는지. 나는 이 〈의용군 행진곡〉을 불렀던 어린 시절 항전의 열정이 생각났다. 이렇게 여러 해가 지났어도 여전히 "일어나라! 노예가 되기를 원치 않는 사람들이여!"라고 불러야만 하다니. 그 당시는 항일抗日이었고 지금은 항미抗美이니, 우리 민족은 왜 이리 다사다난하단 말인가! 나의 두 눈이 축축해졌다.

웨이린 동지가 당 지부를 대표하여 신년 축사를 하면서 모두가 일치단결하여 더욱 힘들고 어려운 투쟁을 잘 준비하자고 격려하였을 때, 나는 그의 목소리가 점점 멀리 느껴졌다. 마치 베이징에서, 천안문天安门에서 들려오는 것 같이. ……

바로 이 시각 베이징에서는 어떻게 신년을 축하하고 있는지 내가 얼마나 알고 싶었던가! 폭죽을 터뜨리고 있는 아이들이 그들의 평화로운 삶을

위해, 다른 사람들이 얼마나 큰 대가를 치르고 있다는 것을 아는지 모르는
지. ……

1952년 새해가 지난 지 며칠 되지 않았을 때, 바로 우리 제71 포로수용소 정문 입구에서 참극이 벌어졌다.

부산의 부상병 병원에서 거제도로 압송된 병이 아직 다 낫지 않은 14명의 중국인민지원군 동지들이 제71 포로수용소 병영 문 앞에 멈추어서 두 손으로 철조망을 붙잡고 제71 포로수용소로 결단코 들어가려고 하자, 키 크고 건장한 미군들이 그들을 억지로 잡아당겨 제72 포로수용소로 밀어 넣으려고 하였다. 이 부상병 동료들은 목발을 들고 필사적으로 싸우기도 하고 이빨로 물어뜯으며 목숨을 걸고 반항하였지만, 주먹과 발을 동원한 미군의 난폭한 폭력하에 결국 한 사람 한 사람 모두 길바닥에 쓰러지고 말았다.

우리는 수용소 안에서 큰소리로 외치고 악담을 퍼부어댈 뿐 그들을 위해 아무 일도 할 수가 없었다. 눈앞에서 동료들이 제72 포로수용소로 끌려 들어가는 것을 보면서, 많은 이들이 실성통곡하고 모두가 분분히 당 지부에 그들을 구할 모든 방법을 마련해 달라고 요구하였다. 그들이 제72 포로수용소에서 받게 될 학대를 생각하면 모두 마음이 찢어지는 것 같았다.

당 지부는 단식투쟁을 단행하여 미국 측에 그들을 보내 달라고 단호히 요구하기로 하였다. 나는 피츠제럴드 대령에게 보내는 항의서를 완성한 다음 쑨쩐관과 함께 연대 지휘부로 가서 그린 중위에게 건네면서, 우리가 설령 굶어 죽는 한이 있더라도 그 14명의 동료를 구해낼 것이라는 점을 피츠제럴드 대령에게 전해달라고 부탁하였다.

이날 취사장에서는 취사를 중단했지만, 미군은 우리를 거들떠보지도 않았다. 둘째 날 우리의 식사 재료로 배급된 식량과 채소를 작은 병영 입구

에 쌓아두고는 아무도 가져가지 않았고, 우리는 모두에게 누워서 휴식하며 장기 단식을 준비하라고 권하였다. 단식투쟁 초기에는 그런대로 움직이고 말하고 싶어 하는 동료들이 있었으나, 삼 일째 되는 날에는 모두 드러누워 버렸다. 그러나 배고프다고 외치는 사람은 1명도 없었다.

그린 중위는 처음에 여러 번 나에게 와서 단식을 중단하도록 모두에게 권하라고 하면서, 자신이 그 14명의 중국 포로들을 우리 쪽으로 이송시킬 수 있도록 최대한 노력하겠다고 말하였다. 나는 그에게 "제72 포로수용소로 끌려 들어가 지금 이미 생사를 알 수 없는 동지들을 보지 않는 한, 우리 모두 절대로 단식을 풀지 않을 것입니다"라고 대답했다.

나흘째 오후 제71 포로수용소와 제72 포로수용소의 정문이 동시에 열리면서 14명의 동료가 서로 부축하며 우리 쪽으로 건너왔다. 우리는 '침대'에서 기어 일어나 앞다투어 달려가 그들을 껴안았고, 너무 기쁜 나머지 배가 고파 뱃가죽이 등에 붙는 고통을 완전히 잊어 버렸다.

그날 밤 탕나이야오唐乃耀 동지가 제72 포로수용소로 끌려간 후 겪은 경과를 설명하였다. 그가 옷을 벗자, 그의 등에 불로 지져서 난 핏빛 자국 여러 군데와 타서 눌어붙고 뒤집힌 살가죽을 보고 모두 놀라 말문이 막혔다. 얼마나 잔인한 배신자들이며 얼마나 굳센 전우들인가!

상처를 싸맨 탕나이야오는 다음날 바로 우리와 함께 밤새워 피의 고발장 ―「국제적십자회에 보내는 분노의 고발 편지」를 쓸 것을 요구했다.

7. 딩셴원丁先文 동지

1월 중순 어느 날 미군이 자진해서 딩셴원 동지를 제71 포로수용소로 보내왔는데, 우리는 이를 매우 이상하게 여겼다. 그는 목에 피가 밴 두꺼운 거즈를 감고 있었고, 핏기 없는 얼굴로 걸어 들어오자마자 쓰러지려고 해서 우리가 재빨리 그를 부축하였다. 끊어졌다 이어졌다 하는 쉰 목소리의 설명을 통해, 그가 병원에서 제71 포로수용소로 보내달라는 결연한 요구를 거절당하자, 할 수 없이 면도날로 자기 목을 그어 수혈받고 응급조치한 후에야 이곳으로 올 수 있었다는 사실을 비로소 알게 되었다. 모두가 깊이 감동하여 그날 밤 오로지 그를 위한 환영대회를 열었다. 그 자리에서 그는 장다张达 · 장광푸张光甫 · 왕원성王元生 등과 함께 연대 참모장 두강의 지도하에 '귀국 그룹'을 어떻게 비밀리에 조직하여 투쟁을 전개했는지, 또 어떻게 배신자들에게 밀고 되어 그와 장다가 초주검이 되도록 괴롭힘을 당했으나 미군의 위생 검사 때 숨이 간들간들해진 상태에서 발견되어 병원으로 보내졌던 과정을 힘겹게 설명하였다.

그는 특히 가슴 아파하며 두강 동지의 정황을 보고하였다. 두 참모장은 붙잡힌 뒤 배신자들의 죄악 행위를 통렬하게 비판했고, 그러자 나쁜 놈들이 부끄럽고 분한 나머지 화를 내며 그를 막사 장대에 매달고 심하게 때려 앞니가 모두 빠질 정도인데, 지금까지도 여전히 제72 포로수용소에서 망나니들의 학대를 받고 있다고 했다.

그는 여기까지 말하고는 더 이상 말을 잇지 못했다. 잠시 쉬었다가 그는 힘을 내서 "당이여! 제가 돌아왔습니다"라고 외치고는 바로 기절해 버렸다.

딩셴원 동지는 이후 귀국 지대支队(작전 시 임시로 조직하는 부대-역자) 규찰 분대장을 맡아 1개 분대의 내부 보위 업무를 책임졌다. 그는 비록 투항起义한 국민당 제95군 출신 병사임에도 오히려 포로수용소 내 국민당 특무와 배신자들을 지극히 혐오하였는데, 그가 옛날 군대에서 매 맞고 욕을 먹어 이러한 사람들을 너무나 잘 알고 있기 때문이었다. 죽음으로서 항거한 그의 실제 행동은 동료들의 신임을 얻었고 나중에는 지하 당원으로도 받아들여졌다.

8. 신비한 인물 필립Philip

제71 포로수용소에서 그린 중위를 제외하고 내가 여러 번 만난 또 다른 특별한 미국인으로 — 필립이라는 사람이 있었다. 그는 약 180cm 키에 균형 잡힌 체격, 푸른 눈에 금발로 나이는 40이 넘어 보였다. 군복이 아니라 말쑥한 미색 혹은 엷은 남색 양복을 입은 풍격이 매우 세련된, 상당히 유창한 중국어를 하며 포로수용소를 자유롭게 출입할 수 있는 자였다. 필립은 매번 제71 포로수용소에 올 때마다 먼저 웨이린 · 쑨쩐관 · 마싱왕을 찾았고, 그들과 오래전부터 잘 알고 있던 것처럼 악수하고 어깨를 두드렸다. 내가 제71 수용소에 온 지 얼마 되지 않은 어느 날, 그가 우리 수용소로 왔다. 그가 장교대대에서 사병대대로 나를 보러 왔을 때, 나는 마침 침대에 엎드려 영문 원고를 교정하고 있었다. 그는 곧바로 몸을 구부리며 중국어로 나에게 "내가 한번 봐도 될까요?"라고 말했다. 그를 처음 본 나는 깜짝 놀라지 않을 수 없었는데, 내가 포로가 된 이후 민간인 복장을 하고 중국어를 할 줄 아는 미국인은 아직 본 적이 없기 때문이었다. 나는 몸을 돌려 편지 원고를 그에게 건네 보여주었다.

그는 빠르게 한번 읽고 나서 한 곳을 가리키며 영어로 "이 단어는 잘못 쓴 것 같은데!"라고 중얼거렸다. 나는 일어나면서 영어로 "그럼 좀 고쳐주세요!"라고 말했다. 그는 자세히 나를 한번 보고는 곧 펜을 꺼내 더욱 적절한 단어로 고치고 나서, 다시 중국어로 "전체적으로 보면 아주 잘 썼소. 당신의 영어 수준은 훌륭해요. 이름이 어떻게 되오?"라고 말했다.

내가 이름을 알려주자, 그는 바로 손을 내밀며 영어로 "알고 보니 당신이 바로 장쩌스이군요. 나는 진작부터 당신에 관한 이야기를 들었소. 우리 친구로 지냅시다"라고 말했다.

내가 마지못해 그의 손을 잡자, 그는 나의 의구심을 알아차리고는 나에게 "나는 필립이라고 하고 A.P.통신사 기자요. 거제도에 상주하며 전문적으로 포로수용소 뉴스를 취재하고 있지요. 나는 당신네 웨이린·쑨전관과도 오랜 친구요"라고 자기소개를 하였다.

나는 "당신은 틀림없이 무척 바쁘겠군요. 포로수용소 뉴스가 너무 많아서요. 매일같이 맞아 죽거나 다치는 사람이 있는데, 그런 사건들을 취재해보았는지 모르겠네요?"라고 말했다.

"내가 오늘 온 이유가 바로 당신들을 통해 더 많은 이곳 상황을 이해하려는 것이오." 그가 웃으면서 말했다.

"주요 상황은 우리가 피츠제럴드 대령에게 보낼 이 공개 편지 속에 모두 쓰여 있어요."

"나도 보았소. 편지 안의 대부분의 사실은 나도 알고 있소. 내가 당신들의 편지를 직접 대령에게 전달하도록 돕고 싶소. 앞으로도 다른 비슷한 편지가 있으면 내가 힘을 다하겠소."

"대단히 감사합니다. 제가 다음과 같은 저의 의견을 표명해도 되는지요.

당신이 기자라고 하니, 당신에게 포로수용소의 각종 비인도적인 현상에 대해 공정한 보도를 해주길 청할 수 있는지 말입니다?

그러자 그는 바로 "나는 저들 변절자의 추악한 행위를 아주 증오해서 이미 여러 번 총책임자 피츠제럴드 대령에게 엄하게 단속해야 한다고 건의하였소. 나는 또 내 힘이 닿는 한 이러한 부도덕한 행위로 인한 나쁜 결과를 줄이길 원하오. 당신들 장교대대의 140여 명이 나의 노력으로 제72 포로수용소에서 분가해 나온 것이고, 이 점은 웨이린 등이 증명할 수 있소!" 라고 대답하면서 억울하다는 듯한 표정을 지었다.

나는 웃으며 "그 이야기는 이미 들었는데, 좋은 일을 하신 겁니다. 그럼 이 편지를 사령관에게 전해주시겠어요. 그리고 이 공개 편지를 발표해 줄 수 있다면 가장 좋고요"라고 말하였다.

그는 편지를 받으며 "내가 꼭 피츠제럴드 대령에게 직접 전해주겠소. 공개적으로 발표할 수 있을지는 나 같은 보통 기자에게 결정권이 없다는 걸 당신도 알잖소"라고 말했다.

떠나기 전 그가 갑자기 "어째서 관리 당국은 당신들에게 탁자와 의자조차 주지 않지요. 이래서야 어떻게 글을 쓰고 일을 봅니까? 내가 가서 당신들 대신 요구하겠소"라고 말했다.

나는 믿기 어렵다는 눈빛으로 그를 바라보면서 "그러면 너무 감사하지요"라고 말했다.

그 일이 있고 난 뒤, 나는 필립과 나눈 대화를 쑨쩐관에게 보고했다. 쑨쩐꽌은 "그 자는 결코 보통 기자가 아냐. 우리가 보기에 미국 중앙정보국의 고급 스파이야. 그가 우리에게 우호적으로 대하는 것은 족제비가 닭에게 세배하는 거나 마찬가지야. 그에 대해 경계심을 높여야 하지만, 그의 위장을 이용해서 우릴 위해 일 좀 하도록 해도 무방하지. 이번에 자네가 그를 난처하게 만든 건 아주 잘했어. 그가 또 무슨 연기를 하나 보자고. 만약 탁자를 보내온다면 그가 '관심'이 있다는 걸 보여주는 거겠지"라고 분석하였다.

흥미로운 것은 다음날 그린 중위가 과연 사람을 시켜 사각 탁자 1개와 의자 4개, 그리고 종이와 펜, 잉크를 보내왔다는 점이다. 우리는 더 이상 바닥에 엎드려서 글을 쓰지 않아도 되었다.

이 일을 통해 나는 다시 한번 쑨쩐관이 우리 군의 교도원(부대에서의 별명은 '어린 선임병'이었다)으로서 자격이 충분하다는 것을 확실히 느꼈다. 당시 그의 나이 24살에 불과했지만, 그의 정치적 통찰력과 정책 수준은 내가 미치지 못하는 바였다.

이틀 후 우리는 운동장에서 편지지로 싼 돌 하나를 주웠는데, 편지에는 영어로 "당신네 연대 정치위원이 적에 의해 부산으로부터 압송되어 와서 제72 포로수용소 장교대대에서 고초를 겪고 있으니, 빨리 대책을 마련하여 그를 제71 포로수용소로 데려가도록 하시오"라고 적혀 있었다.

우리는 즉시 포로수용소 사령관에게 편지를 써서 '왕팡(즉 자오쭤돤) 대령'과 '두강 중령'을 제71 포로수용소로 보내달라고 요구하였다. 우리는 편지에서 "만약 그들이 배신자들에게 괴롭힘을 당해 죽는다면, 당신이 모든 책임을 져야 한다"라고 분명하게 지적했다. 그 정보는 조선인민군 전우가 소식을 들은 후, 한국 군대 내의 자기 사람에게 부탁해 던져 넣은 것으로 우리는 추측하였다.

며칠 후 필립이 다시 제71 포로수용소에 왔을 때, 우리는 자오 정치위원과 두 참모장의 상황을 그에게 알리고 아울러 우리가 사령관에게 쓴 편지를 보여주었다.

쑨쩐관이 그에게 "이 두 사람은 포로가 된 우리 중에 계급이 가장 높은 장교로 만약 무슨 일이 생긴다면, 미군 측이 아마도 제대로 해명하기 어려울 것입니다. 배신자들은 주인의 비위를 맞추기 위해 그들을 괴롭혀 죽일 가능성이 아주 큽니다"라고 말하자, 그는 동의한다는 듯이 고개를 끄덕였다.

쑨쩐관은 또 "우리는 그들을 구해내기 위해서 어쩔 수 없이 재차 단식하는 일이 없기를 바라며, 만약 그런 일이 벌어진다면 당신 정부에도 좋지 않은 영향을 미칠 겁니다"라고 말했다.

그는 마침내 "안심하시오. 나는 총책임자 대령이 지혜롭게 이 일을 처리할 것으로 생각하지만, 나도 다시 한번 당신들을 대신해 요구를 전달하겠소"라고 말하였다. 우리는 감사를 표했다.

다음날 우리는 제71 포로수용소에서 자오 정치위원과 두 참모장을 영접하였다. 그들은 모두 우리 538연대의 수뇌부로 내가 가장 익히 알고 있는 지도자인데, 고초를 겪어 매우 초췌해진 모습을 보자 비록 그들이 웃고 있었지만, 나는 마음속으로 오히려 눈물이 났다.

그날 밤 우리는 회의를 열어 이 중대한 승리를 경축하였다. 연대 1급 지도자 간부가 모두 배신자들의 손에서 벗어나 제71 포로수용소로 옴에 따라 우리의 지도 역량이 크게 증강되었다.

우리 '선전대'는 〈강철전사鋼铁战士〉[3]와 가극 〈유호란〉의 단막 및 시사 문제를 취급한 즉흥극 〈장 씨 집단이 붕괴하다蒋家班垮台〉를 공연하였다. 마유쿼은 놀랍게도 '호금胡琴'을 켜며 반주를 맡았다. 그 '호금'은 쥐 가죽을 햇

---

3 〈강철전사(鋼铁战士)〉: 중앙전영국(中央电影局) 동북전영제편창(东北电影制片厂)에서 1950년에 만든 전쟁영화로 1951년 2월 중국에서 정식 상영되었다.

볕에 말린 후 알루미늄 통에 붙여서 만든 것이고, 그 알루미늄 통은 막사 기둥의 이음매에서 잘라낸 것이었다. 우리 이 '홍색 근거지' 안에 재주 있는 사람이 어찌나 많은지!

그날 공연은 비록 수준이 높지 않았지만, 배우들의 열정과 관중들의 심정은 오히려 세상에서 보기 드문 것이었다.

우리의 '독창 배우'를 맡은—60군 문예 공작대원 위궈판은 "동지冬포 지난 엄동설한에 큰 눈이 내리니, 날씨는 비록 춥지만 마음은 뜨겁네. 나는 그 전선에서 돌아와, 승리의 소식을 널리 전하려 하네……"라고 노래 불렀다. 노래가 끝나기도 전에 모두 힘껏 손뼉을 쳤고, 모처럼 만의 웃음소리가 함석지붕을 들썩이며 철조망 넘어 날아갔다.

우리 538연대 동료들은 모두 전에 내가 〈백모녀〉 가극 중의 양바이라오楊白勞 역을 연기한 것을 보았기에, 어떤 이가 "다음 차례는 누구지?"라고 소리치자 "장 통역 차례지." "무슨 노래를 불러야지?" "양바이라오를 불러야지"라고 장단을 맞췄다. 그리하여 마유쥔의 호금 연주에 맞춰 나는 노래를 부르기 시작했다. "눈바람에 십리 길 온통 흰데, 빚 독촉 피해 7일을 숨어있다 집에 돌아오니……" 순간 나는 무심코 자오 정치위원을 쳐다보다 그의 눈에 눈물이 글썽이는 것을 보았다.

제10장

피비린내 나는 '선별'에 반대하다

1952년 3월 초 ~ 1952년 4월 8일, 거제도

1. 전쟁포로 '자살' 사건 조사

1952년 거제도에 봄이 찾아와 남쪽 바다로부터 따뜻한 바람이 불어왔다. 3월 초 녹색의 풀들이 철조망 가장자리에 흩어져 있는 돌 틈 사이로 억척스럽게 머리를 내밀어 탐욕스럽게 햇빛을 빨아들이며 작은 꽃을 피우기까지 했다. 나의 어린 동료들은 풀들의 억센 생명력에 감동하여 항상 고개를 숙이고 그 곁을 배회하였다. 그러나 봄은 결코 전쟁포로수용소에 희망을 가져다주지는 않았다. 제86 포로수용소 연대 지휘부 통역이던 안바오웨이안 동지는 병원에 입원한 기회를 이용해 제71 포로수용소로의 이송을 끊임없이 요구하여 받아들여졌는데, 그를 통해 적의 백색공포 통치가 날로 격화되고 있는 제86 포로수용소의 정황을 듣고서 다들 더욱 불안해졌다. 그는 또 통역 가오화룽도 이미 병원으로 갔고 제86 포로수용소로 돌아가지 않을 계획이어서, 제86 연대 지휘부에는 귀나이젠 서기장만 남아 여

제10장 | 피비린내 나는 '선별'에 반대하다   207

전혀 귀국 의사를 견지하고 있다고 말했다. 판문점 정전회담이 진전 없이 서로 대치하고 있는 상황에서 미군 측이 포로수용소 내에서 자유의사에 따른 선별정책을 더 강력히 추진할 것으로 보여 형세가 심각하였다.

특무와 배신자들은 미군의 지시에 따라 포로수용소 안에서 파시스트 공포통치와 전쟁포로에 대한 정치적 모함과 육체적 학대를 강화하고 있었다. 우리는 병원을 통해 제72 포로수용소와 제86 포로수용소 동지들이 용감하게 반항하고 있지만, 앞잡이들에 의해 잔혹하게 진압당하고 있다는 소식을 끊임없이 들었다. 점점 더 많은 사람이 반동 표어를 몸에 새기도록 강요받았는데, "공산당에 반대하고 소련에 저항하자反共抗俄" "주더를 죽이고 마오쩌둥을 제거하자殺朱拔毛"를 팔뚝에다 새기거나 앞가슴과 등에 중화민국 국기인 '청천백일기'를 새기기도 했다. 그리고 점점 더 많은 사람이 「타이완으로 가길 요구하는 혈서」에 억지로 서명하고 손도장을 찍었으며, 심지어 "타이완으로 보내주지 않으면 차라리 자살하겠다······"라는 '유서'를 강제로 쓰기도 하였다.

3월 초의 어느 날 오후 'C.I.D.'의 블랙 중위가 갑자기 지프차를 타고 제71 포로수용소로 와서 나에게 통역을 맡아달라고 하여, 그와 함께 중국인민지원군 전쟁포로수용소에서 발생한 '자살 사건'을 조사하러 갔다.

그는 나를 데리고 그의 사무실로 가서 나에게 먼저 '유서'를 번역하라고 했다. 그것은 주물러 구겨진 2장의 담뱃갑에 적힌 「장제스 총통에게 보내는 편지」 1통이었는데, 대강의 내용은 다음과 같았다.

나는 공비共匪(중국공산당을 비하하는 호칭 - 역자)에게 노예로 부려지고 공비를 위해 목숨 걸고 싸우며 고생한 사람인데, 유엔군이 나를 고통스러운 환경에서 구해주었습니다. 나는 밤낮으로 장 총통께서 사람을 보내 나를 데리고 타이완으로 가기를 바랐는데, 지금까지 기다려도 아직 나를 데리러 오지 않고 더욱이 공비의 판문점 대표는 강제로 나를 대륙으로 돌려보내려 하니, 오직 죽음으로써 당국党国(중국국민당과 중화민국을 지칭-역자)의 은혜에 보답하는 수밖에 없습니다. 장 총통 만세!

연필로 쓴 필적이 매우 조악해서 나는 블랙 중위의 책상 앞에 앉아 한참을 식별하다가 막 펜을 들고 번역하려는데, 블랙 중위가 홍차와 커피 중 뭘 마시고 싶은지 물었다. 나는 "감사합니다만 저는 마시지 않겠습니다"라고 말했다.

그는 "커피 한잔 타다 줄게!"라고 말하고 바로 커피를 타러 사무실을 나갔다.

나는 고개를 숙이다 우연히 블랙 중위가 꽉 닫지 않은 책상 서랍 안에 영어가 적힌 백지가 있는 것을 보고, 살그머니 서랍을 당겨 열어보니 바로 이 편지의 번역문이었다. 마지막의 그 "장 총통 만세"라는 번역문 뒤에는 커다란 감탄부호까지 찍혀있었다.

얼른 서랍을 원래대로 한 다음, 나는 문득 블랙 중위가 이미 다른 사람에게 이 편지를 번역하게 해놓고 나에게 다시 번역시킨 이유는 그 사람의 수준을 믿지 못해서이거나, 아니면 나를 신뢰할 만한지 시험해보려는 거라는 생각이 들었다.

나는 재빨리 결단을 내렸다. 비록 내가 매우 혐오하는 내용의 편지이고, 특히 장제스를 총통이라 부르고 만세를 외친 것에 대해서 더욱 반감이 들었지만, 어떻든 간에 원문 그대로 번역하기로 했다.

블랙 중위는 나에게 커피를 건네주고는, 한편에 앉아 커피 마시며 『성조보』를 보면서 "서두를 필요 없어. 오전까지만 다 번역하면 돼"라고 말했다.

나는 펜대를 물고 적당한 영어단어를 생각해내려 고개를 들었을 때, 갑자기 그 『성조보』의 표제 중에 '판문점'이라는 몇 개의 고딕 활자가 눈에 들어왔다. 나는 그것이 정전회담과 관련된 기사임을 알고 나서 얼마나 가져다 읽고 싶었는지 몰랐다. 하지만 혹시 거절당해 난처하게 될까 봐, 나는 우선 정신을 집중해 편지를 번역하고 정서한 다음 블랙 중위에게 건넸다.

블랙 중위는 신문을 책상 위에 내려놓고 번역문을 가져다 자세히 읽기 시작했다. 신문이 멀지 않은 곳에 있었지만, 아쉽게도 정전회담 관련 보도는 뒷면에 깔려있었다. 나는 이미 식어버린 커피를 마시며 어떻게 하면 그 보도 내용을 알 수 있을까 머리를 쥐어짰다. 왜냐하면 우리로서는 정전회담의 상황을 반드시 알아야 할 필요가 있었기 때문이다.

블랙 중위는 나의 번역문을 다 보고 나서 만족한 듯 "내가 보기에 역시 너의 영어가 더 좋아. 이제야 이 '유서'의 정확한 내용을 확실히 알게 되었어"라고 말했다.

내가 "이 죽은 사람의 정황을 물어도 될까요?"라고 묻자, 그가 "당연히 되지. 난 오늘 아침에 죽은 사람의 몸에서 찾아낸 이 물증과 함께 보고받았어. 죽은 사람은 제86 포로수용소의 중국 전쟁포로로 오늘 이른 아침 화장실에서 목매어 죽은 채 발견되었다고 해. 내가 이 사건 조사를 맡았는데, 네가 최대한 협조해 줄 거지. 안 그래? 장!"이라고 말했다.

"저를 신임해주셔서 감사합니다"라고 나는 대답했다.

그는 손목시계를 보더니 "아, 벌써 점심시간이네. 너의 훌륭한 번역에 대한 보답으로 여기서 식사하도록 해줄게"라고 말했다. 그러면서 캐비닛에서 납작한 미군 군용반합을 꺼내더니 "여기 앉아서 기다려. 금방 올게!" 라고 말하고는 바로 걸어 나갔다.

그가 나가자마자, 나는 바로 신문을 들고 솟아오르는 강렬한 회열로 심장이 쿵쿵 뛰는 가운데 재빨리 그 기사를 번역하였다. "판문점 정전회담의 교착상태 타개 가능, 조선과 중국 측이 전쟁포로의 자유의사 송환 문제에 양보할 수도."

"맙소사, 양보라니?!" 나는 재빨리 보도 내용을 보았다.

"하루빨리 전쟁을 끝내려는 바램과 전쟁포로에 대한 인도주의적인 고려에서, 이번 정전회담 중 우리 측 수석대표는 조선과 중국 측에게 중립국 감독하에 전쟁포로의 자유의사에 따른 거취 선별을 진행하자는 제안에 동의해줄 것을 호소하였다. 이에 조선과 중국 측은 아직 반박하지 않았으니, ……"

"아니, '아직 반박하지 않았다'니! 우리 대표는 거제도에서 발생한 치떨리는 폭행을 알고 있는 거야 모르는 거야?" 나는 계속 읽어 내려갔다.

"…… 조선과 중국 측 대표는 근거 없는 비난만을 재차 제기하면서, 이른바 '미국 측이 전쟁포로에게 점점 더 심하게 피비린내 나는 진압을 하고 조선과 중국 전쟁포로들을 강제로 억류하려 시도하고 있다'라는 틀에 박힌 말만 반복하였다."

"아! 과연 조국은 여기서 발생한 모든 것을 알고 있구나. 조국이 자신의 아들딸들을 버리고 돌보지 않을 리가 없지!" 이때 문밖에서 발걸음 소리가 울려 나는 즉시 신문을 내려놓았다.

블랙 중위가 도시락을 든 채 문을 열고 들어왔다. 내가 일어나서 받으려 하자, 그는 앉아있으라는 표시를 하며 도시락을 내 앞에 놓았다. 도시락을 열자, 그 안에 토마토 쇠고기 수프와 버터를 바른 빵 그리고 고기 몇 덩어리가 들어있었다. 그는 고깃덩어리를 가리키며 "이건 미국에서 공수해 온 신선한 거위고기인데, 우리 장교식당에만 공급되는 거야"라고 말하였다.

나는 이 풍성한 오찬을 먹으며 지금 이 시각 동료들이 흐물흐물한 무청이 떠 있는 간장 국물과 보리밥 반 그릇을 급히 목구멍으로 넘기고 있을 거란 생각에 마음이 매우 불편했다.

밥을 다 먹은 후, 블랙 중위는 차로 나를 제71 포로수용소로 데려다주었다. 그는 가는 도중에 내일 나를 데리고 함께 제86 포로수용소에 가서 현장 조사를 할 거라고 알려주었다.

도로에는 우리가 탄 차만 달리고 있었다. 나는 그의 허리에 차고 있는 권총을 보면서, 만약 여기가 전방이고 내가 지프차를 몰 줄 안다면 정말 달아나기 좋은 기회라고 생각했다. 나는 무심코 그에게 "지프차 운전은 배우기 어렵습니까?"라고 물었다.

그가 "걸음마 배우기보다 더 쉬워!"라고 말하는 사이, 우리는 금세 제71 포로수용소에 도착하였다.

나는 수용소로 돌아오자마자 『성조보』에서 본 소식을 자오 정치위원과 쑨쩐관에게 보고하였다. 그들은 나에게 기회를 잡아 계속 관련된 보도를 알아보라고 지시하였다.

다음날 막 아침 식사를 마치자 블랙 중위가 차를 몰고 와서, 우리는 함께 제86 포로수용소로 갔다.

가는 길에 나는 매우 흥분해서 '제86 포로수용소는 지금 어떻게 변했을까? 내 마음을 아는 전우를 볼 수 있을까? 본다면 또 몇 마디 말을 나눌 기회가 있을까?'라고 생각했다.

차가 조선인민군 전우들이 수감된 제76 포로수용소와 제77 포로수용소 철조망 밖을 지날 때, 수용소 안 광장에 여러 대열의 조선 전우들이 직접 만든 인민군 군모를 쓰고 씩씩하게 행진 훈련을 하고 있고, 어떤 이는 심지어 막사의 장대를 들고 총검 동작을 연습하고 있는 것이 보였다. 나는 참지 못하고 가볍게 "어이—"라고 소리 질렀다.

블랙 중위는 내 소리를 분명히 들었는지, 핸들을 꽉 잡고 앞쪽 굽은 길을 똑바로 보면서 "이들은 미치광이야!"라고 말하고는 나를 힐끗 쳐다보았다.

나는 웃으면서 "당신은 조선 민족을 너무도 모르는군요. 그들은 역사상 여러 차례 이민족의 침략과 통치를 받았고, 그중에는 우리 당唐 왕조와 청淸 왕조도 포함되죠. 그래서 그들은 자기 민족 독립을 너무도 소중히 여기지요!"라고 말했다.

그러자 블랙 중위는 "그럼, 지금 너희 중공군이 북조선을 점령한 것은 이민족 침입이 아닌가?"라고 말했다.

나는 "설마 역사상 이런 침략이 있었을까요? 점령자와 피점령자가 어깨를 나란히 하여 또 다른 강대한 침략자를 몰아내기 위해 함께 싸우는!"이라고 반문하였다.

블랙 중위는 웃으면서 "이건 정말 명확하게 밝히기 어려운 문제야. 우리 미군도 한국군과 어깨를 나란히 하고 함께 싸워서 또 다른 강대한 침입자를 몰아내고 있는 거 아닌가? 어떻게 생각해?"라고 말했다.

그는 나의 대답을 기다리지 않고 웃는 얼굴을 거두고서 "됐어, 우리가 논쟁해도 결론은 나오지 않아. 이건 완전히 혼란스럽고 아무도 영문을 모르는 전쟁이야! 내가 이를 위해 처자식을 떠나 먼 길 마다하지 않고 이 재수 없는 섬에 올 가치도 없는 것이고, 대학생인 네가 이 때문에 학업을 포기하고 여기까지 와서 고생할 가치는 더더욱 없는 거야!"라고 했다.

나는 그의 솔직함과 이 전쟁에 대한 관점에 놀랐다. 나는 이 문제를 더이상 토론하고 싶지 않았다. 마음속으로 '역사가 결론을 내리도록 하자! 난 이 전쟁에 참전한 것을 절대 후회하지 않아!'라고 생각했다. 하지만 그가 나의 정치적 입장을 알면서도 오히려 나에게 여전히 동정심 나아가 신뢰감을 느끼는 이유를 알게 되었다.

드디어 제86 포로수용소에 도착했다. 연대 지휘부에 있던 스미스 대위가 나를 보고 웃으며 "장, 요즘 어떻게 지내?"라고 물었다.

"솔직히 말해 여기에 있을 때보다 홀가분합니다."

"알겠어. 이해돼!"

그 순간 궈나이젠이 눈으로 나에게 안부 묻는 것을 보고, 나는 가볍게 고개를 끄덕였다.

블랙 중위는 스미스 대위에게 우리를 사고 현장으로 데리고 가서 보여 달라고 요청하였다. 우리는 3대대 옆에 붙어 있는 돌을 쌓아 만든 간이화장실로 갔다.

스미스 대위는 손수건으로 코를 막고 밧줄을 걸었던 쇠 파이프를 가리키며 "이봐, 죽은 사람이 그 아래쪽에서 목매단 채 발견되었어"라고 말했다.

블랙 중위가 그 아래쪽에 서서 직접 시험해보았는데, 중간키보다 좀 더 큰 그가 밧줄로 목을 맨다면 발이 충분히 땅에 닿을 수 있었다.

그가 "죽은 사람의 키가 저보다 얼마나 작다고 봅니까?"라고 묻자, 스미스 대위는 양손을 벌리며 정확히 모르겠다는 표시를 했다.

그러자 블랙 중위는 "시체를 다시 보게 해주십시오!"라고 말했다.

우리는 철조망 가장자리에 있는 빈 막사로 들어갔다. 어두운 등불 아래 거적으로 덮여있는 시체가 누워있었다. 블랙 중위가 장갑을 끼고 거적을 벗기자, 두 눈이 튀어나오고 혀를 내민 입가에 새까만 핏자국이 가득 묻은 끔찍한 얼굴이 드러났다.

비록 내가 한국 전장에서 폭발로 인해 죽은 사람, 불에 타죽은 사람, 총에 맞아 죽은 사람, 생김새도 다르고 피부색도 다른 시체 등 이미 온갖 시신을 보았음에도, 이런 형상을 보고는 나도 모르게 깜짝 놀라 소리치며 즉시 시선을 돌렸다.

나는 블랙 중위가 "응?"하고 의심스럽다는 듯한 소리를 내는 걸 들었다. 내가 고개를 돌려 쳐다보니, 그가 몸을 숙여 죽은 사람의 머리카락을 뽑고 턱 아래의 자국을 관찰하고는 줄자를 꺼내 그 사람의 신장을 재고 있었다.

그런 후에 그는 거적을 덮고 몸을 세우고는 장갑을 벗으며 "이것은 타살입니다. 자살이 아닙니다!"라고 말했다.

스미스 대위는 또 양손을 벌리며 어깨를 으쓱했다.

우리는 연대 지휘부로 돌아와 부연대장 왕푸톈, 연대 경비대장 저우옌다, 3대대 대대장과 3대대 경비대장 등의 '증인'을 만났는데, 모두 이미 소집되어 그곳에 앉아 기다리고 있었다.

우리가 들어오는 것을 보자, 그들은 모두 비굴한 웃음을 띤 얼굴로 허리를 굽히며 일어났다.

내가 성난 눈으로 저우옌다를 쳐다보자, 그는 얼른 고개를 숙였다. 스미스 대위는 손을 흔들어 그들에게 앉으라고 하며 "블랙 중위가 너희들에게 몇 가지 질문을 하려고 하니, 너희들은 사실대로 대답해야만 한다"라고 말한 다음 나를 보며 고개를 끄덕였다.

나는 매우 엄숙한 어조로 "블랙 중위가 지금 너희들을 심문하려 하는데, 너희들은 반드시 각자의 죄행을 사실대로 말해야 한다"라고 통역하였다.

나쁜 놈들이 당황하고 두려워하며 고개를 들었고, 저우옌다가 일어나서 무언가 변명하려 했다. 블랙 중위가 이를 보고는 손을 가로저어 제지하며 "난 질문에 대한 답만 필요하다"라고 말했다.

나는 "너희들은 질문에 사실대로 답해야 하며 교활하게 변명하는 것은 용납되지 않는다!"라고 말하였고, 그는 할 수 없이 다시 자리에 앉았다. 나는 그가 이를 악무는 것을 보고 속으로 '오늘 네 이 녀석, 내가 하라는 대로 말을 들어야만 할걸!'이라고 생각했다.

블랙 중위는 먼저 죽은 자의 성명, 부대에서의 직무, 본적과 나이, 교육 수준 등을 물었다.

그러자 3대대 대대장이 죽은 사람의 이름만 안다고 답했다. 스미스 대위는 궈나이젠에게 죽은 사람의 전쟁포로 카드를 내게 건네주라고 하였다. 내가 카드를 보니, 이름은 장張 아무개이고 허베이河北 모 현縣 모 촌村사람으로 67군단의 반장이며 25살에 학교를 다닌 적은 없음이라고 영어로 적혀 있었다.

나는 즉시 블랙 중위에게 죽은 사람의 고향이 아주 외진 산골이고 가난한 농민으로 입대했기에 아무런 지식도 없는 게 분명하다고 말했다.

블랙 중위는 고개를 끄덕이면서 누가 언제 어떻게 시체를 발견했는지? 또 어떻게 그 '유서'를 찾았는지를 물었다.

3대대 경비대장이 어제 이른 아침 용변 보러 갔을 때 발견하여 깜짝 놀라 대대장에게 달려가 함께 시체를 내렸으며, 상의 주머니에서 장 총통에게 보내는 편지를 찾았다고 대답했다.

블랙 중위가 발끈하여 안색을 바꾸며 "너희들은 이 쇠 파이프의 높이가 키 175cm의 사람을 목매달아 죽이기에 모자란다는 걸 생각하지 못했나?

그가 문맹이어서 편지를 쓸 줄 모른다는 걸 생각하지 못했나? 그의 목에 남아있는 깊은 손톱자국이 저절로 없어질 리 없다는 걸 생각하지 못했나?"라고 질책했다.

내가 속사포처럼 이 질문들을 나쁜 놈들에게 던졌을 때, 그들은 서로 얼굴만 쳐다보며 어쩔 줄 몰라 하면서 얼굴색이 변하였다.

블랙 중위는 "내가 원하는 것은 사실이지 거짓말이 아니다!"라고 말하였다.

나는 "블랙 중위가 너희들이 사실대로 자백하지 않으면 매우 엄중하게 처벌할 것이다"라고 통역하였다.

이놈들이 완고하게 입을 다물고 말하지 않는 것을 보고, 블랙 중위는 머리를 가로저으며 "장, 자백 내용을 중국어와 영어로 기록하고 이 자들의 서명을 받도록 해"라고 말했다.

나는 즉시 궈나이젠에게 종이와 펜을 요구했다. 그는 종이와 펜을 건네줄 때 기회를 틈타 나의 손가락을 꽉 잡았다. 그의 눈에 눈물이 반짝이는 것을 보고 나의 눈가도 금세 붉어졌다. 나는 고개 숙여 자백 내용을 다 기록한 다음, 다시 중국어와 영어로 각각 한 번씩 읽어주었다.

블랙 중위가 "지금이라도 자백 내용을 고치고자 하면 늦지 않았다고 말해줘"라고 말했다.

내가 바로 "너희들은 들어라. 중위가 말하길, 지금 사실대로 자백하면 아직 늦지 않지만, 그렇지 않으면 앞으로 사형선고를 기다려야 할 것이다"라고 통역하자, 앞잡이들은 잠시 몸을 부들부들 떨었으나 서로 한번 쳐다보고는 다시 조용히 고개를 숙여버렸다.

그런 모습을 본 블랙 중위가 손을 내저었고, 나는 자백서를 손바닥으로 치면서 "그럼 바로 서명하시오!"라고 말했다. 3대대 경비대장은 삐뚤삐뚤하게 서명하였다.

나를 제71 포로수용소로 돌려보내는 길에 블랙 중위는 줄곧 침묵하였다. 나는 "중위님, 당신의 수사 솜씨가 이렇게 뛰어난 줄 몰랐습니다!"라고 말했다.

그는 "아니, 살인범이 너무 우둔하다고 해야겠지!"라고 말했다.

"그럼, 이 사건은 앞으로 어떻게 처리됩니까? 살인범이 상응하는 처벌을 받을까요?"

그는 머리를 좌우로 흔들며 "나의 직권은 수사에 한정되어있어 조사해서 상부에 보고할 뿐이야!"라고 말했다.

내가 차에서 내릴 때, 그는 통조림 2개와 담배 1보루를 꺼내주면서 "규정대로라면 마땅히 일한 시간에 맞춰 달러로 지급해야 하지만, 그걸 줘도 네가 사용할 수가 없어서 대신 이 물건들을 산 거야"라고 말했다.

나는 그의 아름다운 파란 두 눈 속의 성실하고 진지한 눈빛을 쳐다보며 이 '임금'을 받았다.

'집'으로 돌아온 나는 '임금' 전부를 쑨쩐관에게 건네주었다. 지도자 동지들은 우리가 밤새워 일할 때 장려용으로 쓰기 위한 담배 2갑만 남기고 통조림은 환자들에게, 나머지 담배는 모두에게 나누어주도록 하였다.

그래서 이 담배를 피우던 동료들은 담배 연기로 도넛 모양을 만들어 뿜으면서 "우리 장 통역이 '임금'을 더 많이 벌어오면 좋겠네!"라고 말하곤 했다.

나는 지도자 동지들에게 제86 포로수용소에서 본 참상과 수사 심문 과정을 상세히 보고하였다. 지도자 동지들은 바로 그 자리에서 함께 견해를 교환하였는데, 모두가 『성조보』에 실린 정전회담 소식과 방금 보고한 이 살인사건 및 적들이 한창 전쟁포로 문제를 크게 떠들고 있는 것 등을 근거해보았을 때, 우리가 경계심을 높이고 변화에 대응할 준비를 잘하며 동시에 이 끔찍한 사건을 미군 관리 당국에게 엄중히 경고하고 항의해야 한다고 결론지었다.

그날 밤 우리는 무거운 마음으로 밤을 새워 「미군 전쟁포로 관리 당국에 보내는 엄중한 항의와 요구」를 썼는데, 배신자들이 미군 측의 지시와 종용 하에 애국 전쟁포로를 도살하는 매우 비열하고 잔인한 폭행을 폭로 고발하고, 살인범을 엄중히 처벌할 것과 다시는 유사한 끔찍한 사건이 발생하지 않도록 보증해 달라고 단호히 요구하며, 그렇게 하지 않는다면 미국은 반드시 전 세계 정의를 지지하는 모든 사람의 질책을 받게 될 것이다. ……등의 내용이 포함되어있었다.

아주 깊은 밤 줄곧 우리 곁을 지키던 꾸쩌승과 리시얼이 주방에서 김이 모락모락 나는 고기죽을 받쳐 들고 왔다. 구쩌성이 죽 안의 든 고기는 환자 동지들이 내가 가져온 통조림을 따서 억지로 집어넣은 것이라고 말해 주었다.

2. 제70 포로수용소 연대 동료들이 권력을 탈취하다

3월 말 제70 포로수용소 연대(제72 포로수용소와 제86 포로수용소에서 해변으로 이송되어 노역하는 약 천 명의 '불온분자'로 조성됨)에서는 배신자들의 잔혹한 통치를 타파하고, 갈수록 극심해지는 강제로 동료들 몸에 글자를 새기고 혈서를 쓰게 하는 등의 정치적 모함과 음모를 분쇄키 위해 한 차례 권력 탈취 투쟁을 벌이기로 계획하였다.

하지만 불행히도 그들의 권력 탈취 계획이 사전에 누설됨으로써 장청위안·한즈젠·장루이푸·쉬궁두·양원화 등 7명은 미군에 의해 제72 포로수용소 장교대대로 압송되어 잔혹한 고초를 당하였다.

제72 포로수용소 장교대대 막사는 제71 포로수용소 바로 맞은편이어서, 그들이 철조망 근처에 있는 화장실로 용변 보러 갈 때 제71 포로수용소 동료들에 의해 발견되었다. 우리는 바로 새로 부임한 수용소 총책임자 도드 장군에게 그들을 즉시 제71 포로수용소로 보내달라고 요구하는 항의 편지를 썼다. 이와 함께 우리가 매일 아침 점심 저녁 세 차례 운동장에 모여 노래를 불러줌으로써 그들이 끝까지 버텨낼 수 있도록 격려하였다.

한번은 2명의 앞잡이에게 끌려 화장실에 가는 장루이푸를 내가 한눈에 알아보았지만, 머리가 많이 부어올라서 하마터면 그인 줄 모를 뻔했다. 나는 마음이 너무 아파 큰소리로 "루이푸, 끝까지 버텨! 우리가 이미 미군에게 너희들을 보내달라고 했어"라고 외쳤다.

그 소리를 듣고 장루이푸가 갑자기 철조망 가장자리로 달려오자, 앞잡이들이 쫓아와 두 발로 그를 걷어차 땅바닥에 뒹굴게 했다. 우리는 모두 함께 "때리지 마! 너희들도 중국인이 아니냐? 너희 이 미친개들아, 비명횡사하게 될 거야!"라고 맹렬히 외쳤다.

그러자 일부 앞잡이들이 몰려와 입에 담을 수 없는 쌍스러운 말로 우리와 서로 욕을 하였고, 또 다른 앞잡이들은 계속 장루이푸를 발로 찼다. 나는 마음이 찢어지는 것 같고 화가 나서 막사 안으로 뛰어 들어와 웅크리고 앉아 머리를 감싸 쥐고 한바탕 통곡하였다.

1981년 5월 27일 베이징에서 나와 장루이푸는 10m²밖에 안 되는 그의 집에 모여 '수난 30주년'을 함께 기념하였다. 내가 이 지난 일을 회상하자, 그는 두 손으로 머리를 붙잡으며 "당신은 그때 내가 무슨 생각을 했는지 알아요? 당신이 나를 부르면 부를수록 더욱 견디기 어려웠어요. 철조망에 전기가 통해서 내가 부딪혀 감전되어 죽길 얼마나 바랐는지 모를 거예요!" 라고 말하였다. 우리는 한동안 아무 말도 하지 못했다. 한참 뒤 나는 잔을 들어 그와 잔을 부딪치고 나서 잔 속의 쓴 술을 단번에 마셔버렸다. ……

3. 피비린내 나는 '선별'에 반대하다

1952년 4월 6일 오후 그린 중위가 갑자기 직접 수용소로 와서 쑨쩐관을 찾았다. 나는 그에게 무슨 급한 일이 있느냐고 물었다. 그는 "빨리 쑨 소령에게 제72 포로수용소에 가서 연합군 사령부가 파견한 벨Bell 대령을 만나보라고 해. 그가 거기서 각 중국인민지원군 포로수용소 대표를 소집해서 너희들 송환 문제와 관련된 중요한 공고를 발표할 예정이야. 내가 쑨 소령이 안전하게 제71 포로수용소로 돌아올 것을 책임지고 보장하지"라고 말했다.

나는 즉시 장교대대로 가서 자오 정치위원 등에게 보고하였다. 자오 정치위원은 즉시 당 위원회 긴급회의를 소집하여, 이 일이 진짜인지 아니면 적이 농간을 부리는 음모인지를 논의하였다. 많은 지도자가 쑨쩐관의 안전을 염려하였다.

쑨쩐관은 "적이 나를 억류하려 한다면 이따위 속임수를 쓸 필요가 없을 뿐더러 나보다도 자오 정치위원을 억류하는 것이 더 유용할 거예요. 추측 건대 그 일이 있는 게 확실해 보이니, 모두 걱정하지 마세요. 제가 가서 상황을 봐가며 행동할게요!"라고 말했다.

나는 그를 따라 연대 지휘부로 가서 그린 중위에게 쑨쩐관과 함께 가는 것을 허락해달라고 요구했다. 그는 머리를 흔들며 명령에 따라 각 포로수용소에서 대표 1명만 참석하게 되어 있다고 하였다. 쑨쩐관은 나에게 안심하고 남아있으라고 한 뒤, 바로 그린 중위를 따라 침착하게 제72 포로수용소로 갔다.

내가 정문 밖을 보니 과연 지프차가 가득 늘어서 있고, 또 한 무리의 위병과 꼭대기에 스피커를 장착한 방송차가 와있었다. 보아하니 무슨 중대한 사건이 발생한 것이 틀림없었다.

'정전 담판이 정말 타결되었단 말인가? 전쟁포로 송환을 발표하려는 건가? 우리가 고국으로 돌아갈 수 있을까?' 여기까지 생각이 미치자, 나의 가슴이 미친 듯이 뛰기 시작했다. "쑨 형, 빨리 회의를 끝내고 돌아와요!" 내가 몸을 돌려보니, 모든 전우가 작은 철조망 안에 빽빽이 모여 까치발로 눈이 빠지게 제72 포로수용소 정문을 바라보고 있었다.

시간은 심장박동에 맞춰 1초 1초가 지나갔고, 마침내 (사실 약 반 시간에 불과했다) 제72 포로수용소 정문이 열리면서 앞잡이 몇 명이 쑨쩐관을 정문 밖으로 밀어냈다. 쑨쩐관은 얼굴이 벌겋게 상기되어 제71 포로수용소로 돌아왔는데, 나는 감히 어떻게 된 일인지 물어볼 수가 없어 그를 수행하여 급히 돌아왔다. 그때 갑자기 공중에서 고음의 스피커 소리가 중국어로 울리기 시작했다.

"전쟁포로 여러분! 중국인민지원군 전쟁포로 여러분!" 우리는 놀라서 발걸음을 멈추고 급히 몸을 돌려 방송 차량의 스피커를 바라보았다. 그 순간 온 세상이 모두 죽음에 빠진 것 같은 고요함 속에 스피커에서 나오는 쏴쏴 소리만 공기를 진동시키고 있었다.

이어서 스피커 소리가 다시 나기 시작했다. "지금부터 유엔군의 중요한 공고를 방송합니다. 유엔군은 앞으로 이삼일 내에 여러분 전체에 대해 자유의사에 따른 선별을 진행할 예정인데, 대륙으로 돌아가길 원하면 송환될 것이고 대륙으로 돌아가길 원치 않으면 따로 조처될 것입니다. 이것은 여러분 일생의 앞날과 관계된 일이니, 본인 스스로 진지하게 고려해야 하며 선별 전에 절대 어떤 사람과도 이야기하지 마십시오. 선별을 거부하는 소수의 중공군 전쟁포로들은 이후 발생하는 모든 결과에 대해 스스로 책임져야 할 것입니다."

스피커에서 한숨 돌리는 소리가 울린 후, 이어서 "다음으로 조선인민군 최고사령부와 중국인민지원군 사령부의 성명을 주의하여 청취해주십시오……"라고 발표하였다. 이 말은 정말 천둥이 울리고 폭탄이 터지는 소리와 같았다. 온 포로수용소가 숨을 죽이고 절실하게 다음 내용을 기다리고 있는데, 갑자기 맞은편 제72 포로수용소에서 외치는 소리가 크게 나면서 몽둥이를 든 많은 변절자가 미친 듯이 "돌아가! 모두 꺼져버려!"라고 고함치며 몽둥이를 휘둘러 막사에서 나와 방송을 듣고 있던 수많은 동료를 쫓아버렸다. 뒤이어 그들의 막사 안과 광장 곳곳에서 그릇 두드리는 소음이 울리기 시작해, 그쪽의 방송 소리가 파묻혀버렸다. 다행히 우리 쪽은 그나마 기본적으로 똑똑히 들을 수 있었다.

"조선인민군과 중국인민지원군은 적극적인 적대행위를 중지한 후, 교전 쌍방 간에 응당 각기 수용하고 있는 전쟁포로 전부를 신속하게 석방하고 송환해야 함을 줄곧 주장해왔다. 이러한 합리적 주장은 포로가 된 우리 측 사람 중 일부가 억류 기간 중 팔에 글자를 새기거나 모종의 문건을 쓰거나 혹은 기타 유사한 행위를 했다고 해서 절대 바뀌지 않는다. 우리는 이러한 행위가 절대로 그들의 자의에서 나온 것이 아니며 그들이 책임져서도 안된다는 것을 잘 알고 있다. 우리는 우리 측 포로 전부가 조국의 품으로 돌아오는 것을 전적으로 환영한다. 아울러 우리는 이미 상대방과의 협의 중에 모든 포로가 송환된 후 가족들과 재회하고 평화 건설 사업에 참여하며 평화로운 생활을 하게 될 것이라는 점을 보장하였다. 1952년 4월 6일."

방송을 다 듣고 나서 나는 몸을 돌려 쑨쩐관을 꽉 잡았으나, 너무 감격해서 아무 말도 나오지 않았다. 쑨쩐관도 떨리는 목소리로 "빨리! 빨리 돌아가서 모두 모여 회의를 열자고!"라고 말했다.

우리 둘이 수용소 문을 들어서자마자 동료들에게 둘러싸였는데, 어떤 녀석이 눈물을 닦으며 "장 통역! 우린 언제 고국으로 돌아가나요?"라고 물었다. 나는 그의 어깨를 두드리며 모두에게 "자! 바로 큰방으로 모여 주세요"라고 외쳤다. 우리가 막사 안으로 들어서자 떠들썩하던 사람들 소리가 조용해졌고, 모두의 눈이 쑨쩐관에게로 집중되었다. 쑨쩐관은 잠시 흥분을 가라앉히고는 "먼저 방금 제72 포로수용소 연대 지휘부에서 열린 회의 상황을 보고하겠습니다. 회의는 미군 벨 대령이 소집한 것으로 제72, 제86, 제70 포로수용소 대표라는 사람들이 모두 그 자리에 있었습니다. 벨 대령은 먼저 의도적으로 '판문점 중공 대표의 태도는 매우 강경하여 전체 전쟁포로를 조건 없이 교환하자는 요구를 견지하고 있다. 유엔군은 평화를 위해 중공의 요구를 들어줄 것인지 아닌지를 현재 고려하는 중이다!'라고 말했습니다. 그의 발언에 배신자들은 한참을 소리치며 '죽어도 대륙으로는 돌아가지 않겠다!'라는 구호를 외치도록 유도하였습니다. 그런 후에야 벨 대령은 비로소 '조용! 유엔군은 전쟁포로의 자유의사를 고려하여 이삼일 내에 한 차례 선별심사를 진행해, 모두가 개인 의사에 따라 자유 송환될 수 있도록 보장하기로 하였다'라고 말했습니다. 나는 즉시 일어나서 엄정하게 '제네바 협약에 근거하여 전쟁포로는 마땅히 전부 교환되어 귀국해야 한다. 미국은 제네바 협약의 서명국으로서 응당 그 협약을 엄격히 준수하여 즉각 조건 없이 모든 조선과 중국 전쟁포로를 송환하라! 우리는 어떠한 선별심사도 결사반대한다'라고 선언했지만, 벨 대령은 나의 발언을 아예 진지하게 다 듣지도 않고 바로 산회를 선포하였습니다"라고 말했다.

쑨쩐관은 마지막으로 "방금 나온 방송을 모두가 들었습니다. 앞으로 어떻게 할 것인지에 대해서는 먼저 우리가 초보적인 방안을 논의한 후 다시 여러분의 의견을 구하겠습니다!"라고 말했다.

이어서 당 지부 위원들이 퇴장하여 긴급회의를 열었다. 모두가 자리를 뜨지 않고 조용히 함께 모여 당 지부가 결정 내리기를 기다렸다.

반 시간 후 쑨쩐관이 돌아와서 당 지부의 세 가지 결정을 전달하였다.

(1) 즉시 오성홍기五星红旗[1] 1장을 서둘러 만들어 준비하였다가, 선별을 시

1 　오성홍기(五星红旗) : 중화인민공화국 국기로 붉은 바탕에 황색으로 된 큰 별 1개와 작은 별 4개가 왼쪽 윗부분에 배치된 도안이다. 여기서 바탕의 붉은색은 혁명을 상징한다. 5개 별은 큰 별 1개를 중심으로 작은 별 4개가 둘러싸고 있는 모습인데, 큰 별은 중국공산당을 대표하고 4개의 작은 별은 중화인민공화국 탄생 당시 중국 인민을 구성하고 있던 4개 계급(노동자·농민·도시 소자산계급·민족자산계급)을 대표한다. 즉 중국공산당 영도하에 있는 혁명 인민의 대단결과 당에 대한 인민의 충심 어린 옹호를, 별에 사용된 황색은 중국 민족이 황색 민족임을 상징한다. 이 국기는 1949년 9월 전국인민정치협상회의 준비위원회 제1차 전체 회의에서 공모한 3천여 점의 도안 중 선정한 것이다.

작할 때 깃발을 올림으로써 제72 포로수용소 동료들이 결연히 귀국 의
사를 표명할 수 있도록 호소한다.

(2) 즉시 연명으로 도드 소장에게 긴급성명을 보내 우리들의 구체적인 요
구를 제기한다.

(3) 우리는 '선별심사' 받기를 거부하고, 그때 가서 우리 전체가 조국으로
돌아갈 것을 일제히 요구한다고 선언한다.

쑨쩐관이 말을 마친 후 모두에게 보충 수정할 의견이 있는지를 묻자, 회
의장이 처음 몇 초 동안 잠잠하다 곧바로 우레와 같은 박수 소리가 터져
나왔다.

우리는 재빠르게 행동하기 시작했다. 나는 리즈잉·허펑구·우샤오중·
장지량과 함께 도드 소장에게 보내는 긴급성명 초안을 잡고 번역하였고,
자오밍즈와 난양전은 사병대대 동지 몇 명을 데리고 국기를 서둘러 만드
는 임무를 맡았다.

리즈잉은 먼저 당 위원회 지시에 따라 중국어로 된 서신 초안을 잡았는
데, 그 안에서 아래 열거한 구체적인 요구를 제기하였다.

(1) 각 포로수용소에서 다시 한번 전체 전쟁포로에게 두 가지 공고 내용을
낭독하도록 한다.

(2) 즉시 제72, 제86, 제70 각 포로수용소의 전쟁포로 관리원을 격리해 구
류하고, 우리 측 최고위 장교인 왕팡 대령이 각 포로수용소로 가서 아
무런 방해도 받지 않는 상황에서 우리 전쟁포로들에게 해석과 설명을
진행토록 한다.

(3) 지금부터 미군은 포로수용소 안팎에서 밤낮으로 순찰 경계를 해서 유
　혈사태를 방지토록 해야 한다.

(4) 즉시 아래 열거한 생명이 위험한 488명(명단은 뒤에 첨부)을 제71 포로
　수용소로 보내 그들의 안전을 보장토록 한다.

　초고는 당 위원회의 심사를 거친 뒤, 즉시 글씨체가 깔끔한 허펑구와 우
샤오중이 정서하였다. 나와 장지량은 동시에 번역에 착수했다. 그날 저녁
8시 우리는 도드 소장에게 보내는 중국어와 영어로 된 긴급서신 각 1통을
그린 중위에게 건네면서, 최대한 빨리 도드 장군에게 전달해 달라고 부탁
하였다. 나는 그에게 "이 결정적인 순간에 중국 전쟁포로의 사망자를 줄이
기 위해서는 꼭 즉시 보내주셔야 합니다"라고 말했다.

　그린 중위는 서신을 받아들고 손으로 무게를 가늠하고는 바로 사령부에
전화를 걸어 도드 소장의 부관에게 제71 포로수용소로 편지를 가지러 와
달라고 요청하였다.

4. 오성홍기五星红旗가 처음 휘날리다

　우리가 돌아왔을 때, 우샤오중은 이미 당직 한국 병사에게 군용담요 몇
장을 주는 대신 '치료' 명목으로 머큐로크롬 큰 병 몇 개와 키니네환을 받
기로 교섭을 끝내서, 한국 병사가 내일 새벽에 가져다주기로 했다고 하였
다. 자오밍즈도 중췐화 등 몇 명의 동료와 함께 군용 방수포를 1폭의 흰 인
견으로 이미 바꾸어 놓았다. 그들은 먼저 화로 위에 방수포를 올려 불을

쥔 다음, 철사와 두꺼운 천帆布으로 힘껏 문질러 그 고무 막을 조금씩 벗겨냄으로써 마술 부린 것처럼 흰색 나일론 천으로 변신시켰다.

4월 7일 태양은 두꺼운 구름 속으로 숨어버리고 짙은 안개가 바다로부터 몰려와 거제도를 뒤덮었다. 제71 포로수용소와 제72 포로수용소 모두 겉으로는 매우 평온하였다. 하지만 오전 10시 미군 방송 차량이 다시 와서 공고를 방송하자, 제72 포로수용소에서는 또 고함과 반합 두드리는 시끄러운 소리가 났고 곧이어 방송 차량이 떠났다.

우리는 그날 오후 선별심사가 시작될 것 같은 예감이 들어 서둘러 국기를 만들었다. 비가 내리기 시작했고 도로에서는 장갑차의 우르릉거리는 엔진소리가 들려왔다. 미군이 난입하는 것을 막기 위해 우리는 막사밖에 더 많은 보초를 배치했다. 막사 안에서는 자오밍즈가 흰 인견을 머큐로크롬으로 붉게 물들였고, 다른 한 조각 천을 키니네 수용액으로 선명한 노란색으로 물들였다. 동료 몇 명이 바닥에 엎드려 기억나는 대로 별 5개의 크기와 위치를 찾아 표시한 다음, 작은 톱날을 갈아서 만든 칼로 5개 오각형 별을 오려내어 풀로 홍기紅旗에 붙였다.

어떤 사람이 "바늘로 꿰매어야만 바람이 불어도 떨어지지 않을 겁니다!"라고 말하자, 자오밍즈가 다시 자기가 직접 만든 바늘과 실을 꺼내 들었다. 이때 거의 모든 장교대대 전우들이 다가와 이 사랑하는 오성홍기를 보면서 모두 한 땀씩 꿰매고 싶어 했다.

자오 정치위원이 모두 돌아가며 한 땀씩 꿰맬 것을 제안했다. 막사 중앙에 깃발이 펼쳐졌고 다들 조용히 시작하길 기다렸다. 바깥에서 찬바람과 궂은비가 휙휙 소리를 내는 가운데, 하나밖에 없는 등불이 흔들리며 얼굴은 초췌하고 창백하지만 의지가 굳센 중화의 아들딸들을 비추고 있었다.

자오 정치위원이 맨 먼저 걸어가서 국기 옆에 무릎을 꿇고 별 가장자리를 꿰매자, 어떤 이가 국가를 선창하기 시작했다. 자오 정치위원은 힘들게 일어났다 다시 꿇어앉아 깃발 모서리를 두 손으로 받쳐 들고 입을 맞추었다. 낮은 소리로 부르는 국가 제창 중 들리는 흐느낌에 나도 참지 못하고 뜨거운 눈물을 흘렸다.

　동료들 한 명 한 명이 조국에 대한 열렬한 사랑과 경앙景仰, 조국에 대한 그리움과 충성을 품고서 앞으로 나아가 무릎을 꿇은 채 깃발을 꿰매고 깃발에 입을 맞추니, 오열하는 소리가 더욱 커졌고 노랫소리와 울음소리가 비바람 소리와 어울려 먼 곳으로 함께 날아갔다.

　아, 조국이여! 당신은 우리가 지옥 속에서 외치는 소리가 들리십니까? ……

　그날 오후 미군이 순찰하러 오지 않아 우리는 한숨을 돌렸다. 그날 밤 증더취안 등 비교적 힘센 전우 몇 명이 비바람의 엄호하에 몰래 운동장에 깃대를 파묻을 깊은 구덩이를 파러 갔다. 하지만 지면이 아주 딱딱한데다 공구도 없어 작업이 곤란해지자, 즉시 3개의 빈 휘발유 통을 서로 바짝 붙여 통 안에 돌멩이와 흙덩이를 채워 넣고 그 통 사이의 공간에 깃대를 세우기로 계획을 바꾸었다. 망루 위의 탐조등이 몇 번 비의 장막을 뚫고 비출 때마다 신속히 흙탕물 속에 엎드려 움직이지 않았기 때문에, 그들이 막사로 돌아왔을 때 이미 진흙투성이가 되어 있었다. 모두가 그들의 몸을 닦아주고 옷을 갈아입혀 주었다. 한편 장교대대의 전우들은 떼어낸 막사 기둥을 철사로 묶어 10여 미터나 되는 깃대를 만들었다. 이날 밤 우리는 거의 눈을 붙이지 못했다.

　맞은편 제72 포로수용소에서는 앞잡이들의 미친 듯한 고함과 동료들의 비명이 밤새 간헐적으로 계속 들려왔다. 우리 제71 포로수용소 전우들은 너무 분노하여 돌아가며 비를 무릅쓰고 밖으로 나가 제72 포로수용소를 향해 혁명 가곡을 소리 높여 부르고 구호를 외치며 동료들이 버틸 수 있도록 격려하였다.

1952년 4월 8일 이른 새벽 비가 점차 그쳐가는 중에 제71 포로수용소 지하당 지부는 날이 밝는 대로 거제도에서 첫 번째 오성홍기를 게양하기로 하였다.

중쥔화와 허펑구가 깃발을 올리기로 지정되었다. 날이 밝자마자 먼저 장교대대 전우 10명이 줄을 매단 깃대를 매고 뛰어나가서 3개의 휘발유 통 사이에 깃대를 세우고, 또 신속하게 자갈과 모래를 채워 넣어 잘 고정했다. 이어 중쥔화와 허펑구가 바로 뛰어나가 휘발유 통 위에 서서 깃발을 줄 위에 묶은 다음 게양하길 기다렸다.

망루 위의 미군은 잠이 들었는지 아무런 움직임이 없었고, 보초 서던 한국 병사들도 밖에서 멍하니 눈을 크게 뜨고 바라보고 있었다. 전우들이 재빨리 깃대 아래 집합하자, 장교대대 부대대장 뤄싱이가 흙무더기 위에 올라서서 모두를 지휘하여 국가를 제창하였다. 선홍색 깃발이 웅장한 국가가 울려 퍼지는 가운데 천천히 깃대 꼭대기까지 올라가 바닷바람에 자랑스럽게 펄럭이기 시작했다.

이때 망루 위의 미군이 그제야 어찌 된 일인지 안 것처럼 "깃발 내려, 너희이 나쁜 놈들! 빨리 내려, 그렇지 않으면 발포하겠다"라고 큰소리로 외쳤다.

도로 옆에서 보초 서던 한국 병사들도 따라서 외쳤고, 동시에 총을 장전하는 소리가 울렸다. 분위기가 갑자기 긴장되자, 우샤오중이 걸어가서 일본어로 한국 병사들에게 "제네바 협약에 따르면 전쟁포로에게는 자신의 신조를 지키고 자신의 국기를 올릴 권리가 있다"라고 말했다.

한 한국 병사가 망루 위에서 기관총으로 국기를 조준하고 있는 미군을 힐끗 쳐다보고는, 난폭하게 "안 돼! 당장 내리지 않으면 내가 쏘겠다"라고 고함을 쳤다.

이에 우샤오중은 가슴을 치며 "네가 감히! 쏘려면 여기에다 쏴라!"라고 말했다.

그때 망루 위의 기관총 소리가 울리며 국기에 일련의 총탄 자국을 내는 순간, 한국 병사도 방아쇠를 당겼고 우샤오중은 배를 움켜쥐고 쓰러졌다. 런구이취안任贵全 · 쑨창칭孙长青 전우도 피바다 속에 쓰러졌다.

동료들은 분노하여 일부 동지는 달려가 다친 사람들을 돌보았고, 많은 사람이 땅에서 돌을 찾아 반격을 준비하였다. 마싱왕 대대장이 팔을 휘두르며 "모두 다 움직이지 마라! 공산당원들은 앞쪽에 서서 군중을 엄호한다!"라고 소리높이 외쳤다. 이에 당원과 단원들이 신속하게 대열에서 몇 발자국 앞으로 나와 서로 손을 잡고 인간장벽을 둘러쌓았다. 이와 함께 〈중국인민해방군 행진곡〉 노랫소리가 더욱 우렁차지자, 적들은 마치 자기 총소리에 놀란 듯 잠시 잠잠해졌다.

그때 쑨쩐관이 큰 소리로 내 귀에다 "쩌스, 빨리 그린 중위를 찾아가서 구급차를 요청해!"라고 말했다.

나는 몸을 돌려 제71 포로수용소 연대 지휘부로 달려가면서, 맞은편 제72 포로수용소 막사 밖에 서서 불굴의 오성홍기를 바라보고 있는 아주 많은 동료와 몽둥이를 들고 어찌할 바를 모르는 앞잡이들의 모습을 보았다.

그린 중위는 마침 연대 지휘부 안을 왔다 갔다 하면서 안절부절못하고 있었다. 내가 온 것을 보고는 "너희들 무슨 짓이야. 사람이 죽으면 나보고 어떻게 해명하라는 거야!"라고 급하게 물었다.

나도 초조해서 "우선 전화해서 구급차를 요청해 주세요! 세 사람이 쓰러졌어요. 늦으면 안 돼요!"라고 말했다.

그는 급히 전화기를 들고 병원으로 전화를 걸었고, 나는 다시 연대 지휘부에서 달려 나와 국기를 보러 갔다. 그때 기관총이 또 울리기 시작했고, 기관총 탄알이 깃대에 맞아 나무 부스러기가 사방으로 튀었다. 결국 깃발을 묶은 줄이 끊어지면서 깃발이 천천히 그것을 지키던 사람들 사이로 흩날리며 떨어졌다.

전우들이 중상자 3명을 방수포로 만든 임시 들것을 이용해 연대 지휘부로 옮겼다. 나는 우샤오중에게로 달려가 창백한 그의 안색을 보고는 몸을 숙여 그에게 "샤오중, 샤오중, 어디를 다쳤어?"라고 물었다.

그는 웃으려 애쓰면서 숨을 헐떡이며 "아마 배를 관통한 것 같은데, 괜찮아요"라고 말했고, 나는 그에게 눈물을 보이지 않으려고 서둘러 얼굴을 돌렸다. 나는 또 달려가 쑨창칭을 보았는데, 그는 왼쪽 다리가 부러져있었다.

이때 정문 밖에서 자동차 소리가 들려서, 나는 서둘러 몸을 돌려 그린 중위와 함께 정문을 열었다. 미군 간호사 2명이 부상자를 싸매 주었고 모두 함께 힘을 합쳐 서둘러 부상자를 구급차에 태웠다. 정문 입구 여기저기에 남겨진 선혈의 검붉은 자국이 국기의 붉은색과 얼마나 닮았던지!

오전 10시 몇 대의 트럭과 한 무리의 미군이 제71 포로수용소로 들어왔고, 병사를 거느린 대위가 나에게 "도드 장군의 명을 받들어 선별심사를 하러 왔다"라고 말했다. 그는 민간인 복장을 한 몇 명의 황인종을 가리키며 "그들은 중국어를 할 줄 알고 그들이 심사할 것이니, 너희 쪽 사람들을 정렬시켜 연대 지휘부 앞으로 데리고 오도록"이라고 했다.

나는 즉시 돌아가서 상황을 보고했다. 모두가 긴급히 모여 간단한 짐을 가지고 대오를 정돈하여 연대 지휘부로 갔다.

그 대위는 또 "1명씩 연대 지휘부로 들어가 자유롭게 자신의 거취를 표명해라. 중국으로 가기를 원하는 사람은 즉시 차에 태워 이송된다"라고 말했다.

나는 쑨쩐관을 그에게 소개하며 "이분은 우리 군의 소령이고 우리의 대표이니 그의 대답을 들어보십시오!"라고 말했다.

쑨쩐관은 엄숙하게 "우리는 이미 당신네 도드 장군에게 선별에 대한 태도를 분명히 밝혔고, 우리 238명 중국인민지원군 전쟁포로 전원은 이미 모두 서명하여 도드 장군에게 귀국 의사를 표시했으니, 당신들은 더 이상 번거로울 필요가 없습니다"라고 말했다.

그 대위는 나의 통역을 듣고 나서 그린 중위를 쳐다보며 "자네는 이것이 사실이라는 걸 알고 있나?"라고 묻자, 그린 중위는 인정하듯 고개를 끄덕였다.

대위는 고개를 돌려 질서정연하게 조용히 앉아있는 전우들의 범접할 수 없는 엄숙한 표정을 보고는, 곧바로 손을 흔들며 "그럼 모두 차를 타고 가자!"라고 말하였다.

나는 감격하여 '아마 배를 타고 고국으로 돌아가려나 보다!'라고 생각하면서 대열을 따라 차에 올라탔다.

차가 시동을 걸자 나는 고개를 돌려 제71 포로수용소를 바라보며, 우리가 꼬박 반년 동안 지냈던 함석판 방과 아직 거기에 우뚝 서 있는 깃대를 쳐다보았다. 마음속으로 "안녕, 영원히 안녕, 제71 포로수용소여! 이 거제도의 작은 옌안이여!"라고 인사를 하였다.

이때 옆에 서 있던 중췬화 녀석이 나의 오른손을 그의 품속으로 끌어당겼는데, 그 순간 나는 오성홍기의 매끄러운 천의 감촉과 빠르게 뛰고 있는 심장박동을 손끝으로 느꼈다.

나의 왼손도 꽉 붙잡혀서 고개를 돌려보니, 만면에 웃음을 띠고 있는 자오밍즈의 얼굴이 보였다. 그는 나의 귀에 대고 조용히 "우리가 이겼어!"라고 말했다.

1987년 1월 어느 날 수염과 머리카락이 다 센 촌티 나는 노인네가 우리 집 문을 두드렸는데, 나를 보자마자 감격해서 "아! 내가 찾던 사람이 바로 당신이야, 쩌스!"라고 하면서 나의 팔을 꽉 잡았다.

나는 서둘러 그를 집으로 들어오게 하였다. 자리를 잡은 후, 그는 나에게 자기를 자세히 보라고 하면서 누구인지 맞혀보라고 하였다. 나는 한참 동안을 기억해내려 애썼지만, 여전히 알아볼 수가 없었다. 내가 난처해하며 머리를 흔들고 있는데, 그가 도리어 나를 향해 웃었다. 그 순간 나는 덥석 그를 붙잡고 "차오밍曹明!"(포로수용소에서 자오밍즈가 사용하던 가명)하고 크게 소리 질렀다. 그의 모든 것이 변했지만, 오직 당시 나의 마음속에 깊이 새겨진 그 웃는 모습만은 오히려 조금도 변하지 않았었다.

"아! 차오밍." 나의 목소리가 쉬었다.

그는 곧 나를 꺼안고 울었다. 그는 반복해서 "너를 보니 한바탕 크게 울고 싶어!"라고 말했다. 알고 보니 그는 귀국 후 줄곧 산시山西의 한 농촌에서 농민으로 살았는데, 이번에 그의 당적 문제 해결을 진정陳情하기 위해 베이징에 왔다고 했다.

같은 해 2월 그 당시 꼬마였으나 이제는 양쪽 살쩍이 이미 희끗희끗해진 중쥔화도 베이징에 출장을 와서 우리 집으로 나를 보러왔다. 그는 청두에서 공소사供销社2 서기를 맡고 있었는데, 그는 우리 전우들 가운데 재평가落实 정책3 실시 이전에 입당한 몇 안 되는 사람 중 1명이었다. 그는 최근 매년 설이 되면 꼭 인편을 통해 형제의 정이 충만한 토산품들을 보내왔다. 이번에는 노주대곡泸州大曲(쓰촨 루저우 특산의 고량주-역자)과 그의 아내 장쉐밍张雪明이 직접 만든 사천납육四川腊肉(소금에 절여 만든 쓰촨식 고기-역자)을 가지고 '방문探亲'하여 함께 고향의 맛있는 술을 마시며 그때의 선별 반대 투쟁을 회상했다.

---

2 공소사(供销社) : 공급 및 판매회사라는 뜻. 중화인민공화국의 구판협동조합으로 처음에는 농민을 상대로 매매하는 업무만 취급했으나, 점차 국영 상업기관의 위탁을 받아 구판업무도 취급하게 되었다.

3 재평가(落实)정책 : 한국전쟁에서 포로가 되었다 중국으로 송환된 중국인민지원군에 대한 기존의 처분에 문제가 있음을 인정하고 재평가를 통해 사면 복권하게 한 정책으로 자세한 내용은 본서 하권 제10장에 나온다.

제11장

제602 포로수용소 – 귀국 지대支队

1952년 4월 8일 ~ 1952년 5월 7일, 거제도

1. 외로운 섬에서의 군영회群英会[1]

1952년 4월 8일 거제도 제71 포로수용소의 중국인민지원군 전쟁포로 238명은 미군 측이 강행한 포로에 대한 선별심사 명령을 엄정히 거절하고 결단코 조국으로 돌아가겠다는 집단 의지를 장엄하게 나타내었다. 이에 미군 측은 우리 238명을 "귀국을 집단으로 요구하는 전쟁포로"로 간주하여 제71 포로수용소에서 내보낼 수밖에 없었다.

우리는 10륜轮 군용트럭 5대에 나눠 타고 해변 방향으로 달렸고, 뒤쪽에는 우리를 압송하는 장갑차가 따라왔다.

나와 중쿼화·자오밍즈 등 40여 명의 사병대대 전쟁포로는 맨 앞의 트

---

1 군영회(群英会) : 경험 따위를 토론하고 교환하기 위한 각 분야의 뛰어난 사람들의 모임을 말하나, 여기서는 강제 선별 반대 투쟁을 거치고 모인 영웅들의 모임이라는 의미로 사용한 것 같다.

럭에 서 있었다. 정면에서 불어오는 바람에 섞인 짠맛이 점점 짙어지는 것을 보아, 해안이 갈수록 가까워지고 있음을 짐작할 수 있었다.

트럭 행렬이 돌산 등성이를 지나자, 멀리 끝없이 펼쳐진 망망대해가 보였다. 오랜 시간 산골짜기에 갇혀있던 우리 죄수들의 마음은 이로 인해 크게 진작되었다. 얼마나 넓은 세계이며, 얼마나 자유로운 공간인가! 그 무리 지어 바다 위를 날아다니는 하얀 갈매기 떼가 얼마나 부러웠던지! 그 새들은 마음껏 신나게 소리 지르며 인간 세상의 전쟁에는 전혀 아랑곳하지 않는 듯했다.

와! 바다 위에는 또 함선 몇 척이 정박해있어서, 우리는 그것이 우리를 조국으로 싣고 갈 배인 줄 알고 저도 모르게 미친 듯이 기뻐하였다. 우리가 배를 향해 빨리 달려가고 있다고 여기던 그때, 트럭은 도리어 다른 산골짜기로 통하는 도로로 꺾어 들어갔다. 그 순간 망망대해와 함선 그리고 갈매기 떼가 우리의 시선에서 다시 사라져버렸다.

우리의 마음은 가라앉기 시작했다. 트럭은 이제 막 지어진 것으로 보이는 포로수용소 캠프를 향해 달려갔다. 수용소 밖에는 아직 사용 안 한 전신주, 가시 달린 철사 와이어 로드wire rod, 철조망을 고정하는 데 쓰는 시멘트 기둥이 곳곳에 널려 있었고, 사방에 설치된 망루 꼭대기의 철판은 햇빛에 번쩍이고 있었다.

비교적 평탄한 비탈 위에는 아직 펼쳐지지 않은 초록색 텐트 더미가 쌓여있었는데, 우리가 직접 세워서 거주하기를 기다리는 것처럼 보였다. 또 포로수용소 입구에 쇠로 된 화로와 큰솥, 가마니에 담긴 양식과 채소 및 마른오징어가 쌓여있는 것으로 보아, 역시 우리가 직접 주방을 만들어 밥해 먹으라는 것이 분명했다.

이런 상황을 보건대, 우리는 확실히 즉시 교환되어 귀국할 것 같지는 않았다. 트럭이 정문 가까이 다가갔을 때, 나는 정문 위쪽에 걸려있는 작은 팻말 위에 'NO : 602 P.W. Camp제602 전쟁포로수용소'라고 적혀 있는 것을 똑똑히 보았다.

연대 지휘부 입구에 서서 우리가 차에서 내리는 것을 보고 있던 사람은 건장한 체격에 붉은 얼굴을 한 대위와 소위 1명, 상사 1명이었다.

쑨쩐관은 나를 데리고 그 대위에게로 걸어갔다. 나는 대위에게 우리 '중국인민지원군 전쟁포로 귀국지대 총대표'인 쑨 소령과 '전쟁포로 귀국지대 총통역'인 나를 소개했다.

그는 자신의 성이 보토Botto라고 하였다. 또 소위와 상사를 우리에게 소개하면서 소위는 생활용품과 의료를 관리하고, 상사는 주방과 위생을 책임진다고 말하였다.

보토 대위는 "너희는 여기에 온 첫 번째 대륙으로 돌아가길 원하는 전쟁포로들이고, 곧 귀국하길 원하는 중국인민지원군 전쟁포로 모두가 이곳으로 모일 것이다. 나는 중국 전쟁포로 중 주요 고위 장교가 모두 너희들 가운데 있다는 것을 알고 있다. 그래서 나는 너희들에게 이 전쟁포로수용소의 모든 자치 관리업무를 전부 위탁하겠다. 나는 단지 생활물자 제공 및 안전 경계만을 책임지겠다"라고 말했다.

나는 그에게 "대위님, 우리 귀국 날짜는 정해졌나요?"라고 떠보았다. 그는 "노 코멘트, 나는 판문점에서 정전회담 대표들이 포로교환 협의를 완전히 끝낼 때까지 너희들이 이곳에 계속 머물러야 한다는 것밖에 모른다"라고 말했다.

나와 쑨쩐관은 동료들의 대열 앞으로 돌아갔다. 쑨쩐관은 정황을 모두에게 간단히 알려준 후, "우리는 아마도 장기적인 마음의 준비를 해야 할 것 같습니다. 당장 급한 일은 즉각 행동을 개시하여 텐트를 치고 주방을 세워 음식을 만들어서, 곧 이곳에 와서 함께 모일 동료들을 맞이하는 것입니다. 그들은 제72, 제86, 제70 포로수용소에서 온갖 고초를 겪었으니, 우리는 최대한 그들이 오자마자 텐트에 들어갈 수 있고 배부르게 먹고 따뜻하게 입도록 해주어야 합니다!"라고 말했다.

동료들은 일을 분담하여 바쁘게 움직이기 시작했고, 지하당 위원회의 통일된 지휘 아래 질서정연하게 포로수용소 건설에 힘을 쏟았다. 우리는 일을 하면서 자기가 아는 동료들이 조금이라도 일찍 이곳에 도착하기를 애타게 기대했다. 사병대대 동지들은 특히 제86 포로수용소의 더 많은 동료가 고통스러운 환경에서 벗어날 수 있길 희망했다. 나는 제72 포로수용소 장교대대에 갇혀있는 장루이푸·장청위안과 제86 포로수용소 연대 지휘부의 궈나이젠·가오화룽·양융청 등의 전우가 그리웠다.

오래지 않아 동료들을 실은 트럭이 끊임없이 도착했다. 우리는 앞으로 우르르 몰려가서 트럭의 측면을 열고, 고초를 당해 행동이 불편한 동료들이 차에서 내리도록 부축해주었다. 많은 동료가 차에서 눈물을 흘렸고, 서로 잘 알고 또 밤낮으로 그리워했던 동료들은 보자마자 머리를 감싸 쥐고 통곡하기 시작했다.

그러한 광경은 나에게 1948년의 여름을 생각나게 했다. 내가 엄청난 고난 끝에 장관구蔣管区(장제스의 중국국민당 관할구역을 지칭함-역자)에서부터 봉쇄선을 통과해 해방구 땅에 첫발을 내디뎠을 때의 심정이란, 당시 나는 정말 무릎을 꿇고 그 거룩한 땅에 입 맞추고 싶었었지! 그래서 특무와 배신자들의 백색공포를 필사적으로 뚫고 나온 동료들이 그 순간 느꼈을 가족의 품으로 돌아온 듯한 그 심정을 나는 충분히 이해할 수 있었다. 설령 여기가 여전히 외로운 섬이고 철조망 안이라 할지라도 말이다.

그러나 내가 그들의 감정을 더욱 깊게 이해한 것은 도리어 며칠 뒤였다. 그제야 나는 비로소 그들이 선별심사를 받기 전과 선별심사를 받는 과정에 겪은 갖가지 끔찍한 경험을 알게 되었다.

어느 날 해 질 무렵 나는 마침내 제72 포로수용소에서 온 차량에서 몇 명의 동료들이 받쳐 안고 있는 장루이푸를 발견했다. 내가 흥분해서 부르는 소리를 듣자, 그는 애써 피멍이 든 두 눈을 뜨고 나를 똑똑히 쳐다보았다. 나는 그의 손을 잡고 흔들면서 수건으로 소리 없이 흐르는 그의 눈물을 닦아 주며, 조심스럽게 다른 이와 함께 그를 부축해 차에서 내린 뒤 중상자들이 묵는 텐트로 데리고 들어갔다.

여러 중국인민지원군 포로수용소로부터 제602 포로수용소로 보내진 동료는 모두 합쳐 5,000여 명에 불과했다. 우리는 20,000여 명의 중국인민지원군 전쟁포로 중 겨우 1/4만이 조국으로 돌아가려 한다는 것을 도저히 믿을 수가 없었다. 그러나 보토 대위는 부산의 상병 포로수용소를 제외하고 부산 제10 포로수용소를 포함한 모든 중국인민지원군 전쟁포로가 이미 선별심사를 마쳤으며, 보내져야 할 사람은 모두 도착했다고 나에게 말하였다.

지하당 위원회는 회의를 열어 당면한 엄중한 상황을 논의한 끝에 아래와 같은 결정을 내렸다.

(1) 즉시 다음과 같은 행정관리조직을 세운다. 거제도 제602 전쟁포로연대를 '중국 전쟁포로 귀국지대'로 명명하고 쑨쩐관을 지대장 겸 총대

표로 임명한다. 장쩌스를 지대 총통역으로 임명하고 대외적으로 602 연대 연대장을 겸하도록 하며 궈나이젠을 연대 서기장으로 임명한다. 두강과 구쩌성이 전 지대의 행정제도 편성과 생활 지원 관리를 책임지도록 확정한다. 5개 대대의 책임자를 확정하여 각 대대, 중대, 소대 행정조직 건립과 지대의 문공대文工队 · 규찰대 · 취사대炊事队 · 의무실 등의 설립계획 임무를 책임지도록 한다.

(2) 각 대대는 각자 규탄대회를 열어 이번 피비린내 나는 '4·8 선별심사'에서 적이 저지른 죄행을 수집 정리한다.

(3) 포로수용소 전 인원이 참가하는 추도대회를 공개적으로 성대하게 거행하여 이번 선별심사 강행에 반대하고 귀국을 쟁취하기 위한 투쟁 중에 희생된 열사를 추모한다.

(4) 시위행진을 거행하여 미군 측이 일련의 비열하고 악랄한 수단을 통해 강제로 전쟁포로를 억류한 죄행을 가장 강렬하게 항의한다.

(5) 미군 관리 당국에 다음과 같은 강력한 요구를 제기한다. 우리가 대표를 파견하여 이번 선별심사 중에 발생한 모든 도살사건을 조사하고 살인범을 엄히 처벌한다. 우리가 4월 6일 제출한 긴급서신 중의 구체적인 건의에 따라, 전쟁포로의 개인 의사를 다시 조사하여 생명에 심각한 위협을 받는 상황에서 귀국 의사를 표명할 수 없었던 전쟁포로들이 최대한 빨리 제602 포로수용소로 보내지도록 한다.

(6) 최대한 빨리 제64 야전병원과 조선노동당 전쟁포로수용소 지하당에 사람을 보내 공동행동하기로 연락을 취한다.

2. 열사를 추모하다

각 대대의 규탄대회에서 동료들은 침통하지만 상세하게 선별심사 중 제 72, 제86, 제70 포로수용소 연대에서 발생한 폭행을 규탄하고 희생된 열사들의 감동적인 용감한 투쟁을 찬양하였다.

그중 특히 감동적인 것은 린쉐부林学逋·양원화·치중탕戚忠唐 등 열사가 희생되기 전에 보여준 호연정기浩然正气였다. 제72 포로수용소 전우들의 말에 의하면, 린쉐부 열사는 4월 7일 저녁 배신자들이 진행한 가짜 선별과정 중에 가슴이 갈리고 심장이 파내지는 일을 당했다고 한다.

그날 저녁 무렵 'P.G.'들은 린쉐부가 소속된 대대 동료들을 광장에 모아 놓고, "유엔군이 너희들 중 대륙으로 돌아가고자 하는 사람은 지금 바로 포로수용소 입구로 가서 차에 타라고 했다"라고 발표했다. 린쉐부는 다들 망설이는 것을 보고, 즉시 일어나서 큰소리로 "조국으로 돌아가려는 사람은 나를 따르라!"라고 외쳤다. 곧장 20여 명의 동료가 그를 따라 정문 입구를 향해 몰려갔다. 그들은 즉각 'P.G.'에게 겹겹이 포위되어 모두 맞아서 땅에 쓰러진 후, 양팔이 묶인 채 C.I.E. 학교의 대예배당으로 끌려가 "재판을 받았다".

당시 각 대대에서 이렇게 잡힌 '완고한 공산분자'는 모두 200여 명이었다. 린쉐부는 강단으로 끌려가 예수 십자가 아래에 세워졌다. 부연대장 리 다안은 미군 우 목사가 그에게 상으로 준 비수를 손에 쥐고 린쉐부를 가리키며, 그에게 대륙으로 돌아가고 싶은지 아니면 타이완으로 가고 싶은지 대답하라고 했다.

린쉐부는 가슴을 펴며 확고하게 "대륙으로 돌아가겠다"라고 말하였다.

리다안은 "좋아, 그럼 네 몸에 새긴 글자는 남겨둬야지!"라고 말하고는, 바로 며칠 전 린쉐부를 막사 기둥에 묶어 강제로 새겨 넣은 "주더를 죽이고 마오쩌둥을 제거하자"라는 글자를 비수로 왼팔 위에서부터 피부와 살을 함께 벗겨냈다.

리다안은 흉물스러운 웃음을 지으며 다시 "도대체 어디로 간다고?" 하고 물었다.

린쉐부는 고통을 참으며 큰소리로 "조국으로 돌아간다!"라고 외쳤다. 리다안은 또 그의 오른팔에 "공산당에 반대하고 소련에 저항한다"라고 새겨진 글자를 살과 함께 파냈다. 그러자 린쉐부는 혼절해버렸다.

리다안은 사람을 시켜 냉수를 가져오게 하여 뿌려서 그를 깨운 다음, 비수로 그의 가슴을 겨누며 이를 갈면서 다시 "도대체 어디로 가고 싶다고?"라고 물었다.

린쉐부는 비수를 잠시 쳐다보고 나서 마지막 남은 힘을 다해 "나는 살아서도 중국인이고, 죽어서도 중국 귀신이 되겠다. 공산당 만세! 마오 주석 만세! ……"라고 외쳤는데, 그의 외침이 끝나기도 전에 리다안의 비수가 그를 찔렀다.

리다안은 열사의 가슴을 가르고 아직도 뛰고 있는 선홍색 심장을 끄집어냈다. 그런 후에 비수로 그것을 후비며 "보았느냐? 대륙으로 돌아가려는 놈은 모두 즉시 이렇게 마오쩌둥을 찾아가는 거야!"라고 미친 듯이 외쳤다. 이 두 눈이 벌겋게 된 미친개는 대예배당에서 소리를 다 지른 다음, 다시 여러 막사로 달려가서 미친 듯이 소리쳤다.

다음날 미군이 '선별심사'를 하기 전, 모든 대대에서는 용감하게 귀국을 요구하는 동료들에게 가혹한 형벌과 고문이 가해졌다.

장루이푸는 규탄하던 중 분노하여 배신자들의 또 다른 엄중한 죄행 한 가지를 폭로하였다.

4월 8일 아침 배신자 리다안은 직접 한 무리의 앞잡이들을 거느리고 70 연대에서 압송되어 장교대대에 별도로 갇혀있는 7명의 '공산당 폭동분자'의 막사로 왔다. 먼저 양원화의 국민당 사관학교 동급생 루루路祿가 앞으로 나와 양원화를 끌어내며 "양원화, 날 알아보겠어? 너나 나나 모두 장 총통의 학생인데, 네가 뜻밖에도 대륙으로 돌아가려 하리라고는 생각지도 못했어!"라고 물었다.

양원화는 화난 눈으로 루루를 노려보면서 "대륙이 나의 중화 조국인데, 내가 어째서 돌아갈 수 없단 말인……"라고 말했다.

앞잡이 배신자 루루가 양원화의 말이 끝나기도 전에 쇠몽둥이로 그를 때려눕힌 다음 매달아 놓고 개 잡듯 패자, 양원화는 분노하여 루루의 후안무치함을 질책하고는 "마오 주석 만세! 공산당 만세! 조국 만세!"라고 외치면서 장렬하게 죽었다.

그러자 리다안은 곧바로 앞잡이들을 거느리고 몽둥이로 그들을 마구 때리면서 "내가 너희들을 대륙으로 보내주지! 내가 너희들을 마오쩌둥을 찾아가게 해주지!"라고 미친 듯이 소리를 질렀다.

한즈젠이 "죽을 때까지 싸우자! 우리 이 미친개들과 죽을 때까지 싸우자!"라고 소리치자 모두가 바로 떨치고 일어나 적의 흉기를 빼앗았지만, 중과부적이라 금세 모두 맞아서 땅에 쓰러졌다.

리다안은 양원화 열사의 심장을 끄집어내고 또 그의 시체를 들고 나가 다른 포로들에게 보이려다가, 마침 포로수용소 입구에서 '선별심사' 중이던 미군 눈에 발견되었다. 미군 몇 명이 와서 이를 제지하는 한편, 막 차에

탈 준비를 하던 동료들에게 숨이 간들간들한 6명을 부축해서 제602 포로수용소로 가는 트럭에 태우도록 했다.

제86 포로수용소에서 죽음을 무릅쓰고 뚫고 나온 허쉐취안何雪泉은 자신이 겪은 상황을 폭로했다. 두 달 전 많은 동료가 추위로 인해 동상에 걸렸을 때, 배신자들은 미군 관리 당국에 솜옷 배급을 청구한다면서 모두에게 서명하도록 하였다. 모두가 다 서명을 마치자, 그들은 솜옷 신청 내용을 타이완으로 가길 요청하는 것으로 바꾸고 이를 공개적으로 게시하였다. 그리고는 모두에게 "너희가 서명한 이 신청서는 이미 판문점 공산당 측 대표에게 건네져서, 공산당 측은 이미 너희가 목숨 걸고 대륙으로 돌아가지 않겠다고 한 것으로 알고 있어. 너희가 다시 대륙으로 돌아간다 해도 파견된 간첩으로 간주될 뿐이야!"라고 말했다. 이런 악랄한 속임수와 모함에 놀라 많은 동료가 이번 심사 때 귀국 요구를 감히 하지 못했다고 하였다.

궈나이젠은 배신자들이 단호하게 글자를 새기지 않으려는 동료 1명을 목 졸라 죽인 후, 화장실에 매달고는 자살이라고 거짓 보고를 하면서 가짜 유서도 만들었다고 폭로하였다. 배신자들은 그의 자살 이유를 타이완으로 가지 못할까 두려워서라고 지어냈다. 비록 C.I.D.의 형사 수사관이 장 통역의 협조하에 수사하여 진상을 밝혔는데도, 미군 당국은 살인범에 대해 여전히 처벌을 내리지 않았다. 그 이후에도 귀국을 견지하던 동료 대여섯 명을 괴롭혀 죽였고, 이렇게 함으로써 심각한 위협을 조장하였다. ……

우리는 적이 저지른 갖가지 피비린내 나는 죄행을 수집 정리하고 각 전쟁포로수용소 순국열사의 명단을 수집한 다음, 도드 장군에게 보내는 「엄중한 항의와 긴급요구서」 초안을 잡고 추모대회와 시위행진 준비를 서둘렀다. 쑨쩐관과 나는 보토와 여러 차례 교섭하여 약간의 백지와 철사, 나무판과 붕대를 구하였다.

4월 중순부터 우리는 며칠 동안 대규모 추모대회와 시위행진을 연이어 거행하였다. 추모대회와 시위행진을 시작하기 전에, 우리는 항의서를 보토 대위에게 건네면서 도드 장군에게 제출해 줄 것과 아울러 우리가 추모대회를 열고 시위행진을 하려 결심했으니, 우리의 심정을 이해해서 새로운 충돌이 일어나지 않길 바란다는 점을 도드 장군에게 전해달라고 요청하였다.

첫날 우리는 정문 쪽을 향해 빈소를 설치하고, 그 꼭대기에 중국어와 영어로 "'4·8 피비린내 나는 선별' 중 용감히 의롭게 죽은 순국열사를 침통히 애도한다!"라고 쓴 가로로 된 표어를 걸어놓았다. 표어 아래쪽 정중앙에는 열사들의 명단이 놓였고, 양쪽에는 다음과 같이 적힌 커다란 만장挽聯이 걸렸다.

도살용 칼 아래에서 머리 들고 적을 쳐다보니, 그 대단한 기개 장거를 이루었네屠刀下昂视敌人具万分骨气成壮举.

감옥 안에서 묵묵히 열사들을 애도하니, 그 끝없는 비통함이 변하여 힘이 되네囚笼中默哀烈士化无限悲痛为力量.

또 그 아래쪽에는 직경 2m에 달하는 흰색 화환이 놓였다. 5,000여 명의 동료들은 휴지로 만든 흰색의 작은 꽃을 머리에 꽂고 빈소 앞에 경건하게 서서 묵념하였다. 〈국가〉와 〈만가〉를 부르고 지하당 위원들이 쓴 눈물 나면서도 사람을 분발시키는 너무나 감동적인 애도사를 들었다.

3. 항의 시위 행진

추도식이 끝나자, 모두가 가로로 쓴 표어와 열사들의 명단 및 만장과 화환을 들고 기다란 행렬을 지어 철조망을 따라 시위 행진하면서 만가를 부르고 구호를 외쳤다. 침통하고 비분하면서도 우리 귀국 대오가 이렇게 장대하며 분발할 수 있음을 처음 보게 되었다.

아마도 모두의 성난 감정에 겁을 먹었든지 아니면 새로운 유혈 사건으로 인해 정치적 궁지에 몰리는 것을 미군도 더 이상 원치 않아서인지, 이날은 보초 서는 한국 병사와 순찰하는 미군 모두 매우 점잖아서 큰소리로 호통치지도 최루탄을 던지지도 않았으며, 심지어 어떤 이들은 몰래 우리에게 엄지손가락을 치켜들기도 했다.

다음날에도 제602 포로수용소에서는 대규모의 항의 시위 행진이 거행되었다.

가로로 쓴 2개의 영문 표어에는 "4·8 선별의 피비린내 나는 끔찍한 사건을 조장한 미군 측에 강력하게 항의한다!" "살인범을 엄하게 처벌할 것을 미군 관리 당국에 엄정히 요구한다!"라고 적혀 있었고, 표어 앞면이 밖을 향하도록 해서 정문 양쪽 철조망 위에 걸었다.

우춘성과 장후이중張輝忠 등은 또 대형 만화 2폭을 급히 만들었다. 1폭은 린쉐부 열사가 용감히 의롭게 죽는 장면이었다. 화가 나 눈을 부릅뜬 크고 위엄 있는 린쉐부 열사는 비록 양팔이 뒤로 묶인 채 찢어진 옷 사이로 채찍 자국이 낭자하고, 선혈이 뚝뚝 떨어지는 양팔에 얼굴은 식은 땀투성이지만, 여전히 머리를 들고 가슴을 편 채 가슴을 찌르는 커다란 비수를 마주하고도 꼿꼿이 서서 움직이지 않는 모습이었다. 왜소한 체격에 개 꼬리가 달린 험상궂은 얼굴의 리다안은 위쪽에 'U.S.'라는 글자가 눈에 확 띄게 새겨진 커다란 비수를 손에 들고 영어로 "내가 너를 타이완으로 가게 하고 말 거야!"라고 미친 듯이 짖고 있는 모습이었다. 그리고 영어로 "살아서도 중국인이고, 죽어서도 중국 귀신이 되겠다!"라고 한 린쉐부의 대답이 커다란 붉은 글자로 만화 전체의 맨 윗부분을 가로질러 쓰여 있었다.

다른 1폭의 만화에는 큰 머리에 작은 체구의 미군 군복에 목사 사각모자를 쓰고 가슴에 십자가를 건 우 목사 모습이 그려져 있었다. 그는 징그러운 웃음을 지으며 쇠사슬로 사람 얼굴을 한 사냥개를 끌고 있고, 등에 'P.G.'라는 글자가 찍혀있는 이 흉악한 개들은 시뻘건 큰 아가리를 벌리고 꽁꽁 묶여 바닥에 누워있는 한 무리의 중국 전쟁포로들을 막 삼키려 하고 있었다. 전쟁포로들의 몸에는 'P.W.'라는 글자가 찍혀있고, 그들이 외친 "중화인민공화국 만세!"는 붉은색 큰 영문으로 만화 전체의 윗부분을 가로지르고 있었다.

이 2장의 커다란 만화도 포로수용소 양측에 내걸어 미군과 한국 군인들이 몰려와 보도록 유인하였다. 미군 몇 명이 만화를 보면서 손짓과 발짓하며 작은 소리로 이러쿵저러쿵 얘기하기 시작했다.

보토 대위는 걸려있는 만화를 진지하게 보고서, 나에게 "장, 너의 동료 중에 이런 재주 있는 화가가 있다는데 탄복하지 않을 수 없지만, 나는 우리 국가의 명예를 손상하는 그 내용에는 동의할 수가 없어!"라고 말했다.

"제 동료의 회화 재능을 칭찬해 주셔서 감사합니다. 그 내용은 분명히 발생한 유혈 사건을 단지 비교적 예리하게 묘사한 것에 불과합니다. 저는 당신이 우리가 일부러 없는 사실을 꾸며내지 않았다는 점에 동의할 거라고 믿습니다. 저는 항상 미국인의 실사구시 정신을 존중하는데, 당신도 기꺼이 사실을 존중할 것이라고 믿습니다.”

“나도 선별심사 때 분명 유혈 사건이 발생한 걸 알고 있지만, 그것은 너희 동포 사이의 정치신앙 차이로 일어난 충돌로 알고 있다. 나는 너희 민족이 예전부터 내전을 벌이길 좋아한다고 들었는데, 예컨대 몇 년 전 너희 나라에서 천만 명이나 되는 사상자가 발생한 내전도 결코 우리나라의 잘못이라고 말할 수는 없어!”

“보토 대위님, 당신이 우리 중국 역사에 관해서도 연구한 바가 있음을 생각지 못했습니다. 하지만 만약 장제스가 공산당을 공격한 무기 중에도 저 만화 속의 비수처럼 ‘U.S.’ 글자가 찍혀있었다는 것을 안다면, 이렇게 생각할 리가 없겠지요!”

“어쨌든 나와 나의 동료 누구도 대륙에 가서 전투에 참여한 적은 없어!”

“맞아요. 우리는 줄곧 군인을 포함한 미국 국민을 당신네 정부와 구분해요. 우리 중국과 미국 양국 국민은 우호적이지요. 저의 중고등학교 선생님 중에 미국인이 있었고 제 영어도 바로 그들이 가르쳐 준 것이며, 지금까지도 저는 그들에게 매우 감사하고 그리워하고 있어요. 매우 유감인 것은 당신의 국가가 아니라 당신 정부의 집권자가 최근 줄곧 중국 인민들과 적이 되고 있다는 겁니다. 그러나 설령 이렇더라도 우리가 반대하는 것은 당신 정부의 이러한 정책일 뿐입니다.”

보토는 양손을 들어 올리며 “어! 장, 지금 내가 너에게 포로가 된 것 같구먼! 난 오직 우리가 서로 협력할 수 있어서 내 임기 동안 평안 무사하길 바랄 뿐이야!”라고 말했다.

나는 “우린 앞으로 최대한 당신을 곤란하게 하지 않을 겁니다. 대신 당신 직권 내에서 저의 동료들의 합리적인 바람에 대해 지지해 줄 것을 희망합니다!"라고 말했다.

그러자 그가 고개를 끄떡였다.

4. 밝게 빛나는 충성스러운 유해, 어디에 묻혔나?

우리가 조선인민군 '귀국 전쟁포로수용소' 전우들과 대규모 항의행동을 한 후, 미군 측은 포로수용소 내에 팽배한 분노의 기세를 가라앉히기 위해 한발 양보하여 우리가 묘지에 가서 열사들에게 제사 지내고, 제72 포로수용소와 제86 포로수용소에 가서 희생된 열사의 유해와 유물을 찾는 것을 포함한 일부 구체적인 요구에 동의하였다.

4월 말의 어느 날 우리는 미군의 안내하에 나누어서 출발했는데, 나는 각 대대에서 파견한 총 10명의 대표를 따라서 열사들을 위해 성묘하러 갔다. 우리는 중형 지프차를 탔고 뒤에는 미국 병사를 태운 트럭 1대가 따라왔다. 산골짜기 하나를 돌아나가니 바다를 마주하고 있는 황량한 경사지에 낮은 십자가 무리가 보였는데, 이곳이 바로 열사들의 묘지였다.

우리를 데리고 간 한 미군 장교가 새로 덮은 듯한 흙을 가리키며 "이것들이 바로 최근에 묻힌 중국 전쟁포로들인데, 그중에는 병원 영안실에서 운반되어온 것도 있다"라고 말했다.

우리가 세어보니 모두 12개의 십자가가 있었다. 우리 열사 중에 하느님을 믿은 사람은 아무도 없는데, 자신이 기독교 십자가 아래 깊이 잠들 거라고는 결코 예측하지 못했을 것이다.

'열사들은 이미 영원히 이국땅에 묻혔고, 영원히 그치지 않는 파도 소리와 여기저기 흩어져있는 돌과 잡초만이 그들과 함께 할 뿐이로구나!' 이런 생각이 들자 나의 마음은 갈기갈기 찢어지는 듯했다.

우리는 가져간 작은 화환을 열사들의 십자가 아래에 놓고, 또 근처에서 작은 묘목 12그루를 파서 십자가 옆에 옮겨 심었다. 떠나기 전 우리는 정중하게 열사들을 향해 몸을 숙여 작별을 고하였다.

만 60년이 지난 지금 그 작은 묘목들은 얼마나 자랐을까? 아니면 이미 말라 죽었을까? 열사들의 영령은 돌아왔을까? 아니면 여전히 이국 타향에서 떠돌고 있을까?

그날 오후 제72 포로수용소와 제86 포로수용소에 가서 열사들의 유해를 찾던 동료들이 빈손으로 돌아왔다. 그들은 동료들이 규탄대회에서 열사들의 시체를 묻었다고 폭로한 곳들을 찾아서 군용 곡괭이로 한참을 파보았지만, 머리카락과 옷 조각들만 발견했다고 하였다. 적이 이미 시체를 옮긴 것이 분명했다.

1953년 낙하산을 타고 둥베이에 침투해 스파이 짓을 하다 붙잡힌 제72 포로수용소 출신 배신자가 자백한 바에 따르면, 우리가 사람을 파견해 찾으러 가기 전에 열사들의 시체를 다시 파내어 크게 8조각으로 토막 내고 분뇨통에 넣어 바다에 쏟아부었다고 했다.

그렇다면 이들 무명 열사의 처지는 더욱 처참한 것이니, 그들의 유해는 진즉에 태평양의 쓴 물이 되어버렸지만, 그들의 이름은 아직도 조국이 알지 못하고 있다.

5. '공산주의 단결회'

얼마 지나지 않아서 해변에 쓰레기를 버리러 갔던 동료들이 쓰레기장에서 주운 미군 『성조보』 몇 부를 나에게 가지고 왔다. 나는 그 중 비교적 최근호의 한 면에서 정전회담이 완전히 중단되어 교착상태에 빠졌다는 소식을 발견했다. 그 기사에는 우리 측 대표가 판문점 정전회담 회의에서 미군 측이 피비린내 나는 선별심사를 강행하여 우리 수만 명의 이른바 '송환 거부' 중·조中朝 전쟁포로를 강제 억류한 것에 대해 가장 강렬한 항의를 제기했다고 적혀 있었다.

이 보도에 우리는 크게 흥분하였다. 왜냐하면 앞으로 우리가 더욱 효과적인 행동을 취하여 미군 측의 포로수용소에서의 심각한 죄행을 전 세계에 반드시 폭로함으로써 우리 회담 대표를 지지해야 하며, 다른 한편 우리가 곧 교환되어 고국으로 돌아갈 희망이 사라짐에 따라 포로수용소의 힘든 생활이 길어질 것을 받아들이고 적과의 장기적인 투쟁을 전개하기 위한 마음의 준비를 단단히 해야만 했기 때문이다. 이러한 상황 전개에 나는 포로수용소 지하당 위원회의 선견지명에 더욱 탄복하였다. 그들은 제602 포로수용소로 오자마자 투쟁 핵심 인물에게 장기 투쟁에 대비해 충분한 마음의 준비를 잘해야 한다고 알려주었다. 그들은 모두에게 "우리 당은 힘들고 어려운 투쟁 속에서 늘 최악의 경우를 생각하고 최고의 결과를 얻도록 힘써야 한다는 것을 강조했습니다!"라고 가르쳤다. 이 때문에 그들은 '제602 귀국지대' 건립 초기에 바로 적과의 적극적인 투쟁을 전개하는 동시에 조직완비와 내부 결속에 노력하여 장기간의 힘들고 어려운 투쟁을 맞이할 준비를 하였다.

조직을 완비하고 내부 결속을 공고히 하는 가장 중요한 조치는 바로 지하당 조직을 새로이 건립하는 것이었다.

이 새 조직의 명칭에 대해 모두가 아주 고심을 많이 했다. 거의 모든 참전부대에서 포로가 나왔고 이들이 각 포로수용소에 흩어져 있었기 때문에, 귀국지대로 온 5,000여 명의 전우들은 서로 잘 알지 못했고 공산당원인지 아닌지조차도 본인의 보고에 의존할 수밖에 없었다. 또 제602 포로수용소로 모인 각 포로수용소의 지하당 지부, 지하단 지부, 애국주의 그룹, 귀국 그룹, 5·1동맹, 7·1동맹 등 각종 지하 투쟁조직도 너무 많았다. 게다가 포로가 된 후 1년여 동안 동료들 간의 정치적인 상황 변화가 매우 컸다. 즉 기존 부대에서 당원이 아니던 많은 동지 특히 입대한 지 얼마 안 된 다수의 지식 청년들이 투쟁 중 보여준 행동이 매우 두드러진 데 반해, 원래 공산당원이던 사람들의 행동이 도리어 평범하고 심지어 기개를 상실한 행위를 하는 자도 있었다. 그래서 기존 부대 당원들로만 멤버로 삼아 지하당을 조직하는 것은 당시의 실제상황과 투쟁수요에 부합되지 않았다.

만약 당 중앙의 인가를 얻을 수 없다면, 전쟁포로수용소의 정식 당 조직으로 삼는 것이 합법인지 아닌지의 문제까지도 함께 고려했다.

이런 논의와 토론 끝에 자오 정치위원이 다수 지도자 동지의 의견에 근거하여, 전쟁포로수용소 투쟁을 이끌 핵심 조직의 명칭을 '공산주의 단결회'로 정할 것을 제의하였다. 이 명칭은 그것의 정치 방향뿐 아니라 그 임무와 목표까지 표명한 것이었고, 또한 각 부대와 각 지하 투쟁조직 멤버를 단결시킴과 동시에 비당원 군중을 성장시켜 조직에 가입시키는 데도 유리한 것이었다.

당시 초안을 잡은 「공산주의 단결회 규정」은 기본적으로 중국공산당 당장章 내용에 따라 제정한 것이었다. 그 회원자격과 입회 절차는 (중국공산당) 당원자격과 입당 절차와 완전히 같았지만, 혁명 투쟁의 기개를 유지하고 공산주의를 위해 헌신할 준비를 요구하는 점이 더욱 강조되었을 뿐이다.

당시 공산주의 단결회는 사실상 지하당의 역할을 하는 것이 확실했고 그것의 각급 조직도 완전히 당 조직 형식에 따라 설립되었다. 즉 각 중대에 지부, 각 대대에 분과 위원회, 전체 지대에 총위원회를 설치하고, 각급 조직마다 모두 조직위원·선전위원·보위保卫위원·적공敌工위원·기밀담당 비서를 두었다. 총위원회는 이에 상응하는 조직조组·선전조·보위조·적공조·기밀담당 비서조 등을 설치하여 각 상임위원회가 나누어 관리하도록 하였다.

자오 정치위원은 총위원회 서기를 맡고 두강·웨이린·쑨쩐관·구쩌성·마싱왕 등은 부서기를 맡았으며, 총위원회 위원 대부분은 투쟁 중 행동이 두드러졌던 기존 대대 혹은 중대 간부들이 담당했다. 내가 기억하기로는 총위원회의 조직위원은 천지칭陈吉庆, 선전위원은 장청위안, 보위위원은 리시얼, 적공위원은 쑨쩐관이 겸임하였다. 총위원회 기밀담당 비서조는 리즈잉이 맡았고 적공조는 내가 맡았으며, 구화룽·안바오위안 등의 동지가 모두 적공조에 참가했다.

공산주의 단결회는 전체 전우들에게 '단결·학습·투쟁' 3대 임무를 선포했다. 이로부터 공산주의 단결회의 지도하에, 중국인민지원군 전쟁포로의 대적 투쟁은 자발적이며 분산적인 투쟁에서 통일된 조직의 지도를 받는 아주 새로운 단계로 진입하게 되었다.

6. 5·1 노동절을 경축하다

1952년의 5·1 노동절이 다가왔다. 총위원회는 이 국제노동자계급의 성대한 기념일을 엄숙하게 경축하기로 했다. 이를 통해 우리의 정치적 선택을 재차 적에게 선포하고, 아울러 우리의 대오를 검열하여 전우들이 노동자계급의 혁명 이상을 위해 분투하도록 격려코자 하였다.

우리는 정문을 향해 '무대'를 세우고 중국어와 영어로 "5·1 국제노동절을 엄숙하게 경축한다"라고 가로로 쓴 표어를 걸었다. 양쪽 옆에는 "전 세계 프롤레타리아여 단결하자!" "공산주의를 위해 끝까지 분투하자!"라는 중국어와 영어로 된 표어를 걸었다. 전체 전우들은 대대·중대·소대별로 열을 지어 '무대' 앞 광장에 새까맣게 밀집해 앉았다. 오각별이 달린 팔각군모를 쓴 전우들의 모습은 위풍당당하고 혈기 왕성하였다.

총위원회 직속 '5·1 기획위원회'의 사전결정에 따라 리즈잉이 진행, 내가 대회 연설을 하게 되었다.

나는 무대 앞에 서서 나를 쳐다보고 있는 피와 불의 시련을 거치고 함께 모인 친애하는 전우들, 나와 생사고락을 함께한 골육 형제들을 바라보면서 마음이 몹시 격동되었다. 중화민족에게 이렇게 좋은 아들딸들이 있고 노동자계급에 이렇게 좋은 강철 전사가 있으니, 이 어찌 조국의 자랑, 당의 영광이 아니겠는가? 조국의 인민들은 이 모든 것을 알고 있을까? 멀리 바다 건너 이 죽음의 섬에서도 수천 명의 그녀의 아들딸들이 적의 총구 아래 전국 인민들과 함께 노동 인민의 전투 기념일을 기념하고 있음을 알고 있을까?

이런 흥분된 심정으로 나는 5,000여 명의 동료들을 마주 보며, 또 친애하는 조국과 위대한 인민을 마주한 듯이 큰소리로 연설을 시작했다. 이처럼 많은 사람 앞에서 연설하기는 내 평생 유일무이했기에 오랫동안 나의 기억 속에 남아있다.

친애하는 전우 여러분! 전 세계 노동 인민이 해방을 추구하는 전투 기념일, 이 엄숙한 시각 나는 천안문 앞에 모인 수많은 군중의 환호가 들리는 것 같고, 천안문광장 상공을 날고 있는 평화와 자유의 상징인 무수한 흰 비둘기와 오색풍선이 보이는 것 같습니다. 바로 지금 이 순간, 우리의 노동자·농민 형제와 해방군 전우들이 대열을 지어 천안문 성루를 지나면서 마오쩌둥 주석의 검열을 받고 있으니, 대지를 뒤흔들며 전진하는 그들의 발걸음 소리를 잘 들어보십시오! 그 소리는 우리 조국이 이미 100년의 고난에서, 제국주의의 압박에서 해방되었음을 다시 한번 전 세계를 향해 선포하는 것입니다. 또 힘들게 얻은 승리의 성과를 지키기 위해 백만이나 되는 조국의 뛰어난 아들딸들이 항미원조의 전선에 와서 극히 힘들고 어려운 투쟁을 하며 자기 선혈과 생명과 자유와 행복을 바쳤는데, 그중에는 바로 적의 후방에서 투쟁하고 있는 우리 수천 명의 전쟁포로수용소 전사들이 포함되어있습니다.

친애하는 전우 여러분! 비록 우리가 천안문 성루 아래에 가서 직접 마오 주석의 검열을 받을 수는 없지만, 우리의 의지는 전국 인민과 함께 검열받는 겁니다. 비록 신체의 자유를 잃고 적의 기관총과 총검이 겨누고 있지만, 우리는 여전히 굴하지 않고 같은 시각에 전국 인민과 함께 자신의 전투 기념일을 경축하고 있지 않습니까! 이는 바로 적을 향해, 전 세계를 향해 우리는 영원히 조국과 함께 할 것이며, 조국의 인민 역시 영원히 우리와 함께 할 것이라는 우리의 굳은 믿음을 …… 장엄하게 선포하는 것입니다.

5·1 경축대회의 마지막 순서는 가오화룽 연출, 뤄싱이 각본에 펑린彭林과 위궈판이 주연한 시사 연극 〈월가의 꿈华尔街之梦〉과 선전대가 준비한 〈조국송祖国颂〉 시가詩歌 대합창이었다. 〈월가의 꿈〉 주인공 중 1명인 덜레스 역을 맡은 이가 장루이푸인 것을 알았을 때, 이렇게 빨리 중상에서 회복한 그의 억센 생명력에 대해 내가 얼마나 놀랐던지! 게다가 그의 연기는 정말 어느 정도 예술성이 있어서 관객들이 때때로 큰소리로 웃거나 야유를 보내기도 했다.

제12장

세계를 놀라게 한 도드 장군 생포 사건

1952년 5월 3일 ~ 1952년 6월 10일, 거제도

1. 조·중 전쟁포로 지하 행동 총지도위원회의 지령

5·1 노동절이 지나고 얼마 되지 않아, 우리가 조선노동당 거제도 지하 당과 연락을 취하려 병원에 보낸 동지를 통해 총위원회 앞으로 다음과 같은 중요 통지문이 전달되었다. "전쟁포로를 강제 억류하는 적의 피비린내 나는 죄상을 폭로하고 정전회담을 무산시키려는 적의 음모를 분쇄하기 위해, 거제도 조·중 전쟁포로 지하 행동 총지도위원회는 중대한 작전을 수행하려 한다. 그러니 중국인민지원군 동지들은 즉시 모든 수단을 동원하여 도드 장군이 직접 포로수용소에 와서 담판을 진행하도록 유인함으로써, 이를 통해 그의 생활 방식을 파악하고 경계심을 마비시켜 조선인민군 동지들이 계획을 순조롭게 달성할 수 있도록 도와주길 희망한다."

비록 '총지도위원회'의 이 '지령' 중 도드 장군 개인에 대해 어떤 행동을 취하겠다는 명확한 언급은 일절 없었지만, 우리는 '총지도위원회'의 의도

를 대체로 이미 이해하고 있었다.

'공산주의 단결회' 총위원회는 즉각 긴급확대 회의를 소집하여 이 통지문을 알렸다. 참석자 모두 이를 듣고 매우 격동하여 지하 행동 총지도위원회의 결정을 반드시 집행하겠다는 뜻을 표명한 다음, 상세한 행동계획을 연구하였다.

1952년 5월 3일 우리는 도드 장군 앞으로 "전쟁포로의 생활 조건 개선을 위해 도드 장군과의 직접 담판을 요구"하는 편지를 보냈다.

5월 4일 우리는 종일 시위행진을 벌였다.

5월 5일 제602 포로수용소 전체가 단식을 시작하면서, 길가의 철조망에 포로들의 식판을 가득 걸어놓고 운반되어 온 식량과 채소를 정문 밖에 쌓아놓았다. 그리고 수용소 내 모든 포로의 활동을 일제히 중단했다.

쑨쩐관과 나는 수차례에 걸쳐 제602 포로수용소 총관리자 보토 대위에게 도드 장군과의 연락을 부탁하면서 도드 장군을 만나기 전에는 결코 단식을 중단하지 않을 것이라는 점을 밝혔다.

당일 오후 보토 대위는 도드 장군이 우리 대표를 사령부에서 만나는 데 동의했다고 알려왔다. 우리는 대표들의 안전이 보장되지 않는다는 이유로 도드 장군이 직접 방문할 것을 요청하였다.

5월 6일 오전 도드 준장이 그의 부관인 중령 1명과 1개 소대의 호위병을 데리고 제602 포로수용소의 정문 밖에 도착하였고, 쑨쩐관과 나는 연대 지휘부로 불려가 보토 대위로부터 도드 장군이 직접 우리를 만나 우리의 의견을 듣기로 했다는 말을 들었다. 우리는 장군이 수용소 안에 있는 연대 지휘부로 와서 담판할 것을 부탁해달라고 하였다. 이에 보토 대위는 안전을 보장할 수 없다는 점에서는 마찬가지라는 이유로 우리가 정문에 가서 회답하길 바란다고 말했다.

그리하여 새로운 국면을 열게 된 이번 '담판'은 바로 제602 포로수용소 정문에서 열리게 되었다.

우리는 정문 안쪽에서 기다렸고, 보토 대위가 나가서 도드 장군이 차에서 내리는 것을 맞이하였다. 나는 근 2개월 내내 서면상으로만 상대하던 이 미국 장군을 주의 깊게 관찰하였다. 그는 건장한 체구에 얼굴은 붉고 윤기가 흘렀으며, 그 좁고 기다란 얼굴을 가리고 있는 거북 껍질^{龜甲}의 안경테는 고상한 느낌을 더해주고 있었다. 그는 상당히 외모에 신경을 쓰는 것처럼 보였으니, 깔끔한 군복에 금빛 견장은 찬란한 빛을 발했고 기백이 넘치는 모습이었다.

서류철과 두꺼운 책 1권을 들고 그의 뒤에 서 있는 마르고 키 큰 부관은 외모상으로 장군과 비교할 바가 전혀 아니었다.

호위병들은 도드 장군이 차에서 내리자, 즉각 트럭에서 뛰어내려 부채꼴 모양으로 펼쳐 서서 마치 큰 적과 마주한 것처럼 총을 들고 장군을 보호하였다.

그 모습을 보고 나와 쑨쩐관은 서로를 쳐다보며 웃었다. 쇠꼬챙이 하나 손에 들지 않고 철조망 안에 갇힌 우리 중국 포로들이 그 정도로 장군에게 위협이 될 줄이야!

도드 장군과 그 부관이 정문 입구에 도착하자, 쑨쩐관이 먼저 도드 장군에게 "고생을 마다치 않고 우리 제602 포로수용소를 찾아주신 장군님을 환영합니다!"라고 말했다.

나의 통역을 들은 후, 도드 장군은 고개를 한번 약간 끄덕이며 "난 항상 중국인을 존중해 왔소. 당신들의 요구사항이 무엇인지 말해 보시오!"라고 말했다.

"우리가 얼마나 심각한 영양불량 상태에 빠져있는지, 그리고 부상자들이 부족한 의사와 의약품 때문에 얼마나 고통받고 있는지를 장군님이 직접 한번 시찰해 주시길 바랍니다. 우리는 「전쟁포로 대우에 관한 제네바 협약」의 규정에 따라 마땅히 우리에게 부여되어야 하는 인도주의적 대우를 받을 수 있기를 희망합니다. 귀국은 이 협약에 사인하신 걸로 알고 있습니다."

"우리는 일관되게 제네바 협약을 준수해왔고, 협약상에 규정된 것은 운송과 인력이 부족한 상황에서도 이미 최대한의 노력을 다해 실행하고 있소. 내 부관을 시켜 제네바 협약의 관련 규정을 한 번 읽어드리도록 하겠소!"

그러자 그 부관이 아주 그럴듯한 모습으로 손에 든 책을 넘기며 제네바 협약의 관련 조문을 찾은 다음 태연자약하게 읽기 시작했고, 도드 장군은 그 순간 손톱깎이를 꺼내 털이 수북한 두꺼운 두 손의 손톱을 다듬기 시작했다.

나는 부관이 읽는 내용을 듣는 즉시 쑨쩐관에게 통역해 주었다. 관련 규정을 다 읽고 나자마자, 쑨쩐관은 바로 "확실히 현재 우리가 받는 대우가 협약의 규정에 한참 모자라는군요. 예를 들면 우리 중국인은 원래 보리를 먹는 데 익숙하지 않은데, 그 보리마저도 충분한 양이 공급되지 않고 있습니다. 하루에 두 그릇 반으로는 정상인이 필요한 열량에는 한참 모자랍니다. 채소도 양이 적고 질도 몹시 나쁘며 육류는 거의 찾아볼 수가 없습니다. 만약 귀국에 정말로 곤란한 사정이 있다면 우리 정부에 통지해 주시기 바랍니다. 중국 정부는 분명 즉각 당신들을 도와 우리의 이러한 기아 상태를 개선할 수 있도록 협조해줄 것이라 믿습니다!"라고 말했다.

도드 장군은 내가 통역한 마지막 몇 마디를 듣고는 얼굴이 더 붉어지며 불쾌하다는 투로 "당신네 중국인의 음식 습관과 부족한 식사량은 이른 시일 안에 해결할 수 있도록 고려해 보겠소. 대신 기왕에 당신들이 항상 배고픔을 느끼고 있다고 하니, 이제는 더 이상 단식투쟁 같은 것을 해서 동료들을 더 고생시킬 필요는 없다고 생각하오. 그리고 의료조건 개선 문제역시 최대한 빨리 해결될 수 있도록 하겠소"라고 대답했다.

"만약 장군님께서 진지하게 우리의 최저 요구를 만족시켜 주신다면, 우리는 당연히 즉각 단식을 그만둘 것입니다!"

도드 장군이 정색을 하며 "난 내가 한 말에 100% 책임을 지오!"라고 말했다.

쑨쩐관이 나를 한번 쳐다보고는 "그렇다면 우리는 장군님의 성의를 믿겠으며 다시 한번 직접 방문해 주신 데 감사드립니다"라고 말했다.

도드 장군은 만족한 듯 고개를 끄덕이며 차에 올라 돌아갔다.

그날 저녁 우리가 야전병원으로 '치료'차 파견한 연락원이 상술한 상황을 '지하 행동 총지도위원회'에 보고하였다.

1952년 5월 7일 해질 무렵, 거제도 미군 사령부의 제임스James 소령이 황급한 모습으로 무개 지프차를 타고 제602 포로수용소로 찾아왔다. 우리는 그가 어제 우리가 제기한 요구사항에 대한 도드 장군의 구체적인 실현방안을 전하기 위해 오는 것으로 생각했지만, 그는 오히려 나와 쑨쩐관에게 즉시 그의 차를 타고 가자고 했다. 내가 "어디로 가는지, 가서 무엇을 할것인지"를 묻자, 그는 조급해하며 "도드 장군이 각 포로수용소 대표자대회를 소집했고, 난 당신 둘을 데리고 오라는 명령만 받았소"라고 대답하였다.

나와 쑨쩐관은 놀라기도 하고 기쁘기도 하였다. 보아하니 사태가 조·중 전쟁포로 지하 행동 총지도위원회의 계획대로 진행되고 있는 것 같았다. 우리는 급히 '대사기大事記'와 비망록, 항의서 등 필요한 서류를 챙겨 차에 올랐다. 나는 다행히도 잊지 않고 영일사전을 챙겨서 출발했다.

나와 쑨쩐관 모두 우리가 이렇게 가서 다시 돌아오지 못하리라고는 예상하지 못했다. 이처럼 황급히 제602 포로수용소를 떠난 우리는 결국 조국으로 돌아가게 된 1년여 후에야 비로소 피를 나눈 수천 명의 형제와 다시 만날 수가 있었다.

2. 조선인민군 제76 포로수용소

저녁 무렵 나와 쑨쩐관은 거제도 미군 사령부 제임스 소령이 운전하는 지프차를 타고 제602 포로수용소를 떠났다.

차는 산골짜기를 끼고 난 도로를 빠르게 달렸고, 바닷바람이 맹렬하게 말아 올린 먹구름이 가는 내내 우리를 쫓아왔다. 도로 양쪽의 위치한 포로수용소마다 사람들 소리로 시끌벅적했다. 황혼 속에서 조선인민군 동지들이 서로 어깨를 걸고 박자에 맞춰 몸을 흔들며 목청껏 군가를 부르는 모습만 보였는데, 우리가 그들을 향해 팔각의 홍군紅軍 모자를 흔들며 경의를 표하자 그들도 펄쩍펄쩍 뛰며 손을 흔들며 환호하였다. 보아하니 그들도 섬에서 중대한 사건이 발생했음을 알고 있는 것 같았다.

제76 포로수용소에 다다를 즈음 차는 속도를 늦추었고, 도로 양쪽에는 탱크와 장갑차, 헌병과 해병대 병사들이 가득 줄지어 서 있었다. 그들 모두 손에 총을 쥐고 언제라도 바로 전투에 투입될 준비가 된 모습을 하고 있었다.

우리가 탄 차는 두 줄로 가지런하게 늘어선 총검 숲속을 천천히 헤쳐 나갔다. 나는 갑자기 쑨쩐관과 내가 승리자로서 중국인을 대표하여 특별한 의장대를 사열하고 있다는 생각이 들어 무의식중에 복장을 바로잡고 정신을 더욱 가다듬었다.

제76 포로수용소 정문 가까이 도착하자, 건너편 산기슭에서 몇 개의 커다란 서치라이트가 수용소 정문 안팎을 대낮처럼 집중적으로 비추고 있었다. 게다가 정문 옆 광장에는 각종 전차와 군인들이 새까맣게 들어차 있었고, 그 총구와 포구는 모두 철조망 안을 향하고 있었다. 기다린 탱크 포신과 꿈틀꿈틀하는 무수한 철모가 서치라이트 불빛 아래에서 음산한 푸른빛을 발산하였고, 방독면을 쓴 한 무리의 병사들이 어두운 그림자 속에서 마치 악마와 같은 흉악한 모습을 하고 있었다.

더욱 충격적인 것은 정문 위에 걸려있는 길이 10여 m, 폭 2m나 되는 거대한 흰색 플래카드였다. 거기에는 영문으로 "…… 만약 너희들이 감히 총격을 가한다면 도드 장군의 목숨은 온전치 못할 것이다!"라는 검은색 큰 글씨가 적혀 있었고, 그 끝에 아주 커다란 느낌표 하나가 찍혀있었다.

차가 제76 포로수용소 정문 입구에 도착했다. 차에서 내린 후 나는 비로소 정문 안쪽에 초롱이 달려있고 오색 천으로 장식되어있는 것을 볼 수 있었다. 스스로 고쳐 만든 인민군 군복을 입은 수백 명의 조선인민군 전우들이 늘어서 두 줄의 인간 벽을 만들어 대표들의 도착을 환영하였다. 그들 모두 종이로 만든 조선과 중국 국기 그리고 색종이 리본을 손에 들고 있었다.

우리가 잔뜩 흥분된 마음으로 정문을 들어섰을 때, 조선 전우들이 서투른 중국어로 "조선-중국!" "김일성-마오쩌둥!" "중국인민지원군 전우를 열렬히 환영합니다!"라고 일제히 소리 높여 외치며, 감동에 겨워 뜨거운 눈물을 흘리는 우리의 얼굴에 무수한 오색 종이꽃과 종이 리본을 뿌려주었다.

우리도 참지 못하고 조선말로 "영웅적인 조선인민군 전우에게 경의를 표합니다!" "단결하여 싸웁시다!" "미 제국주의를 타도합시다!"라고 외쳤다. 그 순간 우리 등 뒤에 셀 수 없이 많은 총탄과 포탄이 장전된 총포가 지켜보고 있다는 걸 신경 쓰는 사람은 아무도 없었다.

우리는 열렬한 환영인파에 빼곡히 둘러싸여 특별히 대표들만을 위해 준비된 막사에 도착하였고, 그곳에서 여러 조선 포로수용소 대표와 여성 포로 대표를 만났다. 모두가 서로 뜨거운 악수와 포옹으로 인사를 나누고, 앞다투어 조선어·중국어·영어가 뒤섞인 '국제 언어'로 승리의 기쁨과 형제의 우의를 표시하였다.

그러고 나서 제76 포로수용소 전우들은 우리에게 도드 장군을 생포하던 멋진 순간을 상세히 설명해 주었다. 우리는 그들의 설명을 들으며 당시의 상황을 상상하면서 조선인민군 전우들의 영웅적인 행동에 깊이 감동하였다.

3. 적의 우두머리를 지혜롭게 사로잡다

1952년 5월 7일은 도드 장군이 직접 와서 담판할 것을 요구하며 제76 포로수용소 전우들이 시위행진을 한지 이미 3일째 되는 날이었다. 오후 1시 반경 도드 장군이 마침내 완전무장한 1개 소대의 경호를 받으며 방탄장갑차를 타고 제76 포로수용소 정문 입구에 도착하여 굳게 닫힌 정문을 사이에 두고 포로 대표와 담판을 벌였다. 도드 장군 양쪽의 경호 요원들은 정문 가까이 접근하여 자동소총을 들고 언제라도 사격할 자세를 갖추고 있었다.

제76 포로수용소 대표는 즉각 "이러한 분위기에서는 애초부터 담판을 진행할 수 없소! 우리는 당당한 미군 장군이 왜 쇠꼬챙이 하나 없는 포로들을 무서워하는지 이해할 수가 없소이다!"라고 지적하였다.

도드 장군은 좌우로 병사들을 둘러보고 포로수용소 내부를 한번 관찰한 다음, 손을 흔들어 병사들에게 총을 거두고 뒤로 물러서게 하였고 제네바 협약을 손에 든 그의 부관만 옆에 남게 하였다.

그러자 대표들은 미군 측 전쟁포로 관리 당국이 제네바 협약을 위반한 갖가지 악행을 엄숙하게 제기하고 도드 장군에게 반드시 개선해주길 요구하였다.

도드 장군은 처음에는 진지하게 부관을 시켜 관련 조항을 찾아보게 하고 조목별로 교활한 궤변을 늘어놓는 등 그나마 가장된 모습을 보였으나, 쌍방 간에 격렬한 논쟁이 길게 이어지자 약간 지겨워하는 표정을 지었다. 결국 그는 부관에게 대신 대답하게 하고는, 자신은 또 손톱깎이를 꺼내 손톱을 다듬으면서 가끔 고개를 가로저으며 아무런 관심도 없고 마치 아무 일도 아닌 듯한 모습을 보였다.

경호병들도 긴장이 풀리기 시작하여 도드 장군 뒤편에서 대열을 흐뜨린 채 서로 귓속말을 나누고 있었다. 바로 그때 해변으로 분뇨를 버리러 갔던 청소작업반이 빈 변기통을 메고 돌아왔다. 그 때문에 정문이 열렸고 도드 장군과 부관은 코를 막고 옆으로 물러나 포로들이 들어가길 기다리는 수밖에 없었다. 마지막 10여 명의 포로만 정문 입구에 남았을 때, 돌연 이들 10여 명의 건장하고 힘센 결사대원이 순식간에 변기통을 버리고 도드 장군과 부관을 둘러싸서 재빨리 그들을 정문 안으로 밀어 넣었다.

결사대원들이 신속히 몸을 돌려 정문을 닫으려 할 때, 그 부관이 먼저 정문 기둥을 있는 힘을 다해 끌어안고 있다가 기민하게 몸을 낮춰 사람들 사이를 뚫고 빠져나갔다. 그 순간 문 옆에 있던 포로 대표들이 즉각 쇠막대기로 정문을 걸어 잠가버렸다. 이 모든 것이 너무나도 신속하게 이루어져 문밖에 있던 경호병들은 완전히 넋이 나갔고, 그들이 정신을 차려 정문 입구를 향해 총을 겨누고 달려왔을 때는 4명의 결사대원만이 도드 장군을 결박하고 서 있을 뿐 광장에는 이미 한 사람도 남아있지 않았다.

뚱뚱한 도드 장군은 있는 힘을 다해 발버둥 치며, "Save me! Save me!"이라고 더듬더듬 외쳤다. 그러나 그는 자기의 사지를 꽉 붙잡고 땅에서 들어 올린 장사 4명의 강철 같은 어깨를 벗어날 수가 없었다. 용사들은 그렇게 도드 장군을 신속히 들고 가버렸다.

이와 동시에 정문 위에는 방금 보았던 "우리가 도드 준장을 생포했으며 그와의 담판이 끝나면 안전하게 돌려보내 줄 것이다. 만약 너희들이 감히 총격을 가한다면 도드 장군의 목숨은 온전치 못할 것이다!"라고 적힌 거대한 플래카드가 곧바로 내걸렸다.

정문 밖의 미군 장교와 사병들은 혼란이 극에 달하였다. 얼마 지나지 않아 경보 사이렌이 처량하게 울려 퍼졌고 탱크와 장갑차, 헌병과 보병, 해병대가 모두 달려 나와 제76 포로수용소를 겹겹이 에워쌌다. 헬리콥터까지 제76 포로수용소 위로 날아와 낮게 선회하였다.

그러나 그때 도드 장군이 서명한 다음과 같은 명령이 조선인민군 포로 대표에 의해 밖으로 전달되었다. "내가 명령하니, 사태의 확대를 방지하고 나의 안전을 보장하기 위해 절대 총격을 가하지 말라. 그리고 즉시 섬 전체의 조선과 중국 포로 대표자대회를 열어 문제해결을 위해 협상하기로 동의하였으니, 레이븐Raven 중령은 대표들을 데려오고 부대는 제76 포로수용소에서 적당한 거리 밖으로 철수하라."

곧이어 도드 장군은 제76 포로수용소에 전화를 연결하게 하여 직접 전화로 지휘를 하였다. 그러자 도드 장군에게 필요한 식품과 각종 생활용품 및 포로 대표자대회 개최에 필요한 물품도 운반되어 들어왔다.

"우리는 간신히 이 '특급 전쟁포로'이며 '전쟁포로의 포로'인 그를 위해 가능한 한 모든 적절한 조치를 다 할 수 있었습니다!" 제76 포로수용소 대표들은 이렇게 그들의 소개를 끝냈다.

우리는 터져 나오는 웃음을 참지 못하고 다 함께 소리 내어 크게 웃었다. 정말 통쾌하구나! 포로가 된 지 1년 동안 한 번도 이렇게 웃어본 적이 없었도다!

4. 포로가 된 장군

제76 포로수용소 대표들은 상황 소개를 마치고 나서 우리를 데리고 도드 장군을 보러 갔다.

포로수용소 내의 중심광장 위에 새로운 막사가 하나 세워졌고, 사방에 우리 쪽 경비요원들이 서서 그를 보호하고 있었다. 인민군 전우들이 문발을 걷으며 우리가 먼저 들어가도록 해주었다.

오! 막사 내부는 시설 배치가 정말 잘 되어있었다. 땅바닥에는 군용모포를 카펫처럼 깔아놓았고 벽에도 모포를 걸어 보온이 될 수 있게 해놓았다.

5월 초 섬의 날씨가 아직 차가운 데다 도드 장군의 지금 심정이 아마 날씨보다 더 처량했음에랴. 막사 안에는 또 흰 천으로 세면시설과 화장실을 다른 공간과 분리해놓았고 책상과 의자 그리고 야전침대도 마련되어있었는데, 침대 옆 탁자에는 빈 캔 속에 꽂은 들국화 한 묶음이 올려져 있었다.

포로수용소 내에서 이런 시설은 정말로 보기 드문 것이었다. 이 '장군의 별장'은 우리가 묵는 감방에 비하면 정말 천양지차였다. 이튿날 도드 장군의 직무를 대행하기 위해 파견된 미 제1군 참모장 콜슨Coulson 준장이 전화로 도드 장군에게 어떤 대우를 받고 있는지 걱정스럽게 물었을 때, 도드 준장이 "걱정하실 필요 없습니다. 저는 여기서 중국 황제와도 같은 생활을 하고 있습니다!"라고 득의양양하게 대답한 것도 이상할 게 없었다.

우리가 들어갔을 때, 도드 장군은 두 팔을 머리 뒤에 괸 채 야전침대 위에 누워 큰 덩치를 시트 속에 깊이 감추고 있었다. 군복 상의의 단추는 모두 떨어졌고 금빛의 장군 계급장도 어깨에서 축 늘어져 있어 붙잡힐 당시의 극렬했던 정황을 또렷이 볼 수 있었다. 도드 장군의 이러한 모습에서 장군의 위용이라고는 찾아볼 수 없었고, 어제 우리를 만날 때의 그런 위엄과는 한참 거리가 멀었다.

그는 인기척 소리를 들었음에도 여전히 눈을 감고 정신을 가다듬는 척하며 우리가 침대 앞에 이를 때까지 전혀 움직이지 않았다.

나와 쑨쩐관의 눈이 서로 마주치자, 쑨쩐관이 나를 보며 도드 장군 방향으로 고개를 가로저었다. 나는 그의 뜻을 알아차리고 웃으면서 영어로 도드 장군에게 아주 정중히 말을 건넸다.

"안녕하세요. 장군님! 당신을 뵈러 왔습니다."

도드 장군은 그제야 눈을 뜨면서 우리가 온 걸 알았다는 듯한 모습을 보였다. 그는 급히 바로 앉으면서 "아, 아! 감사합니다. 감사합니다"라고 말하고는 다소 힘들게 다리를 침대 아래로 옮기며 일어나려 했다.

"아, 그냥 앉아계시지요! 우리는 중국인민지원군 포로 대표입니다. 어제 우리가 만났었지요."

"어제? 그렇군. 어제 내가 당신들의 일부 합리적 요구를 해결해주겠다고 답했었지요."

"이제 우리는 귀하께서 실제로 실행하기를 기다리고 있습니다! 우리는 이전처럼 문제가 해결되지도 않고, 오히려 귀하의 부하가 또 우리에게 최루탄을 던지거나 심지어는 총격을 가하는 그런 일이 반복되기를 바라지 않습니다!"

"그건, 내가 부하들을 엄하게 관리하지 않은 까닭이요."

"하지만 우리 병사들은 당신을 어떻게 대하고 있습니까?" 나는 방안의 시설들을 가리키며 말했다.

"그래요. 나는 당신네 공산주의자들이 정말로 포로를 우대한다는 것을 확실히 보았소."

"귀하께서 이 점을 이해하다니 매우 대단한 일입니다. 당신네 리지웨이 Ridgway[1] 사령관과 덜레스Dulles[2] 국무장관도 직접 한번 체험해보면 더욱

---

1   리지웨이(Matthew Bunker Ridgway, 1895~1993) : 미국 버지니아주 포트먼로 (Fort Monroe) 출신. 제2차 세계대전 중 특전부대 사령관으로 활동했고 시칠리아섬 공략 작전과 네덜란드·벨기에·독일 북부에서의 작전 등에 참가했다. 한국전쟁이 한창이던 1950년 12월 미8군 사령관에 취임하여 북한 공산군과 중공군 공격에 대항해 반격 작전을 지휘했다. 다음 해 4월 유엔군 최고사령관이 되었다. 1952년 나토군 최고사령관에 취임했고 1953년부터 육군참모총장을 지냈으며 1955년 퇴역했다.

2   덜레스(John Foster Dulles, 1888~1959) : 미국의 외교관·정치가. 프린스턴대학을 졸업하고 프랑스 소르본대학에 유학하였다. 설리번 앤드 크롬웰 국제법률사무소에 근무하는 동안 1944년 덤바턴 오크스(Dumbarton Oaks)회의, 1945년 유엔 창설에

좋을 텐데요."

"그래요. 당신들에게 정말 좋은 수업을 받았소!"

"너무 겸손하시네요! 좋습니다. 우리는 대표자대회에서 이 문제를 계속 논의할 것입니다. 안녕히 계십시오!"

"잘 가시오!"

우리는 터져 나오는 웃음을 억지로 참고 막사 밖으로 나온 다음, 비로소 배를 잡고 크게 웃기 시작했다. 한 조선인민군 전우는 눈물을 훔치며 "미군 장군도 별거 아니네요. 당신네 마오쩌둥 주석께서 말씀하신 것처럼 종이호랑이일 뿐이네요"라고 말하였다.

5. 전쟁포로, 초대받은 손님

이어서 제76 포로수용소 대표는 우리를 거제도 조·중 전쟁포로 지하 행동 총지도위원회의 총책임자 박상현朴相显 동지에게 안내하였다.

그는 포로로 잡힌 조선인민군 전우 중 계급이 가장 높은 자로, 전쟁 전에는 도道 위원회 서기(중국의 성 위원회 서기에 해당함)를 역임했었다. 우리는 경모하는 마음으로 그가 머무는 막사에 들어섰다.

백발이 성성한 박 동지는 일어나서 인자한 눈빛으로 우리 둘을 바라보며 빠른 걸음으로 다가와 친근하게 끌어안고 한국말로 "아, 중국 동무, 지

참여하였다. 1950년 국무부 고문으로 임명되어 대일강화조약 교섭 등을 담당했으며 1953년 국무장관에 취임하였다. 그 뒤 대량보복정책·극한정책·반격정책 등 강경한 반공 외교를 주장하였고, 동남아시아조약기구(SEATO) 등의 창설을 추진하였다.

원군 동무!"라고 부르고는 바닥에 앉자는 손짓을 하였다.

제76 포로수용소 대표가 영어를 할 줄 알았기에, 우리는 먼저 영어로 소통한 다음 다시 중국어와 한국어로 각각 통역하는 방식으로 대화를 나누었다.

박 동지는 먼저 제602 포로수용소 전체 중국 전쟁포로의 생활과 사상 상황에 관해 물었다. 그리고는 "나는 중국 전우들의 용맹한 투쟁에 매우 탄복했습니다. 또한 우리가 중국 전우들의 투쟁을 제대로 지원하지 못한 것에 대해 두 분에게 직접 사과의 뜻을 전합니다"라고 말했다.

우리는 조선 전우들이 우리에게 보내준 일관된 지원과 격려에 깊은 감사를 표했다. 이어 쑨쩐관은 "이번에 귀하의 직접 지휘로 조선 전우들이 도드 장군을 생포한 인류 전쟁사에 기록될 이 위대한 시도는 미 제국주의에 심각한 타격을 가하였습니다! 이는 또한 조선과 중국 전우 전체의 사기를 크게 진작시켰습니다! 우리는 조선 전우들의 용감하고 강인한 투쟁 정신을 열심히 배울 것입니다!"라고 말했다.

"아, 이번에 도드를 사로잡은 승리는 우리 조선과 중국의 모든 전우가 함께 노력한 투쟁의 성과가 아니겠습니까! 하지만 이는 이번 전쟁에서 조선과 중국 양국 인민들이 함께 노력하여 얻어낸 위대한 승리의 한 작은 부분일 뿐이죠!" 박 동지는 웃으며 말하고는 제76 포로수용소 대표에게 한국말로 몇 마디를 하였다.

제76 포로수용소 대표는 나에게 눈짓을 하며 작은 소리로 "박 동지께서 두 분을 대접하시겠답니다!"라고 말하고는 나가서 명령을 내리자, 즉각 2명의 조선 전우가 따끈따끈한 흰 밀가루 만두 2접시를 받쳐 들고 들어와 우리를 정말 매우 놀라게 했다.

박 동지는 미소 띤 얼굴로 우리를 향해 두 손을 나란히 벌리며 "드시죠,

어서! 내게 감사할 필요는 없습니다. 동지들이 도드 장군을 잡았기 때문에 미군이 밀가루와 고기 통조림을 보내준 겁니다. 그렇지 않았다면 정말 무얼 가지고 귀한 중국 손님들을 대접할 수 있을지 몰랐을 겁니다!"라고 말했다. 우리는 너무 감동한 채 평생 잊을 수 없는 맛있는 음식을 먹었다.

그러나 이보다 더 잊을 수 없는 것은 식사 후 일어난 일이었다. 조선 전우들이 지하도를 통해 우리를 비밀 지하동굴로 안내하였는데, 흙으로 쌓은 대 위에 놀랍게도 라디오 1대가 놓여 있지 않은가!

조선 전우들은 이것이 옷과 식량을 아끼고 아껴 한국군 병사에게서 몰래 바꾸어 온 것이라고 말했다. 박 동지는 두 팔을 쑨쩐관과 나의 어깨 위에 올리며 "친애하는 지원군 전우여, 만약 도드 장군을 사로잡지 못했다면 두 사람을 이곳으로 초청할 수도 없었을 겁니다. 당신들에게 줄 무슨 귀한 선물도 없고 하니, 베이징의 라디오 방송이라도 들어보시죠!"라고 말했다.

이런 세상에나, 베이징의 라디오 방송이라니! 우리는 이미 1년 넘게 조국의 소리를 들을 수 없었지 않은가! 우리는 조급한 마음으로 라디오에 바짝 다가갔지만, 들리는 소리라고는 높고 먼 하늘을 날아온 쏴쏴 하는 전파음뿐이었다. 그러던 찰나 갑자기 너무나도 친근한 여자 아나운서의 목소리가 울려 퍼지기 시작했다. "…… 조선 전선을 지원하기 위해 전국에서는 기부의 물결이 일어나고 있습니다. 저명한 예극豫劇[3] 배우 창샹위常香玉[4]는

---

3 예극(豫劇): '하남방자(河南梆子)'라고도 하며 허난성의 전통 지방 극으로 허난과 산시·허베이·산둥·안후이 등의 일부 지역에서 유행했고 향토적 색채가 농후하다. 노래가 많고 대사가 적어 다양한 감정표현에 탁월하며 풍격이 소박하고 신선하여 대중들로부터 널리 사랑을 받았다. 현재까지 전해지는 전통 희곡만 해도 400여 가지가 넘는데, 널리 사랑받는 작품으로는 〈목계영괘수(穆桂英挂帅)〉·〈홍랑(红娘)〉 등이 있으며 현지 극으로는 〈조양구(朝阳沟)〉·〈유호란〉 등이 있다.
4 창샹위[常香玉, 1923~2004] : 허난성 궁현[巩县] 출신으로 전국인민대표대회 대표,

제트 전투기 1대를 기증했고……"

너무나도 멀지만 너무나도 친근한 조국의 소리가 아닌가! 바다로 가로막힌 먼 이국땅에서, 적들의 감옥 속에서, 조국의 심장 소리를 들을 수 있으리라고 어찌 생각할 수 있었겠는가! 아! 친애하는 조국이여, 당신은 해외에 감금된 아들딸들이 얼마나 강렬히 당신을 그리워하고 있는지 아십니까! 우리는 샘처럼 솟아오르는 뜨거운 눈물이 지하동굴의 그 차가운 황토 위에 흩어지게 내버려 두었다.

대표단 핵심 책임자 예비회의에 참석할 쑨쩐관을 남겨둔 채 혼자 지하동굴을 나온 나는 여전히 마음속의 감동을 억누를 수 없었다. 밤은 이미 깊어가고 있었고, 멀리서 파도가 낮은 소리로 포효하고 있었다. 톱니 모양의 음산한 산등성이 위로 스쳐 지나가는 얇은 뭉게구름을 뚫고 가끔 나를 향해 반짝이는 북극성을 볼 수 있었다.

내가 대표단 전용 막사로 돌아왔을 때, 막사 안의 조선 대표들도 모두 잠을 이루지 못하고 있었다. 그들은 삼삼오오 모여 앉아 얘기를 나누고 있었는데, 보아하니 그들도 오랜만에 만나 지난 얘기를 나누는 것 같았다. 3명의 여성 대표는 내가 들어오는 모습을 보고 바로 다가와 한국 예절에 따라 내게 절을 하며 인사하였다. 나는 부랴부랴 답례하였다. 나이가 제일 많고 약간 뚱뚱한 대표 1명이 웃으며 내게 "나는 여자 포로수용소에서 자주 당신을 봤지만 말을 나눌 기회는 없었죠. 내가 소개를 하겠습니다!"라고 말했다.

중국희극가협회(中国戏剧家协会) 부주석, 하남성희곡학교(河南省戏曲学校) 교장, 심양음악학원(沈阳音乐学院) 교수 등을 지냈으며 사후 국무원으로부터 '인민예술가' 명예 칭호를 받았다.

그녀의 소개를 통해 나는 그녀의 성이 남南이고 성이 이李인 처녀는 그녀의 비서라는 걸 알게 되었다. 그녀는 또 얼굴이 동그랗고 눈이 큰 다른 처녀를 가리키며 "저 애 이름은 정옥희貞玉姬(貞은 鄭의 오기로 보임-역자)이고 김일성대학 외국어학과 학생입니다. 당신과 같은 업종이죠!"라고 말했다.

나는 기쁜 마음에 옥희와 악수하며 영어로 인사하였다. 그녀는 약간 부끄러워하며 "이곳에서 만나 뵐 수 있게 되어 정말 반갑습니다. 저는 당신들의 자매인 샤오양의 절친이에요. 이번에 그녀가 특별히 당신에게 편지를 전해달라고 제게 부탁하더군요. 사실 정말로 당신을 만나리라고는 생각하지 못했습니다"라고 말했다.

말을 마치고 그녀는 내의 속주머니에서 아주 작게 접은 종이 1장을 꺼내 내게 건넸다. 나는 여전히 그녀의 체온이 느껴지는 그 편지를 받아들고 너무나 감동하였다. 정옥희는 몸수색을 당할 수도 있는 위험을 무릅쓰고 중국 전우의 어려운 부탁을 들어준 것이었다.

내가 샤오양의 근황을 자세히 묻자, 그들은 앞다투어 "샤오양 동생은 잘 지내고 있어요! 공부도 좋아하고 일도 잘하고 용맹하게 투쟁도 하고 울지도 않고. 조선말도 정말 빨리 배우더라고요! 이제는 조선 노래를 우리보다 더 잘 부른답니다……"고 말했다.

그 말을 듣고 나는 우리의 여동생에게 중국인의 기개가 많이 자랐구나! 라고 생각하면서 편안한 마음으로 웃었다. 난 그녀들에게 부산에 돌아가면 꼭 대신 샤오양에게 인사를 전해달라고 부탁하였다. 그녀들이 일어나 쉬러 돌아갈 때, 나는 또 여성 대표의 막사까지 배웅해 주었다. 입구에서 보초를 서던 조선 전우가 우리에게 경례하였다. 여성 대표들은 안으로 들어와 잠시 있다 가라고 했으나, 그들의 휴식을 방해하지 않으려고 바로 인사를 하고 돌아섰다. 나는 '침대'에 누워서도 전혀 잠이 오지 않았다. 오늘 하루 너무나 감동적인 일이 많았다. 난 문득 샤오양의 편지가 생각나 꺼내 읽기 시작했다.

쩌스 큰오빠, 철조망을 사이에 두고 바다를 사이에 두고 인사를 드리네요. 지난 반년여 동안 밤낮으로 나이 드신 저의 할머니와 오빠를 생각했어요. 아무리 힘들어도 두 분의 보살핌을 생각하면서 굳세게 살아야 한다는 용기를 내었어요……

글씨가 점점 흐려지면서 눈물이 흘러내렸다. 샤오양에게 더 많은 사랑을 줄 수 없는 나 자신 때문에 미안했다. 그 애가 얼마나 이런 온기를 갈망하고 있을까! 내가 부모님과 약혼녀를 생각하며 수많은 밤을 지새우면서 그들의 사랑으로 나의 고통스러운 영혼을 달랠 수 있길 갈망했던 것처럼.

6. 조·중 전쟁포로 대표자대회

이튿날 오전 조·중 전쟁포로 대표자대회가 정식으로 개최되었다.

회의장은 새롭게 지은 막사 안에 설치되었는데, 배치는 간단하나 분위기는 엄숙했다. 직사각형의 막사 정중앙에 탁자 5개가 서로 붙어 있고 그 위에 군용담요가 덮여있으며 주위로 긴 의자가 2줄로 배치되어있었다. 문을 바라보는 대회 주석 자리에 의자가 하나 놓여있고, 주석 자리 뒤편 벽에는 종이로 만든 조선과 중국 국기가 함께 걸려있었다.

17개 포로수용소의 대표 43명이 사방에 둘러앉았는데, 쑨쩐관은 주석 옆에 앉았고 그 옆으로 나와 조선인민군 여성 포로 대표 3명이 차례로 앉게 되었다. 주석 바로 맞은편 자리는 도드를 위해 남겨놓은 '피고석'이었다.

대회에서는 조선인민군 사단 참모장 이학구李學九를 대표단 단장으로 선출하고 중국인민지원군의 쑨쩐관 교도원을 부단장으로 만장일치 추대한 후, 이어서 대회 의사일정을 토론하여 통과시켰다.

도드 장군이 불려 들어왔다. 그는 힘들게 발걸음을 떼어놓으며 고개를 숙이고 막사 안으로 들어왔다. 주석은 대회의 첫 번째 의사일정이 도드 장군이 대표들의 규탄 발언을 듣는 것임을 선포하고, 도드에게 "당신의 해명은 허용하나 사실을 존중해야 한다"라는 진행원칙을 간단히 설명해 주었다.

그러자 각 조선인민군 포로수용소 대표들이 돌아가며 발언을 하였다. 그들은 많은 명백한 사실들을 열거하면서 미국 측이 어떻게 전쟁포로를 박해하고 학살하여 자신의 조국을 배반토록 하였으며, 또 대규모의 조선인민군과 의용군 포로들을 억류해 이승만의 북조선 침략에 필요한 총알받이로 쓰려고 했는지 등을 고발하였다. 특히 머리털을 곤두서게 한 것은, 그들이 포로들을 비밀리에 이송하여 화학전과 세균전 그리고 핵전쟁의 실험 대상으로 삼았다는 사실이었다.

적들의 죄상이 하나하나 열거되고 모든 사실의 시간과 장소 그리고 실명이 밝혀졌다. 발표가 진행되면서 대표들은 점점 더 슬프고 분한 감정에 눈물을 흘리며 탄식을 쏟아냈다. 일부는 우리가 처음 듣는 사실도 있었으니, 그들이 당한 고통 중에는 우리가 겪은 것보다 더 심한 일도 있었다. 우리는 가슴 속에서 적에 대한 분노와 증오가 극렬히 불타올라 불끈 쥔 주먹으로 도드의 그 피둥피둥하게 살찐 머리를 정말 힘껏 내리치고 싶었다.

백악관의 정책을 충실히 집행하였던 이 도드 녀석은 증거가 확실한 사실들 앞에서 놀라 두려운 듯 머리를 숙이고 있었다. 아마도 우리의 증오에 찬 눈빛이 두려웠던 것이리라! 난 탁자 위에 얹은 그의 손이 떨리는 것을 보았다.

조선인민군 전우가 주먹으로 탁자를 내리치면서 "우리가 말한 것이 사실인가 아닌가?"라고 묻자, 그는 놀라 허둥대며 일어나서 "난 부임한 지 얼마 되지 않아 과거 포로수용소에서 발생했던 일에 대해서는 잘 알지 못하오!"라고 말하고는 감히 다시 자리에 앉질 못했다.

대회 주석은 그에게 앉으라고 한 뒤, "우리는 공산당원으로 결코 너희가 포로를 학대한 방식으로 당신을 대할 생각이 없다. 우리는 당신의 인격을 존중하고 어떤 모욕도 절대 주지 않을 것이다. 그러나 당신도 스스로 존중해서 미군 장군으로서 마땅히 용기를 내어 사실을 인정해야 할 것이다"라고 말했다.

도드는 분명 조금은 감동한 듯 고개를 크게 끄덕이며 자리에 앉았다.

규탄대회는 너무나도 슬프고 분한 분위기 속에서 오전부터 오후까지 장장 여섯 시간이나 지속되었다. 대회가 끝나고 나서 우리는 적의 죄상을 더 확실히 고발하기 위해 우리 측 비서장 리즈잉과 한국어 통역 류이柳一 동지를 불러 대회에 참가시킬 것을 요구하였다. 도드는 즉각 전화를 걸어 명령하였고, 리즈잉과 류이가 금세 제76 포로수용소로 호송되어왔다. 우리는 밤을 새워가며 체계적인 발언 준비를 하였고, 나는 발언 원고를 먼저 영문으로 번역하였다.

셋째 날인 5월 9일 오전, 규탄대회는 계속 진행되었다. 얼굴색이 조금 잿빛으로 변하고, 수면 부족인 듯 눈도 붉게 충혈된 도드가 회의장으로 끌려 들어왔다. 대회 주석이 나에게 중국인민지원군 포로를 대표해 발언할 기회를 주었다.

나는 일어나 탁자를 짚은 채 한동안 말을 꺼내지 못했다. 마치 이미 전사한 열사들의 영웅적인 모습이 다시 보이고, 그들이 용감하게 죽기 전 부르짖은 분노의 외침이 다시 들리는 듯 했다. 난 마음속으로 "전우들이여! 오늘 제가 당신들을 대신하여 적을 향해 얼굴을 맞대고 피눈물로 규탄하겠습니다"라고 소리쳤다.

나는 미국 당국이 어떻게 음흉하게 국민당과 공산당 간의 오랜 내전으로 쌓인 원한을 이용해서 국민당 특무와 배신자를 통해 중국 포로수용소 내에서 잔혹한 파쇼적 통치를 시행했는지, 또 미국과 중국 간의 이해충돌을 중국인 간의 내부 투쟁으로 전환했는지, 미국이 몇 년 전 장제스를 지지한 국공내전에서의 실패를 한국의 거제도 포로수용소로 옮겨 만회하려 했는지, 국민당 특무와 배신자가 이미 아무 힘도 없는 지원군 포로에 대한 피비린내 나는 보복을 하도록 방관했는지, 이로 인해 많은 포로가 조국으로 귀국할 권리를 포기할 수밖에 없었는지 등을 수많은 사실에 근거하여 하나하나 체계적으로 폭로하였다. 그리고 미국 당국이 바로 이런 범죄적 수단으로 그들의 수중에 있는 중국과 조선 포로를 정전 담판 테이블 상의 정치 투쟁의 도구로 삼고 있다고 갈파했다.

나는 분노에 찬 목소리로 미군 당국이 이른바 '송환 희망 선별'을 마지막으로 진행하면서 재차 특무와 배신자를 부추겨 한 차례 대규모 피비린내 나는 진압을 진행하여 끝까지 귀국을 요구하는 포로를 잔혹하게 학대하고, 심지어 가슴을 갈라 심장을 꺼내 죽이는 등 지독한 백색테러를 자행함으로써 진짜 선별을 진행할 때 많은 포로가 감히 자신의 귀국 의사를 표시할 수 없게 만들었다고 규탄하였다.

나의 발언은 2시간 이상 계속되었다. 그러나 이 역시 요점만 간추린 진술에 불과했다. 1년여에 걸쳐 적들이 우리에게 가한 죄행이 그 얼마나 깊고 무거웠던가!

나는 열사들의 장렬한 희생을 얘기하는 순간, 흥분과 슬픔을 억제하지 못하고 도드를 향해 분노에 찬 목소리로 "포로들의 선혈로 온통 물든 살인자, 당신은 자신이 중국 인민에게 어떤 죄악을 범했는지 알기나 하는가? '살아서도 중국인이요 죽어서도 중국 귀신이 되겠다!'라는 열사들의 죽기 전 맹세를 들어보라. 당신은 염황 자손의 민족적 지조가 무엇인지 알기는 하는가? 공산당원의 신앙인지 무엇인지 아는가? 진압하고 도살하면 우리의 신념을 꺾을 수 있고 우리가 당신네 미 제국주의의 의지에 복종하리라 생각하는가? 망상, 완전한 망상!"이라고 큰소리로 외쳤다.

엄청난 슬픔과 아픔, 분노로 눈물이 솟구치는 것을 참지 못해 나는 급히 몸을 돌렸다. 대회장의 분위기도 굳어버리는 것 같았다. 영어를 아는 정옥희 동지는 두 손으로 얼굴을 감쌌지만, 눈물이 손가락 사이로 흘러내렸다.

도드는 나의 규탄이 이어지는 내내 머리를 숙이고 있었다. 그러던 그가 탁자 모서리를 붙잡고 일어나 쉰 목소리로 "나, 나에게 책임이 있소!"라고 말했다.

아무도 그의 말에 대꾸하지 않았고 회의장은 여전히 무서운 침묵으로 덮여있었다. 도드는 겁먹은 듯 양옆을 곁눈질하고는 다시 머리를 숙이고 새로운 분노의 폭발을 기다려야 했다. ……

쑨쩐관이 일어나 그에게 "우리는 같은 군인으로서 당신이 정부 명령에 복종해야 한다는 것을 잘 알고 있소. 우리는 당신들이 저지른 범죄를 당신이 모두 책임을 져야 한다고 전혀 생각하지 않소. 그러나 우리는 당신이 이번 기회를 통해 당신네 정부의 이러한 행위가 완전히 잘못된 것이었음을 진정으로 인식할 수 있기를 희망하오"라고 말했다.

쑨쩐관은 잠시 말을 멈추고 분노를 가라앉힌 후, 다시 "난 미국 인민들이 당신들의 이러한 행위를 반대할 것이라 믿고 있소. 당신들은 사실상 중국과 미국 양국 인민 사이에 증오의 씨앗을 뿌리고 있는 것이오. 하지만 난 미국 인민들이 중국 인민과 우호적으로 서로 잘 지내고자 하리라 굳게 믿고 있소. 그러니 우리는 당신이 나서 잘못을 벌충하고 당신 정부를 대신해 손실을 만회할 수 있기를 바라오!"라고 말했다.

내가 쑨쩐관의 이 정의롭고 엄숙하며 이치에 꼭 들어맞는 말을 도드에게 통역해 주자, 그는 연신 고개를 끄덕였다.

"대표님들의 여러 말씀 감사합니다. 나의 잘못을 벌충하기 위해 최대한 노력을 다하겠습니다." 도드의 목소리는 떨리고 있었다. 나는 쑨쩐관의 말이 그를 진정 감동하게 했다고 느꼈다.

7. 도드가 죄를 인정하다

오후에 대표자대회는 「전 세계 인민에게 알리는 조·중 전쟁포로 대표자대회 규탄서」와 「미국 전쟁포로 관리 당국의 범죄사실 인정서」의 초안을 작성하였다. 이 두 문서에는 그들이 미국 정부의 의도를 집행하면서 포로수용소에서 범한 각종 범죄행위가 열거되어있었다.

동시에 대회는 토론을 통해 도드 석방 조건 4가지를 제시하고, 이튿날 이른 아침 신임 거제도 포로수용소 총책임자인 콜슨 준장에게 전달할 준비를 하였다. 그 4가지 조건은 다음과 같다.

1. 즉시 너희 군대의 야만적인 폭행을 중지하라. 모욕과 고문, 혈서 성명 쓰기 강요, 위협과 감금, 대량 학살, 포로에 대한 기관총 난사, 포로를 이용한 독가스와 세균무기 그리고 원자탄 등의 실험을 중지하고, 국제법에 따라 전쟁포로의 인권과 생명을 보장하라.
2. 즉시 조선인민군과 중국인민지원군 전쟁포로에 대해 불법적으로 진행되고 있는 소위 자원^{自願} 송환을 중지하라.
3. 즉시 무력하에서 노예의 지위에 처한 수만 명의 조선인민군과 중국인민지원군 전쟁포로에 대한 강압적인 '선별심사'를 중지하라.
4. 즉시 조선인민군과 중국인민지원군 전쟁포로로 구성된 전쟁포로 대표단을 승인하고 긴밀하게 협력하라.

본 대표단은 상술한 문제 해결을 위한 만족할 만한 서면 회답을 얻은 후에 도드 장군을 귀측에 인도할 것이다. 우리는 열정과 성의를 담은 회신을 기다리겠다.

당일 오후 우리는 현재 도드가 무슨 생각을 하고 있는지 확인하고 그가 범죄사실 인정서에 서명하는 과정에서 생길 수 있는 변수를 고려하여, 저녁에 대표단 단장이 단독으로 도드와 서명 문제를 담판하기로 했다. 그가 현재 한국의 평화회담 형세를 더 정확히 인식하고, 우리의 투쟁이 결코 그 개인을 대상으로 한 것이 아니라 평화회담의 진전을 저지하고 있는 유일한 장애물인 '전쟁포로 문제'를 해결하여 조속한 시일 내에 전쟁을 종결함으로써 미국 인민을 포함한 모든 당사자의 사망과 부상 및 전쟁 부담을 감소시키고 전 세계가 갈망하는 평화를 하루빨리 실현하기 위한 것임을 이해하게 하는 데 목적이 있었다. 담판 중 사상교육을 통해 그가 개인적인 우려를 버리고 우리와 함께 이 프로세스를 추진하도록 하는 동시에, 내일 모든 전쟁포로수용소에서 연좌시위를 거행하여 그의 결심을 유도하기로 했다.

넷째 날인 5월 10일 아침, 우리는 콜슨 장군에게 '도드 장군의 석방에 관한 조·중 전쟁포로 대표단의 4가지 조건'이 담긴 서한을 보냄과 동시에 「범죄사실 인정서」 서명 의식을 거행하였다.

대회가 막 시작될 무렵, 도쿄의 연합군 본부에서 도드 사건을 처리하기 위해 파견한 보트너Portner 준장이 거제도에 도착하여 즉시 도드 장군과의 전화 통화를 요구하였다. 전화기가 회의장 안에 있었고 나와 매우 가까이 있어서 전화 속 보트너 준장의 목소리가 상당히 또렷하게 들렸다.

"나는 사령관 보트너 준장이다. 도드 장군과 통화하고 싶다."

전화 내용을 들은 대회 주석 이학구 동지가 도드를 불러 수화기를 건네주도록 했다.

"도드입니다. 지시를 내려주시죠!"

"아! 도드 장군님, 안녕하십니까!"

"안녕하세요. 보트너 장군님!"

"제가 도쿄에서 부인을 모시고 왔습니다. 장군님의 안부를 확인하라고 하시더군요. 부인께서 계속 울기만 하십니다!"

"저는 잘 있으니 걱정할 필요 없다고 전해주세요!"

"장군님, 그들이 정말 장군님을 다치게 하지 않았는지, 모욕하지는 않았는지 말씀해 주세요. 정말 걱정됩니다."

"제가 드리는 말씀은 모두 사실이니 믿어주세요. 저도 원래 이들이 저의 인격을 존중해 주리라고는 믿지 않았습니다. 하지만 이제는 이 사실을 믿을 수밖에 없습니다."

"아, 그럼 정말 다행이네요. 신의 가호가 있었겠지만 참으로 알 수 없는 일이네요. 그들이 장군님을 얼마나 더 잡아두려고 하나요? 제가 어떤 일을 도와드릴 수 있을까요?"

"저도 모르겠습니다. 아마도 대표자대회가 끝난 후에는 석방될 것 같습니다만. 저를 돕는 유일한 길은 대표자대회가 순조롭게 끝나도록 하는 것입니다. 이들을 강압하지 마십시오."

"예, 알겠습니다. 전화기 옆을 떠나지 않고 장군님을 위해 언제든지 진력할 준비를 하고 있겠습니다."

"관심을 가져주셔서 감사합니다! 오래지 않아 장군님을 만날 수 있을 거로 생각합니다."

"그게 바로 제가 가장 바라는 일입니다. 그럼, 안녕히 계십시오. 장군님!"

"안녕히 계십시오. 장군님!"

도드의 대답과 어투를 통해 어제저녁 대표단 단장이 도드에게 한 사상 교육이 역시 효과가 있음을 알았다. 우리는 오늘 있을 서명 의식이 비교적 순조로우리라 예감했지만, 한차례 극렬한 교전이 있을 것을 대비하여 원래대로 사상 준비를 했다.

우리는 도드에게 「미국 전쟁포로 관리 당국의 범죄사실 인정서」의 내용을 들려주고 이견을 제시할 기회를 주었다.

도드는 문서 전문을 읽게 해 달라고 하였다. 그는 문서를 자세히 읽고 나서 일부 단어에 대해 이의를 제기하면서, 그러한 표현이 자기 조국의 존엄을 손상하는 것이라며 수정해 주길 희망했다. 그중에는 '범죄사실 인정서'를 '보증서'로 바꿔 달라는 요구도 포함되어있었다.

대표단 대표들은 논의 끝에 그의 의사를 존중하여 최대한 원칙에 어긋나지 않는 선에서 일부 양보하기로 하였다.

마지막으로 수정된 원고를 다 들은 후, 그는 마침내 고개를 끄덕이며 동의를 표했다. 우리는 훗날 전 세계를 놀라게 했던 이 문서를 새로 정서하여 그의 앞에 놓고 서명을 요청했다.

도드 장군은 돋보기로 갈아 끼고 만년필을 꺼낸 후 다시 한번 자세히 문서를 읽기 시작했다. 읽던 도중 그는 갑자기 문서에서 눈을 떼고 한동안 깊은 생각에 빠졌다. 그가 비록 마음의 준비를 하기는 했지만, 머릿속에서는 여전히 극렬한 사상 투쟁이 진행되고 있음을 알 수 있었다. 그는 이러한 문서에 서명한다는 게 앞으로 자신의 운명에 어떤 의미를 갖는지를 당연히 알고 있었다. 그러나 며칠 동안 그가 듣고 본 모든 것들이 분명 그의 마음속에 강렬한 충격을 불러일으켰을 터이고, 물론 서명을 거절했을 경우의 득실도 가늠해야만 했다.

마지막으로 그는 허리를 곧게 펴서 의자에 기대어 앞을 응시하면서 다시 안경을 벗어 렌즈를 닦으며 숙고하였다. 대표단 전체는 묵묵히 그를 바라보았고, 막사 안은 도드의 거친 숨소리까지 들릴 정도로 침묵이 흘렀다. 막사 밖에는 제76 포로수용소 7천여 전우들이 쥐 죽은 듯 조용히 둘러앉아 있었다. 정말 중대한 역사적인 시간이지 않은가! 마침내 도드 장군이 다시 안경을 쓰고 만년필을 서류의 서명란에 대고 잠시 멈칫하다가 바로 아주 신속하고도 익숙한 동작으로 그의 이름을 적었다. 그리고는 만년필을 놓고 무거운 짐을 벗어버렸다는 듯이 뒤로 기대어 눈을 감았다. 나는 그의 이마에 작은 땀방울이 맺힌 것을 보았다.

그 순간 전체 대표단은 일어나 손뼉 치며 대표자대회가 승리로 끝맺게 된 것을 축하하였다. 도드도 일어나 가볍게 손뼉을 쳤다.

대표단의 정·부 단장과 대표들이 차례로 도드에게 걸어가 악수하였다. 내가 그의 앞에 다가섰을 때, 그의 눈이 촉촉이 젖어있는 것을 볼 수 있었다. 나는 그의 얼굴에 새로 생긴 주름 속에서 인류 공통의 무언가가 감춰져 있다는 느낌이 돌연 들어 나도 모르게 그의 손을 굳게 움켜잡고 흔들었다. 난 그가 공산당원의 품격과 중국 인민의 마음을 이해할 수 있기를 희망했다. 또 역사의 산증인으로서 그가 앞으로 언젠가 미·중 양국의 우호 관계 회복에 공헌할 수 있기를 희망했다. 도드도 마치 내 마음을 이해한다는 듯이 나의 손을 꽉 쥐었다.

곧이어 막사 밖에서는 승리를 축하하는 환호성이 하늘을 놀라게 하고 땅을 움직일 듯 울려 퍼졌다. 그 환호성은 포로수용소마다 순서대로 이어져, 마치 봄 하늘의 천둥소리처럼 가까운 곳에서 먼 곳으로 황량한 거제도를 지나 바다로 그리고 더 멀리 퍼져나갔다.

그날 오후 대표단은 제76 포로수용소에서 승리를 축하하는 성대한 모임을 열어, 단장이 이번 대표자대회의 경과와 취득한 승리에 대해 연설하였다.

쑨쩐관 동지도 열정이 넘치는 연설을 하였다. 그는 이 위대한 승리를 위해 조선 전우들이 쏟은 노력에 감사를 표하고 조선 전우들의 용감하고 뛰어난 투쟁 정신을 배우겠다고 말했다. 그는 "중국 인민은 여러분의 위대한 공적을 영원히 기억할 것입니다!"라고 끝을 맺었다.

열렬한 박수 소리 속에서 나는 앞으로 불려 나가 방금 배운 〈조선유격대 전투가〉를 불렀고, 거기에 더해 〈중국인민지원군 전투가〉까지 불러야 했다. 조선의 세 여성 대표는 〈봄노래〉를 합창하며 춤까지 추었다. 제76 포로수용소 동지들은 〈도드를 사로잡다〉라는 제목의 계몽 선전극을 공연하였다.

관객은 제76 포로수용소 전체 전우 외에 길 건너 제77 포로수용소 전우까지 모두 10,000여 명이 넘었고, 심지어 길에서 순찰하던 미군 헌병과 보초 서던 한국 병사들도 흥미진진하게 연극을 관람하였다.

며칠 후 우리는 한 미군 사병이 몰래 던져준 『성조보』를 통해서 판문점 우리 측 대표가 전 세계에 도드 장군이 직접 서명한 문서를 공포했고, 이를 근거로 미국 측 대표에게 준엄한 비판을 가했다는 보도를 읽을 수 있었다. 또 신문을 통해 이 사건이 미국 백악관과 펜타곤에 가져다준 충격과 혼란 및 이로 인한 세계 각국의 들끓는 여론을 알 수 있었고, 미국 정부가 얼마나 궁지에 빠졌을지 상상할 수가 있었다. 그들이 거듭 날조했던 소위 조선과 중국 전쟁포로들이 귀국을 원치 않는다는 사실의 진상이 마침내 온 천하에 드러나게 된 것이었다.

우리는 이 승리의 소식에 너무 기뻐서 대표들끼리 서로 포옹하며 환희의 눈물을 흘리고, 서로의 가슴을 주먹으로 치며 한참 동안 들뜬 마음을 가라앉히지 못했다.

8. 도드의 석방

5월 10일 정오 무렵 우리는 콜슨 장군이 서명한 회신을 받았다. 그 편지에서 미군 측은 대표자 대회에서 요구한 도드 석방 4가지 조건에 기본적으로 동의하면서, 즉각 도드를 석방하길 요구했다.

당일 오후 미군 측에서는 보트너 준장이 콜슨 장군 대신 거제도 포로수용소 총책임자가 되었으니, 그가 우리와 도드 석방을 위한 마지막 담판을 진행할 것이라고 선포했다.

우리의 투쟁이 이미 기본적으로 승리를 거뒀기 때문에 보트너 장군과의 협의는 비교적 순조롭게 진행되었다. 우리 측은 즉각 도드 장군을 석방하고, 미군 측은 즉각 대표들을 각 포로수용소로 돌려보내는 동시에 어떠한 보복도 절대 하지 않겠다고 보증하였다.

5월 10일 저녁 우리는 도드를 제76 포로수용소 정문으로 보냈고, 미군 측에서는 이미 협의에 따라 레바인Levine 중령 등 장교를 파견하여 비무장으로 정문 입구에서 도드를 인계받을 준비를 하며 기다리고 있었다.

그들 뒤편에는 흰색 별 하나가 표시된 장군용 승용차가 세워져 있었고, 포로수용소 사방을 포위하고 있던 탱크와 장갑차는 부릉부릉 소리를 내며 멀리 물러나고 있었다. ……

도드를 보내기 전에 우리는 그에게 "요 며칠 동안 당신이 받은 대우에 대해 어떤 의견이 있으십니까?"라고 물었다.

그는 "없소. 정말 아무 의견도 없소이다!"라며 미리 준비한 쪽지를 대표단 이 단장에게 건넸다. 거기에 쓰인 내용은 대략 다음과 같았다.

나는 이곳에서 최고의 인도주의적 대우를 받았습니다. 당신들이 매우 어려운 상황 속에 있음에도 불구하고 나의 생활은 아무런 영향을 받지 않았습니다. 담판 과정에서 당신들은 나의 발언과 행동의 자유를 보장해 주었습니다. 이후 나는 최대한 힘을 다해 협의를 준수하고 그 실현을 위해 노력할 것입니다.

이어서 우리는 레바인 중령에게 도드를 인계받았다는 '인수증'에 서명하게 했다. '인수증'에는 대략 다음과 같이 적혀 있었다.

> 나는 명을 받들어 …… 조·중 포로 대표단으로부터 제76 포로수용소에 구금되어있던 도드 준장을 인계받았다. 검사 결과 도드 장군님은 어떤 모욕이나 신체상의 손상도 받지 않았음이 확실하다. 이를 증명함.
>
> 윌버·레바인Wilbur. Levine
>
> 1952년 5월 10일

그런 다음 우리는 도드 장군과 악수로 인사하고 그를 포로수용소 밖으로 보냈다. 레바인 중령이 그를 부축하며 승용차에 올랐다. 차가 시동을 걸자 그도 감정이 복받치는 듯 다시 한번 손을 흔들며 작별 인사하고는 평생 잊지 못할 거제도 제76 포로수용소를 떠났다. 이로써 도드 납치사건은 일단락되었으나 결코 이대로 끝난 게 아니었다.

9. 웨이린魏林과 가오지에高子가 보트너를 만나다

도드가 석방된 후, 보트너는 즉각 협의를 무시하고 여성 포로 대표를 제외한 나머지 모든 대표를 계속 제76 포로수용소에 가둔 채 처분을 기다리게 했다. '제602 중국인민지원군 전쟁포로 귀국지대'를 포함한 섬 안의 모든 포로수용소는 제76 포로수용소를 성원하고 자신들의 대표를 돌려보내 줄 것을 요구하며 위세 등등하게 항의 시위를 벌였지만, 그들에게 돌아온 것은 보트너의 최루탄 진압 및 식량과 급수 감축이었다. 제602 포로수용소에 진입한 탱크는 3일간 펄럭이던 오성홍기를 짓밟아 버렸고, 화염방사기는 철조망에 걸려있던 커다란 만화와 표어를 불태워버렸다.

곧이어 미군이 제602 포로수용소 입구에서 중국 포로를 총살하는 피비린내 나는 사건이 발생했다. 우리 제602 포로수용소의 모든 지원군 동지들은 조선 동지들의 성원하에 살인범의 엄벌을 요구하는 시위를 격렬하게 전개했다. 그 결과 보트너가 제602 포로수용소에서 새로 파견한 총대표 웨이린과 총통역 가오지에를 직접 접견하기로 동의하고, 사자死者를 위한 성묘와 추도회 개최 및 사자에 대한 미군 측 사과 등 우리 측이 제시한 조건을 받아들이게 했다.

40년 후 지원군 귀국 포로 주요 지도자와 핵심 멤버들이 쓰촨성 청두에 모여『미군 포로수용소 체험기美軍集中營亲历记』를 편찬할 때, 그 당시 지원군 포로 대표와 통역이 보트너와 벌린 지혜와 용기의 감동적인 투쟁 과정을 가오지에가 모두 앞에서 자세히 회고하였다. 우리의 린모어촣林模쓰 동지가 탁월한 속기 능력을 발휘해 가오지에의 생동감 넘치는 설명을 다음과 같이 기록하였다.

'4·8 선별' 이후, 귀국을 원하는 지원군 포로들은 제602 포로수용소로 이송되었다. 오래지 않아 제76 포로수용소 조선 동지들이 미군 전쟁포로수용소 총책임자 도드 준장을 납치하여 포로 대우 개선을 위한 쌍방담판을 요구했다. 이에 미군 측이 귀국을 원하는 각 중·조 포로수용소에서 총대표와 총통역을 제76 포로수용소로 보내 담판에 참여해달라고 요청함에 따라 제602 포로수용소에서도 총대표 쑨쩐관과 연대장 겸 총통역 장쩌스를 파견하였다. 담판에서 도드는 몇 가지 조건에 동의했고 쌍방은 문서에 서명한 뒤 도드를 석방하였다. 도드가 제76 포로수용소에서 약한 모습을 보였기에 미군은 그를 면직시키고 보트너를 총책임자로 삼았다. 제2차 세계대전 중 중국 전구戰區(총사령관은 장제스) 참모장이었던 스틸웰Stilwell(미군 대장)의 주요 참모였던 보트너는 당시 미군 소장이었다. 그는 중국을 비교적 잘 알고 중국말도 조금 안다고 하였다. 그는 자기 자식이 해방 전 톈진天津에서 중학교에 다녔다고 스스로 말할 정도로 '중국통'이라 할 수 있었다. 담판에 참석한 각 포로수용소 총대표와 총통역들은 모두 한동안 제76 포로수용소에 억류되어있다가 나중에 거제도 최고감옥으로 보내져 갇히게 되었다. 그로 인해 제602 포로수용소 총대표와 총통역은 교체되어 웨이린(지원군 참모장 출신)이 총대표를 맡고 내가 총통역을 맡게 되었다. 당시 모든 귀국을 원하는 중·조 포로수용소에서는 '4·8 선별' 과정에서 일부 동지들이 반동 앞잡이에 의해 살해되었기 때문에 마음속 분노로 투쟁의 기세가 매우 높아서 공세를 취할 상태에 있었다. 제602 포로수용소 동지 대부분 이제 막 반동 수용소의 굴레에서 벗어나 상처와 칼자국이 여전히 몸에 남아있는 데다, 매일 국기 게양과 합창을 하고 지도자 초상과 항의 표어를 들고 시위하며 계몽 선전극을 공연하고 있었다. 갓 부임한 보트너는 포로수용소 내부 사정을 잘 알지 못했기에 반격할 준비작업을 마치기 전에 잠시 뒤로 물러나는 전술을 취했다.

하루는 대변을 버리러 해변에 파견된 제602 포로수용소 동지들이 돌아왔을 때, 수용소 정문 밖에서 한 미군 소위가 강제로 몸수색을 하려는 것을 맨 앞줄에 있던 왕화이王化义가 거절하자 그대로 총을 쏘아 죽여버리는 일이 발생하였다. 그 자리에 있던 다른 동지들이 서둘러 그의 시체를 확보하려 했으나, 그 소위 외에도 총을 든 ROK(한국 군대) 한 부대가 옆에 있어서 다들 망설이는 바람에 시체를 빼앗기고 말았다. 당시 투지가 한창 고양되어있던 제602 포로수용소 사람들은 동료가 희생되었다는 소식을 듣자마자 모두 격분하여 소동을 일으켰다. 그리하여 조직적으로 커다란 항의 표어를 철조망 위에 내걸고, 철조망을 따라 흰 꽃을 뿌리며 화환을 들고 시위하기를 여러 날 계속했다. 우리와 이웃한 제603, 제604, 제605, 제607 등 조선 포로수용소의 전우들도 모두 우리의 투쟁을 지지하기 위해 밤낮없이 소동을 벌였다. 보트너도 가만히 있지 못하고 이 일을 무마하기 위해 부관인 소령을 제602 포로수용소로 보내 총대표와 총통역을 만나게 하였다. 소령이 나와 웨이린에게 "의견이 있으면 포로수용소 관리사령부HQ에 가서 장군과 직접 대화할 수 있습니다"라고 하자, 웨이린이 "지금은 몇 가지 기본 조건에 대해 당신들이 고려할 수 있는지를 먼저 논의한 다음, 고려할 수 있다면 우리가 가서 얘기해보겠지만 그렇지 않다면 대화할 필요가 없소"라고 말했다. 그가 "무슨 조건입니까?"라고 묻자, "우리가 묘지에 가서 화환을 바치고 추도하는 일과 앞으로 유사한 사건이 재발하지 않도록 반드시 보증하며 범인을 엄벌하는 것"이라고 답했다. 이에 소령은 "내가 사령부에 돌아가서 장군께 이 의견을 고려해 보라고 전하겠습니다. 만약 장군께서 이들 조건을 고려할 수 있다고 하면, 내일 또는 모레 당신들을 데리러 다시 오겠습니다"라고 말했다.

소령이 떠난 뒤, 우리는 즉시 지하당 조직 총서기 자오 정치위원에게 상황을 보고했다. 그러자 자오 정치위원은 "가자고 하면 가되 우리가 제시한 조건은 결코 건드려서는 안 되며, 보트너 본인 또는 미군 측 대표가 함께 묘지에 가서 헌화하고 추도하도록 요구하시오. 보트너에게 직접 가자고 강요하지는 말고 약간의 여지를 남겨두도록 하오. 너무 심하게 물면 잘못될 수 있으니, 적과 투쟁할 때는 조리條理와 이익 그리고 절도節度가 필요하오. 묘지에 가게 되면 다른 포로들의 묘에도 제수를 올리고 무덤 수를 세어서 그간 우리 사람들이 얼마나 죽었는지를 확인한 다음, 그것을 분명하게 제시함으로써 그들이 구실을 찾아 우리의 행동을 제한하지 못하도록 하시오"라고 지시했다. 웨이린 동지는 농공工農 간부였지만, 포로수용소의 잔혹한 투쟁 중 지식분자가 결코 정치 교과서에 나오는 것처럼 나약하지 않을 뿐 아니라 많은 이들이 투쟁에서 진정 적지 않은 역할을 했음을 보았기에 관념상에 큰 변화가 있었다. 아울러 그 자신이 국제 문제에 관한 지식이 매우 부족하고 외국인과 접촉한 경험이 전혀 없어서 적과 정치투쟁을 할 심리적 준비도 안 되어 있다고 느꼈다. 총대표와 총통역을 함께 이어받은 그와 나는 서로 간에 숨김이 없었다. 그는 나에게 "어떤 상황에서든 나의 의견을 보충할 필요가 있다고 생각되면, 나는 입만 열 테니 자네 뜻에 따라 통역하도록 하게"라고 말했다. 이는 권리를 나에게 넘긴 것이니 그는 명의상의 대표일 뿐 영어로 적과 교섭하는 실제 대표는 나였던 셈이다. 그는 이번 일로 적과 담판하러 가면서 미리 나에게 "담판할 때 어떤 상황이 생기면 어떻게 대응해야 할지 자네가 잘 생각해두게. 나도 생각해서 의견을 말하겠지만, 어쨌든 자네 입으로 적과 교섭해야 하잖아"라고 말했다. 그리하여 우리 사이에는 말없이도 서로 뜻이 매우 맞아떨어졌다.

다음 날 아침 식사 후, 소령이 지프차를 타고 와서 정문에서 지대장 장푸칭

張福庆(지원군 대대장 출신)에게 총대표와 총통역을 찾는다고 알렸다. 제602 포로수용소에서 장푸칭의 임시 직책은 공식 지도자로 항일전쟁 때 적 후방 유격지역에서 우리 당이 일본군과 괴뢰군의 소탕을 견디기 위해 만든 '백피 홍심白皮红心'[5]식 대응对应 촌장村长과 역할이 비슷했다. 나와 웨이린이 정문에 도착하자, 소령은 "어제 당신들이 제기한 기본 조건을 장군께서 고려할 수 있다고 했으니, 구체적인 실행 방안에 대해서는 당신들이 나와 함께 사령부에 가서 장군과 대화해 정하면 됩니다"라고 말했다. 우리는 바로 승낙하고 그의 지프차에 올랐다. 장푸칭은 우리가 떠나는 것을 보고 바로 자오 정치위원에게 가서 상황을 보고하면서, 가서 못 돌아올 수도 있고 감금될 수도 있다고 말했다. 당시 우리 둘 다 모든 걸 희생할 각오였기에 일단 가보기로 했다. 포로가 된 후 나는 미국 놈들에게 절대 승복하지 않았고, 오래된 간부인 웨이린은 더욱 그러했다. 우리와 소령이 탄 지프차는 오래지 않아 사령부에 도착했다. 정면에 있는 사무실은 철판으로 만든 건물로 정문과는 시멘트 길로 연결돼 있었다. 지프차는 시멘트 길 입구에 멈춰 섰는데, 사무실과는 1~200m 떨어져 있었다. 머리를 내밀어 보니 시멘트 길 양측에 헌병이 카빈총을 들고 길을 향해 도열해있는데, 대략 한 쪽에 10명쯤 되어 보였다. 나는 바로 웨이린에게 "와! 동지, 오늘이 홍문연인 모양이네. 자네 보게. '활시위를 조이고, 칼을 뽑아 들다弓上弦, 刀出鞘'라더니 우리 둘을 어떻게 하려는 거지?"라고 말했다. 이때 차에서 내린 소령이 차 문을 열고 우리에게 내리라고 했다. 웨이린이 나에게 어떻게 할지 물었다. 내가 "내리지 말자"라고 하니, 그도 "옳지! 내리지 말자. 제기랄 마치 우리더러 칼산에 오르라고 하는 것 같네"라고 했다. 나는 "들어

---

5   백피홍심(白皮红心) : 겉으로는 국민당이 운영하는 것처럼 희지만(白皮), 속(실제)은 공산당 지하조직이 장악한 붉은(红心) 중일전쟁 초기 국공합작하에 나온 투쟁 전술을 말한다.

봐. 내가 그에게 말할 테니"라고 말했다. 소령은 우리가 내리지 않는 걸 보고 바로 "웨이 소령, 내리시지요"라고 했다. 그들이 이미 웨이린이 우리 지원군 연대 참모장 출신임을 파악하고 그들의 관례상 소령에 상당하기에 이렇게 불렀던 것이었다. 그러자 웨이린이 아무렇게나 몇 마디를 했고, 내가 바로 통역하면서 "오늘 당신들이 담판하러 우릴 오라고 했으면 우린 당신네 손님인데, 길 양측에 카빈총을 든 무장 병사들이 총검을 한 채 길 복판을 향하고 있으니, 초대 손님을 이렇게 대하는 것은 너무 예의가 없는 게 아닌가! 문명국 미국인의 품위를 크게 잃는 게 아닌가! 따라서 오늘 우리는 대화하지 않고 바로 돌아갈 생각이오"라고 말했다. 나는 대놓고 그를 욕하지 않았으나 명분을 빌어 그를 비꼰 것이었다. 소령도 나의 말을 듣고 아니라고 느꼈지만 상관의 의도를 실로 알지 못했기에 길을 따라 돌아가서 보트너에게 물어보는 수밖에 없었다. 그가 문 입구에 도달하기 전, 보트너가 문 안에서 걸어 나와 차에서 내리지 않고 있는 우리와 문 쪽으로 걸어오고 있는 소령의 표정을 보고 무슨 문제가 있음을 알아챘다. 머리 회전이 빨랐던 그는 소령이 앞에 이르기도 전에 말을 꺼내며 영어로 "이 도대체 어찌 된 거야? 어떻게 이 모양이야?"라며 바로 소령을 질책했다. 소령도 매우 영리해서 고개를 돌려 모든 헌병에게 즉시 총을 내려놓고 뒤로 돌아 시멘트 길을 등지도록 명령했다. 하지만 철수하라는 명령은 내리지 못했으니, 그러면 너무 체면을 잃는 일이 아닌가. 그리고는 소령이 우리에게 급히 달려왔고 보트너도 따라서 앞으로 걸어왔다. 우리는 이 상황을 보고 "조리와 이익과 절도가 있다"라고 판단하여 바로 차에서 내려 걸어갔다. 바로 앞에 이르렀을 때 보트너가 팔을 뻗으며 다가와 악수를 하려고 했으나, 웨이린은 마치 보지 못했다는 듯 상대하지 않았다. 보트너도 눈치가 매우 빨라 악수하려 내밀었던 손을 몸과 함께 돌리면서 손가락을 앞으로 뻗어 안으로 들어가자는 자세를 취함으로써 곤경에서 벗어났다. 안으로 들어가니 병사는 없고 방 가운데 아주 아름다운 천이 덮힌 긴 테이블 하나와 벽 쪽에 의자 몇 개가 놓여 있었다. 나와 웨이린은 함께 붙어 앉아 테이블을 사이에 두고 보트너와 마주 보았고, 소령은 보트너와 같은 편에 의자 2개건너 앉았다. 자리에 앉자마자 한 미군 여종업원이 직경 60cm나 되는 커다란 꽃무늬 은쟁반을 들고 들어왔다. 쟁반 위에는 고색이 창연하고 꽃무늬가 그려진 은주전자와 몇 개의 작은 은컵이 놓여 있었고, 그 외에 케이크와 과자가 담긴 리본을 두른 미술공예품 같은 작은 은쟁반, 그리고 나이프와 포크 몇 자루가 있었다. 여종업원이 큰 은쟁반을 테이블 위에 놓자, 소령이 은주전자를 들고 급히 은컵에 커피를 따르고 케이크와 과자가 담긴 접시와 함께 우리 앞에다 놓았다. 그때까지 웨이린은 가만히 앉아 아무 말도 하지 않아서, 내가 그를 발로 차면서 "동지, 발언을 해야지. 자네가 대표인데 발언을 안 하면 내가 어떻게 통역을 하나?"라고 말을 건넸다. 그제야 그는 어조를 길게 내빼며 "오늘······ 그럼 사양하지 않겠소, 그런데 ······ 본론을 말하면 ······"라고 말을 꺼냈다. 내가 적당히 꾸며서 "각하의 과분한 대접 감사합니다만, 우리 수용소 포로 모두가 매일 이런 음식을 먹을 수 있다면 오늘 우리도 각하의 성의를 반드시 받아들일 수 있을 것입니다"라고 통역했다. 나는 역시 정면으로 그를 꾸짖지 않았다. 담판 석상에서 상대에게 한바탕 욕할 수는 없지 않은가. 나는 완곡하게 한차례 그를 나무랐던 것이다. 말끝마다 각하라고 한 것은 우리도 나름 외교 매너가 있어야만 했던 거지! 보트너도 웃었다. 아마도 상대가 꽤 점잖다고 생각한 것 같았다. 미국인들의 화법에는 특징이 있는데, 평소 말할 때 상당히 유머러스하므로 우리도 유머감을 발휘한 게였다. 보트너는 이대로 두면 난처해질 걸 알고 어쩔 수 없이 손짓하여 여종업원을 불러 테이블 위의 물건을 전부 치우도록 했다.

　담판이 시작되고 보트너가 먼저 "내일 우리는 트럭 10대를 파견하여 당신네 사람들을 묘지로 싣고 가서 헌화하게 준비하였소. 트럭 1대당 승차 인원은 10명이 넘지 않도록 하되, 화환이나 항의 표어 등은 당신들 마음대로 가져가도록 제한하지 않겠소"라고 발언하였다. 아마도 그 역시 우리 측에서 100명 이상이 가서 묘지의 송림 속에서 폭동을 일으키면 큰일이라 두려워했던 것 같다. 나는 "차를 타고 가는 동안 당신네 병사가 우리에게 총을 겨누지 못하게 하고, 당신이 병력을 얼마나 보내든 간에 모두 오늘처럼 길을 등지고 있도록 해주십시오. 묘지에 도착하면 우리는 헌화하고 추모가를 부르고 추도사를 읽은 다음, 다른 포로들 무덤에도 가서 제수를 올릴 것입니다. 그 외 각하 또는 각하의 대표 측에서도 추도사를 작성해서 문제가 없는지 사전에 우리에게 보여주셔야 합니다"라고 요구했다. 마지막 요구사항은 내가 생각해낸 의견이었다. 웨이린은 확실히 문화 수준이 높지 않고 대외 교섭 경험이 부족해 많은 요구를 할 수 없었다. 나는 이어서 "가고 오는 길에 우리가 추모가를 부르는 것도 제지해선 안 됩니다. 그리고 이번 일을 이렇게 그냥 끝낼 수 없으며, 반드시 범인을 엄벌하여 앞으로 유사한 일이 다시 발생하지 않도록 보증해야 합니다"라고 말했다.

　보트너는 우리가 제시한 조건들을 모두 받아들였다. 담판을 진행하던 중 마지막 2가지 조항을 논의하고 있을 때, 필립 녀석이 갑자기 들어왔다. 보트너는 우리가 서로 모른다고 생각했으나, 사실 우리는 일찍부터 아는 사이였다. 보트너가 "이분은 미스터 맨하드Manhard입니다"라고 소개하였다. 이는 내가 처음으로 그의 실명을 들은 것이지만, 그것이 실명인지 아닌지는 실로 아무도 모르는 일이었다. 필립은 북경말을 우리보다도 더 정확하게 구사했다.

이 녀석 앞에서는 더 이상 말을 꾸며낼 수 없었기에 웨이린이 뭐라고 말하면 그대로 통역해야만 했다. 다행히 담판하고 있는 내용 대부분은 이미 논의를 마쳤고 우리의 기본 요구도 이미 달성되었다. 끝으로 나는 "담판 결과를 쌍방이 문서로 만들어 서명해야 하지 않을까요?"라고 물었다. 이는 나와 웨이린이 사전에 의논했던 일로 쌍방이 서명한 문서를 가지고 돌아가면 하나의 전리품이 되지 않을까 싶었기 때문이다. 그러자 필립이 끼어들며 "당신들은 너무 사람을 믿지 못하는군요. 생각해봐요. 우리 같은 낮은 지위의 포로수용소 관리원 혹은 장교라면 혹시 모르겠지만, 오늘은 장군께서 답을 한 거잖소! 어찌 자기 입으로 승낙하고 바로 인정 안 할 수 있나요? 예컨대 웨이 소령도 지휘관인데, 자기 병사들 앞에서 한 말을 잠깐 사이에 인정하지 않을 수 있나요? 게다가 당신들이 내일 우리가 트럭 10대를 보내는지, 묘지 가는 길의 배치가 당신들 의사대로 되었는지, 묘지에 도착해서 당신들 기준대로 되었는지 확인하는 게 훨씬 현실적이지 않나요"라고 말했다. 우리는 한참을 생각한 끝에 이 요구를 다시 제기할 필요가 없다고 판단했다. 문서를 작성하려면 적어도 반나절은 걸릴 텐데, 사정을 모르고 집(수용소)에서 기다리는 사람들이 얼마나 조급해 하겠는가. 집을 나선 지 이미 2시간이 훌쩍 지났으니 우리가 다시 갇히지는 않았을까 걱정할 것 같았다. 또한 필립이 현장에 있어서 내가 더 이상 웨이린과 아무 거리낌 없이 상의할 수도 적당히 꾸며낼 수도 없어 매우 불편했다. 결국 보트너가 "내일 지프차를 보내 웨이 소령을 맞이하고, 나의 부관이 나를 대신해 당신들을 데리고 묘지에 가서 추도사를 낭독하도록 하겠소"라고 말했다.

우리는 보트너에게 "추도사에 살인범을 엄벌하고 앞으로 다시는 유사한 사건이 발생하지 않도록 보증하겠다는 내용이 반드시 들어가야 하며 완성된 추도사를 우리에게 보여주셔야 합니다"라고 환기했다. 그러자 보트너는 나에게 "바로 작성하는 건 시간상 어려우니, 완성한 다음 내일 당신들을 데리러 갈 때 당신이 보고 웨이 소령에게 번역해주면 되지 않겠소"라고 말했다. 이 추도사를 받아 냄으로써 돌아가서 모두에게 할 말이 있게 되었고 그간 쌓였던 분노도 털어놓게 되었다. 이는 포로가 된 이래 우리가 처음으로 승리한 전투인 셈이었다. 쑨쩐관과 장쩌스가 기분 좋게 제76 포로수용소로 담판하러 갔다가 결국 감금된 일이 생각나서, 우리도 나올 때 최악의 상황을 상정하고 "장사는 한 번 가면 다시는 돌아오지 못하리壯士一去不復返"[6]처럼 귀환하지 못할 것에 대비했다. 집에서는 이미 제3의 인선, 즉 류광전刘光珍을 총대표, 안바오위안을 총통역으로 삼을 준비를 완료한 상태였다. 돌아올 때 나와 웨이린은 소령이 모는 지프차 뒷좌석에 앉았다. (수용소) 문을 들어서니 수많은 동지가 모두 안에서 기다리고 있는 게 아닌가. 공개 노출하지 않는 지하당 지도자 자오 정치위원을 제외한 장푸칭 등 많은 지도자가 다 나와 있었을 뿐 아니라 더욱 많은 사병 동지들도 기다리고 있었다. 그들 모두 쑨쩐관과 장쩌스처럼 다시 돌아오지 못할까 봐 우리의 안위를 염려하고 있었다. 소령이 가고 나서 우리는 오늘 담판의 경과와 세부 내용을 상부에 보고하고 동료들에게도 전달하게 했다. 이때 웨이린이 담판에서 적이 비록 화환 외에 어떤 항의 표어를 가져가도 간섭하지 않겠다고 했지만, 우리도 조금은 여지를 남겨야 하니까 "살인범 엄벌을 요구한다." 등은 내걸더라도 "미 제국주의를 타도하자"라는 표어는 만들지 말자는 의견을 내었고 모두가 이에 동의하였다.

다음날 미군 흑인 병사가 모는 10대의 트럭이 시간에 맞춰 도착했다. 같은

---

6 중국 전국시대 말 연(燕)나라 왕자의 부탁으로 진왕(秦王) 정(政, 즉 나중의 진시황)을 암살하러 떠나기 전, 형가(荊軻)가 역수(易水) 가에서 부른 노래 가사 중 일부.

색 품이 넓은 바지灯笼裤, bloomers와 짧은 가죽구두에 모자를 쓰고 콜트COLT권총을 찬 MP(헌병)도 있었다. 가는 노선은 전부 정해졌고 묘지에 도착해서도 30분을 더 걸어야만 해변에 이를 수 있었다. 길 양편에는 수십 보마다 헌병들이 도로를 사이에 두고 서로 등을 돌리고 서 있었다. 우리는 자오 정치위원과 미리 상의하길, 그들도 두 사람을 보내게끔 문 입구에 도착하면 우리가 좀 거드름을 피우며 소령을 기다리게 한다. 우리는 문 옆에 있는 막사 안에 가만히 있으면서 너의 연락을 기다린다. 그들이 오면 네가 바로 상대하러 나가고, 그가 우리 대표를 찾을 때 네가 사람을 막사로 보내 통지하는 식이면 우리 위신이 충분히 세워질 거라고 판단했다. 그들의 대표가 온 후 나와 웨이 참모장이 문 입구로 갔다. 그들이 소령을 파견한 것도 일리가 있었으니 같은 계급끼리 상대한다는 거였다. 그 소령은 웨이 참모장을 보고 경례할 필요가 없지만, 만일 대위를 보내 웨이 참모장을 만나게 한다면 제네바 협약 관리 조항에 따라 경례를 해야만 했다. 어찌 그리 할 수 있겠어? 우리가 도발하든 안하든 그건 제네바 관리협약을 강요하는 게 아니겠는가? 소령은 악수를 청해도 받아주지 않을 것을 알았기에 손을 내밀지 않았다. 그는 곧바로 나에게 "이것은 내가 쓴 추도사이니, 당신이 보고 웨이 소령에게 번역해주시오"라고 말했다. 추도사의 요점은 왕화이의 죽음을 침통히 추모한다. 우리 병사의 잘못으로 이번 사건이 발생하여 당신을 고통스럽게 하였으나, 이제는 당신의 영혼이 빨리 하나님의 곁으로, 극락 세계로 가길 희망한다. 침통한 조의를 표함과 동시에 당신들의 요구에 따라 반드시 가해자를 처벌하고 앞으로 다시는 유사한 일이 발생하지 않도록 보증한다는 내용이었다. 또 그는 자신이 무덤 앞에서 추도사를 읽겠다고 요구했다. 그리고는 차에 탈 준비를 하였는데, 대형 트럭 10대가 한참 먼 곳부터 앞쪽의 작은 숲에서 방향을 틀어 정문에 이르기까지 길게 늘어서 있었다. 우리는 이미 대열을 정돈한 상태였다. 중국·조선·소련 국기를 선두로 큰 북 3개와 작은 북 12개가 그 뒤를 따르고, 가슴에 작은 흰 꽃을 단 추모 행렬이 위풍당당하게 화환과 표어, 그리고 크고 작은 많은 물건을 들고서 북소리에 맞춰 질서 있게 열을 지어 정문을 나와 모두 차에 올라탔다. 우리는 미리 회의를 열어 묘지에 가면 우리 지원군 포로가 대체 얼마나 죽었는지 세어보기로 사전에 협의했다. 누가 지도를 그리고 누가 기록을 맡을지 등 구체적 역할에 대해서는 나도 알지 못했다. 마침내 웨이 참모장이 지프차에 오르자 미군 소령이 직접 차를 몰았다. 미군들은 모두 직접 차를 운전했다. 웨이 참모장은 운전석 옆에 앉고 나는 뒷좌석에 앉았다. 다들 구호를 외치고 노래를 부르며 살인범을 처벌하라고 요구했지만, 미 제국주의를 타도하자는 내용은 일절 없었다. 10대의 트럭이 기세등등하게 묘지에 도착해서 보니, 군인들이 주위를 온통 에워싸고 있는데 헌병은 아니었다. 선발대로 먼저 도착한 헌병은 마치 우리를 위한 의장대처럼 보였다. 묘지에는 무장한 일반 사병들이 배치되어있었지만, 만약 그 송림 속에서 우리 100명이 달아나거나 제멋대로 굴면 그들도 어쩔 수 없는 상황이었다. 그렇지만 미군의 관리를 받는 처지인 우리는 알면서도 모르는 체할 수밖에 없었다. 우리가 미군에게 병력을 철수하라고 말하는 것 역시 비현실적이었다. 그래서 우리는 이런 요구를 하지 않는 대신 무덤 근처만이라도 병사들이 에워싸지 못하게 함으로써 '조리와 이익과 절도'를 얻을 수 있었다.

무덤에 도착한 뒤 웨이 참모장이 먼저 인사말을 하며 한차례 추모를 하였는데, 원고 없이 그냥 말했기 때문에 무슨 내용인지는 이미 잊어버렸다. 내가 진행을 맡아 의식도 진행하였다. 첫 번째 뭐, 두 번째 뭐, …… 게다가 영어로 한 번 더 말하는 동안 소령 등도 쉬지 못하고 계속 그곳에 서 있어야 했다. 개

막의식에 이어 추모가를 부르고 추도사를 읽은 다음, 소령이 추도사를 다 마치고 왕화이의 무덤에 화환을 바쳤다. 커다란 표어를 혼들며 돌 몇 개를 들고 무덤을 향해 절을 하였다. 그들이 묘를 쓸 때 자주 쓰는 방식은 봉분 없이 작은 구덩이 바닥 위에 영화 속 외국의 작은 나무 벤치처럼 하나하나 길쭉하게 회칠하여 무덤이라는 인상만 주는 것이었다. 묘 앞의 작은 석비石碑에는 포로의 수용번호와 성명, 사망 일자가 비교적 자세히 새겨져 있었다. 미군의 이러한 관례 때문에 전쟁이 끝난 후 사망 포로 또는 전사자의 시신을 모두 갖고 돌아갈 수 있었다. 아마도 미군은 우리가 나중에 요구할 걸 예상하여 그런 표준을 근거로 삼아 대비했던 것 같다. 이후 우리는 3인 1조, 5인 1조로 묘지를 뒤져 지원군 무덤 여러 개를 찾아서 그 숫자를 확인하고 무덤마다 흰 꽃을 뿌린 끝에 모든 행사를 마쳤다. 그리고는 우리 인원이 100명뿐이어서 트럭 5대는 보내고 나머지 5대에 탑승했다. 웨이 참모장과 소령이 앞에 타고 내가 뒤에 탄 지프차가 선두에 서고 그 뒤로 트럭이 따랐다. 돌아올 때도 노래를 부르며 시끄럽게 굴었고 헌병들이 내내 우리를 호송하였다. 이상 전후 과정의 개략적인 내용이다. 이번 일은 내가 포로가 된 후 유일하게 비교적 …… 마음속 분노를 발산한 기회이기도 했지만, 왕화이 열사의 선혈로서 바꾼 중국 전쟁포로가 처음으로 공평한 대우를 받은 사건이기도 했다.

10. 잔혹한 보복 — 피로 물든 제76 포로수용소

보트너가 포로 대표 석방을 완고하게 거절한 후, 다시 제76 포로수용소에 대한 무력 감시와 관리를 현저히 강화했다.
'지하 행동 총지도위원회'는 긴급회의를 소집하여, 화가 머리끝까지 난 미군 당국자들이 결코 이대로 끝내지 않고 분명 잔혹한 보복을 할 것이며 심지어 대학살도 감행할 수 있다고 판단하고, 즉시 대학살에 반대하는 전투준비를 하기로 하였다.

제76 포로수용소에서는 서둘러 지하 갱도와 참호를 파고 전투부대와 돌격대를 조직하였다. 대원들은 '연소탄燃燒彈(병에 휘발유를 가득 담아 사용할 때 불을 붙여 던지는 것)'과 '사표창梭标枪(휘발유 통을 잘라서 만든 예리한 칼을 막사 장대 끝에 단단히 묶은 것)'을 만들었으며, 수용소 전체가 전투를 위해 동원되었고 전투 훈련도 함께 실행되었다.

우리 중국 동지 4명도 전투 동원과 준비에 적극적으로 참여하였다. 우리는 각 막사에 초대되어 '시찰'을 하고 홍군과 팔로군, 해방군과 인민지원군 이야기를 강연하며 친목회에도 참가하였다. 우리의 전투 이야기와 항일가곡 공연은 특히 열렬한 환영을 받았다. 우리는 또 조선인민군 전우들과 함께 땀을 흘리며 참호를 팠다. 그 잊을 수 없는 날들 속에서 우리는 중국과 조선 인민이 생사고락을 함께한 골육의 정을 가슴 깊이 느꼈고, 위험 앞에서도 두려워하지 않는 조선 전우들의 혁명 영웅주의 기개에 감동했다.

6월 10일 즉 도드가 석방된 지 꼭 1달 뒤, 결국 미군 측은 제76 포로수용소에 대해 대규모 유혈 진압을 감행했다. 그들은 먼저 수천 명의 병력을 동원해 수용소를 완전히 포위한 다음, 탱크로 사방팔방에서 철조망을 무너뜨리고 영내로 돌진해 들어왔다. 그 뒤를 따라온 특수부대원들은 화염방사기로 막사를 불태웠고, 보병은 기관총과 자동소총을 난사하며 들어와 수용소 전체가 불길에 휩싸였다. 총소리가 귀를 진동시켰고, 중간중간 미군들이 야수처럼 부르짖는 소리도 뒤섞여 있었다.

제76 포로수용소의 전투대원과 돌격대원들은 크게 함성을 지르며 전투에 투입되었고, 수용소 전체의 수천 전우들은 투지를 고무하기 위해 〈인터내셔날 노래〉를 소리 높여 불렀다. 미군 탱크 3대가 우리의 '연소탄'에 불탔고, 총격을 가하던 일부 미군들은 뒤편 참호에서 갑자기 날아온 창에 맞아 외마디 소리를 내며 쓰러졌다. 더 많은 용맹한 돌격대원들이 두 눈을 부릅뜨고 '조국 만세!'를 외치며 참호를 뛰쳐나가 탱크와 장갑차를 향해 마지막 남은 훨훨 불타오르는 휘발유 폭탄을 던지고 장렬하게 산화해 갔다.

이 피비린내 나는 대학살과 반 학살 투쟁에서 조선인민군 포로 300여 명이 부상하거나 사망했다. 이 얼마나 천지가 놀라고 귀신이 곡할 장면이 아니고 무엇이겠는가! 역사는 이 특수한 전장과 이 특수한 전투를 어떻게 기록할까!

제76 포로수용소 유혈 진압 과정 내내 우리 4명의 중국 대표는 조선 전우들의 강력한 저지에 막혀 지하 갱도에서 나올 수 없어서 전투에 참여하지 못했다. 그들은 간절하게 "지원군 동지들, 우리는 전체 중국 포로 동료에게 당신들의 안전을 책임진다고 약속했습니다. 만일 당신들에게 무슨 일이라도 생기면, 우리가 어떻게 당신네 조국과 인민들에게 낯을 들 수가 있겠습니까!"라며 부탁하였다.

전투가 끝난 후 우리는 미군에 의해 갱도에서 쫓겨나왔는데, 나와 보니 제76 포로수용소 전체가 이미 평지로 변해있었다. 곳곳에서 막사와 옷들이 불타고 있었고 불붙은 탱크에서는 여전히 연기가 피어오르고 있었다. 공기 중에는 코를 자극하는 화약 냄새와 휘발유 냄새가 가득 차 있었고 땅에는 우리 부상병과 열사들이 곳곳에 쓰러져 있었으며, 일부 미군 부상병들은 들것으로 실려 나가고 있었다.

우리처럼 살아있고 다치지 않은 포로들은 광장 중앙으로 몰려 대열을 맞춰 앉혀졌다. 미군은 대표들의 이름을 하나하나 부르며 포로수용소 밖의 특대형 트럭 옆으로 끌고 갔다. 이들 트럭의 바퀴는 사람 키보다 더 컸다.

우리는 떠밀려 트럭 뒤편의 철제 사다리를 기어올라 적재함으로 들어갔는데, 약 1m 높이의 트럭 측면 위로 가시가 달린 철조망이 덮여있고 바닥에는 치우지 못한 가축 분뇨가 널려 있어 악취가 코를 찔렀다. 우리는 총검의 위협 하에 두 손으로 목 뒤로 감고 적재함에 쭈그려 앉아야 했다.

대표들이 모두 모이자 트럭은 굉음을 울리며 출발하였고, 우리는 거제도 제76 포로수용소에서 멀어지기 시작했다. 제76 포로수용소에서의 이 보기 드문 경험은 그렇게 끝이 났다.

'도드 납치' 사건 발생 이후 올 5월 7일까지 근 60년의 세월이 지났고 그사이에 내가 겪은 시련으로 인해 많은 기억이 무뎌졌지만, 이 사건의 전 과정은 여전히 내 눈앞에 선하게 떠오른다. 그 이유는 아마도 도드 납치가 거제도 전쟁포로수용소 내에서 중국과 조선 포로들이 벌인 투쟁 중 최고조에 달했던 사건인데다, 내가 직접 참가했기 때문일 것이다. 또 다른 한편 이 인류 전쟁역사 상 가장 특이했던 사건—자신이 가둔 포로들에 의해 자신이 포로가 된 장군—을 통해 마침내 포로수용소의 잔혹한 현실이 보여주는 다음과 같은 심오한 생활철학을 내가 깨달았기 때문인지도 모르겠다. 운명에 굴복하길 원치 않는 사람은 모두 언젠가 자신의 힘이 미치는 최대한의 투쟁을 하게 된다는 것을! 바로 이러한 철리哲理의 격려하에 나는 이후 고난에 찬 세월 속에서 나에 대한 운명의 각종 준엄한 도전을 군건하게 맞이할 수 있었다.

제13장

한국에서 미국 감옥에 갇히다

1952년 6월 10일 ~ 1952년 9월 10일, 거제도

1. 전쟁포로에서 '전범'으로 승격하다

미군이 제76 포로수용소를 유혈 진압한 후인 1952년 6월 10일 저녁 무렵, 18명의 조·중 전쟁포로 대표자대회의 정식 대표와 일부 수행비서, 통역요원들은 모두 거제도 최고감옥으로 압송되었다. 우리는 미군 가축 운반용 대형 트럭에 실려 한참을 흔들리며 가다가 한차례 고의적인 급제동 끝에 마침내 목적지에 도착했는데, 그 바람에 모두가 트럭 바닥의 가축 분뇨 위로 세게 처박혔다.

우리를 압송하던 미군은 큰 소리로 "망할 놈들, 빨리 내려!"라고 욕하며 트럭 뒤편의 철제 사다리를 타고 1명씩 내려가게 했다. 차에서 내려 몸을 바로 세운 후, 나는 앞에 있는 사람 인자 형태의 지붕을 한 돌로 쌓아 견고하게 만든 건물과 영문으로 '최고감옥'이라 새겨진 문설주 위의 큰 글자를 볼 수 있었다. 건물 출입문 양측으로는 윗부분에 전기 철조망이 설치된

높이 3m의 돌담이 둘러쳐져 있었다.

건물을 바라보고 있던 나는 미군이 휘두른 총 개머리판에 등을 한 대 얻어맞았다. 그 미군은 화난 목소리로 "망할 자식, 빨리 벽 아래로 뛰어가 벽을 보고 꿇어앉아. 두 손은 머리 뒤에 놓고!"라고 소리 질렀고, 나는 비틀거리며 밀려서 벽 아래로 갔다.

인격을 모욕당한 치욕감에 깊숙이 찔리는 듯한 고통을 느끼면서, 내 마음속에서 극도의 분노가 용솟음치며 "우리 측은 절대로 당신들에게 보복하지 않을 것을 보증한다"라고 적힌 「도드 석방 합의서」와 그 위에 사인하던 보트너의 얼굴이 다시 한번 떠올랐다. '신의를 저버린 짐승들!'이라고 나는 속으로 욕하였다. 나는 '도드 납치'로 인해 앞으로 더 큰 대가를 치를 준비를 해야 한다고 스스로 마음을 다잡았다.

견디기 힘든 30분이 지나고 우리는 연신 걷어차이고 얻어맞으며 감옥 정문 안으로 쫓겨 들어갔다. 측면에 있는 작은 방안에서 나는 창백한 얼굴의 쑨쩐관을 발견하였다. 그의 이마에 불룩이 튀어나온 피멍과 핏자국을 보고 마음이 너무 아팠다. 나는 또 리즈잉과 류이를 찾아보았지만, 그 둘을 발견하지 못했다.

한 미군 감옥 관리 요원이 다가와 내게 바리깡을 건네며 나와 쑨쩐관에게 상대방의 머리를 박박 밀어주라는 손짓을 했다. 나는 그에게 영어로 "난 한 번도 남의 머리를 깎아 본 적이 없어서 바리깡을 사용할 줄 모르오"라고 말했다. 그는 나를 한번 노려보고는 쑨쩐관을 가리키며 "영어를 할 줄 아는군. 그럼 이자에게 먼저 네 머리를 깎으라고 말해! 범죄자는 감옥에서 머리를 기를 수 없어"라고 말했다. 난 그에게 쑨쩐관도 머리를 깎을 줄 모른다고 말하려 했으나, 쑨쩐관이 이미 내 손에서 바리깡을 뺏어들고

"이 사람과는 말이 통하지 않으니, 내가 먼저 시험해 보겠네!"라고 말했다. 나는 하는 수 없이 쑨쩐관이 내 머리를 다 밀 때까지 기계에 머리카락이 끼이고 잡아당겨지는 아픔을 최대한 참을 수밖에 없었다.

내 차례가 되자 상당히 조심스럽게 쑨쩐관의 머리를 깎았다. 하지만 내 그 잘난 '솜씨' 때문에 쑨쩐관의 얼굴 근육이 떨릴 때면 정말 바리깡을 내던지고 싶었다. 결국 나의 노력과 상관없이 그의 윤기 나는 검은 머리는 개가 물어뜯은 것처럼 엉망이 되어버렸다.

나의 '걸작'을 바라보면서 나는 참지 못하고 쓴웃음을 지며 쑨쩐관에게 "정말 미안해요. 너무 엉망이 되어버렸네요"라고 말했다.

쑨쩐관은 한숨을 내쉬며 "오늘 같은 날이 올 줄 알았더라면, 부대에 있을 때 이발을 배워둘걸! 자네 머리도 한번 만져보게. 아마 내 머리보다 더 이상할 거야!"라고 대답했다. 내가 만져보니 과연 나도 깎다 만 머리카락이 듬성듬성 남아있는 민머리가 되어 있었다.

이어서 간수는 또 우리에게 허리띠와 신발 끈을 풀게 하고 몸수색을 하여 모든 금속붙이를 빼앗아 갔다. 심지어 모자에 달린 붉은 별 휘장마저 떼어가고 나서 우리를 1명씩 감방으로 데려갔다.

그제야 난 비로소 이 미국식 감옥의 내부구조를 분명하게 볼 수 있었다. 정문에서 들어와 정중앙에 약 100m² 크기의 직사각형 공간이 있고, 그 뒤편 가장자리에 2개의 사무 책상이 놓여있었다. 책상 옆에는 갈색 피부의 미군 장교가 앉아있는데, 보기에 교도소장인 것 같았다. 감옥의 대청 안에는 정문을 마주 보고 뒤편 운동장으로 통하는 작은 문이 있다. 대청 안의 양쪽 측면은 약 2m 높이의 돌로 쌓은 벽이 있고, 벽에는 약 3m 간격으로 작은 철문이 있었다. 그 문 안쪽으로 좁은 복도가 보였는데, 복도 한편은 나무판으로 된 벽이 있고 벽에는 촘촘한 간격으로 나무 문이 배열되어있었다. 그 문 위에 작은 창문이 있는데, 그 문 안이 바로 감방이었다. 그리고 모든 감방 천장에는 가시 없는 철조망이 덮여있고, 망 위에 나무판으로 된 길을 만들어 그 위를 경비병들이 다니며 순찰하게 했다.

쑨쩐관이 먼저 끌려갔다. 헤어질 때 그는 몰래 내 손을 꼭 쥐었고, 그 순간 한줄기 뜨거운 열기가 내 가슴속으로 흘러들어왔다. 나는 그 안에 동생을 보내는 형님의 당부와 신임이 묻어있음을 알 수 있었다. 바지춤을 움켜쥐고 좌측 3번째 철문으로 끌려가는 그를 바라보다, 나도 한 간수에게 이끌려 우측 2번째 철문으로 들어갔다.

문으로 들어간 후 간수는 1번째 나무 문을 열고는 내게 신을 벗어 문밖에 놓으라고 하였다. 내가 허리를 굽혀 안으로 들어가는 순간, 그가 나를 발로 걷어차 밀어 넣었다. 바닥을 한 바퀴 구르고 나서 나는 분노에 찬 목소리로 "너희들의 이런 전쟁포로 학대에 항의한다!"라고 소리 질렀다.

그 간수는 음험한 표정으로 나를 노려보며 "여긴 전쟁포로 따윈 없어! 전범과 형사범만 있을 뿐이야!"라고 말하고는 휘파람을 불며 문을 잠그고 가버렸다.

"그래 좋아! 우리가 전쟁포로에서 전범으로 승격되었다니, 정말 제미랄 고맙구나. 이 미국 놈들아!" 감옥 바닥에 앉아 난 아픈 무릎을 주무르며 터져 나오는 욕을 참을 수가 없었다.

독방을 한 바퀴 돌아보니, 너비는 겨우 0.8m에 길이는 2m, 높이도 2m 정도이고 천장의 철조망 이외에 사면은 모두 소나무 판이었다. 이는 아마도 죄수의 자살을 방지하려는 의도인 것 같았다. '정말 우습군. 자살할 생각이었다면 지금까지 기다릴 필요도 없었어. 끝까지 살아남아서 네놈들과 끝장을 보고 말 테다!' 이렇게 생각하자 화난 마음이 점차 가라앉기 시작했다.

그날 온종일 받았던 너무나도 강렬한 자극 때문에 나는 점점 두 눈이 감기면서 고통스러운 꿈나라로 빠져들어 갔다. ……

2. 호된 신고식

다음 날 아침 난 문 여는 소리에 놀라 잠에서 깨었으나, 눈을 뜨는 순간 어디인지를 알지 못했다. "어서 일어나 따라 나와!"라는 고함소리를 듣고서야 겨우 정신을 차리고, 내가 이미 '전범'으로 판정받아 감옥에 들어왔다는 사실을 깨달았다.

오늘 온 자는 다른 간수였다. 이놈은 키가 작고 갈색 머리에 얼굴이 넓었다. 나는 몸을 일으켜 문을 나와 신발을 신고 바지춤을 움켜쥐고는 그의 구타에 대비하며 철책 문을 나왔다. 다른 전쟁포로 대표들도 천천히 각 측문에서 잇달아 걸어 나오고 있었다.

뒷문을 나오자 높은 담장으로 둘러싸인 농구장만 한 운동장이 나왔다. 그 담장 밖 두 모퉁이에 있는 초소에는 철모를 쓴 몇 놈이 기관총 뒤에 앉아 우리를 보며 손가락질하고 있었다.

담장 안에 있는 놈들은 총검을 받쳐 들고 고함지르며 우리를 2줄로 맞춰 서게 하고는 "뛰어가!"라는 구령을 외쳤다.

모두가 한 손으로 바지춤을 움켜쥐고 뛰기 시작했는데, 끈 없는 신발을 신고 뛰는 것은 정말 재주가 필요한 일이었다. 게다가 다들 어제 아침부터 물 한 모금 마시지 못했기에 배고픔과 갈증으로 우리의 발걸음은 점점 느려져만 갔다.

앞에 선 간수가 또 총 개머리판을 들어 위협하며 "더 빨리, 멈추지 마!"라고 크게 소리쳤다. 그러다 우리 대표 중 나이가 꽤 많이 든 조선인민군 전우 1명이 돌에 걸려 넘어져 다시 못 일어나자 비로소 구보는 중지되었다.

모두가 달려가 온몸을 떨고 있는 그 전우를 부축해 일으키고는, 분노에 찬 눈으로 그 인성이라고는 찾아볼 수 없는 짐승들을 노려보았다.

그 혼란 속에서 나는 리즈잉과 류이를 발견하고 그들에게 다가가 머리를 끄덕이며 안부를 전했다. 리즈잉은 상의 어깨 부분이 찢어져 있었다. 불같은 성격의 이 전우는 분명 어제저녁 적들과 한바탕 다툼이 있었던 모양인데, 정말 그가 걱정되었다. 리즈잉은 마치 내 마음을 알아차린 듯 날 향해 웃음을 지어 보였지만, 그 웃음이 오히려 나를 더 힘들게 하였다.

'바람 쐬기'는 대략 30분 정도 이어졌고, 우리는 또 각자의 감방으로 돌아가야 했다. 감방에 돌아와 배고픔과 갈증으로 온몸에 힘이 빠지는 느낌이 들어 자리에 누우려 하자, 머리 위에서 "앉아, 누워선 안 돼!"라고 외치는 소리가 들려왔다.

머리를 들어보니 한 경비병이 아래를 내려다보고 있었고, 그제야 난 미국 감옥의 규칙 중 하나인 죄수들은 낮에 누울 수 없다는 사실을 알게 되었다. 나는 벽에 기대어 앉아 두 발을 감싸고 머리를 숙인 채 눈을 감고 가볍게 몸을 흔들다가, 이런 자세가 그래도 비교적 오래 견딜 수 있다는 점을 발견하였다. 그래서 이는 나의 감옥 생활의 표준 자세가 되었다.

오전 10시경 마침내 철문 열리는 소리가 나더니, 어떤 이가 작은 창문에 노란 얼굴을 가까이 대고 내게 한국어로 "식사합시다!"라고 외치는 걸 보았다. 다행히 난 그 말을 알아듣고 급히 다가가, 그가 창문으로 집어넣는 보리밥 반 공기와 된장국 한 그릇을 받았다.

공기 속의 보리쌀 한 톨까지 깨끗이 비우고 국물 한 방울도 남기지 않고 다 마셨지만, 배고픔은 오히려 더 강하게 느껴졌다. 이는 아마도 제76 포로수용소 조선인민군 전우들이 우리를 돌봐주기 위해 한 달 내내 '공기 가득한 밥'을 주어서, 우리가 조금은 '나약'해졌기 때문일 것이다.

밥공기를 내려놓고 다시 벽에 기대어 눈을 감았다. 나는 배 속의 허전한 느낌에 '하늘이 장차 그 사람에게 큰일을 맡기려 할 때는 반드시 먼저 그 심지를 고되게 하고 그 육신을 힘들게 하며, 육체를 굶주리게 하고 그 주변에 아무것도 없게 해서……'라고 한 맹자의 명언이 떠올랐다. 우리 조상들은 수천 년 전에 이미 이런 명철한 인생 경험을 정리해내었다. 조국의 인민들이 내게 어떤 '큰일'을 맡기려는 것일까? 반드시 귀국하겠다는 수천 명 중국 포로의 대표 중 1명으로 현재 나의 '큰일'은 무엇인가? 내가 이런 중임을 과연 맡을 수 있을까?

생각이 여기에 미치자 공산주의 단결회의 책임자 자오 정치위원, 웨이린·구쩌성·두강·마싱왕·천지칭·리시얼·장청위안, 그리고 제86 포로수용소를 나와 함께 뚫고 나온 전우 스잔쿠이·자오밍즈·중쥔화·장루이푸·팡샹첸의 얼굴이 차례로 눈앞에 떠올랐다. 그들을 생각하면서 이 감옥 안에 쑨전관과 리즈잉도 있고 또 그렇게 많은 조선인민군 전우가 함께 있다는 생각에, 내 마음이 훨씬 더 편해지며 고독감과 연약한 심정이 사라졌다. 난 다시 두 다리를 껴안고 가볍게 몸을 흔들었다. ……

3. 잘못을 뉘우치길 핍박하다

얼마나 지났을까. 나는 또 혼미한 가운데 문 열리는 소리를 듣고 놀라 깨보니, 방문 앞에 중간키의 흰 얼굴을 한 미군 소위가 서 있었다. 겉모습은 매우 고상해 보였다. 그는 오른손 식지를 까딱거리며 내게 오라는 표시를 하였다. 난 놀란 마음에 '저자가 무얼 하는 거지?' 하는 생각을 하며 몸을 일으켜 다가갔다.

그는 내 이름을 대조하고는 "이리 나와!"라고 말했다. 난 그를 따라 바깥에 있는 그 두 책상 앞으로 갔다.

그는 책상 뒤에 앉아 책상 위에 놓인 문서철을 가리키며 "네가 중국 전쟁포로 대표지. 네가 먼저 사인을 하면 석방해 주겠다!"라고 말하면서 문서철을 열고 펜을 내 앞으로 밀었다.

내가 "그래도 뭔지 그 내용을 먼저 봐야 하지 않겠소!"라고 말하자, 그는 머리를 끄덕이며 문서철을 나에게 내밀었다.

몸을 숙여 그 문서를 보는 순간, 나는 「회개서」라는 제목에 매우 놀라며 신속히 읽어 내려갔다. 그 대강의 내용은 "조·중 전쟁포로 대표들이 도드 장군에게 불법적으로 막대한 정신적 스트레스와 신체적 고통을 가하여 「범죄사실 인정서」에 강제로 서명하게 하였음과 이는 일종의 범죄행위임을 인증하며, 금후로는 전쟁포로 관리 당국의 명령에 절대 복종할 것을 보증한다"라는 등이었다.

난 펜을 밀어 그에게 되돌려주며 "이건 사실과 완전히 다르오. 도드 장군의 서명은 완전히 자발적으로 한 것이었고, 그에 대한 우리의 인도적인 대우는 콜슨 장군과 보트너 장군이 모두 확인한 바 있는 사실이오!"라고 말했다.

　그는 펜을 들어 손안에서 돌리며 나를 한참 바라보다가, "보아하니 이 감옥 생활이 마음에 드는 모양이군. 동료들에게 돌아가고 싶지 않은가?"라고 말했다.

　"돌아가야지, 즉시 제602 포로수용소로 돌아가야지!" 내 머릿속에서 이런 소리가 울려 퍼졌다. 이 매혹적인 제안을 듣는 순간, 내가 돌아갔을 때 전우들이 날 영웅 대접하며 열렬히 환영하는 장면이 떠올랐다.

　'하지만 그들에게 나의 석방 사유를 어떻게 설명할 것인가? 만약 이「회개서」가 판문점의 우리 측 대표단 앞에 놓이거나 심지어 전 세계에 공포된다면, 조국의 인민들에게 어떻게 해명할 수 있을까?' 생각이 여기에 이르자, 나는 머리를 흔들며 "안 돼, 절대 안 돼!"라고 외치고는 등을 돌려버렸다.

　나는 그가 의자에서 일어나 내게 다가오는 소리를 들었다. 그는 손으로 내 아래턱을 들어 올리고 나를 노려보면서 "그럼 감방으로 돌아가!"라고 말했다.

　내가 감방으로 돌아오자, 그가 따라 들어와 나를 벽 쪽으로 찼다. 그는 흉악한 눈빛을 드러내고 이를 악물고는 "감옥 생활의 맛을 제대로 느끼게 해주지!"라고 말하며 주먹으로 내 배를 가격하였다. 극심한 고통에 내가 허리를 굽히자 이어서 아래턱으로 다시 그의 주먹이 날아왔다. 그 충격에 내 머리가 뒤로 젖혀지면서 뒷머리를 벽에 심하게 부딪혔고 눈에는 온통 별빛만 가득했다. 미쳐 숨도 고르기 전에 그 사람의 탈을 쓴 짐승은 다시 7, 8회에 걸쳐 내 얼굴에 좌우로 따귀를 연속해서 때렸다. 입안의 피 냄새를 느낀 나는 참지 못하고 꿇어앉아 토하기 시작했고, 피와 뱃속의 그 알량한 음식을 바지와 바닥 위에 모두 쏟아냈다. 작은 감방 안은 금세 그 지독한 냄새로 가득 찼다.

감방문이 '쾅'하는 소리와 함께 닫치고 이어서 자물쇠 잠기는 소리가 들렸다. 나는 고개를 들어 기생오라비처럼 생긴 미군 장교가 작은 창문을 통해 늑대 같은 눈빛으로 날 위협하고 있는 것을 보았다. 난 다시 고개를 숙여 토하기 시작했고, 구토가 끝난 뒤 벽에 기대어 숨을 고르며 배와 아래턱, 뒷머리 그리고 양 볼에서 전해지는 통증을 느껴야 했다.

갑자기 눈물이 소리없이 양 볼에 흘러내리는 걸 느끼고 난 재빨리 옷소매로 눈물을 닦았다. 하지만 닦으면 닦을수록 눈물은 더 많이 흘러내렸다. 난 나 자신의 나약함에 더욱 화가 났다. '다른 전쟁포로 동료와 비교하면 네가 포로가 된 후의 상황이 얼마나 좋았냐! 처음으로 얻어맞으니 견딜 수가 없냐? 너무 약하구나!'

이렇게 자책을 하자 굴욕감이 조금 잦아들었다. 그러나 눈만 감으면 그 흉악한 두 눈빛이 여전히 날 노려보는 것 같고, 그 「회개서」와 펜도 눈앞에서 요동을 쳤다.

나는 아예 눈을 크게 떴고, 그러자 한 가지 생각이 명확해졌다. '저놈들이 내가 나약한 서생이자 대표 중 가장 젊다는 점 때문에, 먼저 나를 요리해서 돌파구를 쉽게 열려고 했던 게 아닐까?' 이런 생각이 들자 난 더욱 경각심을 갖게 되었다.

나는 스스로 "린쒀부 열사도 나약한 서생이지 않았던가? 그가 산 채로 살이 베일 때의 고통이 방금 네가 느꼈던 고통보다 얼마나 더 컸겠는가? 그런 그도 용감하게 버텨내지 않았던가? 그는 영혼을 파느니 차라리 스스로 죽는 길을 택했는데, 너도 방금 서명을 거절하지 않았느냐? 포로가 된 이래 너 스스로 이 험난한 길을 선택한 것 아니냐? 육체의 고통을 참지 못하고 동요해서는 결코 안 된다! 기껏해야 이 죄악과 고통으로 충만한 세상을 영원히 떠나는 것일 뿐인데. 지금 미리 마음속으로 가족들과 영원히 이별할 준비를 하는 것이 좋을 것이야. 영원한 이별을 준비해두면 모든 것이 두렵지 않은 법이야!"라고 격려하였다.

눈물이 또 솟구쳤다. 그러나 두려운 마음은 점점 안정을 찾아갔다. ……

얼마 후 감방문 자물쇠 여는 소리가 또 나자, 나도 모르게 온몸이 떨렸다. 나는 나 자신이 어쩌면 이렇게 나약한지 정말 화가 나서 있는 힘껏 허벅지를 꼬집었다.

감방문이 열리자 이번에는 그 흉악한 늑대가 아니라 강제로 우리 머리를 깎게 한 그 간수장이었다. 계급장을 보니 그는 중위였다. 나는 뒤로 한 발 물러나 맞을 마음의 준비를 하였다. 그는 내가 토한 피와 음식물이 역겹다는 듯 쳐다보고 나서, 내 몸에 묻은 얼룩을 보고는 "장! 나와서 몸 좀 씻어!"라고 말했다. 그의 어투를 들으니 정말로 씻으라는 것 같았다. 나는 일어나 그를 따라나섰다. 문밖에는 복역 중인 한 조선인민군 전우가 내 방을 청소하기 위해 물통과 걸레를 들고 서서 기다리고 있었다.

문을 나선 후 간수장은 상사 1명을 불러 나를 데리고 가서 목욕시키게 했다. 그 상사는 옷 1벌을 든 채 나를 데리고 정문 옆 작은 빈방으로 들어갔다.

방에 목욕시설이 없어 이상하다고 생각할 때, 그가 나에게 옷을 전부 벗으라고 하였다. 내가 뜨거운 물이라도 가져다주는 줄 알고 벽 쪽으로 몸을 돌려 막 옷을 다 벗는 순간, 갑자기 엄청난 수압의 차가운 물줄기가 발사되어 나를 순식간에 벽으로 밀려버렸다. 처음에는 고통스러웠지만 금세 마비되어버렸다. 곧이어 추워서 온몸이 벌벌 떨리기 시작했지만, 나는 손과 팔로 머리만 보호한 채 몸을 옆으로 돌려 그 물줄기의 매질을 버텨야 했다.

어디선가 미친 듯이 웃는 소리가 들려 난 화가 머리끝까지 치밀었지만, 강력한 물줄기에 입을 여는 것조차 불가능하였고 결국 물줄기에 밀려 땅바닥에 쓰러지고 말았다. 한참이 지나 웃음이 멈추면서 물줄기가 끊겼고, 난 천천히 정신을 차렸다. 눈을 뜨니 그 간수가 소방호스 꼭지를 벽에 걸면서 내게 일어나라고 명령했다. 내가 어렵게 몸을 일으키자, 상사는 죄수복을 내게 던지고는 밖으로 나가버렸다.

손발이 모두 얼어서 이를 악물고 있는 힘을 다해 옷을 입었다. 그가 들어와 내게 감방으로 돌아가라고 하였고, 감방문을 닫으면서 "이게 세상에서 가장 완벽한 목욕이지, 안 그래?"라고 말하고는 괴이한 웃음을 지으며 사라졌다.

바닥에 앉은 나는 처음에는 추워서 아무리 해도 이가 딱딱 부딪히는 것을 억제할 수가 없었다. 그런 다음 피부에 불이라도 붙은 양 열이 나기 시작하더니, 한참이 지나서야 겨우 정신을 차릴 수 있었다. 눈을 감자 증오의 불길이 가슴속에서 타올랐다.

또 얼마가 지났을까. 철책 문 열리는 소리에 나는 순간 몸을 바로 세우고 앉아 주먹을 불끈 쥐며 마음을 다잡았다. "와라, 네놈들이 또 어떤 수법으로 날 괴롭힐지 한번 보자!" 나는 더 이상 겁내지 않는 나 자신이 너무 기뻤다.

감방문을 '딱딱'하고 2번 두드리는 소리가 나면서 창문 속으로 식사를 가져다주는 그 조선인민군 전우의 얼굴이 보였다. 그도 내가 학대받은 것을 알았는지 동정에 가득 찬 눈빛으로 나를 보면서 밥과 반찬을 창문으로 넣어주었다. 이번에는 밥이 오전보다 절반이나 더 많았다. 가슴이 뜨거워졌다. 아마도 그가 나를 위로하려 자신에게 배정된 밥을 아껴서 남긴 것 같았다.

그날 밤 나는 밤새 악몽에 시달렸다. 곳곳에서 큰불이 나를 쫓아와 불붙은 몸으로 깊은 못으로 뛰어내렸는데, 물이 너무 차가워 수영하려 해도 손발이 꽁꽁 얼어 맘대로 움직이질 않고 계속 아래로 빠져들어 가는……

나는 다음 날 아침 또 '바람 쐬기'에 불려 나갈 무렵 겨우 깨어났는데, 머리는 깨질 듯이 아팠고 온몸은 한기로 벌벌 떨렸다.

이번에 우리를 불러낸 자는 젊은 흑인 간수였는데, 그는 감기에 걸렸다는 말을 듣고 내 이마를 만져보더니 바로 간수장을 불러왔다. 간수장도 내 이마를 만져보고는 그 흑인에게 "이 중국인은 쉬게 둬!"라고 하였다.

잠시 후 그 흑인 중사가 뜨거운 물 1잔과 'A.P.C.aspirin, phenacetin and caffeine' (아스피린·페나세틴·카페인 혼합의 진통 해열제-역자) 1봉을 가져와 창문으로 내게 건네며 힘들게 앉아있는 나를 보고는 머리를 가로저으면서 "누워있어, 괜찮아! 위에 있는 경비병한테는 내가 말할게!"라고 하였다.

난 약을 먹고 누워있다 얼마 지나지 않아 다시 혼수상태에 빠졌다.

이번 감기는 3일이나 계속되었고, 그 젊은 흑인 사병이 여러 번 와서 물과 약을 주고 갔다. 그는 나의 감사 표시에 거저 고개를 가로저을 뿐이었으나, 나를 우려하는 기색이 흑백 분명한 그의 두 눈 속에 빛나고 있었다. 난 마크 트웨인의 그 유명한 『엉클 톰의 오두막집』에 나오는 주인공이 생각났다. 미국의 흑인 중에는 선량해서 고생하는 사람이 적지 않구나!

4일째 되는 날 아침 바람을 쐴 때, 쑨쩐관과 리즈잉은 나를 보자마자 옆으로 와서 함께 뛰면서 작은 소리로 안부를 물었다. 난 요 며칠 사이에 있었던 일을 간략히 설명했다. 난 그들이 마음 아파할까 봐, 내가 겪었던 고통을 아주 간략하게만 얘기해주었다.

그들은 안심하고는 내게 계속 경계심을 늦추지 말고 몸을 잘 추스르라고 했다. 아울러 류이 동지가 이미 제602 포로수용소로 돌아간 사실도 알려주었는데, 아마도 그를 수행인원 정도로 간주해 '전범'으로 몰지 않은 것으로 보였다.

그날 오전 밥을 다 먹자마자, 그 기생오라비 같은 미군 소위가 또 찾아왔다. 그는 감방문 앞에서 간사한 웃음을 지으며 "장! 이제는 생각을 바꿨겠지! 서명하겠는가?"라고 물었다.

난 두 다리를 꼿꼿이 세우고 바르게 서서 "종이와 펜을 주시오! 보트너 장군에게 항의서를 써야겠소!"라고 답했다.

그러자 그의 낯빛이 어두워지면서 흉악한 눈빛을 내뿜으며 한 걸음씩 내게 다가왔다. 나도 이미 준비를 끝내고 그 자리에 서서 그를 쳐다보았다.

나와 눈을 마주치던 그가 한 걸음 물러나며 주먹을 내밀었다. 첫 번째 주먹은 전처럼 나의 복부로 날아와 아래로 몸을 숙인 나의 갈비뼈를 가격했고, 나는 무의식중에 두 손으로 그의 주먹을 막았다. 그는 내 두 손을 잡고 나를 벽으로 밀치며 갑자기 무릎으로 내 하반신을 향해 맹렬한 일격을 가했고, 난 참을 수 없는 고통을 느끼며 그만 정신을 잃고 말았다.

내가 깨어났을 때, 그 짐승 같은 놈은 이미 떠나고 없었다. 하반신과 갈비뼈는 전에 맞았을 때보다 더 아팠지만, 내 기분은 훨씬 더 평온했다. 심지어 조금은 흐뭇하기도 했으니, 내 정신이 드디어 좀 더 강인해진 게 기뻤다.

통증을 덜기 위해 나는 그들의 도드 장군이 우리에게 사로잡힐 때 소리치며 몸부림치던 모습과 규탄대회에서 온몸을 땀으로 적시던 모습을 생각하려 했고, 또 도드와 콜슨 그리고 보트너 등 미군 장군이 서류에 사인할 때 난처해하던 모습을 회상하려 했다. 이러한 것들을 생각하면 기분이 풀리고 통증도 아주 가벼워지는 것 같았다. 비록 '아阿Q 정신'[1]적인 면이 다소 있지만, 이런 방법이 그래도 육체적 고통을 적지 않게 완화해 주었다.

4. 아, 나의 흑인 형제여!

그날 늦은 밤 나는 어떤 물건이 몸 위에 떨어지는 것에 놀라 눈을 떠보니, 천장 위에 한 경비병이 쪼그리고 앉아 내려다보고 있는 것이 보였다. 전등 불빛 때문에 그의 얼굴을 분명하게 볼 수가 없어 급히 일어나 앉자, 방금 몸 위에 떨어진 것이 바닥으로 굴러떨어졌다. 그 물건을 집어보니 놀랍게도 초콜릿 한 조각이 아닌가!

내가 그 경비병을 쳐다보자, 나에게 일어나라는 손짓을 하고 있었다. 몸을 일으켜 아주 가까이 가서 보니, 바로 내게 약과 물을 가져다준 그 흑인 중사였다.

그는 머리를 내밀어 대청 안의 책상 쪽을 살펴보고는 고개를 돌려서 내게 소리 낮춰 말하길, "당직 서는 간수가 잠이 들었어. 오늘 밤은 내가 이곳에서 보초 서는 마지막 밤이야. 내일이면 한국에서 근무한 지 만 1년이 돼서 돌아가야 해. 초콜릿 한 조각 주려고 왔는데, 병은 다 나았어?"라고 물었다.

난 고개를 계속 끄덕이며 작은 목소리로 "감사합니다. 하지만 당신이 날 너무 놀라게 했어요!"라고 답했다.

"나는 너희 중국인들에게 감복했어. 난 중국을 좋아해!"

"당신은 어떻게 중국을 알게 됐죠?"

"내 이웃이 바로 중국에서 이민해 온 사람이라서, 그가 자주 중국에 관

---

1   '아(阿)Q 정신': 루쉰(魯迅)의 중편소설 『아Q정전((阿Q正传)』의 주인공을 통해 보여 주는 중국 민족의 약점 중 하나를 말한다. 루쉰은 소설에서 '아Q'라는 중국의 전형적 인물을 주인공으로 신해혁명 전후 봉건사회의 몰락 과정에서 보여준 나약함·비겁함·비굴함 등 중국인의 약점을 고발하여 민족의 각성을 촉구하였다. 주인공의 '정신승리 법'은 중국인들의 정신적 자학을 뜻하는 말로 크게 유행하기도 했다.

해 얘기해 주었어. 그는 내게 참 잘해주었지. 내가 어렸을 때 자주 사탕을 주곤 했어."

"당신 어디 사람이에요? 어떻게 군인이 되었나요?"

"네바다주 출신인데, 고등학교 졸업하고 대학에 갈 형편이 안돼서 군에 입대한 거지."

그는 갑자기 또 내게 "장! 담배 피우고 싶지 않아?"라고 물었다.

"여기서 괜찮을까요?"

"괜찮아, 피울 때 내뿜는 연기를 빨리 흩어지게 하면 돼. 내가 대신 망봐 줄 테니까!"라고 말하고는 손을 오므려 불을 붙인 담배를 철조망 사이로 내게 건넸다.

이는 내 일생에서 담배와 관련된 또 하나의 잊을 수 없는 경험이었다. 그 냉혹한 감옥 속에서 미군 장교에게 심한 모욕을 당했는데, 도리어 다른 한 미국 흑인 병사가 자신의 위험을 무릅쓰고 건넨 담배 1개비를 얻을 수 있게 되다니! 지금 나의 흑인 친구는 어디에 있을까? 당신도 분명 60년 전 그 장면을 잊지 못하겠지요? 당신은 그때 당신이 건넨 1센트도 안 되는 담배가 내 마음속에 얼마나 큰 온기를 가져다주었는지 모를 겁니다! 당신은 현재 분명 미·중우호협회에서 적극적으로 활동하고 있겠죠! 당신의 이름조차 잊어버린 것이 얼마나 안타까운지 모르겠습니다. 이제 여기 나 자신의 조국, 조국의 수도 베이징에서 진심으로 당신의 안부를 묻습니다. 오늘날 중국과 미국 인민들 사이의 우호적인 관계가 이미 크게 발전했는데, 그 과정에 틀림없이 당시 당신이 뿌렸던 그 씨앗이 있을 겁니다!

5. 감옥의 간수장

또 하루가 지나고 나서, 나는 주동적인 태도를 보이기로 결심하였다. 바람 쐬기가 끝난 다음, 나는 간수장에게 "보트너 장군에게 편지를 보내야겠소!"라고 하며 종이와 펜을 요구하였다.

간수장은 마치 나의 요구를 잘 이해한다는 듯이 아무 말도 없이 서랍에서 종이와 펜을 꺼내 주었다. 난 감사의 뜻을 표하고 감방으로 돌아왔다.

나는 그 편지에 중국과 조선 전쟁포로 담판 대표들이 받은 학대와 나 자신이 「회개서」에 서명을 강요당한 일, 그리고 그 기생오라비 같은 소위가 수천 명 중국 포로의 대표인 나에게 가한 후안무치한 인신 모욕과 학대에 관해 서술하였다. 아울러 "나는 이에 대해 강력히 항의합니다. 우리 전쟁포로 대표단이 도드 장군에게 어떠한 인신 모욕과 고통을 준 적이 결코 없으며, 그에게 「범죄사실 인정서」에 강제로 서명하게 한 적도 없음을 당신은 분명히 잘 알고 있습니다. 죄 없는 우리에게 전범이란 누명을 뒤집어씌우는 것은 말이 안 되는 일입니다. 나는 우리 대표단을 즉각 무죄 석방하고, 우리가 대표하는 각자의 전쟁포로수용소로 즉각 돌려보내 줄 것을 단호히 요구하는 바입니다!"라고 썼다.

끝으로 나는 여러 차례 고민 끝에 한 구절을 더 써넣었는데, 그 때문에 나중에 너무나 후회해야 했다. 그것은 "만약 우리가 무죄 석방될 수 있다면, 제602 포로수용소로 돌아간 후 미군 당국의 합리적인 관리에 따르겠습니다"라는 말이었다.

내가 후회하는 것은 비록 "합리적인 관리에 따르겠다"라고 하였지만, 미군 측은 항상 포로에 대한 비인도적 관리를 '합리적 관리'라고 여겼기 때문에, 이렇게 적음으로써 그들이 쉽게 우리의 허점을 파고들 수 있게 했다는 점이다. 그뿐만 아니라 더 나쁜 것은 듣기에 따라 이 말 안에 잘못을 인정하는 듯한 요소가 포함되어있어 우리의 존엄을 훼손했다는 점이다.

당시 나는 단지 '우선 석방되어 돌아간 후에 다시 얘기하자. 돌아간 후 내가 어떻게 하든 너희들은 어쩔 수 없을 것이다'라고 생각하였고, 이 역시 일종의 투쟁 책략이라 여겼다. 그러나 보트너가 결코 바보가 아니었음이 나중에 사실로 증명되었다. 그는 나의 편지로 경계심이 누그러져 "호랑이를 산으로 돌려보내지" 않았다.

그러나 이 항의서로 인해 간수장은 내게 깊은 인상을 받았다. 그리고 그 기생오라비 같은 소위 녀석도 결국 더 이상 찾아와 괴롭히는 일이 없었다. 물론 나도 그에 대해 충분한 정신적 준비를 하고 있었지만.

내가 간수장에게 편지를 전해달라고 부탁한 지 며칠 지나지 않은 어느 날 늦은 밤, 그가 야간 근무를 하면서 뜻밖에도 나를 불러냈다. 나는 잠이 덜 깬 상태에서 정신없이 그를 따라 나갔다. 그의 책상에는 통조림 2통과 위스키 1병이 놓여 있었고, 또 캔 맥주 2개도 있었다. 통조림은 이미 따져 있었고, 그 안에 포크가 꽂혀 있었다. 난 그의 의도를 이해하지 못해 책상 앞에 말없이 서 있었다.

그는 내 어깨를 툭 치며 "장, 앉아! 오늘 밤엔 별일이 없어 자네랑 얘기나 좀 하려고"라고 하였다.

난 앉을 수밖에 없었다. 그는 통조림 하나와 맥주 1캔을 내 앞으로 밀며 먹으라는 손짓을 했고, 나는 몸을 약간 숙여 감사의 뜻을 표했다.

그는 맥주를 따서 단번에 몇 모금 마시고 손으로 입가를 닦으며 "장, 자네 가족은 어떻게 되나?"라고 물었다.

나는 "부모와 형제가 있습니다"라고 답했다.

"결혼은 안 했고?"

"안 했어요!"

"마음에 둔 사람도 없고?"

"있기는 한데, ……"

그는 지갑을 꺼내 사진 2장을 내게 보여주었다. 1장은 그와 상당히 세련된 외모의 여인이 아주 예쁜 자동차 앞에 서 있는 사진으로 그 배경은 아주 화려한 별장이었다. 다른 1장은 작은 방안에서 피부색이 누렇게 변한 노부인과 그가 서로 어깨를 기대며 찍은 사진이었다.

나는 2번째 사진을 들고 "이분이 당신 모친인가요?"라고 물었다.

그는 고개를 끄덕이며 "60세가 훨씬 넘었지. 평생 고생만 했고, 최근 편지에 의하면 병이 나서 집에 있는데 돌봐줄 사람이 없다는구먼!"이라고 답했다.

난 다시 1번째 사진을 가리키며 "그럼, 이 아름다운 부인은 당신 아내이겠군요! 그녀가 집에 없나요?"라고 물었다.

그는 사진을 가져가 한참을 보다가 위스키를 병째 들어 크게 한 모금 마시고는 "이 세상 여자들은 모두 돈에 눈이 먼 것들이야! LA의 갑부와 눈이 맞아 떠나버렸지!"

"그럼, 그녀가 이 자동차며 별장이며 다 버린 거네요!"

"허허! 장, 내게 정말 이렇게 비싼 차와 별장이 있다면, 그녀는 영원히 내 곁에 있었을 거야. 이건 내가 한국에 오기 전에 다른 사람 집과 차 앞에서 찍은 사진이지. 무게 좀 잡으려고 잠시 내 것인 양 한 게지!"

난 나도 모르게 그에게 동정심이 생겨 "전쟁이 끝나면 귀국해서 분명히 더 좋은 반려자를 만날 수 있을 겁니다. 그때는 당신이 저축해놓은 돈도 적지 않을 거예요"라며 그를 위로했다.

그는 몸을 뒤로 기대며 "장, 자넨 중위인 내 월급으로 금광이라도 살 수 있을 것 같아? 10여 년간 군대에 있으면서 목숨도 내놓을 뻔했는데, 아직 별장 하나 사지 못했어!"라고 말했다. 나는 말문이 막혀버렸다.

잠시 후 그는 "그런 분위기 깨는 얘기는 그만하고! 고기 좀 먹고 술도 마셔. 이건 내가 진심으로 자네를 대접하는 거야"라고 말했다.

난 몸을 움찔움찔했지만 끝내 손을 대지 않았다.

그는 나 대신 맥주 캔을 따고는 "지금 이 시각 우리는 간수장과 죄수의 관계가 아냐. 난 자네를 친구로 생각하니, 자네도 딴 걱정은 하지 마!"라고 말했다. 난 맥주 한 모금을 마실 수밖에 없었다.

그는 통조림을 내 쪽으로 더 가깝게 밀며 "먹어봐! 지금 자네가 곤경에 빠졌다고 여기지 마. 전쟁이 끝나고 중국으로 돌아가면 자네는 나보다 더 출세할 거야. 난 자네가 배우기도 많이 배웠고 능력도 많다는 걸 알 수 있어. 난 자네의 기개도 존경해. 그렇게 괴롭히는데도 절대로 굴복하지 않았 잖아! 난 용감한 군인을 존중해!"라고 말하고는 맥주 캔을 들고 "자, 다 마셔!"라고 하였다.

나는 약간 취한 것 같으면서도 진술함이 묻어 나오는 그의 얼굴을 보며 캔 맥주를 다 마셔버렸고, 머리가 좀 어지러워지는 걸 느꼈다.

그는 내가 고기 통조림을 건드리지 않는 것을 보고는 서랍에서 깨끗한 종이 1장을 꺼내 그 안의 감자와 고기를 종이에 싸서 "가지고 가서 먹어. 내일 바람 쐴 때 나와서 종이만 버리면 되니까"라고 말하며 억지로 내 손 안에 집어넣었다.

그는 나를 감방에 데려다주고 나서 살며시 작은 철문의 자물쇠를 잠갔다.

감방에 돌아와 나는 천천히 그 음식을 먹고, 종이는 똘똘 뭉쳐 바지 주머니에 넣었다. 밖에서 간수장이 여전히 혼자 위스키 마시는 소리를 들으며, 나는 그의 속마음이 결코 우리 '죄수'들보다 더 밝지만은 않다는 것을 가슴 깊이 느꼈다.

6. 옥중 단식

너무나 단조로운 시간과 답답한 심경 속에서 하루하루 견디는 가운데, 당의 생일인 7월 1일이 코앞으로 다가왔다.

6월 30일 아침 바람 쐴 때, 나는 쑨쩐관·리즈잉과 함께 달리면서 내일 하루 단식하자고 제안했다. 아울러 미국 측이 쌍방의 협의를 준수하지 않고 대표들을 감옥에 가둔데 항의하면서, 우리 중국 포로 대표를 즉시 석방해 제602 포로수용소로 돌려보내 줄 것을 요구하기 위해 하루 동안 단식하겠다는 서면 항의서를 오늘 중 내가 보트너에게 제출하겠다고 했다.

나는 "이런 투쟁방식도 우리 공산당원들의 당에 대한 감정을 적에게 분명히 보여줄 것입니다"라고 말했다.

그들은 찬성한다는 듯이 고개를 끄덕였고, 리즈잉은 내 손을 꽉 잡아주기까지 해서 나는 크게 고무되었다.

운동장에서 돌아오는 길에 내가 간수장에게 종이와 펜을 또 요구하자, 그는 웃으며 서랍에서 종이와 펜을 꺼내 주었다. 난 감방에 돌아와 바닥에 누워 '항의서'를 완성한 다음 간수장에게 대신 전해달라고 부탁했고, 그는 그러겠다고 답했다.

둘째 날 우리 3명은 식사를 거절했다. 그 밥을 나르던 조선인민군 전우가 이상하다는 눈으로 나를 쳐다보았다. 나는 익숙하지 않은 한국어로 "오늘이 우리 당의 생일입니다. 우리는 너무나 조국을 그리워하고 있습니다!"라고 말해주었다.

그는 몰래 엄지손가락을 세우며 "중국공산당 만세!"라고 하였다.

오후에 브룩스 대위가 흰색 가운을 입고 손에 접시를 든 미군 1명과 함께 내 감방으로 찾아왔다. 난 전방의 전쟁포로수용소에서 그를 단 한 번 보았을 뿐이지만, 그에 대한 인상이 너무 깊어 한눈에 알아볼 수 있었다.

그는 방에 들어와 나를 위아래로 훑어보더니 "장, 많이 야위었군! 내 충고를 듣지 않고 결국 이런 지경에 빠진 게 정말 맘이 아프군!"이라고 말했다.

나는 "날 보러 와주시니 영광이네요. 감사합니다. 난 당신네 8군의 민간인 통역이 되지 않았던 걸 절대로 후회하지 않습니다"라고 말했다.

"공산당원도 아니면서 그들을 따라 이런 생각 없는 짓을 하면 너에게 무슨 좋은 점이 있냐? 넌 너무 단순해!"

"나는 원래는 공산주의자가 아니었지만, 당신들이 나를 마르크스레닌주의 신봉자가 되게끔 교육한 겁니다. 어찌 보면 그건 당신들의 큰 공로라고 할 수 있겠네요!"

순간 그의 안색이 변하며 "난 감옥 안에서 너희가 무슨 단식투쟁 같은 걸 하게 내버려 둘 수 없어! 보트너 장군의 명을 받아 너희들을 설득하러 온 거야! 명령에 복종하지 않으면 주사약으로 너희들 위를 부풀릴 수밖에 없어!"라고 하였다.

그 미군이 들고 있는 접시를 흘낏 보니, 정말로 주사기가 가제에 덮여있었다. 나는 정색을 하며 "브룩스 선생! 당신이 정말로 감히 중국 포로 대표에게 그런 잔인한 방법을 쓴다면, 내가 죽지 않는 한 반드시 전 세계에 당신을 고발할 것이오!"라고 말했다.

그는 매서운 눈빛으로 나를 노려보다 손을 한번 흔들고는 그 미군 의사와 함께 감방을 나갔고, '쾅'하는 소리와 함께 문이 닫혔다.

떠나면서 그는 창문을 통해 나를 보며 "네놈이 영원히 이곳을 벗어날 수 없게 해주겠다!"라고 위협했다.

다음날 나는 기회를 엿봐 쑨쩐관에게 "브룩스 대위가 찾아오지 않았나요? 주사를 놓지는 않았습니까?"라고 물었다.

그러자 쑨쩐관은 "그 대위가 바로 브룩스던가? 무슨 주사? 들어와서 그냥 보기만 하고 말도 하지 않고 그냥 가버리던데. 나는 그 사람이 방을 검사하러 온 줄 알았어!"라고 대답했다.

나는 그가 내 방에서 했던 말을 쑨쩐관에게 보고하였다. 쑨쩐관은 "아주 잘했네. 투쟁하면 할수록 자넨 더 성숙해지는군!"이라고 하였다.

사람의 일생 중에 정말 기억할 만한 칭찬을 받는 경우는 그렇게 많지 않을 것이다. 그러나 이 "성숙해졌다"라는 칭찬이 도리어 나에게 얼마나 큰 격려가 되었던지!

점심 식사 시간 우리 세 중국인의 밥그릇 바닥에 고깃덩어리가 하나씩 들어있었다. 이는 감옥 취사장의 조선인민군 전우들이 위험을 무릅쓰고 미군의 배급에서 몰래 훔쳐서 우리를 위로한 것이었다. 그 일에 난 너무나 감동하였다. 조선인민군 전우들과 우리는 서로 마음이 연결되어있던 것이었다. 이들 조선인민군 전우들도 분명 60년 전의 7월 1일과 8월 1일을 잊지 못할 거야! 그 이틀은 우리가 단식투쟁을 통해 기념했던 날이고, 그들은 모두 그런 방식으로 우리를 위로해주었지! 이제 그들도 늙었을 거야!

살아있는 동안 다시 그들의 소식을 들을 수 있을는지, 다시 만나볼 수는 있을지!

7. 옥중에서의 회상

이 감옥에서 매일 1번 바람 쐬기와 2번의 식사 그리고 저녁에 명령받고 누워 자는 것 외에, 나머지 시간은 모두 1.6m²의 새장 속에 갇혀 할 일 없이 앉아서 생명이 소리 없이 흘러가도록 내버려 두는 수밖에 없었다. 이런 생활은 원래 활발하게 활동하고 움직이길 좋아한 나 같은 사람에게는 더욱더 견디기 힘든 일이었다. 다행인 것은 적들이 비록 내 몸은 가둘 수 있지만, 내 사유만은 가둘 수 없다는 점이었다. 난 시간 대부분을 벽에 기대어 두 다리를 껴안고 머리를 숙인 채 눈을 감고 몸을 흔들며 어린 시절과 고향을 회상하였는데, 그러다 보면 어느새 밝고도 온화한 바깥세상에 나와 있는 나를 발견하곤 하였다.

나는 유년 시절에 대한 기억이 전혀 없지만, 부모님께서 말씀해 주신 상황을 바탕으로 다시금 상상해 볼 수는 있었다. 1929년 7월 23일 상하이 사천북로四川北路에 있는 쓰촨 요릿집 안방에서 '응애응애' 소리를 내며 세상에 나온 장면을 상상해보고, 당시 부친께서 북평공업대학北平工业大学 졸업 후 실직하여 상하이에 와서 식당을 열고 연기가 가득한 주방에서 손님이 주문한 회과육回锅肉(쓰촨요리의 하나로 덩어리째 삶은 돼지고기를 잘라서 기름에 볶은 음식-역자)을 땀 흘리며 볶으시던 모습도 상상해보았다. 모친께서 독일인이 연 산부인과 전문학교에서 계속 공부하기 위해 부득불 나를 떼어놓고 학교에 갔다 돌아와 침대 위에 엎드려 자기가 싼 똥을 먹고 있는 나를 보고 아픈 마음에 날 안고 소리 내어 우시던 모습을 상상해보고, '1·28'사변[2] 후 부모님께서 3살 먹은 날 데리고 멀리 샤먼廈門·광저우廣州·우한武汉을 돌아서 고향인 쓰촨성 광안현廣安縣 다이스진代市鎭으로 돌아가던 때의 그 고생도 상상해보았다. ……

그 이후부터는 내가 기억하는 일도 있었다. 고향의 푸른 산과 맑은 물, 즐겁게 웃고 뛰놀던 어린 시절, 조부모의 나에 대한 특별한 사랑. 조부께서 종이를 만들고 종이와 문구를 파시던 작은 공방에서 형들과 술래잡기 했고, 청명 무렵 온 가족이 선산에 가서 성묘할 때면 우리 장 씨 집안의 많은 아이는 대나무와 소나무·떡갈나무 숲속에서 뛰고 달리며 전쟁놀이를 했고 달빛 가득한 돌로 된 시골 제방에서 숨바꼭질 놀이도 했었지. ……

난 눈을 감은 채 이런 유쾌한 기억이 사라질까 괜히 겁이 났다. 다이스진 소학교의 사당을 개조해 만든 그 어두운 교실에서 낭랑히 책을 읽던 소리, 친구들과 풀밭에 턱을 괴고 엎드려 국어 선생님이 읽어주시는 『피노키오』를 넋 놓고 들었던 일, 소풍 갔다가 비를 만나 큰 바위 밑에서 비를 피할 때 자연 선생님이 설명해 주신 미래 인류가 어떻게 무선전기 광속光速을 이용해 먹구름을 쫓아내어 우리 쓰촨의 그 끝없이 내리는 비를 멈추게 할지에 관한 얘기, 음악 선생님이 오르간을 연주하며 가르쳐 주신 "나비 처녀야 난 널 사랑해. 네 집은 어디니……"라는 노래.

아! 사랑하는 나의 소학교 선생님들, 당신들이 저에게 문명과 지혜와 꿈

---

2 '1·28'사변 : 만주사변 이후 만주에 대한 국제사회의 관심을 돌리기 위해 일본 측의 도발로 1932년 1월 28일부터 상하이 일대에서 벌어진 중국군과 일본군 간의 전투를 말한다. 중국의 제19로군이 완강하게 저항하자 일본은 군대를 증파하여 중국군을 상하이에서 철퇴시킨 뒤 전투를 그만두었다.

을 주셨습니다! 지금 어디에 계시는가요? 소매 끝이 눈물로 흥건해졌다.

기억은 다시 항일전쟁 시기로 날아갔다. 둥베이에서 피난 온 학생 선전대가 마을에 도착해 우리 짚신을 신은 어린아이들을 향해 "고향을 되찾으러 가자!"라는 노래를 불렀고, 우리는 그들과 함께 울며 타이얼촹台儿庄의 승리[3]를 경축하기 위해 그들이 앞장서서 마을을 한 바퀴 도는 '제등행렬'에도 참가하였다.

음악 선생님이 우리에게 처음 가르쳐주신 노래 〈중국은 망하지 않아〉 —"아! 중국은 망하지 않아! 중국은 망하지 않아! 저 민족의 영웅 씨에谢 연대장을 보라! ······" 나는 참지 못하고 그 깊은 기억 속에 잠들어있던 노래를 작은 소리로 흥얼거리기 시작했다.

식사가 배달될 때 가끔 회상이 잠시 중단되었지만, 일단 식사가 끝나면 그 지독한 고독감이 몰려와 나는 다시 기억 속으로 재빨리 파고들지 않을 수 없었다. 우한이 함락되고 나서 어른들의 분위기가 매우 가라앉아 있을 때, 나는 몇몇 선생님들이 숙소에서 눈물을 흘리며 "전진하라! 물러나지 마! 생사는 이미 마지막 순간에 도달했다. 동포가 학살되고 국토가 강점당했다. 우리는 더 이상 참을 수가 없다······"라고 노래 부르는 모습을 보았다. 이 장면은 당시 어린 소년이던 나의 가슴 깊숙이 애국과 적에 대한 미움의 씨앗을 뿌렸다.

그 뒤 소학교를 졸업할 때, 난 학급 수석의 상품을 안고 집으로 뛰어갔

3　타이얼촹[台儿庄]의 승리 : 중일전쟁 초기인 1938년 봄 경항(京杭) 대운하 통행의 요충지 타이얼촹에서 벌어진 전투에서 중국군이 거둔 승리를 말한다. 이 전투에서 일본군 10,000여 명을 소멸하고 전차 30여 대를 파괴하였으며 대포 70여 문, 전차 40여 대, 장갑차 70여 대, 차량 100여 대를 획득하였다. 중일전쟁 발발 후 중국이 거둔 최초의 중대 승리로 중국인의 사기를 크게 높이는 계기가 되었다.

다. 할아버지께서 내 머리를 쓰다듬으며 "셋째야! 아버지가 사람을 보내 널 데리러 왔다. 할아버지와 할머니를 잊지 말거라!"라고 하셨다. 난 할아버지를 붙들고 울며 안 가겠다고 고집을 부렸지만, 다음날 할머니께서 우리 3형제를 위해 삶아 주신 고기를 들고 울며 한 아저씨를 따라 길을 나섰다. 광안현에 도착해 배를 타고 충칭으로 갔다가, 또 차를 타고 청두로 가서 마지막에 도착한 곳은 야안雅安이었다. 가는 도중에 처음 겪는 일도 참 많았다. 취강渠江과 자링강嘉陵江은 너무나 아름다웠으며, 충칭에는 아주 높은 건물도 많았고 거리에는 정말 맛있는 마파두부와 밥풀과자도 있었다. 야안에 도착해서는 흔들거리는 현수교에 서서 빠르게 흐르는 칭이강青衣江의 급류를 보는 것도 꽤 재미있었고, 아버지가 기술 총책임자로 있던 야안 모직공장에는 날듯이 돌아가는 실 뽑는 기계도 매우 많았지. ……

아! 산 좋고 물 맑고 걸출한 인물이 많이 배출되어 이름난 땅 나의 고향이여! 꿈속에서 네가 얼마나 자주 등장했던가. 지금 얼마나 너를 그리워하는지 아느냐!

야안 장자산张家山 위에 있는 사립 명덕중학明德中學의 교사校舍는 붉은 벽돌로 만든 정말 아름다운 건물이었다. 항상 십자가를 걸고 있던 캐나다에서 온 나이 드신 교장 선생님은 첫 학기에 바로 나를 잘 알게 되었다. 어느 날 아침 우리 반을 가르치던 영어 선생님인 한 미국인 교사가 교장 선생님을 모시고 함께 산책하다가, 작은 숲속에서 큰 소리로 영어 교과서를 읽고 있던 내 목소리를 듣고는 멈춰 서서 나무를 제치고 내 앞으로 다가왔다. 영어 선생님이 나의 어깨를 두드리며 부정확한 발음의 중국어로 "이 아이가 우리 반에서 나이도 제일 어리고 또 제일 열심히 공부하는 학생입니다"라고 말하자, 교장 선생님은 허리를 굽혀 내 까까머리를 한번 툭 치며 "음,

이 안에 정말로 여러 가지 지식을 담을 수 있어요. 열심히 공부해서 커서 과학자가 되세요!"라고 말씀하셨다.

기억이 여기에 미치자, 난 좀 이상하다는 생각이 들었다. 같은 서양인들인데, 어쩌면 이렇게 큰 차이가 있을까! 처음 우리에게 영어를 가르쳐 준 미국 선생님은 아마도 자기 학생이 나중에 자신의 조국과 전쟁을 하리라고는, 또 자기가 가르쳤던 영어로 자신의 국가와 투쟁하리라고도 생각하지 못했을 것이다.

나는 또 구름 위로 우뚝 솟은 것처럼 보이던 성당에서 신부님이 전도하던 광경이 떠올랐다. 그 둥글고 휘황찬란한 천장, 사방의 창문에서 반짝이던 화려한 스테인드글라스, 성당에서 연주되던 아름다운 선율의 파이프오르간, 홀에 울려 퍼지던 그 깊고 아득한 메아리 소리, 주위의 마을 집들에 비하면 그곳은 정말 천당과도 같았다. 신부님이 말씀하시던 『성경』 구절을 난 제대로 알아듣지 못했지만, "네게 만약 2벌의 외투가 있다면 1벌은 가난한 자에게 주라"는 정도의 말은 이해할 수 있었다.

이런 생각을 하다가 또 문득 이상하다는 느낌을 받았다. 왜 기독교는 사람들에게 선행을 베풀라고 가르치는데, 중국에서는 뿌리를 내리지 못했을까? 외국인 선교사들이 그렇게 큰 노력을 했음에도 불구하고, 나처럼 6년을 교회가 운영한 학교에 다니고 『성경』을 전부 다 읽은 학생이 왜 끝내 공산주의자가 되었을까? 우리나라의 문화가 너무나 오래되었기 때문일까, 아니면 우리가 제국주의의 핍박을 너무 많이 받았기 때문일까?

나는 또 청두 부근 진탕현金堂县 증자진曾家镇에 있던 아름다운 풍광의 명현중학铭贤中学이 생각났다. 비록 쿵샹시孔祥熙[4]가 이 교회학교의 명예 교장이었지만, 대다수 선생님과 학생들은 모두 학교와 함께 항일전쟁의 전란과 피난 생활의 고통을 겪었다. 미국 국적의 영어 선생님 실러Schiller와 캐나다 국적의 영어 선생님 윌마스Wilmarth도 강한 정의감과 항일 열정을 갖고 계셨다.

학교의 관리와 수업은 비교적 민주적이었고 과외활동도 활발하여 기독교의 '교류모임團契' 동아리와 성가대도 있었지만, 삼민주의청년단三民主义青年団5의 벽보사壁報社도 있었고 공산당 지하당의 외부조직인 비밀독서회도 있었다. 그 당시 학생들은 모두 학교에 살았고, 나는 공부도 괜찮게 하는 편이어서 과외 시간 전부 각종 활동에 참여하며 보냈다. 노래는 성가대의 종교 가곡인 〈할렐루야〉부터 합창단의 항일가곡 〈큰 칼 행진곡大刀进行曲〉6 까지, 연극은 〈눈보라 치던 밤에 돌아온 사람风雪夜归人〉부터 〈너의 채찍을 내려놓아라放下你的鞭子〉까지, 책은 루쉰鲁迅7과 바진巴金8의 작품부터 발자크

---

4   쿵샹시[孔祥熙, 1880~1967] : 산시성 타이구[太谷] 출신으로 서양에서는 H. H. Kung으로 알려져 있다. 미국 유학 후 1907년 귀국하여 명현학교 교장이 되었다. 신해혁명과 국민혁명을 경험한 뒤 1928년 난징 국민정부 공상(工商)부장을 지냈고, 1933년 처남인 쑹즈원[宋子文]의 뒤를 이어 재정부장·중앙은행 총재를 거쳐 1938년 행정원 원장을 지낸 전형적인 관료 자본가이다.

5   삼민주의청년단(三民主义青年団) : 중국국민당이 영도하는 청년조직으로 삼청단(三青団)으로 줄여 부르기도 한다. 1938년 7월 우창[武昌]에서 정식 성립되었는데, 초대 단장은 장제스가 맡았다. 1947년 개최된 국민당 제6기 4중전회(四中全会) 및 중앙 당단연석회(党団联席会)에서 합병통합을 의결함으로써 중국국민당에 병합되었다. 이에 삼청단원은 일률적으로 중국국민당 당원으로 등록하고 중국국민당 중앙집행위원회 아래에 청년부를 설치키로 규정하였다.

6   〈큰 칼 행진곡(大刀进行曲)〉 : 마이신(麦新, 1914~1947)이 1937년에 만든 대표적 항일가곡이다. 1933년 장성(长城) 전역에서 쑹쩌위안[宋哲元]의 29군 대도대(大刀队)가 일본군에게 큰 타격을 입히면서, 그 이름이 중국 전역에 알려졌고 인민의 항전 의지를 고무시켰다. 이 소식이 접한 상하이의 학생들은 거리에 나가 전방의 전사들을 위해 대도를 제작할 돈을 모금하였다. 당시 이러한 열정에 감동한 마이신은 중일전쟁이 발발하자 이 곡을 작사 작곡하고, 악보 제목 아래 "29군 대도대에 바친다"라고 적었다.

7   루쉰(鲁迅, 1881~1936) : 저장성 사오싱[绍兴] 출신으로 일본에 유학, 도쿄 고분학원과 센다이 의학전문학교에서 공부했다. 1906년 러일전쟁의 환등(幻灯)을 본 것이 계기가 되어 중퇴한 뒤 문학을 전공했다. 1909년 귀국해 교원 생활을 했고, 신해혁명 후 차이

Balzac · 위고Victor-Marie Hugo · 톨스토이Tolstoy · 투르게네프Turgenev의 작품까지 섭렵했다.

14세에서 16세까지 고등학교에 다니던 이 3년 동안, 나는 풍부한 인류 문화유산을 마치 배고프고 목마른 아이처럼 흡수하였다. 난 문학의 거장들이 남긴 정신적 재산에 너무나 감사하고, 선생님들이 가르쳐 준 문화 지식에 너무나 감사한다. 학교에서 내게 관심을 보이고 사랑으로 대해주었던 선배들도 너무나 그립구나! 그들은 내가 지금 감옥에서 그들을 그리워하고 있다는 것을 알까? ……

만약 매일 아침의 바람 쐬기와 하루 2번의 식사가 없었다면, 거제도 최고감옥의 작은 감방 안에서 시간관념을 완전히 잃어버렸을 것이다. 낮이나 밤이나 항상 어두침침한 불빛에 머리 위에서 나는 경비병의 발걸음 소리와 옆방에서 수시로 들려오는 동료들의 코를 고는 소리가 반복될 뿐이었다. 시간은 정지되었지만, 나의 사유는 전혀 멈추지 않았다. 나는 여전

위안페이[蔡元培]의 초청으로 교육부에 들어갔다. 처녀작 『광인일기(狂人日記)』(1918)를 발표하여 문학혁명을 촉진했고 이어 소설 『공을기(孔乙己)』(1919) · 『아큐정전』(1921) 등을 발표했다. 1920년부터 북경대학 등에서 교편을 잡았고, 그 강의안은 후에 『중국소설사략』으로 간행되었다. 1926년 정부의 탄압에 위협을 느껴 베이징을 탈출, 광둥 중산(中山)대학에서 가르쳤고 국공 분열 뒤 상하이 조계에 숨어서 제자 쉬광핑[許广平]과 동거했다. 이 무렵부터 중국좌익작가연맹의 중심인물이 되어 극좌 경향과 대립하면서 프롤레타리아 문학 이론을 내세웠다.

8 바진(巴金, 1904~2005) : 쓰촨성 청두 출신으로 중국 현대문학의 6대 거장으로 꼽힌다. 1929년 등단 후, 주로 사회적 문제를 다루며 전통 가족 제도를 비판하는 작품을 발표했다. 그 중 대표적인 것이 장편 3부작 『격류』의 1부 『집』(1933), 2부 『봄』(1938), 3부 『가을』(1940)이다. 1936년 루쉰 등과 「중국문예공작자선언」을 발표하고 중일전쟁이 일어나자 항일 구국에 앞장섰다. 신중국 수립 후 전국문련(文联) 부주석을 지냈고 문화대혁명 때 비판받아 실각되었다가 명예 회복되어 1984년 중국작가협회 주석이 되었다. 문혁의 각종 폐해를 고발하고 청년에 대한 희망과 문학 동지들에 대한 회고 등을 담은 『수상록』으로 노벨문학상 후보에 올랐고, 1989년 천안문 사건 때는 학생들의 요구를 지지하는 글을 발표하기도 했다.

히 눈을 감고 나무 벽에 기대어 앉아 다리를 껴안고 상반신을 흔들며 길고
긴 기억 속으로 빠져들었다.

고등학교를 졸업하던 해, 항일전쟁은 마침내 승리로 끝이 났다. 1945년
8월 15일 당일, 모두가 얼마나 기뻐했던가! 청두시 전체가 들끓었고 폭죽
소리가 온 도시에 울려 퍼졌다. 술은 순식간에 다 팔렸고, 사람들은 안면
이 있든 없든 간에 큰길에서 서로 축배를 들며 어깨를 두드리고 포옹하며
민족의 고난이 이제 끝났음을 축하했다. 하지만 곧이어 국민당 반동 정부
가 내전을 일으킬 줄을 누가 생각이나 했겠는가! 미군들은 일본군을 대신
해 연해 지역 대도시에서 무력을 과시하고 위세를 부리며 부녀자를 강간
하였고, 미국 상품이 시장을 뒤덮었다.

부친은 일하던 공장이 부도나면서 결국 실직하였고, 집안 환경은 점점
나빠져 나는 칭화대학에 합격한 후 부득불 보조금을 신청해야 했다. 국민
당 교육부는 국비유학생 파견을 중지한다고 선포하였고, 미국에 가서 물
리학을 더 공부하려던 나의 환상도 깨어져 버렸다. 과학으로 나라를 구하
는 길이 막혀버린 것이었다.

칭화대학 교정에는 "이 길이 막혔으니, 마오쩌둥을 찾아가자!"라는 노
래가 퍼졌다. 진보적인 학생들은 나를 도서관에서 불러내어 밤새 표어를
쓰고 노래 연습을 하며 반미시위를 준비하였다. 나를 '함께 노래하는' 합
창단에 참가시키고 '민간가무사民间歌舞社'의 가극 연출에 참여시켰다. 학과
에서 조직한 '과벽초독서회戈壁草读书会'에도 참가시켜 『신민주주의론新民主主义
论』(1940년 마오쩌둥이 중국공산당 혁명이론을 총괄·발전시키기 위해 쓴 책-역자) ·『중국혁명과
중국공산당中国革命和中国共产党』9 ·『대중철학大众哲学』10 등의 책을 학습하게 했
다. 새롭고 드넓은 천지가 내 눈앞에 펼쳐졌다. '반 기아, 반 내전'의 시위

대열 속에서, 그리고 북경北京대학의 붉은 광장에서 펼쳐진 3천 명의 〈황하黃河 대합창〉 연출 중에 나는 자기 삶의 방식을 찾았다. 국민당 군대·경찰·헌병·특무대의 진압에 우리는 분노하였고, 인민해방군의 다비에산大别山 승리 소식에 우리는 기뻐하며 고무되었다.

나는 청화원清华园[11] 공자청工字厅 밖의 작은 호숫가에서 민주청년동맹의 동맹원이 되었다. 여학생 기숙사 '정재静斋' 뒤편의 작은 숲속에서 중국공산당에 가입하여, 착취와 압박이 없고 각종 인간의 비극이 없는 신세계를 위해 평생을 분투하겠다고 맹세했다. 그런 목표에 내 젊은 가슴에는 뜨거운 피가 용솟음쳤다.

생각이 여기에 미치자 불현듯 친했던 친구와 전우들의 모습이 하나하나 눈앞에 떠올랐다. 그들은 너무나도 친근한 눈빛으로 나를 바라보며 마치 "스터우石头, 넌 정말 돌멩이처럼 굳세어야 해!"라고 말하는 것 같았다.

1948년 여름 조직은 나를 진차지晋察冀 해방구(산시山西·차하얼察哈尔·허베이河北성 접경지대에 구축된 중국공산당 통치 구역-역자)의 중공中共 화북국华北局[12] 성공부城工部로 보내 교육을 받게 했다. 나는 어린 학생으로 가장하여 머리를 싹 밀고 낡

---

9   『중국혁명과 중국공산당(中国革命和中国共产党)』: 1939년 겨울 마오쩌둥과 옌안의 몇몇 동지들이 함께 집필한 교재로 완성되지는 못했으나, 마오 직접 쓴 제2장에서 신민주주의 혁명이론을 처음 제시함으로써 큰 교육적 작용을 일으켰다고 평가된다.

10   『대중철학(大众哲学)』: 중국의 젊은 철학자 아이스치(艾思奇, 1910~1966)가 1936년 출판한 마르크스주의 기본 이론을 간단하게 설명한 책으로 중국 사회에 광범위한 영향을 미쳤다.

11   청화원(清华园): 원래는 청나라 황태자의 정원 이름이었으나, 1909년 그곳에 세워진 유미학무처(游美学务处)가 1911년 청화학당이 됨으로써 이후 청화대학을 부르는 별칭이 되었다.

12   화북국(华北局): 정식명칭은 중공중앙화북국으로 국공내전 중인 1948년 류사오치의 제안으로 성립되었다. 1954년 일시 철폐되었다가 1960년 회복되었으나 1966년 다시 철폐되었다.

은 중국식 짧은 셔츠를 입은 채 톈진을 지나 기차를 타고 천관툰陳官屯에 도착해서 다시 마차를 타고 봉쇄선으로 향했다.

중립 구역을 지나 내가 한 마을에 들어서자, 어린 단원이 나를 심문하고는 촌 정부로 데리고 갔다.

"아! 이곳이 바로 해방구로구나. 무릎 꿇고 이 성스러운 땅에 입 맞추게 해다오!" 아마도 어둡고 오염된 장제스 관할구역에서 해방구로 넘어온 모든 청년 학생들은 이와 똑같은 느낌이 들었을 것이다.

'언젠가 전쟁포로수용소에서 석방되어 사회주의 조국으로 돌아가는 날, 나는 분명 그보다 더 강렬한 느낌을 받을 거야!' 눈을 감고 감방에 앉아 그런 생각을 하자, 가슴 속에서 한 줄기 신성한 감정의 격류가 솟아올랐다.

1948년 '8·1' 건군절의 감동적인 모습도 선명하게 기억났다. 그날 적 후방으로 돌아가려던 우리 5명의 베이핑 학생들은 중앙으로부터 소속이 바뀌는 바람에, 적 후방 공작 훈련반 책임자 룽가오탕榮高棠을 따라 보터우진泊头镇을 출발해 막 해방된 스자좡石家庄에 도착했고 마침 그곳에서 화북군정대학 개학식을 보게 되었다. 룽가오탕은 우리를 개회식장에 데리고 가 주더 총사령관과 예젠잉·녜룽전 등 지도자에게 소개하였다. 내가 주 총사령관의 따뜻하고 힘 있는 큰손을 잡았을 때, 가슴이 얼마나 뛰었던지! 주 총사령관은 우리를 어떤 농가 마당에 있는 한 흙집으로 불러 수박을 잘라서 차례로 건네며 내게 고향이 어디냐고 물었다. 그는 내가 쓰촨 사람임을 알고는 웃으면서 "자넨 나와 동향이군. 그 나이에 혁명에 참여하다니 정말 행운이야!"라고 말했다.

"주 총사령관님, 저는 지금 당신 휘하의 한 사병입니다. 비록 영어의 몸이 되었지만, 여전히 혁명에 참여한 것을 후회하지 않습니다. 당신이 제게 하셨던 혁명에 참여한 것이 행운이라는 말씀을 줄곧 기억하고 있습니다. 이런 행운을 일반인들은 이해하기 힘들고 얻기도 힘들 것입니다"

해방구에서 다시 봉쇄선을 지나 배를 타고 다칭허大淸河를 통해 톈진에 도착하였다. 베이핑으로 돌아간 후 나는 푸쭤이傅作义[13] 공관에 배치되었고, 푸둥쥐傅冬菊 동지는 그녀의 부친에게 나를 학교 친구라고 소개했다. 우리 당의 능력이 얼마나 대단하냐면 공산당 토벌 사령관의 집마저 공산당을 엄호하는 '소굴'로 바꿀 수 있었으니!

푸둥쥐 동지는 내게 톈진에서 상하이로 가는 배표를 사주었다. 상하이에 도착하자 내 동기생이자 지하 당원인 잉상瑩祥 누이가 또 은행에서 일하는 그녀의 부친에게 돈을 구해 충칭으로 가는 배표를 사주었다.

1948년 가을 상하이의 그 혼란과 불황! 하비로霞飛路 오동나무 아래서 아이들을 데리고 잠자던 난민들과 곱게 꽃단장한 부인·아가씨들이 빚어낸 대비가 너무나 강렬하여, 나는 고통 받는 사람들의 고난이 제발 너무 길지 않길 진정으로 기원했었지!

충칭으로 돌아온 후 적의 특무대에 의해 충칭시 위원회가 파괴됨으로 인해 연락할 방법이 없어 당의 지휘를 받지 못한 나는 독립작전을 하는 수밖에 없었다. 난 화잉산華瑩山을 넘어 유격대를 찾아보았고, 또 러산현乐山县과 광안현에 가서 당 조직을 찾아보았지만 모두 찾지 못했다. 어쩔 수 없

---

13 푸쭤이(傅作义, 1895~1974) : 1927년 북벌에 참여하였고 1930년 중원대전(中原大战)에서 반 장제스 진영에 섰다가 참패당했다. 1931년부터 쑤이위안성[绥远省] 정부 주석을 맡아 1936년 쑤이위안 항전을 이끌었다. 중일전쟁 발발 뒤 전구 사령관 겸 쑤이위안과 차하얼성 정부 주석을 지냈다. 국공내전 초기 홍군의 주요 요충지를 함락시켜 화베이 지역 공산군을 곤란하게 했다. 1949년 핑진[平津] 전역에서 인민해방군이 톈진을 점령하자 베이핑의 수비부대를 이끌고 투항했다. 신중국 성립 후 중국인민정치협상회의 전국위원회 주석, 수리부(水利部) 부장 등을 맡았다.

이 난 청두로 돌아가 사천대학에서 학적도 없이 물리학과에 다녔고, 간신히 학교 조교였던 둘째 형을 통해 지하당의 외부조직을 찾아서 사천대학 학생운동에 투신하였다.

그 시절을 생각하면서 나는 실소를 금할 수 없었다. 사천대학 당 조직은 한편으로 청화대학에서 온 '학생운동 베테랑'을 매우 중시하여 나를 '방언가극사方言歌劇社' 활동에 참여시켰지만, 다른 한편으로는 내가 혹시 '홍기특무红旗特务'14가 아닐까 의심하여 사람을 보내 감시하였다. 하지만 난 오히려 물을 만난 고기처럼 청화대학에서 학생운동에 종사했던 경험과 방법을 모두 쏟아냈다. 우리는 많은 혁명 가무를 연습했는데, 그중에는 〈백모녀〉의 제1막 〈빛 독촉〉도 포함되어있었다. 우리의 공연이 얼마나 많은 관중을 감동하게 했던가!

1949년 4월 9일 저녁 국민당 쓰촨성 주석 왕링지王陵基 성토대회가 끝나고 나서, 우리가 사천대학 광장에서 수천 명이 참가하는 〈단결이 바로 힘이다团结就是力量〉라는 집단 무용을 조직했을 때, 학생들의 혁명 열정이 얼마나 고조되었던가!

1949년 '4·20' 대규모 체포사건 이후, 지하당 조직은 우리에게 모두 시골로 철수할 것을 명령했다. 나와 '방언가극사'의 한 그룹은 시 교외 무마산牧马山 위에 있는 어떤 지주의 장원으로 들어가 혁명이론을 공부했다. 함께 투쟁하고 학습하는 과정에서 우리는 깊은 형제자매의 우의를 다졌기에, 설령 이 어둡고 질식할 것 같은 감방 안에서도 그것이 나에게 준 온기

---

14 홍기특무(红旗特务) : 진보주의자의 신분으로 노동자·농민·진보 지식인 사이에 침투해 적극적인 '홍색(红色)' 활동을 하면서 혁명 진영의 상황을 파악한 후 진보 인사를 일망타진하는 자들을 말한다.

를 여전히 느낄 수 있었다. 나는 그들이 멀리에서나마 나를 축복해주고, 내가 굳건한 의지로 가장 혹독한 시련을 견뎌내길 기원하고 있으리라 깊게 믿었다.

바로 그 무마산의 장원에서 M과 나는 서로의 사랑을 확인하였다. 조직은 우리를 위해 그녀를 늘 나와 함께 시골로 보내 농촌운동을 하게 했고 산속에서 유격대 생활을 하게 하였다. 우리의 감정은 고된 투쟁 속에서 빠르게 성장하였고 해방을 경축함과 동시에 약혼하였다. 생각이 여기에 미치자 청두시 서문 밖에서 타국으로 출정하는 날 보내며 눈물을 글썽거리던 그녀의 두 눈이 내 눈앞에 선해졌다. 아! 2년 동안이나 아무 소식도 전하지 못했는데, 그녀는 잘 견뎌내고 있을까?

마지막으로 나의 성장에 중대한 작용을 했던 쓰촨성 해방 직전의 경험들이 생각났다. 지금 내가 비교적 강인한 의지로 전쟁포로수용소와 감옥에서의 모든 어려움과 고통을 이겨낼 수 있었던 까닭은 그 당시의 단련에 도움받은 바 크다고 말하지 않을 수 없기 때문이다.

처음에 나는 쌍류현双流县 훙스향红石乡에 가서 농민으로 위장하여 빈농과 소작인의 혁명 참가를 독려하였는데, 나중에 저우딩원周鼎文 동지가 새롭게 날 쓰촨성 서부지역 지하당 조직에 가입시켜 쓰촨 서부 지하당 기관지『화거보火炬报』를 만들게 했다. 낮에는 농사일하고, 밤이면 비밀 무선전신국을 통해 옌안 신화사新华社의 라디오 방송을 들으며 밤새 신문을 만들어 다시 수십 리 떨어진 접선 지점까지 걸어가 신문을 전달하였다. 연락사무소가 국민당 특무대에 의해 파괴된 후에는, 난 밤새 100리 길을 걸어서 각 거점의 전우들에게 긴급 철수 명령을 전달했다.

우리는 밍산현名山县으로 철수하였고, 저우거시周戈西 동지의 지도하에 유격대를 만들 준비를 했다. 나는 '류보청刘伯承[15]이 파견한 대표' 명의로 향乡 정부에 가서 통일전선 공작을 하였고, 또 중강산总岗山 토비土匪가 모인 산채까지 들어가 그들을 반 장제스 대열에 가입시켜 유격대에 참가하게 했다. 12월 '촨캉삐엔川康边 (쓰촨과 시캉성 접경지역-역자) 인민유격종대人民游击纵队'가 성립된 후, 우리는 치웅다산 구역 내에서 후중난胡宗南[16] 부대가 시캉성西康省[17]과 윈난성云南省으로 달아나는 것을 저지하기 위해 고난의 행군 작전을 진행하였다.

이 모든 혁명 실천의 경험은 나 같은 청년 지식분자를 단련시키는 데 있어서 매우 중요했다. 그러나 내가 감옥 안에서 이러한 단련을 특별히 필요했을 때, 비로소 그 소중함을 깊이 깨닫게 되었다.

감방에서 지난 일들을 회상하면서 나는 태어나면서부터 얼마나 많은 사랑을 받았는지 알게 되었다. 내 가족, 선생님, 친구, 전우 모두 다 내게 사심 없는 관심과 사랑을 주며 도와주었고, 그들을 통해 나는 생명의 가치가

---

15 류보청(刘伯承, 1892~1986) : 쓰촨성 출신으로 신해혁명에 참가했으며 북양군벌과의 전투에서 왼쪽 눈을 실명하였다. 1926년 공산당에 입당했고 1932년 이후 홍군 제1 방면군 총참모장으로 장정을 지휘하였다. 중일전쟁 중 제129사단장을 지냈고 국공내전 중에는 제2 야전군 사령관으로 난징을 공략하였다. 1954년 이후 군사위원회 부주석 등을 역임하며 1955년 원수가 되었고 1956년 정치국원이 되었다. 군사학원 원장을 맡아 현대적 군사교육을 지향하였다.

16 후중난(胡宗南, 1896~1962) : 저장성 닝보[宁波] 출신으로 황포군관학교 제1기생이다. 북벌에 참가했고 역행사(力行社)와 부흥사(复兴社)에 가입하였다. 중일전쟁 시기 제1전구 사령관 등의 직을 맡았다. 산시에 주둔하면서 공산군의 활동을 감시하는 책임을 맡았는데, 1947년 옌안을 기습했을 때 그의 시종 부관이 공산당원이어서 공산군은 이미 철수한 상태였다. 1949년 푸메이[扶郿] 전역에서 치명타를 입고 계속 후퇴한 끝에 1950년 시창[西昌] 전투에서 패한 후 타이베이로 건너가 총통부 고문을 맡았다.

17 시캉성[西康省] : 중화민국 정부가 1938년 설치한 행정구역이다. 관할지역은 현재 대략 쓰촨성 서쪽과 티베트 동쪽이다. 중화인민공화국 수립 후 1955년 9월 시캉성을 진사강[金沙江]을 경계로 나누어 쓰촨성과 티베트에 귀속시킨다는 결의안을 통과시켰다.

어디에 있는지를 아는 사람으로 성장하였다. 나는 진리와 정의를 견지하기 위해서는 마땅히 모든 고통을 견뎌내야 하며, 절대 나를 사랑하는 사람들에게 실망을 안겨주어서는 안 된다고 생각했다.

지금 다시 감옥에서 보냈던 당시의 생활을 돌이켜 보면, 그것은 내가 지나온 길을 냉정하게 회고할 수 있는 기회였고, 인생의 많은 문제를 고심함으로써 적지 않은 삶의 도리를 깨달았던 시간이었다. 이런 점에서 나는 마땅히 보트너 장군에게 제대로 감사해야 하지 않을까!

8. 다시 한번 필립과 상대하다

1952년 8월 2일 우리가 '8·1 건군절'을 기념하기 위해 단식한 다음 날, 필립이 찾아왔다. 그는 감방에 들어와 나를 보자마자, "동정한다는 듯" 고개를 가로저으며 "당신들을 이렇게 대우하는 건 정말 불공평해. 당신들이 도드 장군을 납치한 것도 아닌데!"라고 말했다.

내가 반응이 없자, 그는 "장! 요구할 게 있으면 말해. 자네 고통을 조금이라도 덜어줄 만한 내가 도울 일이 없는지!"라고 다시 말했다.

나는 마음속으로 '네가 양의 가죽을 쓰면 좀 좋아 보일지 모르지만, 나도 어린애가 아냐!'라고 생각했다.

그는 또 "지금 가장 갖고 싶은 게 뭔지 말해봐! 내 짐작이 맞는지 보게"라고 말했다.

나는 속으로 '좋아! 네가 지금 감옥 속 공산주의자의 심리상태에 관한 정보를 얻고 싶은 모양인데, 내가 가르쳐 주마. 다만 네 뜻과 맞지 않을까 걱정이다'라고 생각하면서, 곧바로 "먼저 우리 3명의 중국 대표가 마땅히 함께 있어야 한다고 보며, 다음으로 난 책을 읽고 싶소"라고 말했다.

그는 손뼉을 치며 "오! 그래? 그건 어렵지 않아. 내가 해결 방법을 생각해보지. 하지만 너희 측 비서 리즈잉은 곧 제602 포로수용소로 돌아갈 거야. 그는 대표단의 정식 성원이 아니니까. 그럼 자넨 쑨쩐관과 함께 있을 수 있어"라고 말하고는 바로 나가버렸다.

난 이에 대해 어떤 희망도 품지 않았다. 그런데 생각지도 못하게 막 오후 식사를 마치고 나자, 간수장이 내 감방을 열고는 아주 기쁜 표정으로 "장! 자네 정말 대단해. 위에서 전화가 와 자네 요청을 받아들이겠다는군!"이라고 말했다. 순간 나는 몸을 돌리지도 못한 채, "난 무슨 요청 같은 것 한 적 없는데요?"라고 그에게 물었다.

"자네가 쑨 소령과 같이 있겠다고 요구하지 않았나? 내가 바로 방을 조정해줄 테니 따라오게!"

짐이라고는 침대 위의 모포밖에 없어서 그것을 들고 그를 따라 좀 더 큰 감방으로 향했다. 작은 창문을 통해 보니 정말로 쑨쩐관이 안에 앉아있는 게 아닌가! 난 정말 붕붕 뛰고 싶을 정도로 기뻤다.

감방문이 열리자 쑨쩐관은 유쾌하게 웃으며 날 맞아주었다. 간수장이 가고 나서, 나는 쑨쩐관의 손을 잡고 계속 흔들면서 바보처럼 기뻐하며 "필립이 정말로 나름 성의를 표시했나 봐요!"라고 말했다.

그러자 쑨쩐관이 "내일은 책을 가져다준다더군. 짐작건대 그자가 또 본 전도 못 찾을 도박을 하는 것 같아!"라고 말했다.

이튿날 필립은 정말로 책 2권과 잡지 몇 권을 가져다주며 "나는 당신네가 자주 쓰는 '말했으면 바로 실천하고 공수표를 남발하지 않는다'란 말을 좋아해!"라고 하였다.

쑨쩐관은 미소를 띠고 고개를 끄덕이며 감사의 뜻을 표했다. 난 참지 못하고 곧바로 다가가 책을 받아왔다. 책 2권 중 하나는 『당시선집唐诗选集』이고, 다른 하나는 『궈모뤄郭沫若[18]선집选集』이었다. 나는 놀라 입에서 나지막하게 '헉!'하는 소리가 나왔다. 그가 가져온 잡지는 모두 영문으로 된 *TIME*과 *Reader's Digest*였다.

필립은 자신이 우리를 놀라게 한 것에 확실히 만족한 듯 손으로 내 팔을 가볍게 건드리며 "장! 온통 책 읽을 생각뿐이군. 나한테 감사하다는 말 정도는 해줘야지?"라고 말했다.

나는 고개도 들지 않고 의례적으로 "댕큐!"라고 짧게 답했다.

"오! 자네 정말 너무하군! 이 책 2권을 찾기 위해 어제저녁 특별히 부산까지 날아갔다 왔다니까!"

나는 머리를 들어 그에게 미소 지으며 "정말 고생 많으셨네요!"라고 말했다.

쑨쩐관은 그가 약간 겸연쩍어하는 것을 보고 중간에 끼어들어 "필립 선생! 당신이 우리에게 베풀어 준 특별한 관심을 잊지 않을 것입니다"라고 말했다.

필립은 상당히 노련해서 쑨쩐관의 말에 숨은 뜻을 마치 못 알아들은 것

---

18 귀모뤄(郭沫若, 1892~1978) : 쓰촨 출신으로 일본에 건너가 의학을 공부했다. 졸업 후 상해대학 등에서 교수를 지냈고, 5·4운동 이후 사회혁명에 동조하여 혁명문학을 제창하였다. 북벌에 참가해 선전 활동에 종사했으나, 난창봉기 실패 후 일본으로 망명한 뒤 중국고대사와 갑골금문(甲骨金文)을 연구해 큰 업적을 남겼다. 신중국 수립 후 무당파(无党派) 민주인민대표대회 당무위원 등을 지내며 주로 문화·학술·국제교류 등 분야에서 지도적 역할을 맡았다. 문화대혁명 초기 격렬한 자기비판을 해 주목받았고, 만년에는 과학원 고고연구소(考古研究所)에서 활동했다.

처럼 매우 기쁜 표정을 지으며 "별말씀을, 우린 오랜 친구잖아요. 그렇죠?"라고 말하고는 악수를 하고 나갔다.

그가 떠나자, 쑨쩐관은 작은 창문을 쳐다보며 "저 교활한 여우 같은 놈, 우리 마음을 잘 알고 있다니까!"라고 말했다.

그다음 날 바람 쐬러 나갔을 때 과연 리즈잉이 보이지 않았고, 그제야 우리는 그가 정말 석방되어 제602 포로수용소로 돌아갔음을 알게 되었다. 나는 정말 그가 부러웠지만, 한편 그가 돌아가서 예리한 필체로 더욱 열심히 적들과 투쟁하길 기원했다.

얼마 전 나의 한 미국 친구가 이메일을 보내 기밀 해제된 한국전쟁 관련 미국 기록물 중에서 필립의 진짜 모습을 발견했다고 알려왔다. 한국전쟁 시기 필립의 공식 신분은 주한 미국대사관 무관으로 미국의 전쟁포로 정책 집행상황과 문제를 국무부에 보고하는 책임을 지고 있었다. 필립 본인은 미국이 포로수용소 내에서 타이완 국민당 특무공작대원에 지나치게 의존해 전쟁포로를 너무 잔혹하게 대하는 것에 찬성하지 않았다고 한다. 그는 일찍이 중공군 고급장교 포로들의 생명이 위협받는 것을 막으려는 일련의 조처함으로써 미국의 명성에 더 큰 오점을 남기는 것을 피하고자 했다. 필립은 베트남전쟁 기간에도 주월남 미국대사관 무관을 지냈지만, 월맹군에 잡혀 6년간 전쟁포로로 지냈다고 한다. 나는 이런 사실을 알고 나서 그 당시 필립을 욕보인 데 대해 조금 미안한 생각이 들었고, 쑨쩐관이 이런 사실을 알지 못하고 먼저 세상을 떠난 것이 매우 유감스러웠다.

9. 쑨쩐관과 함께 한 시간

쑨쩐관의 감방으로 옮긴 이후 나의 감옥 생활은 크게 변화하였다. 낮에는 각자 책을 보거나, 혹은 내가 영문 잡지의 일부 재미있는 보도 내용을 그에게 번역해 읽어주곤 하였다. 저녁에는 내가 졸라서 그가 병사들을 데리고 전투했던 얘기를 듣거나, 혹은 함께 작은 소리로 고리키|Maxim Gorky[19]가 쓴 〈수감자의 노래〉를 부르기도 했다.

태양은 산에서 나와 또 산으로 들어가나, 감옥은 영원히 암흑이네.

망보는 경비병은 밤낮을 안 가리고, 내 창문 앞에서 서 있네.

감시가 좋으면 넌 감시를 해라, 난 언제나 감방을 못 벗어나니.

나 비록 원래 자유를 좋아했지만, 천근의 쇠고리를 벗어날 수 없네.

이렇게 해서 우리의 그 작은 천지(감방)는 따뜻하고 넓은 공간으로 변했다. 아쉬운 건 가진 책을 이미 다 읽어버렸고 우리를 석방해 돌려보내 준다는 소식도 전혀 들리지 않았다는 점이다. 내가 간수장에게 물어봐도, 그는 두 손을 벌리고 어깨를 들썩거릴 뿐이었다.

쑨쩐관은 내 기분이 또 처지는 것을 보고는 내게 당시唐詩 암송 시합을 제의했고, 그것은 나의 지기 싫어하는 기질에 다시 불을 붙였다. 난 중학

---

19 고리키(Maxim Gorky, 1868~1936) : 작가 겸 비평가로 19세기 러시아 고전적 리얼리즘을 완성하고 사회주의 리얼리즘을 창시했다. 혁명적 낭만주의 작품을 써서 밝은 미래에의 욕구를 표현했는데, 뒤에 리얼리즘과 낭만주의를 융합한 사회주의 리얼리즘의 창작 방법을 확립하였다. 문화의 근원은 민중의 노동이라고 하여 민중에서 떠난 문학의 타락을 지적하고, 혁명적(진보적 혹은 능동적) 낭만주의를 반동적(소극적) 낭만주의로부터 구별, 현실의 변혁, 인간 의식 개조의 무기로서의 문학적 의의를 강조했다.

교에 다닐 때 이미 많은 당시를 외웠기 때문에 쑨쩐관은 날 이길 수가 없었다. 벌칙으로 난 그의 손바닥을 3번 때렸다.

새로 배운 〈비파행琵琶行〉[20]과 〈장한가長恨歌〉[21]도 내가 더 빨리 외웠고, 게다가 내가 꾀를 부리기도 잘해 벌칙 받는 건 항상 쑨쩐관이었다. 내가 아이처럼 기뻐하는 모습을 보고 쑨쩐관도 미소를 지었다. 나보다 나이를 십 몇 개월밖에 더 먹지 않은 이 동지 형은 정말 나보다 훨씬 더 성숙하였다.

1952년 9월 10일 오후 감옥에 구금된 지 만 3개월, 아니 정확히 2,208시간이 지나 우리는 '형기만료'되었다. 대형 트럭 1대가 '전범'으로 정식 판결받고 감옥에 남아있던 18명의 조·중 전쟁포로 대표단원을 '거제도 전범수용소'로 압송하기 위해 대기하고 있었다. 나는 극도로 쇠약해진 쑨쩐관을 부축해 함께 트럭에 올라탄 뒤, 아메리카합중국의 정식 감옥을 마지막으로 바라보았다. 미국 군사 법정이 우리에게 뒤집어씌운 '전범'이란 죄명을 지닌 채 그 음침한 돌로 된 감옥을 떠났다.

1982년 겨울 방학 내가 재평가정책에 의해 중국공산당 당적을 회복한 후, 맨 먼저 만나고 싶었던 옛 전우가 바로 쑨쩐관이었다. 나는 베이징에서 창춘長春까지 가서 그를 만났다. 그는 기차역에서 참을성 있게 연착한 열차를 기다려 주었다. 열차에서 내린 나는 이미 양쪽 살쩍이 반백이 다 된 그가 멀리 서 있는 것을 보았다. 내가 밤낮으로 그리워하던 동지인 형을

---

20 〈비파행(琵琶行)〉: 당나라 시인 백거이(白居易)가 지은 장가(長歌)로 816년 작품이다. 제목 중 행(行)은 원래 인(引)이었는데, 인은 시가(詩歌)의 한 형태이다. 이 작품은 중국뿐 아니라 동양의 다른 나라 문학에도 널리 영향을 끼쳤다.
21 〈장한가(長恨歌)〉: 당나라 시인 백거이의 서사적인 장가로 120행에 806년의 작품이다. 제목의 뜻은 '오랜 슬픔의 노래'이고 소재는 양귀비(楊貴妃)에 대한 당 현종(玄宗)의 비련 이야기이다.

보자마자, 나는 쏟아지는 눈물을 개의치 않고 달려가 힘껏 그를 껴안았다. 눈물 너머로 그의 얼굴에 새겨진 고통의 세월이 담긴 많은 주름살을 보며 가슴이 저렸다.

"쑨 형! 쑨 형! 당신도 많이 늙었군요. 나라를 위해 얼마나 많은 업적을 남길 수 있는 분이었는데!" 나는 마음속 깊은 곳에서 고통스럽게 외쳤다. 하지만 그는 여전히 그렇게 온화한 미소로 나를 쳐다보았다. 마치 지난 30년 동안 그토록 극심한 굴욕을 당한 적이 없는 사람처럼, 말로 표현할 수 없는 고통을 겪지 않은 사람처럼! 그의 집에 머무는 동안 그의 부인 위메이玉美 동지가 매일같이 날 위해 닭을 잡고 생선을 요리해주었다.

떠나는 날 저녁 식사 때 그는 술잔을 들고서 "자, 쩌스! 우리 연속으로 3잔을 비우세. 첫 잔은 30년 전 우리가 국가와 당을 욕보이지 않았던 일을 위해, 둘째 잔은 최근 당과 정부가 마침내 우리 6천 명 전우들의 누명을 벗겨주어 자네와 내가 모두 당적과 군적을 회복한 것을 위해, 셋째 잔은 앞으로 우리가 만년의 절개를 지키고 계속 국가를 위해 요행히 살아남은 이 생명을 공헌할 수 있기 위해!"라고 말했다.

우리는 떨리는 손으로 잔을 부딪쳤다. 우리가 잔을 비울 때 많은 술이 가슴 앞으로 흘렀고, 위메이 동지가 우리의 잔을 채울 때도 많은 술이 잔 밖으로 넘쳤다. ······

제14장

'전범 전쟁포로수용소'

1952년 9월 10일 ~ 1953년 9월 초, 거제도

1. 외로운 기러기 떼, 조직을 갖다

거제도 '전범 전쟁포로수용소'는 거제도 '최고감옥'에서 그다지 멀지 않았지만, 다른 보통 전쟁포로수용소와는 아주 멀리 떨어져 있었다. 우리가 그곳에 도착했을 때, 날이 채 밝지 않았음에도 수용소의 커다란 영문 표지판과 주위에 촘촘하게 설치된 망루와 초소들을 똑똑히 볼 수 있었다.

이날 미군 측은 우리를 '영접'하기 위해 초소를 증설하고 방독면을 든 적지 않은 경비병들도 배치하였다. 이 수용소는 내가 상상한 것보다 훨씬 컸고 황량한 하천가에 정사각형으로 세워져 있었다. 수용소 정문으로 들어가면 동서남북에 철조망으로 각각 분리된 작은 수용소가 있고, 정중앙에는 축구장만 한 운동장이 있었다. 철조망마다 작은 문이 있어 광장으로 들어갈 수 있었다. 우리를 가둔 작은 수용소는 정문에서 아주 가깝고 매우 작아서 그 안에 막사 1개와 화장실 1곳만 있었고, 화장실 옆에 씻을 수 있

는 작은 공간이 하나 있었다.

우리 반대쪽에는 정문을 사이에 두고 관리인들의 막사·취사장·의무실·창고·청소부대 등이 있었다. 미군 몇 명이 관리를 책임졌고 나머지 업무는 모두 '전범' 판결을 받은 조선인민군 전쟁포로들이 담당했다. 이들 인민군 전사는 모두 시위행진이나 단식 등의 투쟁 중에 진압하러 온 미군 혹은 한국군과 유혈 충돌을 일으킨 '장본인'이었다.

담판 대표단의 멤버가 도착하자 아주 큰 소동이 일어났다. 각 철조망 안의 고참 '전범'들은 모두 대열을 지어 우리에게 경례하고 노래하며 구호를 외치면서 신참 '전범'인 우리를 환영해주었다. 미군은 즉시 사람들을 향해 최루탄을 던졌고, 황록색의 짙은 연기가 철조망 안팎에서 피어올랐다. 철조망 밖의 최루탄들은 전우들이 주워서 되던진 것이었다. 이런 특수한 환영 의식은 우리 전부가 '대표단 특수소대'라는 작은 수용소로 압송되어 막사 안으로 쫓겨 들어간 후에야 끝이 났다.

우리를 압송한 미군이 모두 돌아간 후, 우리 18명은 서로 악수하고 포옹하였다. 대표단 단장 이 씨老李가 특별히 다시 한번 우리 중국 대표 2명에게 다른 조선 대표의 성명, 부대에서의 직무, 소속 포로수용소의 편제 번호 등을 소개해주었다. 나는 그제야 비로소 우리 18명이 모두 귀국을 원하는 9개 조선과 중국 포로수용소(여자 포로수용소는 제외)의 대대장과 포로 대표임을 알았다. 조선인민군 포로는 총인원이 우리 지원군 포로보다 훨씬 많을 뿐 아니라 귀국을 고집하는 사람의 비율도 훨씬 높아 보였다.

정식 미국 감옥의 독방 수감과 육체적 정신적 고통을 마침내 이겨내고 전우들이 다시 함께 모였기에 이날은 다들 아주 흥분했다. 비록 모두 자기가 대표하는 포로수용소를 떠났지만, 여기도 작고 새로운 전투 집단이었다.

다시 새로운 포로수용소 생활이 시작되었다. 앞으로 고난과 위험이 또 얼마나 있을지언정 서로 의지하고 격려할 수 있게 되었고, 어찌 됐든 감옥에서보다는 효과적이고 집단적인 대적對敵 투쟁을 할 수 있게 된 것이었다.

이날 밤 나는 쑨쩐관 곁에 누워 그에게 이제부터 어떻게 투쟁을 전개할 건지 물었다. 그는 한참을 생각하고는 "적군이 이미 우리를 많은 전우와 격리했기 때문에 형세가 아주 심각하게 돼버렸어. 우리는 원천 없는 물, 뿌리 없는 나무가 된 셈이야. 앞으로 우리가 장기간 이곳에 갇혀있게 된다면 할 일이 없는 격리 생활 속에서 우리의 투지도 소멸하고 말겠지! 다른 한편 우리는 또 저들의 인질이 돼서 우리 측 평화회담 대표를 협박하는 밑천이 될 거야. 그리고 저들이 우리에게 계속 압력을 가해 세계여론 속에서 도드 사건의 영향을 없애버리는 데 우리를 강제로 동원할까 봐 걱정이네!" 라고 말했다.

이 깊고 원대한 부분까지 고려한 그의 분석을 듣고 나도 무거운 책임을 느꼈다. 마음속으로 적군의 이런 자기 뜻대로 되길 바라는 속셈을 어떻게 깨부술까 생각했지만, 그 답을 찾기도 전에 꿈나라로 빠져들고 말았다.

2. 조선노동당 당원이 되다

다음날 쑨쩐관은 요청을 받고 조선인민군 사단급 지도자들이 연 회의에 참석했다. 쑨쩐관은 돌아와서 함께 현재의 형세를 토론한 결과, 자신이 어젯밤 내게 말해 준 분석에 동의하여 적과 장기적으로 날카롭게 맞설 투쟁을 진행할 마음의 준비를 하기로 했다고 전해주었다. 먼저 내부조직을 완비하기 위해 그들 모두 조선노동당 거제도 지하 당원이기에 그 특별지부를 설립하고 쑨쩐관과 나를 받아들여 노동당에 가입시키기로 하였다. 나와 쑨쩐관은 다른 3명의 조선인민군 동료와 당의 한 소그룹에 소속되었다. 우리는 조선 평양러시아어대학 총장을 지낸 신태봉辛泰凤 동지를 특별지부 서기로, 쑨쩐관을 부서기로 선출했다. 모든 동지는 특별지부의 통일된 지휘를 받기로 하였다.

지부는 모두에게 더욱 단결하고 열심히 학습하며 완강하게 투쟁할 것을 요구하면서 다음과 같이 실천하기로 했다. 매주 1번 조직 생활을 하면서 조직에 자기 생각을 보고하여 사상 서로 돕기를 전개하며, 각기 자신의 필요에 따라 학습계획을 정하고 아울러 상호 학습을 돕도록 한다. 유익하고 건강한 문예 오락 활동을 전개하여 혁명 낙관주의를 강화한다. 대적 투쟁으로는 지속해서 적에게 항의하여 '전범' 죄명을 철회하고 우리를 석방하여 자신이 속한 포로수용소로 각기 돌려보내 줄 것을 강력히 요구하는 한편, 적극적으로 '총지도위원회'와 연락을 취할 방법을 찾아서 총지도위원회의 지도하에 통일된 투쟁 행동에 참여한다.

나는 그 결정을 듣고 매우 기뻤다. 조선인민군 전우들이 우리를 조선노동당 당원으로 받아들여 완전한 한 가족이 된 것이 기뻤고, 우리 (중국공산당) 지부의 지도가 강력하고 치밀한 점도 기뻤다. 나는 속으로 '우리 쑨 형이 단지 일개 대대급 간부라고 얕보지 마시오. 지도 수준은 절대로 당신들 사단급 간부보다 못하지 않으니까'라고 생각했다. 그러나 나는 쑨쩐관에게 이런 생각을 감히 말할 수 없었는데, 설령 아주 조금이라도 이런 마음 가짐을 보이기만 하면 틀림없이 그에게 한바탕 호되게 비판받을 것임을 알았기 때문이다. 쑨쩐관은 항상 아주 진심으로 조선 동지들을 존중했고,

또한 늘 나에게도 이렇게 교육했다. 그의 전체 국면에서 생각하는 관념과 당성覺性은 나보다 훨씬 강했다. 내가 조선 전우들과 아침저녁으로 함께한 시간이 오래되어 진정으로 그들을 이해하게 되었을 때, 나는 비로소 자신의 그런 편협한 민족 쇼비니즘 사상에 부끄러움을 느꼈다.

3. '방대'한 학습계획

쑨쩐관은 나에게 지부가 배정한 임무를 모범적으로 존중하고 집행하여 조선 전우들과 잘 단결하도록 요구했다. 나는 먼저 같은 그룹의 조선 전우 3명과 서로 간의 이해를 강화하기로 마음먹고 동시에 러시아어와 한국어 학습계획을 수립했다.

서기인 신태봉 동지는 흔쾌히 나의 러시아어 선생님을 맡아주었고, 같은 소그룹의 조선 전우 3명도 나에게 한국어를 가르쳐 주기로 했다. 대표단 단장의 바둑 솜씨가 아주 좋다는 사실을 알자마자, 나는 또 그를 나의 바둑선생님으로 모셨다. 나는 이틀 만에 시멘트와 페인트를 이용해 아름다운 바둑알 1벌을 만들고 바둑판을 그렸는데, 재료는 모두 내가 직접 미군 총관리인 토레Torre 대위에게서 얻어 온 것이었다.

쑨쩐관은 내가 정한 학습계획과 실천에 대해 아주 만족해하면서 농담으로 "보아하니 자네, 러시아어를 다 배우고 나서 또 소련으로 유학 갈 생각인 모양이지!"라고 말했다.

나는 "해방 전에 미국에 가서 유학할 생각이었지만 갈 수 없었는데, 앞으로도 못 갈 것 같으니 귀국 후에는 소련 유학생이 될 생각입니다!"라고 대답했다.

나는 아직도 나와 같은 소그룹에 속했던 조선 전우들을 기억한다. 1명은 박 씨 성을 가진 조선인민군 사단 정치위원으로 나이는 약 40세이고 불그레한 얼굴에 왼발은 다쳐서 약간 절었는데, 아주 유머가 있고 생각도 매우 날카로웠다. 그는 투면圖們 강변에서 자랐기 때문에 보기 드물게 중국어도 조금 할 줄 알았다. 다른 1명은 김 씨 성을 가진 조선인민군 부연대장으로 나이는 약 25세이고 신체 건장하고 힘세며 잘난 체하고 지기 싫어했다. 논쟁하기를 좋아해서 어떤 때는 얼굴을 붉히기까지 하였고 바둑에서 지는 것도 기분 나빠했지만, 성격이 시원시원하고 용감했다. 또 다른 1명은 이 씨 성을 가진 조선인민군 연대 병참 주임으로 대표들 가운데 가장 나이가 많았다. 당시 이미 50세 전후로 우리는 그를 '아바이阿爸爷'라고 불렀다.

아바이는 중국말을 겨우 몇 마디 할 줄 알았는데, 사람됨이 온화하고 자비로웠다. 그는 나를 많이 보살펴 주었고 한국 민담을 가장 많이 들려주었다. 나도 그를 매우 존경하며 따랐다.

우리 중국인 2명과 16명의 조선 전우들이 함께 생활하면서 제일 먼저 해결해야 할 문제는 언어 장애였다. 우리는 줄곧 '국제 언어' 즉 한국어·중국어·영어를 모두 사용하였고 많은 손짓이 동원되기도 했다. 왕왕 한마디 말속에 두세 가지 언어의 어휘가 사용되었다. 이러한 언어소통은 비교적 빨리 서로의 생각을 이해하고 평소 교류하는 데 도움이 되었지만, 반면 언어를 정식으로 학습하고 숙달하는 데 아주 불리했기 때문에 내가 비록 그들과 꼬빡 1년을 함께 지냈음에도 한국어를 제대로 배울 수가 없었다.

한국의 문자는 병음 자모를 채용하여 한자汉字를 분해해서 사용한 것이다. 예컨대 'ㅣ'와 한어 병음 'i'는 서로 같고 'ㅏ'와 'a'는 같은 음이다. 한국어에는 모두 24개의 자모가 있는데 아주 쉽게 배울 수 있다. 나는 1시간 만에 그 병음 자모 읽는 법을 배워서 비록 그 뜻은 몰랐지만, 한국어 단어 와 문장을 읽을 수 있었다. 그러나 한국어의 어법은 중국어·영어와 차이 가 아주 컸다. 한국어는 동방어계에 속해 일본어·몽골어와 유사하다. 예 를 들어 동사를 문장 끝에 놓는 것이 그 특징 중의 하나이다. 우리는 "중· 조 인민은 이다 한 집안"이라고 말하고, 그들은 "중·조 인민은 한 집안이 다"라고 말한다.

한국어에는 외래어가 많은데, 그중에서도 한어汉语에서 온 단어가 상당 히 많고 그 음이 광둥어와 비슷했다. 그래서 조선 동지들은 늘 한어 단어 와 한국어 어법을 사용해서 우리와 대화했기 때문에, 시간이 지나면서 습 관이 되어 우리 자신이 말하는 한어도 한국어화 되어버렸다.

한국어 중에서 내가 가장 빨리 가장 완벽하게 배운 것은 노래 가사였다. 그 1년 동안 나는 조선 전우들이 부를 줄 아는 민요를 포함한 모든 곡을 거 의 다 습득했다. 나는 한국 민요를 아주 좋아하는데, 그 열정과 활기찬 분 위기 그리고 아름다운 선율은 내 성격에 아주 잘 맞았다. 그리고 그들의 춤은 부드럽고 아름다운 가운데 강건한 기운을 품고 있었다. 나는 늘 '한 국! 이 노래 잘하고 춤 잘 추는 민족이 그렇게 많은 고난을 겪었음에도 여 전히 낙관적이고 선량한 민족성을 유지하는 것은 정말 대단한 일이다'라 고 생각했다. 게다가 포로수용소에 있으면서 나는 인류 영혼의 언어인 음 악이 고통스럽고 힘든 생활 속에서 얼마나 크게 용기를 불러일으키고 마 음의 상처를 어루만져주는 역할을 하는지 더욱 체험할 수 있었다. 나도 바 로 이런 면에서 조선 전우들과 더 가까워지고 더 융화하고자 했고, 그 결 과 나는 그들 모두가 좋아하는 작은 동생이 되었다.

러시아어 학습도 공허하고 견디기 힘든 '전범' 생활을 나름 충실하게 만들었고, 조국과 친지에 대한 상념과 자유에 대한 나의 고통스러운 감정을 분산시켜 주었다. 선생님의 학습 요구는 매우 엄해서 나는 자모부터 배우기 시작해 듣고, 말하고, 읽고, 쓰고, 암기하고, 연습해야 했다. 나는 토레 대위에게서 약간의 종이와 연필 반 자루를 얻어왔다. 나중에 그가 더 이상 종이를 제공해주지 않아서 나는 담뱃갑과 시멘트 포대를 철하여 노트를 만든 다음, 선생님께 교과서 내용을 써달라고 하고 숙제의 잘못된 부분을 바로 잡아주길 부탁했다.

신 선생님은 러시아어를 정말 잘했는데, 나중에야 그가 소련 타슈켄트 Tashkent사범학원 원장을 지낸 소련 국적의 조선인이며 조선민주주의인민공화국 성립 후 조선으로 돌아와 러시아어대학 총장을 맡았다는 것을 알았다. 당시 좀 더 많은 재능을 배워서 귀국 후 조국 건설에 참여하고자 했던 나의 희망을 실현하게 해준 그의 가르침에 감사한다. 귀국 후 나는 정말로 몇 년 동안 중등학교 러시아어 교사를 맡아서 그에게서 배운 소련 가곡을 학생들에게 가르쳐 주었다. 그 러시아 민요들의 겉으로 드러나지 않는 은근한 감정은 일찍이 나를 사로잡았고 내 마음의 고통을 덜어주었다. 레닌Lenin이 좋아했던 노래 〈광명찬光明贊〉은 지난 수십 년 동안 나와 고난의 세월을 함께 보냈다.

형제들이여! 태양을 향해 자유를 향해,

그 광명의 길을 향하여,

그 어둠이 이미 소멸하였음을 보라.

끝없는 눈이 부신 빛이 앞에 있도다!

4. 거제도에 단 2명만 남은 중국인

전범 전쟁포로수용소에서의 첫 1달 동안, 미군 관리 당국이 우리를 석방해 돌려보내도록 우리는 상당히 많은 시간과 정력을 들여 여러 차례 항의서와 요구서를 쓰고 심지어 단식투쟁까지 했지만 아무런 결과를 얻지 못했다.

얼마 후 우리는 청소부대 전우들을 통해 총지도위원회와 연락이 닿아서, 총지도자 박 동지가 독방에 갇혀 철저히 감시받고 있다는 것과 판문점 정전회담이 중단되어 적들이 언제든지 구실을 찾아 진압을 강행할 수 있다는 사실을 알았다. 총지도위원회는 우리에게 잠시 쉬면서 대오를 정돈하고 역량을 축적하여 앞으로 있을 더욱 고통스러워질 투쟁에 대비할 것을 제안하였다.

밖으로 외출할 기회가 있는 청소부대 전우들은 또 제602 포로수용소의 중국인민지원군 동지들이 이미 전부 제주도로 이송되었다는 소식을 알려주었다. 중국 동지들은 이송되기 전에 여러 차례 투쟁을 통해 우리 둘을 돌려주지 않으면 승선을 거부하겠다고 결연히 요구했지만, 결국 가혹하게 진압당하여 강제로 압송되었다고 하였다. 이 소식은 우리에게 정신적으로 아주 큰 타격을 주었다. 귀국지대 중에서 쑨쩐관과 나, 단 2명의 중국인만 거제도에 남게 되었다니!

비록 조선 전우들이 온갖 방법으로 우리를 위로해주었지만, 여전히 감정적 동요가 매우 심해서 나는 러시아어 연습장 뒷면에 당시唐詩 1수를 썼다.

돌아올 날 언제냐고 물어 왔지만,

나는 지금 파산의 밤비가 가을 연못에 넘치는 걸 보고 있소.

언제 둘이서 서창의 등잔 심지를 자르면서,

파산의 이 밤비 보며 외로움에 잠겼던 내 심정을 되새기며 이야기하게 될는지.[1]

쑨쩐관이 내 숙제를 검사하다 이 시를 보고는 한참을 묵묵히 있다가 "우리 고향에 '드러난 서까래가 먼저 썩는다!'라는 속담이 있다네. 하지만 서까래 중에는 드러난 곳에 설치해야만 하는 것도 있지 않겠어. 우리는 더 큰 희생을 치러야 할 마음의 준비를 해야 할 것 같네!"라고 말했다.

나는 그를 쳐다보며 "쑨 형! 살아도 당신과 같이 살 것이고 죽어도 당신과 같이 죽겠소"라고 말했다.

그는 팔을 뻗어 나의 어깨를 꽉 끌어안고는 다시 나에게 "적들도 우리를 감히 쉽게 죽이지는 못할 거네. 우리 쪽에 포로로 잡힌 그들 장병도 있지 않은가! 자네가 그토록 그리워하는 파산의 밤비를 언젠가는 볼 수 있을 거네!"라고 위로해주었다.

5. 제주도에서 전해 온 흉보

10월 중순 제주도 제8 포로수용소 중국인민지원군 전쟁포로에 관한 소식이 조선노동당 거제도 지하당에 전해졌다. 그들은 10월 1일 국경일 당일 10장의 국기를 게양해서 전 세계를 향해 중국인민지원군 포로의 귀국 의지를 장엄하게 선포했다가, 적으로부터 잔혹하게 진압당해 국기를 수호

1 　당나라 시인 이상은(李商隱)의 작품 「야우기북(夜雨寄北)」으로 그 원문은 다음과 같다.
　"君问归期未有期, 巴山夜雨涨秋池. 何当共剪西窗烛, 却话巴山夜雨时."

하던 용사 중 56명이 죽고 129명이 중상을 당했다는 내용이었다. 이 흉보를 듣고 우리는 너무나 비통하였고 적에 대한 적개심도 더욱 불타올랐다.

그날 밤 나는 잠 못 이루며 제주도의 전우들이 어떻게 오성홍기를 만들어 깃대에 묶고, 깃대를 묻을 구멍을 팠으며, 어떻게 동틀 무렵에 10장의 국기를 게양했는지를 내내 상상하였다. 전우들의 그 웅장한 국가 제창 소리가 귓가에 울렸고, 대 도살을 자행한 적의 화약 냄새가 후각을 자극하였으며, 전우들이 맨주먹으로 적과 격투할 때의 늠름한 모습이 끊임없이 눈앞에 나타났다. 나의 친애하는 전우들이여! 내가 얼마나 날개를 펴서 그대들에게 날아가고 싶은지를 아시나요. 다음날 우리는 중국인민지원군 전쟁 포로 대표의 명의로 미군 관리 당국에 '가장 강력한 항의서'를 제출했다.

그 후 우리는 제주도에서 고생하며 투쟁하는 전우들이 더욱 그리워졌다. 내가 잘 아는 친밀한 전우들이 이번 유혈 투쟁 중에 다치거나 죽지는 않았는지!

돌아가서 전우들과 함께 투쟁하지 못한다는 실망감으로 인해 나의 학습에 대한 열정은 점차 식어갔다. 답답한 마음을 해소하기 위해 나는 더 자주 쑨쩐관과 조선인민군 전우들에게 얘기해달라 조르고 더 빈번하게 대표 단장 이 씨를 찾아 바둑을 두기 시작했다.

이 씨는 바둑 3단으로 처음에는 나에게 19수를 접어주고도 이겼지만, 나중에는 점점 내게 접어주는 수가 적어졌다. 그는 아주 진지하게 '금각은변초두피金角银边草肚皮'[2] · '심리전挖心战' · '성동격서声东击西' 등의 기술과 전술

---

2   금각은변초피(金角银边草肚皮) : 바둑에서 사용되는 표현으로 바둑판의 모서리가 변보다 통제하기 쉽고 이득이 많으며 가운데 중원은 사면이 열려 있어 빈집을 만들기에 불리함으로 그 가치가 가장 낮다는 뜻이다.

을 나에게 인내심을 갖고 지도해서, 3개월 뒤에는 내가 감히 그와 접어주는 것 없이 대국할 수 있을 정도에 이르렀다.

만약 그가 바둑을 두고 싶어 하지 않으면, 나는 바로 '아바이'나 박 정치위원을 찾아가 얘기해달라고 졸랐다. 나는 아직도 '아바이'가 들려준 '노래 주머니歌包'에 관한 한국 민담을 기억하고 있는데, 그 대략적인 내용은 다음과 같다.

한 가난한 나무꾼이 산에 가서 나무를 하다 저녁이 다 되어 산에서 내려왔다. 그가 산속에서 길을 잃고 아름다운 노랫소리에 이끌려 숲속 풀밭에 이르렀는데, 한 무리의 선녀들이 달빛 아래서 노래자랑을 하고 있었다. 그는 이를 듣다 소리에 홀려 그녀들이 있는 곳으로 뛰어들고 말았다. 선녀들은 그가 아주 선량하다는 것을 알고는 그의 목청을 금 목청金嗓子으로 바꿔주고 노래 부르는 법을 가르쳐 준 다음 숲에서 내보내 주었다. 그가 집에 돌아온 후 노래 잘하는 것으로 유명해지자, 한 악독한 지주가 그를 불러 노래하게 하고는 어디서 배운 것이냐고 물어서 선녀가 노래를 가르쳐 준 일을 말했다. 그 지주는 바로 직접 선녀를 찾아가서 노래 배우기를 청했다. 선녀들은 그가 나쁜 사람인 것을 알고 정말로 노래를 배우고 싶다면 노래 주머니 하나를 그의 목에 달아주겠다고 하였다. 그가 그러겠다고 하자, 한 선녀가 자기 목에 달려있던 혹을 그에게 주었다. 집으로 돌아온 후 이 악독한 지주는 노래를 여전히 제대로 부를 수 없고 목에 붙은 '노래 주머니'도 떼어낼 수 없음을 알고 결국 분을 못 이겨 그대로 죽고 말았다.

나는 이야기가 끝나자마자 그에게 "만약 제가 가서 그 선녀들을 만나면,

그들이 제게 금 목청을 주고 듣기 좋은 노래를 가르쳐 줄까요?"라고 물었다.

그러자 '아바이'는 "난 네가 이미 선녀를 찾아갔다 온 줄 알았는데? 그렇지 않다면 너의 목소리가 어쩜 이리도 좋고 이렇게 많은 노래를 부를 수가 있어?"라고 말했다.

박 정치위원은 민담을 얘기할 줄 몰랐기에 자기 자신의 출신과 경력을 이야기해 주었다. 그는 원래 가난한 동광銅矿 노동자였는데, 일본 놈들의 압제를 견딜 수 없어 김일성 장군의 유격대에 참가해 광복 때까지 활동하였고 재작년에야 원산의 여 방직공과 결혼했다고 하였다. 그는 "내 마누라는 나를 대단히 사랑해. 이번 전쟁이 터져 내가 전방으로 출정하러 떠날 때, 그녀는 막 태어난 아이를 안고 울었어. 정말 많은 눈물을 흘렸지. 현재 그녀가 어디 있는지 나도 모르고, 내가 어디 있는지 그녀도 알지 못해. 내가 만약 살아서 돌아가면 온 천지를 뒤져서라도 그녀를 찾을 거야! 그녀를 찾을 때까지 쉬지 않고 계속 걸을 거야!"라고 말했다.

나는 매우 감동해서 "꼭 부인을 찾으실 수 있을 겁니다. 전쟁이 끝나면 공장은 회복될 거고 부인도 돌아와 출근할 겁니다!"라고 말하자, 그는 그리워하는 표정을 지으며 웃었다.

그는 또 미군이 인천에 상륙한 후, 그가 속한 사단이 급히 북쪽으로 후퇴하면서 힘든 산속 행군 중 전투를 벌이다 포위되고 식량과 물이 떨어져 포로가 되는 과정을 나에게 말해주었다. 나는 그의 설명을 듣고서야 왜 이렇게 많은 조선인민군 전우들이 사단이나 연대 단위로 통째 포로가 되었고, 포로가 되었을 때 왜 조직의 편제조차 흩어지지 않았는지를 비로소 알게 되었다. 이것이 그들이 포로가 된 후 비교적 빨리 조직을 회복시키고 아울러 자신들의 전쟁포로수용소를 장악할 수 있었던 중요한 원인이었다.

6. 쑨쩐관이 내게 들려준 이야기

나는 낮에는 조선 전우들을 찾아가 바둑을 두거나 이야기를 듣고, 밤에는 침상에 누워서 얼굴을 돌려 쑨쩐관에게 얘기를 해달라고 했다. 나는 눈을 뜬 채 잠들지 못하는 것이 아주 무서웠다. 쑨쩐관이 맨 처음 내게 해준 것은 천이陳毅[3] 사령관(그들은 원래 제3야전군 소속이었다)과 수위粟裕[4] 동지 이야기였다. 나는 아직도 천이 동지가 상하이에 입성하자마자 사람을 보내 쑹칭링宋庆龄[5]을 보호했던 이야기와 천이 사령관이 강남에서 군대를 이끌고 강북까지 공격해서 새로운 소비에트 지구를 건립했던 이야기를 기억하고 있다. 이야기할 때 그의 표정에는 천 사령관에 대한 깊은 경애의 정이 넘쳐났다!

쑨쩐관은 또 내게 수위에 관한 이야기를 하나 해준 적이 있었다. 제3야

3 　천이(陈毅, 1901~1972) : 쓰촨성 출신으로 1923년 공산당에 입당, 제1차 국공합작 결렬 때까지 화중 일대에서 활동했다. 신사군(新四军) 대리군장(代理军长) 등을 지냈고 1946년부터 인민해방군 제3 야전사령관을 지냈으며 1949년 상하이 시장이 되었다. 1958년부터 1972년까지 외교부장으로 있으면서 저우언라이 · 류사오치 등과 동행하여 아시아 · 아프리카 여러 나라를 순방하였다. 문화대혁명 때 비판받아 1969년 중앙위원으로 격하되었다가 사후 명예가 회복되었다.

4 　수위(粟裕, 1907~1984) : 후난성 사람으로 동족(侗族) 출신이다. 중국 현대의 걸출한 전략가이자 혁명가이며 중국인민해방군 고위 장성으로 1955년 대장으로 승진하였다. 총참모장, 군사과학원 제1정치위원, 전국인민대표대회 상무위원회 부위원장 등을 역임하였다.

5 　쑹칭링(宋庆龄, 1892~1981) : 상하이 출신으로 언니 쑹아이링[宋蔼龄]은 쿵샹시의 부인, 여동생 쑹메이링[宋美龄]은 장제스의 부인, 남동생 쑹즈원[宋子文]은 국민정부 요인인 명문 집안의 한 사람이다. 세 자매 모두 미국 웨슬리대학에서 공부하였다. 신해혁명 후 쑨원의 비서가 되었고 함께 일본으로 망명, 1914년 26세 연상의 쑨원과 결혼하였다. 쑨원 사후 국민당 집행위원이 되었고, 이후 국민당 좌파로 활동하면서 루쉰 등과 민권보장동맹을 결성하였다. 또 국제적십자 등의 활동을 통해 중일전쟁 중에는 충칭의 국민정부와 옌안의 중국공산당과 연락하는 등 국공합작에 종사하였다. 중화인민공화국 수립후 국가 부주석에 취임하였고 1954년 이후 전국인민대표대회 대표를 지냈다.

전군 부사령관을 맡고 있던 수위 동지가 한번은 행군 중에 그가 홍군 분대장 시절 대원이던 사병 1명을 우연히 만났는데, 그 사병은 그때까지도 여전히 사육飼育 일을 맡고 있었다. 그가 그 홍군 사병에게 안부를 묻자, 그 사육병은 한참을 쳐다보다 그를 알아보고는 "수 분대장님! 지금 말을 타고 있는 걸 보니 대대장이 되셨나 봐요"라고 말했다고 하였다.

나는 쑨쩐관이 해준 노새가 대포를 먹은 이야기도 기억하고 있다. 화이하이淮海 전역[6]이 시작되었을 때, 그가 속한 부대에는 중포重砲가 많지 않아서 적을 겁주기 위해 파초 줄기를 흑연재로 칠해 수레 위에 걸어놓고 노새가 끌도록 하면서 일부러 대낮에 도로 위를 보라는 듯이 행군을 했다. 그런데 생각지도 못하게 한번은 휴식을 취하고 있을 때, 노새 1마리가 배고파서 '대포의 포신'을 갉아 먹는 일이 벌어졌다. 그리하여 "노새가 대포를 먹었다"라는 기이한 이야기가 온 부대에 널리 퍼졌다고 했다.

쑨쩐관의 이런 이야기들은 1952년 그렇게 처량하고 추운 겨울날, 입대한 지 2년여밖에 안 된 대학생인 나에게 얼마나 큰 따뜻함과 격려가 되었던지! 나는 인민의 아들딸로 이뤄진 군대와 기성세대 혁명가들의 그러한 용감무쌍함과 뛰어난 지혜, 그리고 인민에 대한 충성을 더 많이 이해하게 되었다.

부대에 관한 이야기는 거의 다 들었지만, 나는 쑨쩐관에게 계속 얘기해 달라고 졸랐다. 그는 자신에게 아라비아 왕의 부인과 같은 재주가 없어서

---

6   화이하이[淮海] 전역 : 국공내전 3대 전역 중 하나로 1948년 11월에 시작되어 1949년 1월에 끝났다. 두위밍[杜聿明]과 류츠[刘峙]가 지휘하는 국민당군 56개 사단 총 55만 5천 명의 수비대가 공산당군의 류보청·덩샤오핑·수위가 지휘하는 화둥[华东] 야전군과 중위안[中原] 야전군에 의해 소멸되고 개편되었다. 인민해방군의 사상자는 13만 4천 명이었다.

매일 밤 한 가지씩 1,001일 밤을 이야기할 수는 없다고 했다. 대신 그는 함께 노래하자고 제안했다. 내가 "뭘 부를까?"라고 하자, 그가 "〈연안송延安颂〉[7]을 부르세!"라고 말했다. 이에 우리는 다정스레 노래를 부르기 시작했다.

보탑산 봉우리에 노을은 불타고夕阳照耀着山头的塔影,

연하강 물결 위로 달빛 흐르네夜色笼罩着河边的流萤.

......

아~ 옌안啊延安!

장엄하고 웅위한 고성你这座雄伟的古城,

뜨거운 피가 너의 가슴 속에서 끓어오르네热血在你胸中奔腾.

......

나중에 그는 나에게 〈신사군新四军[8] 군가〉도 가르쳐 주었다. 그는 우리 인민군대의 각고 분투의 정신으로 나를 격려하고 고무해준 것이었다. 이에 나는 그의 과거에 대해 더욱 알고 싶어졌다. 그가 왜 그렇게 일찍 입대

---

7 〈연안송(延安颂)〉: 국민당군의 포위 공격을 피해 중국공산당이 옌안으로 피신했을 때를 배경으로 한 노래. 도입부에서 근거지 옌안의 자연환경을 묘사하고 이어서 옌안을 찬송·동경하는 내용을 담고 나서, 피 끓는 청년들에게 적(일본군도 국민당 군대도 될 수 있음)과 맞서 싸울 것을 요구하는 내용을 담고 있다. 작사자 모예[莫耶, 1918~1986]는 푸젠성 사람으로 시인이자 극작가이고, 작곡자 정율성은 우리나라 광주(일설에 따르면 화순) 사람이다.

8 신사군(新四军): 1934년 홍군이 장정을 떠난 뒤 화중·화난에 남아 유격전을 계속한 부대로 2차 국공합작 성립 후 국민혁명군 신편(新编) 제4군이란 이름으로 편성되었는데, 그 약칭이 신사군이다. 군장(军长)에 예팅[叶挺], 부군장에 샹잉[项英]이 임명되었다. 1941년 1월 신사군이 강북으로 이주하는 것에 불만을 품은 국민당군이 갑자기 공격하여, 예팅은 체포되고 샹잉은 전사했다. 이를 완난(皖南)사변 또는 신사군 사건이라 한다. 그 뒤 공산당은 천이를 군장, 류사오치를 정치위원으로 임명하고 재건에 힘을 기울여 한층 강한 군대로 만들었다. 국공내전에서는 화둥 야전군으로 활동했다.

했고, 어떻게 단련했기에 이렇게 노련하고 너그러우며 지모가 뛰어날 수 있는지를. 하지만 그는 자신에 대해 그다지 말하고 싶어 하지 않았다.

나는 이리저리 빙빙 돌려서 물어본 끝에, 겨우 그의 입을 통해 다음과 같은 사실을 알아낼 수 있었다. 그는 1944년 고등학교를 졸업하기도 전인 16살 때 상하이에서 신사군 둥장東江 지대까지 가서 입대하여 항일전쟁에 나섰는데, 그가 소속된 부대 안에서 금세 '대단한 지식인'이 되어버렸다. 그 당시 군대는 문화 수준이 낮아서 지식인을 아주 중시했기 때문에, 그는 비교적 빨리 정치공작 간부로 양성되어 부대에서 승진이 가장 빠른 가장 젊은 정치 교도원教導員이 되었다. 이런 이유로 전우들은 그를 '어린 선임병小老兵'이라고 불렀다. 그는 항일전쟁과 해방전쟁의 맹렬한 불길 속에서 단련된 인민군대가 배양해 낸 군인이었지만, 그 본인의 품성도 결정적인 작용을 했으리라 본다.

내 마음을 매우 아프게 한 것은 아군이 승리를 거두었을 때, 쑨쩐관이 그만 포로가 되었다는 점이다. 당시 아군의 몇 개 부대가 장진호長津湖에서 미군을 포위하고 있었는데, 그의 대대는 자루처럼 생긴 포위망의 남쪽 출구를 막아 적이 포위망을 뚫고 달아나지 못하도록 하는 임무를 맡고 있었다. 계속되는 며칠간의 전투로 물도 마실 수 없어서 얼음과 눈을 먹고, 밥도 보급되지 않아서 언 감자를 깨물어 먹어야만 했다. 그의 발가락 몇 개는 얼어서 괴사해 버렸다. 당시 부대의 통신수단은 아주 열악했던 반면 전쟁터의 형세 변화는 매우 빨랐다. 그가 절뚝거리는 다리로 본래 아군이 지키고 있어야 할 진지를 살피러 갔을 때, 적에게 이미 점령된 주둔지에 들어가는 바람에 적의 초병에게 허리를 붙잡혀 생포되고 말았다.

쑨쩐관의 침중한 회상을 다 듣고 나서, 나는 그의 곁에 누워 '만약 쑨 형이 포로가 되지 않았다면, 지금쯤 분명 여전히 기세등등하게 부대를 지휘하며 전투하고 있을 텐데! 얼마나 안타까운 일인가. 이 전쟁 때문에 그가 얼마나 큰 대가를 치르고 있는지!'라는 생각에 더욱 잠을 이루지 못했다.

7. 또 한 번의 봄이 없는 새해

1953년 새해는 그 획획 소리를 내며 북쪽에서 바다 넘어 거제도로 불어오는 차가운 바람과 함께 전범 전쟁포로수용소에 찾아왔다.

이날 우리 대표단이 하달한 제안에 따라, 전체 '전범'들은 신년 단배식을 거행하여 사기를 고무하고자 했다. 각 분호分號 내의 전우들은 모두 중심 광장을 향해 열을 지어 각자의 철조망 앞에 서서, 통일된 지휘하에 〈인민군 군가〉와 〈김일성 장군의 노래〉를 부르고 "용감하고 완강하게 투쟁을 견지하자!" "견지는 바로 승리, 단결은 바로 역량!"이란 구호를 외쳤다.

각 분호 내의 전우들은 또 큰 소리로 "대표단 동지들에게 경의를 표합니다!" "중국인민지원군 전우에게 경의를 표합니다!"라고 외쳤다. 쑨쩐관과 나는 감격해서 모자를 휘두르며 역시 큰 소리로 "조선인민군 전우들에게서 배웁시다! 조선인민군 전우들에게 경의를 표합니다!"라고 외쳤다.

그러자 대표단 조선 전우들이 우리 두 사람을 들어 올렸고, 나머지 근 1,000명의 조선인민군 전우들이 우리를 향해 손뼉 치며 환호를 질렀다. 이어서 "마오쩌둥 만세!" "김일성 만세!" 소리가 전범 전쟁포로수용소 전체에 울려 퍼졌다.

이번에 적이 왜 최루탄을 사용해 진압하지 않았는지 모르겠다. 오후에 우리가 식사할 때, 각 개인 사발 안에 모두 한국의 특산물인―생쇠고기와 고춧가루 그리고 소금을 생 배춧속에 층층이 넣고 절여서 만든―'김치'가 들어있는 것을 발견했다. 이것은 취사장 전우들이 특별히 1달 전에 우리 대표단을 위해 절여서 만든 아주 귀한 식품이었다. 나는 그들이 이런 재료들을 어떻게 구했는지 너무나 탄복했고 그들의 이런 두터운 정에 더욱 감동했다. 비록 나와 쑨쩐관은 생쇠고기를 먹는 것이 조금 두려웠지만, 조금 조금씩 씹자 그 맛이 정말로 한없이 좋았다. 이 역시 나에게 있어서 죽을 때까지 잊지 못할 한 끼 식사였다!

　'전범 전쟁포로수용소' 안에서 우리는 대표단 단원이자 모두 고급장교였기 때문에, 수용소 내 다른 조선인민군 전우들은 우리를 매우 잘 챙겨주고 아주 존경해서 매번 그들이 밥을 가져다주거나 쓰레기를 가져갈 때마다 경례했다. 우리가 해야 할 모든 일을 그들이 대신했고, 밖으로 대소변을 운반하는 것조차 우리가 나서지 못하게 했다(우리가 밖으로 나가면, 다른 수용소의 전쟁포로들이 보고 소란을 피울까 무서워서 관리 당국이 시켰을 수도 있다). 반대로 급식에 있어서는 육체노동을 하지 않는 우리가 도리어 더 충족히 공급받았는데, 이러한 것들이 우리를 아주 불안하게 했다.

　미군 관리 당국은 우리 대표단이 앞장서 소란만 피우지 않는다면, 최대한 우리를 건드리지 않는다는 태도를 보이는 것 같았다. 그 결과 우리 '전범'들은 물질생활 면에서 도리어 보통 전쟁포로보다 좀 더 나은 대우를 받아서 잘 때 깔던 멍석도 나무판으로 연결된 침상으로 바뀌었다. 그러나 이 정도 물질상의 '개선'은 우리가 자신의 전투 집단에서 강제로 떨어져 나와서 받은 정신적 손실을 보상하기에는 여전히 한참 부족한 것이었다.

8. 앞날이 보이지 않는 고민

새해가 지난 후 조선노동당 지하당이 전해온 정전회담에 관한 소식은 사람들을 실망하게 했다. 보아하니 미국 측은 아직 아플 정도로 맞지 않아서 여전히 약간의 환상이 남아 전쟁을 끝내고 싶어 하지 않는 것 같았고, 따라서 우리의 귀국도 기약 없이 아득하기만 했다.

나는 때때로 이유 없이 초조해져서 '바둑 한 판 더'라는 요청을 거절하고 막사 밖으로 뛰어나와 철조망 가의 잡석 더미 위에 홀로 반나절이나 앉아있었다.

나는 천천히 떠다니는 하늘의 흰 구름을 바라보며 그들의 자유자재함을 부러워했었지! "너희는 어디로 떠가니? 황하이黃海를 건너서 랴오둥辽东반도까지 떠가지는 않니? 너는 조국의 그 아름다운 산천과 대지를 보았겠지? 그 들판을 달리는 열차와 구름 속으로 높이 솟은 굴뚝 그리고 번화한 도시와 조용한 시골을 보았겠지? 나는 이 모든 것들과 얼마나 오랫동안 멀리 떨어져 있는가!"

나는 철조망 틈새를 통과해 달려 나가는 들쥐에 매료된 적이 있었다. 그 조그만 것이 달려가다 갑자기 고개를 돌려 콩알만 한 작은 눈으로 나를 쳐다보기도 하고, 심지어 뒷다리로 서서 두 앞발의 발톱으로 수염을 만지작거리기도 했다. "너, 이 조그만 녀석마저 나를 비웃고 있냐! 너는 비록 보잘것없는 작은 동물이지만, 만물의 영장인 나보다 자부할 게 많아. 왜냐하면 너는 세상에서 가장 소중한 것-자유를 가지고 있기 때문이지! 그러나 우리 인류는 자유를 추구하기 위해 수천 년 동안 이미 얼마나 큰 대가를 치렀던가!"

이때 내 마음속에서 다시 〈집시의 노래〉가 메아리쳤다. 그 슬프고 자유에 대한 그리움이 충만한 선율! 스페인 작곡가 사라사테Sarasate는 이 유명한 바이올린곡 안에서 자유에 대한 추구, 불행한 운명에 대한 반항과 조국이 없는 집시 민족에 대한 동정을 얼마나 감동적으로 표현했는지!

쑨쩐관도 때때로 나와서 아무 말 없이 옆에 앉아 내가 그의 어깨 위에 머리를 기대게 했다. 우리는 소리 없이 조국과 가까운 사람에 대한 그리움, 자유와 광명에 대한 동경…… 등을 주고받았다.

밤이 되면 나는 잠들지 못하고 더 많은 고뇌를 겪어야 했다. 아버지와 어머니, 형과 여동생, 그리고 약혼녀 M은 늘 나의 뇌리에 들어와 꿈인지 생시인지 분간이 가지 않았다. 특히 매번 M이 꿈속에서 내게 준 따뜻한 사랑은 깨어나는 순간 더욱 깊은 고통으로 변해서. ……

9. 스탈린 서거

3월 6일 토레 대위가 갑자기 우리가 머무는 막사로 와서 "중대 뉴스를 알려줄게. 너희들의 스탈린이 죽었어!"라고 말했다.

우리는 모두 놀라서 어리둥절했다.

"아니야, 당신이 우리를 속이고 있어!" 내가 먼저 소릴 질렀다.

"장! 오늘은 3월 6일이지 4월 1일이 아니야. 우리는 '만우절'에만 이런 농담을 한다고!"

말을 마친 그는 등 뒤에 감추고 있던 손을 들어 올렸고, 나는 그가 손에 쥐고 있는 『성조보』를 보았다. 그는 "네가 모두에게 오늘의 톱뉴스를 좀 읽어줘!"라고 말했다.

내가 가서 신문을 받아와 펼쳐 보니, 과연 검은 테두리를 친 원수 복을 입은 스탈린의 얼굴이 신문의 맨 위에 있고 그 밑에 굵고 큰 검은 글자로 '스탈린 사망'이란 전면 표제가 붙어 있었다. 나는 신문을 들어 전우들에게 보여줄 뿐 아무 말도 할 필요가 없었다.

모두가 고통스럽게 머리를 숙였고 훌쩍이며 우는 소리도 들렸다. 다음 날 거제도 '전범' 전쟁포로수용소의 전체 동료들은 침통한 추도회를 거행하였다. 아침 8시에 모두 대열을 지어 광장을 마주 보고 철조망 뒤편에 서서 한국어로 〈스탈린 대원수〉 노래를 불렀다. "인류의 태양, 천년을 밝게 비추네. 스탈린 대원수……"

바깥에 있는 미군과 한국군은 조용히 이 장면을 보고만 있었고 평상시와 같이 그렇게 욕을 하거나 최루탄을 던지지 않았다. 아마도 그들이 우리 공산주의자들의 진지한 감정에 감복되었거나, 우리가 외친 "전 세계 무산자들이여 단결하라"라는 구호의 기세에 놀란 것은 아니었을까!

토레 대위가 놀랍다는 듯이 내게 "너희들이 어떻게 그 엄청난 독재자인 스탈린에 대해 이런 감정을 가질 수 있는지 도무지 알 수가 없어?"라고 물었을 때, 나는 그에게 "스탈린은 무엇보다도 우리 사회주의 진영의 상징이고 공산주의 운동의 대표이기 때문이다"라고 알려주었다. 그는 두 손을 나란히 벌리며 이해할 수 없다는 듯이 머리를 좌우로 흔들었다.

10. 다치거나 병든 포로의 교환

1953년 4월 정전회담 쌍방이 다치거나 병든 포로를 먼저 교환하는 협의에 도달했다는 놀라운 소식이 전해졌다.

우리 막사 안이 흥분으로 들끓어 올랐다. 이 얼마나 기쁜 일인가! 그 갖은 고생을 다 겪은 다치거나 병든 우리 동료들이 이 고통스러운 환경에서 벗어날 수 있고, 우리 자신도 귀국할 수 있다는 희망이 생겼으니! 하지만 이때 우리는 미국 측이 우리 '전범'을 인질로 억류하고 송환하지 않을 수도 있다는 점을 더욱 우려하였다.

이에 우리는 우리 측 정전회담 대표에게 보내는 비망록을 작성하여, 거제도 '전범' 전쟁포로수용소에 갇혀있는 근 1,000명의 '전범' 숫자와 편제 및 미국 측이 우리를 무리하게 '전범'으로 판정한 이유와 경과를 상세히 기술했다. 또 우리 측 대표가 회담장에서 미국 측이 장기간 우리를 억류하여 인질로 삼으려는 음모를 밝히는 한편, 즉각 '전범' 죄명을 취소하고 우리를 석방해 각자의 포로수용소로 돌아가 귀국 송환되길 기다리도록 미국 측에 요구할 것을 부탁했다.

우리 대표단 구성원들이 먼저 이 비망록에 서명하고 피로 손도장을 찍은 다음, 다시 각 분호로 전달하여 전우들에게 서명하고 혈인血印을 찍게 하였다. 그런 후에 이 긴 비망록을 지하 '연락원'에게 주어 조선노동당 거제도 지하당에 전달해서 북조선으로 보내도록 하였다.

우리는 그 비망록이 무사히 적의 엄밀한 봉쇄를 뚫고 판문점 우리 측 대표 손에 들어가길 희망했다. 우리들의 생각이 모두 비망록 안에 들어있고, 우리가 밤낮으로 논의한 대부분이 바로 이 문제였기 때문이었다. 나는 마음이 더욱 초조해져서 시간이 평소보다 더 늦게 가는 것 같았다.

11. 정전 담판, 마침내 조인되다

7월 27일 오후 토레 대위로부터 오늘 오전 마침내 정전협정이 체결되어 전쟁이 끝났다는 소식을 듣고서, 우리는 기쁨을 참지 못하고 그의 앞에서 환호하고 서로를 끌어안았다. 웃음소리가 퍼지는 가운데 눈물이 각자의 뺨에 가득 흘러내렸다. 우리가 이 전쟁을 위해 얼마나 큰 고통을 치렀는 가! 중국과 조선 인민들이 이 전쟁을 위해 얼마나 큰 희생을 치렀는가! 모든 참전국도 이 전쟁을 위해 얼마나 큰 대가를 치렀는가!

토레 대위도 손을 비비면서 유쾌한 표정으로 우리를 쳐다보았다. 갑자기 나는 이렇게 좋은 소식을 바로 알려준 그에게 감사해야겠다는 생각이 들어 몸을 돌려 그와 악수하며 사의를 표했다. 다른 이들도 모두 그에게 가서 악수하고 감사의 마음을 전했다.

모두가 앞다투어 "우리 함께 오늘 이 기념일을 축하하게 해주세요!" "전쟁이 드디어 끝났어요!" "쌍방의 적대행위가 마침내 정지되었어요!" "쌍방의 군인은 더 이상 생사를 걸고 싸우지 않아요!" "쌍방의 인민은 더 이상 서로 적대시하지 않아요!"라고 소리쳤다.

토레 대위는 미소 지으며 우리와 악수하면서 "나도 당신들과 마찬가지로 하루속히 이 황량한 섬을 떠나서 나의 아내와 자식의 곁으로 돌아가길 희망하오!"라고 말했다.

십여 일 후 거제도의 조선인민군 귀국 전쟁포로수용소의 전우들이 송환되기 시작했다.

포로를 가득 실은 차량 행렬이 '전범' 전쟁포로수용소 정문 밖을 지나갈 때, 우리는 도로를 마주 보고 있는 철조망 쪽으로 몰려가서 운 좋게 맨 먼저 송환되는 전우들을 향해 손을 흔들며 감격스러운 작별 인사를 했다. 차에 타고 있던 조선인민군 전우 가운데 자기의 대표를 알아본 이가 바로 '경례' 구령을 내리자 모두가 우리를 향해 장중하게 경례하였다.

차량 행렬이 다 지나간 후, 우리는 막사 안으로 돌아와 각자 침상에 누워서 아무 말도 하지 않았다. 모두가 나와 같이 초조와 갈망 그리고 기다림의 감정으로 마음이 괴롭다는 것을 나는 알았다. 우리는 여러 번 미군 관리 당국에 편지를 보내 왜 우리를 즉시 송환하지 않는지 질의하였으나, 내내 회답이 없었다.

12. 고통스러운 기다림

8월 초부터 말까지 전우들이 트럭에 실려 잇달아 송환되는 것을 보면서, 우리 자신은 전혀 송환될 기미가 없자 모두 조금씩 안절부절못하기 시작했다. 본래 양이 많지 않은 식사조차 끼니마다 남기자, 밥을 가져다주는 조선인민군 전우가 걱정스레 우리를 쳐다보다가 할 수 없다는 듯이 고개를 저으며 남은 밥을 가지고 갔다.

바둑 두기, 이야기하기, 외국어 배우기가 전부 중단되고 다들 잠깐 누웠다가, 잠시 앉았다가, 잠깐 나가서 걷다가, 다시 돌아와 눕기를 반복했다.

내가 토레 대위에게 가서 우리가 장기간 억류되는 것은 아닌지 묻자, 토레 대위는 어깨를 으쓱이며 해줄 말이 없다는 자세를 취했다. 내가 묻는 횟수가 많아지자, 그는 "장! 나 자신도 당신들이 하루속히 돌아가길 바라네. 내가 여기서 당신들과 함께 종일 철조망 안에서 멍하게 지내니, 나도 죄수가 된 것 같은 느낌이야! 네가 모두에게 다시 인내심을 갖고 좀 기다리라고 알려줘!"라고 말했다.

그날 오후 토레 대위는 축구공 하나를 가지고 와서 나에게 "장! 당신들 운동장으로 가서 축구나 하면서 좀 놀아!"라고 말했다.

나는 애써 신난다는 표정을 지으며 그의 말을 통역하고는 모두에게 함께 운동장으로 나가 놀자고 권했다. 그러나 우리는 운동장에서 겨우 30분 정도 놀고는 더 놀고 싶지 않아졌는데, 도리어 주위 각 분호의 사병들이 부러운 듯 철조망 앞으로 몰려와서 '관전'을 했다. 그래서 나는 토레 대위에게 축구공을 차례로 다른 각 분호의 동료들에게 주어 놀 수 있게 해줄 것을 청했고, 그가 동의했다.

이때부터 '전범' 전쟁포로수용소에서는 도리어 운동장에서 즐거운 웃음소리가 나기 시작했다. 하지만 우리 막사 안은 여전히 분위기가 무거웠다. 왜냐하면 만약 적이 인질을 억류하려 한다면, 우리가 제일 먼저 그 대상이 되리라는 것을 알았기 때문이다.

나는 당시 우리의 심정을 어떻게 묘사해야 할지 몰랐다. 보이긴 한데 가까이 갈 수 없는 그런 견디기 힘든 심정을 제대로 설명할 적절한 문구를 찾기가 아주 어려웠다. 왜냐하면 우리가 바라는 것이 일반적인 이익이 아니라 자유와 존엄 그리고 새로운 생명이었기에!

8월 말이 되자, 토레 대위가 와서 "정전회담 쌍방이 '전범' 교환협정을 맺어서 당신들이 귀국할 수 있게 되었다!"라는 기쁜 소식을 알려주었다.

우리는 마치 가슴속 커다란 돌덩이를 내려놓은 것 같았고, 그때부터 더 절실하게 귀국할 날을 기다리게 되었다.

13. '전범' 생활을 끝내다

9월 초 어느 날 토레 대위가 우리 막사로 와서 내게 "자네와 쑨 소령은 짐을 챙겨서 나와. 당신들을 보내기 위해 문밖에 차가 대기하고 있어"라고 말했다.

나는 내 귀를 의심하며 멍하니 그를 쳐다보기만 했다. 그가 다시 한번 반복한 뒤에야, 나는 그의 말을 알아듣고 단번에 침상에서 벌떡 일어나 몸을 돌려 쑨쩐관을 끌어안았다.

쑨쩐관도 토레 대위의 말을 분명히 알아들었지만, 그는 담담히 일어나 앉더니 나에게 왜 우리 두 사람만 보내는지? 조선인민군 전우들은 언제 가는지? 토레 대위에게 물어보게 했다.

내가 토레 대위에게 묻자, 그는 "먼저 너희들을 너희 동포에게 돌려보내서 함께 귀국하게 하는 거야. 그들도 당연히 곧 돌아간다"라고 대답했다.

그러자 모든 조선인민군 전우들이 다가와서 서둘러 우리를 위해 짐—군용담요 1장, 수건 1장, 칫솔 1개, 반합 1개, 젓가락 1쌍을 꾸려주었다. 차마 헤어지기 싫어하는 그들의 모습을 보면서, 곧 귀국하게 된다는 우리의 기쁨은 다시 이별의 슬픔으로 희석되고 말았다.

1952년 5월 7일 담판 대표단 성립부터 지금까지 우리는 꼬박 15개월을 함께 보냈고, 그 또한 어떤 15개월이었던가!

우리는 조선인민군 전우들과 차례로 포옹하며 이별을 고했다. 늙은 아바이는 나를 끌어안고 울면서 "너희들이 조선을 다시 방문하는 날 다시 보길 기다릴게! 하지만 좀 일찍 와야 해. 아니면 내가 그날을 기다리지 못할 수도 있으니까!"라고 말했다.

나도 울면서 그에게 "아바이! 제게 들려주신 이야기와 당신을 영원히 못 잊을 겁니다. 저는 반드시 빨리 조선을 다시 방문해서 아바이를 뵐 수 있도록 노력하겠습니다. 아바이의 고향 주소는 이미 제 마음에 깊이 새겨 두었습니다!"라고 말했다.

그 당시 나는 이별 후 30여 년이 지날 동안, 아름다운 금강산金剛山 자락에 자리 잡은 그의 집을 한 번도 방문할 수 없으리라고는 당연히 생각하지 못했다. 살아있다면 올해 110세가 되는 아바이는 아직 건재하실는지?

14. 전우들과의 재회

그날 나와 쑨쩐관은 항구 옆에 있는 철조망 안으로 압송되었는데, 그곳은 지난 1달여 동안 전쟁포로를 압송하여 배에 태워 귀국시키기 위해 임시로 지은 중계소임이 틀림없었다. 그곳에 도착해 나와 쑨쩐관은 다시 사병대대와 장교대대로 나뉘어 압송되었다. 우리는 한마디 말도 할 겨를 없이 바로 헤어졌다. 내가 몸을 돌려 그를 보았을 때, 나를 향해 한번 손을 흔들고는 바로 철조망으로 둘러싸인 또 다른 작은 수용소 안으로 압송되어 들어가는 그의 모습만 볼 수 있었다.

나는 사병대대에서 한 막사가 온통 제주도에서 '전범'으로 재판받은 전우들로 채워져 있는 것을 보았다. 그들은 모두 여러 차례 투쟁 중에 적에게 붙잡힌 '핵심 폭동분자'로 그중 적지 않은 사람이 원래 제71 포로수용소 사병대대의 전우였다.

내가 들어오는 것을 보자 모두 놀라 일어섰고, 이어서 한바탕 "장 통역이 돌아왔다!"라고 환호하였다. 다들 둘러싸서 나와 악수하고 어깨를 두드렸다. 나는 말할 수 없을 정도로 기뻤고 흐르는 눈물을 멈출 수가 없었다. 꼬박 15개월을 서로 그리워하고 염려하다 다시 함께 모였으니 말로 그 감격을 다 표현할 수 없었다.

나는 사람들 속에서 마싱왕 대대장을 보았는데, 그는 뒤쪽에 서서 미소지으며 나를 바라보고 있었다. 내가 사람들 사이를 헤집고 다가가서 그의 손을 꽉 붙잡고 "대대장님은 어떻게 장교대대로 배치되지 않았습니까?"라고 물었다. 그러자 그는 "난 포로가 되었을 때부터 취사병이라고 말했기 때문에 등록카드에도 사병으로 적혀 있어. 보아하니 지금 송환도 전쟁포로 카드에 따라 사병대대와 장교대대로 나누어 진행하는 것 같아"라고 말했다.

내가 "조금 전 다들 회의하고 있었나요?"라고 묻자, 그는 나중에 기회가 되면 조국의 가족에게 적의 죄행을 고발하기 위해서 우리 측 적십자회 대표를 만날 수 있게 해달라는 우리의 요구를 어떻게 적에게 제출할지 모여서 논의하는 중이라고 말해주었다.

나는 놀랍고도 기뻐서 "우리 조국 적십자회 대표가 정말 거제도에 왔습니까?"라고 물었다.

"이는 우리 추측이야. 왜냐하면 방금 보초를 서던 미군이 중화中华표 담배(신중국 수립 직후 1951년부터 생산된 브랜드로 현재까지 최고급 담배 중 하나임-역자)를 던지고 갔는데, 모두가 이 담배를 우리 대표가 거제도로 갖고 온 거라고 분석했기 때문이지! 누가 가서 미군과 담판 지을지 의논 중이었는데, 자네가 마침 때맞추어 돌아온 거야!"

한창 얘기하고 있는데, 장다가 와서 그 중화표 담배를 나에게 건네며 "봐봐, 이 위쪽에 천안문의 화표華表(옛날 궁전이나 능 따위의 큰 건축물 앞에 아름답게 조각한 돌기둥-역자)도 인쇄되어있으니, 누구라도 차마 담뱃갑을 뜯어 피우기 아깝지!"라고 말했다.

머나먼 조국에서 온 붉은빛이 번쩍이며 포장이 매우 정교한 이 담뱃갑을 들고 사람의 폐부에 스며드는 향기를 맡으며, 그 위쪽에 적힌 '중화표 담배'라는 친숙한 한자와 5천 년 찬란한 문화를 상징하는 백옥석白玉石 화표 도안을 보면서, 나는 마음과 손이 다 떨렸다. "중화, 중화! 2년여 동안 우리가 당신을 얼마나 불렀는지 아시나요."

15. 마지막 투쟁

나는 즉시 모두의 의견에 근거해 미군 관리 당국에 보내는 영문 편지 초안을 잡았는데, 편지에서 "우리가 즉시 중국 적십자회 대표를 만나게 해 달라. 그렇지 않으면 우리는 승선을 거절하겠다!"라고 요구하였다.

교섭을 통해 우리 사병대대를 감시하는 미군 병사는 우리가 대표를 파견하여 책임자인 미군 소령을 만나는 것에 동의하였다. 이에 나는 마싱왕 동지와 함께 동료들이 급히 만든 종이 꽃다발을 들고, 미군 관리원이 머무르는 막사로 갔다.

중국 '전범' 사병대대의 작은 철조망은 이 항구 중계소의 가장 안쪽에 있었는데, 작은 병영 입구는 몇 미터 폭의 통로를 마주 보고 있고 앞으로 가면 통로 양쪽에 조선인민군 '전범' 사병대대를 수감하고 있는 철조망으로 격리된 작은 병영이 여러 칸 있었다.

우리가 손에 종이 꽃다발을 들고 걸어가는 것을 보고, 조선인민군 전우들은 모두 철조망 근처로 모여들어 우리에게 뭐 하러 가느냐고 물었다. 내가 즉시 한국어로 "중국 적십자회 대표를 만나게 해달라고 요구하러 갑니다!"라고 말하니, 모두 기뻐하며 손뼉을 쳤다.

그러나 미군 관리원 막사에 도착하자, 그 미군 소령은 도리어 매우 거만하게 "무슨 중국 적십자회 대표가 섬에 왔는지 나는 모른다. 너희 둘은 즉시 돌아가라!"라고 말했다.

나는 그 중화표 담배를 꺼내 보이며 그에게 "우리가 이 중국산 담배를 얻었는데, 이는 우리 적십자회 대표가 이미 섬에 왔다는 것을 증명합니다"라고 말했다.

그러자 그는 크게 웃으며 "맞아, 쌍방의 협의에 따라 국제적십자회가 양측 전쟁포로수용소로 대표를 파견해 시찰하기로 했고, 이 때문에 대표들에게 줄 보급품을 판문점을 통해 미리 보내온 거야. 아쉽게도 너희 중국 적십자회 대표가 섬에 오지 않아서, 이 중화표 담배는 할 수 없이 우리가 나눠 피우게 된 거야!"라고 말했다.

우리는 그의 거짓말을 믿지 못하겠다고 말하고 대표를 보지 못하면 절대로 승선하지 않겠다고 성명하였다.

사병대대 포로수용소로 돌아온 다음, 우리 전체 중국 '전범'들은 한 차례 시위를 진행하여 노래를 부르며 "우리는 중국 적십자회 대표를 만날 것을 단호하게 요구한다!"라는 구호를 외쳤다.

그날 저녁 취침 시간에 나는 동료들이 벗어놓은 가죽 신발이 다 새것이라는 걸 발견하고, 다시 살펴보니 입고 있는 옷도 속옷에서 겉옷까지 다 새것이었다. 그 연유를 물어보니 그저께 그들이 이곳에 도착했을 때 미군이 억지로 갈아입힌 것이며, 이렇게 함으로써 그들이 포로를 우대했음을 판문점에서 보여주려 한다는 걸 알았다. 이 때문에 모두가 단호히 거부했으나 미군이 '최루탄' 한 방을 먹인 후 강제로 헌옷을 벗겨 가져가 버렸고, 그 과정에서 적지 않은 전우들이 헌옷을 빼앗기지 않으려다 개머리판에 맞았다고 했다.

다음 날 아침 한 미군 중위가 와서 우리에게 승선할 준비를 하라고 통지했다. 우리는 바로 모두 조용히 앉아 시위를 시작했다.

내가 다시 한번 미군 중위에게 "우리 대표를 보지 못하면 배를 타지 않겠다"라고 말하자, 미군 중위는 "너희 중국 적십자회 대표는 부산까지만 와서 시찰하였고 정말로 섬에는 오지 않았어"라고 말했다. 그래서 우리는 바로 다른 중립국 적십자회 대표를 만나게 해 달라고 요구하였다. 미군 중위는 이 말을 듣고는 몸을 돌려 나갔다.

얼마 지나지 않아 머리에 방독면을 쓰고 완전무장한 미군이 출동하여 최루탄을 포로수용소 안으로 던져 넣었다. 우리는 즉시 군용담요로 머리부터 발끝까지 온몸을 뒤집어썼다.

미군이 욕하면서 우리 철조망 안으로 들어오는 소리를 듣고 내가 막 담요를 들치고 동정을 살피려는 순간, 갑자기 미군의 큰 가죽 군화 한 쌍이 내 앞에 서 있는 것이 보였고 뒤이어 스르르 소리를 내며 최루탄 하나가 나의 '군용담요 방어선' 안으로 굴러들어왔다. 한바탕 아주 고약한 냄새에 코를 자극하는 짙은 연기가 내 목구멍 안으로 들어와 격렬하게 기침이 났고, 두 눈도 아주 고통스러워 눈물을 흘릴수록 더욱 아팠다. 나는 일어나서 막사 안으로 뛰어 들어갔는데, 그 미군이 쫓아와 나의 팔을 비틀어 꼼짝 못하게 하고는 나를 철조망 바깥쪽 통로로 끌고 갔다. 나는 눈을 뜨고 우리 쪽 사람들이 모두 미군에게 끌려 나오는 것을 보았다.

그 중위는 나를 알아보고는 걸어와서 나에게 모두 줄을 서서 승선하도록 말하라고 했다. 나는 몸을 돌려 마싱왕 동지를 찾았는데, 그가 쏟아지는 눈물을 닦으면서 나에게 "우리가 전 세계에 그들의 폭행을 고발할 거라고 말해!"라고 외치는 것을 보았다.

나는 중위에게 큰소리로 이 말을 통역하였다. 그러자 그는 "난 너희들이 누구에게 고발하든 상관하지 않아. 나의 임무는 너희들을 압송하여 배에 태우는 거야!"라고 말한 다음, 손을 흔들자 미군 병사들이 총검을 겨누며 강제로 우리를 중계소에서 걸어 나가게 했다.

항구의 부두 가에 도착하자, 1만 톤급 거선巨船 1척이 돈선躉船(부두에서 잔교로 쓰이는 배-역자) 바깥쪽에 정박해있는 것이 보였다. 커다란 돈선 갑판 위에는 조선인민군 전우들이 가득 앉아있었다. 우리는 돈선으로 압송되어 인민군 전우들이 내준 통로를 지나 높이가 십몇 m에 달하는 거선의 트랩을 걸어 올라갔다.

이때 갑자기 '장 동무'라는 외침이 들려 내가 소리 나는 곳을 쳐다보니, 대표단의 조선인민군 동지들이 거기에 앉아 나를 향해 손을 흔들며 작별 인사를 하는 것이었다.

나는 흥분하여 양손을 들어 그들에게 "영원히 함께 단결합시다!"라는 의사를 표시한 후 트랩을 올라갔다.

"안녕, 나의 친애하는 조선인민군 전우들이여! 나는 영원히 당신들을 잊지 못할 것이고, 우리가 함께 지낸 고난의 세월을 잊지 못할 겁니다!"나는 위로 올라가면서 그들을 조금이라도 더 보려고 고개를 돌려보니, 그들은 아직도 나를 향해 계속 손을 흔들고 있었다.

우리는 압송되어 넓고 큰 화물칸으로 들어갔는데, 조금 지나자 거대한 엔진소리가 우렁차게 울리기 시작했다. 나는 선체가 방향을 돌리는 것을 느끼고 곧바로 현창舷窓으로 달려갔지만, 거제도 부두가 회전하며 뒤로 물러나더니 점점 멀어지는 것만 볼 수 있었다. 돌로 쌓은 부두에 부딪힌 물보라는 흩날리며 햇빛 아래서 은빛으로 반짝이고, 무리 진 갈매기 떼는 물보라 속에서 장난치고 있었다. 이는 마치 조용하고 평화로우며 어떤 인간 세상의 비극도 발생한 적이 없는 보통 섬인 듯 보였다.

더 멀어진 거제도는 큰 바다 가운데 돌출되어있는 거무스레한 빛깔의 산봉우리처럼 보였다. 나는 2년 전 적에 의해 상륙용 군함으로 거제도에 압송됐을 때, 큰 바다에 떠 있는 그 무서운 형상을 처음 보았던 심정이 생각났다. 꼬박 2년간의 고통스러운 세월은 지나갔지만, 우리가 이 황량한 섬에서 보냈던 매일 매일은 정말 악몽과도 같았다.

아! 거제도여, 우리는 이렇게 이 죽음의 섬, 너를 떠난다. 세차게 치솟는 바닷물이 우리가 너의 몸에 흘린 피눈물을 깨끗이 씻어낼 수 있을까? 우리가 남긴 분노의 함성을 씻어버릴 수 있을까? 우리가 열사들의 무덤 곁에 남긴 발자취를 지울 수 있을까?

제15장

조국의 품으로 돌아오다

1953년 9월 5일 ~ 1954년 1월, 조선 개성

1. 조국의 적십자회 대표를 만나다

1953년 9월 5일 마지막 한 무리의 '전범' 전쟁포로—140명 정도의 중국인민지원군 포로와 1,000명 정도의 조선인민군 포로는 미군의 만 톤급 거함에 실려 거제도에서 인천항으로 이송된 다음, 곧바로 기차를 이용해 문산시文山市(원문에는 문산汶山으로 되어있음-역자)로 압송되었다.

우리는 마침내 다시 도시와 농촌을 보게 되었고 일반 민간인과 녹색의 농가도 보았다. 비록 아직 곳곳에 전쟁의 흔적이 남아있고 많은 인민이 여전히 고통받고 있지만, 이는 분명 사람 사는 집에서 나는 연기였고 무척이나 평화로운 광경이었다.

인천을 떠날 때와 문산에 도착했을 때, 열차 양쪽으로 누른 얼굴에 굶주려 삐쩍 마른 남루한 옷차림의 많은 한국 시민들이 우리를 구경하려 몰려들었다. 그러자 열차의 각 차량에서 〈김일성 장군의 노래〉와 〈인민군 군가〉노랫소리가 울려 퍼졌고, 차창을 통해 옷과 담요 그리고 표어와 구호가 적힌 작은 전단이 밖으로 내던져졌다.

우리 차량에서도 〈중국인민지원군 군가〉와 〈동방홍東方红〉[1]을 부르기 시작했고, 미군이 우리에게 억지로 입힌 새 미군 제복을 내던져버렸다. 우리 차량 양쪽 끝에 서 있던 미군 병사가 이번에는 우리를 제지하지 않았을 뿐 아니라 웃으면서 우리에게 엄지손가락을 치켜들었다.

저녁 무렵 우리는 문산시에 있는 군용 창고를 임시로 개조하여 만든 구치소에 도착했다. 혹시라도 우리가 또 소동을 일으킬까 두려웠는지 줄지어 선 작은 철창에 가두었는데, 철창 하나에 1~20명만 수용할 수 있었다.

다음 날 아침 우리는 미군 중령 1명이 민간인 복장을 한 몇 사람을 수행하고 걸어오는 것을 보았는데, 그중에 뜻밖에도 중산복中山服[2]을 입은 50세가량의 인자하게 생긴 사람이 있었다.

우리는 모두 일어나 철창 가장자리로 모여들었다. 이 나이 든 사람은 빠른 걸음으로 우리에게 와서 "나는 중국 적십자회 대표 판팡潘芳이며 오늘 특별히 당신들을 보고 위문하러 왔습니다!"라고 말했다.

'쏴ー' 하는 소리와 함께 쇠약하고 여위어 뼈가 드러난 손들이 다 철창 밖으로 내밀어졌는데, 모두 이 조국에서 온 사자使者, 조국의 친인亲人을 향해 뻗은 것이었다.

모두가 앞다투어 그와 악수하려고 하였고, 일부 나이 어린 동료들은 이미 소리 내어 울고 있었다.

---

1 〈동방홍(东方红)〉: 산베이[陕北] 지방의 오래된 민요에 옌안 농민 리유위안[李有源] 이 가사를 붙인 마오쩌둥 찬가이다.

2 중산복(中山服): 쑨원이 신해혁명 후 일상생활에 편리하도록 고안한 옷으로 인민복 또 는 Mao look이라고도 하며 쑨원의 호 중산에서 유래한 명칭이다.

판팡 동지는 차례로 앞에 있는 동지와 악수하면서, 다른 한편으로는 모두를 돌아보며 소리 높여 "동포 여러분! 동지 여러분! 조국은 지난 몇 년 동안 당신들이 겪은 고난을 잘 알고 있고 당신들의 영웅적인 투쟁을 충분히 이해하고 있으며, 전국 인민들은 줄곧 당신들의 운명에 관심을 두고 당신들의 조속한 귀국을 위해 최대한 노력하고 있습니다……"라고 말했다.

그의 그다음 말은 점점 높아지는 통곡 소리에 완전히 파묻혀 버렸다. 아! 조국이 파견한 친인이여! 우리는 마침내 조국의 소리를 똑똑히 들었습니다. 원래 조국은 비록 지옥에 빠져서도 여전히 조국을 위해 분투한 아들딸들을 절대로 잊지 않았고, 당은 설령 마귀의 손아귀에 떨어져서도 여전히 목숨을 걸고 당을 지키려는 전사들을 잊지 않으셨군요. 조국이여! 당이여! 우리 마음속에 당신에게 하고 싶은 말이 얼마나 많은지 아십니까.

온 구치소가 울음소리로 뒤흔들렸고 땅바닥은 눈물로 가득 찼다. 판팡 동지도 손수건을 꺼내 온 얼굴에 흘러내린 뜨거운 눈물을 닦았다. 그는 모두에게 손을 흔들며 "동지 여러분! 동포 여러분! 더 이상 슬퍼하지 마십시오. 오늘 바로 당신들을 판문점으로 보내서 오늘 바로 당신들이 조국의 품 안으로 돌아가도록 하겠습니다! 조국의 인민들이 지금 간절하게 당신들을 환영하려 기다리고 있습니다!"라고 말했다.

판팡 동지가 마침내 우리가 있는 쪽으로 걸어오자, 나는 덥석 그의 손을 잡고 힘껏 흔들었다. 그는 깊은 동정의 눈빛으로 나를 쳐다보며 고개를 끄덕였다. 내 옆의 동료가 다시 그의 손을 빼앗듯 쥐었고, 이때 누군가 드디어 우리 모두의 마음속 말을 외쳤다.

"조국의 친인이 우리를 보러 온 것에 감사합니다! 우리는 영원히 조국의 좋은 아들딸이 되겠습니다!" 모두가 자기도 모르게 따라서 외치기 시작했다.

나는 그 미군 중령과 다른 몇 명의 국제적십자회 대표들이 멀리 입구에 서서 서로 이야기하는 것을 보았는데, 그 표정과 태도를 보아 그들이 마침내 우리 중국인민지원군 병사의 자기 조국에 대한 감정을 이해한 듯이 보였다.

2. 판문점이 시야에 들어오다

정오에 마지막 점심으로 우리에게 제공된 것은 흰 쌀로만 만든 주먹밥이었지만, 모두가 오히려 삼킬 수가 없었다.

트럭이 문밖에서 시동을 걸자, 마음이 초조한 우리는 차에 태워져 문산을 떠나 판문점을 향해 갔다.

차량 행렬은 꾸불꾸불한 도로를 달렸는데, 좁은 길에 경사가 가파르고 모퉁이가 많았다. 차의 속도는 이미 매우 빨랐지만, 우리는 그래도 더 빨리 달리기를 바랐다. 아무도 길가의 햇빛 가득한 산과 들의 풍경을 감상할 생각조차 없었으니, 그 아무리 아름다워도 역시 다른 나라의 것이기에!

차가 언덕을 올라 고개를 지나자, 아래쪽은 온통 녹색의 저지대였다. 저지대 중앙에 몇 개의 녹색 텐트가 있고 텐트 앞쪽에 아주 높은 문루(門樓) 하나가 서 있는 것을 멀리서 바라보면서, 나의 심장이 격렬하게 뛰기 시작했다. 저곳이 바로 판문점이구나!

산기슭 아래에 그리 높지 않은 한 겹의 철조망 방어선이 산세를 따라 풀숲 사이로 뻗어나간 것이 있었다. 아! 이것이 분명 분계선일 거야. 앞쪽이 바로 중립지역이니, 거기가 진짜 판문점이겠지!

그 경축용 아치가 점점 가까워지자, 위쪽에 적힌 4개의 금색 글자도 점점 더 또렷해졌다. 아! 똑똑히 보였다. 그것은 '조국의 품' 네 글자였다! 그 금색의 빛이 그렇게 눈부시다니! 순간 나는 눈물이 쏟아져 내렸다. 조국, 조국, 나의 조국이여! ······

3. '조국의 품'

차량 행렬이 경축용 아치 앞에 멈추자, 흰색 가운을 입은 아주 많은 중국인민지원군 군의관과 간호사들이 벌써 주차장 앞에 정렬해있었다.

차량이 멈추자마자 그들이 앞으로 몰려왔다. 대열을 인솔한 미군 중위가 운전석에서 내려와 송환 포로의 접수를 맡은 중국인민지원군 장교에게 경례하고 우리들의 명단을 건네주었다. 우리 장교도 경례로 답하고 명단을 받았다. 명단을 다 보고 인원수를 확인한 다음, 곧 머리를 끄덕이며 모두 차에서 내리게 했다.

차량의 측면이 열리자 초췌하고 파리한 용모에 내의만 걸친 귀국 포로들은 앞으로 다가와서 부축하려는 군의관이나 간호사들의 손을 기다리지 못하고 바로 뛰어내려 차례로 친인의 품 안으로 뛰어들어 소리 내어 통곡하기 시작했다.

내가 마지막으로 부축을 받으며 내리자, 또래 나이의 젊은 간호사가 나를 붙잡아 주었다. 나는 천지가 빙빙 도는 것만 같고 머릿속이 붕붕 소리를 내며 울려서 다른 사람이 우는 건지 아니면 나 자신이 우는 건지, 비분의 눈물인지 아니면 기쁨의 눈물인지도 분별할 수가 없었다.

나는 뻣뻣한 발걸음으로 간호사를 따라 텐트 안으로 들어갔다. 그는 내

옷을 전부 벗기고는 내 몸과 한쪽에 벗어둔 옷에 소독약을 뿌리고 수건으로 나를 깨끗이 닦은 후, 다시 중국인민지원군 내의와 겉옷 한 벌을 가지고 왔다. 나는 지각과 의식을 완전히 잃어버린 환자처럼, 그가 나에게 차례로 옷을 입히고 군모를 씌우도록 몸을 맡기고서 염료 향기 나는 군복을 어루만지면서 오래도록 멍하니 그를 바라보았다.

그는 놀라 허둥대는 표정을 지으며 나를 품에 꽉 껴안고 흔들면서 "동지! 동지! 당신 이러면 안 돼요. 말 좀 해봐요. 말 좀!"이라고 외쳤다.

그러자 나는 마침내 그의 말을 알아듣고서 "아하─ ……"하고 길게 한숨을 내쉬었으나, 온몸이 격렬하게 떨리는 것을 억제할 수가 없었다.

그는 나를 더욱 꽉 안고 어린아이 대하듯 귓가에 대고 끊임없이 "됐어요. 됐어요. 나의 좋은 형제여. 이제 조국으로 돌아왔으니, 친인의 곁으로 돌아왔으니 괜찮아요. 적이 너무나 원망스러워요! 당신들의 투쟁은 정말로 대단했어요! 이 모든 것을 우리는 다 알고 다 이해해요! 더 이상 괴로워하지 말고, 아! 말 들어요"라고 말했다.

나는 그의 위로를 받으며 천천히 진정되어갔다. 그러다 바깥에서 자동차 시동 거는 소리가 다시 울리기 시작하자, 나도 모르게 진저리를 치며 뒤로 발버둥쳤다.

그는 재빨리 "이들은 당신이 병원에서 요양할 수 있도록 데리러 온 우리 쪽 자동차예요. 두려워하지 말아요. 미국 놈들은 일찌감치 꺼져버렸어요!"라고 말했다.

그제야 나는 정신이 완전히 들어 고개 숙여 입고 있던 새 중국인민지원군 군복을 쥐며, 이 모든 것이 확실히 꿈이 아니라 진짜로 돌아온 것이라는 것을 알았다. 자유다! 더 이상 포로가 아니다!

나는 머리를 그의 어깨에 기대고 부축을 받으며 텐트를 걸어 나가 바깥에 세워져 있는 소련제 중형 지프차에 탔다. 차에는 이미 10여 명의 동료가 타고 있었다. 그 친절한 간호사 동지는 나의 손을 꽉 잡고 "먼저 병원에 가 있으면 제가 정리를 끝내고 바로 당신을 보러 갈게요"라고 말했다.

자동차는 시동을 걸었고 우리는 개성開城에 있는 중국인민지원군 전방병원으로 이송되었다.

이리하여 내가 1951년 5월 27일 포로가 되어 1953년 9월 6일 교환돼 돌아올 때까지의 이 기나긴 평생 잊지 못할 세월은 완전히 끝이 났다.

4. 조국에서 온 위문단

우리는 개성의 중국인민지원군 병원으로 온 후, 조국의 친인들이 우리에게 주는 지극히 큰 따뜻함을 누렸다.

병원 의사들이 우리를 위해 신체검사를 자세히 한 결과, 거의 모든 사람이 빈혈·위장병·기관지염·관절염 등 온갖 질병을 앓고 있었고, 그 외 외상을 입은 동료들도 많았다. 병원은 우리에게 아주 좋은 치료를 해주었다. 우리에게 제공된 환자식단은 영양이 매우 풍부한 것이었다.

우리의 심리적 상처를 치료하기 위해 허룽賀龙[3] 원수가 이끄는 제3차 조

---

3 허룽(贺龙, 1896~1969): 후난성 출신으로 원래 가로회 회원이었으며 쓰촨 군벌 밑에 있다가 게릴라의 우두머리가 되었다. 1926년 우한정부의 북벌군 군단장이 되었으며, 1927년 주더 등과 함께 난창봉기를 지도하고 중국공산당원이 되었다. 1936년 이후 팔로군 사단장으로 중일전쟁에 참전하였다. 국공내전 때 제1 야전군 사령관을 지냈으며 신중국 수립 후 시난[西南]군구 사령관, 부총리, 국방위원회 부주석, 체육위원회 부주임 등을 역임했다. 문화대혁명 중 비판을 받고 실각, 1969년 베이징에서 옥사했으며 1974

선 방문위문단이 특별히 1개 분단分団을 개성으로 파견하여 우리를 위문하러 왔다. 많은 유명 예술 대가들이 마지막으로 돌아온 우리 100여 명의 '전범'들을 위해 아주 멋진 프로그램을 특별히 공연해 주었다.

메이란팡梅兰芳[4]은 〈귀비 술에 취하다贵妃醉酒〉, 청옌치우程砚秋[5]는 〈낙수의 신洛神〉, 마렌량马连良[6]은 〈동풍에 의지하여借东风〉, 저우신팡周信芳[7]은 〈소하가 달 아래에서 한신을 쫓아가다萧何月下追韩信〉를 공연하였고, 마스충马思聪[8]은

년 명예 회복되었다

4 메이란팡(梅兰芳, 1894~1961) : 경극(京剧) 배우. 장쑤성 출신으로 조부와 부친 등 가족 대부분이 경극 배우였다. 어려서부터 무대에 섰으며 천부적인 미성·미모와 부단한 수련으로 해외에서도 명성을 떨쳐 1930년 미국, 1935년 모스크바 등에서도 공연했다. 중일전쟁 중에는 수염을 기르고 출연을 거부하다가 종전 뒤 무대에 복귀하여 희곡의 주제를 명확히 하고 역할의 구체화를 위하여 노력하였으며 우아한 무용 동작을 창안하였다. 순애·애국심·여성 존엄과 전쟁의 비극에 좌절하는 여성들을 폭넓게 표현하였다. 1959년 공산당에 입당, 중국경극원장을 역임했다

5 청옌치우(程砚秋, 1904~1958) : 경극 배우. 베이징 출신으로 귀족 집안에서 태어나 룽뎨셴[荣蝶仙]·왕야오칭[王瑶卿]에게 사사하였다. 메이란팡·샹샤오윈[尚小云]·쉰후이성[荀慧生] 등과 함께 4대 명단(名旦)의 한 사람으로 손꼽혔다. 1930년부터 배우양성소를 경영하고 연극잡지 『희학월보(戏学月报)』를 발행하는 등 다방면으로 활동하다가 말년에 중국희곡연구원과 국립희곡학교에서 후진양성에 힘썼다. 비극의 여주인공 역에서 재능을 발휘하였고 전통극 이론을 연구하며 시대와 대중의 요구를 수용한 많은 희곡을 개작·자작 상연하였다.

6 마렌량(马连良, 1901~1966) : 회족(回族)으로 베이징 출신이다. 민국 경극 3대가 중 1명이며 부풍사(扶风社)의 대표 인물이다. 아버지가 유명 경극 배우 탄샤오페이[谭小培]와 친했던 연고로 어릴 때부터 경극을 사랑하게 되었다. 홍콩에 거주하다 1950년대 초 중국으로 돌아와 베이징경극단 단장을 맡았고 1962년부터 베이징시 희극학교 교장을 맡았다. 중국 정부는 〈군영회(群英会)〉·〈진향련(秦香莲)〉 등 경극영화를 만들어 그의 연기를 보존하고 그의 경극을 녹음하였다. 문화대혁명 때 우붕(牛棚)에 갇혔다 넘어져 사망했고 1979년 명예 회복되었다.

7 저우신팡(周信芳, 1895~1975) : 신팡은 자이고 이름은 쓰추[士楚]이다. 예명은 치린퉁[麒麟童]이며 노생기파(老生麒派)의 창시자이다. 저명한 경극 연기자로 중국공산당 당원이며 장쑤성에서 태어났다. 6살 때부터 경극을 배우기 시작하여 마렌량과 함께 '남기북마(南麒北马)'로 불리면서 1930년대 이래 경극 무대에서 활동한 가장 대표적인 배우로 간주하고 있다. 1949년 10월 1일 메이란팡·청옌치우 등과 희곡계를 대표하여 천안문 성루에서 개국 행사에 참석했다.

8 마스충(马思聪, 1912~1987) : 광둥성 출신의 작곡가 겸 연주가로 중국 바이올린의 일

〈사향곡思乡曲〉을 연주하였다. 대가들의 조예 깊은 예술 공연에 우리 모두 넋을 잃었다.

나는 공연을 보면서 '이것은 조국의 5천 년 문화 정수가 빚어낸 아름다운 술로 조국의 어머니가 그것으로 우리 상처받은 아들딸들을 위로하는구나!'라는 생각에 깊은 감동을 받았다.

중앙실험가극원의 음악가들도 우리를 위해 감동적인 많은 가곡을 불러주었는데, 내가 가장 또렷하게 기억하는 것은 왕쿤王昆[9]이 들려준〈백모녀〉선곡选曲과〈왕 아주머니가 평화를 요구하다〉이다. 이 노래를 들으며 나는 우리가 포로수용소에서 이 노래를 부를 때의 광경이 생각났다.

다음날 나는 6,000명의 귀국 전쟁포로를 대표하여 위문단에게 우리가 포로수용소에서 받은 잔혹한 박해와 적에 대한 단호한 투쟁을 보고하고, 조국에 대한 뼈에 사무치는 그리움과 하루빨리 조국으로 돌아가 사회주의 건설에 참여하고 싶은 강렬한 희망을 이야기했다.

나는 원래 냉정하고 침착하게 보고할 준비를 했다. 하지만 밑에 앉아있는 친인들이 모두 그렇게 친절하면서도 관심 어린, 절실하고도 열렬한 눈빛으로 나를 바라보고 있는 것을 보고 감정을 억누를 수 없어서 "위문단 동지 여러분! 조국의 친인 여러분! ─"이라고 외친 뒤 바로 목이 메어 말

인자로 불린다. 그가 1937년에 창작한〈사향곡〉은 20세기 중국음악의 고전 중 하나로 여겨진다. 일찍이 파리음악학원에 입학, 바이올린을 전공했고 귀국 후 잇달아〈요람곡(摇篮曲)〉·〈내몽조곡(内蒙组曲)〉·〈서장음시(西藏音诗)〉·〈목가(牧歌)〉 등 많은 유명한 작품을 창작하였고 1949년 중앙음악학원 초대 원장에 임명되었다. 문화대혁명 때 비판 투쟁을 당하자 가족을 데리고 홍콩으로 달아난 후, 홍콩 미국 영사의 동행하에 미국에 도착했다. 1985년에 명예 회복되었다.

9 왕쿤(王昆, 1925~2014) : 허베이성 출신의 가극배우로 1943년 중국공산당에 가입했고 1945년 중국공산당의 지도하에 창작된 최초의 가극〈백모녀〉의 여주인공 역을 맡았다. 1982~89년 동방가무단(东方歌舞团) 단장을 맡았다.

을 이을 수 없었다. 보고 도중 나는 감정을 억제하고 손수건을 꺼내 적에 대한 원한과 조국에 대한 그리움에 솟아오르는 뜨거운 눈물을 닦으려 여러 번 말을 중단해야만 했다.

나는 다음과 같이 말하며 보고를 마쳤다.

조국의 친인 여러분! 당신들이 우리에게 보내주신 조국의 위로, 조국의 소식, 조국의 따뜻함에 감사드립니다! 우리는 오늘처럼 이렇게 조국이라는 두 글자를 소중하게 여겨본 적이 없습니다. 조국은 도대체 무엇을 의미할까요? 이것은 우리가 어쩔 수 없이 조국의 품을 떠나 이국의 통치를 받고 선혈과 청춘을 바친 후에야 비로소 더 깊이 이해하게 된 개념입니다. 조국은 많은 구체적인 내용을 포괄합니다. 조국은 우리가 사랑하고 추구하는 수많은 것들을 포함하고 있습니다. 나를 낳고 길러주신 가족과 고향, 나에게 지식과 지혜를 준 찬란한 문화와 유구한 역사, 나의 선생님들과 예술가 그리고 선량하고 근면한 인민들, 애정과 우의 그리고 햇빛과 자유, 인간으로서의 존엄과 사회를 위해 노동과 창조를 진행할 권리가 바로 그것입니다. 하지만 우리는 포로수용소 생활에서 이 모든 것들을 완전히 박탈당하였습니다. 그때는 이 모두가 그토록 멀고 진귀한 것들이었습니다! 이 모든 것들을 다시 얻기 위해서 우리는 고난을 참으며 목숨을 걸고 싸우기를 원했습니다. 앞으로 조국의 부강과 다시는 열강의 압박과 능욕을 받지 않기 위해 우리는 다시 한번 자신의 청춘과 선혈과 목숨을 바치기를 원합니다!

보고가 끝나자마자 위문단 동지들이 바로 나를 둘러싸고 악수를 하면서 다들 앞다투어 "당신들 고생했습니다!" "당신들은 정말 대단해요!" "당신들은 조국에 부끄럽지 않은 훌륭한 아들딸들입니다!" "당신들은 여전히 가장 사랑스러운 사람들입니다!"라고 말해주었다.

가극원의 한 여성 동지는 가슴에 달고 있던 체코의 영웅 푸치크Julius Fučík, 1903~1943(체코의 기자 겸 문학평론가·작가-역자) 열사의 기념장을 떼어 나에게 달아주었다. 왕쿤 동지는 눈물을 닦으며 나에게 "당신이 첫 구절을 말할 때부터 눈물을 멈출 수가 없었습니다!"라고 말했다. 저명한 극작가 홍선洪深10 동지는 나의 노트 위에 격려의 글을 써 주었다. ······

이 순간 나는 자신이 세상에서 가장 행복한 사람이라고 느꼈다. 조국 친인의 이러한 이해를 얻었으니, 지난 2년여 동안 받은 고난은 마치 모두 이미 아무 일도 아닌 것 같았다. 나는 나도 모르게 조국이여! 친인이여! 당신들을 위해 다음에도 나는 똑같은 선택을 하리라 생각했다.

이틀이 지난 1953년 9월 13일, 『인민일보人民日報』에서 이번 보고회를 보도하면서 나의 이름이 언급되었다. 내 가족과 친구들은 신문을 보고서 비로소 내가 '실종'되거나 희생되지도 않았음을 알았다. 얼마 지나지 않아 나는 그들이 쓴 정감 넘치는 장문의 편지를 받았는데, 내가 조국을 떠나있던 지난 몇 년간의 커다란 변화와 나에 대한 절절한 염려가 적혀 있었다.

내가 부모님과 약혼녀의 편지를 처음 받았을 때 많은 눈물을 흘렸는데, 감동 때문만이 아니라 그들이 여러 해 동안 나로 인해 받았을 고통이 깊이 느껴졌기 때문이다.

---

10 홍선(洪深, 1894~1955) : 장쑤성 출신의 극작가이자 영화감독이다. 미국에서 희극 공부를 한 후 귀국해 희극협사(戱劇協社)·중국좌익작가연맹·좌익극단연맹 등에 가입하였다. 중일전쟁 중 국민정부 군사위원회 희극과 과장을 맡아 항일 연극대를 조직했다. 1949년 이후 북경사범대학 외국어학과 주임과 문화부 대외사무연락국 국장, 중국희극가협회 부주석, 중화인민공화국 대외문화연락국 국장 등을 맡았다.

우리 측 판문점 정전회담 대표단의 지도자 황화黃华[11] 동지도 특별히 우리를 위해 매우 생동감 있게 풍부한 국내외 형세를 설명해 주어서 2년여 동안 세상과 단절되었던 우리 '죄수들'의 시야를 넓혀주었고, 우리의 투쟁이 바로 전 세계 인민들 사이에서 폭풍처럼 거세게 일어나고 있는 평화 쟁취와 진보적인 위대한 투쟁의 구성 부분이었음을 알게 되었다.

이 모든 것들이 우리를 크게 고무시켰고 마음에 난 상처도 치유해 주었다. 쑨쩐관 동지와 나는 또 함께 돌아온 조선인민군 전쟁포로수용소 최고 지도자 박 동지와 대표단 단장 이 씨를 만나러 갔다. 일찍이 생사를 같이 했던 전우인 우리는 자유롭고 견실한 땅 위에서 열렬하게 함께 포옹하며 우리 사이의 국제주의적 전우애를 되새겼고, 우리가 어깨를 나란히 하여 함께 싸워 적이 설치한 겹겹의 장애를 돌파하여 끝내 승리하고 돌아온 것을 서로 축하하며 몸조심하길 당부하였다.

얼마 지나지 않아 다른 전우들은 조국으로 송환되고, 전쟁포로수용소 공산주의 단결회의 주요 지도자와 기밀업무 및 비서업무를 맡았던 동지 약 30명은 남아서 미군 전쟁포로수용소에 갇혀있던 2년여 동안의 경험과 파악했던 각 방면의 정황을 총체적으로 정리하였다.

나중에는 또 우리를 '해명解释 대표단' 업무에 참가시켜 적에 의해 강제 억류된 중국 전쟁포로들을 쟁취함으로써 그들이 중립지역으로 압송되어 '해명'할 마지막 기회를 이용해 그들의 조국 송환을 막은 적의 특수공작을

---

11 황화(黄华, 1913~2010) : 허베이성 출신으로 1936년 중국공산당에 입당하여 옌안에서 마오쩌둥과 미국 기자 에드가 스노우(Edgar Snow)의 통역을 맡았다. 신중국 수립 후 난징 군사관제위원회 외사처장(外事处长)이 되었고 한국전쟁 정전회담에 중국 수석 대표로 참가했다. 가나대사·아랍연합대사·캐나다대사 겸 유엔대사 등을 지냈다. 1976 ~82년 외교부장으로 있으면서 중·일 평화우호조약에 조인하는 등 문화대혁명으로 침체한 외교활동을 적극적으로 전개, 국제사회와의 관계를 확대하는 데 이바지했다.

무력화시키도록 했다.

그러나 예상과는 완전히 다르게 3개월의 '해명작업' 끝에 강제 억류된 14,000여 명의 중국 전쟁포로 중 겨우 400여 명만이 목숨 걸고 배신자들의 엄밀한 억압에서 벗어나 '간접 송환' 포로가 되어 중립지역으로부터 돌아오게 되었다.

이들 400여 명의 동료가 돌아왔을 때, 상처투성이의 몸에 비통해 죽고 싶어 하는 모습은 마치 지옥에서 도망쳐 나온 것 같아 참혹하여 차마 볼 수가 없었다. 그들을 보며 우리는 다시금 거제도의 그 연옥 속에서 맹렬하게 타는 불을 보았고, 그들이 귀국하기 위해 얼마나 힘들게 노력했으며 또 얼마나 고통스러웠을지 상상할 수 있었다.

1954년 1월 '해명'작업이 끝나 우리는 기차를 타고 압록강을 건너 다시 조국의 땅을 밟았다. 압록강의 물은 여전히 그렇게 짙푸른데, 안동시는 오히려 몰라보게 달라져 있었다. 다리 어귀에는 예쁜 꽃과 붉은 깃발을 든 수많은 조국의 친인들이 우리를 환영하러 나와 있었다. 그 순간 나는 이별한 3년 내내 꿈에도 잊지 못했던 이 땅에 얼마나 무릎 꿇고 입 맞추고 싶었던지!

여기에 이르러 나의 인생 중 특별했던 한 페이지가 완전히 넘어갔다. 역사는 이 페이지 위에 연옥의 불로 깊은 흔적을 남겼다. ……

하권

천로역정 天路历程

흰구름이 비를 내려 주지 않으면 먹구름이 소나기를 쏟아붓는다.

흰구름이든 먹구름이든 은빛 찬란한 물방울을 떨어트리면

대지는 곡식을 맺어 두 구름을 모두 기릴 뿐,

어느 쪽도 책망하지 않으며,

양쪽이 어울려 빚어낸 결실을 소중하게 간직한다.

건망증이 심한 편인가?

그런데 정월 초하루부터 섣달그믐까지

절대 잊지 않을 이야기가 필요한가?

그렇다면 이 기발한 이야기를 읽어보라.

마치 매 발톱처럼 단단히 달라붙어

의지가 없는 이들에게 위안이 될 것이다

『천로역정』, 「이 책에 대한 저자의 변명」*

---

*   원서에서는 중국어 번역본(西海译, 『天路历程·作者为本书所作的辩解』, 上海：上海译文出版社, 1983)을
인용하였으나, 여기서는 우리말 번역본(존 버니언, 최종훈 역, 『천로역정』, 「이 책에 대한 저자의 변명」,
서울, 포이에마. 2011)을 따랐다.

제1장

심사를 받다

1954년 1월 ~ 1954년 7월, 랴오닝辽宁 창투昌图

1. 조국이여, 당신의 아들이 돌아왔습니다

1954년 1월 3일 동틀 무렵, 조선 평양 기차역에서 방어 임무를 교대하고 귀국하는 중국인민지원군을 가득 실은 전용 열차가 기적을 길게 울리고 나서 힘차게 출발하였다. 승강장에는 적지 않은 조선 부녀자와 아동들이 오색 깃발 가득 휘날리는 찬바람 속에서 손에 든 종이꽃을 흔들며 "지원군 동무, 또 만납시다!"라고 열정적으로 소리쳤다. 이때 어떤 창백하고 삐쩍 마른 젊은 군인이 창밖으로 상반신 내밀고 환송하는 사람들을 향해 묵묵히 손에 든 겨울 군모를 흔드느라 두 눈 가득한 눈물을 닦지도 못했다. ……

그 젊은 군인이 바로 24살이던 나였으니, 그때의 장면은 아직도 생생하게 눈앞에 떠오른다. 내가 그때 손을 흔들며 고별한 것은 전쟁의 고난에서 막 벗어난 북한의 인민이 아니라, 얼마 전에 끝난 전쟁포로수용소에서 나 자신이 겪은 고난의 시절이 아니었을까!

열차는 정확히 우리가 3년 전 조선에 들어온 그 노선을 따라 북쪽으로 향했다. 나는 창밖으로 스쳐 지나가는 조용한 산골짜기, 하얀 눈과 초록 나무숲에 가려진 마을, 그리고 마을에 피어오르는 평화스러운 밥 짓는 연기를 바라보면서, 전쟁이 확실히 끝나고 평화가 마침내 찾아왔음을 참으로 실감하였다.

단단한 나무 좌석 등받이에 피곤한 몸을 기대고 눈을 감자, 3년 동안 겪었던 일들이 조수潮水처럼 내 마음속에 밀려왔다. 급히 조선에 들어가 천리 행군을 한 일, 전투에서 패해 적에게 포위당한 일, 포위를 돌파하지 못하고 다쳐서 포로가 된 일, 고통스러워하고 방황하면서도 충정을 지킨 일, 피비린내가 나는 상황에서 분기하여 투쟁한 일, 귀국을 견지하다 장기간 감금을 당한 일, 조국을 그리워하며 송환을 학수고대했던 일 등……

귀국하는 길 내내 지난 일들을 회상하자 온갖 기억이 다시금 되살아났다.

포로가 된 후 나와 나의 동료들에게 가장 힘들었던 것은 심각한 치욕감이었다. 우리 부대 내 이전부터 이어져 내려온 교육과 작전 기율에 모두 "절대 포로가 되어서는 안 된다"라는 항목이 있지 않았던가! 그 외도 동북항일연군의 '강물에 투신한 여덟 여전사'와 팔로군의 '랑야산 다섯 열사' 모델이 있고, "마지막 1명 마지막 한숨까지 버티며 싸우라"라는 요구가 있지 않았던가! 게다가 우리와 같은 지식 청년에게는 "군주에게 충성하고 국가의 은혜에 보답하다忠君報国", "목숨을 버려 절개를 지키고 대의를 위해 사리사욕을 버린다", "절개를 지키다 죽을지언정 비굴하게 목숨을 보전하진 않겠다宁为玉碎, 不为瓦全" 등의 전통 교육을 통해 배운 정신적인 압박까지 더해졌기에, 비록 우리가 포로가 된 원인이 지휘관의 실수와 전투의 실패, 본인의 저항력 완전 상실 등 때문이었지만, 우리는 결코 국가와 당에 대한 죄책감에서 벗어나지 못했다. 이로 인해 중국인민지원군 포로수용소에서는 조선인민군 포로수용소보다 훨씬 더 심각한 정신적인 압박과 의기소침한 현상이 나타났다. 심지어 포로가 된 후 동료 중에 기회를 봐서 자살을 시도하거나 맹목적으로 탈출하여 도망가는 일과 "피와 목숨으로 치욕을 씻자"라는 투쟁 구호도 생겨났다. 그뿐만 아니라 중국 포로의 이러한 '치욕감'은 적에 의해 전쟁포로들이 자신의 국가를 배신하도록 책동하고 자기 고향으로 돌아가는 것을 저지하는 데 이용되었다.

하지만 우리 중국 포로들의 마음속에는 우리 세대의 염황 자손이 공유하는 민족적 자부심과 애국 충정이라는 강대한 정신 역량도 내재하고 있었다. 우리는 중일전쟁과 해방전쟁 중에 성장한 세대로 일본 놈들의 침략을 물리치고 세계 최강국 미국이 전력으로 지지한 장개석 반동 부패 정권을 무너뜨린 전쟁을 목격하고 심지어 직접 참가하지 않았던가! 전 세계를 향해 "중국인민이 마침내 일어섰습니다"라고 외친 그 목소리가 아직 우리 귓가에 메아리치고, 동쪽에서 떠오르는 붉은 태양과 같은 신중국의 눈 부신 빛이 여전히 우리 눈앞에 아른거리고 있지 않았던가! 우리는 모두 일찍이 조국의 새로운 탄생을 위해 피와 땀을 흘렸고 설령 불행히 감옥에 갇히더라도 우리의 근면한 인민과 화려한 강산, 유구한 역사와 찬란한 문화를 가진 조국을 위한 것이라고 여기지 않았던가! 조국으로의 송환을 요구한 우리 중국 포로들에게 있어서 전쟁포로수용소는 아편전쟁 이래 중화민족이 침략에 저항하여 민족해방을 쟁취한 또 다른 전쟁터일 뿐이지 않았던가!

미국의 집권자가 돌연 이런 중국 포로들에게 인간으로서의 존엄을 포기하고 자신의 신념을 버리고 조국을 배신하도록 강요하는 일이 어찌 말처럼 쉬웠겠는가!

아! 역사가들은 이처럼 역사상 전례가 없는 전쟁포로수용소에서의 시시비비를 어떻게 평가할 것인가?

전쟁에서 요행히 살아남은 우리의 앞날에 기다리고 있는 것은 또 무엇일까?

......

우리를 실은 귀국 전용 열차가 마침내 신의주新义州(원문에는 新义洲로 되어있음-역자)에 무사히 도착하고, 바로 앞쪽에 압록강이 보이자 다들 차창으로 몰려들었다. 아! 압록강의 강물은 이제 너무나도 푸르고 깨끗해져 있어서 3년 전 강 위에 자욱했던 초연은 이미 역사 속 먼지로 변해 바람과 함께 사라지고 없었다.

거대한 철교를 건너면 바로 단둥시丹东市였다. 강기슭에 수많은 동포가 가득 서서 우리의 귀환을 맞이하기 위해 기다리고 있겠지! 눈을 감고 이마를 차창 유리에 밀착시키자 나의 마음 깊숙한 곳에서 하늘을 찢을 듯한 격렬하게 떨리는 외침이 솟아 올라왔다.

"조국이여, 온몸에 깊은 상처를 입은 당신의 아들이 돌아왔습니다!"

2. '귀관처归管处'의 '20자字 방침'

우리가 탄 열차는 단둥시에서 정차하지 않고 곧바로 선양沈阳까지 직행했다. 선양에 도착한 후 우리는 둥베이군구军区에서 운영하는 숙소에서 잠시 머물렀다가 이틀 후 다시 기차를 타고 랴오닝성 창투현으로 향했다. 우리를 창투까지 안내한 간부는 둥베이군구 '귀관처被俘归来人员管理处'의 간사였다. 그는 우리에게 먼저 귀국한 동료들 모두 그곳에서 휴양하면서 포로수용소에서 입은 심각한 상처를 치료받고 심신 건강을 회복함과 동시에 최근 2년여 이래 조국의 엄청난 변화를 이해함으로써 신속하게 발전하고 있는 형세에 따라갈 수 있도록 열심히 학습하고 있다고 알려주었다. 그 이야기를 듣고 우리가 얼마나 기뻐했으며, 조국의 품이 이렇게 따뜻함을 새삼 느꼈던가!

열차가 내달리던 광활한 쑹랴오[松辽]평원[平原][1]의 황량하던 겨울 정경이 내 눈에는 어찌나 친절하고 아름답게 보였던지! 나는 마음속으로 '이것이야말로 내가 사랑하던 조국이구나! 나의 어머니, 당신이 아직은 가난하지만 두려워 마세요. 우리가 곧 당신을 풍요롭게 해드릴 것이고 더욱 아름답게 장식해 드리겠습니다!'라고 생각했다.

창투현에 도착하자 시내 곳곳에 초롱을 달고 오색 천으로 장식한 모습이 보였고, 새로 칠한 하얀 벽에 붙어 있는 "승리를 경축하자[庆胜利]", "새봄을 맞이하자[迎新春]"라는 커다란 붉은색 표어가 눈에 확 들어왔다. 이를 보고서야 나는 설이 곧 다가옴을 알았다. 게다가 이는 한국전쟁 정전 이후 처음 맞는 설이 아닌가! 우리는 '귀관처'에서 운영하는 숙소에서 여러 날을 머물렀는데, 그동안의 주요 임무는 '보충학습'이었다. 우리가 개성에 남아 임무를 수행하던 4개월여 사이 동료들은 창투에서 이미 '학습' 내용의 절반 정도를 완료했기 때문에 우리는 그들의 학습 진도를 따라잡아야만 했

---

1 쑹랴오[松辽]평원(平原) : 중국의 3대 평원 중 가장 큰 평원으로 둥베이에 있는 산장[三江]·쑹넌[松嫩]·랴오허[辽河]평원으로 구성되어있다. 헤이룽장·지린·랴오닝·네이멍구 4개 성에 걸쳐있으며 싱안링[兴安岭]산맥과 창바이[长白]산맥 사이, 북으로 넌장[嫩江] 중류에서 남으로 랴오둥만[辽东湾]까지 남북으로 약 1,000km, 동서로 약 400km에 면적이 35만km²에 달한다.

다. '귀관처'의 궈티에郭铁 주임이 직접 우리를 대상으로 '수업'하면서 관련 보고를 하였다. 그는 위로의 말을 하고 나서 먼저 우리를 대하는 중앙정부의 20자 방침, 즉 "열정적인 관심으로 인내심 있게 교육하고 엄격하게 심사하여 신중하게 처리하며 적절하게 배치한다热情关怀, 耐心教育, 严格审查, 慎重处理, 妥善安排"를 전달하였다. 그런 다음 이 방침의 구체적 내용과 '귀관처'가 이의 집행을 위해 취한 조치 및 현재의 진행 상황에 대해 상세히 설명하였다. 궈 주임은 또 다음과 같이 말하였다.

"현재 각 연대가 모두 이미 자아 고백과 상호 도움 단계에 들어갔습니다. 대다수 동지가 겸허히 학습하고 태도도 단정해서 학습이 비교적 순조롭게 진행되고 있습니다. 예정된 계획을 조기에 달성하여 여러분들이 하루빨리 각자의 업무에 복귀하여 조국 건설에 참여할 수 있을 것 같습니다." "여러분들은 조직의 요구에 따라 학습 임무를 무난히 완성할 것으로 믿습니다. 여러분 모두 포로수용소의 핵심 지도자이고 투쟁의 주요 인물이니까요. ……"

궈 주임의 말은 우리를 크게 고무시켰다. 다만 창투에 온 뒤, 우리가 평소 매우 존경하던 사단 정치부 주임 우청더吴成德 동지의 상황을 듣고서 조금 불안한 마음이 들었다. 전하는 바에 따르면, 그는 자신의 해명이 계속 받아들여지지 않자 큰 충격을 받아 이미 약간 정신이상이 되었다고 하였다. 이 소식은 우리 모두의 마음에 짙은 그림자를 드리웠다.

3일 후 지도부에서 연대와 대대 간부는 창투에 남고, 나머지 중대와 소대 간부는 하급 교도단教导团으로 배정한다고 선포했다. 나와 몇 명의 동료는 교도 3단团 1대대 2중대로 보내졌다. 우리 중대는 진자진金家镇의 다스자즈촌大四家子村에 주둔하면서 분대별로 촌민들의 집에 분산 거주하였다.

3. 처음 맞는 한동안의 즐거운 시절

나는 중대에 도착해 '제86', '제71', '제602' 전쟁포로수용소에서 환난을 함께했던 옛 동료들을 만났다. 나와 그들은 도드 사건 이후 헤어져 1년여 동안 그들은 제주도에 있고, 나는 여전히 거제도에 남아있었기에 망망대해를 사이에 두고 서로를 걱정하며 그리워했다. 그들이 송환된 이후 우리 '전범'들이 늦도록 교환되지 못하자, 그들은 '비망록'을 작성하여 판문점 우리 측 회담 대표에게 우리를 지명해 송환하도록 해달라고 요청하였다. 우리가 개성에 도착했을 때, 그들은 이미 먼저 귀국하고 없었다. 그 후 우리는 또 개성에 남아 대표단의 해명작업에 참여하여 그들보다 4개월 이상 늦게 돌아왔다. 우리가 생이별한 후 마침내 그것도 조국 땅에서 다시 만났으니 그 얼마나 감격스러웠겠는가!

일찍이 제71 포로수용소에서 전쟁포로수용소 최초의 오성홍기를 앞장서 만든 자오밍즈는 나에게 꽃무늬 이불보를 선물하면서 "진작 이걸 사두고서 당신이 돌아오면 새 이불을 만들려고 기다렸죠!"라고 말했다. 제71 포로수용소에서 함께 영어 통역을 맡았던 장지량은 나를 꽉 껴안았고, 나는 당시 그가 나 대신 내 이름으로 제71 포로수용소에서 부산에 심문받으러 갔다가, 결국 적에게 발각되어 심하게 구타당했던 일이 생각나 눈물이 쏟아졌다.

그날 '귀관처'에서 파견한 중대장과 지도원이 새로 온 우리 몇 명의 '학생學員'을 중대 본부로 불러 면담을 하였다. 중대 지도원이 "여러분은 업무 때문에 몇 개월 늦게 돌아왔으니, 우선 며칠 쉬고 설이 지난 다음에 얘기하도록 하죠. 어려운 일이 있으면 직접 나를 찾아오고요"라고 말하였다.

이리하여 우리는 새로운 '학생' 생활을 시작하게 되었다.

　우리의 일상생활에 대한 '귀관처'의 열정적인 관심은 그야말로 세밀하여 미치지 않는 곳이 없었다. 식사는 연대 간부의 중간 반찬 수준이어서 거의 끼니마다 고기 요리가 나왔다. 지난 2년여 동안 '밥 반 공기'와 '물 같은 국'만 먹었던 우리에게는 매일 설을 지내는 것과 다를 바 없었다. 그리고 우리의 정신적 양식도 매우 풍부했다. 사흘이 멀다고 영화 1편씩 보았는데, 국산 영화도 적지 않았으나 소련 영화가 더 많았다. 노천에서 방영해서 가끔 바람이 세게 불 때도 있었지만, 다들 아주 재미있게 보면서 영화 속의 인물과 같이 울고 웃었다. 우리가 영화를 본 지도 3년이나 지났으니! 도서실에는 잡지나 화보가 모두 갖추어져 있었다. 중대 내에서도 문화 오락 활동을 조직했다. 우리 중대에는 지식 청년이 많고 제12군 문화선전 공작단의 감독을 역임했던 가오화룽도 있어서, 그가 우리 남성합창단의 지도를 맡았다. 우리 합창단은 〈볼가강의 뱃사공〉·〈삼두마차〉·〈카츄샤〉·〈방직공 소녀〉 등 여러 소련 민요를 연습했다. 우리의 공연은 당시 전체 연대联队의 설날 축하 모임에서 큰 인기를 끌었다. 우리뿐 아니라 형제 연대의 문화 오락 활동도 꽤 활발했으니, 난 아직도 평린이 축하 모임에서 했던 쌍황双簧[2] 연주를 기억하고 있다. 그 붉게 화장한 얼굴에 하얀 눈두덩이, 빨간 머리 끈으로 묶어 하늘로 향한 변발은 모두가 허리를 잡고 웃게 했다. 그해의 설날 축하 모임은 아마도 우리 일생 중에 가장 즐겁고 가장 잊기 힘든 자리였던 것 같으니, 우리가 자신의 땅에서 보낸 첫 번째 설날 축하 모임이었으니까! 전쟁포로수용소에서 우리는 꿈속에서도 이렇

2　쌍황(双簧) : '곡예(曲艺)'의 일종으로 한 사람은 무대에서 동작을 맡고, 다른 한 사람은 뒤에 숨어서 무대 연기자의 동작에 맞추어 대사와 노래를 맡는 설창(说唱) 문예.

게 즐거운 적이 없지 않았던가!

다스자즈 촌민들도 우리를 매우 잘 대해주었다. 그곳은 오래된 해방구여서 마을의 많은 집 대문에 '영광스러운 군인 가족光榮軍屬', '영광스러운 열사 가족光榮烈屬'이라는 표지판이 걸려있고 군대를 옹호하는 오랜 전통도 있었다. 처음에 촌민들은 흉장胸章과 모표帽徽가 없는 군복을 입은 우리를 이상하게 여겼지만, 나중에 우리의 내력을 안 이후에도 걱정했던 것과 달리 우리를 전혀 무시하지 않았다. 우리 분대가 머물렀던 그 집 촌민은 우리와 정말로 한 가족이 되었다. 영화를 보지 않는 날 저녁에는 모두가 따뜻한 온돌을 둘러싸고 앉아 이야기를 나누었다. 그 집의 중학생 꼬마는 자주 우리에게 전쟁포로수용소 투쟁 이야기를 해달라고 졸랐고, 옆에서 듣고 있던 아주머니는 우리와 함께 눈물을 훔쳤다. 이럴 땐 비록 창밖에서 찬바람이 미친 듯이 불어도 나의 마음속은 더욱 따뜻해지곤 했다. ……

내가 촌민 집에 머물면서 '적응하기 어려운' 부분도 있었다. 우선 그 뜨끈뜨끈한 온돌은 아무리 해도 익숙해지지 못했다. 창투의 한겨울 바깥 온도는 최소 영하 20도나 되고 실내에서는 온돌만으로 따뜻함을 유지할 수밖에 없어서 집안에서도 솜옷을 입어야 했다. 하지만 온돌의 표면 온도가 40도 이상이어서 이불속에 막 들어갔을 때는 매우 편안한데 조금 지나면 더워서 땀이 나고, 이불을 걷으면 또 추워서 다시 이불을 덮지 않을 수 없었다. 그래서 나는 구이판의 부침개처럼 몸을 이리저리 반복해서 뒤집을 수밖에 없었고, 그러다 온돌 온도가 실내 온도와 비슷하게 내려가면 겨우 천천히 잠들 수가 있었다. 이보다 더 익숙해지기 어려웠던 점은 남녀노소가 한 방에서 한 온돌 위에서 함께 자는 것이었다. 게다가 촌민은 옷을 다 벗고 자는 습관을 지니고 있었다. 우리가 잤던 침실은 통로를 제외하고는 사실상 하나의 커다란 온돌이고 그 길이가 최소 7, 8m 정도 되었다. 우리 분대 인원의 절반인 6명과 그 집의 5명 식구가 모두 그 온돌 위에서 자는데, 밤에는 커튼 하나만으로 우리와 집주인 일가를 나누었다. 집주인 노인네 두 사람은 문 입구 바로 옆에서 자는데, 그 자리는 아궁이가 있는 벽 쪽과 가장 가깝고 온돌 온도도 가장 높았다. 그 옆으로 중학교에 다니는 그들의 '막내아들'이 누웠고, 그 집의 젊은 부부가 바로 칸막이로 걸린 커튼 옆자리에서 잤다. 내가 이 분대에 보충된 첫날, 분대장은 나를 커튼 바로 옆자리에서 자도록 배정하면서 문에서 가까울수록 따뜻하므로 나름 배려한 것이라고 말했다.

맙소사! 이미 '부침개'가 되어서 제대로 잠들지 못하고 있는데, 게다가 커튼 건너편에서 젊은 부부의 속삭임에 이은 희미한 신음마저 들려왔으니, 혈기 왕성한 24살 난 내가 어떻게 참을 수 있겠는가! 분대장 스잔쿠이는 거제도의 작은 감옥에 있을 때 지하당 지부의 서기였으며 나보다 나이가 5, 6살 정도 많았다. 다음날 내가 그에게 잠자리를 바꿔 달라고 요청하자, 그는 장난기 서린 표정으로 나를 보며 "동생, 이건 다 자네를 신뢰한다는 뜻이야. '군대 생활 3년이면 암퇘지도 미인으로 보인다'라는 말이 있잖아. 하물며 우린 최근 3년 동안 2년 넘게 여자 그림자도 볼 수 없는 포로수용소에 있었고. 만약 자네 같은 대 지식인도 그런 시련을 견뎌내지 못한다면 다른 사람은 더더욱 불가능할 거야!"라고 말했다.

그리하여 나는 이런 특별난 시련을 견딜 수밖에 없었다. 한편 나는 마음속으로 포로수용소에서 만난 여성 중에는 조선의 여성 동료들뿐 아니라 우리의 유일한 중국 여동생도 있었음이 생각났다. 나는 샤오양이 진자진의 초등학교에 머물고 있다는 소식을 듣고 인편을 통해 안부를 묻는 편지를 전달해달라고 부탁했다.

　오래지 않아 장이 서는 어느 일요일, 나는 진자진에 가서 2년 반 동안 보지 못한 샤오양을 만났다. 그녀는 눈에 띄게 키도 크고 풍만해져 다 큰 처녀가 되어 있었다. 그녀는 나를 보고 매우 기뻐하다 고개를 돌리며 "저를 잊어버리셨죠!"라고 말했다. 내가 유쾌하게 그녀의 손을 잡고 "조선 여성 대표를 통해 보내온 편지 내용 난 아직도 외울 수 있는데!"라고 대답하자, 그녀의 얼굴이 순간 홍당무가 되었다.

　내가 그녀에게 주로 무슨 공부를 하고 있는지 물으니, 그녀는 고등학교 국어책을 읽으면서 매일 초등학교 교사의 강의를 듣고 있으며 나중에 교사가 되고 싶다고 했다. 나는 "정말로 좋은 꿈을 가졌구나!"라고 했다. 그녀가 갑자기 낮은 소리로 "지난번 편지에서 약혼녀가 있다고 한 건 정말인가요?"라고 나에게 물었다. 내가 "정말이지. 게다가 곧 나를 보러 여기로 올 거야"라고 답하자, 그녀는 아래를 내려다보며 "그럼 행복하길 바랄게요"라고 말했다. ……

4. 약혼녀가 오다

설이 지나자마자 나의 약혼녀인 M이 정말로 왔다.

　설 이전에 M은 서북대학西北大学에서 편지를 보내 겨울 방학을 틈타 나를 보러 부대를 방문하겠다고 말했다. 그러지 않으면 개강 후 그녀가 속한 지질학과 졸업반이 깊은 산속에 가서 지질조사 실습을 해야 해서 그때에는 서로 편지를 주고받기도 힘들 거라 했다. 그녀는 편지와 함께 6촌寸 크기의

색을 입힌 얼굴 사진을 보내왔다. 그날 나는 통신원 손에서 편지를 뺏다시
피 해서 집 뒤에 있는 들판으로 달려가 편지를 읽었다. 나는 그녀의 사진
을 손에 들고 지난 3년 동안 꿈속에서 무수히 나타났던, 내가 영원히 다시
는 볼 수 없으리라 여겼던 그녀의 커다란 두 눈을 뚫어져라 쳐다보았다.
순간 내 주변의 모든 것이 흔들리기 시작했고, 산비탈로 뻗은 스산한 수레
길과 고갯마루에 홀로 서 있는 앙상한 나무가 모두 흐릿해지면서 아득해
졌다. ……

　나와 M은 대학 동창으로 혁명에 투신한 후 함께 문예 업무에 종사하였
다. 우리는 학생운동을 하면서 해방구의 사정을 소개하기 위해 앙가秧歌3
가극 〈남매의 개척兄妹开荒〉4을 공동 연출했고, 또 적진 후방에서 무장 투쟁
을 할 때는 유격대원들을 위로하기 위해 함께 〈부부가 글을 깨우치다夫妻识
字〉5를 연출하였으며, 해방 이후에는 군분구 문공대文工队에 함께 편입되어
〈백모녀〉를 같이 연출하기도 했다. 한국전쟁 발발 후 나는 야전부대로 전
출되어 항미원조전쟁에 참가하게 되었고, 그녀는 서북대학 지질학과에 합
격하여 다시 대학을 다니게 되었다. 서로 헤어지기 전에 결혼을 약속한 그

3　앙가(秧歌) : 중국 북방의 농촌 지역에서 널리 유행하는 민간 가무의 일종이다. 징이나
　　북으로 반주하며 어떤 지방에서는 일정한 줄거리를 연출하기도 한다. 앙가 가극은 '앙가'
　　의 형식을 빌려 연출하는 가극이다.
4　〈남매의 개척(兄妹开荒)〉 : 1943년 중국 옌안 노신예술학원(鲁迅艺术学院) 앙가대의
　　왕다화[王大化]와 리보[李波]가 옌안에 있는 동안 창작한 곡이다. 산시·간쑤·닝샤 변
　　경 지역의 황무지 개간 노동의 모범인 마은페이[马恩조] 부녀의 사정을 각색해 해방구의
　　생산 운동을 반영한 대표적인 앙가 가극이다. 원래 제목은 〈왕이소개황(王二小开荒)〉인
　　데 군중들은 보통 〈형매개황〉이라 불렀다.
5　〈부부가 글을 깨우치다(夫妻识字)〉 : 중국 유명한 작곡가 마커(马可, 1918~1976)가
　　옌안에서 창작한 앙가 가극이다. 해방구에 사는 류얼[刘二] 부부가 서로 도와주고 서로
　　공부하는 모습을 생동감 있게 묘사함으로써 해방된 농민이 활발히 문화 학습 운동을 전개
　　하는 장면을 표현하고 있다.

날밤 그녀가 얼마나 격정적이었던지. 마치 과거 힘들고 위험했던 지하투쟁 중에 충분히 표현할 기회가 없었던 나에 대한 사랑을 메우기라도 하듯이, 내가 다른 나라로 원정을 떠나면 누릴 수 없는 그녀의 따뜻한 정을 미리 주려는 것처럼 그녀는 모든 것을 나에게 바쳤다.

나는 편지를 받고 나서 중대에 그녀가 머물 곳을 준비해달라고 요청했다. 그러자 "장 씨의 약혼녀가 그를 보러 부대로 온다"라는 소식이 순식간에 퍼졌다. 정월 초 10일 중대에서 파견한 차가 그녀를 창투 기차역에서 데려왔을 때, 모두 정말로 한바탕 떠들썩했다. 주방에서는 따로 그녀를 위해 몇 가지 요리를 만들었고, 중대장과 지도원도 와서 그녀와 함께 저녁 식사를 하였다. 그 주위를 나와 가장 친한 전우들이 빼곡히 둘러싸서 다들 저마다 한 마디씩 그녀에게 말했다. "우리 장 통역, 포로수용소에서 활약이 대단했어요!" "그가 이바지한 공헌이 정말 컸지요!"

저녁 식사 후 나는 먼저 그녀를 우리 분대로 데려가 대원들과 만나게 했는데, 집주인 일가도 자리를 함께했다. 사람들로 온돌 위와 아래가 꽉 찼다. 그녀가 가져온 사탕과 비마ᐟᐢ표 담배(중화인민공화국 건국 초기 중국의 대표적인 담배브랜드-역자)가 더욱 경사스러운 분위기를 더했다. '신부'를 보러 온 이웃집 처녀와 여자애들이 차례로 들어와 '결혼 사탕'을 받으며 서로 밀치면서 깔깔대고 웃었다. 남자들은 담배를 피우면서 "장 씨 부부, 〈부부가 글을 깨우치다〉 한 소절 부탁해요!"라고 소리쳤다. 우리가 노래를 끝내자 바로 또 "〈남매의 개척〉 한 소절 더 어때요? 다들 박수!"라고 외쳤다. 내가 "수탉, 수탉이 소리 높여 울며 붉은 해 더 붉어지라고 소리 지르네"라며 노래를 마치자마자, 집주인 아저씨가 갑자기 "장 동지, 어제 한밤중에 잠꼬대도 하고 노래도 흥얼거렸는데, 아마도 바로 이 노래를 불렀던 것 같아. 난 장 동지가 야밤에 노래를 다 흥얼거리다니, 무슨 좋은 일이 있는 게 분명하다고 생각했는데, 알고 보니 신부를 만나려고 그랬던 것이군"이라고 말했다. 이 말에 다들 다시 한바탕 웃음보가 터졌고, 중대의 취침나팔이 울릴 때가 되어서야 비로소 사람들이 돌아갔다.

나는 M을 마을 어귀에 혼자 살고 계신 할머니 집으로 데려갔다. 할머니는 이미 독방에 온돌을 데우고 이불도 다 깔아놓으시고는 "이불이 얇으니, 둘이 적당히 끼어서 자도록 해"라고 말씀하셨다. 둘만 남은 우리는 온돌 가장자리에 서로 붙어 앉았지만, 도리어 아무 말도 나오지 않았다. 지난 3년 동안 화약 연기 자욱한 전쟁터와 철창 속에서 미칠 듯 간절했던 그리움이 오직 서로 마주 보고 있는 두 눈 속의 이글거리는 불꽃으로, 조용한 겨울밤 쿵쾅대며 박동하는 두 개의 심장 소리로 변하였던 것인지! 잠시 후 그녀가 나를 살며시 밀어내며 "그만 돌아가요!"라고 말했다. 내가 움직이려 하지 않자, 다시 "우리 내일 바로 조직에 결혼 신청하고 여기서 식을 올리면 어때요?"라고 부드럽게 말했다. 내가 고개를 숙이고 일어나 방을 나가려 할 때 뒤에서 그녀의 가쁜 숨소리가 들려왔다. 내가 몸을 돌리는 순간 그녀가 달려들며 나를 꼭 껴안았다. 나는 화산이 폭발한 듯 흥분하였다. 천지가 빙빙 도는 것 같은 황홀감 속에서 나는 다시 갑자기 놀라 정신이 들었으니, 뜨거운 키스를 하는 중에 그녀 얼굴 가득한 눈물을 느꼈기 때문이다. 이번에는 내가 그녀를 가볍게 밀어내고 몸을 돌려 큰 걸음으로 문을 나갔다. ……

그날 밤 나는 온돌이 평소보다 더 뜨겁게 느껴져 일어났다 눕다가를 반복하였다. 다음날 이른 아침 나는 M을 보러 달려갔다. 그녀는 마침 등을 돌린 채 머리를 빗고 있었다. 풀어진 머리카락이 검은 폭포처럼 그녀의 둥근 양쪽 어깨로 흘러내렸다. 나는 거울 속 그녀의 선녀와 같은 웃음 띤 얼굴을 보고는 즉시 몸을 돌려 중대 본부로 달려갔다. 마침 지도원 혼자만 있기에 나는 더듬거리며 "제가 지금 결혼 신청을 할 수 있나요?"라고 물었다. 그러자 지도원은 바로 대대에 전화를 걸어 지시를 요청하였다. 그 결과 대대에서는 연대에 지시를 요청한 후 다시 답을 주겠다고 한다고 나에게 알려주었다. 그날 오후 지도원이 나를 중대 본부로 불러서 "현재 자네들은 여전히 군인 신분이므로 군대의 규정에 따라 반드시 연대 이상의 간부만이 결혼을 할 수 있다고 하네"라고 아쉽다는 듯이 말했다. 그러니 내가 더 이상 뭐라고 할 수 있겠는가?

3일 뒤 나는 시안西安으로 돌아가는 M을 기차역까지 전송하였다. 기차가 출발하기 전에 나는 발돋움하며 그녀의 귀에 대고 "당신이 졸업하고 내가 복귀하면, 우린 다시 헤어지지 않을 거야!"라고 말했다. 이에 답이라도 하듯 그녀는 차창으로 손을 내밀어 내 팔을 힘껏 잡았다. 기차가 움직이기 시작했을 때 분명 그녀의 두 눈에 고인 눈물을 보았지만, 그녀는 미소 지은 얼굴로 열차가 레일 끝으로 사라질 때까지 나를 향해 손을 흔들었다.

5. '엄격한 심사'

정월보름이 지나자 중대에서 우리에게 개별 자백 자료를 빨리 작성하라고 요구하였다. 지도원의 설명에 따르면, 우리가 '자백'할 내용은 정확히 포로가 된 시점부터 송환되어 귀국하기까지의 전 과정이라고 했다. 아울러 "자백을 잘하고 못하고의 관건은 태도를 올바르게 취하느냐에 달려있다. 즉 당에 대한 올바른 태도를 보이는 것, 다시 말해 당에 절대적으로 충성하고 성실해야만 한다. 특히 자신이 범한 잘못을 절대로 숨겨서는 안 되니, 단지 한때의 어리석음으로 인해 잘못한 일일지라도 놓쳐서는 안 된다. 따라서 자백을 잘하느냐 못하느냐는 여러분의 당에 대한 충성심과 성실함을 시험하는 것이기도 하다"라고 우리를 일깨워주었다.

나는 이러한 요구에 대해 완전히 동의하면서도 조금은 불필요하단 생각이 들었다. 우리가 무엇에 의지해 힘든 투쟁을 견디고 귀국하였단 말인가! 당과 조국에 대한 우리의 충성 때문이 아니었던가? 더 이상 시험해 볼 필요가 있는가? 나는 처음으로 뭔가 이상하다고 느꼈지만, 서둘러 상세하게 자신의 '자백 자료'를 완성하였다. 나는 먼저 분대장에게 훑어봐 달라고 했다. 그는 내가 쓴 두껍디두꺼운 자료를 손에 들고 무게를 가늠해보고는 웃으면서 "좋아, 규정대로 먼저 분대 내에서 한 번 낭독하고 모두의 의견을 들어보자고!"라고 말했다.

내가 분대에서 자백서를 다 읽은 후에 받은 종합 의견은 나름 상세하고 구체적이지만 크게 수정해야 한다는 것이었다. 첫째, 서술 과정이 너무 길고, 둘째, 객관적인 면을 지나치게 강조한 데 반해 주관 사상을 발굴한 내용이 적으며, 셋째, 분석과 인식이 부족하다고 했다.

회의가 끝나고 나는 분대장을 찾아가 "포로가 된 후 우리 둘이 오랫동안 같이 있어서 내 상황을 누구보다 잘 알면서 왜 회의에서 공정한 말을 한마디도 안 해줬어요?"라고 따지고 들었다.

"동생, 원망하지 말게. 우리 모두 이런 과정을 겪었어. 누구든 반드시 5개 관문을 지나야 하는 거야!"

"그럼 내가 어떻게 해야 하나요?"

"자네가 통과하려면 반드시 결점과 잘못만 쓰고 장점과 성과는 언급해

서는 안 돼. 또 사실 자체만 기술하고 과정은 말하지 않으며, 주관적인 생
각만 쓰고 객관적인 요인은 말하면 안 돼. 그리고 마지막으로 본인의 인식
이 반드시 심도가 있어야 해!"

"왜 진작 알려주지 내가 헛고생하게끔 했어요?"

"이건 상부에서 명시한 규정도 아니고 나 스스로 종합해 정리한 것인데
어떻게 함부로 천기를 누설하겠어! 만약 자네가 아니었다면 나는 입도 뻥
끗하고 싶지 않았을 거야!"

"근데 이해가 안 돼요. 장점과 성과를 말하지 말라면 어떻게 우리가 포
로수용소에서 했던 활약을 정확히 평가할 수 있나요?"

"지금 상부에서 요구하는 것은 자네의 자백 자료이지 종합 정리한 자료
가 아니야. 20자 방침에서 말하는 것은 엄격한 심사이지 전면적인 감정鑑定
이 아니라는 점을 잊지 말게!"

나는 숙소에 돌아와서 작은 온돌 탁자 위로 올라가 자백서를 수정하려
했지만, 한참 동안 펜을 들고 멍하니 앉아있었다. 나는 그제야 우리가 결
코 국가를 위해 공을 세운 '투쟁 영웅'이 아니라 '심사 대상'이라는 것을
깨닫기 시작했다. 나는 조선에 왔던 위문단이 준 컵에 적혀 있는 "가장 사
랑스러운 사람에게 선사한다"라는 커다란 붉은 글씨가 매우 눈에 거슬려
결국 참지 못하고 컵의 방향을 돌려놓았다.

그날 밤 나는 엎치락뒤치락하며 잠들지 못했다. 이런저런 생각 끝에 당
원인 나 자신의 당에 대한 충성심이 너무 낮다고 자책하게 되었다. '너는 마
땅히 당의 입장에 서서 문제를 고려해야 해. 포로수용소에서의 상황이 그
렇게나 복잡한데, 돌아온 6,000명의 귀국 포로 모두가 아무런 문제가 없다
고 보증할 수 있니? 엄격하게 심사하지 않으면 되겠는가? 너는 마땅히 당

조직을 믿고, 사상 문제가 있으면 당 조직을 찾아가 의논해야 해. ……' 이렇게 자책을 하고 나니 오히려 마음속이 좀 안정되면서 잠에 빠져들었다.

다음 날 아침 일찍 나는 경건한 마음으로 중대 본부에 가서 지도원에게 나 자신의 '살아있는 사상活思想'을 보고하였다. 지도원은 나의 "조직 관념이 강하다"며 칭찬하고는 걱정하지 말라고 했다. 그는 조직이 포로수용소에서 우리가 투쟁한 성과를 명확히 알고 있으며 그 공로를 무시하지 않을 것이라고 말했다. 다만 공로와 과실은 서로 상쇄될 수 없으며, 당원으로서 마땅히 더욱 엄격히 자신에게 요구하고 높은 기준과 엄한 요구라는 면에서 군중의 모범이 되어야 한다고 했다. 또한 그는 태도를 올바르게 가진 후에 인식을 높이는 것이 매우 중요하다고 말했다. 왜냐하면 일부 문제는 우리가 자백하고 싶지 않은 것이 아니라 그 문제의 심각성을 인식하지 못하고 있기 때문이다. 예컨대 많은 동지가 적에게 자신의 소속 부대 번호를 인정한 것을 군사기밀 폭로라고 생각하지 못했으며, 또 많은 동지가 포로수용소에서 포로 관리관을 맡은 것을 "적을 위해 봉사했다"라고 인식하지 못했다. 마지막으로 그는 나에게 우려를 말끔히 씻고 "심사는 엄격하되 처분은 관대하게" 한다는 정책을 믿으라고 했다.

나는 "사정을 이해한" 후 비교적 빨리 자백서를 수정했고, 지도원은 우리 분대에 와서 나의 자백에 관한 토론에 참석했다. 이번 발표에 대한 군중의 반응은 다음과 같았다. "지난번보다 나아졌지만, 두 가지 중요한 문제를 더 깊이 인식할 필요가 있다. 첫째, 포로가 된 데 본인에게 아무런 책임이 없는가? 둘째, '통역관'을 맡는 데 개인적인 의도가 전혀 없었는가?" 토론을 종합 정리하면서 지도원은 우리 분대가 "동지를 돕기 위해 조금도 사정을 봐주지 않았다"라며 칭찬을 했다.

나는 바로 이러한 군중의 도움과 지도자의 계시를 받고서, 내가 포로가 될 때 던지지 못한 수류탄 하나를 갖고 있었던 사실이 기억났다. 그래서 나는 자백서에 '무기가 있는데도 저항하지 않고 포로가 되었다'라고 썼다. 또 내가 '통역관'을 맡으면서 확실히 다른 일반 동료들보다 간혹 더 많이 먹을 수 있었던 사실이 생각나서, 자백서에 '포로가 된 후 배고픔이 두려워 적의 통역을 해주는 데 동의하고 적을 위해 봉사했다'라고 적었다. 아울러 자신의 이러한 행위를 '심각한 우경화로 목숨을 지키고자 절개를 상실한 짓'이라고 규정지었다. 그리하여 나의 자백서는 마침내 분대에서 통과되어 중대에 접수되었다.

곧이어 몰래 서로를 고발하는 단계가 시작되었다. 그 중점은 전쟁터에서 자진해서 적에게 투항하였는지, 반동 조직에 참여하였는지, 당원 간부를 배신하였는지, 고의로 투쟁 기밀을 누설하였는지, 적의 앞잡이가 되어 동료를 욕하고 구타하였는지 등의 변절행위를 고발하는 데 있었다. 심지어 적이 파견해서 귀국했다는 의심이 가는 사람이 누구인지도 고발하도록 했다. 그 외 이 기간에 임의로 서로 결탁하거나 공수동맹을 체결하지 못하도록 하는 등의 기율을 선포하였다. 이리하여 모든 사람의 마음속에 더욱 짙은 그림자가 드리워지고 상호 간의 관계도 긴장되기 시작했다.

1954년 4월 우리의 자백, 심사, 고발이 기본적으로 끝이 났다. 대대 내에서 '학습 종합 정리'를 하면서 자백 내용과 인식이 뛰어난 '학생'을 표창하였다. 또한 조직에서 이미 각자의 자백과 심사 자료를 근거로 정치적 결론과 조직의 처분 의견을 작성하여 상급 조직에 보고하였고, 그에 대한 심사를 기다리고 있다고 선포했다. 처분 결과를 기다리는 동안 귀관처는 우리를 데리고 인근 농촌에 가서 농업 협동화 현장을 참관케 하였고, 수공업과 자본주의 상공업의 사회주의 개조와 제1차 5개년 계획의 웅대한 목표 등을 학습도록 하였다. 우리는 겉으로는 열정적으로 참여하고 학습 토론 중에 적극적으로 발언했지만, 대다수 사람의 마음과 정신은 안정되지 못한 채 불안감에 시달려야 했다.

중대에서 심사 결론과 처분 의견을 옮겨 적는 일을 맡았던 동료가 몰래 알려준 바에 따르면, 상부에 제출된 나에 대한 처분 의견은 "당에 남게 하여 관찰하고 군적軍籍은 회복시킨다"였다. 나는 그 정도의 처분에 충분히 만족했으므로 상대적으로 마음이 편안한 편이었다.

6. 운명을 결정한 순간

1954년 6월 어느 날, 드디어 연대 전원이 참가하는 군인 대회가 열렸다. 대회 석상에서 연대 정치위원은 상부에서 우리에 대한 정치적 결론과 조직의 처분 의견을 허가했다고 선포하였다.

그러면서 우리에게 서로 다른 처분을 내리게 된 3가지 정책 기준을 발표하였다. 내가 기억하는 내용은 대략 다음과 같았다.

1. 포로가 된 상황이 명확하고 포로가 된 후 일부 우경화 착오가 있었지만, 즉시 바로 잡고 적극적으로 적에 대한 투쟁에 참여하여 뛰어난 성과를 이룬 자는 군적을 회복시키고 당적 또는 단적團籍을 유지한다.

2. 포로가 된 상황이 명확하고 포로가 된 후 심각한 변절을 하였지만, 이를 바로잡고 적극적으로 적에 대한 투쟁에 참여한 자는 포로가 되기 전의

군적은 인정하되 당적 또는 단적을 박탈한다.

3. 포로가 된 상황이 심각하고 포로가 된 후 일부 투쟁을 참여했지만, 심각한 변절행위가 있어 나쁜 영향을 끼친 자는 군적을 박탈하고 당적 또는 단적도 박탈한다.

연대 정치위원은 대회에서 당을 믿고 자신에게 엄격히 요구하며, 개인과 국가의 관계를 정확히 인식하고 상부가 자신에게 내린 정치적 결론과 처분 결정을 기쁘게 받아들이며, ……라고 반복하여 강조했다. 이어서 그가 또 뭐라고 말했지만, 나는 한 글자도 귀에 들어오지 않았다.

곧이어 모두 중대로 돌아가 각자의 결론과 처분 결정 발표를 듣도록 했다. 우리는 고개를 숙이고 중대 본부 마당에 앉아 기다렸는데, 사람마다 얼굴에 먹구름이 끼인 듯 분위기가 아주 긴장되고 무거웠다. 중대장이 당안檔案 한 묶음을 받쳐 들고 지도원이 그것을 한 장씩 펼치며 메마르고 사무적인 목소리로 결론을 낭독하였다. 나는 전우들의 처분 결과가 대부분 군적은 인정하되 당적 또는 단적을 박탈한다는 발표를 들었다. 군적을 회복한 몇 명도 당적은 박탈되었다. 더욱이 군적과 당적 모두 박탈당한 전우도 2명이나 있었다. 내 심장은 아래로 가라앉았다가 갑자기 내 이름이 들리는 순간 목구멍 밖으로 튀어나올 뻔했다.

"장쩌스, 무기가 있었는데도 저항하지 않고 포로가 되었다. 포로가 된 후 적에게 부대 번호를 제공했고 고생할 게 두려워 통역을 맡아 적을 위해 봉사하였지만, 적에 대한 투쟁에 참여하여 지도적인 임무를 수행할 수 있었다. …… 포로가 되기 전의 군적은 인정하되 당적은 박탈한다." 나는 그 순간 뇌가 부풀어 오르면서 귓가에서 '당적 박탈', '당적 박탈', '당적 박탈'······이란 말이 반복해서 크게 메아리쳤다.

회의가 끝나고 나는 사람들을 따라 중대 본부를 나와서 무작정 들판 쪽으로 걸어갔다. 나는 흐린 하늘을 바라보면서 속으로 '어떻게 나를 이렇게 대할 수 있어? 우리 당에 부끄러운 짓을 난 전혀 한 적이 없는데!'라고 계속해 되뇌었다.

그때 흐느끼는 소리가 들려 쳐다보니, 여러 동료가 허리를 숙이고 땅바닥에 쪼그리고 앉아 머리를 부여잡은 채 통곡하고 있었다. 나도 참지 못하고 눈물이 쏟아졌다. 이들 전우는 항일전쟁 시기 입대해 전쟁터에서 일찍이 선봉에 서서 적진을 함락시킨 용사들이었고, 포로수용소에서도 강한 의지를 굽히지 않은 무쇠 같은 사나이들이었다. 이들은 당을 위해 각지를 전전하며 싸워 생명의 위험을 무릅썼고 피와 땀을 흘리며 수많은 고난을 겪었는데, 어떻게 당이 이들을 문밖으로 내쫓아서 마치 버림받은 고아처럼 되게 만드는가?

나는 그들의 미칠 듯 비통해하는 모습을 보고 한 가지 생각이 머리에 떠올랐다. '너는 일찍이 포로수용소에서 중국군 포로 대표로서 박해받는 모두를 위해 미국 놈 장군과 대면해서 변론과 항의를 하지 않았는가. 지금 다들 부당한 대우를 받았으니, 네가 다시 나서서 마땅히 해명을 요구해야 하지 않겠는가!'

나는 몸을 돌려 중대 본부로 갔다. 중대장과 지도원이 일어나며 친절하게 나에게 앉으라고 했다. 나는 선 채로 "이렇게 우리를 처분하는 건 공평하지 않습니다······"라고 말한 다음 더 이상 말을 이을 수가 없었다. 중대장이 문 입구에 가서 바깥 동정을 살피고는 지도원에게 머리를 흔들자, 지도원이 다가와서 내 손을 잡고 작은 목소리로 "쩌스 동지, 자네의 상황은 우리가 잘 알고 있다네. 우리 중대에서 올린 처분 의견은 '군적을 회복시키고 당에 남게 하여 관찰한다'인데, 상부에서 허가하지 않았어"라고 말했다. 나는 "저 자신만을 위해서 하는 말이 아닙니다. 이러한 처분 결과를 모두가 이해하지 못하고 있습니다. 조직에서 다시 한번 고려해주시길 요청합니다"라고 말했다. 중대장이 난감하다는 듯 두 팔을 벌리며 "우리 같은 중대급 조직은 결론을 바꿀 권한이 없다는 걸 자네도 알고 있잖아"라고 말했다.

나는 다시 대대 본부에 가서 대대 지도원을 찾아 같은 의견을 제기하였다. 그러나 지도원은 도리어 아주 귀찮다는 듯이 "자넨 다른 사람의 구체적인 상황에 대해 전혀 잘 알지 못하지 않나. 자네 자신이나 신경 쓰는 게 좋을 거야"라고 하였다. 나는 화가 나서 "저에 대한 결론도 결점을 확대하고 성과를 축소했다고 생각합니다"라고 따졌다. 그러자 지도원은 "자네의 결론에 적힌 내용은 모두 자네가 직접 쓴 자백서에서 가져온 것이지, 우리 마음대로 성격 규정을 한 게 아니야"라고 하였다. 나는 속았다는 느낌에 피가 거꾸로 솟구치며 참지 못하고 "대대 전체 회의에서 당신이 선포했던 '비판은 엄격히 하되, 처분은 관대하게 한다'라는 정책은 여전히 유효한 것인가요?"라고 물었다.

"당연히 유효하지!" 대대장의 목소리가 내 등 뒤에서 들려왔다. 그가 언제부터인지 모르게 대대 본부에 들어와 있었다. 내가 몸을 돌리는 것을 보고 대대장은 어두운 표정으로 "자네는 본인이 무슨 큰 공신인 줄 알았나? 혁명 전사로서 전쟁터에서 무기가 있으면서도 저항하지 않고 꼼짝없이 적에게 잡힌 게 문제가 전혀 없단 말인가? 자네의 군적을 박탈하지 않은 것만 해도 관대한 처분이 아닐까?"라고 말했다.

나는 여러 차례 입을 열었지만 아무런 소리도 내지 못하고, 머릿속이 새

하얗게 변해 잠시 책상에 기대어 있다가 머리를 숙인 채 문을 박차고 뛰쳐나왔다. 뒤에서 들려오는 비웃음 소리에 나는 등골에서 갑자기 한바탕 전율이 이는 것을 느꼈다. ……

십여 년 후 우리 사단의 조직 간사였던 한즈젠이 근무하던 기관의 상급 당 위원회가 과거 그의 포로 경력을 문제 삼아 그의 재입당 신청을 거부하자, 그는 둥베이군구 정치부로 달려가 탄원하면서 군이 그에게 증명서를 발급하여 그의 포로수용소에서의 특출한 투쟁 활동을 증명해달라고 요구하였다(그는 일찍이 1952년 10월 1일 제주도에 수용된 중국 포로들이 오성홍기 10장을 올리고, 국기를 지키기 위해 200여 명의 동료가 사망하거나 부상한 당시 세계를 놀라게 한 애국 투쟁을 직접 지휘했던 인물이다). 이에 둥베이군구 정치부의 한 간사는 한즈젠이 귀관처에서 쓴 자백서의 복사본을 찾아서 그에게 다시 한번 읽어보라고 했다. 아울러 그에게 자신이 쓴 자백서에 근거해 재입당할 수 있는지 없는지를 스스로 판단하라고 권했다. 한즈젠은 자백서를 다 읽고 나서 바닥에 털썩 주저앉아 머리를 부여잡고 아무 말도 할 수 없었다. 그 후 얼마 지나지 않아 그의 사망 소식이 들려왔다.

비록 당시 우리 중에 적지 않은 사람들이 귀관처의 결론과 처분으로 인해 앞으로 우리가 매우 힘든 세월을 보내게 될 것이라고 이미 의식했지만, 그것이 향후 우리에게 가져다줄 모든 부정적인 결과를 예견한 사람은 아무도 없었다. 그래서 모두 다 억울하고 고통스러웠지만 이러한 불공정한 처분을 다 받아들였다. 많은 전우가 '이것은 어머니가 실수로 때린 뺨 1대를 자녀인 우리가 맞은 거에 불과해'라며 자신을 위로하였다. 심지어 나는 '넘어져도 다시 일어나면 돼. 난 북과 징을 다시 울리며 새로운 삶을 열고 계속 혁명에 투신해 재입당할 거야!'라는 생각까지 했다.

7. 안녕, 생사를 함께 한 동료들이여

1954년 7월 5일 나는 랴오닝성 창투현 진자진 다스자즈촌에서 중국인 민해방군 둥베이군구 귀관처 교도 3연대의 마지막 전체 대회에 참가하여 우리에 대한 상부의 안배 결정을 들었다.

"대대 이상의 간부는 각 지방으로 가서 전업轉业하고, 중대 이하의 간부와 사병 중 군적을 유지한 자는 전원 제대한 뒤 귀향하여 제대 군인의 신분으로 현지 전업건설위원회轉业建设委员会의 책임하에 배치를 받는다. 군적을 박탈당한 자는 비용을 지급해 귀향하도록 하고, 각 지방정부가 그들의 활로를 안배한다."

대회가 끝난 후 연대 본부에서 나를 남으라고 붙잡았다. 연대 정치위원이 나에게 "귀국 포로 중에 너희 쓰촨이 고향인 사람이 가장 많아서 2,000여 명이나 돼. 현재 자네들을 한꺼번에 귀향시키기로 이미 결정했으니, 아마 일주일 안에 창투에서 기차를 타고 출발할 거야. 조직에서 자네와 리즈잉에게 우리 귀관처에서 파견하는 인솔 간부와 협조해 귀향 중의 관리를 돕는 역할을 맡기기로 했어. 이는 자네에 대한 조직의 신임이니 돌아가서 잘 준비토록 하게"라고 말했다.

준비해야 할 게 뭐가 있겠는가? 나의 짐은 아주 간단했다. 이불 1장, 담요 1장, 솜 군복 1벌, 홑 군복 2벌과 군용 잡낭 하나밖에 없었다. 잡낭 안에는 양재기 1개, 공기와 젓가락 1세트, 노트 1권과 사진첩 1개가 들어있었다. 그 밖에 나에게 지급된 170원의 제대 비용도 있었다.

잡낭 속에서 가장 귀중한 것은 내가 지금까지 소중히 보존하고 있는 32절 크기의 빨간색 하드커버로 된 노트와 동료의 사진들이 가득 붙어 있는 검은색 사진첩이었다. '문화대혁명' 기간 집안이 털리면서 나와 아내의 결혼 증서와 결혼 금반지 등을 모두 홍위병에게 **빼앗겼지만**, 내가 목숨처럼 여기는 그 노트와 사진첩은 온 힘을 다해 지켜내었다.

진자진에서의 마지막 며칠 동안, 다들 가장 바빴던 일은 서로 연락처를 교환하고 몇 마디 행운을 기원하는 말을 남기는 것이었다. 이 글들은 내가 그때 쓴 일기와 함께 나의 작은 일기장에 **빽빽하게** 가득 적혀 있다. 여러 해 동안 나는 가장 고통스러운 때마다 항상 이 작은 일기장을 펴서 전우들이 남긴 글을 읽곤 했다.

"쩌스 전우, 제 마음속에 당신은 가장 재주가 많고 정이 많은 형님입니다. 앞으로도 여전히 당과 조국을 위해 비범한 공헌을 하실 것이라 믿습니다. 당신의 깊은 전우애는 영원히 저를 진보하도록 고무할 것입니다! Z가"

"쩌스 아우, 이제부터 우리는 서로 떨어져서 만나기 힘들겠지만, 포로수용소에서 생사를 넘나드는 투쟁 속 선혈로 맺은 우리의 우정을 잊지 말게! C"

……

나는 또 자주 사진첩을 펴서 전우들의 기념사진을 보곤 했다. 현재 그 사진첩에 있는 사람들 대부분은 이미 영원히 나를 떠났지만!

내가 평생 잊지 못하는 일은 그 당시 동료들과의 작별 장면이다.

다스자즈촌을 떠나기 전날, 나는 군적을 박탈당한 제71 포로수용소 통역 장지량과 제86 포로수용소 서기장 궈나이젠을 특별히 찾아가 작별 인사를 했다. 나는 그들이 나와 마찬가지로 "적을 위해 봉사했다"라는 죄명을 뒤집어썼지만, 만약 그들이 황포군관학교 출신이 아니었다면 이처럼 무거운 처분을 당하지 않았을 것임을 알고 있었다. 두 사람은 남색의 일반인 옷으로 이미 갈아입은 상태였는데, 그 모습이 매우 생소하게 느껴졌다.

우리는 말없이 오랜 시간 서로의 손을 꽉 붙잡았다. 고난의 세월 속에 우리가 함께했던 투쟁 장면이 소리 없이 나의 눈앞을 스쳐 지나갔으니, 수없이 많은 말들이 그 침묵 속에 다 담겨있지 않은가! 당시 나는 이것이 장지량과의 영원한 이별일 줄 몰랐다. 그는 3년 뒤 노동 개조 중에 사망했다. 그리고 나와 궈나이젠도 30년이 지난 후에야 재회하게 되었다.

나는 또 진자진에 가서 샤오양을 만났다. 초등학교는 이미 여름방학이 되어 그녀 혼자 잠시 여교사 숙소에 있으면서 아직 떠나지 않고 있었다. 나는 그녀에게 우리가 곧 출발해 쓰촨으로 돌아가기에 작별 인사하러 일부러 왔다고 알려주었다. 순간 그녀의 눈에서 눈물이 쏟아졌다. 나는 억지로 미소 지으며 "네가 청두에 돌아오면 우린 분명 다시 만날 수 있을 거야"라고 말했다. 그녀는 아무 말 없이 얼마 전에 찍은 1촌 크기의 작은 사진 1장을 꺼내어 뒷면에 수려한 필체로 운장현溫江縣에 있는 집 주소를 적어 나에게 주었다. 나도 내 사진 1장 뒷면에 충칭시에 있는 나의 부모님 집 주소를 적어서 건넸다. 나는 정말로 곧 만날 수 있을 거로 생각했지만, 그녀의 두 아이가 모두 성인이 된 25년 후에야 다시 만날 줄 전혀 예상하지 못했다.

창투현에 도착해 우리는 귀관처에서 운영하는 숙소로 가서 포로수용소에서의 지도자 동지들과 작별했다. 모두가 숙소 문 앞에서 단체 사진을 찍었는데, 그것은 내가 매우 소중히 여기는 사진 중 1장이다. 우리 포로수용소 지하당 조직의 주요 지도자와 투쟁의 핵심 인물들이 거의 다 그 사진에 들어있었다. 나는 특별히 자오쥐톈 정치위원과 쑨전관에게 나의 작은 노트에 몇 구절 '떠나보내는 말'을 써달라고 부탁했다. 그들은 나에게 어쩌면 포로수용소보다 더 힘든 또 다른 시련을 감당할 준비를 해야 할 것이라고 조언하였다. 나는 그들 역시 모두 당적을 박탈당했다고 들었으므로 그들이 한 말의 뜻을 이해했고, 그들의 속마음이 분명 나보다 훨씬 더 아프리라는 점도 알았다.

창투에서 우리는 또 투병 중인 사단 정치부 주임 우청더 동지를 방문했다. 피골이 상접한 그의 모습을 보고 마음이 얼마나 아팠던지! 우린 우청더 동지가 당적뿐 아니라 군적마저 박탈당했음을 이미 들어서 알고 있었다. 그가 누구인가! 수많은 시련을 다 겪은 관록의 홍군이 아니던가!

1954년 7월 10일 우리 1,000여 명의 쓰촨 출신 '귀국 포로'는 창투에서 기차를 타고 제대 귀향을 했다. 꽃도 깃발도 없었고 환송하는 군중도 없었다. 열차가 움직이기 시작하자, 나는 마음속으로 "안녕, 나의 병영이여! 안녕, 나의 전우여! 안녕, 나의 25세 청춘이여!"라고 소리 없이 되뇌었다.

제2장

귀향 이후

1954년 7월 ~ 1954년 9월, 충칭과 시안

1.고향 어르신네를 뵐 면목이 없어서

쓰촨으로 돌아가는 우리를 실은 전용 열차가 밤낮으로 길을 재촉하였기에 물과 석탄을 보충하기 위해 대형 거점 기차역에 열차가 잠시 멈춘 틈을 타, 우리는 음식과 식수를 보충했다. 나와 리즈잉의 주요 임무는 일부 인원을 동원해 기차에서 내려 식품을 운반하여 각 객차에 분배하는 일이었다. 비록 우리 모두 주머니 안에 제대 군인 증명서를 소지한 더 이상 정규 군인은 아니었지만, 여전히 군복을 입고 있었고 다들 전쟁과 포로수용소에서 양성한 엄격한 기율과 태도가 남아있었기에, 천 명이 넘는 인원을 관리하는 작업은 전혀 어렵지 않았다. 나에게 힘들었던 일은 막막한 미래로 인한 동료와 나 자신의 두렵고 불안한 마음을 어떻게 위로하느냐는 것이었다.

같은 객차에 타고 있던 동료들은 모두 나와 함께 청두에서 출발하여 쓰촨성을 나와 조선에 가서 전투를 벌이다 포로가 되었고, 투쟁 끝에 송환된 뒤 심사를 받고 제대한 사람들이었다. 그중 일부 선전대원은 내가 청두에서 심사하여 선발한 자들이었다. 동료들이 자리에 앉아 '카드놀이'를 하면서 큰 소리로 장난치며 웃는 모습은 마치 "됐어! 당시 우리가 입대한 건 국가를 지키기 위한 거였는데, 이제 임무를 완성했으니 군인이 아니어도 그만이지! 어쨌든 우리는 국가에 대해 부끄러울 게 없어!"라고 말하는 것 같았다. 하지만 나는 그들이 웃고 시끄럽게 떠들면서 마음속 깊은 곳의 고통을 감추고 있음을 잘 알았다. ……

열차는 4년 전 우리가 북상하여 조선으로 들어갔던 노선의 반대 방향으로 내달렸다. 나는 차창 가에 앉아 조국의 아름다운 강산이 눈앞을 스쳐 지나가는 장면을 마냥 바라보았다. 산하이관山海关에서 보하이渤海 해변을 따라 내려와 광활한 화베이 평원에 이르렀고, 다시 정저우에서 서쪽으로 황허黃河를 거슬러 퉁관潼关을 지난 다음, 시안에서 800리에 달하는 친촨秦川(산시陝西와 친링秦岭 이북의 관중关中 평원 지대-역자)을 거쳐 바오지宝鸡에 이르렀다. …… 귀향길의 풍경은 예전 그대로였지만, 나의 심경은 고향을 떠날 때와 전혀 달랐다. 군복을 단정하게 입은 늠름하고 씩씩한 모습으로 항미원조 전선으로 떠날 때, 우리는 정말 호기 만만하여 '장대한 포부 품었으니 배고프면 오랑캐의 살로 끼니 채우고, 웃고 담소 나누며 흉노의 피를 마시리壯志饥餐胡虏肉, 笑谈渴饮匈奴血'[1]와 같은 기개를 갖고 있었다. 그 당시 나는 승리하여 개선하거나 아니면 전쟁터에서 목숨 바칠 마음의 준비를 단단히 하였지만, 제3의 가능성도 있으리라고는 전혀 생각하지 못했었다. 그러니 지금 전쟁에 패하여 돌아온 우리가 무슨 면목으로 고향 어르신네를 뵐 수 있단 말인가!

---

1   남송의 충신 악비(岳飞, 1103~1142)가 지은 「만강홍(满江红)」에 나오는 구절이다. 「만강홍」은 중국 고대 10대 애국 시사(诗词) 중 1위로 꼽히는 작품으로 평가받고 있다.

우리는 바오지에서 자동차로 갈아타고 친링秦嶺을 넘었다. 친링은 정말 높아서 차가 거친 숨을 내쉬며 갈지자형으로 비틀거리며 힘들게 산꼭대기를 향해 올라갔다. 나는 마음속으로 자동차가 힘내기를 바라면서, '우리의 앞날이 험난할 것임을 미리 보여주려고 이러는 것인가?'라고 생각하던 중에 자동차가 마침내 산꼭대기에 도착하였다.

우리는 차에서 내려서 잠시 휴식을 취했다. 산골짜기 사이에서 피어오른 흰 구름이 우리를 향해 간간이 밀려왔다. 내가 넋을 놓고 멍하니 주위를 둘러보니, 정말로 "구름은 진령을 가로지르는데 내 고향은 어디에 있는가? 눈이 두껍게 쌓인 란톈藍田의 관문 밖으로 말조차 가려고 하지 않는구나云橫秦嶺家何在, 雪擁藍關馬不前"[2]였다. 아! 마치 내 눈앞에 제갈공명諸葛孔明이 치산祁山에서 패하여 촉蜀으로 철군하던 도중 딩쥔산定軍山에서 병사한 그 처량한 장면이 보이는 듯하여, "군대를 이끌고 출정하여 승리하지 못하고 몸이 먼저 죽으니, 길이 영웅으로 하여금 눈물로 옷소매를 적시게 하도다出師未捷身先死, 長使英雄淚滿襟"[3]라는 비장함이 더욱 와닿았다.

당시 보성宝成철도(산시성陝西省 바오지에서 쓰촨성 청두에 이르는 철도 노선-역자)는 청두에서 광위안广元까지만 완공된 상태여서, 우리는 뤠양略陽을 거쳐 양핑관阳平关을 지나 광위안에 도착했다. 상부에서 미리 광위안시 전업걸설위원회에 통지를 해둔 듯, 뜻밖에도 광위안역에 도착했을 때 열 지어선 초등학생들이 현수막을 들고 "고향의 사회주의 건설에 참여한 지원군 아저씨를 환영

---

2 한유(韓愈, 768~824)가 법문사의 불골(佛骨)을 수도 창안[長安]으로 봉송하려는 당 헌종에게 반대하는 상소를 올렸다가 차오저우[潮州]로 쫓겨날 때 친링을 넘으면서 지은 칠언율시 「좌천되어 가는 도중 남관에 이르러 질손 상에게 알리다(左迁至蓝关示侄孙湘)」의 경련(颈联) 구절이다.
3 당나라의 시인 두보(杜甫, 712~770)가 제갈공명을 생각하며 지은 「촉상(蜀相)」이라는 영사시(咏史诗)의 마지막 구절이다.

합니다"라는 구호를 외치면서 우리를 환영했다. 우리가 임시로 묵은 초등학교 교실에는 칠판에다 쓴 벽보도 준비되어 있었다. 붉은 깃발과 꽃이 그려진 칠판에는 삐뚤삐뚤한 글씨로 "지원군 아저씨들이 우리의 평화로운 삶을 지키기 위해 흘린 피와 희생에 감사합니다!" "우리는 우수한 성적으로 지원군 아저씨들의 은혜에 보답하겠습니다!" "조국의 사회주의 건설 과정에서 지원군 아저씨들이 더 큰 성취를 거두기를 기원합니다!" 등이 적혀 있었다. 그 순간 나는 '귀여운 아이들아, 너희들의 이쁜 마음 고맙구나. 만약 내게 기회가 주어진다면 교사가 되어 너희들을 가르치고 싶은데'라는 생각이 들었다.

원적이 쓰촨 북쪽인 동료들은 광위안에 남고, 나를 비롯한 나머지 사람들은 다시 기차를 타고 청두로 향했다. 몐양綿陽에서 또 적지 않은 동료가 내리게 되어, 우리 일부 포로수용소 투쟁의 핵심 멤버들은 단체 기념사진을 찍고 아쉬운 작별을 하며 서로 몸조심하길 당부하였다. 열차가 청두에 다다르면서 거의 모두가 고향에 도착했다. 한국전쟁에서 우리 사단의 손실이 가장 컸고 포로가 된 자도 가장 많았다. 그러나 쓰촨 서부 평원의 각 현과 청두에서 입대한 어린 병사와 신병들은 도리어 대부분 죽음을 무릅쓰고 돌아왔다. 그중에는 제86 포로수용소 '형제회' 회원으로 나와 같이 중화민국 국기 탈취 투쟁에 참여한 후 함께 투옥되었다가 제71 포로수용소로 이송된 생사고락을 함께한 사람도 있었다. 우리가 헤어질 때 많은 어린 형제들 모두가 울었고, 그중에서도 가장 어린 중췐화가 제일 많이 눈물을 흘렸다. 모두가 눈물을 흘린 것은 힘들었던 지난 시절이 생각나서이기도 했지만 언제 다시 만날 수 있을지, 다시 만났을 때 다들 어떤 모습일지 알 수 없었기 때문이다.

2. 어머니, 당신의 셋째가 돌아왔습니다!

나와 리즈잉은 나머지 수백 명을 인솔하여 이번 여정의 마지막 역인 충칭으로 향했다. 리즈잉의 집은 창서우長壽이고 나의 원적은 광안현으로 모두 충칭에 멀지 않았다. 당시 나의 부모님은 모두 충칭시에 근무하고 계셨다. 그 무렵 성유成渝철도(청두에서 충칭까지의 철도 노선으로 1952년 완공되었다. 성은 청두, 유는 충칭의 약칭임-역자)가 막 완공되었기에, 우리는 기차를 타고 쓰촨 서부에서 쓰촨 분지를 가로질러 쓰촨 동부에 있는 아름다운 산성山城 충칭으로 달려갔다. 그곳에는 내가 어릴 때 뛰어놀던 발자취와 1946년 여름 청화대학 입학시험 준비를 위해 샤핑바沙坪坝(충칭시 서남쪽 지역으로 자링강嘉陵江의 서쪽 기슭에 위치함-역자)에서 흘린 땀이 남아있을 뿐 아니라 전쟁터에 나간 아들이 하루빨리 돌아오길 간절히 바라고 있는 연로한 부모님이 계셨다.

"기차야, 더 빨리 달려라! 집으로 돌아가고 싶은 우리 마음이 굴뚝같음을 아느냐!"

창강長江이 보였다. "내 고향의 강아, 그동안 아무 일 없었느냐! 넌 여전히 그렇게도 웅장하고 호탕하구나! 하마터면 내가 너를 다시 보지 못할 뻔한 걸 아느냐?" 기차가 강변을 따라 충칭을 향해 나는 듯이 달리자 나의 심장도 갈수록 격하게 뛰기 시작했다.

차이위안바茶園坝역이 맞은편에서 다가오자, 저 멀리 마중 나온 사람들로 가득 찬 승강장의 모습이 보였다. 기차가 속도를 줄이며 승강장으로 들어서는 순간, 나는 사람들 사이를 비집고 내가 탄 객차 쪽으로 쫓아오는 여동생과 그 뒤에서 동생 손에 이끌려 달려오는 어머니를 발견했다.

"어머니! 어머니!" 나는 큰소리로 외쳤다. 그러나 '어머니'를 부르는 사람이 너무 많아서 어머니는 나를 즉시 발견하지 못하고 눈물을 닦으며 각 차창에 둘러보셨다.

나는 양손을 흔들며 "어머니, 여기요. 셋째가 여기에 있어요!"라고 울면서 외쳤다.

나는 만 4년 동안 보지 못한 사이 이렇게 늙어버린 어머니를 보고는 "아! 어머니, 왜 그리 마르고 작아지셨나요? 머리카락도 하얘졌고요?"라고 속으로 소리쳤다.

마침내 기차가 완전히 멈추자, 우리는 서둘러 차에서 뛰어내려 각자의 가족에게 달려갔다. 한동안 승강장 안에서 울음소리가 끊어지지 않았다.

나는 사람들을 헤치고 어머니와 여동생에게 다가갔다. 어머니는 나를 와락 껴안고 고개를 들어 나를 쳐다보며 "나의 셋째는 죽지 않았어. 나의 셋째가 죽일 리가 없어! 나의 셋째가 돌아왔어……"라고 울면서 말씀하셨다.

여동생은 내가 다시 떠날까 두려운 듯 내 팔을 꼭 잡은 채 "셋째 오빠, 몇 년이나 오빠 편지가 없어서 우린 보고 싶어 죽을뻔했어요! 우린 정말로 너무 놀랐어요!"라고 울면서 말했다. 나는 마치 목구멍에 돌이 박힌 듯 아무 말도 못 하고 소리 없이 뜨거운 눈물만 하염없이 흘렸다.

3. 처음부터 다시 시작

나는 충칭으로 돌아온 후, 부모님이 새로 이사한 방 3개와 거실이 있는 아파트에 머물렀다. 그곳은 아버지가 천동행서川东行署 농림청农林厅 청장을 맡으면서 분배받은 집으로 아주 밝고 깨끗하며 넓었다. 내가 몇 년 동안 지냈던 포로수용소 막사와 농민들의 낮고 작은 흙집에 비하면 지상 천국이나 다름이 없었다. 그리고 나는 어머니가 해주신 '정통 쓰촨요리'를 먹었다. 그 무렵 중경제6중학 교의校醫였던 어머니는 아직 여름방학 중이어서 거의 매일 닭과 생선을 잡아서 나의 몸이 회복되도록 음식을 만들어 주셨다. 아버지는 나를 데리고 베이베이北碚에 가서 농림청에서 실험 재배하고 있는 바나나를 참관하게 하셨다. 그것은 아버지의 걸작으로 교잡交雜을 통해 바나나가 추위를 견디게 개량함으로써 아열대에서 온대로 이식할 수 있게 한 것이었다. 아버지는 또 나를 농기계공장으로 데려가 실험 제작 중인 이앙기를 보여주셨는데, 거기에는 농민들을 힘든 이앙 노동에서 해방하고자 했던 아버지의 심혈이 담겨있었다. 나는 열정적인 새로운 생활 건설 현장을 통해서 의기소침한 아들의 사기를 북돋우려는 아버지의 마음을 느낄 수 있었다.

집에 돌아온 지 1주쯤 지나자 나는 좀이 쑤셔 참을 수가 없었다. 25살난 대학생인 내가 계속 집에서 놀고먹을 수만 없지 않은가! 나는 다시 나의 삶을 새로 시작해야 했다. 무엇을 하든 상관없이 내가 설 자리만 있으면 되었다. 그래서 나는 하루가 멀다고 충칭시 전업건설위원회에 가서 언제쯤 일자리를 배정해주냐고 문의하기 시작했다. 하지만 내가 얻은 대답은 항상 "당신네는 조급하게 굴어선 안 돼. 올해 제대해서 전업할 사람이 너무 많으니까!"였다. 내가 재촉을 하면 담당자는 귀찮다는 듯이 "정상적으로 제대한 사람도 일자리를 배정받지 못하는데, 당신네는 더욱 어렵지 않겠어!"라고 말했다. 나는 비로소 자신이 제대 군인의 정당한 대우를 받을 수 없다는 것을 깨닫게 되었다. 나는 담당자의 차가운 얼굴을 보며 '이미 당적을 박탈당하고 '가장 사랑스러운 사람'에서 '가장 수치스러운 사람'으로 전락한 내가 또 무슨 할 말이 있겠는가?'라고 속으로 생각했다.

아버지는 내가 하루빨리 직장을 잡고 싶어 하는 마음을 이해하셨지만, 이 때문에 내가 지나치게 무거운 심적 부담을 갖는 것을 원치 않으셨다. 며칠 후 아버지는 시난대구西南大区(쓰촨·구이저우·윈난·티베트를 포함하는 지역-역자)가 없어지게 되어 보름 안에 덩샤오핑邓小平[4] 동지를 따라 중앙으로 자리를 옮길 것이라고 나에게 말씀하셨다. 규정에 따르면 나는 부모님이 계신 곳에서 일자리를 배정받아야 하기에 베이징에 간 후에 직장을 찾아보자고 하셨다. 이에 나는 충칭시 전업건설위원회에 나의 인사 자료를 베이징으로 옮겨달라고 요청했고, 그들은 흔쾌히 나의 자료를 이송하였다.

아버지와 달리 어머니는 나의 결혼 문제에 더 신경을 쓰셨다. 어머니는 내가 종일 불안해하며 넋 놓고 있는 모습을 보길 원치 않으셨다. 게다가 M이 졸업하고 나면 혹시 어떤 변동이라도 생길까 봐 걱정하신 어머니는 나에게 서북대학에 가서 M과 결혼 문제를 매듭지으라고 설득하셨다. 나 역시 하루빨리 M을 보고 싶어 미칠 것 같았기에 어머니의 말을 따르기로 했다. 시안으로 출발하기 전 어머니는 내 가방에 100위안을 넣어주셨다. 내가 부끄러워 얼굴을 붉히며 "저 아직 돈 있어요"라고 말하자, 어머니는 "자식이 천 리 먼 길 떠나는데 어미로서 어찌 걱정되지 않겠어. 더욱이 이번엔 네가 그냥 놀러 가는 것도 아니잖니?"라고 말씀하셨다.

그리하여 나는 배를 타고 산샤三峡(창강에 있는 3개의 거대한 협곡이 만나는 구간-역자)를 출발해 우한에 도착한 뒤, 다시 기차로 갈아타고 북으로 향해 정저우를

---

4 덩샤오핑(邓小平, 1904~1997) : 쓰촨성 광안[广安] 출신으로 신중국 수립 후 국무원 부총리 등을 지내다 문화대혁명 때 실각해 노동 개조에 보내졌다. 1973년 복권되었으나 저우언라이 사후 다시 해임되었다. 마오쩌둥 사후 1978년 공산당 지도자의 지위를 확립해 개혁개방 정책을 추진했고 홍콩 반환 직전 사망했다.

거쳐 시안으로 갔다.

여름철 창장은 마치 거대한 용과 같아서 산샤를 나오자마자 포효하며 흐르는 세찬 물살의 흉맹함이 대단하였다. 그 산을 갈라 길을 낼 듯한 기세와 온갖 어려움을 뚫고 동해로 흘러 돌아가려는 굳은 결의는 나의 마음을 깊이 뒤흔들었다.

나는 뱃머리에 서서 도도히 흐르는 강물을 보면서 "운명의 지배에 순응해서는 안 돼! 반드시 힘을 내서 분투하고 싸워야만 해!"라고 속으로 결심하였다.

4. 긴 여정 끝에 약혼녀를 만나다

1954년 8월 중순 나는 시안에 도착해 서북대학을 찾아갔다. 하지만 마침 M은 학과 동료들과 함께 졸업을 위해 퉁촨銅川(현 시안시 북쪽에 있는 산시성陝西省의 도시-역자) 북쪽에 있는 큰 산속에서 지질 탐사 실습을 하고 있었다. 나는 상세한 주소를 확인한 후 곧바로 옌안 방향으로 출발하였다. 가는 도중 자동차는 물론 소 수레도 다닐 수 없는 도로 사정 때문에, 나는 한참 동안 산속 좁은 길을 걸어야만 했다. 나는 밀가루떡과 고추로 굶주림을 해결하고 찬물을 마시며 동굴에서 잠을 자는 그야말로 풍찬노숙하며 황토고원黃土高原 오지로 깊숙이 들어갔다. 그곳의 척박함과 황량함, 그리고 수많은 계곡과 골짜기와 구릉이 종횡으로 얽혀있는 광경에 나는 매우 놀랐다. 설마 이 지리멸렬한 땅에서 일찍이 우리 민족의 고대문명이 탄생했단 말인가? 황토 언덕 위에 서서 눈길이 닿는 데까지 멀리 바라보니, 오랜 세월 온 하늘을 뒤덮은 황사의 침적과 세차게 몰아치는 비바람의 침식으로 모든 생명체가 살아남기 어려운 환경 속에서 이 땅에 자리를 잡고 자식을 낳고 키운 우리 조상들의 모습이 보이는 듯했다. 난 이러한 강인한 의지의 노란 피부를 가진 황제黃帝의 후손이 아닌가! 아무렴 나의 분투 정신이 옛 조상만도 못하겠는가? 이런 생각이 들자 나의 발걸음에 더욱 힘이 났다.

나는 걸으면서 배고프고 목마르고 지칠 때마다 '아무리 힘들고 피곤해도 한국전쟁 당시 총탄이 빗발치는 속에서 천 리를 야간행군했던 것과는 비할 순 없지! 자연이 아무리 엄혹해도 인간끼리 서로 잔인하게 죽이는 데 비하면 훨씬 더 선량하잖아! 게다가 내가 이번에 천 리 행군하는 목적지는 더 이상 목숨이 걸린 전쟁터가 아니라 약혼녀의 따뜻하고 부드러운 품이 아닌가!'라고 생각했다. 곧 M을 만나게 된다는 생각이 드는 순간 다리에 힘이 솟으며 걸음이 빨라졌다. ……

나는 깊은 산속 한 중턱에서 M이 참가한 지질 탐사대의 막사와 시추 설비를 발견했다. 막상 M을 만나려고 하니 갑자기 긴장되면서 줄곧 나를 괴롭힌 문제가 떠올랐다. '내가 이미 당적을 박탈당했다는 사실을 그녀에게 말해야 할까!' 잠깐 사이 두 가지 생각이 내 머릿속에서 치열하게 부딪쳤다. '난 그녀에게 오직 충실해야만 되지 어떤 숨김도 있어선 안 돼!' '하지만 지금 그녀에게 말하면 너무 큰 정신적 충격을 줘서 분명 그녀의 정서뿐 아니라 졸업성적에도 영향을 미칠 거야!' 결국 나는 그녀가 졸업장을 받은 다음 다시 생각해보기로 하였다.

탐사대는 총 30여 명으로 구성되어있었고 그중 여학생은 10명이 채 안 되었다. 내가 도착했을 때, 그들은 야외 탐사에서 취득한 실물과 자료를 정리하여 학교로 돌아가 최종 졸업 심사를 받을 준비를 하고 있었다. 나의 예고 없는 방문에 M은 정말로 기뻐했고, 특히 그녀의 동료들을 깜짝 놀라게 했다. 지난 설날 M이 귀관처를 방문했을 때, 그간의 일을 내게 말해준 적이 있었다. 그녀는 내가 죽지 않았다고 굳게 믿었기에 3년여 동안 학교 내 많은 남학생이 '호감을 표시'하였지만, "내 약혼자가 한국전쟁에 참전하고 있다"라는 그녀의 말에 모두 놀라 달아나버렸다. 하지만 M의 약혼자가 오랫동안 왜 전혀 연락이 없는지에 대해 다들 이상하게 여겼다. 그래서 사람들은 그녀가 호의를 표시한 남학생들을 거절하기 위해 만든 핑계라고 생각했다. 이러한 의심은 작년 9월 내가 개성에서 보낸 첫 번째 편지를 M이 받은 후에야 비로소 사라졌다고 했다. 그 당시 나는 "당신 동료들이 내가 포로가 되었다 돌아온 것을 알고 있어?"라고 물었고, 그녀는 머리를 흔들며 "학교 당국에서만 알고 있어"라고 답했었다.

그녀의 동료들이 항미원조 전선에서 돌아온 '가장 사랑스러운 사람'인 나를 둘러싸고 전쟁 이야기를 해달라고 했을 때, 나는 할 수 없이 내가 조선에 들어간 후에 겪은 전투 경험과 우리 사단이 작년 여름 그 유명한 금성金城 전투에서 기사회생한 일을 말해주었다. 그러자 한 여학생이 M의 귀에 얼굴을 대고 나를 쳐다보며 "넌 참 행복하겠어. 이런 영웅 약혼자가 있어서!"라고 큰 소리로 말하는 바람에 우리 둘 다 얼굴이 붉어지고 말았다. 이런 상황에서 모두가 일어나 나에게 조선 노래를 불러달라고 놀려댔다. 하지만 이 요구는 나를 곤란케 하지 못했으니, 나는 〈조선유격대 전투가〉와 〈아리랑〉을 불렀을 뿐만 아니라 〈도라지〉 노래에 맞춰 조선 춤을 추었다. 우리 막사에서 퍼져나간 환호성과 웃음소리는 탐사대의 다른 대원을 불러 모았다. 다행히 내가 가져온 아주 큰 사탕 봉지가 있어서 모두에게 나누어 줄 수 있었다. 깊은 산속에서 작은 사탕 조각은 참으로 귀한 선물이 되었다. 모임이 끝난 뒤, M은 나를 조용한 바위 가로 데리고 갔다. 우리는 서로 기대고 앉아 속마음을 털어놓았다. 그녀는 학교로 돌아가자마자 당 조직에 결혼 신청을 제출하겠다고 나에게 약속했다. 이 말에 그날 밤의 달과 별, 그리고 그윽한 산 그림자 모두 나의 기억 속에 깊이 새겨졌다.

5. 억제하기 힘든 애타는 사랑

이틀 뒤 지질 탐사대는 대형 트럭을 보내 국도를 우회하여 '실습생들'을 시안에 돌려보냈고, 나도 같은 차를 타고 돌아왔다. 나는 시안의 종고루鐘鼓楼(종루와 고루의 통칭으로 시내 중심에 있는 시안의 대표적 건축물-역자) 부근 작은 여관에 묵으면서 M이 졸업과 직장 배정 절차를 마치길 기다렸다. 아울러 결혼 신청 결과도 학수고대하고 있었다. M은 매일 방과 후 곧장 여관에 와서 나에게 각종 소식을 알려 주었다. 자신이 졸업 심사를 통과했다면서 졸업장도 보여주었다. 하지만 내가 가장 급히 알고 싶은 소식은 없었다.

나의 실망한 표정을 볼 때마다 M은 부드럽게 나를 키스하며 조급해하지 말고 걱정하지 말라고 위로했다. 한번은 내가 그녀를 껴안고 키스하다 흥분되어 가쁜 숨을 몰아쉬며 M에게 사랑을 한 번 하자고 요구했다. 그러자 M은 자기를 꽉 껴안고 있는 나의 손을 살며시 풀며 작은 소리로 내 귀에 대고 "내 사랑, 몇 년 동안 잘 참아왔는데 며칠만 더 기다릴 순 없어?"라고 말했다. 내가 고통스럽게 고개를 숙이고 아무 말 하지 않는 모습을 보고, 그녀는 다시 나를 안아주며 "나라고 왜 당신과 사랑을 나누고 싶지 않겠어. 그렇지 않다면 내가 어떻게 당신을 힘들게 기다렸겠어. 하지만 결혼

전에 임신할까 정말 두려워. 만약 애를 가지게 되면 어떻게 사람들을 대하며 어떻게 조직에 해명할 수 있겠어 ……"라고 설득하는 그녀의 눈에 영롱한 눈물이 가득 고였다. 그 순간 나는 M의 떨고 있는 젖가슴 사이에 머리를 처박고 "그럼 너의…… 너의 젖에 입 맞추게 해줘!"라고 중얼댔다. 그러자 M은 순순히 누우며 눈을 감고 꽉 죄는 허리띠에서 상의를 직접 **빼냈**다. 나는 황급히 그녀의 연두색 셔츠를 풀고 망사 같은 속옷을 어루만졌다. "아, 이게 얼마 만인가! 물속에서 막 솟은 신선하고 부드러운 나의 연꽃이여. 얼음처럼 맑고 옥처럼 깨끗한 나의 설련화雪蓮花여!" 나는 그녀 옆에 꿇어앉아 청춘의 꿀물이 가득한 선도와 같은 그녀의 젖가슴을 조심스레 받쳐 들고 붉은색을 띤 장밋빛 젖꼭지를 가볍게 물고는 감정에 북받쳐 아이처럼 빨아댔다. 나는 그녀의 젖에서 시원하고 달콤한 감로를 빨아내어 한없이 애타는 나의 마음속을 적실 수 있길 바랐다.

나는 M의 가쁜 숨소리에 이은 나지막한 신음을 들었다. 나는 온몸에 불이 난 것 같고 하복부가 참기 어려운 정도로 팽창됨을 느끼며 숨을 거칠게 몰아쉬었다. 이때 그녀가 양손으로 나의 머리를 부드럽게 주무르며 천천히 나의 탐욕스러운 머리를 밀어냈다. 그리고 나의 얼굴을 받쳐 들고 "내 사랑, 며칠 더 기다려 줄래요? 이렇게 하면 우리 둘 다 너무 힘들잖아……"라고 작은 소리로 말했다.

M은 옷차림을 가다듬고 나에게 키스한 뒤 방을 나갔다. 나는 멀어져 가는 그녀의 뒷모습을 바라보면서 순간 몸에 힘이 빠지는 것을 느끼며 "반드시 스스로 자제해서 결혼 전에는 절대로 M을 건드리지 않으리"라고 속으로 결심했다.

그 후 어느 날 M이 아주 기뻐하며 나를 찾아와, 학교가 그녀를 베이징에 있는 직장으로 배정했는데 중앙지질부中央地质部에서 인사·조직·호적 등 배치전환 절차를 이미 완료했으므로 다음 날 바로 베이징에 가서 도착 신고를 할 수 있다고 했다. 나는 그녀에게 "결혼 신청은 어떻게 됐어?"라고 물었다. 그러자 그녀는 "정말 아쉬워. 당원이 결혼하려면 조직에서 먼저 상대의 정치 경력을 심사해야 해서 학교가 행정적으로 우리에게 결혼 증명서를 떼줄 수가 없대. 그런데 당신의 당안이 아직 충칭에 있는지 베이징으로 이미 이송되었는지 모르기 때문에 사람을 보내 기록을 가져올 수도 없다고 해, 그래서 당신이 베이징에 가서 직장을 잡은 후 지질부에 심사를 요청해 결혼 증명서를 발급받는 수밖에 없어"라고 설명했다. 나의 표정이 굳어지는 것을 본 그녀는 곧이어 "이번에 중앙지질부로 배정된 인원은 단 1명인데, 학교에서 우리의 혼인을 고려해 그 기회를 나한테 준 거야. 이는 조직이 우리 관계를 인정할 뿐 아니라 당신을 믿는다는 증거지!"라고 나를 위로하였다.

나는 지끈거리는 머리를 양손으로 부여잡으며 "하늘이여 맙소사! 당원이 결혼하려면 이렇게 복잡하단 말인가! 진작에 이런 줄 알았으면 내가 처음부터 너를 입당시키지 않는 거였는데!"라고 말했다. 그러자 그녀는 내 등을 살짝 내려치며 "어떻게 그런 말을 해. 조직이 우리의 결혼을 분명 허가할 것이라 믿어야 해!"라고 달랬다. 나는 주먹으로 내 입을 막을 수밖에 없었다.

나는 그녀에게 당장 학교로 돌아가 짐을 챙기라고 말하고는 오늘 밤 당장 베이징으로 떠나기 위해 표를 사러 기차역으로 갔다. "베이징에 가면 하루빨리 결혼할 수는 있을까?" 나는 속으로 청두 해방 전에 결혼하지 않은 것을 뼈저리게 후회하였다. 그 당시 나는 바보처럼 혁명 과업에 지장이 될까 두려워서 스스로 결혼 날짜를 미루지 않았는가. 또 유격대가 해산될 때 해방군에 입대한 것도 후회가 되었다. 해방군이 결혼조차 등급을 나눌 거라는 것을 어찌 알았겠는가?

기차역에 갔으나 다음 날 새벽에 출발하는 베이징행 표만 살 수 있었다. 새벽 기차를 타기 위해 나는 기차역 부근 여관에 방을 예약했다. 어디서 솟은 용기인지 모르겠지만 숙박 등록을 하면서 부부라 적고 2인실을 잡았다. 그리고는 삼륜차를 불러 M을 데리러 서북대학교에 갔다. 커다란 두 상자에 든 책은 그녀의 소박한 옷과 이불, 잡동사니보다 훨씬 무거웠다. 여관에 도착한 후 우리가 2인용 침대 하나뿐인 한 방에서 같이 자야 함을 알고는, 오는 도중 그녀가 보인 흥분되고 유쾌하던 표정이 순간 사라졌다. 나는 침대 가에 고개를 숙이고 앉아 그녀의 꾸지람과 방을 바꾸라는 말을 기다렸다. 잠시 후 나는 그녀가 내 옆에 앉으며 손가락으로 나의 팔뚝을 부드럽게 만지는 걸 느꼈다. 나는 머리를 돌려 그녀의 붉은 두 빰과 원망스러운 눈물로 가득한 두 눈을 보았다. 나는 마음이 울적해지며 나만 생각해 그녀를 너무 강요한 것 같아 양심에 가책을 느끼기 시작했다. "정말로 전혀 기다리지 못하겠어?"라는 그녀의 말을 듣고, 나는 한숨을 길게 내쉬며 "그럼 내가 다른 방을 쓸게!"라고 하면서 일어나 나가려고 했다. 그러자 그녀가 나를 붙잡으며 "됐어. 난 당신이 자제할 수 있거라 믿어!"라고 말했다. 그리하여 세면을 마치고 침대에 누웠을 때 우리 사이에는 서로의 경계가 분명하게 그어졌다.

나는 바깥쪽으로 얼굴을 돌리고 모로 누워서 멀지 않은 곳에서 들려오는 기관차의 기적소리를 들으며 이따금 창문 유리에 비치는 기차의 불빛을 보면서, 그녀가 바로 곁에 있음을 생각하지 않고 그녀의 숨소리를 듣지 않으며 그녀의 몸에서 나는 강렬한 체취를 맡지 않으려 있는 힘을 다했다. 한참 시간이 지나 온종일 바쁘게 보낸 그녀가 피곤해서 잠이 들었을 것으로 생각하고 조심스럽게 자세 바꿔 몸을 돌렸는데, 생각지도 못하게 어둠 속에서 여전히 반짝반짝 빛나고 있는 그녀의 두 눈을 보았다. 그 순간 나의 자제력이 완전히 사라졌다. 힘든 지하투쟁에서 생사를 함께 한 여러 추억, 4년이 넘는 이별의 아픔, 그리고 포로수용소 철창 속에서의 뼈에 사무치는 그리움이 한꺼번에 몰려왔다. 나는 그녀를 향해 몸을 세웠고 그녀도 두 팔을 뻗었다. 나는 더 이상 욕망을 이기지 못하고 온몸으로 그녀를 누르며 미친 듯 그녀의 얼굴과 눈, 부드러운 입술에 입맞춤하면서 그녀의 촉촉한 혀를 삼키고 싶었다. 그녀는 감정에 북받쳐 나의 애무를 받아주면서 간간이 "내 사랑, 난 평생 당신을 다시 못 만날까 봐 정말 무서웠어, 다시는 나를 떠나지 않겠지?"라고 중얼거렸다.

문득 그녀의 짠 눈물 맛을 느끼고 나는 그녀를 더욱 꽉 껴안으며 "아, 내 사랑, 다시는 너를 떠나지 않을 거야. 전쟁의 저승사자도 나를 빼앗아 가지 못했고 포로수용소의 잔혹한 박해도 나를 빼앗아 가지 못했으니, 또 어떤 힘이 너의 곁에서 나를 빼앗아 갈 수 있겠니!"라고 말했다.

그때 갑자기 "너는 이미 당적을 박탈당했는데 아무런 문제가 없을 거라고 보증할 수 있어?"라는 끔찍한 소리가 마치 악몽처럼 나를 내리누르고 한 바가지 차가운 물을 머리에 끼얹는 듯하여 그녀를 꽉 안고 있던 팔을 풀고 그녀의 몸 위에서 내려왔다.

나의 돌변한 모습에 그녀는 잠시 가만히 누워있다 몸을 획 돌리며 나에게 "무슨 일이야. 당신 왜 이래?"라고 물었다. 내가 눈을 감고 아무 말도 하지 않자, 그녀는 무서웠는지 나를 흔들며 "무슨 문제가 있는 거야? 당신이 계속 내게 뭔가 숨기는 일이 있는 것 같았는데, 혹시 거기를 다쳤어? 아이를 못 낳는 건 아니지?"라고 말했다. 내가 여전히 대꾸하지 않자 더 조바심이 나서 "말해줘! 얼른 말해!"라고 재촉했다.

나는 일어나 앉으며 그녀를 똑바로 쳐다보면서 "나 당적을 박탈당했어!"라고 말했다.

"어떻게 그럴 수 있어? 당신 조직과 전우들이 모두 나에게 포로수용소에서 당신의 투쟁이 아주 특출했다고 말했는데!"

"그런데 나중에 정책이 바뀌었어. 우리 지하당 총서기도 당적을 박탈당했어!"

"그렇다면 당신 혼자만 그렇게 된 건 아니네. 너무 슬퍼하지 마. 언젠가 조직이 당신들 문제를 분명히 바로잡을 거야!"

"하지만 난 이 문제가 우리 결혼에 영향을 미칠까 봐 걱정돼. 더욱이 네가 이 엄혹한 사실을 받아들이지 못할까 봐 두렵고."

"이 세상에 나의 당신에 대한 사랑과 믿음을 흔들 수 있는 건 없어! 아무리 큰 대가를 치르더라도 난 결코 당신을 떠나지 않아."

나는 그녀를 바라보며 극심했던 고통이 무한한 감동으로 바뀌면서 온몸을 떨었다. 나는 머리를 그녀의 팔꿈치 사이에 파묻고 목메어 울었다. 그녀의 포옹을 느끼며 나는 더욱 눈물을 멈출 수 없었다. ……

너무도 힘든 취직

1954년 9월 ~ 1955년 4월, 베이징

1. 자립이 먼저냐, 결혼이 먼저냐?

1954년 9월 중순 나와 M은 함께 시안에서 베이징으로 왔다. 그녀는 지질부에 도착 보고를 하러 가고, 나는 건국문建国门 밖에 있는 둘째 형의 10m²밖에 안 되는 숙소에 들어가 살았다. 그 숙소는 임시로 지은 단층집이었다. 당시 둘째 형수는 막 큰딸을 낳고 산후 조리하는 중이었는데, 둘째 형 본인은 자신이 일하는 공장의 단체 기숙사에 들어가고 대신 내가 접이식 침대를 사용해 형수와 함께 살도록 했다. 나는 감격하면서도 불안했다. 만약 직장도 돈도 없는 상황이 아니었다면, 어찌 이렇게 형과 형수를 난처하게 했겠는가! 이런 곤경에서 하루빨리 벗어나기를 내가 얼마나 갈망했던가! 나는 거의 매일 베이징시 전업건설위원회에 가서 직장 배정 문제를 문의했지만, 돌아온 대답은 항상 나를 실망하게 했다.

다행히 오래지 않아 부모님이 충칭에서 베이징으로 오셨다. 농업부에서 일단 부모님을 게스트하우스에 잠시 머물도록 했고, 이에 나는 즉시 짐을 옮겨 부모님과 함께 생활했다. 보름 뒤 또 부모님을 따라 초창草厂골목胡同에 있는 작은 단독주택으로 이사했다. 비록 방 2칸짜리였지만, 비교적 안정된 처소가 확보됨으로써 결혼과 자립을 위해 분투할 수 있게 되었다.

베이징시 전업건설위원회 담당자의 짜증 섞인 태도와 은근히 비꼬는 말에 또 한 번 마음의 상처를 입고 나서, 나는 문득 '청화대학에 가서 복학해보자. 대학을 졸업하면 그래도 일자리를 배정받을 수 있겠지'라는 생각이 들었다. 이에 대해 부모님은 적극적으로 지지하셨고, 더욱이 M은 "복학해요. 내 월급으로 우리 두 사람 살기에 충분해요"라며 응원해주었다.

다음 날 나는 6년 만에 다시 모교를 찾았다. 청화대학의 교정은 여전히 장엄하고 엄숙하면서도 생기로 가득 차 있었다. 몇 년 전 내 또래의 젊은 남녀 학생들이 대운동장에서 공을 차고 뛰면서 소리치며 웃고 있었다. 아무 근심과 걱정도 없는 그들의 모습을 보며 나는 정말이지 부러웠다. 걷다가 대강당의 장중한 반구형 지붕이 눈에 들어왔다. 일찍이 저 푸른 둥근 천장 아래 휘황찬란한 조명이 비치는 무대 위에서 〈황하 대합창〉 공연에 참여한 적이 있었지! 아, 우리 물리학과 건물, 나는 이곳에서 2년간 강의를 들었지. 아직도 저우페이위안周培源[1] 선생님이 아인슈타인의 상대성이론을 소개해주시던 장면이 기억나네. 그리고 대강당 옆에 있는 계단식 교실에서 주쯔칭朱自清[2] 선생님의 문학 수업과 우한吳晗[3] 선생님의 중국통사中

---

1   저우페이위안(周培源, 1902~1993) : 장쑤성 이싱[宜兴] 출신으로 구삼학사(九三学社) 사원(社员)이고 중국공산당 당원이다. 중국과학원(中国科学院) 원사(院士)를 지낸 중국 근대 역학(力学)과 이론물리학의 기초를 닦은 학자 중 1명이다.

2   주쯔칭(朱自清, 1898~1948) : 장쑤성 둥하이[东海] 출신으로 북경대학 철학과 졸업 후 교사로 재직하면서 시작에 전념하여 『신조(新潮)』 등에 기고하였다. 1923년 장시(长诗) 「훼멸(毁灭)」을 발표하였고 다음 해 시집 『종적(踪迹)』을 출판, 현실 긍정적 작풍의

제3장 | 너무도 힘든 취직   445

国通史 수업도 수강했었지.

'내가 그렇게 고생해서 청화대학에 겨우 합격했는데, 만약 혁명에 참여하지 않았다면 아까워서 중간에 공부를 그만두지 못했을 거야!' '난 당 조직의 명령에 따라 학업을 포기하고 해방구로 간 거였는데, 이제 다시 공부하려면 허락해 줄까?' 나는 교정을 걸으며 이런저런 생각에 초조하고 불안한 마음이 들었다. 마침내 학교 사무동을 찾아 교무처에 가서 문의했더니, 책임자가 이미 나와 상황이 비슷한 많은 학생이 돌아와 복학했다고 알려줬다. 다만 내가 원래 다니던 물리학과가 학과 구조조정으로 인해 북경대학에 병합되었으므로 북경대학에 가서 문의해보라고 했다.

나는 약간 실망한 채로 사무동에서 나와 남학생 기숙사가 있는 신재新斎와 평재平斎에 들러서 내가 일찍이 머물렀던 숙소를 둘러보았다. 그리고는 여학생 기숙사인 정재 뒤편에 있는 숲속으로 가서 당시 내가 비밀리에 입당 선서를 했던 공터를 찾았다. 나는 그곳에 서서 큰 나무로 자란 숲을 보며, 만 18세가 된 자신이 바로 이곳에서 힘든 혁명의 역정을 시작했던 과거를 떠올렸다. 지금 나는 이 세상을 크게 한 바퀴 돌고 살아서 돌아왔는데, 당적도 직업도 생계 수단도 없구나. ⋯⋯ 나는 온갖 생각에 복잡해진 머리를 숙이고 아쉬움을 간직한 채 학교 교정을 떠났다.

신선미가 시단에 맞아떨어졌다. 그 후 시 비평가로 이름을 떨쳤는데, 1925년 청화대학 교수로 부임할 무렵부터 산문으로 바꾸어 「배영(背影)」(1928)으로 위다푸[郁达夫]와 쌍벽을 이루는 산문 작가로 불리었다. 중일전쟁 중 서남연합대학 중국문학과 학과장으로 있으면서 시·소설 등의 비평, 고전문학 연구에 많은 업적을 남겼다.

3   우한(吳晗, 1909~1969) : 저장성 이우[义乌] 출신으로 현대 명대사(明代史) 연구의 개척자이다. 윈난대학·서남연합대학·청화대학 교수와 북경시 부시장 등을 지냈다. 그가 지은 신편 역사극 〈해서파관(海瑞罷官)〉으로 인해 문화대혁명 기간 잔혹한 비판 투쟁을 겪다 사망했다.

나는 청화대학과 담 하나를 사이에 두고 있는 북경대학으로 서둘러 갔다. 그곳은 원래 연경대학燕京大学 캠퍼스로 나에게도 매우 친숙한 장소였다. 나는 교무처에 가서 전후 사정을 설명하고 복학 의사를 밝혔다. 담당자가 즉시 안쪽에 있는 자료실에 가서 1946년 청화대학 물리학과 입학생 명부를 찾아 나의 이름을 확인하였다. 그리고는 나에게 미소를 지으며 "복학을 환영합니다. 다만 학교를 떠난 지 6년이나 지나서 1학년부터 다시 시작해야만 되는데, 현재 물리학과는 5년 졸업 학제에요. 그 밖에 당신 개인 자료를 우리가 확인한 다음에 비로소 최종 결정을 내릴 수 있습니다"라고 말했다.

나는 사무동에서 나와 미명호未名湖(북경대학 캠퍼스 내에 있는 가장 큰 인공 호수-역자)가의 큰 바위 위에 앉아 생각에 잠겼다. '말하는 걸 보니 내가 복학해도 1959년에야 졸업한다는 건데, 그러면 1946년부터 시작해 총 13년이나 걸려서 대학을 마칠 수 있다는 거구먼!' '시간이 오래 걸리는 거야 상관없지. 누가 애초에 그렇게 적극적으로 혁명에 뛰어들라고 했어! 문제는 30살이 될 때까지 등록금·책값·생활비까지 모두 부모님에게 기대야만 한다……' 이런 생각이 들자 얼굴이 화끈거렸다.

"그리고 학교에 다니는 5년 동안 결혼은 안 하고? 아이는 안 낳을 건가? 만약 아이가 생기면 누가 먹여 살리지? M의 그 가냘픈 어깨로 가족 부양의 모든 책임을 짊어지라고?"

나는 그곳에 앉아 발밑에서 찰랑거리는 호수의 잔물결을 멍하니 바라보며 마음이 몹시 심란했다. "물리학과는 핵물리학을 배우기 때문에 정치 심사를 통과하기가 더 까다로울 거야. 나처럼 당적을 박탈당한 사람은 설령 복학해 졸업하더라도 국가 기밀이 걸린 높은 수준의 핵물리 연구에 결코 참여할 수 없고 기껏해야 물리 교사나 되겠지. 그렇다면 장장 5년이라는 시간과 정력을 쏟아부어 전국 최고의 물리학과를 마친다는 것은 전쟁의 저승사자 손에서 겨우 건진 나의 목숨을 다시 헛되이 소모하는 게 아니겠는가?"

나는 간신히 몸을 추슬러 천근이나 되는 돌을 매단 듯 발을 질질 끌며 북경대학 정문을 느릿느릿 빠져나왔다.

집에 돌아온 후 나는 부모님의 물음에 간단히 관련 상황만 알려드렸다. 부모님은 그들을 가장 애태우는 자식인 나를 위로해주셨다. 당시 동생들은 모두 베이징에서 대학을 다니고 있었고, 5남매 중 나만 자리를 잡지 못하고 있었다.

그날 해 질 무렵 M도 우리 집으로 왔다. 나의 우울한 기색을 본 그녀는 저녁 식사 후 나를 데리고 성벽 위로 올라가 산책하면서 나의 속마음을 듣고자 했다. 나는 그녀에게 대학 생활을 처음부터 다시 시작해 5년을 다닐 생각이 없다고 했다. 그러자 그녀는 내 생각을 이해한다면서 위로하며 말했다.

"그럼 조직에서 직장을 배정해줄 때까지 친구를 통해 일자리를 먼저 찾아보기로 해. 너무 조급하게 생각하지 말고!"

"내가 귀국하기 전에 모든 걸 너무 낙관적으로 생각한 탓이야. 돌아온 지도 벌써 1년이 넘었는데 여전히 취업도 결혼도 못 하고 있으니, 나 자신이 사회에도 가정에도 필요 없는 사람처럼 느껴져……"

그녀는 내 손을 잡으며 "아냐! 당신은 나에게 없으면 안 되는 유일한 사람이야! 안 그래도 당신과 결혼 문제를 상의할 참이었어!" 이에 내가 강렬한 반응을 보이자, 그녀는 성벽 벽돌 더미 위에 나를 끌어다 앉히고는 "난 이미 지광사地砿司 사장司长 사무실 기밀 담당 비서로 배정받았어. 그 자리는 비밀 유지 부서지만 조직의 배정에 복종해야만 돼. 난 원래 내가 한동안 일을 하며 당신이 자리를 잡길 기다렸다가 결혼할 생각이었는데……"라고 말했다.

"지금은?"

"지금은 먼저 가정을 이루고 싶어. 더 이상 당신을 기다리게 할 수 없잖아!"

"어쩌자고?"

"오늘 밤 집에 안 갈 거야. 그리고 앞으로 주말마다 와서 당신과 함께 있을게! 여기가 바로 우리의 집이니까!"

"그, 그, 근데 임신할까 두렵지 않아?"

"임신하면 바로 결혼 신청하지 뭐."

"조직이 동의하지 않으면?"

"그럼 비밀 유지 부서에서 나오겠다고 해야지. 아무렴 결혼을 못 하게야 하겠어!"

나는 그녀의 진지한 표정을 보고는 "아! 그럼 이제부터 옷이 찢어져도 걱정할 필요가 없는 건가?"라고 나지막하게 환호했다. 무슨 말인지 이해 못 하겠다는 듯 나를 쳐다보는 그녀의 귀에 대고 "원래 난 25살이 넘으면 옷이 찢어져도 바느질해줄 사람이 없을 줄 알았지……"라고 설명했다.

그녀는 손가락으로 내 코를 가리키며 "바느질해줄 사람을 가지려면 25년은 더 지나야 할걸!"이라고 말했다. 나는 그녀를 안고 두 바퀴를 돌았다. 다행히 근처에 사람이 없었고 성벽 위도 매우 넓었다.

우리는 손을 잡고 집으로 뛰어갔다. 그녀는 집에 들어서자마자 스스럼 없이 "아버지, 어머니, 우리 돌아왔어요!"라고 외쳤다. 두 분 어르신은 놀라고 기뻐하며 우리를 쳐다보았다. 어머니는 순간 모든 것을 알아차린 듯 이불장을 열어 새 이불을 꺼내며 "내가 일찌감치 너희들을 위해 새 이불을 준비해 놨지!"라고 말씀하셨다. 그러자 M은 갑자기 부끄러워하며 홍당무가 된 얼굴을 숙이고 어머니를 도와 침대 패드를 깔고 이불을 갈았다.

우리 집 안방과 바깥방은 단지 문발 한 겹을 사이에 두고 있었다. 그래서 우리는 소리 나지 않게끔 조용히 조용히 '결혼식'을 끝냈다. 나는 그녀를 안고 "결혼을 허락해 줘서 고마워!"라고 낮은 소리로 말했다.

그녀가 나에게 키스하며 "이젠 필요 없는 사람이 아니지?"라고 했다.

"그럼 당연히 아니지!" 나도 그녀에게 키스했다.

그날 밤 우리는 이상하게도 마른 장작이 불타는 듯한 충동을 전혀 느끼지 못하고, 단지 함께 험한 산길을 걸어 정상에 오른 기쁨과 위안만을 만끽했다. 나는 품에 안긴 그녀를 가만히 껴안았다. 우리는 그렇게 조용히 서로를 포옹하며 마침내 용감하게 사랑의 권리를 쟁취했음을 축하하고 앞으로 영원히 헤어지지 않을 무한한 행복을 상상했다.

2. 가수가 돼볼까?

혼자 힘으로 일자리를 구하는 건 아무래도 쉽지 않을 것 같았다. 그래서 나는 명현중학 같은 반 동창인 루치路奇 누나를 찾아갔다. 명현중학에 다닐 때 나는 나이가 가장 어려서 우리 반의 막내였다. 루치 누나 집에는 여동생이 5명이나 있었지만, 남동생은 없어서 나를 친동생처럼 대해줬다. 그무렵 루치 누나는 중앙실험가극원中央实验歌剧院에서 행정업무를 담당하고 있었는데, 나의 취업을 위해 애를 많이 썼다. 날마다 직장을 구하려 고생하는 나를 보고 누나는 본인이 일하는 극장에서 지금 일부 사람을 빼내어 중앙가무단中央歌舞团을 새로 만들려고 하니, 일찍이 '청화대학 민간가무사民间

歌舞社 사장社长', '사천대학 방언가무사方言歌舞社 감독', '군분구 문공대 대장'을 지낸 나에게 한번 지원해보라고 했다. 그러면서 가무단에 마침 남성男声 베이스가 비어있다는 정보도 알려주었다.

나는 신이 나서 중앙가무단에 지원하러 갔다. 성이 천陈 씨인 단장이 직접 피아노 반주하며 내가 선택한 노래를 몇 곡 부르게 하는 식으로 실력을 테스트했다. 나는 내가 수십 차례 공연했던 〈백모녀〉와 〈적엽하赤叶河〉(중국 현대 시인 롼장징阮章竞이 1945년 창작한 가극-역자)의 한 단락을 골랐다. 나는 연습실의 그랜드 피아노 옆에 서서 숨을 가다듬으며 긴장하고 당황스러운 마음을 애써 억눌렀다. 나는 속으로 "침착해, 침착해야 해. 다 된 밥에 재 뿌리면 안 돼"라고 되뇌었다. 그러자 눈앞에 휘몰아치는 눈보라 속에서 허리를 굽힌 구부정한 양바이라오의 모습이 보이는 듯했다. 나는 있는 힘을 다해 노래를 불렀다. "10리 길 눈보라로 온통 하얀데, 빚을 피해 7일 만에 집에 돌아오니, 집에 돌아오니……" 나는 스스로 목소리가 나름 우렁차고 감정 표현도 꽤 괜찮다고 느꼈다. 이어 '이 며칠만 넘기길 바라며, 추위와 굶주림도 기꺼이 견뎠는데, 견뎠는데'를 부르려는 찰나, 나 자신의 운명이 양바이라오와 별 차이가 없다는 생각에 눈물이 흘러내렸다. 그리고 갑자기 목이 쉬면서 갈라지는 소리가 나는 것을 알아차리고는 감정이 순간 가라앉기 시작했다. 나는 겨우 노래를 마친 뒤, 천 단장에게 아직 감기가 다 안 나아서 성대에 염증이 남아있다고 황급히 해명했다. 천 단장은 애석하다는 듯 완곡하게 말했다.

"최근에 생긴 인후염이 아닌 것 같은데요? 루치로부터 당신이 미군 전쟁포로수용소에서 돌아왔다고 들었는데, 거기서 비인간적인 생활을 하면서 목에 문제가 생긴 것 같아요!"

"그래요. 맞습니다. 목이 약간 손상되었죠. 미국 놈이 우리에게 최루탄을 자주 던지는 바람에 눈물은 물론 목과 기관지도 자극을 받아서 거의 일년내내 기침을 했습니다. 귀국한 지 1년이 지났는데도 아직 완전히 낫지를 않네요."

"아깝네요. 당신의 베이스는 음역도 낮고 소리도 두툼해서 조금만 연습하면 가능성이 매우 커 보이는데! 하지만 지금은 성대가 손상된 것 같으니, 먼저 협화의원協和医院(1921년 록펠러재단이 베이징에 설립한 병원-역자)에 가서 정밀 검사를 받고 완전하게 치료한 후에 다시 오디션을 하러 오면 어떻겠어요?"

"네네, 바로 가겠습니다. 조언해 주셔서 감사합니다!"

나는 중앙가무단 정문을 나와 멀지 않은 곳에 작은 가게가 있는 것을 보고는 가진 돈을 탈탈 털어 '대영해大嬰孩'(1930~1950년대 중국의 담배브랜드-역자) 1갑과 성냥 1갑을 샀다. 가게를 나와 담 모퉁이에 기대어 담배 몇 모금 급히 들이마시자, 기침이 격하게 나기 시작했다.

"젠장, 담배를 끊더라도 목이 이미 망가졌으니, 이 무슨 고생이란 말인가! 미국 놈아, 다 너희들 덕분이야. 너희들이 최루탄으로 중국 가요계의 베이스 가수 한 명을 망쳐버린 걸 알아? 이렇게 된 게 기쁘지! 하, 하, 하, 콜록, 콜록, ……"

나는 바닥에 쪼그리고 앉아 혼잣말하면서 기침을 하고 바보처럼 웃으며 눈물을 닦았다. 그 순간 내 곁에 여러 개의 작은 발이 서 있는 것을 발견하고 고개를 들어보니, 지나가던 붉은 스카프[4]를 맨 초등학생 몇 명이 나를 둘러싸고 있었다. 소대장小队长 완장을 찬 사과 같은 얼굴의 아주 착해 보이

---

4   붉은 스카프 : 중국소년선봉대(공산주의소년단)에 가입한 초등학생들이 착용하는 것으로 중국에서는 '붉은 스카프'를 초등학생을 가리키는 범칭으로 사용하기도 한다.

는 소녀가 허리를 굽히며 나에게 "해방군 아저씨, 아프세요? 병원에 모셔
드릴까요?"라고 물었다. 아, 이거야말로 세상에서 가장 아름다운 성악이
로구나! 나는 소녀의 말에 정신이 번쩍 들었다. "괜찮아. 나 이거 고질병인
데, 금방 좋아질 거야. 너희들 참 착하구나. 고마워. 학교 끝났으면 어서 집
으로 돌아가야지 ……"

나는 일어나 무작정 걸으며 아이들에게 손을 흔들면서 그 순수한 얼굴
들을 몇 번이고 더 보고자 했다. 아직 세상의 고난을 모르는 아이들이 나
에게 준 진심 어린 배려의 눈길은 나의 뇌리에 영원히 각인되었다.

나는 중앙가무단 지원에 실패한 일을 M에게만 얘기했다. 그녀는 내 말
을 듣고는 "떨어져서 다행이야. 가수는 매운 음식을 아예 맛볼 수도 없다
는데, 당신이 견뎌낼 수 있겠어?"라고 말했다.

3. 광부가 돼볼까?

내가 다시 루치 누나를 만났을 때, 중앙가무단 천 단장이 이미 전화로
당시의 상황을 누나에게 알려 주었다고 했다. 루치 누나는 나를 위로하며
"괜찮아. 안된 게 잘된 건지도 몰라. 예술가가 모인 곳은 늘 시빗거리가 많
거든. 다른 직장을 구하면 돼. 내가 석탄공업부煤炭工業部 기사장技士長인 아버
지에게 너의 일자리를 찾아달라고 이미 부탁해놓았으니, 거기로 빨리 가
봐"라고 말했다. 누나가 준 주소를 받아들고 나는 즉시 기쁜 마음에 둘째
형의 오래된 자전거를 타고 나는 듯이 빨리 석탄공업부로 달려갔다. 가는
길에 나는 콧노래를 흥얼거리며 '월급 받아 내 자전거를 사면 얼마나 편리

할까. 돈도 절약되고!'라고 속으로 생각했다.

당시 석탄공업부는 산리허三里河(베이징시 시청구西城区 옥연담玉渊潭공원 동쪽-역자)에 위치한 옛 건물에 있었지만, 경비는 지금보다 훨씬 삼엄했다. 내가 방문자 명부를 작성하자, 안내실에서 '기사장 사무실'에 확인 전화를 한 후에 나를 위층으로 올라가게 했다. 루치 누나의 아버지는 해방 전 내가 청화대학을 다닐 때 먼터우거우门头沟(현 베이징시 서남부에 위치한 지역-역자) 탄광 기사장이었는데, 성탄절과 설날에 내가 항상 그의 집에서 지냈으므로 나를 익히 알고 계셨다. 아저씨가 나를 양아들처럼 대해주었기에 최대한 나를 도와주실 거라고 확신했다.

아저씨는 나를 보고 반가워하며 "내가 이미 인사 부서에 얘기해두었으니, 그들이 자네 문제를 처리해 줄 거야"라고 말했다. 그리고는 부하 직원에게 나를 '인사처'로 데리고 가게 했다.

'인사처'의 중년 간부 남성 1명과 여성 1명은 깍듯이 나를 대하며 차를 따라주고 소파에 앉으라고 했다. 그리고는 여성 간부가 노트를 꺼내 내가 말하는 상황을 기록하였다. 나는 과분한 우대에 기뻐 놀라면서도 한껏 고무되었다. 그들은 나의 이름과 본적, 가정성분과 개인의 출신성분, 학력 즉 어느 대학, 무슨 전공, 졸업 여부 등을 상세히 물었고, 이에 나도 막힘없이 대답했다. 하지만 그들이 '정치적 신분'을 물었을 때, 나는 "저, 저, 저는 일반 군중群众입니다"라고 더듬거리며 말했다.

"본인은 어떤 일을 하길 바랍니까?"

"아무거나 다 좋습니다. 기술직·문서 작업·잡무, 심지어 탄광에 들어가 광부로 일해도 됩니다"라고 간절하게 말하면서, 마지막에는 "제가 직업을 고르는 게 아니라 직업이 저를 선택하는 거죠!"라고 방금 신문에서 본

구호를 동원하기도 했다.

"그쪽의 인사 자료는 지금 어디에 있습니까?"

"베이징시 전업건설위원회에 있습니다."

그러자 그들은 다시 서로를 쳐다보며 "그럼, 3일 후에 다시 와주시겠습니까?"라고 말했다. 그 남성 간부는 친절하게 나를 배웅하고 악수까지 했다. 나는 그들이 내 인사 자료를 보러 갈 것을 알고는 처음 왔을 때의 기쁜 마음이 거지반 사라졌다.

사흘 뒤 나는 한 가닥 희망을 품고 석탄공업부에 가서 먼저 인사처로 직접 찾아갔다. 전에 만난 두 사람이 여전히 친절하게 나를 맞아주었다. 하지만 그 남성 간부는 "그쪽의 조건과 요구에 대해 우리가 좀 더 검토해봤습니다. 현재 기술직을 맡을 대학생이 우리에게 꼭 필요하지만, 안타깝게도 그쪽 전공과 맞지를 않네요. 부서 내 문서 작업을 할 간부도 결원이나, 정치적 조건을 비교적 높게 요구하도록 상부에서 규정하고 있고요. 그쪽이 말한 잡무나 광부는 우리 인사부에서 대학생을 그런 자리에 배치할 수가 없습니다. 우리가 비판받는 건 괜찮지만 그쪽의 미래를 그르치면 안 되잖아요"라고 말했다.

나는 말발 좋은 그의 나불거리는 입을 보면서 더 이상 소파에 앉아있질 못하고 벌떡 일어나 "번거롭게 했네요!"라고 말하고는, "미안해요. 시간 나면 또 와요"라는 남자의 말이 채 끝나기도 전에 방을 나와버렸다.

나는 기사장 사무실로 가서 아저씨에게 "인사처에서 더 기다려보라고 하네요. 배려해 주셔서 감사합니다"라고 짧게 인사하고 바로 건물을 나왔다.

나는 북적대는 사람들 사이로 자전거를 몰면서 "내 미래를 그르친다고? 내 미래가 뭔데? 제기랄, 입에 풀칠하고 식구 먹여 살리면 되지! 거기에다 자전거 하나 사면 좋고! 내가 뭐 하려고 그놈의 대학을 다녔지? 대학생은 광부 일도 못 한다니, 그냥 집에 가서 꼼짝 말고 가만히 있어야 돼!"라고 속으로 쓴웃음을 지었다. 하지만 그 시간에 나는 집에 가고 싶지 않았다. 부모님은 모두 출근하셔서 돌아가면 혼자 적적할 테고 아무 책도 보기 싫고 아무것도 하고 싶지 않았다. 나는 자전거를 타고 여기저기 되는대로 돌아다니다 결국 교외 들녘의 나무 그늘에서 낮잠을 자고 해가 진 후에야 집으로 갔다.

귀가했을 때 부모님은 식탁에 앉아 나를 기다리고 계셨다. 식탁에는 여러 가지 요리와 포도주가 놓여 있었다. 나는 짐짓 즐거운 척하며 "와, 맛있는 요리가 많네! 어머니, 오늘 무슨 좋은 일이 있나 봐요!"라고 말했다.

어머니는 내 눈치를 살피며 "어서 먹어. 종일 돌아다녔으니 배고파 죽겠지?"라며 딴전을 피우셨다.

그러자 아버지가 "셋째야, 오늘 요리는 내가 만들었다. 이건 25년 전 내가 상하이 사천북로에서 식당을 할 때 익힌 솜씨야. 그때 난 대학을 졸업하자마자 실업자가 됐지. 직장을 구하러 다녔지만 결국 일자리를 구하지 못해 다른 사람과 동업으로 그 식당을 열었어. 나는 요리를 하면서 서빙도 했는데, 너의 엄마는 아직 학교에 다니고 있었고. 네 녀석은 바로 그 시절에 태어난 거야. 때를 잘못 타고 나서 우릴 많이 힘들게 했지! 하하하……" 라며 쾌활하게 웃으셨다. 그리고는 내 잔에 포도주를 가득 채워 주시면서 "일단 한잔하고 피로를 풀어!"라고 말씀하셨다. 나는 눈물을 글썽이며 단숨에 술잔을 비우고 한동안 고개를 들지 못했다.

4. 영화배우가 돼볼까?

며칠 후 집에 온 M이 북경영화배우극단北京电影演员剧团에서 지금 배우를 모집한다는 소식을 들었다면서 나에게 어서 가서 지원하라고 했다. 나는 중앙가무단에서 한번 좌절을 겪었기 때문에 약간 겁이 났다. M은 "영화배우는 외모와 연기를 주로 보지 목소리는 그리 중요하게 여기지 않아요. 당신이 연기한 양바이라오가 얼마나 많은 사람을 울렸는지 기억 안 나요!"라며 나를 격려해줬다. 그리고는 나를 억지로 끌고 차에 태워 샤오시톈小西天(현 베이징시 시청구에 위치한 지역-역자)에 있는 북경영화배우극단 연습장에 가서 지원등록을 했다.

1차 시험 날 시험장 밖에서 기다리는 사람이 최소 50명이나 되었는데, 그중 적지 않은 사람이 나와 마찬가지로 휘장과 모표 없는 군복을 입고 있었다. 내 차례가 되어 들어가서 무대 앞에 앉아있는 심사위원 중에 유명배우인 추이웨이崔嵬(1912~1979, 원래 이름은 추이징원崔景文이고 중국의 감독·각본가·배우-역자)와 바이양白杨(1920~1996, 원래 이름은 양청팡杨成芳이고 중국의 여배우-역자)이 있는 걸보고 나는 순간 당황했다. 하지만 내 심정을 이해한다는 듯한 그들의 격려의 미소를 보며 자신을 진정시켰다. 심사위원장이 나에게 시 한 수를 낭송하고, 노래 한 곡을 부르고, 춤을 한 단락 춰보라고 요구했다. 다행히 나는사전에 준비해둔 게 있었다. 그래서 나는 감정을 최대한 살려 고리키의〈바다제비海燕〉를 낭송하고, 포로수용소에서 내가 자주 불렀던 고리키의〈죄수의 노래囚徒之歌〉를 부르고, 러시아의 지르박水兵舞을 췄다. 나는 심사위원들이 서로 의견을 교환하는 모습에서 만족스러운 표정을 보았다. 곧이어 심사위원장이 나에게 '즉흥 연기'를 해보라고 주제를 주었다.

그 주제는 "당신과 약혼녀가 함께 영화배우 선발시험에 응시하러 쓰촨성에서 베이징에 왔다. 혼자서 시험 결과를 확인해 보니, 본인은 합격했지만 약혼녀는 합격하지 못했다. 숙소로 전화를 걸어 약혼녀에게 이 결과를 알리고, 본인 혼자 남아서 배우를 할 것인지 혹은 함께 쓰촨성으로 돌아가 예정대로 결혼할 것인지를 그녀와 상의한다"라는 설정이었다.

나는 이 시험 문제를 다 듣고는 정말로 하느님이 나를 보살펴 주시는 것 같다고 느꼈다. 그렇지 않다면 어떻게 현재 나의 처지, 나의 심정과 이렇게 맞아떨어질 수가 있겠는가! 나는 숙소에서 소식을 기다리고 있는 M의 절박한 심경을 상상하며, 전화를 걸 때마다 통화 중이거나 어렵게 교환을 거쳐 신호가 갔지만 아무도 받지 않아 초조해하는 상황, 그리고 마침내 전화가 연결되어 그녀의 목소리를 들은 후 나의 떨림·망설임·모순된 심정 등을 손짓과 언어로 매우 실감이 나게 연기를 했다.

사흘 뒤 나는 시간에 맞춰 1차 시험 결과를 보러 갔다. 역시 예상했던 대로 1차 시험을 통과했다. 심사위원장은 나와 다른 1명의 여성 지원자에게 공통의 2차 시험 문제를 주었다. 주제는 유명한 연극 〈뇌우雷雨〉(중국의 극작가 차오위曹禺가 1937년 『문학계간文学季刊』에 발표한 연극 작품-역자) 중에서 저우푸위안周朴園과 루마魯媽가 만나는 장면을 함께 연기하는 것이었고 일주일 후에 시험을 보러 오라고 했다.

나와 그 여성 지원자는 매우 들뜬 기분으로 시험장 밖에서 함께 연습할 시간과 장소를 상의하고 서로의 인적 사항을 간단히 소개했다. 알고 보니 그녀의 성은 허何이고 67군 문공단에서 제대한 베이징 현지인이었다. 그녀의 외모는 평범했지만 표준어를 정확하게 구사하고 연기력도 좋았다. 우리끼리의 연습은 꽤 순조롭게 진행되어 2차 시험 당일 공연 무대에서 아주 성공적으로 연기를 마쳤고, 심지어 몇몇 심사위원은 공연이 끝나자 박수를 아끼지 않았다. 심사위원장은 우리에게 정치 심사를 거쳐야 하니 시간이 좀 걸릴 거라고 하면서 집에서 서면 통지를 기다리라고 했다.

결과를 기다리는 동안 나는 집에서 안절부절못하며 밥맛도 없고 잠도 잘 자지 못했다. M은 평소보다 더 자주 찾아왔다. 그녀가 우리 집에 올 수 없을 때는 나에게 그녀의 지질부 숙소로 놀러 오게 하였다. 당시 그녀는 시스西四(정식명칭은 서사패루西四牌楼로 베이징시 시청구에 위치하며 4개의 대표적인 패루가 있던 곳이라는 데서 유래됨-역자) 근처 서안문대가西安门大街에 있는 작은 빌딩에 살고 있었다. 나에게 밥을 해주려 그녀는 석유풍로·냄비·주걱 등 주방용품을 따로 사기도 했다. 저녁을 먹고 나서 그녀는 나와 같이 산책하러 다녔다. 우리는 자주 북해공원北海公园 대교大桥에 서서 호수에 비친 백탑白塔의 그림자와 중남해中南海의 불빛을 구경했다. 그녀는 나에게 자신의 업무 상황을 신나게 설명하면서, 여러 지방에서 많은 지하자원을 새로 발견했다는 보고받을 때마다 얼마나 기쁜지 모른다고 말했다. 또 그녀는 옛 홍군 출신인 상사가 아버지처럼 자신을 자상하게 대해준다고 했다. 나는 그녀가 초조해하는 나의 마음을 최대한 분산시키려 애쓰고 있음을 알았다.

그러던 어느 날 우편집배원이 봉투에 '북경영화제작소北京电影制片厂'라 인쇄된 공문을 배송했다. 나는 떨리는 손으로 봉투를 뜯고 내용을 읽었다. 통지문에는 "당신의 표준어 발음이 정확하지 않아서 채용하지 않기로 했습니다"라고 적혀 있었다. 나는 침대에 털썩 주저앉아 자신의 표준어 발음이 당시 지방 사투리가 심한 영화배우보다도 못하다는 것을 믿을 수 없었다. 나는 한참을 넋 놓고 앉아있다 갑자기 같이 시험을 본 허 씨에게 통지문을 받았는지 알아봐야겠다는 생각이 났다. 내가 허 씨 집에 도착해 물어

보자, 그녀는 "방금 받았어요!"라고 하면서 똑같은 봉투를 꺼내 들었다. 통지문에는 "2차 시험에 통과해 정식 합격했으니, 3일 안에 와서 등록해 주십시오"라고 쓰여 있었다. 허 씨는 기뻐서 나를 밀치며 "얼른 집에 가서 통지를 기다려봐요! 우리가 함께 연기했으므로 그쪽도 분명 합격했을 거예요!"라고 말했다. 나는 아무 말도 하지 않고 서둘러 그녀의 집을 나섰다.

귓가에서 몇 달 전 지도원이 나에 대한 조직의 처분 결론을 선포하던 목소리가 다시 메아리쳤다. "당적 박탈, 당적 박탈, 당적 박탈······"

"그런데 영화배우도 반드시 당원이어야 하나?" 나는 이해할 수가 없었다. 나는 나의 개인 자료 안에 내가 알지 못하는 다른 내용이 분명히 있다고 의심하기 시작했다.

5. 대리 강사

여러 번의 취업 실패 끝에 나는 정규직을 구하는 것이 매우 힘든 일임을 깨달았다. 1954년 말 내가 거의 절망에 빠져있을 무렵, 루치 누나가 나를 위해 임시 강사직을 소개해주었다. 둥청구东城区에 있는 노동자 야학에서 성인을 대상으로 중학교 수준의 국어와 수학을 가르치는 대리 강사였다. 나는 야학에 가서 교무주임에게 내가 국어와 수학 모두를 가르칠 수 있도록 강의 시간표를 짜줄 수 있는지 물었다. 교무주임은 상냥한 중년 여성으로 매우 열정적이었다. 그녀는 "루치로부터 당신이 청화대학을 다녔던 수재라고 들었어요. 우리 야학에서 가르치는 중학교 과목 정도는 모두 충분히 담당할 수 있을 거예요. 다만 당신이 시간과 정력을 투자할 수 있는가에요? 우리 야학에서 문과와 이과 과목을 동시에 가르쳐 본 사람은 아직 없었거든요"라고 말했다.

"수업 시간만 겹치지 않으면 다 잘 가르칠 수 있다고 약속드립니다." 나의 자신만만한 모습에 교무주임은 내가 강의를 하게 허락하였다.

나는 교재 2권과 강의 노트 2권, 만년필 1자루와 잉크 1병을 받아들고 정말 너무나 기뻤다. 나는 속으로 "새로운 삶이 시작되었어. 내 생명의 새로운 장이 열렸으니, 이제는 혼자 힘으로 살아갈 수 있어!"라고 반복해서 중얼거렸다.

그때부터 나는 강의 준비에 몰두해, 정식 강의를 시작하기 전에 야학의 다른 선생님들이 어떻게 국어와 수학을 가르치는지 여러 번 청강하며 그 교수법을 배웠다.

1955년 신정이 지나자마자 나는 강의를 시작했다. 5자 길이의 강단에 올라 수십 명의 청년 노동자 앞에 서서 그들의 지식욕으로 가득 찬 눈을 바라볼 때마다, 문화를 전수하고 문명을 파종한다는 신성함과 자부심이 저절로 우러나면서 '난 국가를 위해 공헌할 수 있는 사람이지, 결코 사회에 불필요한 사람이 아니다!'라는 생각을 했다.

나는 비교적 튼튼한 문학 기초가 있고 게다가 풍부한 경력과 연기 재능을 갖고 있었기에 국어 수업은 상당히 생동감 있게 강의했다. 단어에 대한 설명과 예시, 교과서 내용에 대한 분석, 특히 학생들의 글쓰기 연습이나 작문에 대한 평가 등은 모두 수강생들에게 적지 않은 학습 성과를 거두게 하였다. 나중에는 다른 반 학생도 내 강의를 들으러 와, 자리가 모자라 서서 듣는 학생도 있었다.

나의 수학 수업도 이해력 높고 생활 경험 풍부한 성인의 장점을 활용하고, 교과서 외에 학생들로부터 알게 된 생산 과정에서의 실례를 선택하여 공식과 정리定理를 설명함으로써 학생들에게 매우 인기가 있었다. 수업이 끝난 후에는 항상 몇몇 학생들이 나를 둘러싸고 질문을 했다. 결석한 학생이 있으면, 나는 일요일마다 미시대가米市大街(베이징시 둥청구에 위치한 오래된 도로-역자)에 있는 작은 교회에 마련된 학교에 가서 그들을 위해 보충수업을 했다. 이들 중에는 나보다 나이가 많은 학생도 있었는데, 나를 '장 선생님'이라 부를 때에는 조금 쑥스럽기도 했다.

나는 강의 시수가 많아서 첫 달에 무려 50위안이나 되는 대리수업 강사료를 받았다. 이는 내가 태어나서 처음 받은 월급이었다. 나는 강사료를 받자마자 상점에 가서 부모님과 약혼녀, 동생들, 형과 형수, 그리고 조카 딸에게 줄 설 명절 선물을 사는 데 수입의 반 이상을 썼다.

1955년 구정이 되었다. 설날 당일 온 가족이 함께 모여 식사를 할 때, 가족들에게 선물을 깜짝 나누어주자 다들 기뻐서 소리를 질렀다. 어머니는 내가 드린 털조끼를 입고는 "우리 셋째가 준 게 제일 따뜻하네!"라고 말씀하셨다. M은 내가 선물한 깜찍하고 정교한 가죽 장갑을 받고 마치 달의 보석을 얻은 듯 행복해하며 나를 바라보면서 직접 끼워달라고 했다. 북경강철학원北京鋼鐵学院(1988년에 북경과기대학北京科技大学으로 개명-역자) 1학년이던 여동생은 금빛 찬란한 영웅표英雄牌(당시 중국 만년필의 대표 브랜드-역자) 만년필을 받아들고 벌떡 일어나 내 뺨에 뽀뽀하고는 "영웅인 오빠가 영웅 펜을 줬네"라고 말했다. 그러자 북경광업학원北京矿业学院(원문에는 북경광야학원北京矿冶学院으로 되어있음 -역자) 4학년이던 남동생은 자기가 받은 금박 두른 예쁜 일기장을 들고 괜히 여동생의 뒤를 쫓으며 "셋째 형은 너무 편애해. 그렇게 귀한 금촉 만년필을 너에게 주다니 말이야! 안 돼, 나랑 바꿔!"라고 소리쳤다. 농기계공장에서 엔지니어로 일하고 있는 둘째 형은 내가 선물한 커다란 사진첩을 펼치고 "고생 끝에 살아남은 생애 첫 가족 상봉의 기쁨을 만끽하며, 새해 복 많이 받으시고 따듯한 가족애에 늘 감사합니다"라고 내가 쓴 글을 읽었다. 둘째 형수는 내가 조카딸에게 선물한 털모자를 들고 품속의 귀염둥이에게 씌어보면서 "와— 우리 궁인共音이 알아? 이거 너의 셋째 삼촌이 첫 월급으로 사준 거야, 빨리 삼촌한테 고맙다고 해야지"라고 하며 M에게 "사실 이 아기 모자는 됐다가 서방님네가 써야지"라고 말해 M을 홍당무로 만들었다.

줄곧 미소만 짓고 모두를 바라보고 계시던 아버지는 내가 선물한 귀마개용 방한모를 우스꽝스럽게 머리에 쓴 채 다들 자리에 앉게 하셨다. 모두가 앉자 아버지가 말씀하셨다.

"오늘 스자좡 부대에 있는 너희 큰형만 빼고 우리 온 가족이 다 모였다. 더 귀한 것은 셋째가 우리와 함께 할 수 있게 됐다는 거야. 최근 몇 년간 나와 너희 엄마에게 가장 힘들었던 건 설날과 명절을 지내는 일이었어. 셋째를 위해 놓아둔 식탁 위의 빈 그릇과 수저를 보는 게 두려웠지. 셋째가 어디에 있는지도, 돌아올 수 있을지도 몰랐어. 그때 우리는 한국전쟁의 전황을 가장 알고 싶었지만, 가장 두려운 것도 조선에서 온 전쟁 소식이었지. 그 시절 우리는 자주 한밤에 놀라서 깼어. 일본 놈이 1937년 8월 13일 상하이를 포격할 때 나와 너희 엄마가 셋째를 안고 피난 가던 장면이나, 미국 놈 비행기가 셋째를 쫓아 총을 쏘아대는 장면이 꿈에 나타나곤 했지. …… 첫해에는 우편함을 열 때마다 혹시나 셋째의 편지를 볼 수 있길 기대했는데, 나중에는 우리 둘 다 우편함에서 편지를 확인하고 싶지 않았어. 무서워서, 무서워서 ……" 아버지는 말을 하면 할수록 목소리가 낮아지셨고 집안 분위기도 딱딱해졌다. 아무 말도 하지 못하고 흐느끼는 어머니를 위해 여동생이 안방에 가서 수건을 가져와 자기의 눈물을 닦고 어머니에게 드렸다. 나는 숙인 고개를 두 손으로 지탱하며 샘솟는 눈물을 끊임없이 식탁 위로 떨어뜨렸다. M이 옆에서 그녀의 눈물로 젖은 손수건을 나에게 건넸다. 내가 일어나 마당으로 나가 막힌 코를 힘껏 풀자 온몸에 소름이 확 돋았다. 나는 하늘에 반짝이는 차가운 별을 보며 속으로 '바라건대 이 세상에 다시는 전쟁이 일어나지 않아서 더 이상 전쟁포로도 없고 생이별의 고통도 생기지 않기를!'이라고 생각했다.

설이 지나고 나서 옛 전우인 리즈잉이 쓰촨에서 베이징에 왔다. 그는 중문학을 전공한 대학 졸업생이었지만, 귀향 후 반년 넘게 직장을 배정받지 못해 어쩔 수 없이 창장 강가의 부두에서 막일하며 생계를 유지했다. 얼마 전에야 직장을 배정받았지만, 읍내 소비조합에서 기름·소금·간장·식초 등을 판매하는 일이었다. 그가 사는 읍내의 초등학교와 중학교에 국어 교사가 필요한데도 그에게 맡기지 않았다. 리즈잉은 자신이 정상 제대한 군인과 같은 대우를 받을 수 있도록 요구하기 위해 내무부內务部에 진정上访하러 온 것이었다. 나와 부모님은 그의 처지를 충분히 이해해 우리 집에 머무르게 하였다. 평소에는 나와 함께 자다가 M이 돌아오면 저장실 안에 야전침대를 펴서 자게 했는데, 우리 둘은 마치 친형제 같아서 이에 대해 그는 전혀 개의치 않았다.

나는 리즈잉과 함께 내무부를 찾아갔다. 내무부 민원실의 간부는 아주 열정적이어서 리즈잉의 진술을 다 들은 후, 그에게 서면 제소장을 내면 자기들이 진지하게 연구해서 해결하겠다고 말했다. 내무부에서 나와 나는 리즈잉에게 "포로수용소 내 고소장 작성 전문가가 예전 전공을 다시 살려야겠구먼!"이라고 말했다. 그는 쓴웃음을 지으며 고개를 저었다. 다음날 리즈잉이 제소장을 제출하자, 그 민원실 간부는 인내심을 갖고 조금만 기다리라고 하면서 그가 먼저 쓰촨성 민정청民政廳에게 연락하면 민정청에서 다시 현縣 민정국民政局에게 연락해야 하고, 게다가 부서에 일손이 부족한데 해결해야 할 유사한 문제가 너무 많기 때문이라고 설명했다. 이에 리즈잉은 "너무 오래 아버님과 어머님께 폐를 끼쳐 정말 면목이 없지만, 주머니에 돈 한 푼 없어 보답할 길도 없구먼!"이라고 난처해했다. 나는 "해결 방법이 있을 것 같아"라고 말했다.

나는 둥청구 노동자 야학에 가서 교무주임 선생에게 국어 선생님이 더 필요한지 물어보았다. 교무주임의 필요 없다는 대답을 듣고, 나는 나의 국어 과목을 리즈잉이 대신 가르치면 어떻겠냐고 부탁했다. 교무주임의 마음이 놓이지 않는 듯한 모습을 보고, 나는 "걱정하지 마세요. 저의 이 전우는 대학교 중문과를 졸업해서 저보다 훨씬 더 잘 가르칠 겁니다. 이렇게 하면 저도 대수 과목 강의에 더 집중할 수 있고요"라고 안심시켰다.

이리하여 리즈잉은 나와 함께 노동자 야학에서 일하게 되었다. 우리는 낮에 수업 준비를 같이하고 밤에는 자신이 맡은 강의를 했다. 그러면서 리즈잉은 시간이 날 때마다 수시로 내무부에 가서 결과가 나왔는지 문의를 했다. 알차고도 바쁜 나날을 보내다 보니 눈 깜짝할 사이에 한 달이 지났다. 우리는 각각 25위안의 강사료를 받고 퇴근하자마자 곧장 둥안시장東安市場에 가서 은회색 중산복과 같은 색깔의 팔각모자를 하나씩 샀다. 그리고는 중국사진관에 가서 새 옷에 새 모자를 쓰고 같이 사진을 찍었다. 촌스럽지만 의기양양한 사진 속 우리의 모습은 마치 온 세상을 다 얻은 듯 보였다. 리즈잉은 만류에도 불구하고 남은 돈으로 과자를 사서 나의 부모님께 드렸다.

하지만 좋은 시절은 오래가지 못했다. 며칠 후 교무주임이 출산휴가가 끝난 두 여선생이 복직하게 되어서, 나와 리즈잉은 결원이 생기거나 다음 학기 학급이 확대되어야 강의할 수 있다고 아주 미안해하며 알려주었다. 헤어질 때 교무주임은 나의 손을 잡고 "학생들이 두 분 강의를 매우 좋아해서 여건이 되면 두 분을 장기간 채용하고 싶어요. 사실 우리가 교육국教育局에 당신의 정식 채용을 건의하는 보고서를 제출했지만, 그만……"라며 말을 맺지 못했다. 나는 기계처럼 고개를 끄덕이며 어색하게 "감사, 감사합니다"만 반복했다.

다행히 얼마 후 리즈잉의 제소에 대한 회답이 왔다. 민원실 간부의 말에 의하면 리즈잉의 편지를 읽은 셰줴자이謝覺哉[5] 장관이 문제의 심각성을 인식하고 내무부에 진지하게 처리하라고 명령하여, 내무부에서 셰 장관이 결재한 편지를 쓰촨성 민정청에 전달한 결과, 창서우현 전업건설위원회에서 리즈잉을 읍내 중학교의 정식 교사로 배정했으니 귀향해 근무하라는 쓰촨성의 보고를 받았다고 했다. 내무부에서는 리즈잉에게 충칭으로 돌아가는 기차표도 끊어주었다.

나는 리즈잉을 전송하러 전문前门 기차역에 가서 승강장에서 "자네의 제소장이 셰 장관을 감동하게 해서 원만한 결과를 얻은 것이 분명해. 정말 기뻐. 이젠 자네 결혼 축하주를 마시는 일만 남았구먼!"이라고 말했다. 나는 포로수용소에 있을 때 그에게 어려서부터 알고 지낸 푸傅 씨 성의 약혼

---

5   셰줴자이(谢觉哉, 1884~1971) : 후난성 닝샹[宁乡] 출신이며 '연안오노(延安五老)', '장정사노(长征四老)' 중 1명으로 불린다. 중화인민공화국 초대 내무부장을 지냈고 신중국 사법제도의 기초를 닦은 사람으로 평가받고 있다.

녀가 있다고 들었다. 리즈잉이 포로수용소에서 사용한 '푸즈헝傳稚恒'이란 가명은 바로 그녀를 그리워하며 지은 것이었다. 내가 이야기를 꺼내지 말았어야 했는데, 이 말을 듣고 리즈잉의 얼굴에 웃음기가 순간 사라졌다.

"그 얘기는 꺼내지도 마! 그 애는 내가 단적을 박탈당한 데다 부두 막노동으로 돈도 제대로 벌지 못하고 땀만 실컷 흘리는 걸 보고 벌써 더 좋은 놈을 찾아 떠났어."

"⋯⋯." 나는 멍하니 입을 벌린 채 그를 바라보며 아무 말도 할 수가 없었다.

그러자 리즈잉이 내 손을 꼭 잡고 "쩌스, 난 정말 기쁘고 자네가 부러워. M이 자네를 그렇게 계속 사랑할 수 있다는 건 우리 모든 동료의 자랑이야. 자넨 반드시 그녀를 더 사랑해야만 해!"라고 당부했다.

나는 그의 이 작별 인사를 단단히 기억해 두었다.

6. 똥이라도 푸게 해줘

리즈잉을 떠나보내고 나는 아무도 없는 집으로 돌아왔다. 교육에 대한 나의 열정과 정성이 담긴 강의 준비 노트가 덩그러니 탁상 위에 놓여 있는 걸 보고, 나는 손길 닿는 대로 노트를 뒤적이다 한 장 한 장씩 찢어버렸다. 금세 방바닥이 눈 내린 것처럼 하얗게 변했다. ⋯⋯

다음날 나는 다시 베이징시 전업건설위원회에 갔다.

"또 왔는가"라고 피부가 희고 살이 포동포동하게 찐 몸 관리를 아주 잘한 중년 간부가 곧바로 나를 알아보았다.

"네, 또 왔습니다." 나는 이미 민원실 벽에 일렬로 붙어 있는 딱딱한 나무 벤치에 앉아 한 시간 가까이 기다린 상태였다. 그가 나를 책상 앞으로 불렀을 때, 나의 말투도 약간 신경질적으로 변해있었다.

그 간부는 서류철을 훑어보며 "요즘 사람 구하는 곳이 적지 않지만, 자네의 조건을 보기만 하면 다들 곤란해 해. 어제 한 기관에서 사람이 필요하다고 연락이 왔는데, 딱히 요구하는 조건은 없으나 자네가 원할지 모르겠구면"이라고 말했다.

"무슨 기관인데요? 전 어떤 일도 괜찮아요. 어떤 일도!" 내 목소리가 좀 지나칠 정도로 올라갔다.

"청결대淸潔队, 쉬안우구宣武区 환경위생국环卫局 산하의 청결대인데, 급여가 나쁘지 않고 영양보조금도 있다고 하네!"

"길거리 청소하는 거 말이죠. 제가 할 수 있어요!"

"이 청결대에서 모집하는 건 똥 푸는 사람이야. 똥통을 메고 집집이 가서 변소 청소하는 거."

"똥 푸는 거 두렵지 않아요. 저, 저는 완전히 동의합니다!" 나는 하마터면 부산 포로수용소에서 똥 푼 적이 있다는 얘기를 꺼낼 뻔했다.

"좋아, 그럼 내일 다시 한번 오게. 내가 이따가 그들과 연락해 봄세."

집에 돌아온 후 나는 부모님과 M에게 이런 일을 하게 되었다고 말해야 할지 심히 갈등했다. 나는 그들이 결코 이런 일을 하찮게 여기지 않고, 내가 매일 악취를 풍기며 집에 돌아오더라도 싫어하지 않을 것임을 알고 있었다. 다만 그들은 나의 지식과 재능을 제대로 발휘하지 못하는 것을 매우 애석해하고, 내가 문예 공연, 문학, 교육 심지어 기술 개척 분야 등에서 좋은 성과를 낼 것으로 여전히 기대하며, 내가 강도 높은 육체노동을 감당해 낼 수 있을지 걱정할 것도 알고 있었다. 그러나 당장 나에게 가장 필요한 것이 무엇인지 그들이 이해할 수 있을까? 나에게 지금 절실히 필요한 것은 개인의 재능과 지혜를 발휘하는 것이 아니고 더더욱 국가를 위해 어떤 공헌을 하는 것도 아니라, 혼자 힘으로 살아갈 수 있는 사람이 되고 노동과 생존의 권리를 쟁취해 인간으로서 최소한의 자존심을 지키는 것이야! 그래서 나는 가족들에게 일단 알리지 않기로 했다.

다음 날 나는 마음의 준비를 단단히 하고 모집에 응하러 갔다. 하지만 뜻밖에도 전업건설위원회 간부는 양손을 벌리며 "허, 그쪽에서 자네가 대학생 출신이고 건강검진표에 만성 기관지염 기록도 있는 걸 알고는 고용할 수 없다고 하는구먼"이라고 말했다.

내가 비틀비틀 뒷걸음쳐 벽 앞 벤치에 주저앉아 뚫어지게 그를 쳐다보자, 그 간부가 곧바로 "자네 사정은 우리가 잘 알고 있으니 빨리 일자리를 찾도록 최선을 다해 보겠네. 그나마 자네의 가정 형편은 다른 제대 군인보다 나은 편이야. 개중에는 본인 생계조차 유지하기 어려운 경우도 적지 않아! 일단 돌아가게! 자리가 나는 대로 아버님께 전화로 연락할 테니"라고 서둘러 말했다.

나는 민정국 마당을 걸어 나오며 유유히 움직이는 하늘 위 흰 구름을 바라보면서 속으로 서럽게 외쳤다. "조국이여, 어찌 똥 풀 기회조차 주지를 않습니까? 해외에서 불원만리 사력을 다해 돌아온 당신 아들에게요!"

집으로 돌아가는 길에 나는 동료들의 처지가 생각나 더욱 마음이 아팠다. 랴오닝성 푸순에 있는 궈나이젠은 편지를 보내 자신의 근황을 알려왔다. 그는 귀향 후 농지를 분배받지 못했을 뿐 아니라 농업사農业社(농업생산합작사의 약칭-역자) 가입도 허용되지 않아 돈을 빌려 손재봉틀을 사서 옷을 만들어 팔며 겨우 생활하고 있다면서, 곧 겨울인데 방한복을 마련할 여유가 없으니 도와달라고 했다. 그래서 나는 내가 입던 면 군복을 그에게 우편으로 보냈다. 쓰촨성 메이산眉山에 사는 장다는 직장을 구하지 못해 고등학교를 다시 다니기로 했다면서, 졸업 후 직장을 배정받게 되면 갚을 테니 학비를 좀 지원해 달라고 편지를 보냈다. 나는 내 생활비를 아껴 매달 그에게 5위안을 보내기로 맘먹고 이미 지난달부터 부치기 시작했다. 청두에 거주하는 중쥔화는 그 곳 출신 동료의 근황을 편지로 나다. 대학생이었던 가오화룽과 우쿼두吳均度는 모두 손수레를 끌며 생계를 유지하고 있고, 천즈쿼은 기차역에서 삼륜차를 몰고 있으며, 양융청은 먹고살기 위해 관둥으로 갔고, 또 살길을 찾아 신장新疆으로 간 사람도 여럿 있다고 했다. 더 걱정스러운 건 나와 함께 포로수용소에서 통역을 맡던 장지량과 안바오위안이 모두 '특무 혐의'의 죄명을 뒤집어쓰고, 장지량은 노동 개조하러 보내졌고 심지어 안바오위안은 감옥에 갇혀있다는 점이었다.

생각이 이에 미치자 나는 가슴이 조여왔다. 내가 만약 자신을 돌볼 겨를도 없지 않다면, 나보다 더 고통스럽게 지내는 동료들을 정말 힘껏 돕고 싶은데!

7. 마침내 일자리를 배정받다

1955년 4월 15일 나는 집에서 점심을 차려놓고 아버지가 돌아오시길 기다렸다. 당시 어머니는 농업부에서 운영하는 유치원의 의사로 근무하고 있어서 아침 일찍 출근해 저녁 늦게 돌아오셨기 때문에, 점심은 보통 아버지와 나 단둘이 먹곤 했다. 그날따라 아버지의 웃음소리가 집 문밖에서 들려왔다.

"셋째야, 집에 술이 있니?" 아버지가 문발을 걷어 올리며 만면에 웃음을 띠고 들어오셨다.

나는 앞치마를 풀면서 "점심에는 술을 안 드시잖아요?"라고 물었다.

아버지는 앉으면서 아주 기쁜 표정으로 나를 보며 "오늘은 좋은 일이 있으니 마셔야지!"

작은 찬장에서 술을 꺼내는 나의 심장이 마구 뛰기 시작했다. 나는 아버지에게 포도주를 따라드리며 참지 못하고 "전업건설위원회에서 전화가 왔죠?"라고 물었다.

"네 녀석이 알아맞혔네! 오후에 바로 소개장을 받으러 오래. 너보고 중학교에 가서 강의하란다! 야, 넘쳐, 넘쳐, 술이 식탁에 다 흘렸네!" 아버지는 직접 행주를 가져다 흘린 술을 닦으시면서 그 자리에 멍하니 서 있는 나의 모습을 보고 잔에 술을 가득 채워 나에게 주셨다. "자! 일단 건배하고, 일요일 날 다들 집에 돌아오면 다시 제대로 축하하자!"라고 말씀하셨다.

나는 아버지와 잔을 부딪치고 무슨 맛인지도 모른 채 한입에 다 마셔버렸다.

그날 오후 나는 전업건설위원회로 서둘러 갔다. 그 간부는 내가 들어오는 것을 보자 바로 일어나 그와 이야기를 나누고 있던 방문객에게 잠시 기다리라고 한 다음, 나에게 "어떤 중학교에서 물리 교사를 구하길래 내가 자네를 추천했지. 자네가 청화대학 물리학과 출신인 걸 보더니, 두말하지 않고 동의했어. 다만 그 학교가 좀 멀어!"라고 말했다.

"중국에 있기만 하면 됩니다! 어디든 다 갈 겁니다!"

그 간부는 웃으며 공문서 하나를 나에게 건네면서 "뒷면에 가는 길이 설명돼 있으니 빨리 가보게!"라고 말했다. 편지를 들고 그를 바라보며 감사하단 말을 순간 꺼내지 못하는 나의 모습을 보고, 그는 내 어깨를 툭툭 치면서 "가서 잘하게. 우리 제대 군인들을 위해 체면을 살려줘!"라고 격려해 줬다.

다음 날 나는 전문에서 37번 버스를 타고 스징산石景山 모어스커우模式口에 있는 북경제9중학으로 입사 신고를 하러 갔다. 부흥문复兴门을 나오자 버스는 시야가 탁 트인 교외 지역으로 진입했다. 아! 밭에 심은 보리는 이미 무성하게 자라 있고, 도로 가 버드나무도 바람에 청록색 잎을 너풀거리고 있었다. 완연한 봄이 왔구나! 길옆으로 이따금 보이는 복숭아나무의 비단 뭉치를 씌운 듯한 꽃봉오리가 나를 향해 손짓도 하고!

아! 내가 드디어 삶의 터전을 잡아서 진정 새로운 생명의 장을 마침내 열게 되었구나!

제4장

다시 폭풍을 만나다

1955년 4월 ~ 1955년 7월, 베이징

1. 처음부터 다시 시작

1955년 4월 중순 꽃들이 만발한 따뜻한 봄날, 나는 베이징시 서쪽 교외의 췌이웨이산翠微山 자락에 있는 북경제9중학에 가서 입사 신고를 하고 국가 정규직 교사가 되어 고정적인 월급을 받게 되었다. 당시 나는 대학교 중퇴 학력과 포로가 되기 전 2년여 동안의 군 복무 햇수를 인정받아 9급 중등 교사로 임용되어 매달 런민비 54위안에 해당하는 좁쌀 215근을 받았다.

이로써 나는 포로수용소에서 돌아온 지 장장 20개월 만에 '유랑' 생활을 끝냈다.

그때 나는 자신이 광풍에 휘날린 민들레 씨가 마침내 정착할 땅을 찾은 것처럼 그 땅에 새로 뿌리를 내려 싹을 틔우고 꽃을 피워 열매를 맺어야겠다고 생각했다. 또 자신이 엄동설한을 견뎌낸 고목枯木이 화창한 봄날을 맞이한 것처럼 다시 살아야겠다는 강렬한 생명의 불길이 활활 타오르는 걸 느꼈다.

나는 물리·화학·생명 교육연구반에 배정되었다. 당시 학교에 가장 부족한 교사가 고등학교 화학 과목을 가르칠 선생이었기에, 학교 당국은 나에게 먼저 화학 교재와 교수법을 익히고 나서 강의 준비와 시범 강의를 하고 여름방학 후 정식으로 고1 화학 과목 개설 준비를 하라고 했다. 교재와 교수법을 익히기 위해 나는 화학 교사 겸 교무주임인 수蘇 선생을 스승으로 모시고 그의 이론 수업과 연습 수업, 실험 수업을 들었다. 수 선생은 교재의 내용을 완전히 파악하고 있을 뿐 아니라 실험 시범도 정교하고 정확했으며 가르치는 언어마저 매우 직관적이고 생동감이 있었다. 나는 수 선생의 이러한 능력이 너무 존경스러웠고 그의 수업을 들을 때마다 즐거움을 느꼈다. 나는 그 5척 강단講台이 단지 지식만 전수하는 진지陣地가 아니라 공연예술을 펼치는 무대임을 보았다. 나는 학생의 사랑과 학부모의 존경을 받는 훌륭한 인민 교사가 되어 '인류 정신의 엔지니어'라는 영광스러운 칭호에 부끄럽지 않아야겠다고 결심했다.

나는 다시 한번 나의 인생에 전력투구하기로 했다. 토요일 저녁 집에 돌아가 부모님과 M을 만나는 것을 제외하고 나는 일요일에도 수도도서관首都圖書館에 가서 공부했다. 주로 대학교의 화학 교과서를 복습하고 화학 강의 관련 도서를 읽으며 새로운 교육 이론과 사상도 배웠다. 그중에는 당시 소련에서 유행하던 『카이로프Kairov[1] 교육학』과 안톤 마카렌코Anton Makarenko(1888~1939, 우크라이나 태생의 소련 교육자 겸 작가-역자)의 『교육시教育詩』(Pedagogicheskaya Poema, 1933~1935-역자)도 포함되어있었다. 학교에 돌아온 후에도 매일 밤늦

---

1   카이로프(Kairov, Ivan Andreevich, 1893~1978) : 소련의 교육자로 1917년 모스크바대학 물리학과를 졸업하고 1935년 교육학 박사학위를 취득하였다. 1937년부터 모스크바대학과 모스크바 레닌사범학원 교육학과 주임을 지냈고 1949~1956년 러시아연방 교육부 장관을 겸임했다.

게까지 수업 준비를 하고 다음 날 아침 일찍 일어나 운동장을 10바퀴 달리고 나면 정신이 번쩍 들곤 했다.

나는 아직도 처음 시범 강의하던 날의 기억이 생생하다. 그날의 주제는 '멘델레예프(Mendeleev, Dmitrii Ivanovich, 1834~1907, 러시아의 화학자-역자)의 원소 주기율'이었다. 수업 전에 나는 교안 수정을 거듭하면서 수업 시간에 말할 내용을 거의 모두 교안에다 써놓았다. 그런데도 여전히 마음이 놓이지 못해 숲속으로 달려가 교안을 통째로 외웠다. 마치 이전에 내가 〈백모녀〉를 처음 공연할 때 대사를 전부 외운 것처럼 손짓과 표정까지 연습을 반복했다. 강의가 있는 날 나는 시간 전에 교실 문 앞에 도착했다. 교실 안에는 학생들이 질서 정연하게 있었고, 교실 뒤에는 교육연구반 동료와 학교 책임자들이 앉아있었다. 나는 곧 있을 강의가 그냥 단순한 수업이 아니라, 마치 내 인생 여정에 하나의 이정표를 세우는 일처럼 여겨져 가슴이 심하게 두근거렸다. 그날 수업은 준비가 충분했던 만큼 반응도 좋았다. 교육연구반의 평가모임에서 호평받았을 뿐 아니라 수업에 집중하는 학생들의 표정과 수시로 터져 나오는 만족스러운 웃음이 나를 더욱 고무시켰다. 그리하여 교사라는 직업에 대한 나의 자신감도 한층 커졌다.

2. 어떤 일이 곧 일어날 조짐

내가 전력을 다해 삶을 재건하고 어렵게 구한 새로운 직장에 적응하려던 무렵, 새로운 폭풍이 다가오고 있는 것을 나는 전혀 몰랐다.

내가 정식으로 일을 배정받게 되자 M은 무척 기뻐했다. 그녀는 나를 여러모로 격려해주었을 뿐 아니라, 내가 사는 숙소를 보러 학교에 와서 침대 시트와 담요를 장만해 주기도 했다. 당시 나는 함께 새로 부임한 루쓰 선생과 같은 방을 사용했는데, 그는 자기가 매주 집으로 돌아가 지내니 M이 주말에 와서 나와 같이 있어도 좋다고 했다. 그래서 우리는 다시 상점에 가서 그녀가 벨 베개와 빗, 세면도구를 샀다. 떠날 때 M은 돌아가는 대로 당지부에 혼인신고를 하고 여름방학이 되면 바로 결혼식을 올리자며 나에게 마음 편히 일에 몰두하라고 했다. 나는 감사하는 마음 가득 품고 교재를 깊이 연구하고 수업 준비를 했다. 늦은 밤 피곤이 몰려올 때마다 책상 위에 놓아둔 얼마 전 우리가 함께 찍은 사진을 보면 정신이 번쩍 들며 일을 계속할 수 있었다.

6월 초 어느 주말 나는 집에 돌아온 M의 안색이 좀 심상치 않다는 것을 발견했다. 저녁에 우리 둘만 있을 때도 M은 말수가 적었다. 내가 그녀에게 업무 수행 중에 무슨 어려운 일이 생겼냐고 물었지만 아무 대꾸도 하지 않다가, 재차 묻자 "짧은 시간에 설명하기 어려워. 다음 주에 와서 자세히 말해줄게요!"라고 말했다. 한 주를 안절부절못하며 보내고 주말에 집으로 돌아와 보니, M이 이미 집에서 나를 기다리고 있었다. M은 함께 산책하러 나가자고 했다. 우리는 늘 하던 대로 시원하고 조용한 성벽 위로 올라갔다. 그곳에는 멀리서 연을 날리고 있는 한 소년 외에 우리 두 사람과 석양에 비친 우리 둘의 긴 그림자만 있었다.

나는 그녀에게 지난 일주일 동안 줄곧 마음이 안정되지 않았다고 말했다.

그녀는 몸을 돌려 나를 똑바로 바라보며 가라앉은 목소리로 "당신이 기분 나빠할까 봐 말하고 싶지 않았던 것에요!"라고 말했다.

이 말에 나는 심장박동이 더 빨라졌다. "우리 결혼 신청에 또 말썽이 생긴 거야?"

"······." M은 고개를 절레절레 흔들며 어떻게 입을 열지 고민하는 것 같았다.

"말해봐, 내가 못 견딜까 걱정하지는 말고. 까짓것 포로수용소보다 더 무섭기야 하겠어!"

M은 나를 잡아당겨 흙더미 위에 앉히며 "내게 골치 아픈 일이 생겼어요!" "직속 상사인 지질부 지광사 사장이 나에게 정식으로 청혼했어요!"라고 말했다.

순간 나는 벌떡 일어나면서 "어떻게 그럴 수가 있어? 그 사람은 아버지 뻘 나이잖아!"라고 소리쳤다.

"일단 흥분하지 말고 자세한 사정을 다 듣고 나서 함께 어떻게 하면 더 좋을지 냉정하게 의논해봐요." 나는 하는 수 없이 앉아서 그 해괴한 이야기를 듣기 시작했다.

평소 사장 사무실에는 사장과 M 두 사람만 근무하고 있었다. 그녀는 자기보다 20여 살 많은 이 어른을 아주 존경했고, 그 사장도 그녀에게 많은 배려를 해주었다. 그는 M에게 대장정大征 이야기나 항일전쟁 경험을 들려주었고 그러는 사이에 호칭도 점점 다정하게 변했다. 그 사장이 자상하게 M의 어깨나 손등을 두드렸을 때, 그녀는 단순히 아버지 세대의 사랑 표현으로만 여겼다. 사장이 그녀에게 소파에 함께 앉아서 서류와 신문을 읽어달라고 하면서 청력이 나빠 잘 안 들린다고 하며 갈수록 가까이 다가왔을 때도, 그녀는 입당入党 연수가 자기 나이보다 더 많은 어른에게 다른 의도가 있다고 생각하지 않으려 했다. 그러던 어느 날 점심 휴식 시간 사무실에서 사장은 그녀에게 왈츠를 가르쳐 달라고 했다. 춤을 추는 도중에 사장이 갑자기 그녀를 껴안고 키스하려 했을 때, 비로소 자기에게 야욕을 품고 몰아대고 있음을 깨달았다. 몹시 놀란 그녀가 품에서 필사적으로 벗어나 사무실을 나가려 하자, 사장은 문을 가로막고 그녀를 가지 못하게 했다. 그러면서 그녀를 사랑한다며 자기와 결혼해 달라고 청하고, 만약 승낙해 주면 즉시 아내와 이혼하겠다고 했다. 그녀는 자신에게 약혼자가 있고 이미 지부支部에 혼인신고를 했다고 알려주었다. 이에 사장은 지부에서 그녀가 기밀업무를 담당하는 당원으로서 기존의 관계를 유지하는 건 바람직하지 않다고 여겨 파혼을 건의했다고 말했다. 그 순간 그녀는 화가 너무 나서 문을 박차고 나와버렸다. 다음 날 그녀는 지부 서기에게 업무를 바꿔 달라는 보고서를 제출함과 동시에 스스로 자료실로 옮겨 근무하고 있으며, 지금까지 사장 사무실로 돌아가지 않고 있다면서 앞으로 어떻게 해야 할지 모르겠다고 했다.

"고위 간부가 이런 짓을 하다니 정말 상상조차 하지 못했어요." 그녀는 눈물을 흘리며 억울해했다.

나는 잠시 멍해져서 한참 동안 아무 말도 할 수 없었다. "이게 웬일이냐! 우리 공산당은 혁명을 일으킨 것이지, 이자성(李自成, 1606~1645 : 명나라를 멸망시킨 농민 반란 지도자─역자)처럼 천하를 빼앗은 게 아니잖아! 이런 일이 당의 이미지에 먹칠하는 게 아니고 뭐겠어?" 나는 마음이 너무나 아팠다.

"우리 그 늙은이를 고소하자! 당신이 나서기 곤란하면, 내가 직접 지질부 부장 허창궁何长工[2] 동지에게 편지를 쓰겠어!" 이것이 내가 생각해 낸 유일한 대책이었다.

2　허창궁(何长工, 1900~1987) : 후난성 화룽[华容] 출신으로 1919년 근공검학(勤工俭学)운동에 참가해 프랑스로 가서 1922년 중국소년공산당(中国少年共产党)에 가입하였고 같은 해 중국공산당원이 되었다. 1952년부터 지질부 부부장 겸 당서기를 맡았는데, 지질부 부장은 문화대혁명 초기까지 리스광[李四光]이 재임(在任)했다.

"하지만 고소해서 이기지 못하면, 되려 사장의 보복을 당할 수 있고 우리 결혼도 막힐 수 있어요. 일단 내가 사장 사무실에서 벗어나 기밀 비서가 아닌 자리로 옮겨달라고 요구하는 게 우선일 것 같아요." 나보다 훨씬 현실적인 그녀의 주장에 나는 동의할 수밖에 없었다.

그날 밤 그녀는 내 품에 꼭 안겨서 말없이 눈물을 흘렸다. 나는 "두려워하지 마. 난 그 늙은이가 손으로 하늘을 가릴 수 있다고 믿지 않아. 시비를 가려 줄 곳이 분명 있을 거야!"라며 그녀를 위로했다. 그녀는 "꽉 안아줘!"라고만 했다. 한밤중에 그녀가 갑자기 있는 힘을 다해 나를 붙잡고 비명을 질렀다. 나는 잠에서 깼고 안방에서 주무시던 어머니도 놀라 깨서 뛰어와 M이 어디 아프냐고 물으셨다. 그녀는 겸연쩍게 끔찍한 악몽을 꿨다고 했다. 나는 너무나 마음이 아팠고 우린 서로를 껴안은 채 뜬눈으로 날이 밝길 기다렸다. ……

이틀 후 그녀가 와서 나에게 출장 소식을 알렸다. "지부에서 나보고 쿤밍에 가서 중요한 회의에 참석하래요. 대략 열흘 후에 돌아올 거에요." 그녀는 이번 출장을 자신의 업무 교체 신청에 동의한 것으로 해석했다. 나는 그녀를 도와 출장 갈 짐을 챙기고 기차역까지 데려다주었다. 그녀와 동행하는 2명의 여성 동지를 보고 나는 조금 마음이 놓였다. 작별할 때 그녀의 얼굴에도 약간 웃음기가 돌았다. 하지만 이것이 내가 본 그녀의 마지막 웃음일 줄 어떻게 알았겠는가!

3. 반혁명 숙청 운동

보름이 넘게 지났으나 그녀로부터 아무런 소식이 없었다. 나는 주말마다 잔뜩 기대하며 집에 돌아와 그녀를 기다렸지만, 매번 크게 실망하고 학교로 되돌아갔다. 불길한 느낌이 점점 내 가슴을 무겁게 짓누르기 시작했다. 하지만 나로 인해 가족들이 걱정할까 봐 집에서는 애써 억지웃음을 지었다.

여름방학이 되자, 학교 당 지부는 전체 교직원에게 모두 학교에 남아 '반혁명분자 숙청 운동'에 참가하라고 선포했다. 교장 겸 당 지부 서기인 자오펑趙峰 동지가 동원动员 보고를 하면서 먼저 상급 기관에서 내려온 관련 문건을 전달했다. 거기에는 현재 국내의 계급투쟁이 여전히 매우 첨예한데, 특히 지식인 중에 미 제국주의와 국민당 반동파가 남겨놓은 반혁명 별동대別动队가 이미 발견되었으며, 최근 색출된 후펑胡风[3] 반혁명 집단이 바로 그 명백한 증거라고 적혀 있었다. 또한 국가 안전과 사회주의 조국을 공고히 하기 위해 반드시 전국적인 대중운동을 한 차례 전개하여 숨어있는 반혁명분자를 철저하게 조사해야 한다고 강조했다. 자오 서기는 모두가 적극 운동에 참여하라고 호소했다. 지부 부서기는 이번 정치운동이 먼저 문건을 학습하여 인식을 높이고, 이어 문제가 있는 사람이 스스로 점검하여 자백하도록 한 다음, 서로서로 과거와 현재의 반혁명 활동을 고발하게 하며, 마지막으로 고발 검거된 대상자를 심사하여 처리하는 방식으로 진행

---

3 후펑(胡风, 1902~1985) : 중국의 문예 이론가 겸 시인 1954년 중공중앙에 제출한 「최근 몇 년 문예실천 상황에 관한 보고(关于几年来文艺实践情况的报告)」로 인해 '반혁명 집단'의 우두머리로 간주되어 감옥에 갇히고 전국적인 비판 투쟁을 불러일으켰다. 1979년 석방되어 1980년 사면 복권되었다. 이후 중국작가협회와 문화부 문학예술연구원 고문 등을 지냈다.

된다고 설명했다. 부서기는 또 이번 운동의 정책 노선이 "솔직하게 자백하면 관대하게 처리하고, 항거하면 엄하게 처벌하고, 공을 세우면 상을 받는다"와 "좋은 이가 억울한 피해를 보는 일은 없어야 하지만, 단 1명의 나쁜 놈도 결코 놓쳐서는 안 된다"라고 선포하였다.

보고를 듣고 나서 나는 자신의 과거가 분명할 뿐 아니라 현실 문제도 없다고 확신했지만, 포로가 되고 당적을 박탈당한 일이 떠오르자 불안한 마음이 들었다. 숙소로 돌아와 보니 루 선생이 근심 가득한 얼굴로 이불 더미에 기대 누워있었다. 나도 바닥에 누운 채 한참 동안 서로 아무 말도 하지 않았다. 평소 나와 루 선생은 말이 잘 통하는 편이었다. 우리 둘 다 제대 군인이었고, 그 역시 교회학교 출신에 외국어에도 능통했다. 우리는 서로 자신의 경험담을 들려주기도 했다. 그는 국민당 공군사관학교를 졸업하고 비행기 조종사로 근무하다가 사관학교 교관으로 있던 중 공산당에 투항했다고 했다. 나보다 나이가 여러 살 많은 그는 열정적인 데다 훨씬 노련하기도 했다. 나는 깊은 시름에 잠긴 루 선생을 보며 되레 몇 마디 위로해주고 싶었지만, 알 수 없는 걱정에 결국 침묵을 지켰다.

학습 토론 시간에 사람들은 서로 발언하려 했다. 그들은 자신이 당 중앙과 마오 주석의 영명한 정책을 얼마나 옹호하고 있는지 강조하며, 후펑 반당 집단의 '이리와 같은 야심'을 통렬하게 질책하고, 운동에 적극적으로 참여하여 숨어있는 모든 반혁명분자를 반드시 색출하겠다는 의지를 표시했다. 당시 나는 수업 준비로 계속 바빴기에 오랫동안 신문을 제대로 읽지 못해 후펑이 대체 무슨 짓을 했는지 잘 몰랐고, 사상적인 부담도 있어서 발언을 많이 하지 않고 태도도 적극적이지 않았다.

다음 날 당 지부의 어떤 선생이 나를 찾아와 지부에 가서 잠시 대화를 나누면 어떻겠냐고 했다. 그 선생은 웃음 띤 얼굴로 아주 진지하게 "장 선생님, 시간 있으세요? 장 선생님과 생각을 교류하고 싶은데 괜찮겠습니까?"라고 말했다.

"아이고 Z 선생님, 무슨 말씀을 그렇게. 제가 먼저 지부에 가서 생각을 보고했어야 하는데, 수업 준비하고 강의하느라 계속 정신이 없어 그렇게 하지를 못했으니 제가 잘못한 거지요." 나는 그의 이런 제안이 다소 의외라고 분명히 느꼈다.

"아니에요. 우리 지부의 일손이 부족하고 잡다한 일도 많아서 평소에 사람들과 접촉이 부족했지요. 오늘 기회가 되었으니, 먼저 이번 운동에 관한 생각을 교류해 봅시다."

"저는 평소 정치에 관심이 적어서 처음에는 이번 운동이 좀 갑작스럽다고 생각했어요. 하지만 교장 선생님의 보고를 듣고 나서 아직도 반혁명분자가 말썽을 일으키고 있는 것을 알게 되었습니다. 저는 당의 이번 운동 전개를 전적으로 옹호합니다." 나는 솔직하게 진심을 말했다.

"그럼 됐군요. 당신은 제대 군인이고 혁명에 참여한 시간도 짧지 않습니다. 비록 약간의 좌절을 겪긴 했지만, 당신의 문제는 명확합니다. 당신은 이번 운동의 단결 대상이니, 아무 걱정하지 말고 열심히 운동에 투신했으면 해요!"

"조직에서 관심을 가져주셔 감사합니다. 저는 반드시 열심히 공부해서 정치적 각오를 높이도록 노력하겠습니다." 나는 과분한 평가에 적이 놀랐다.

"정치적 경각심을 높여서 주변 사람을 좀 더 깊이 관찰하도록 하세요. 만약 그에게 이상한 조짐이 있으면 즉시 알려주시고요. 그리고 평소 그가 당신에게 무슨 문제가 될만한 말을 한 적이 없는지 기억을 잘 되살려 보세요."그의 태도가 엄숙해지기 시작했다.

　나는 순간 그가 나를 찾아와 대화하고자 한 목적이 무엇인지를 깨달았다. 나는 "저에 대한 조직의 신뢰에 감사드리며 반드시 경각심을 높이겠습니다!"라고 대답했다. 그와 헤어지면서 갑자기 거제도 제86 포로수용소에 있을 때, '반공항아동맹' 우두머리가 통역관인 나에게 연대 지휘부 내에서 공산분자의 동향을 주시하라고 요구했던 일이 떠올라 파리를 삼킨 것 같은 거북한 기분이 들었다.

　과연 얼마 뒤 루 선생은 끌려 나와 비판 투쟁을 받았다. 책상을 두드리며 루 선생이 뤄양시洛阳城를 폭격해 민중을 학살한 국민당 도살자라고 고발하는 사람도 있었고, 루 선생에게 삿대질하며 진보로 위장해 혁명 진영에 침투한 악랄한 시도를 자백하라고 하는 사람도 있었다. …… 나는 그런 지적을 들으며 선뜻 동의하기가 어려웠다. 만약 국공내전 시기 조종사였던 루 선생이 정말로 폭격기를 몰고 뤄양에 가서 폭탄을 떨어뜨렸다면 그것은 군인으로서 명령에 복종한 것일 뿐이고, 나중에 그가 사관학교 동료들과 함께 봉기하여 공산당에 투항한 것은 마땅히 혁명적인 행동으로 보아야 한다. 내가 이런 문제를 생각하던 중에 우연히 고개를 들다가 지부 위원 Z 선생이 마치 뭔가 기대한다는 눈빛으로 나를 쳐다보고 있고, 그 옆의 다른 교사들도 나를 보고 있는 걸 발견했다. 나는 '다들 나와 루 선생이 같은 방을 쓰고 친하게 지내는 걸 아니까, 내가 뭔가 효과적인 고발자료를 좀 내주길 기대하고 있겠지'라는 생각이 들었다. 그때 나는 루 선생이 어떤 반동적인 발언을 했거나 과거의 어떤 반혁명 활동에 대해 말한 것이 있어서, 나도 회의에서 큰 소리로 루 선생을 고발하고 지적하며 나의 정치적 입장과 적극성을 보여줄 수 있기를 진정으로 바랐다. 하지만 아무리 기억을 더듬어보아도 이런 종류의 재료를 하나도 찾을 수가 없었다. 하는 수 없이 나는 머리를 숙이고 노트에 글을 쓰면서 다른 교사들의 루 선생에 대한 비판을 기록하는 척했다. 회의가 끝날 때까지 나는 감히 고개를 들지 못했다. 나는 억울한 누명을 쓰고 고통스러워하는 루 선생의 모습을 차마 보기가 힘들고, 그와 함께 있다가 괜히 무슨 혐의를 받을까 봐 두려워서 회의가 끝나고 나서도 한참 있다 늦게서야 숙소로 돌아갔다. 내가 숙소에 들어가 보니, 그는 아직 자지 않고 있었다. 내가 그를 등지고 침대보를 정리하고 있는데, "장 선생님, 회의에서 발언하고 나를 욕해도 좋아요. 그래도 나는 장 선생에게 아무런 불만이 없어요. 진심으로"라고 그가 말하는 것이 아닌가!

나의 심장이 맹렬하게 뛰기 시작했다. 나는 가래를 뱉는 척하며 문을 열고 나갔다가 작은 마당 가의 다른 숙소들 문이 모두 닫히고 불이 꺼진 것을 보고, 몸을 돌려 루 선생에게 담배 1개비를 던져 준 다음 재빨리 옷을 벗고 이불 안으로 들어갔다. 침대에 누웠지만 내가 '귀관처'에서 심사를 받고, 비판 당하고, 자아비판하고, 처분 결과를 선고받던 광경이 마치 영화의 여러 장면처럼 계속 떠올라서 오랫동안 잠을 이루지 못했다. 평소 잠 잘 때 나던 루 선생의 코 고는 소리도 내내 들리지 않았다.

우리 학교에서는 이번 '숙반肅反(반혁명분자를 숙청하다의 준말-역자) 운동'이 비교적 신중하게 진행되어 반혁명 용의자 2명만 적발하는 데 그쳤다. 루 선생 외에 '만주국' 경찰이었던 양楊 선생이 그 대상이었다. 일반 교사들은 고발과 비판을 위한 크고 작은 회의가 여러 차례 열린 10여 일만 학교에 남아 있다가 바로 귀가할 수 있었다. 나중에 공포된 두 선생에 대한 결론은 "그럴만한 사정은 있었지만, 조사 결과 확실한 근거가 없기에 혐의없음을 선포한다"였다.

얼마 후 루 선생은 학교를 떠났다. 그는 작별하면서 내 손을 꼭 잡고 "장 선생이 그날 줬던 담배를 아마 내 평생 잊지 못할 겁니다……"라고 말했다. 나는 웃으며 "내가 들려줬던 포로수용소 감옥에서 내게 담배를 줬던 미국 초병 이야기를 잊으셨나 봐요! 나는 그 미국 초병에게 배웠을 뿐인걸요!"라고 대답했다. 우리는 포옹을 하면서 서로 조심하라는 말을 남기며 헤어졌다.

그러나 우리 학교에서의 숙반 운동은 무사히 넘겼지만, 전국적인 이번 운동의 큰 파고를 나는 끝내 피하지 못했다.

4. 마침내 폭풍이 몰아치다

숙반 운동 기간 교사들은 모두 학교에 집결해 머물러야 해서 집으로 돌아가지 못했다. 나는 M이 출장에서 돌아왔는지 내내 궁금했다. 당시 베이징에는 전화가 매우 적었고, 스징산은 먼 교외 지역이라 시내로 전화하기도 매우 어려웠다. 더욱이 나는 지질부에 직접 전화하고 싶지 않았다. 그래서 농무부에 근무하는 아버지께 몇 번 전화를 걸었지만, 계속 통화 중이어서 연결되지 않았다. 숙반 운동이 막 시작되었을 때는 이런 고민을 할 겨를이 없었으나, 나중에 이 운동이 나를 어쩌지 못할 것이라는 점을 확인한 다음부터 다시 생각이 이쪽으로 쏠렸다.

'지금 M은 어떻게 지내고 있을까? 그놈의 '노혁명가'가 그녀를 순순히 놓아주려나? 벌써 7월 중순이 다 지났는데 여름방학 중에 우리가 결혼을

할 수 있을까?'

7월 20일 내가 집에 돌아가 보니, 부모 두 분만 쓸쓸히 식탁에 앉아 저녁 드실 준비를 하고 계셨다. 어머니는 내가 돌아온 것을 보고 기뻐하며 바로 주방에 가서 나를 위해 요리를 더 만드셨다. 아버지는 내 얼굴을 자세히 들여다보시고는 "안색은 괜찮아 보이네. 너희 학교의 숙반 운동은 끝났니?"라고 물으셨다.

"끝났어요. 아무 일 없었어요."

"그랬으면 됐다. 지난 보름 동안 네 엄마가 얼마나 애태웠는지 몰라!"

"아버지, M이 다녀갔어요?"

"일요일 날 왔다 갔는데, 그 애 기관에서 한창 숙반 운동을 전개하고 있어서 2주 동안은 집에 오지 못할 거라고 했어."

"저에게 남긴 말은 없었고요?"

"아, 네 엄마한테 편지 1통을 남겼단다."

"먼저 밥부터 먹어. 먹고 나서 편지를 읽으면 안 돼?" 어머니가 반찬을 들고 들어오시며 나보고 먼저 앉아서 먹으라고 하셨다. 나는 밥그릇을 들고 젓가락을 쥔 채 멍하니 그대로 있었다. 아버지가 어머니를 살짝 건드렸다. 어머니는 아버지와 나를 번갈아 쳐다보다 안방에 가서 편지를 가져와 건네주셨다. 나는 편지를 받자마자 안방으로 달려 들어가 봉투를 뜯고 편지를 꺼냈다.

"쩌스, 난 이미 수석엔지니어 사무실로 자리를 옮겨서 여전히 기밀 관련 일을 맡고 있어요. 지부에서 우리 결혼 신청을 가능한 한 빨리 처리해 주기로 약속했지만, 호사다마일 수 있으니 인내심을 갖고 기다려줘요. 숙반 운동이 시작되어 한동안 집에 못 갈 거예요. M."

내가 그렇게도 애타게 기다렸건만 이렇게 짧디짧은 두 줄뿐이라니! 나는 그 얇은 편지지를 바라보며 "호사다마라니, 얼마나 더 많은 시련을 겪어야 끝이 날까? 인내심을 갖고 기다리라니, 도대체 얼마나 더 기다려야 인내했다고 할 수 있나?"라며 반복해서 자문했다. 나와서 밥 먹으라는 어머니의 부름에 깜짝 놀라 정신이 들었다. 나는 재빨리 마음을 가다듬고 나와서 "편지에 M의 근무 부서가 바뀌었다고 하네요. 우리 결혼 신청도 조만간 승인될 거라고요……"라고 시키지도 않은 말을 했다. 어머니도 반가워하며 "이미 네 둘째 형네와 넷째, 다섯째에게 이번 일요일 날 집에 와서 네 생일을 축하하자고 얘기했어"라고 말씀하셨다.

생일을 지내다니! 7월 23일은 나의 26살 생일인데 본인인 나도 까맣게 잊고 있었다. 얼핏 아버지의 말씀도 들렸다. "네 큰형이 여름휴가 때 집에 오겠다고 편지했길래 빨리 와서 너의 생일을 함께 보내자고 답장했어. 그리되면 우리 가족이 몇 년 만에 다 모이게 되는 거지. 어쩌면 네 큰형도 너희 결혼식에 참석할 수 있을지 몰라!"

다음 날 과연 큰형이 스자좡에서 돌아왔다. 큰형과 나는 차례로 군에 입대하여 같은 부대는 아니지만 동시에 조선에 들어가 함께 싸웠다. 큰형이 소속된 부대도 마찬가지로 미군에 포위되었지만, 그의 부대는 벗어나고 우리는 도리어 포위 안으로 들어가 버리고 말았다. 큰형과 나는 하마터면 다시 보지 못할 뻔했다. 살아서 부모님 곁으로 돌아와 처음 만난 큰형과 나는 오랫동안 포옹을 했다. 큰형은 나와 M의 혼사에 대해 자세히 물었다. 나는 부모님에게 차마 말하지 못했던 사정을 큰형에게 털어놓았다. 내 말을 듣고 아주 조급해진 큰형은 그날 오후 바로 지질부로 M을 만나러 가서 우리 가족 모임에 그녀를 초대하겠다고 말했다.

지질부에서 돌아온 큰형의 어색한 표정이 나를 불안하게 만들었다. 나는 큰형에게 M을 만난 상황을 알려달라고 다그쳤지만, 큰형은 숙청 운동에 M이 참여하느라 한창 바빠서 상세한 이야기는 나누지 못했다고 말할 뿐이었다. 그리고 그녀가 곧 내 생일인 걸 알고는 큰형에게 대신 생일 케이크를 사다 전해주라고 돈을 주었다고 했다.

그 주 일요일 날 정말 모처럼 우리 온 가족이 다 모였다. 항공학원航空学院에 다니던 사촌 동생까지 우리 집에 왔는데, 유독 M만 자리에 없었다. 마치 모두 다 약속이나 한 것처럼 아무도 내 앞에서 M이 왜 안 왔냐고 묻지 않았다. 그날은 우리 가족이 가장 기뻐해야 할 날임에도 한 겹 어두운 그림자가 짙게 드리우고 있었다. 나는 무시무시한 액운이 또 나에게 닥치고 있음을 예감했다.

5. 다음 생에 봅시다

생일 다음 날 아침 식사 후, 큰형은 나에게 같이 산책하러 나가자고 했다. 대문을 나서자 큰형은 바닥을 내려다보면서 "셋째야, M이 너보고 오늘 자기를 찾아오라고 했어"라고 말했다. 나는 급히 몸을 돌려 큰형을 보며 더 많은 이야기를 듣고 싶었다. 하지만 큰형은 고개를 숙인 채로 "어서 가봐!"라는 말만 했다. 나는 큰형이 더 이상 아무 말도 하지 않으리라는 걸 확인하고 서둘러 정거장으로 걸어갔다. 몇 걸음을 떼지 않아서 큰형이 뒤에서 "셋째, 꿋꿋해야 해!"라고 소리치는 게 들렸다. 나는 멈추기 싫었지만, 몸을 돌려 그에게 안심하고 돌아가라는 손짓을 하고 곧장 정거장에 들어오는 버스를 쫓아 달려갔다.

나는 산리허에 있는 국가경제위원회國家经济委员会 빌딩으로 급히 가서 새로 이전해 온 지질부 사무동을 찾았다. 경비실의 노인네는 제대증을 보고도 나를 건물 안으로 들어가지 못하게 하고, 대신 '수석엔지니어 사무실'로 전화를 걸어 M에게 "아래에 찾는 사람이 있다"라고 전했다.

남색 유리 기와로 지붕을 씌운 그 빌딩은 당시 베이징에서 가장 웅장한 옛날식 건물 중 하나였다. 빌딩 앞에 이르기도 전에 사람들은 자신이 보잘것없다고 느낄 뿐 아니라 경비마저 삼엄하기까지 했다. 나는 금빛과 푸른 빛으로 휘황찬란한 넓은 현관 한구석에 서서 그녀를 기다리며 더욱 열등감이 생겼다.

왔구나! 말끔한 남색 '레닌복'⁴을 입은 M이 계단 입구에 나타나 아래를 내려다보다, 내가 벽에 기대 반듯하게 서서 기다리는 것을 발견하고 급히 대리석 계단을 뛰어 내려와 나를 향해 걸어왔다.

"살이 빠졌어! 창백해지고 초췌해졌어!" 나는 속으로 외치며 다리에 힘이 빠져 주저앉을 것 같아서 뒤쪽 벽에 바짝 기댔다.

M은 머뭇거리다 나와 세 걸음 정도 떨어진 먼발치에 멈춰서 "왔어요!"라고만 말했다. 붉게 부은 그녀의 두 눈에는 이미 눈물이 맺혀있고 몸도 눈에 띄게 휘청거렸다. 심장을 파고드는 찡한 느낌에 나는 한달음에 앞으로 가서 그녀를 부축하고, 급히 주변에 앉을 만한 의자가 있는지 찾았다. 창가에 벤치가 있었지만, 이미 다른 사람이 앉아 이야기하면서 의아한 눈빛으로 우리를 쳐다보고 있었다. 나는 그녀에게 조용히 "밖으로 나가지!"

---

4   레닌복 : 중화인민공화국 건국 초기 유행한 중성화에 치우친 여성 복식으로 소련 지도자 레닌의 이름을 따 명명되었다.

라고 말했다. 나를 따라 걸음을 옮기는 그녀의 팔을 끼고 정문을 나왔다. 우리는 도로를 건너 서쪽에 있는 수확을 마친 채소밭을 지나서 옥연담玉淵 潭에서 흘러나온 작은 개울가로 갔다. 개울가 흙 둔덕에 앉자, 그녀는 내 팔 꿈치에서 팔을 빼고는 멍하니 혼탁한 개울 물을 바라보며 아무 말도 하지 않았다. 옆에서 본 그녀의 굽은 등과 푹 숙인 머리, 이마 위로 흘러내린 몇 올 머리카락, 움푹 파인 볼, 그리고 갈라진 잿빛 입술은 모두 근자에 그녀 가 겪었던 엄청난 스트레스와 끔찍한 고통을 말해주고 있었다. 내가 뭘 더 물어보겠으며 무슨 원망할 게 있겠는가!

"M, 힘들었지!" 나는 길게 한숨을 내쉬며 겨우 이 한마디를 내뱉었다.

"……."

"내 걱정은 하지 마. 난 광풍과 폭우를 뚫고 온 사람이야!" 이는 그녀만 이 아니라 나 자신에게도 한 말이었다.

"……."

"난 당신이 어떤 결정을 하더라도 받아들일 준비가 되어 있으니, 부디 당신 몸을 상하게 하지 않길 바라!" 이 말은 내가 며칠 동안 반복해 생각하 면서 내내 그녀에게 말하고 싶었던 거였다.

순간 그녀는 자신의 두 손에 얼굴을 묻고 양쪽 어깨를 격하게 들썩였다. 나는 그녀를 와락 껴안으며 가슴 깊이 오열했다. "하늘이여, 우리에게 어 찌 이리 불공평하십니까!" 나는 납빛 회색 하늘을 바라보며 너무 비통해 눈물도 소리도 나지 않는 울음을 쏟았다.

그녀가 갑자기 허리를 세우고 어깨를 감싸고 있던 내 손을 빼더니, 상의 주머니에서 편지 봉투 하나를 꺼내 내 손에 쥐여주었다. 그리고는 일어서 손수건을 꺼내 눈물을 닦고 머리와 옷매무시를 가다듬은 다음 뒤도 돌아보지 않고 빌딩을 향해 걸어갔다.

그녀는 이렇게 그냥 떠나버렸다! 나는 그녀의 편지를 들고 몇 번이나 일어서려 했으나 일어나지를 못했고 그녀를 뒤쫓아갈 힘은 더더욱 없었다. "모든 것이 다 돌이킬 수 없게 되었는데, 내가 이 편지를 열어볼 필요가 있을까?" 나는 고개를 돌려 손안의 그 무거운 '판결문'을 쳐다보다, 결국 참지 못하고 편지를 꺼내 눈물을 글썽이며 읽어 내려갔다.

창황長黃, 지하당 시절 당신이 사용한 가명으로 부르는 걸 이해해주세요. 나의 마음속에 이 이름이 이미 깊이 새겨져 있기 때문이에요. 우리가 함께 혁명에 투신하여 입당, 입대하게 인연을 맺어준 이 이름은 나를 용감하고 굳세게 만들었고, 내가 펜을 들어 당신에게 보내는 이 작별 편지를 차분한 마음으로 끝낼 수 있게 했어요.

창황, 얼마 전 지부의 서기가 대화를 하자며 나를 부르더니 조직에서 우리의 결혼 신청을 진지하게 검토하고 당신의 과거 정치적 상황에 대해서도 자세히 조사했다면서, 마침 당신 학교에서의 숙반 운동 중 진행한 당신에 대한 세부 심사 결과, 당신에게 '심각한 정치적 과거'가 있다고 판정되었으므로 나에게 우리 결혼 문제를 진지하게 고려해 보라고 권했어요. 서기가 "정확히 말해 남편이나 아내가 과거 심각한 정치적 문제가 있는 경우 본인은 당내 기밀 업무에 종사할 수 없다는 조직 내부의 규정이 있다"라길래, 내가 "당신의 과거 문제는 이미 조직에서 명확한 결론을 내려 비록 당적은 박탈되었지만, 군적은 인정받아 제대 군인의 정치적 대우를 현재 받고 있다"라고 항변했지요. 그러자 서기가 실제상황은 내가 아는 것보다 훨씬 심각하다고 해서, 어느 정도로 심각하냐고 물었더니 상부에서만 알 일이라고 하더군요. 그렇다면 내가 기밀이 아닌 다른 업무를 맡으면 안 되겠냐고 부탁하자, 그가 "좀 더 분명하게 말할게. 장쩌스의 정치적 상황을 고려했을 때 만약 그와 결혼하면, 자네는 당에 남아 있을 수가 없어! 정치생명과 개인감정 둘 중 어느 것을 택할지, 돌아가서 잘 생각한 다음 나에게 말해줘. 조직에서는 아무튼 자네 본인의 의사를 존중할 거야!"라고 했어요. 내가 몸을 돌려 나가려 하자, 그가 다시 나를 불러세우며 "당원의 당성이 강한지 아닌지를 보려면, 당에 대한 의심 없는 확실한 믿음이 있는지 먼저 봐야 해. 자네는 장쩌스에게 처분을 내린 둥베이군구 귀관처의 당 조직과 그를 더 자세히 심사한 학교의 당 조직, 그리고 지질부의 당 조직 모두를 믿어야만 해. 결정적인 순간에 이런 믿음이 흔들려서는 안 돼!"라고 말하고는, 이어서 "조직에서는 줄곧 자네에게 관심을 가지고 신임을 하고 있어. 자네를 대학까지 보내주고 졸업하자마자 매우 중요한 기밀 업무를 맡겼잖아. 우리는 자네가 당의 육성育成과 신뢰를 저버리지 않고 개인과 당의 이해관계를 바르게 처리하리라 믿어……"라고 하더군요. 서기는 마지막으로 자신이 나의 입당을 소개한 사람으로서 지금 한창 전개되고 있는 숙반 운동의 와중에 내가 여러 면에서 당신과 분명하게 선을 긋도록 일깨우고 요구할 책임이 있다고 말했어요.

창황, 6년 전 청두 쌍류현 쉬와야오徐瓦窯의 초가집에서 당신이 나를 데리고 입당 선서를 낭독하던 장면이 아직도 눈에 선해요. 그런 당신이 어떻게 그냥 당을 떠나겠으며 떠날 수가 있겠어요…….

지금 당이 나에게 당신을 떠나라고 하는데, 내가 어떻게 해야 하나요?

왜 당을 믿으면 당신을 믿을 수가 없죠?

왜 당을 택하면 당신을 택할 수가 없죠?

왜 당신과 내 가족을 포함한 모든 사람이 내가 당을 택해야만 하고 당신을 택하면 안 된다고 하며, 그것이 나의 미래를 위한 것이라고 다들 말하는 거죠? 나는 심지어 당신 본인도 나에게 완전히 똑같은 대답을 할 거라 확신할 수 있어요! 그런데 당신이 없는 나의 앞날이 어떨 거라는 점을 다들 왜 생각하지 않죠?

창황, 당신은 항상 웃으며 내 머릿속에 유심론적 생각이 많다며 나에게 철저한 유물주의자가 되라고 했어요. 하지만 이제는 이 모든 것이 운명이라 믿을 수밖에 없네요. 나는 천국이 있고 다음 생이 있어서 우리가 다시 사랑할 수 있는 희망이라도 가질 수 있길 바라요…….

창황, 이번 생에서 나란 나약한 여자를 잊어버려요! 당신을 배신한 사랑할 가치가 전혀 없는 이 여자를!

나에게 유일한 위안은 강인하고 용감한 당신이 이 아픔을 이겨낼 수 있을 것이며, 이 세상에 나 대신 당신과 생사 고난을 함께 할 나보다 훨씬 나은 여자가 있을 거라 믿어 의심치 않는 것이에요!

마지막으로 편지를 다 읽고 나서 이 구차한 글을 불태워주길 부탁해요!

그녀의 글씨는 갈수록 흐트러졌고 여기저기 눈물 자국이 번져 잘 보이지 않았다. 마지막에 서명도 날짜도 적혀 있지 않았다.

내가 얼마나 오랫동안 그 개울가에 넋을 놓고 앉아있었는지 생각나지 않지만, 편지를 다 읽고 나서 놀랍게도 평온했다는 것만 기억에 남아있다. 마치 마음속 깊은 곳에 미리 이날이 올 줄 알고 일찌감치 이 선택의 여지가 없는 결과를 기다리고 있었던 것처럼. 내 심정은 광풍이 지나간 후의 지쳐버린 적막과 같았고, 내 머릿속은 폭우가 끝난 후 쓸쓸한 휴식에 들어선 듯했다!

나는 일찍이 '샤오톈전小天真', '스닝石凝', '창황'이란 가명으로 영기英气 넘
쳤던 혁명가의 삶과 열정적이고 호탕하면서도 유치하고 낭만적이었던 청
년의 삶이 이제 완전히 끝났다는 느낌이 들었다.

  나는 차갑게 식어가는 나의 육체에 뜨거운 불 속에서 열반한 봉황과 같
은 새로운 생명이 깃들기를 기원했다.

제5장

분발하여 살길을 찾다

1955년 8월 ~ 1957년 6월, 베이징

1. 새로 태어나다

1955년 8월 나는 깊은 고통에서 필사적으로 벗어나 새로운 생활을 위한 분투를 시작했다.

나는 학교로 돌아간 후 당 지부에 가서 서기 겸 교장인 자오펑에게 나의 결혼에 문제가 생겼음을 보고하고, 이로 인해 심각한 사상적 부담을 느끼고 있다고 털어놓았다. 지질부의 설명에 따르면, 나는 나라를 배반하고 적에 투항한 자일 뿐 아니라 심지어 간첩으로 파견돼 귀국한 인물로 낙인찍혀 있었다. 나는 학교 당국에서 나의 역사 문제에 대해 다시 한번 공정한 결론을 내려 주길 요구했다. 그러자 교장은 "우리 학교의 숙반 운동 중에 자네를 운동 대상으로 삼지 않았다는 건, 학교 당 지부가 자네에 대한 정치적 의심과 차별이 없었음을 의미하네. 지질부에서 왜 그렇게 자네를 대하는지는 잘 알지 못하고 동의하지도 않지만, 그렇다고 우리가 할 수 있는 일은 없네"라고 말했다. 그리고는 간곡하고 의미심장한 말로 "진정한 혁명가는 온갖 좌절과 억울함을 이겨내야만 하네. 난 자네가 일반 사람들이 경험하지 못한 엄혹한 시련을 겪었다는 것을 알고 있기에, 이번에도 충분히 견뎌낼 수 있으리라 믿네. 자네는 아직 젊고 우리 학교에 젊은 여교사가 적지 않으니, 설마 짝을 찾지 못하겠는가? 나도 소개해 줄 수 있구먼. 그러니 안좋은 기억 잊어버리고 가벼운 마음으로 앞으로 살아가야 하네. 업무에 성과를 내고 정치적으로 성숙해지면 자연스럽게 주변 사람의 존경을 받고 자네의 결혼 문제도 분명 잘 해결될 수 있을 거네!"라고 나를 위로했다.

교장의 말은 진정 나에게 크나큰 격려가 되었고, 무엇보다도 정치적 '진정제' 역할을 하였다. 나는 그에게 감사의 뜻과 업무에 심신을 다 바치겠다는 결의를 밝혔다. 아울러 학교 당국이 나에게 무거운 책임을 부과하고 검증해주길 요청했다.

새 학년이 시작되자 학교에선 나에게 고등학교 1학년 2개 반의 화학 강의와 함께 고등학교 1학년 1반의 담임도 맡겼다. 마침 그때 북경사범대학北京师范大学 화학과에서 중등학교 화학 교사를 위한 통신교육반을 개설하였기에, 나도 지원하여 참가했다. 통신교육반은 매월 이틀 반 동안 집중 지도를 하고, 여름과 겨울방학 중 2개월간 집중적으로 대면 수업과 실험을 진행했다. 나는 학교 교사 노동조합이 조직한 교사 합창단·연극반·탁구반에 모두 참가했다. 교사로서 나는 매일 수업 준비에 강의와 청강을 하고, 학생들과 함께 자습 수업을 하면서 개별 학생들을 위해 과외 지도를 했다. 담임교사로서 나는 주제 학급 회의와 문예 공연을 기획하고, 학생들을 데리고 야외에서 가을 나들이와 식사를 했으며, 학생들과 개인 상담을 하거나 가정방문을 하기도 했다. 통신교육반의 수강생으로서 나는 대학 화학과에서 정한 각종 과목의 교재를 읽고 과제를 완성했다. 그 외에도 나는 교사들 간의 문화·오락·체육 활동에 참여해야 했다. 그래서 매일 밤늦게까지 일하고 때로는 일요일이나 공휴일에도 집에 돌아가지 않았다.

처음에는 번뇌와 고통이 내 심신을 파고들지 못하게 한 치의 빈틈도 없애려고 죽기 살기로 일함으로써 나의 모든 정력과 시간을 소모하려 애썼다. 하지만 그렇게 되기가 정말 쉽지 않았다. 아무리 피곤해도 매일 밤 자려고 눕기만 하면 M의 그림자가 마음속에서 튀어나와 머릿속에 반드시 나타났다. 특히 주말에 집에 돌아가면 그녀가 쓰던 머리빗과 화장품, 이불과 베개에서 나는 아주 익숙한 내음으로 인해 추억이 되살아나고 그녀 생각이 났다. 게다가 한밤중에는 자주 그녀가 꿈속에 나타나 과거 우리가 서로 사랑했던 장면들을 떠올리게 하거나, 나와 함께 금실 좋은 부부인 비익조比翼鳥[1]와 연리지連理枝[2]로 변하거나, 혹은 양산백梁山伯과 축영대祝英台[3]가 되어 축영대의 무덤에서 훨훨 날아오르는 한 쌍의 나비로 변하기도 했다. 이런 꿈으로 인해 나는 자주 놀라 잠에서 깨어 눈물로 베갯잇을 적시곤 했다. 나는 알았다. 그녀가 떠나기 몹시 아쉬워 내 곁에 그녀의 혼을 남겨 놓았음을! 그럴 때면 그녀가 즐겨 불렀던 〈맑은 눈매의 그녀秋水伊人〉(1937년에 나온

---

1   비익조(比翼鳥) : 중국 고대 신화 속에 나오는 새로 암컷과 수컷이 각각 눈과 날개를 하나씩만 갖고 있어서 짝을 지어야만 날 수 있다. 일반적으로 비익조는 연인이나 부부 사이의 아름다운 사랑을 의미하지만, 국가나 기업 구성원에게는 비익조의 정신으로 상생(相生)과 공영(共榮)의 가치를 의미하기도 한다.

2   연리지(連理枝) : 뿌리가 서로 다른 나무의 가지가 한데 이어진 두 나무를 가리키며 매우 화목한 부부, 금실 좋은 부부를 비유한다. 비익조와 연리지 이야기는 당나라 시인 백거이(白居易)의 〈장한가(長恨歌)〉 중 "在天願作比翼鳥, 在地願爲連理枝"에서 유래한 것이다.

3   양산백(梁山伯)과 축영대(祝英台) : '양축(梁祝)'이라고도 불리는 이 이야기는 맹강녀(孟姜女)·우랑직녀(牛郎織女)·백사전(白蛇傳)과 함께 중국의 4대 민간 전설 중 하나다. '중국의 로미오와 줄리엣'이라고 부를 만큼 이 이야기는 이루어질 수 없는 비극적 사랑이 가장 중요한 주제라 할 수 있다.

영화 〈고탑기안古塔奇案〉의 주제곡-역자)가 내 귓전에 맴돌았다.

맑고 시원한 눈 그녀의 아리따운 모습 보이질 않네. 깊은 밤 울어대는 짝 잃은 기러기 소리. 지난날의 따뜻한 정 이젠 처량함만 남았네. 꿈속의 혼령 기대 곳 없어 헛되이 흘린 눈물 옷깃을 적시네. 언제 돌아오려나 내 사랑아. ……

잠이 오지 않는 밤마다 나의 영혼도 M을 향해 날아갔다. 다음날 어머니가 아무리 맛있는 고향 음식을 만들어 주어도, 아버지가 나를 데리고 산책하거나 함께 목욕탕에 가서 목욕하면서 대화하고 위로해도, 나는 여전히 정신을 차리기 어려웠다. 나는 마음속으로 늘 "축영대가 이미 떠나버렸으니, 양산백에게 필요한 게 더 뭐가 있겠는가!"라고 탄식하면서도 "새로운 사회에서는 양산백과 축영대의 비극이 되풀이되지 말아야 했는데……"라며 개탄했다.

결국 나는 굳게 맘먹고 그녀가 연상되는 모든 물건을 정리하여 어머니에게 치워달라고 부탁했다. 그리고 그 지워지지 않는 마음속 기억도 깊이 가두어 두기로 결심했다.

2. 가족과 친구들의 관심

어느 일요일 날 여동생이 매우 신난 모습으로 집에 돌아왔는데, 아주 예쁘게 생긴 또래의 아가씨가 뒤따라왔다. 여동생은 나에게 "셋째 오빠, 이

애는 내 중학교 같은 반 친구였던 B야. 지금은 북경사범학원北京师范学院(1992년에 수도사범대학首都师范大学으로 개명-역자) 화학과 대전반大专班(일종의 전문대학 과정-역자)에서 공부하고 있고, 내년 여름방학이면 졸업해. 오빠가 고등학교에서 화학을 가르친다는 얘기를 듣고는 물어볼 게 있다고 일부러 찾아왔어"라고 소개했다. 그 아가씨가 시원시원한 목소리로 "셋째 오빠, 안녕하세요!"라고 인사하는데, 충칭 말투가 상당히 심한 편이었다. 그래서 내가 "놀러 온 걸 환영해요. 졸업하면 쓰촨으로 돌아갈 거에요 아니면 베이징에 남을 건가요?"라고 묻자, "우리 반은 졸업 후 모두 베이징에 남아 교직을 맡아야 한다고 이미 통지받았어요. 저도 베이징에 남고 싶고요"라고 대답했다. "그럼 베이징 말을 잘 배워야 해요!" "당연하지요. 같은 고향 사람을 만났기에 고향 말을 했던 거뿐이에요!"라며 바로 베이징 말투로 바꿔 말했다. "베이징에 온 지 1년밖에 안 됐는데 표준어를 '베이징 토박이'인 나보다 더 잘하네요. 이것만으로도 선생님이 되면 나를 훨씬 능가하겠어요!" 이 말에 그녀는 "셋째 오빠, 과찬이십니다!"라며 오히려 부끄러워했다.

그날 하루는 아주 유쾌하게 보냈다. 여동생이 손님을 배웅하고 나서 "셋째 오빠, B 어때? 셋째 올케로 삼을만해?"라고 물었다.

"네가 그 애를 데려온 의도를 진즉 알아봤어. 나 때문에 신경 써줘서 정말 고맙지만, 내가 이제 막 일을 시작한 터라 부담이 너무 커서 그런 데 마음 쓸 겨를이 없어."

"누가 오빠보고 마음을 많이 쓰래. 일요일에는 어찌 되었든 한숨 돌려야지! 그 애가 나름 괜찮다고 생각되면, 내가 우리 집으로 몇 번 더 데리고 놀러 올 테니까 서로 좀 더 알아보면 되지 뭐. 누가 오빠를 잡아먹기야 하겠어?" 여동생의 입심은 정말 당해낼 재간이 없었다.

나는 어쩔 수 없이 "그래 알았어. 너의 동창이나 친구면 남녀 불문하고 모두 집에 데려와도 좋아!"라고 말했다. 여동생은 화난 척하며 "남자애를 왜? 다음 주에도 그 애 데리고 올 테니, 오빠 꼭 돌아와야 해!"라고 당부했다. 어머니가 빙긋이 웃으며 "내가 너의 오빠에게 다음 주에 쌀과 석탄을 대신 사 오라고 시키면, 반드시 집에 오겠지!"라며 거드셨다.

나는 속으로 '어떻게 해서라도 나를 결혼시키려고 둘이서 짰구먼!'이란 생각이 들면서, 순간 훈훈한 느낌이 마음속에서 일었다.

그 후로 그 아가씨는 몇 번 더 집에 왔었다. 그녀가 마지막으로 왔을 때, 여동생에게 자기네 반 애들이 당원이 되려 시도하기에 자기도 이미 입당 신청서를 제출했고, 공산주의청년단 반 지부 서기인 자신이 맨 먼저 입당할 가능성이 크다고 말하는 걸 들었다. 나는 이 말을 듣고 마음이 거의 식어버렸다. 나는 동생에게 어쨌든 먼저 그녀에게 나의 과거, 특히 이미 당적이 박탈된 사실을 분명하게 알리라고 말했다. 여동생은 그러겠다고 했다. 그 뒤로 B는 우리 집에 다시 오지 않았다.

이 일은 나에게 다소 자극을 주었지만, 다행히 내가 이미 "오랫동안 어려움을 겪어서 이 정도는 아무것도 아니었기에" 더 많은 정력을 일에 투입하고 학습하게 했을 뿐이었다. 하지만 이를 계기로 내 마음속의 그 빈자리를 최대한 빨리 채우지 않는다면, 아무리 무거운 책임을 지고 아무리 힘들게 일하더라도 잃어버린 사랑이 남긴 그 허전함을 채울 수 없으며, 나의 심리적 심지어 생리적 건강에도 분명 영향을 미칠 수 있다는 점을 확실히 깨달았다.

개강 2달 후 나의 일과 학습은 정상 궤도에 올랐을 뿐 아니라 아주 순조롭게 진행되고 있었다. 나는 먹고 사는 일이 기본적으로 해결되었다고 믿고 '결혼'을 진지하게 고려하기 시작했다. 그 당시 베이징에 살던 함께 귀국한 동료들은 내가 파혼당했다는 소식을 듣고는, 다들 나에게 "새로운 마음으로 다시 시작해!" "포로수용소에서 투쟁하던 용기로 적극 공세에 나서야 해!"라며 격려했고, 심지어 한 동료는 "나를 배워. 난 내 조건이 별로라는 걸 알기에 짝을 구할 때 세 가지 조건만 충족되면 됐어!"라고 했다. 내가 어떤 세 가지 조건이냐고 묻자, "사람, 여자, 살아있는 여자!"라고 답했다. 그 말을 듣고 정말 가슴이 아팠다. 우리가 비록 어려운 처지에 놓여 있지만, 이 정도로 불쌍한 지경에 이른 것은 아니지 않는가! 나는 정치적으로 다시는 당원이 되지 않겠다는 결심 외에, 나 역시 "사람, 남자, 살아있는 남자"가 되지 않는 한 나머지 조건은 절대로 낮추지 않으리라 다짐했다. 다만 한 가지 분명한 것은 지금 내가 '짝'을 찾는 건 가정을 이루기 위해서일 뿐, 사랑과 낭만은 이미 지난 세기의 일처럼 아득해 감정적으로 아주 늙어버렸음을 스스로 깨달았다는 점이다.

3. 적극 공세에 나서다

'짝'을 찾기 위해 나는 학교 내 젊은 여성 교사에게 관심을 두기 시작했다. 나는 사범학원을 졸업하고 새로 부임한 3명의 쓰촨성 '동향'에 먼저 주목했다. 그 이유는 내가 출신 지역을 따져서라기보다는 가정을 이룬 후 생활 습관이 서로 잘 어울리길 바랐기 때문이었다. 하지만 애석하게도 알아본 결과, 3명 중 1명은 심장병이 있고 1명은 남자 친구가 있으며 나머지 1명은 이미 결혼한 상태였다.

어느 날 아침 체조 시간, 우연히 마주친 교장 선생이 "학생들이 자네 수업을 재미있어하고 자네 반의 학급 분위기도 참 좋다고 하더군. 훌륭해!"라고 해서, 나는 겸연쩍어 웃기만 했다. 그는 다시 친근하게 "어떻게 돼가? 짝은 찾았고?"라고 묻다가, 내가 고개를 젓는 것을 보고는 "국어과의 E 선생이 꽤 괜찮은데, 내가 소개해줄까? 그 애는 내 고향 사람이거든!"이라고 했다. 내가 "감사합니다. 제가 먼저 직접 부딪혀볼게요!"라고 하자, 교장 선생이 내 어깨를 툭툭 치면서 "좋아! 젊은 친구가 패기가 있군! 자네 결혼 축하주 마실 날만 기다리고 있겠어!"라고 말했다.

E 선생은 마침 나와 같은 교육연구반에 속해있고 '둘째 누나'란 존칭으로 불리던 왕 선생과 한 숙소에 함께 살고 있었다. 나는 둘째 누나로부터 E 선생에게는 안산鞍山에서 직장을 다니는 남자 친구가 있어서 얼마 전에도 만나러 갔었는데, 돌아온 후로 기분이 영 안 좋은 걸 보니 혹시…… 라는 정보를 얻었다.

그 후 얼마 지나지 않은 어느 주말 무도회에서 나는 E 선생에게 사교댄스 추는 법을 가르쳐 달라고 청했고, 그녀는 흔쾌히 승낙했다. 춤을 추던 중 나는 "여름방학 때 둥베이로 친지 방문하러 간다고 들었는데, 결혼 사탕 먹을 수 있는 거죠!"라고 말했다. 그 순간 그녀가 갑자기 멈춰서 버리는 바람에 그녀의 발등을 밟고 말았다. 내가 황급히 "미안해요, 미안해!"라고 사과하자, 그녀는 고개를 저으면서 다시 나를 리드하며 춤을 추었다. 노래 한 곡이 끝나고 함께 앉아 쉬고 있을 때, 그녀가 "앞으로 다시는 그 얘기 꺼내지 말아 주세요. 난 이미 그 사람과 아무 관계도 없거든요"라고 말했다. 나는 "너무 죄송해요. 확실히 알지도 못하고……"라며 진심으로 사과했다.

음악이 다시 시작되자, 그녀가 일어나며 "한 번 더 가르쳐 드릴게요"라고 말했다. 이번에는 버클 고리 달린 검은 융단 신을 신고 있는 그녀의 작은 발을 다시 밟아 아프게 할까 봐 매우 조심스럽게 춤을 추었다. 그날 밤 나는 쉽게 잠들지 못했다.

그 무도회 이후 나는 뻔질나게 '둘째 누나' 숙소에 가서 책을 빌리고 반납하기도 하고 새로 나올 영화 이야기, 학교 축제를 위해 교사노조가 준비하고 있는 문화 공연 이야기, '둘째 누나'가 연기할 경극 〈타어살가打渔杀家〉(중국 고대의 아주 유명한 이야기로 전통 경극의 제목-역자) 중의 꾸이잉桂英 역에 관한 이야기 등을 하였다. 물론 '간 김에' E 선생도 보고 그녀와 대화를 나누기도 했다. 나는 그녀가 나를 그다지 싫어하지 않는 것 같다고 느꼈다. 간혹 다른 남자 선생과 함께 놀러 갔을 때, 그녀가 환한 웃음을 나에게 더 많이 보여주었기 때문이다. 그리하여 나는 조금씩 자신감을 가지게 되었다.

학교에서 E 선생의 강의 수업을 표창하고 그녀를 중학교 1학년 '주임'으로 임명한 후, 나는 몰래 그녀의 강의 시간표를 확인하고 그녀의 국어 수업을 '허락 없이' 청강하러 갔다. 나는 그녀가 담임을 맡은 중학교 1학년 1반 교실 맨 뒤에 앉아있다가, 그녀가 교실로 들어와 교단에 오르자 학생들과 함께 일어나 인사를 했다. 그녀는 175cm나 되는 나를 금세 알아보고 눈빛이 일순간 반짝였으나 여전히 아주 침착하게 수업을 시작했다. 솔직히 말해 내가 설령 그녀를 전혀 알지 못하고 아무 감정도 없이 이 수업을 들었다 하더라도, 그녀의 강의가 아주 생동감이 넘침을 인정하지 않을 수 없었다. 단어에 대한 설명, 그때그때 학생들에게 던지는 질문, 교재에 실린 작품에 대한 특징 분석 모두가 생동감 있고 중학교 1학년 학생들의 심리에 부합했으며 교실 분위기도 무척 활기가 넘쳤다. 나는 그녀가 교단 위에서 침착하게 학생에 대한 사랑이 넘치는 감동적인 수업하는 모습을 보면서 '내가 조각을 할 줄 모르는 게 너무 아쉬워. 그렇지 않으면 사람들을 감동시킬 인민 여교사의 조각상을 만들었을 텐데!'라고 생각했다.

마침 학교 교사노조가 개교기념일 축제를 위해 준비한 문화 공연에 연극 하나를 추가하기로 했고, 감독을 맡은 청郬 선생이 연극에서 부부 역을 할 사람으로 나와 E 선생을 선정했다. 나는 당연히 매우 기뻤다. E 선생은 연습 때에도 매우 몰입했다. 우리는 실감 나는 연기로 호평을 받았고, 그로 인해 우리의 관계도 더욱 가까워졌다. 그 이후 나는 주말에 E 선생과 함께 차를 타고 시내로 들어왔다가 일요일 오후 약속 시간에 만나 같이 학교로 돌아왔다. 나는 학생들이 작문 과제를 제출할 때마다 그녀가 항상 교육연구반에서 아주 늦게까지 일하는 것을 알게 되었다. 그래서 나는 자진해서 그녀가 과제를 다 확인할 때까지 기다렸다 손전등을 켜고 그녀를 숙소에 데려다주었다. 우리 사이의 감정은 매우 빠르게 발전하여 1955년 말경에는 이미 헤어지기 아쉬워할 정도가 되었다. 그즈음 나는 그녀에게 나의 '과거 정치적 상황'을 사실대로 알려서, 그녀가 이 문제를 진지하게 고려한 뒤 속히 결단하도록 해야 한다고 생각했다. 나는 말로 설명하기 거북해서 편지 1통을 써서 새로 산 율리우스 푸치크의 『교수대의 비망록Reportáž psaná na oprátce』에 끼워 그녀에게 주었다.

우리는 그 편지와 그녀가 보낸 회신을 지금까지 줄곧 소중히 보관하고 있다.

존경하는 E 선생님

제가 외람되게 이 편지를 드리는 것을 양해해 주시길 바랍니다.

우리가 만나서 알게 되어 서로 깊이 이해하게 된 지 이미 반년이 넘었군요.

최근 몇 개월 동안 저는 당신의 우의友誼를 통해 세상에 아직 진실한 감정이 남아 있음을 느꼈기에, 당신이 보여준 정을 매우 소중히 여기고 있습니다.

하지만 평생 당신의 우의를 갖길 바랄수록 그것을 잃을까 봐 두렵습니다. 왜냐하면 제가 한 번 잃어버린 사랑으로 마음에 큰 상처를 입었기 때문입니다.

비극이 재연되지 않도록 저의 그런 희망을 고백하기 전에, 저의 중요한 과거 정치적 상황과 그로 인해 초래될 수 있는 문제를 설명함으로써 당신이 심사숙고하여 결단하도록 해야 한다고 결심했습니다. 지난 몇 달간 당신에게 저의 집안과 학창 시절, 그리고 혁명 투쟁에 참여한 경험 등은 이야기했지만, 이 문제만은 말하지 않았습니다. 우리 학교에서는 당 조직 외에 아직 아무도 모르고 있습니다. 만약 당신과 그냥 평범한 친구로 지낼 생각이었다면 이를 털어놓지 않았을 겁니다.

당신은 제가 항미원조 기념장紀念章을 단 걸 본 적이 있어서 제가 인민지원군이었음은 알고 있겠지만, 미군 전쟁포로수용소에서 송환되었다는 건 몰랐을 겁니다. 우리 부대는 조선에서 전투에 패해 겹겹으로 포위되고 탄환과 식량이 다 떨어진 상태에서 총 맞아 죽거나 굶어 죽고 병사하지 않은 이들은 모두 적에게 생포되었어요. 포로수용소에서 우리는 조국을 배반하고 타이완으로 가는 것을 거부해서 적으로부터 잔혹한 박해를 받았죠. 저는 포로수용소 지하당 조직에 참여하고 동료들을 이끌고 적과 필사적으로 투쟁하면서 모진 고생과 어려움으로 점철된 28개월간의 수용소 생활을 견뎌냈어요. 그런데 조국에 돌아온 후 우리 모두 변절자 취급을 당할 줄 아무도 생각하지 못했어요. 조국 송환을 요구한 지원군 포로 일동의 총대표 중 1명인 저도 당적을 박탈당했고요. 저의 원래 약혼녀는 기밀업무를 담당하는 당원이란 이유로 조직의 요구에 따라 저와의 결혼 약속을 일방적으로 취소해 버렸고요! 제가 포로가 되었던 과정과 포로수용소에서의 자세한 상황은 이 편지에서 다 설명할 수 없지만, 저의 인격을 걸고 당신에게 한 가지만은 보증할 수 있습니다. 저는 당과 조국 인민에게 미안할 어떠한 부끄러운 일도 한 적이 없으며, 이 점은 저의 동료들 모두가 증언해 줄 수 있다는 겁니다.

그렇지만 어쨌든 이미 당적이 박탈되어서 저의 정치적 앞날에 분명 심각한 영향이 있을 것이므로 우리가 함께 살면 항상 꽃과 햇빛으로 가득하리라 감히 약속할 수가 없네요. 더욱이 앞으로 닥칠 수도 있는 비바람과 눈보라를 생각하면, 당신에게 고통을 주는 일은 결코 하고 싶지 않습니다!

E 선생님, 오랜 숙고 끝에 이 편지를 쓰긴 했으나, 어쩌면 전부 괜한 일일 수도 있겠지요! 그렇다면 제가 이 편지를 아예 쓰지 않은 셈 치고 불태워버려 주세요.

혹시 가능하다면, 간단하게나마 회신해 주시길 간절히 바랍니다.

Z 삼가 드림

다음 날 '둘째 누나'를 통해서 E 선생이 나에게 보낸 답장을 받았다. 나는 숙소로 뛰어 돌아가 다급하게 뜯어 읽어 내려갔다.

장 선생님

당신의 편지를 읽고 매우 감동했습니다. 알고 보니 당신이 항미원조와 국가 보위를 위해 그렇게나 많은 고생을 했고, 또 그렇게나 큰 억울함을 겪고 있었군요. 만약 당신이 말하지 않았다면, 저는 전혀 알지 못했을 겁니다. 반년 이상 저는 당신의 활기찬 모습과 사람을 대하는 성실함, 삶의 열정, 당의 교육사업에 대한 애정을 지켜봤어요. 그러기에 전쟁포로수용소에서의 불굴의 의지에 대해서는 당신의 보증이 없어도 제가 직접 경험한 당신에 대한 이

해만으로 충분히 굳게 믿을 수 있습니다.

장 선생님, 저는 자신이 아주 미숙하다고 생각해요. 더욱이 집안도 가난하고 두 오빠가 모두 타이완으로 가버렸기 때문에 저의 정치적 상황이 당신보다 낫다고 여기지 않습니다. 지난 반년 동안 당신은 저에게 많은 도움과 격려를 해주었죠! 당신과 함께 있을 때면 전 정말로 너무 즐거웠어요. 마치 친오빠인 것 같고 의지할 데가 생긴 느낌이 들었고요.

저는 원래 어려운 환경에서 자라서 고생을 두려워하지 않아요. 장 오빠, 만약 당신만 괜찮다면, 전 변변치 못한 밥에 베옷을 입고 초가집에 살아도 평생 함께하고 싶어요! 유일하게 바라는 건 당신이 저를 영원토록 잘 대해주고 마음 변치 않는 것뿐이에요! 가능할까요?

동생 E 삼가 올림

"오, 하늘이여, 어떡해야 하나요?" 나는 편지를 읽고 기쁘면서도 두려움이 앞섰다. 기뻤던 건 이 세상에 아직 감히 나를 사랑하는 이렇게도 착한 처녀가 있었기 때문이고, 두려웠던 건 그녀가 나와 함께 했을 때 평생 복을 누릴 수 있을지 자신이 없었기 때문이다. 결국 나는 그녀를 사랑하기로 마음먹고 최선을 다해 그녀를 행복하게 해주겠다고 다짐했다.

그리하여 그 주 일요일 함께 시내에 도착해 차에서 내려 헤어질 때, 내가 "당신 집에 가서 부모님을 뵐 수 있을까요?"라고 묻자, 그녀가 톈진에서 근무하는 아버지는 매주 반드시 돌아오시지는 않지만, 어머니는 집에 계시니 같이 자기 집으로 가자고 했다. 나는 기쁜 마음으로 즉시 그녀를 따라 시청구西城区 신제커우新街口 북대가北大街에 있는 그녀의 집으로 갔다. 그녀가 하얗게 머리가 센 어르신을 가리키며 "우리 어머니예요"라고 했을 때, 나도 모르게 얼떨결에 '어머님!'이라고 불러버렸다. 어르신은 좋아서 입을 다물지 못하셨지만, 나는 오히려 뻔뻔스러운 내 행동 때문에 조금 부끄러웠다. 내가 흘깃 그녀를 보니 그녀의 얼굴도 붉게 물들어있었다. 나의 미래 장모님은 그날 찐빵 튀김에 설탕을 묻혀 먹으라고 주셨는데, 너무나 맛있어서 평생 잊지를 못하고 있다. 나를 정류장에 데려다주던 그녀는 새해에 우리 집에 놀러 오면 어떻겠냐는 나의 요청을 수락하였다.

나는 흥분한 상태로 집으로 돌아가 어머니에게 "제가 새해에 가장 좋은 선물을 드릴 건데 뭔지 한 번 맞춰보세요?"라고 물었다. 모처럼 기뻐하는 내 모습을 본 어머니는 "어디서 며느리를 데려오는 건 아니겠지?"라고 말씀하셨다. 나는 어머니를 와락 껴안고 "어떻게 그렇게 정확히 맞히셨어요?"라고 하자, 어머니는 내 코를 가리키며 "이 얼간아, 네 얼굴에 똑똑히 다 적혀 있어!"라고 하셨다. 그때 아버지가 안방에서 "난 언제쯤 손주를 볼 수 있을까 늘 걱정하고 있어"라고 하시기에, 나는 "내년, 내년에는 손자를 안게 해드리겠습니다!"라고 자신만만하게 큰 소리로 대답했다.

1956년 새해 우리 가족은 아주 아주 즐겁게 보냈다. 형과 형수, 동생들이 모두 돌아온 데다, E가 북방 아가씨의 탁월한 솜씨를 발휘해 혼자서 10명이나 되는 식구의 만두를 다 만들었다. 반죽과 속을 만들고 만두피를 미는 데서부터 삶은 만두를 상에 올리기까지 1시간도 채 걸리지 않았다. 나는 어머니가 진심으로 이 미래의 며느리를 마음에 들어 하는 것을 알 수 있었다. 여동생은 내 귓가에 대고 베이징 말투로 "셋째 언니 정말 짱이야!"라고 놀려댔다.

설날에 나는 거센 바람을 뚫고 E의 집에 가서, 어머니가 나를 위해 여러 해 동안 보관해 온 약혼 금반지를 그녀의 손가락에 끼워주었다. 그리고 나서 내가 "E, 지금부터 당신을 누이라고 부를게, 괜찮지?"라고 묻자, 그녀는 눈물을 글썽이며 고개를 끄덕였고 처음으로 나의 키스를 받아주었다. 나는 '이제 우리 함께 미래를 맞이해 화창한 봄날이든 폭풍우가 몰아치든 간에 조금도 주저하지 않고 용감하게 나아갈 일만 남았어'라고 생각했다.

4. 드디어 "가정을 이루다"

1956년 여름방학이 되자 학교에 마침 결혼을 앞둔 선생님 한 쌍이 있었는데, E의 친한 친구인 그 여선생이 그녀에게 함께 결혼식을 올리자고 부추겼고 그 남선생도 나에게 같은 제안을 했다. 나는 매우 바라던 바였지만, E가 원하지 않을까 봐 걱정했다. 나는 다시 우리 교육연구반 '둘째 누나'에게 그녀를 설득해주길 부탁했는데 뜻밖에 E가 제의에 선뜻 응했다. 다행히 당시의 혼례는 아주 간략했다. 학교에서 증명서를 발급받은 우리는 비를 맞으며 자전거를 타고 구区 혼인신고소에 가서 결혼 증서와 50척尺의 포표布票[4]를 받았다. 학교에서는 나와 같은 숙소에 살던 남선생을 다른 곳으로 옮기고, 싱글침대 2개를 서로 붙여놓은 그 $10m^2$ 크기의 방을 우리의 신혼집으로 쓰게 했다. 어머니가 와서 우리 이불을 실크 커버로 갈아주셨다. 그리고 우리가 각자 새 옷을 맞추고 새 베갯잇 한 쌍과 2인용 침대 시트를 사고 나니, 모든 준비가 다 끝났다.

7월 20일 합동결혼식이 열렸고 교장 선생이 주례를 맡았다. 우리가 함

---

4   포표(布票) : 1950년대에는 '면포구매증(棉布购买证)'·'구포표(购布票)'·'구포증(购布证)' 등으로 불렸고 1960년대 초부터 '포권(布券)'·'포표'로 불렸다.

께 교장 선생에게 허리를 굽혀 인사하자, 그가 웃으며 나에게 "장 군, 어때? 자네가 분명 짝을 찾을 수 있을 거라 내가 말했잖아. 맞지?"라고 하였다. 이어서 또 "자네한테 우리 E를 만나보라고 한 것도 맞지! 하지만 기억해둬. 만약 자네가 그녀를 괴롭히면, 내 자네를 용서하지 않을 거야"라고 말했다. 나는 교장 선생에게 공손히 '대전문'표 담배 1개비를 드리며 진심으로 감사를 표하였다.

결혼식이 끝나고 나서, 나는 E의 옷과 책들을 모두 '신방新房'으로 옮겼다. 그리하여 우리만의 '가정'이 정식으로 만들어졌다!

신혼 첫날밤 우리는 헝겊 조각으로 기운 모기장 안에 누워 서로를 바라보았다. 나는 마치 꿈을 꾸는 것 같아서 속으로 생각했다. '이 사람이 이제 나의 아내가 되었으니, 아들딸 낳아 기르며 인생의 길고 먼 길을 같이 걸어가야지. 그 길이 울퉁불퉁하든 평평하든 간에 난 반드시 그녀의 사랑을 소중히 간직하며, 흰머리 되고 세상을 떠날 때까지 그녀와 함께 살아갈 거야. ……'

E는 나에게 왜 아무 말도 하지 않고, 대체 무슨 생각을 하고 있냐고 물었다. 내가 마음속으로 생각한 것을 격앙된 어조로 그녀에게 알려주자, 그녀는 내 가슴에 머리를 묻었다.

며칠 후 아버지는 왕푸징王府井 북쪽에 있는 취화루翠华楼에 잔칫상 두 테이블을 마련하여 양가 친척과 친구들을 초대해 셋째 아들의 무척이나 힘들었던 혼례를 축하했다.

결혼 후 나는 물처럼 부드러운 아내의 보살핌에 이 세상이 아직도 여전히 따뜻하다는 걸 느꼈을 뿐 아니라, 인생이 그렇게 어둡지만은 않다는 것도 느꼈다. E의 순수한 사랑은 내가 분발해 살아가는 커다란 힘이 되어서, 나는 더욱 열심히 일해 이 세상을 더 따뜻하게 만들고 싶었다.

5. 성과가 보이기 시작하다

허니 문을 보내고 나서, 나는 열정 가득한 마음으로 새 학년을 맞이하여 졸업반 화학 수업 두 강좌와 한 졸업반 담임을 맡았다. 지난 학년 나는 우수한 성적으로 북경사범학원 화학과 1학년 전 과정을 마쳤고, 이제부터 더 어려운 2학년 전공과목을 이어서 수강해야 했다.

새 학년 교사노조 신임 집행부 선거에서 나는 생각지도 못하게 학교 교사노조 선전부장에 당선되었다. 비록 노조의 일이 업무 외 사회봉사에 지나지 않지만, 우리나라 헌법에 노동자계급을 지도계급으로 규정하고 있기에, 당원과 결혼할 자격도 없는 내가 노동자계급 대열에 참여할 수 있고 그 핵심적 역할을 맡았다는 자체가 갖는 정치적 의미는 우수교사로 인정받는 것과 비교할 수 없었다. 나는 이번 선거에서 얻은 표가 나에 대한 군중의 지지를 보여줄 뿐만 아니라, 당 조직이 나에 대해 신뢰를 표시한 것이라는 점에서 더욱 중요하다고 여겼다. 노조 지도부로 선출된 인물은 반드시 당 지부의 검증과 추천을 거쳐야 한다는 것을 내가 잘 알고 있었기 때문이다. 이 일로 나는 확실히 아주 많이 고무되었다. 나는 어쩌면 나의 정치 생애에 또 다른 봄날이 올지도 모르겠다고 생각했다. 그런 상상에 힘입어 나는 학교의 당 지부에 재입당 신청서를 제출했다.

나는 '신청서'에 다음과 같이 썼다.

저는 1947년 입당했을 때부터 줄곧 중국공산당이 조국 인민을 대표하고 진리와 정의를 대표한다고 굳게 믿어왔습니다. 1951년 불행히도 포로로 잡힌 후, 적의 포로수용소에서 저는 여전히 생명의 위험을 무릅쓰고 포로수용소 내 지하당 조직을 찾아가 참여했고 당의 신념을 지키기 위해 적과 맹렬히 힘든 투쟁을 했습니다. 귀국 후 비록 잠시 당을 떠났지만, 한시라도 당의 품으로 다시 돌아가길 기대하지 않은 적이 없습니다. 저는 당이 저의 충성심을 시험하여 하루빨리 제가 당의 전투행렬에 복귀할 수 있도록 허락해 주시길 요청합니다.

나는 노조 선전부장 일을 잘 해내기 위해서 상당히 많은 정력을 투입했다. 우리 교사들로 조직된 합창단·연극반·경극단·농구팀·배구팀·탁구팀은 다들 매우 적극적으로 활동했는데, 나는 탁구팀 주전 선수 중 1명으로 구내区內 교사 구기종목 경기에 참여하여 우리 학교가 우승을 하기도 했다.

1957년이 되었다. 그해 봄은 봄의 경관이 더욱 맑고 아름다운 듯했다. 학교에서는 나의 학급 담임 경험좌담회가 열렸고, 구区에서는 나의 졸업반 화학 총복습 강의를 참관하는 수업을 개설하기도 했다. 그리고 나의 첫아이도 아내의 뱃속에서 꼼지락거리고 있었다. '5·1 노동절' 다음 날 E는 산부인과 병원에서 건강한 아들을 순산했다. 그 애는 우리의 사랑 나무에서 열린 첫 열매였다. 나는 부모님을 모시고 병원에 가서 유리문 넘어 E를 바라보았는데, 성모 마리아와 같은 그녀의 웃는 얼굴이 정말로 감동적이었다. 그제야 난 반 고호Vincent van Gogh가 유화 피에타Pieta(예수의 시신을 안고 슬퍼하는 마리아상-역자)를 어떻게 그려내었는지 비로소 알 것 같았다. 간호사가 포동포동한 아들을 안고 문 사이로 우리에게 보여주었을 때, 끊임없이 손발을 꼼지락거리는 아이의 모습은 장차 자기 아버지를 닮아 활발하고 활동적인 성격이 될 것임을 알리고 있었다. 내가 몸을 돌려 아버지에게 "작년 새해 올해 중에 손자를 안을 수 있게 하겠다고 약속한 거 이제 지켰으니, 애 이름을 지어주셔야 해요"라고 하자, 아버지는 기뻐하며 "이 녀석은 우리 장 씨 집안의 장손이니, 당연히 내가 좋은 이름을 골라 지어줘야지!"라고 하셨다. 위에 혹이 생겨 대수술을 받고 막 퇴원한 어머니는 웃으면서 "난 이 아이를 못 보고 가는 줄 알았는데. 이 아이가 할미를 못 가게 한 거구나!"라고 말씀하셨다.

곧이어 학교에서 교사 등급을 매겼는데, 나는 지난 학년에 이어 다시 1단계 더 승급하여 중등학교 7급에 월급 70위안으로 올랐다. 이는 한 해 동안 나의 힘든 노동과 업무 성과에 대한 인정이고 격려였다.

이 모든 것들로 인해 나는 행복감에 빠졌다. 다만 한 가지 안타까운 점은 나와 함께 포로가 되었다가 귀국한 다른 지역에 거주하는 많은 동료의 처지가 매우 어렵다는 소식이 점점 더 많이 들려온 것이었다. 개중에는 실업·실학失学·실연한 경우 외에도 심지어 노동 교육이나 노동 개조에 보내진 사람도 있었다. 나는 당시 베이징에 있던 몇몇 동료와 상의한 후, 연명으로 중앙군사위원회에 제출할 호소문 초안을 작성했다. 거기서 귀국 포로들이 과거 포로수용소에서 당과 조국을 위해 투쟁했던 사실을 하소연하고, 현재 동료들이 겪고 있는 불공정한 대우를 지적하며, 동료들의 처우 개선을 위해 중앙 차원에서 유력한 조치를 해주길 요청했다. 우리는 중앙에 사실대로 상황을 보고하는 것이 우리의 책임이라고 생각했다. 이런 행동이 우리에게 어떤 나쁜 결과를 가져올지 생각하지 않았고 알지도 못했다. 단지 국가의 형편이 이미 좋아져서 우리에 대한 중앙의 정책이 바뀔 수 있다고만 여겼다.

내 어찌 일이 의외로 정반대 방향으로 진행되리라고 생각이나 했겠는가!

제6장

6년간의 우파 생활

1957년 6월 ~ 1962년 말, 베이징

1. 호소에 응하여 당의 정풍整风에 협조하다

1957년 6월 초 나는 졸업반 학생들의 대학입시를 앞두고 화학 과목 총복습 지도에 주력하는 한편, 출산휴가 중인 아내를 돌보고 있었다. 학교의 당 지부는 교사 전체 회의를 열어 모두에게 당의 정풍운동에 협조하라고 호소했다. "아는 것은 모두 말하고 할 말은 조금도 숨기지 않으며, 말하는 사람에게는 죄가 없고 듣는 사람은 경계로 삼도록 한다知无不言, 言无不尽, 言者无罪, 闻者足戒"라는 정책을 명확하게 제시하면서 "누구나 다 자기 의견을 자유롭게 밝히기大鸣, 大放"를 기대한다고 했다. 이어서 교학 민주화 실현을 위한 교사노조 차원의 교직원대회를 개최해 다 함께 학교의 각종 업무에 대한 비판과 건의를 제기해달라고 요구했다. 그리고 노조 선전부장인 나에게 대회 사회를 맡기기로 정해졌다.

교직원대회는 매우 뜨거운 열기 속에 진행되었다. 많은 교사가 발언 신청을 하여 학교의 각종 업무 성과에 대해 십분 인정하기도, 개선점과 건의를 기탄없이 제시하기도 했다. 나는 대회 마지막 총정리 발언을 하던 중 순간 감정이 격해져 신문에서 본 '민주적인 학교 운영'이란 용어를 인용하면서, "오늘의 교직원대회는 아주 잘 진행되었습니다. 교사가 학교의 주인이 되는 정신을 충분히 살리고 민주적인 학교 운영의 첫걸음을 내디뎠습니다"라고 말했다.

며칠 뒤 지부 부서기가 소수의 교사를 불러 회의를 열고는 "오늘 회의에 참석한 사람은 모두 입당 신청서를 제출한 열성분자들입니다. 이 자리에 모이게 한 것은, 여러분이 앞장서서 당의 정풍을 돕고 당에 의견을 제시하길 바라기 때문입니다. 방침이든 노선 문제든 업무 방법 문제든 아니면 개별 당원의 태도 문제까지도 의견을 낼 수 있습니다"라고 말했다.

회의가 끝난 후 나는 몹시 흥분하여, 당 중앙이 당 내부에 존재하는 좋지 않은 성향을 이번 기회에 깔끔히 해결하기로 마음먹었다고 생각했다. 나는 지질부 ○○사(司)의 그 '노로(老)당원·노혁명가'가 한 행위가 떠올랐다. 그것은 이미 태도의 문제가 아니라 타락해 썩어버린 문제였다. 만약 더 많은 지도 간부들이 그자처럼 권세를 믿고 제 마음대로 군다면, 당에 대해 군중이 적대 감정을 갖게 되어 당과 군중의 관계가 분명 긴장될 것이고, 이에 따라 당과 군중 간의 갈등이 반드시 격화되어 어느 정도까지 첨예해지면 모순의 성격도 변화될 수 있을 것이다. 만약 당이 민심을 잃게 되면, 상상할 수 없는 결과가 나타날 것이다. …… 나는 내가 직접 체험한 고통을 당에 보고하고 지도 간부의 태도 문제에 대한 더 강력한 감독을 당에 호소하여, 몇몇 개인의 타락해 썩어버린 문제를 엄중히 처벌해야만 한다고 생각했다.

다음 날 나는 바로 당 지부에 가서 Z 선생에게 나의 위와 같은 생각을 보고했다. 나는 지질부의 그 사장ᄒᆞᆨ長이 한 악랄한 행동을 비교적 상세히 고발하고, 학교의 당 조직에서 이 사정을 지질부 당 조직에 전달해 달라고 요청했다. 마지막으로 나는 "새로운 사회에서 더 이상 양산백과 축영대 사건이 재연되지 않길 진심으로 바랍니다"라고 말했다.

2. 정세가 급변하다

1957년 7월 초 황급히 각종 업무를 종결시킨 학교 지도자는 모든 교직원이 일률적으로 학교에서 남아서 정풍운동에 참여해야 한다고 선포했다. 나는 운동에 참여하는 동시에 졸업반 담임의 임무를 서둘러 완수해야 했다. 학생들이 대학입시 지원 학과를 선택할 수 있도록 돕고, 대학에 합격하지 못할 것 같은 학생들을 대상으로 미리 마음의 준비를 시키거나 가정 방문을 하기도 했다.

여름방학을 맞아 학생들이 집으로 돌아가자, 떠들썩하던 학교가 조용해졌다. 그날 아침 식사 후 교사들은 삼삼오오 이야기꽃을 피우며 회의실에 모여 회의를 했다. 학교 지도자가 이번 회의는 매우 중요하기 때문에 휴가 신청을 일절 허가하지 않을 것이고 아이를 데리고 있는 교사도 반드시 참가해야 한다고 했다. 그래서 몇 명의 엄마 선생님들은 아이를 안고 회의실 문가에 앉았고, 그중에는 나의 사랑하는 아내 E도 있었다. 나는 E 곁에 앉아 이제 막 2달이 된 아들이 젖을 먹는 모습을 보고 녀석을 두드리면서 "넌 정말 욕심이 그지없구나. 지금 회의 중이니까 울면 안 돼. 알았지?"라고 조용히 말했다. 이때 회의 진행을 맡은 당 지부 부서기가 "선생님들, 조용히 해주세요. 회의를 시작합니다. 오늘 회의는 주로 우리 학교에서 최근에 나온 이야기들을 종합해서, 여러분이 이를 분석하고 인식함으로써 우리의 사상적 각오를 높이기 위한 자리입니다. 그럼 먼저 장쩌스 선생님께서 자신의 의견을 제기해 주시기 부탁드립니다"라고 말했다. 나는 전쟁 중 큰 충격을 받아서 청각에 약간 문제가 있는 데다 나를 맨 먼저 발언시킬 줄 전혀 예상하지 못하고 있었다.

여전히 아들을 사랑스럽게 쳐다보고 있는 나를 E가 쿡쿡 찔렀다. 내가 어리둥절하며 고개를 치켜들자, 회의 진행자가 "맞아요. 장 선생님, 이야기 좀 해주세요"라고 내게 하는 말이 분명하게 들렸다.

"제가요! 제가 무슨 얘기를요?" 나는 진짜 깜짝 놀랐다.

"그래요, 당 지부에서 나한테 했던 얘기들 좀 해봐요!"라고 Z 선생이 말했다.

"설마 내가 그때 당에 보고했던 생각마저 사람들 앞에서 공개해야 한단 말인가?" 나는 재빨리 머리를 굴리면서도 심장이 두근거리기 시작했다. 하지만 '내가 그때 한 대화 중에 해서는 안 될 말을 한 건 없잖아!'라는 생각도 들어서 최대한 차분히 모두에게 지난번 보고한 주요 내용을 다시 진술했다. 즉 일부 노간부가 타락해 썩어서 남의 아내를 강탈하려 함으로써 당의 위신을 손상하였기에, 당 조직이 기율에 따라 이를 처벌하고 지도 간부들의 생활 태도에 대한 감독을 강화해야 한다는 게 요지였다.

"장 선생은 사실에 근거해 옳고 그름을 논했을 뿐 아니라 당과 군중 간의 모순 이론까지 거론하며 자신의 관점을 제기했는데, 그 내용도 이야기해 주시죠"라며 Z 선생이 다시 나의 기억을 상기시켰다. 그래서 나는 또 내가 사상보고에서 말한 일부 당 지도 간부의 특권 사상 행위가 당과 군중 간의 모순을 조성하고, 아울러 그것이 격화될 위험이 있다는 생각을 피력하였다.

그러자 Z 선생이 또 "당신이 마지막에 '희망'을 하나 제기했는데, 그것도 여러분께 이야기하세요"라고 말했다.

"저, 저는 새로운 사회에서 더 이상 양산백과 축영대 사건이 재연되지 않기를 바랍니다." 나는 있는 힘을 다해 목소리를 떨지 않으려 애썼다.

"자, 이제 장쩌스의 관점과 주장에 대해 여러분이 어떻게 평가하고 인식하는지 발언하길 바랍니다." 사회자의 태도가 엄숙해지기 시작했다.

"저요." "저요." "제가 소견을 이야기할게요"라고 여기저기서 외치는 고함 속에서 지난번 '입당 열성분자 회의'에 참석한 선생들의 얼굴이 보였다. 진작에 다 준비하고 나온 듯한 그들의 모습을 보고 나는 비로소 상황이 심각함을 느꼈다. 나는 머리를 깊이 숙이고 몸을 돌려 최대한 곁에 있는 아내와 아들을 등지고자 했다. 그 순간 나는 아내의 안색을 보고 싶지도 감히 볼 수도 없었다.

나는 그 선생들이 발언하는 것을 들었다. "장 선생의 말은 듣기에 좀 문제가 있습니다. 어떻게 몇몇 간부의 문제를 당의 탓으로 돌릴 수가 있습니까? ……" "당과 군중 간의 모순이라는 것도 제기했는데, 우리 마음속의 태양 같은 당과 우리 사이에는 모순이 있을 수가 없어요! ……" "심지어 자칫하면 모순이 격화될 것이라고 한 당신의 발언은 정말로 사람을 놀라게 만드는 과장된 말입니다. 헝가리의 반혁명 폭동이 당과 군중 간의 모순 격화로 인해 일어난 것이라고 말하는 제국주의자들과 다를 바가 없지요. ……"

"이건 아니야. 나의 입장과 바람을 모두에게 설명해야만 해. 이렇게 문제를 계급투쟁과 노선투쟁의 관점에서 분석하게 되면 나의 본뜻을 지나치게 왜곡하는 것이야." 나는 손을 들어 발언을 요구했다.

"당신은 먼저 냉정하게 군중의 의견을 들어보도록 하세요. 자신을 변호하기 위해 서두르지 말고요!" 회의 진행자가 나의 변호권을 박탈했다.

그러자 회의의 발언이 갈수록 '열렬'해지고 사용하는 용어도 더욱 명확해졌다.

"장쩌스의 주장은 세간에 나도는 우파 주장과 똑같습니다. 모두 당에 대한 악랄한 공격입니다!"

"사용하는 수법도 똑같습니다. 모두 전체적인 국면을 무시하고 한 면에만 집착하는 것입니다."

"그는 당의 지도 간부가 민간 여성을 불법적으로 점유하려 했다는 신화를 우려내어 당의 이미지를 깎아내렸고, 새로운 사회에서는 양산백과 축영대 사건이 더 이상 재연되어서는 안 된다고 넌지시 비방하기도 했습니다. 우리 사회주의 사회가 이렇게 음침합니까? 그가 무엇을 하려 하는지 사마소司馬昭[1]의 속셈은 아는 사람이 아니더라도 모두가 다 알 수 있는 것 아니겠습니까?"

"장쩌스는 또 교직원대회에서 민주적으로 학교를 운영해야 한다는 논조를 폄으로써 대학 내 극우파들과 한목소리를 내며 학교에 대한 당의 지도를 없애려고 망상하였습니다."

"장쩌스의 주장은 전형적인 우파 주장입니다!"

---

1   사마소(司馬昭, 211~265) : 중국 삼국시대 위나라의 정치가. 허난성 운현[溫縣] 출신으로 사마의(司馬懿)의 아들이다. 위나라 조모(曹髦)를 시해하고 위원황제(魏元皇帝) 환(奐)을 옹립하였으며, 그 후 그의 아들 사마염(司馬炎)이 황위를 찬탈해 진(晋)을 세우자 문제(文帝)라는 시호가 주어졌다.

"장쩌스는 바로 우리 학교의 반당, 반사회주의 우파분자입니다."

처음에 나는 피가 솟구쳐 머리가 부풀어 오르고 가슴도 떨리는 걸 느꼈지만 나중엔 무감각해졌다. 발언하는 사람들의 소리가 점점 멀어지고, 발언자들의 얼굴도 가끔 한 번 흘낏 보는 순간 점차 아련해졌다. 그다음엔 사람들 소리가 사라지고 조선전장에서의 총포 소리, 포로수용소에서의 미국 놈들 호통 소리와 배신자들의 섬뜩한 웃음소리가 들려왔고, 거제도의 으스스한 '최고감옥' 감방, 창투현 다스자즈촌에서 당적을 박탈당하던 장면, M이 나에게 절교 편지를 건네주던 모습이 차례로 눈앞에 나타났다.

3. 피할 수 없는 재난

나는 '비판 회의'가 언제 끝났는지 몰랐다. 부서기가 와서 내 등을 두드리면서 "장 선생, 돌아가서 사람들의 발언을 진지하게 생각해봐요. 일부 교사들이 사용한 용어 하나하나 따지지 말고. 사실 그게 다 당신의 인식을 높이기 위한 거잖아요. 돌아가서 내일 대회에서 할 자아비판 준비나 잘하도록 해요. 갑시다. 밥 먹으러 갈 시간이야"라고 말했을 때, 비로소 사람들이 모두 회의장을 떠났다는 걸 발견했다. 나는 아내가 아들을 안고 앉아있던 의자가 비어있는 것을 보고 벌떡 일어나 빠른 걸음으로 우리의 '작은 집'으로 서둘러 갔다.

멀리서 나는 아들의 아주 우렁찬 울음소리를 들었다. 문을 열어보니 E가 얼굴을 안쪽으로 돌린 채 아들을 안고 침대에 누워 어깨를 들썩이며 울고 있었다. 나는 문을 닫고 문에 기대어 서 있다가 온몸에 힘이 빠지는 것 같아 머리를 감싸 안고 천천히 주저앉고 말았다. 무고한 처자식에 대한 깊은 죄책감이 복받쳐 올라 나의 크나큰 고통을 덮어버렸다.

E가 아들을 안고 침대에서 내려와 나를 일으켜 세웠다. 그녀의 붉게 부은 두 눈을 쳐다보는 순간, 나는 가슴이 찢어지는 것 같아 곧장 몸을 돌려 있는 힘껏 문에 머리를 박으며 울음을 터뜨렸다. 정말이지 머리를 부딪혀서 죽어버리고 싶었다! 내가 당을 배신하려 했다면 진작에 포로수용소에서 배반해서 일찌감치 미국이나 타이완으로 갔지, 무엇 때문에 필사적으로 몸부림치며 돌아왔겠는가? 운명이 왜 나를 이처럼 농락하는 걸까! ……

나는 옆에 있던 아들의 더 큰 울음소리에 정신이 좀 돌아왔다. 그때 아내가 쉰 목소리로 "애 좀 안고 있어요. 나가서 우유 좀 사 오게. 젖이 전혀 나오지 않는 것 같아요"라고 하는 말을 들었다.

"뭐, 당신 젖이 나오지 않는다고!" 나는 온몸에 소름이 돋으며 완전히 정신을 차렸다. "내가 바로 나가서 사 올게!" 아들의 재촉하는 듯한 울음소리를 들으며 나는 돈을 갖고 거리로 뛰어나가면서 속으로 생각했다. 'E는 워낙 젖이 많아 아들이 다 먹지 못해서 둘째 누나 딸한테 먹여주기도 했는데, 어째서 갑자기 나오지 않을까?' '다 내 잘못이야. E를 놀라게 하는 바람에 아들까지 고생시키는구나.' 나는 가게 몇 군데를 들렀지만 생우유를 파는 데가 없었다. 다행히 그나마 '비아분肥儿粉'(쌀과 잡곡류로 만든 일종의 이유식 분말 - 역자) 1봉지를 사서 서둘러 돌아와 간신히 아들의 울음을 그치게 하였다.

그날 밤 E와 아들이 잠들고 나서 나는 책상에 앉아 자아비판 준비를 이어갔지만, 생각이 매우 혼란스러워 쓰다 말기를 반복했다. 비판 대회에서 나에게 그런 터무니 없고 한없이 교조적인 잣대로 "죄를 뒤집어씌우려" 한 짓을 생각하면 너무 억울해서 글을 쓸 수가 없었으나, 아내와 아들의 달콤하게 잠자는 모습을 보고 그 친숙한 코고는 소리와 잠꼬대를 들으며 냉정을 되찾았다. "이번 운동에서 제일 먼저 나를 때려잡지 않으면 누구를 때려잡겠어? 처분을 조금이라도 가볍게 받도록 노력하는 수밖에 없어. 난 원래 과거 정치적 문제가 심각해서 절대로 운동에 맞서선 안 돼. 필요하다면 스스로 자신을 욕해도 되지만, 나 때문에 아내와 아들이 시달리는 일이 없도록만 하면 돼." 간절한 태도와 성의를 보이기 위해 나는 자진해서 몇 가지 '잘못된 사상'을 '자백'하기도 했다. "저는 학교의 당원 확충 방식에 '하자는 대로 순종하는' 사람만 입당시키려는 문제가 있다고 생각했습니다. 또 한번은 '홍기紅旗' 승용차(1950~70년대 중국의 국가 지도자들이 타던 국내산 차─역자)가 제 바지에 흙탕물을 튀기는 걸 보고, 현재 관리들이 까마득히 높은 곳에 있는 특권층으로 이미 변해버렸다고 생각했습니다. 그리고 저는 사상적으로 우파 대표인 추안핑儲安平2의 '당천하党天下'("당이 천하를 독차지하다"라는 뜻으로 중국공산당의 권력 독점을 비판한 말─역자) 발언에 어느 정도 일리가 있다고도 생각했습니다. ……" 나는 '자아비판 문'을 다 작성한 다음, 잘하면 난관을 극복할 수도 있을 거라는 일말의 희망을 품고 E 옆에 누웠다. 너무나도 고요한 깊은 밤 뒷산 묘지의 부엉이 울음소리만 간간이 들려왔다.

다음 날 열린 대회에서 나의 자아비판은 여전히 통과되지 못했다. 사람들은 내가 "중요한 건 피하고 지엽적인 것만 진술했다." "실제에 맞지 않는 핑계로 잠시 모면하려 한다." "얼렁뚱땅 빠져나가려 한다." "태도가 매우

---

2 추안핑(儲安平, 1909~?) : 장쑤성 이싱[宜興] 출신으로 『중앙일보(中央日報)』 편집과 복단대학(复旦大学) 교수 등을 지냈고, 1949년 이후 중앙인민정부 출판총서(出版总署) 전문위원과 신화서점(新华书店) 부사장 등을 역임했다. 구삼학사 중앙위원 겸 선전부 부부장을 맡았고 1957년 『광명일보(光明日報)』 총편집으로 임명되었다. 같은 해 7월 제1회 전국인민대표대회 제4차 회의에서 한 '인민에게 투항하라(向人民投降)'라는 발언으로 인해 우파로 몰려 해직되고 노동 개조하러 보내졌다.

정직하지 못하다"라고 비판했다. 심지어 어떤 이는 "당과 군중 간의 모순이 더 격화될 가능성이 있다고 당신이 말했으니, 앞으로 어떤 상황이 벌어질지도 당연히 생각해보았겠죠"라고 추궁해서, 나는 "모순이 격화되면 대항으로 이어질 수도 있습니다"라고 대답하는 수밖에 없었다. 그러자 또 "그럼 대항의 결과는요?"라는 누군가의 추궁에 나는 "생각해 본 적이 없습니다"라고 말했다.

그 순간 어떤 이가 "당신은 정직하지 못해!"라고 외치자, 누군가 "장쩌스가 정직하지 못하니 어떻게 해야 할까요!"라고 탁자를 내리쳤다. "장쩌스, 일어나!" "장쩌스, 고개를 숙이고 죄를 인정해!" "솔직하게 고백하면 관대히 처리하고 저항하면 엄중히 처벌한다!" "우파분자 장쩌스를 타도하자!"

비판대회는 완전히 투쟁대회로 변하고 말았다. "난 대체 어떤 사람인가?" 나는 너무나 고통스러워 속으로 절규했다.

"장쩌스, 당신의 완고한 태도에 다들 분개하는 것은 단지 모두가 당신을 도와서 반당反党 입장을 견지하지 못하게 하려는 생각에서일 뿐이요. 그러니 당신이 잘 생각해서 빨리 본인의 입장을 전환하여 인민 편에 서야 할 것이요!" 회의 진행자가 이렇게 말했다.

"저, 저는 혁명가가 타락해서 변하면 자신의 반대편에 서게 되고, 혁명 정당도 마찬가지라고 생각합니다. 반대편에 서면 인민과의 모순이 대항적 모순으로 변할 것입니다. 그 결과는 스스로 망하거나 인민이 일어나서 그것을 뒤집을 수밖에 없을 것입니다." 나는 내가 궁지에 몰렸고, 그들이 원하는 게 바로 마지막 이 말임을 깨달았다.

"너는 숨기고 돌려서 말할 필요 없어. 네가 생각하는 것은 군중을 선동해서 공산당을 무너뜨리려는 거야. 잘 들어. 장쩌스, 너의 행위는 분수를 모르는 무모한 짓이고 실현할 수 없는 공상이야! 우리 혁명 군중은 너의 선동에 넘어가지 않아. 우리의 눈은 아주 예리해. ……"이렇게 발언한 나이 든 선생은 옆 사람이 사방으로 튀는 그의 침방울을 피하는 걸 알아차리지 못했다. 내 마음은 오히려 차분해지기 시작했다.

"오늘 장쩌스는 실질적인 뭔가를 나름 인정한 셈이니, 돌아가서 당신을 도우려는 모두의 의견을 바탕으로 자신이 반당하게 된 근원을 진지하게 파헤쳐 제대로 된 자아비판을 완성하도록 하시오. 오늘 회의는 여기까지 하고 장 선생은 좀 남아주시오." 회의 진행자가 마침내 산회를 선포했다.

고개를 숙이고 앉아 부서기의 훈화를 기다리던 나는 "오늘 당신의 태도는 그런대로 괜찮았소. 만약 자아비판 글을 다시 열심히 작성해서 운동 지도부 소조小組의 허락을 받으면, 더 이상 대회를 열지 않고 당신을 도와줄 수가 있소. 그래서 하는 말인데, 다음 두 가지 문제를 상기시켜 주겠소. 첫째, 당신이 중앙군사위원회에 편지를 써서 변절하여 포로가 된 당신네 문제의 처분 결과를 뒤집으려 한다는 것을 우리가 이미 알고 있으며, 둘째, 당신 집에서 반당 비밀회의를 여러 번 가졌다고 누군가 제보했다는 점이요. 이러한 엄중한 문제를 당신이 반드시 솔직하게 털어놓아야 한다는 거요. 우린 당신 스스로 고백할 기회를 주기 위해서 대회에서 이런 내용을 적발하지 않았소"라고 그가 말하는 걸 들었다.

나는 몽둥이로 뒤통수를 얻어맞은 것처럼 눈앞이 캄캄해졌다. '나 자신은 어차피 이미 이렇게 되어버렸을망정, 왜 내 가족과 동료들마저 모두 공범으로 만들려고 하는가?' 나는 무거운 발걸음으로 힘겹게 숙소로 걸어가며 '안 돼. 나를 괴롭혀 죽일지라도 나에게서 뭔가를 얻어 내 가족과 동료들을 괴롭히게 해서는 안 돼!'라는 생각에 '끝까지 맞서 싸울' 결심을 했다.

문을 열고 집에 들어가 보니 아내와 아들이 보이지 않아 가슴이 덜컹 내려앉았다. 오늘 나에 대한 비판 대회를 열면서 학교 지도부는 E가 회의에 참석하지 않아도 되도록 자비를 베풀었는데, 대체 그녀가 어디로 간 것일까? 내가 불안해서 집안을 왔다 갔다 하고 있던 그때, E가 아이를 안고 돌아왔지만 안색이 무척 안 좋았다. 그녀는 잠든 아들을 내려놓고 고개를 돌려 나를 쳐다보며 낮은 소리로 "당신에게 말하지 않으려 했지만, 어떻게 해야 할지 전혀 모르겠어요. 말할 테니 견뎌내야 해요"라고 하였다. 나는 "포로수용소에서도 버텨냈으니 걱정 안 해도 돼"라고 말했다. 그제야 그녀는 자초지종을 나에게 설명했다. 학교 지도자가 이야기하자며 그녀를 부르더니, 시댁에서 매번 가족이 모이면 무슨 대화를 하는지 사실대로 말하라고 했다. 그런데 그녀가 아무리 생각해봐도 가족들이 어떤 반당적인 발언을 한 적이 없어서, 자신은 매번 모임 때마다 시어머니와 주방에서 식사 준비를 하느라 다른 사람과 이야기할 기회가 거의 없었다고 말했다. 그러자 지도자가 "장 씨 집안의 ○○가 폭로자료를 이미 다 써서 제출했소. 장쩌스의 아내인 당신이 가족끼리 무슨 말을 했는지 모른다는 게 말이나 되오? 당신이 공청단원共青团员(중국공산주의청년단 단원의 준말-역자)이라는 걸 잊지 마시오. 장쩌스와 확실하게 선을 긋지 않았을 때, 닥칠 결과를 당신 스스로 잘 생각해보오!"라고 말했다고 했다. 나는 거꾸로 그녀를 위로하면서 "부서기가 이미 나에게 매번 가족 모임 때 한 대화 내용을 진술하라고 했고, 당신이 대화에 거의 참석하지 않은 것이 사실이니까 신경 쓰지 않아도 돼. 내가 있는 그대로 보고할 테니"라고 말했다.

그 이후에도 학교 측은 교직원 중에서 우파분자를 몇 명 더 잡아냈는데, 그 중에는 나의 비판 대회에서 격분해 침을 사방으로 튀긴 그 나이 든 선생도 있

었다. 나에게 주어진 임무는 두문불출하며 자기 잘못을 뉘우치고 자신의 '자
백서'를 반복해 수정하는 것이었는데, 그 전체적인 내용은 다음과 같다.

(1) 자신이 언제, 어디서, 누구에게 어떤 반당 발언을 했는가?

(2) 이러한 반당 발언의 잘못과 위해성에 대한 나의 인식.

(3) 나의 반당적 계급 근원과 사상 근원.

(4) 내가 또 누구와 반당 활동을 하고 반당 조직을 만든 적이 있는가.

(5) 내가 앞으로 어떻게 개과천선하고 환골탈태할 것인가.

운동 지도부 소조는 내 '자백서' 중 (4)번 항목의 내용이 한결같이 구체
적이지 못하다고 지적했지만, 결국 내가 숨긴 것이 만약 드러나면 가중 처
벌받게 될 거라고 경고하면서 끝을 맺었다. 그런 다음 나에게 집에 돌아가
심사 처분을 기다리라고 했다.

4. 함께 불운을 겪다

학교에서 귀가를 허락해 준 일요일 날, 나와 E는 아들을 데리고 먼저 그
녀의 집에 갔다. 나는 장모님에게 E와 아들을 돌봐달라고 부탁하고 혼자
서 보름 넘게 만나지 못한 부모님을 뵈러 둥단東單으로 서둘러 갔다. 그동
안 나는 신문에서 전국적 차원의 "우파분자의 당에 대한 광포한 공격에 반
격을 가하자"라는 수많은 보도를 보고서 공포와 불안에 떨었다. 특히 학교
에서 나와 E에게 이른바 "집안에서 비밀모임을 열었다"라는 문제를 캐내

려고 한 적이 있었기 때문에, 가족들의 운명이 매우 걱정스러웠다. 나는 우파들이 "밀실에서 기획하고" "말단 조직부터 선동한다"라는 식의 『인민일보』 「사설」의 지적을 읽을 때마다, 자유롭고 민주적인 분위기의 우리 가족 모임에서 아버지를 비롯해 우리 남매 모두 평소 진보를 추구하며 정치에 관심 두고 각자 세상사에 대한 의견을 거침없이 주장하길 즐긴 나쁜 습관이 가져올 끔찍한 결과가 더욱 걱정스러웠다. 게다가 나는 아버지의 성품을 너무나 잘 알고 있었다. 고급 지식인인 아버지는 서구 민주주의 교육을 받아서 자녀들에게 어린 시절부터 민주 사상을 훈육하셨다. 그리고 해방 전야 내가 우리 집안에 전파한 마르크스주의 사상의 영향과 우리 가족 모두가 숭상하는 사대부의 국가와 민족 전통에 대한 애국주의 역사 인식과 책임감 등은 각자의 직장에서 업무 중의 결점과 잘못, 정치적인 부정부패에 대해 결코 못 들은척하거나 순종하지 않게 만들었다. 이러한 것들은 당시의 시류에 너무나 맞지 않고 위험했다. 나는 집으로 가는 길에 이런 생각을 하면서 몸서리쳤다.

역시나 집에 들어서는 순간 냉랭한 기운이 감돌았다. 형과 형수, 동생들도 모두 돌아오지 않았고 어머니는 나에게 상황이 어떻길래 그리 오랫동안 돌아오지 못 했느냐고 급하게 물으셨다. 나는 학교에서 운동에 참여하도록 총동원령을 내려 모두 집에 가지 못하게 했다고 둘러댈 수밖에 없었다. 어머니는 눈물을 닦으며 "네 둘째 형과 형수 모두 비판받았어. 농무부에도 네 아버지에 대한 대자보가 붙었다는데, 셋째야, 이 일을 어쩌면 좋냐!"라고 물으셨다.

아버지가 옆에서 "대자보 붙은 사람들이 한둘이 아니야. 그건 공개적인 의견제시 방식일 뿐이야. 평소 조직 하부의 비판을 듣기 어려운데, 좀 민주적으로 하는 것도 좋은 일이지"라고 말씀하셨다.

　"아버지 걱정은 마세요! 아버지는 당외黨外(중국공산당 당원이 아니라는 뜻-역자) 민주인사인데다, 덩샤오핑 동지가 발탁해 정부 일을 맡으셨고 중앙으로 발령되셨잖아요. 아버지가 농업부 유료처油料處(식물유植物油의 원료를 관리하는 부서-역자) 처장을 맡은 이후 성과가 매우 좋아서 작년 부내 평가에서 우수 공무원으로 선정되었고, 국경일 날 천안문에 올라가 경축 퍼레이드를 관람하셨잖아요. 이런 걸 보면 지도부가 정치적으로 아버지를 충분히 인정하고 있음을 알 수 있어요. 어머니는 전혀 걱정 안 하셔도 돼요." 나는 어머니를 애써 안심시켰지만, 사실 나 자신을 안심시키려 한 것이기도 했다.

　나는 어머니와 아버지에게 채소를 사러 간다고 하고는 혼자 성벽에 올라갔다. 나는 마음이 너무나 괴롭고 둘째 형과 형수까지 우파로 몰린 것 때문에 매우 고통스럽고 오만가지 생각이 다 들었다. 둘째 형은 정의감이 매우 강하고 일 욕심도 매우 많은 뛰어난 엔지니어로 나에게도 아주 많은 영향을 미쳤다. 1948년 당은 나를 화베이 해방구에서 쓰촨으로 이동시켜 적진 후방에서의 무장 투쟁과 해방을 맞이할 준비를 하게 했다. 내가 쓰촨으로 돌아가 보니, 충칭시 당 위원회가 와해되어 조직과의 연락이 끊어져 버렸다. 바로 그때 둘째 형이 위험을 무릅쓰고 자신이 조교로 일하는 사천대학에 나를 머물게 하고 중공 사천대학 지하당에 소개해 주었다. 당시 둘째 형은 당의 정치적 주장에 공감하였으나, 당의 계급투쟁노선에 대해서는 찬성하지 않았었다. 둘째 형은 아버지와 함께 조부가 남긴 농지를 팔아서 '세민복무사世民服務社'(세계 인민을 위해 봉사하는 협동조합)를 설립하고, 청두 외곽 시골에 조그마한 '수력 터빈 협동 공장'을 세워 전기 동력을 이용해 정미精米하는 방식으로 자신들의 농촌 건설 노선을 실험하고자 했다. 두 사람은 과학기술로 가난을 이겨내고 농촌의 빈부격차를 줄임으로써 계층 간의 갈등을 완화하고 중국혁명의 근본 문제를 해결하길 희망했다. 나중에 아버지와 둘째 형은 모두 나의 '비판'을 받아들여 세민복무사의 '제3노선 활동'을 중단하고 결연히 공산당을 지지하는 길로 돌아섰다. 그들은 정미 기계 2대를 모두 내가 속한 지하당에 넘겨 연락소로 삼게 하였을 뿐 아니라 본인들도 직접 당의 지하투쟁에 참여했다. 아버지는 해방 직전 당의 지시에 따라 공장장으로 일하던 창서우 진안방적공장秦安纱厂에 무장 호위대를 조직하여 국민당군이 철수하면서 공장을 파괴하는 것을 방지했다. 그리고 둘째 형은 자신이 가진 역량을 최대한 동원하여 나의 활동을 지원했다. 그중 가장 중요한 것은 같은 반 친구이자 국민당군 군단장 아들인 왕자유王家佑에게 직접 부탁해, 나에게 10위안 은화를 보내와 통신기기 부품을 살 수 있게 한 일이었다. 또 그의 절친인 동창 수더젠苏德坚에게 부탁해서 나를 위해 고출력 라디오 1대를 설계하고 조립해 주기도 했다. 나는 바로 그 라디오를 통해 옌안 신화통신의 방송을 듣고 쓰촨 서부 지하당 기관지인 『화거보』를 창간했다. 아버지와 둘째 형은 해방 직전의 엄중한 백색 공포 하에서도 적극적으로 당의 투쟁을 옹호했는데, 혁명이 승리한 지금에 와서 그들이 당에 반기를 든다는 게 말이 되는가? 게다가 온유하고 선량하고 총명하며 과학을 사랑하고 진리를 추구하는 근면한 북경의학원北京医学院(현 북경대학 의학부-역자) 대학원생인 둘째 형수가 반당을 해서 뭘 하겠다는 건가? 이 모든 게 다 무엇 때문인가!? ……

나는 석양의 눈부시던 빛이 완전히 사라질 때까지 성벽 꼭대기에 아주 오랫동안 앉아있었다.

나는 또 나와 함께 연명으로 중앙군사위원회에 호소문을 쓴, 포로가 되었다가 함께 돌아온 마싱왕 대대장과 장루이푸 동생에 대해서도 무척 걱정되었다. 나는 그들을 만나야만 했다.

마싱왕 대대장은 제대 후 북경석유화공연구설계원北京石油化工研究设计院에서 후방근무를 하고 있었고, 장루이푸는 1년간 노동자로 일한 뒤 지난해 북경철강학원에 입학한 상태였다. 다음 날 내가 그들을 보러 가면서 사는 집 마당 벽에 붙은 대자보를 먼저 살펴보았는데, 확인 결과 안타깝게도 그들을 지명 비판하는 대자보가 모두 붙어 있었다.

"오! 하느님, 우린 이미 함께 포로로 잡혀서 고생했는데, 이제 또 같이 '오랜 우파'가 되어버렸으니 참으로 숙명적인 고난을 함께 하는 형제로군요!"

그러나 더욱 마음 아픈 것은 나와 더불어 포로수용소의 풍운아로 적의 눈에 가장 완고한 공산분자, 좌경분자로 찍혔던 마싱왕과 장루이푸가 어째서 지금 공산당의 눈에 가장 완고한 반당분자, 우경분자가 되었느냐는 거였다!? 이 세상에 어떤 진정한 정치적 기준이 있기나 하는 걸까? 우리 자신이 대체 좌인지 우인지, 혁명인지 반혁명인지 누가 판단하는 건가? 특히 나는 마싱왕을 비판하는 대자보에 "배신자 반당 집단을 조직하여 당 중앙에 그들의 매국 행위에 대한 결론을 뒤집으려 음모하였다"라는 무시무시한 죄명이 분명하게 적혀 있는 것을 발견했다.

나는 중앙군사위원회에 연명으로 편지를 보내자고 제안한 것을 정말 후회했다. 그러한 행동이 우리의 억울함을 풀어주기는커녕 도리어 새로운 누명을 쓰게 만들었으니! 얼마 지나지 않아 포병학교 교관으로 있는 나의 큰형이 '중간 우파분자'로 내부 판정되어 베이다황北大荒(헤이룽장성 넌강嫩江 유역의 광대한 황무지-역자)에 보내져 노동 개조 받게 되었다는 소식이 전해졌다. 그 소식을 듣고 나는 또 1947년 큰형을 쓰촨에서 베이징으로 오게 해 청화대학 지하당을 통해 진차지 해방구로 보내서 해방군에 입대하게 한 일을 후회했다. 큰형은 원래 국민당 버마 원정군(제2차 세계대전 중 중국국민당 정부가 버마 전선에 파견한 부대-역자)의 포병 장교였으나, 내전에 반대해서 기회를 틈타 집으로 돌아와 줄곧 공산당을 찾고 있었다. 내가 그를 도와 공산당에 가입하게 했는데, 지금 도리어 반당분자가 되어버렸으니!

1958년 여름 아버지는 농업부에서 '극우분자 겸 반혁명 과거사' 죄목으로 몰려 체포 투옥되셨다. '반혁명 가족'인 어머니는 농업부 숙소에서 쫓겨나 반혁명 가족을 집중 거주시키기 위해 서편문西便门 성벽 밑에 임시로 지은 수용소 같은 간이 단층집으로 이사하셨다.

얼마 지나지 않아 우리가 아주 자랑스러워했던 '혁명 집안'은 순식간에 수치스러운 '우파 집안'으로 변해버렸을 뿐 아니라 사분오열되어 서로 멀리 떨어져 만나기도 힘들게 되었다. 체포되기 전 아버지는 국가 11급 간부여서 우리 남매는 '고위 간부 자제'였지만, 하룻밤 사이에 '반혁명 자녀'가 되고 말았다.

5. '2급 우파분자'라는 딱지

1957년 하반기 나를 포함한 북경제9중학의 우파분자 9명은 학교 채소밭에서 노동하면서 처분 결과를 기다렸다. 나는 여전히 중학교 3학년 화학 과목을 한 반 가르쳤지만, 일은 훨씬 수월하고 월급도 그대로였다. 학교 채소밭 일은 크게 많지 않아서, 학생들이 때때로 둘러서서 우리를 구경할 때 동물원 원숭이가 된 듯해 좀 어색한 것 외에는 우파로 지내는 일도 그다지 끔찍하지 않다고 느꼈다.

학교 당국이 적발한 우파분자 수가 전체 인원의 10%에 못 미쳐 겨울방학 때 다시 '보충수업'을 통해 우파 2명을 더 잡아내어 총 11명에 달하게 되었다. 1958년 4월 30일 학교 당국은 대회를 열어 우리 11명 우파에 대한 판결 처분을 발표했다. 극우분자 1명은 공직을 박탈하고 노동 개조 농장으로 압송해 강제 노동을 시키고, 2급 우파 2명은 공직을 유지하되 급여 대신 매월 생활비 18위안을 주어 농촌으로 보내 감시하에 노동하게 하며, 나머지 8명의 3~6급 우파도 각각 직급 강등과 급여 삭감 후 농촌으로 보내 감시하에 노동하게 하였다.

나에 대한 결론은 당을 악랄하게 공격하고 반당 사상 강령이 있으며 기존 결정을 뒤집으려는 배신자의 반당 활동에 참여했지만, 비판받는 태도가 비교적 좋아서 2급 우파로 처분한다는 것이었다.

동시에 대회에서는 1급 극우분자로 판정된 그 나이 든 교사를 공안 요원이 곧바로 노동 개조 농장으로 압송하고, 나머지 우파 10명은 즉시 짐을 싸서 시황촌西黃村으로 가 본구本区의 다른 학교 우파들과 집결한 다음 대오를 편성해 감시노동을 받는다고 선포하였다.

대회를 마치고 숙소로 돌아온 나는 완전히 넋이 빠졌다. 침대 위에 몸을 던진 나의 머릿속은 혼란스럽기 짝이 없었다.

'이젠 완전히 끝났어! 내가 뭐하러 귀국하려 했을까? 내가 왜 또 결혼하고 아이를 낳았을까? 이제부터 내가 뭘 가지고 아들을 부양할 수 있나? 모든 부담을 E에게 떠넘겨야 하는가?'

'E는 어떻게 된 거지? 어디로 간 거야?' 순간 나는 놀라서 벌떡 일어나 앉았다. 시계를 보니 아들 밥 먹여야 할 시간이어서 탁아소에 간 것 같았다. 나는 다시 맥없이 침대에 드러누웠다.

'이게 도대체 어떻게 된 일이야? 나는 나의 목숨과 영욕을 모두 당에 바쳤는데, 인제 와서 도리어 반당분자가 되다니! 도리를 따질 곳을 찾아야 해! 마오 주석에게 편지를 쓸까? 덩샤오핑에게 호소할까? 류런쩨ㄷ3 동지에게 상소할까? 구쯔 위원회에 가서 탄원할까? 아니면 다시 한번 교장 선생을 찾아가 볼까. 그분은 당연히 나를 이해해 주시겠지!'

'안 돼, 자칫하면 또 내가 결론을 뒤집으려 한다면서 태도 불량으로 죄가 가중되어 극우분자가 될 수도 있어! 그리되면 더욱 결딴나는 거야!' '어떡하지? 난 아무리 고생해도 좋지만, E와 아들은 어떡하지? ……'

'차라리 처자를 데리고 둥베이 깊은 산속으로 들어가 개간하고 나물과 야생 과일이나 먹으며 살까! 백모녀와 같은 약한 여자도 굶어 죽지 않았는데, 우리가 살아남지야 못하겠어!'

'하지만 지금은 어딜 가든지 파출소가 있고, 어디든 호적을 확인하고, 깊은 산속에도 벌목팀, 산림보호단, 탐사대…… 가 있어서, 만약 들키게 되면 처벌이 두려워 도주한 범인으로 몰리겠지!' 책상 위 작은 액자에 든 처자와 함께 찍은 사진을 보니, E와 아들이 웃으며 나를 보는 것 같아 눈물이 왈칵 쏟아졌다.

'E, 결혼한 지 1년여밖에 안 됐는데, 정말 나로 인해 당신을 고생시키는구려! 아들아, 넌 1살도 채 안 돼서 아빠 때문에 고생하는구나!' 나는 사진을 들고 머리를 깊이 묻었다.

---

3   류런(刘仁, 1909~1973) : 쓰촨성 유양[酉阳] 사람으로 토가족(土家族) 출신이다. 1927년 중국공산당에 가입했고 중화인민공화국 성립 후 중공중앙 화북국(华北局) 서기, 중공 제8회 중앙후보위원 등을 지냈다. 문화대혁명 기간 린뱌오·장칭[江青] 등의 모함으로 비판 투쟁을 받고 감옥에 갇혀있다 사망했다.

문이 열리고 E가 도시락통을 들고 돌아왔다. 그녀는 나를 슬쩍 보고는 도시락통을 놓고 나에게 수건을 건네주었다. 그리고는 내 손에 있던 사진 액자를 제자리에 갖다 놓은 뒤, 두 손으로 내 어깨를 부축하며 냉정하게 말했다. "아무것도 생각하지 마요! 우리 먼저 식사부터 하고 나서 당신은 좀 쉬어요. 내가 짐을 쌀게." 그녀의 말투는 마치 내가 그냥 먼 길을 한번 떠나는 것처럼 들렸다.

......

6. '환골탈태換骨脫胎'를 체험하다

1958년 4월 30일 오후 우리 일행 10명은 시황촌 생산대대에 도착했다. 그곳에는 이미 다른 중학교와 초등학교에서 온 10여 명의 같은 부류 사람이 와있었다. 저녁에 생산대대의 서기와 대장이 참석한 회의가 열려, 우리 우파 소대가 정식 성립되었으며 행정적으로는 생산대대의 지도를 받고 정치적으로는 구 위원회에서 파견한 지도원의 지도를 받는다고 선포했다. 지도원은 다음과 같이 지적했다.

1. 생산대대의 통일관리에 복종하고 대대 내의 모든 규정을 준수하며 대대의 지휘에 따라야 한다.
2. 열심히 노동하면서 노동 속에서 자신을 개조하여 환골탈태하고 새로운 사람이 되어야 한다.
3. 자신의 반당 사상을 계속해서 비판하고 서로 간의 감독을 강화한다. 매

주 한 차례 검토회의를 열고 매월 한 번씩 사상 총결 보고서를 작성한다. 다른 사람의 반동적인 언행을 발견하면 즉시 고발한다.

4. 노동과 사상개조에서 성과가 좋으면 일찍 우파의 딱지를 떼고 인민 대오에 복귀할 수 있다.

5. 성과가 좋지 않고 개조를 거부하는 자는 벌을 가중하여 노동 개조하러 보낸다.

6. 정상적인 상황에서는 1달에 1번 귀가할 수 있지만, 성과가 나쁘면 대대에 남아 반성토록 하고 귀가를 허용하지 않는다!

우리는 단체로 마을 가장자리에 있는 한 폐기된 낡은 절에 거주하게 되었다. 누구도 오래 쌓인 먼지를 쓸고 싶은 마음이 없어서 대대에서 준 밀짚 깔개를 무너진 신상 아래에 깔아 잠자리를 만들고는 바로 '새로운 생활'을 시작했다.

나는 다행히 군대에서 집단생활한 적이 있고, 특히 포로수용소의 열악한 환경에서 단련한 경험이 있어서 밤중에 방안에서 코고는 소리, 탄식 소리, 놀라서 외치는 소리, 이를 악물고 방귀 뀌는 소리 등이 나더라도 여전히 서서히 잠이 들 수 있었다. 특히 몹시 피곤한 심한 노동을 한 후에는 더욱 그러했다. 고통스러운 것은 한밤에 잠에서 깨어 잠시 내가 어디에 있는지 깜빡한 채, 사랑하는 처자가 곁에 없는 걸 발견하고 자신이 이미 수령에 빠졌다는 것이 생각나 눈물 흘리는 경우였다. 당시 나는 낮에는 비가 와서 실내에서 가벼운 노동을 하면서 피로를 해소할 수 있길 바랐지만, 밤에는 비가 내려 "비단 이불은 오경의 추위를 이기지 못하고 꿈속에서는 자신이 나그네라는 사실을 잊어버리는罗衾不耐五更寒, 梦里不知身是客"[4] 쓸쓸함이 엄습할까 두려웠고, "역참 밖 끊어진 다리 옆 주인 없는 매화 고적하게 피었네. 이미 황혼이 지는데 홀로 수심에 차 있노라니 더욱 비바람만 치는구려驿外断桥边, 寂寞开无主. 已是黄昏独自愁, 更著风和雨"[5]와 같은 참을 수 없는 기분이 들까 봐 무서웠다.

다행히도 나의 이런 '곤경에 빠진 귀공자'식 자기 연민의 정서는 곧 현실 생활에 신경 써야 할 여러 문제로 인해 뒤로 밀려났다. 우선 우리 집 수입이 단번에 52위안이나 적어진 것이 가장 큰 문제였다. 이 역시 2년 동안 단 한 푼도 없이 지냈던 포로수용소 생활의 시련에 '감사'해야 했다. 나는 큰 어려움 없이 치약, 담배, 육류 음식 같은 사치품을 끊고 소금, 잎담배, 채식으로 대신했다. 특히 아들이 밥 달라고 옹알거리는 귀여운 모습을 생각하면, 나는 매끼 와두窝头[6]와 짠지만 먹어도 만족했다.

'생활의 난관'에 비해 문약한 서생인 나에게 더 넘기 힘든 것은 '노동의 난관'이었다.

나는 노동하러 간 첫날부터 '모래 구덩이' 안에서 일했는데, 나에게 배정된 작업은 돌을 옮기는 일이었다. 콘크리트에 섞을 수 없는 큰 돌을 체로 쳐서 광주리에 담고 그것을 멀리 있는 언덕으로 가져가 버리는 작업이었다. 그 목욕통만 한 광주리에 돌을 가득 채우면 100kg이 넘는데, 그것을 사발 둘레 굵기의 커다란 막대기로 메고 옮겨야 했다. 나는 반나절만 들었을 뿐인데, 몸을 새우처럼 굽히고 양손으로 막대기를 지탱했음에도 어깨가 매우 심하게 부어올랐다. 첫날은 이를 악물고 겨우 견뎌냈지만, 다

---

4   중국 5대 10국 시기 남당(南唐)의 이욱(李煜, 937~978)이 지은 사(词) 「낭도사령(浪淘沙令) · 염외우잔잔(帘外雨潺潺)」의 한 구절이다.
5   중국 남송 사람 육유(陆游, 1125~1210)가 지은 사 「복산자(卜算子) · 영매(咏梅)」의 한 구절이다.
6   와두(窝头) : 옥수수와 수수 따위의 잡곡 가루를 원뿔형으로 빚어서 찐 음식으로 한쪽 엄지손가락을 집어넣고 만들므로 바닥은 움푹 패어 있으며 보통 가난한 집의 주식이었다.

음날 일을 시작하자마자 막대기가 벌겋게 부어오른 어깨를 건드리면 이를 드러내고 입이 찢어질 정도로 아파서 죽을 것 같았다. 하는 수 없이 나는 두 손만으로 힘껏 막대기를 받쳐 들고 비틀거리며 걸을 수밖에 없었다. 결국 한 번은 운반 도중에 걸려 넘어지면서 막대기가 순간 어깨에 내리눌렀는데, 심장을 파고드는 것 같은 통증에 온몸이 부들부들 떨렸다. 그러나 막대기에 눌린 후 오히려 어깨가 마비되어 무감각해져서, 나는 아예 어깨로 광주리를 계속 운반했다. 사흘 후 어깨 통증이 줄어들었고 일주일이 지난 후에는 어깨에 못이 박혔다. 그 힘들었던 시간 동안 나는 두 가지 생각을 했다. 하나는 다른 사람이 할 수 있는 일을 내가 왜 못하겠는가이고, 다른 하나는 E와 아들을 위해서, 하루빨리 죄명을 벗고 그들에게 돌아가기 위해 내가 반드시 필사적으로 이겨내야 한다는 것이었다. 모래 구덩이의 과도한 육체노동은 나를 '탈태'하게는 못했지만, '환골'시키는 역할을 했다. 보리 수확 계절이 되었을 때, 나는 100kg이나 나가는 보리 가마니를 거뜬히 멜 수 있게 되었다.

농사일 중에 내가 가장 힘들어했던 것은 '기술 노동'이었다. 먼저 곡식을 심을 밭에 쭈그리고 앉아 땅을 갈고, 모를 솎고, 김을 매기 위해 모두가 일렬로 서서 함께 전진하는데, 나는 아무리 애를 써도 여성 동료의 속도조차 따라가지 못했다. 또 실수로 모를 뽑거나 잡초를 남겨서 나중에 발견되면, 내가 고의로 농사를 망치게 했다고 지적받을까 봐 겁나서 더욱 허둥지둥했다. 때로는 허리가 끊어지는 것 같았지만, 감히 일어나 잠시 쉬지도 못했다. 앞을 보니 남들은 이미 멀찌감치 가고 있고, 밭의 저쪽 끝은 아직 너무 멀어 닿을 수 없을 것 같았을 때, 나는 차라리 쓰러져 다시 일어나지 못하길 바랐다. 그 촉촉하고도 부드러운 흙은 원래 인간이 고난에서 벗어

나는 가장 좋은 귀착지가 아니던가! ……

보리 수확 첫날, 나는 낫을 제대로 갈 줄 몰랐던 데다 보리 베는 속도가 늦고 남은 밑동도 높아서 "해이하고 인색하며 못됐다"라는 심한 비판을 받았다. 나는 억울하면서도 제구실 못하는 자신이 미웠다. 그날 밤 나는 한마음씨 좋은 나이 든 농부의 가르침을 받고서야, 낫을 평평하게 놓고 갈아야 하고 급하게 갈아서도 안 되며 칼날이 들린 채로 갈면 안 된다는 것을 알게 되었다. 나는 한참을 걸려 낫을 날카롭게 갈았더니, 다음날 과연 전날보다 훨씬 빨리 베어졌다. 오늘은 비판받지 않을 듯해서 내가 다행이라 여기던 순간, 칼날이 보릿대를 타고 아래로 미끄러지면서 왼손 식지 밑부분을 파고들어 뼈가 다 드러나고 피가 줄줄 흘렀다. 나는 옷을 찢어 싸맸지만, 결국은 일을 지체했기 때문에 또 비판받았다. 나는 그제야 '보리 쟁취 대전大戰'이 피 튀기는 '전쟁터'나 다름없음을 깨달았지만, 난 온전히 헛된 피만 흘린 셈이었다. 진작 이럴 줄 알았다면 차라리 한국전쟁 전쟁터나 포로수용소 투쟁 중에 피를 흘리는 편이 훨씬 나을 뻔했다고 속으로 생각했다.

그러나 나는 정치적으로 더 이상 문제가 생기지 않도록 특히 조심해야만 했다. 우리 소대에 정상은 심각하지 않은데 태도가 나빠서 나와 같은 2급 우파로 판정받은 20살밖에 안 된 리李 씨 성을 가진 교사가 있었다. 파종하기 전 보리와 옥수수 종자를 작은 석곤石碾(탈곡할 때 쓰는 원뿔형의 돌로 된 농기구 -역자)에 뭉개는 과정이 있는데, 하루는 생산대대 당나귀를 다른 작업에 동원하였는지 이 선생에게 종일토록 석곤을 당기게 했다. 이 선생은 숙소로 돌아온 후 웃으면서 "온종일 가축 노릇만 했네요!"라고 말했다. 누군지 몰라도 이 일을 지도원에게 보고하면서 이 선생이 개조를 거부한다고 억지 주장을 한 자가 있었다. 얼마 후 이 선생은 죄가 가중되어 노동 개조 농장으로 보내졌고, 그곳에서 20여 년을 보냄으로써 거의 반평생을 허비하고 말았다.

7. '삼면홍기三面红旗' 아래에서

보리 수확 후 마오쩌둥이 추진한 '총노선·대약진·인민공사화'의 삼면 홍기가 전국 도시와 농촌에서 휘날리기 시작했다. 농촌에서는 공농상학병 工农商学兵이 하나로 합치는 '인민공사'가 성립되기 시작했다. 대식당에서의 공동 식사, 노동 조직의 군사화, 대량 생산 정책 수립 등 정말 눈이 어지러울 지경이었다. 우리 '시황촌 대대'는 '생산 경쟁 대결打擂台' 중 1무당 보리 10만kg을 생산하겠다는 출사표军令状를 던졌다. 우리 우파 소대의 임무는 마을 어귀에 있는 '시험용 전답'을 나처럼 키 큰 사람도 그 안에 들어가면 머리가 보이지 않을 정도인 1.5m 깊이로 뒤집어엎는 일이었다. 우리가 엄청난 고생을 해서 파낸 생흙과 모래 자갈을 시험용 전답에 도로 붓자 주변 땅보다 무려 0.5m나 더 높아졌다. 그런 다음 우리에게 전원 출동하여 아침저녁으로 개를 잡으라고 명령해서 주변 마을에 살던 개까지 거의 다 잡아들이자, 절에 있던 큰 가마솥을 가져와 밤새 개고기탕을 끓여 전부 시험용 전답에 붓고는 마지막으로 큰 마대에 든 족히 100kg가량 되는 보리 씨앗을 심게 했다. 나는 이 모든 것이 얼마나 과학에 어긋나는 만행인지 분명히 알고 있었지만, 한 마디도 말할 수 없었다. 자연과학을 배우고 가르치며 진리를 추구하고 고수하는 지식인으로서 재앙을 가져올 게 뻔한 그런 어리석은 짓에 억지로 참여한 것은 정말 어쩔 수 없는 일이었지만, 매우 안타깝고도 고통스러운 일이었다. 결국 그 시험용 전답에는 잡초만 무성하게 자랐고 종자마저 회수하지 못하게 되었다.

시험용 전답에 종자를 다 심자마자, 우리는 겨울철 가축에게 먹일 풀을 저장하기 위해 산에 올라가 1인당 매일 12.5kg의 건초를 베어야 했다. 나는 12.5kg 정도야 반나절이면 끝낼 수 있다고 생각했다. 하지만 우리가 산에 올라가 베어야 하는 그런 풀은 아주 가벼운데다, 한곳에 집중해 자라지도 울창하게 자라지도 않았다. 게다가 산에서 그런 풀이 많이 자라는 곳은 보통 방목한 소나 양이 먹고 지나갔거나, 다른 사람들이 이미 베어가고 없었다. 그래서 많이 베려면 먼 길을 걸어 아주 깊은 산으로 들어가야만 했다. 결국 나는 매일 정해진 분량을 채우지 못해서 게으름을 피웠다고 호된 비판을 받았다. 대략 5일째 되는 날, 날이 밝기도 전에 나는 낫과 밧줄을 가지고 빠다추八大処(베이징 서쪽에 있는 사찰 원림園林-역자) 뒤에 있는 큰 산에 올랐다. 과연 그곳에는 풀이 빽빽하게 많이 자라 있었지만, 산비탈이 험해서 풀을 베기 어려웠다. 내가 산 바위 가의 풀을 베려 했을 때, 발을 디딘 돌이 갑자기 흔들리는 바람에 두 길 깊이의 도랑으로 곤두박질쳤다. 머리를 보호하기 위해 손을 먼저 땅에 댄 결과, 왼손 손바닥뼈가 부러지고 손가락 마디도 어긋나면서 부러진 뼈가 치켜 올라 손등 살가죽을 들어 올렸다. 극심한 통증에 잠시 의식을 잃었다가 깨어난 후, 나는 "누구 없어요? 좀 도와주세요!"라고 외쳤다. 하지만 황량하고 적막한 깊은 산속 메아리 소리만 되돌아올 뿐이었다. 나는 어쩔 수 없이 아픔을 참고 위험을 무릅쓰며 벤 풀을 등에 진 채, 오른손으로 왼손을 받치고 조금씩 비틀거리며 도랑을 빠져나왔다. 돌아가면서 나는 생각했다. '내 평생 떨어져도 죽지 않을 운명인 게 분명해. 조선전장에서 바위 산봉우리에서 떨어졌는데도 죽지 않고 포로로 잡혔고, 이번에도 죽지 않았잖아! 뼈가 부러졌는데도 고통스럽게 살아야 한다니, 하늘이여, 이 쓸모없는 목숨을 데려가지 않고 뭐하십니까! ......'

그날 생산대대 대장은 내가 그렇게 심하게 다쳤음에도 풀 한 다발 크게 메고 온 것을 보고, 나에게 즉각 시내로 가서 치료받고 집에 가서 요양하라고 했다. 내가 귀가하자 은퇴해 집에 계시던 장인이 바로 나를 데리고 조상 대대로 이어 내려오는 접골 의사를 찾아갔다. 그 의사는 심하게 부어오른 나의 손을 잡고 손가락뼈와 손바닥뼈를 더듬어 찾더니 신기하게도 제자리로 되돌려놓았다. 그리고 타박상 전용 치료 한약 몇 첩을 주고는 나를 집으로 돌려보냈다. 당시 학교에 있던 우리의 '작은 집'은 이미 빼앗긴 상태라, E는 시내로 돌아와 친정 부모와 함께 살았고 아들도 외할머니 손에 자라고 있었다. 아버지는 감옥에 가고 어머니는 둥단에 있던 집에서 쫓겨났기에 나는 처가살이를 하는 수밖에 없었다. 나는 시골로 내려가 노동하면서 줄곧 '성과'가 비교적 좋았기 때문에 매달 이틀씩 집에 돌아가 쉬도록 허가받았다. 그럴 때마다 나는 항상 서편문으로 가서 홀로 외롭게 계신 어머니를 먼저 찾아뵙고 석탄·쌀·밀가루를 사 드린 다음, 함께 한 끼 식사하며 아버지의 억울한 사건은 염려하지 않아도 된다는 등의 안심시키는 말로 위로해 드렸다. 그리고는 신제커우에 있는 처가 집으로 서둘러 가서 남자인 내가 마땅히 해야 할 집안일을 찾아서 함으로써 가족들의 노고와 자신의 죄책감을 덜려고 애썼다. 밤이 되면 나는 눈을 감고 E가 주는 따뜻함과 위로, 그리고 격려를 만끽했다. E의 키스와 포옹은 매번 갈라진 내 마음을 적시는 사랑의 감로수와 같았다. 우리는 서로에게 각자 겪은 고통을 말하지 않고 서로에 대한 걱정과 그리움만을 이야기했다. 내가 미안한 마음과 고마운 마음을 전하려 할 때마다, 항상 그녀가 즉시 말을 끊거나 내 입을 막아버렸다. 우리가 사는 그 누추하고 음침한 작은 방은 나에게 하나의 '대피소'이자 '주유소' 역할을 했다. 나는 매번 집을 떠날 때마다 몹시 아쉬워 조금이라도 일찍 돌아오길 바랐다. 그래서 요양하기 위해 집에 머물게 된 이번 기회가 너무도 행복하게 느껴졌다.

그 주말에 E가 학교에서 집으로 돌아와, 침대에 비스듬히 누워 왼손을 가슴 앞에 매달고 있는 나를 보고는 안색이 갑자기 하얗게 변했다. 나의 적당히 얼버무린 설명을 듣고 나서 E는 눈물을 글썽이며 "다시는 혼자서 그렇게 위험한 일을 하지 마요. 정해진 양을 채우지 못해도 기껏해야 이삼일 늦게 딱지를 뗄 뿐인데, 다치거나 불구가 되는 것보다 낫잖아요!"라고 말했다. 내가 그녀의 눈물을 닦아주고 억지로 웃으며 "이까짓 상처는 포로수용소에서 받은 시달림에 비하면 아무것도 아니야. 하물며 이번 기회에 집에서 요양하면서 매일 당신과 아들을 볼 수 있고, 어머님이 끓여준 닭고기도 먹을 수 있어서 정말 한 번 더 다치고 싶어!"라고 말하는 순간, 그녀가 나의 입을 막으며 나를 손으로 때렸다.

8. 미원密云 댐 공사장에서

1958년 초겨울 나는 손의 상처가 다 낫지 않은 상태로 '스징산 돌격연대突击团'를 따라 미원 댐 공사장에 가서 장장 10개월간 집에도 못가고 댐 건설 노동에 투입되었다. 내가 속한 '지주·부농·반혁명·악질·우파분자地富反坏右份子' 등으로 구성된 노동 개조부대는 가장 어렵고도 막중한 작업인 댐 위로 흙을 올리는 임무에 참가했다. 스징산 돌격연대가 있던 지우숭산九松山의 댐은 높이와 폭이 100m에 육박해서 수십만m³의 흙과 돌을 양쪽 산기슭에서 파내어 위로 옮겨야 했다. 나는 외발 손수레 수송대에 배정되었는데, 튼튼한 타이어와 철제 적재함으로 만든 외발 손수레는 250kg의 흙과 돌을 실을 수 있지만, 조심하지 않으면 쉽게 전복될 수 있었다. 나는 외발 손수레 미는 기술을 악착같이 연습해서 두 다리는 기마자세처럼 엉거주춤 벌리고, 양손은 손잡이를 빽빽하지 않게 꽉 잡고, 양팔은 내딛는 걸음과 방향을 바꾸는 데에 따라 끊임없이 힘을 조절하는 등의 기술을 터득했다. 나는 수레에 물건을 실을 때 많이 싣고, 빈 차를 밀 때는 빨리 달려서 매일 책임량을 초과 달성했다. 대신 바닥 자리에 누우면 온몸이 파김치가 되어 꼼짝할 수가 없었다. 하지만 나는 한편으로 농사지을 때 늘 뒤처져서 비판받던 곤경에서 벗어날 수 있었고, 다른 한편 어쩌면 딱지를 앞당겨 뗄 수 있다는 희망도 들어서 마음은 상쾌했다. 당시 내가 죽기 살기로 일한 데에는 말하기 거북한 또 다른 이유가 있었는데, 그것은 바로 육체를 힘들게 함으로써 왕성한 성욕을 억눌러야 했기 때문이다. 오랫동안 제대로 된 부부생활을 하지 못한 데다 거의 매일 노동자들이 주고받는 노골적인 성적 농담을 들어야 하는 상황에서 성적 굶주림과 갈증이 생겨 난 정말 두려웠다.

얼마 후 각 연대 간에 노동 경쟁이 벌어져 우리는 밤새 철야 작업을 일삼았다. 나는 일하는 건 두렵지 않았지만, 밤에 일하다 중간에 쉬는 게 두려웠다. 계곡에서 부는 바람은 땀에 흥건히 젖은 나의 솜옷을 얼음 껍질처럼 얼려버리고, 산 정상에 떠 있는 겨울밤의 별은 거제도에서 겪었던 잠 못 이루는 밤의 고통스러운 추억을 상기시켰으며, 심지어 나라 잃은 조선인이 당시 눈물을 머금고 불렀던 슬픈 노래마저 귓가에 울리는 것 같았다.

고향 떠나 여기 온 지 몇 해던가, 내 그리운 조국아. 바라보고 또 바라봐도 눈앞은 온통 광활하고 아득할 뿐. 고향 산하 언제쯤 다시 볼 수 있을까? 맑은 바람 부는 차가운 밤, 밝은 달은 서쪽으로 지는구나.

그 시절 내가 가장 바랐던 것은 일을 쉬는 비 오는 날이었다. 그러면 나는 자리에 엎드려 E에게 편지를 써서 그녀에 대한 나의 그리움을 털어놓을 수 있었다. 그녀는 내 속마음을 말할 수 있는 유일한 사람이었다. 그녀의 온정과 격려가 가득 담긴 답장 하나하나는 만금의 가치가 있는 집 소식이었고, 내가 가장 소중하게 여기는 정신적 양식이 되었다.

1959년 여름은 나에게 특별히 잊을 수 없는 시간이었다. 그 타는 듯한 불볕더위에 더 가팔라진 비탈길을 오르며 더 멀리 수레를 끌어야 했다. 이륜二轮 수레로 바꾸게 된 나는 두 팔로 손잡이를 잡고 어깨로 밧줄을 당기며 지면에 닿을 정도로 몸을 구부린 채, 두 발로 울퉁불퉁한 길을 헤치고 비지땀을 흘리며 500kg에 가까운 흙과 돌을 댐 위로 실어다 날랐다. 내가 신발과 양말을 아끼기 위해 맨발로, 러닝셔츠를 아끼려 반바지만 입고 일한 덕에 온몸의 피부가 여러 번 벗겨져 까맣게 변하고 광이 났다. 난 이번에는 '탈태'했다고 해도 될 것 같았다. 나는 항상 녜얼聶耳(원난성 출신으로 중화인민공화국 국가 〈의용군행진곡〉의 작곡자—역자)의 〈개척자开路先锋〉 노래를 흥얼거리며 스스로 격려했고, 엥겔스가 말한 "노동은 원숭이가 사람이 되기 위해 반드시 거쳐야 하는 길"이라는 가르침으로 자신을 북돋웠다. 하지만 매우 유감스럽게도 내가 이러한 소감을 사상개조 총결산 보고회에서 사상적 수확이라고 발표한 직후, 바로 그 자리에서 나와 같은 우파로 정치 이론 수준이 나보다 높은 어떤 선생에 의해 '해로운 말'이라는 비판을 받았다. 그 선생은 내가 "어떤 일을 구실 삼아 자기가 하고 싶은 바를 행하고, 악랄하게도 노동 인민을 원숭이로 모멸한 것이다"라고 말했다. 이로 인해 나의 아주 특출했던 노동 실적은 허사가 되고 말았고, 결국 1차로 우파 딱지를 뗄 기회를 잃고 말았다.

9. 아버지를 여의다

1959년 9월 어느 날 나는 "아버지가 돌아가셨으니, 속히 귀가해라"라는 어머니의 전보를 받았다.

정말이지 청천벽력이었다! 나는 급히 휴가를 내고 미원현 읍내까지 걸어 나와 기차를 타고 베이징으로 서둘러 갔다. 돌아가는 도중에 백성이 잘 살고 나라가 강성한 목표를 추구하기 위해 분투하신 아버지의 파란만장한 삶과 우리 남매 모두 고등교육을 받을 수 있도록 무진 애쓰신 노력이 떠올랐다. 또 나에 대한 아버지의 두터운 사랑이 생각나 눈물을 멈출 수 없었다. 아버지는 광안현에서 고등학교를 졸업하고 북평공업대학에서 방직紡織을 전공하셨는데, 마침 5·4운동 시기여서 과학과 민주로 나라를 구한다는 신사조를 받아들여 대학 졸업 후 고향에 돌아가 사업을 시작하셨다. 하지만 봉건세력과 관료주의의 협공을 받아 사업에 실패한 후, 상하이로 가서 공산당이 운영하는 '노동대학'에서 농업과학 지식을 배우고 졸업하셨다. 하지만 아버지는 상하이에서 일자리를 구하지 못해 다시 쓰촨으로 돌아가 중학교에서 몇 년간 교편을 잡으셨다. 그 뒤 지인의 초청을 받아 티베트족 거주지인 시캉성 타이닝泰宁에 가서 농장과 공장을 설립하여 변경

지역 개발에 일조하셨다. 그 후 아버지는 모직공장·면방직공장·나염공장 등에 초빙되어 수석엔지니어와 공장장을 역임하면서 줄곧 '실업 구국'에 매진하셨고, 내가 해방 직전 쓰촨에 돌아가 아버지에게 혁명 참가를 설득할 때까지 지속되었다. 나의 요청을 받아들이신 아버지는 지하당과 협력하여 노동자를 무장시켜 진안방적공장과 용계하수력발전소龙溪河水电站가 파괴되는 것을 막으셨다. 해방 후 아버지는 정부 업무에 참여해 거둔 성과가 현저하여 크게 중용重用되었는데, 어떻게 갑자기 '반혁명 과거사 겸 극우분자'가 될 수 있단 말인가? 또 평소 늘 건강하던 아버지가 어찌하여 투옥된 지 1년 만에 돌아가셨단 말인가?

서편문에 도착했을 때는 날이 이미 저물었다. 내가 문을 밀고 들어가 보니 집안에 전등이 꺼져있고 아무런 인기척도 나지 않았다. 내가 황급히 '어머니'라고 소리치자, "셋째니, 돌아왔어?"라는 어머니의 가냘픈 목소리가 들렸다. 나는 어둠 속을 더듬어 5와트짜리 전구를 켜고 희미한 불빛 아래 어머니가 힘없이 침대에 누워있는 모습을 보고, 달려들어 안으며 "어머니, 몸 상하시면 안 돼요!"라고 울부짖었다. 어머니는 "네가 돌아왔으면 됐다. 통지서는 책상 위에 있어"라고 하셨다. 통지서에는 아버지가 병으로 돌아가셨으니, 친족이 즉시 가서 후사를 처리하라고만 적혀 있었다. 내가 어머니에게 "내일 당장 제가 감옥에 가볼 테니 어머니는 뭘 좀 드시도록 하세요"라고 말하고, 그 벌집만 한 작은 임시 건물 안을 둘러보니 연탄난로는 식은 지 오래고 보온물병도 비어있었다. 나는 재빨리 난로에 불을 지피고 국수를 삶아서 모자 둘이서 반 그릇씩 먹은 다음, 어머니가 주무시기를 곁에서 지켰다. 나는 감히 아무것도 묻지 못하고 뜬눈으로 밤을 지새우다 날이 밝을 무렵에서야 겨우 잠이 들었다.

다음날 어머니는 기어이 나와 함께 감옥에 가시겠다고 했다. 내가 어머니를 부축하고 간수를 따라 시체 안치실에 들어가 보니, 아버지가 남색 죄수복을 입은 채 누워 계셨는데 누군지 거의 못 알아볼 정도로 얼굴이 부어 있었다. 간수가 아버지의 상의 주머니에서 최고검찰원의 '기소장' 1장과 '사망감정서' 1장을 꺼내 나에게 건넸다.

'기소장'에는 아버지가 국민당 구분부區分部의 서기를 지냈고, 해방 직전 '반공자위대反共自卫队'를 조직해 인민에 대항했으며, 반우파 시기 자녀들에게 미친 듯이 당을 공격하도록 지시했다고 되어 있었다. '사망감정서'에는 아버지가 수감 기간 악질적으로 관리에 따르지 않았고, 폐심증肺心病(Cor pulmonale, 폐원성심장병肺源性心脏病의 준말로 폐동맥의 높은 압력으로 생긴 심장병—역자)에 걸린 후 의사의 치료에 협조하지 않아 사망했으며 …… 라고 적혀 있었다. 어머니는 이를 다 읽고 나서 내 손을 뿌리치고 아버지에게 달려들어 "즈위안씨渊, 너무 억울해요. 정말 비참하게 죽었어요!"라며 대성통곡을 하셨다. 나는 옆에 서 있는 시꺼먼 얼굴의 간수를 쳐다보며 재빨리 어머니를 끌어당기면서 "어머니, 우리는 정부를 믿고 당을 믿어야 해요. 당을 믿고 정부를 믿어야 해요. 믿어야……"라고 흐느껴 울며 말했다.

나는 어머니를 꽉 붙잡고 아버지의 시신을 동쪽 교외에 있는 화장터로 모시고 가서 화장했다. 아버지는 반혁명 죄인이라서 우리에게 유골함을 팔지 않아서 유골도 남기지 못했다. 화장터를 나서자마자 우리 모자는 아무도 없는 작은 숲속에서 비로소 머리를 감싸 쥐고 소리 내 통곡했다.

부친상을 끝내고 어머니 곁을 차마 떠나지 못하던 나는, 치질이 심하게 재발해 침대에 누워지내며 일주일이나 변을 보지 못하고 방귀도 뀌지 못할 정도로 고통스러웠다. 다행히도 E가 휴가를 내어 우리를 돌봐줬다. 그녀가 내 발을 씻겨주다 발에 굳은살이 두껍게 박인 걸 발견하고는 어찌 된 일인지 물었다. 내가 몇 달째 맨발로 일했음을 알게 된 E는 눈물을 흘리며 뜨거운 물로 굳은살을 불린 후 자르면서 "대체 이게 뭐예요? 아무리 어려워도 신발 한 켤레 살 돈은 있다고요"라고 말했다. 내가 일하러 돌아갈 때, 그녀는 내 가방 안에 억지로 새 신발을 쑤셔 넣었다.

10. 언제쯤 딱지를 뗄 수 있을까?

1959년 겨울 우리 '스징산 돌격연대'는 명령을 받고 미윈 댐 공사장에서 베이징으로 소환되어 산자디엔三家店 댐(베이징시의 물 공급을 위해 융딩하永定河를 가로막아 세운 수문으로 먼터우거우구에 있음-역자) 건설에 투입되었다. 그 무렵 1차로 딱지를 뗀 우파들은 이미 학교로 돌아가 직무를 재개하고 있었다. 나는 자신의 "죄가 매우 중하다"는 것을 알면서도 차마 영혼을 팔지 못해 감히 1차로 딱지를 뗄 엄두를 내지 못했다. 하지만 2차 때에는 딱지를 뗄 수 있길 몹시 갈망해서 가장 어렵고 위험한 일을 하겠다고 자원했다. 그것은 거대한 바위에 큰 망치로 강철못을 박아 구멍을 낸 다음, 그 안에 화약을 넣고 폭파해서 산을 깎는 작업이었다. 1달이 지나자 나는 12파운드 망치로 단숨에 강철못 100개를 박는 재주를 익혔다.

봄이 되어 산자디엔 댐 공사장에 갑자기 '초음파 발생기'를 중심으로 한 '기술 혁신' 열풍이 불자, 청화대학 물리학과 출신의 우파분자인 나는 스징산 연대본부로 차출되어 기술 혁신에 전적으로 투입되었다. 나는 '흙 벨트 인양기土皮帶上料机'·'식기세척기'·'반죽기' …… 등의 설계와 제작에는 참여했지만, '초음파 찜솥'과 '초음파 죽 제조기'에 대해서 그것들이 동력만 낭비하는 일종의 에너지변환기임을 알았기에 소극적으로 대응했다. 더군다나 공청단 위원회가 단원을 동원해 자체 제작한 '초음파 발생기'는 전혀 사용할 수가 없었다. 그것을 만드느라 동원한 납작하게 눌러진 자전거 앞쪽 헤드 파이프와 박아넣은 면도날이 아까울 뿐이었다. 나는 아직도 이 '초음파 혁명과 기술 혁신 운동'을 어떤 '과학자'가 제안한 건지 알지 못한다. 하지만 나와 같은 서생이 힘든 육체노동 중에 지적 능력을 일부 발휘할 기회를 준 것에 대하여 아주 감사하게 생각한다. 특히 이 운동으로 내가 E를 만날 기회를 얻었음에랴! 한번은 또 기술 혁신에 필요한 도구와 부품 구매를 위해 나를 시내로 보냈을 적에 참지 못하고 몰래 집에 가서 하룻밤을 묵었는데, E가 얼마나 놀라고 기뻐하든지! 그날 밤 우린 함께 있는 게 너무 감격스러워서, 정말이지 오래 헤어져 있다가 만나면 신혼 때보다 더 정이 깊다는 걸 실감했다. 그건 생리적 갈증 이상의 서로에 대한 간절한 그리움 때문이었다.

우리 스징산 연대는 전체 댐 공사장 '기술 혁신' 평가에서 1등을 차지했다. 이로 인해 나도 연대본부로부터 공개 표창되고 수건 1장과 큰 찻잔 1개를 상품으로 받았다. 이는 정말 나에게 놀랄 정도로 과분한 것이었고 다른 우파분자의 부러움도 샀다. 난 이번에는 딱지를 뗄 수 있을 거로 생각했다. 하지만 2차로 딱지를 떼는 대상에 나는 여전히 포함되지 않았다. 이유는 우파 동료 중 누군가가 나를 "사상개조에 몰두함이 부족하고, 전문분야에만 집중하는 경향이 있다"라고 비판했기 때문이다.

1960년 여름 산자디엔 댐 지휘부는 그 자리에 댐을 세우는 일이 근본적으로 불가능하다는 것을 마침내 발견하고, 천만 위안 이상의 '학비'를 낸 채 하는 수 없이 공사를 중단했다. 게다가 당시 식량난으로 인해 '대규모 인력 투입 작전大兵團作戰'이 허용되지도 않았다. 우리 우파분자 소부대는 다시 시황촌으로 돌아가 농사일을 재개했다. 우리의 식량 배급액은 갈수록 감소해 매달 17근까지 줄었고, 대식당은 이미 해체되어 우리는 직접 밥을 지어 먹어야 했다. 나의 우파 생활 5년여 가운데 가장 힘든 시기가 도래한 것이었다.

11. 구사일생으로 살아나다

시황촌으로 돌아간 뒤 나는 '퇴비조積肥組'에 배정되었다. 내가 실제 맡은 일은 똥통을 메고 마을 집집마다 가서 변소 청소를 하고 똥을 퍼내 그 분뇨를 흙과 석탄재, 수수깡에 섞은 다음 땅바닥에 펴서 떡처럼 만드는 것이었다. 나는 악취를 전혀 두려워하지 않고 매일 대여섯 시간을 집마다 돌아다니며 분뇨를 퍼냈다. 그 일 자체도 매우 힘들었지만, 반드시 사람과 접촉해야 하는 게 문제였다. 어떤 집은 나를 비교적 존중해서 때로는 물을 뜨다 주기도 하고 작은 의자를 가져와 앉으라고도 했다, 반면에 어떤 집에서는 우파인 나를 아주 경멸했다. 한번은 어떤 아이가 일부로 벽돌을 내 똥통에 던져넣어 온몸에 똥물이 튀었는데, 창문 안쪽에서 구경하던 어른들이 깔깔대며 웃기도 했다. 내가 허겁지겁 도망치듯 벗어나자, 뒤에서 '구린내 나는 우파, 구린내 나는 우파!'라고 욕하는 소리가 들렸다. 다행히 당시 나의 마음에는 이미 단단한 거죽이 씌워져 있어서, 이 정도 모욕에 더 이상 고통을 느끼지 않았다. 심지어 나는 '마음만 깨끗하면 몸에서 구린내가 좀 난들 무슨 상관이야!'라고 생각하기도 했다.

당시 가장 견디기 힘들었던 건 역시 굶주림이었다. 처음 내가 시내에 들어갔을 때, E의 제부인 판潘 씨네에 가서 한 끼 배불리 먹을 수 있었다. 그때까지는 판 씨네 경제 사정이 비교적 괜찮아서 고가의 음식을 살 수 있었고, 또한 나의 처지를 동정하여 자주 나를 초대했다. 판 씨 어머니는 인정이 많아 내가 갈 때마다 최대한 환대해주셨다. 또 북경제9중학의 '둘째 누나' 부부가 E를 특별히 배려해서 자주 그녀에게 영양 보충할 식품을 주었는데, E가 일부를 나에게 남겨주었다. 하지만 나중에는 모두가 어려워져 도와주고 싶어도 그럴 여유가 없었다. 그해 겨울이 되자, 나는 처음에는 다리에 힘이 풀리고 숨이 가빠져 똥통을 한동안 메면 심호흡을 하고 잠시 쉬어야만 다시 움직일 수 있었다. 하지만 나중에는 부황이 생겨 발부터 다리, 얼굴까지 다 붓게 되었다. 그래서 나는 살기 위해 몸부림치다 쥐 1마리를 잡아먹는 걸 계기로 야생동물을 먹기 시작했다.

어느 날 내가 일을 마친 후 배고프고 지친 몸으로 숙소에 돌아와 쌀죽을 끓여 먹으려 벽에 걸어놓은 쌀자루를 떼내보니, 자루 안에서 뭔가 움직이는 것이 느껴졌다. 겉에서 만져보니 큰 쥐 1마리가 들어있었다. 순간 나는 '남은 양식이라고는 이게 다인데, 이걸 훔쳐 먹어!'라는 생각에 화가 치밀어 자루를 꽉 잡고 더 이상 움직임이 없을 때까지 힘껏 패대기를 쳤다. 그런 다음 자루를 열고 그것을 끄집어내 버리려다, 문득 원망스러운 마음에 '네놈이 내 쌀을 먹었으니, 그럼 난 네놈을 먹어야겠다!'라는 생각이 들었다. 그래서 나는 그 쥐의 껍질을 벗기고 내장을 제거한 후 냄비에 넣고 푹 삶았다. 먹어보니 놀랍게도 쥐고기 맛이 좀 꺼칠한 것 외에 닭고기와 비슷한 게 아닌가! 그래서 나는 일을 다 끝내고 쉴 때, 들판이나 황량한 산골짜기에 가서 들쥐 집이나 고슴도치 동굴을 찾아 포대 자루로 그것을 잡으려 했다. 가끔 1마리를 잡으면 진흙을 발라 땔감으로 불을 피워 이를 구웠다. 진흙이 마르면 고기도 익는데, 거기에 소금을 뿌려 손에 똥이 묻어있건 말건 신경쓰지 않고 밖에서 급히 먹고 숙소로 돌아왔다. 나는 그제야 우리의 먼 선조들이 어떻게 살아남았는지 알게 되었다.

그러나 나중에는 야생동물마저 전혀 잡히지 않았고, 그렇다고 감히 생산대대의 곡식을 훔쳐 먹을 수도 없었다. 대원 중에 곡식을 훔쳐 먹다 잡혀서 비판과 구타를 당하는 걸 보고서, 어찌 스스로 파멸을 자초할 수 있었겠는가. 나는 부황이 갈수록 심해져 나중에는 눈조차 뜨기 힘들게 되었으나, 노인네를 비롯한 식구들이 걱정할까 봐 집으로 돌아가지도 못했다.

어느 날 아침 깨어난 나는 머리가 어지럽고 심장이 심하게 두근거리며 몸에 힘이 하나도 없는 걸 느끼고 정말로 죽을 때가 됐다고 생각했다. 나는 안간힘을 다해 쌀부대에 있는 마지막 옥수숫가루를 조심스레 작은 냄비에 털어 넣고 묽게 죽을 쑤었다. 그리고는 죽을 베갯머리에 두고 바닥 잠자리에 반드시 누워서, 그 황금색 생명의 빛을 감상하고 가슴 깊이 파고드는 향기를 맡으며 조금씩 조금씩 음미했다. 나는 포로가 되기 전 포위당한 상황에서 배가 고파 나뭇잎과 풀뿌리를 먹었던 느낌과 포로수용소에서 몇 차례 단식투쟁 시 겪었던 굶주림을 떠올렸으나, 이번처럼 이리 오래 굶은 적은 없었다. 굶주림은 이렇게 나의 생명을 조금씩 소진해 버렸다. 나는 이번에는 저승사자의 소환을 거절하기 어려울 것 같다고 예상했다. 나는 담담한 마음으로 "이 세상엔 네가 더 이상 미련을 가질 만한 게 없어. 유일하게 마음에 걸리는 건 홀어머니와 아내 그리고 어린 아들뿐이야!"라고 중얼거렸다. 억지로 일어나 앉아 그들에게 몇 마디 말을 남길까 생각했지만, 또 굳이 그럴 필요도 없을 듯했다. 어찌 나로 인해 사랑하는 사람이 더 많은 눈물을 흘리게 할 필요가 있겠는가! 그렇게 생각을 정리하고 나는 반드시 누워서 눈을 감고 조용히 그 시간이 오기를 기다렸다.

생각지도 못하게 사흘째 되던 날, E가 불안해서 나와 선을 분명하게 긋지 않는다는 남들 말에 아랑곳없이 나를 보러 시황촌으로 달려왔다. 그때 나는 이미 마지막 남은 숨을 고르며 누워서 헐떡이고 있었다. 그녀는 나의 그런 모습을 보고 슬피 울면서 작은 도시락 하나를 꺼내 십여 개의 채소 만두를 하나씩 집어 나에게 먹이려 했다. 내가 음식 씹을 힘도 없는 것을 보고는 마치 아이에게 먹이듯이 잘게 씹어서 입에다 넣어주었다. 그러고 는 밖에 나가 한 학부모에게 1위안을 주고 당근 1개와 달걀 2개를 사서 그곳에서 푹 익힌 다음, 그것을 내 베개 옆에 두고는 매우 불안해하며 떠났다. 다음날에도 그녀는 양젖 1잔을 가져와 나에게 먹였다.

그 귀한 음식의 효과인지 아니면 E의 사랑이 염라대왕을 감동하게 한 것인지 모르지만, 나는 기적적으로 부황이 호전되어 다시 구사일생으로 살아나 '물산이 풍부한' 우리 중국 땅에서 생긴 또 하나의 굶어 죽은 사람이 되지는 않았다.

12. "인민의 대오로 복귀하라"

1962년 봄 우리 스징산구가 펑타이구丰台区에 병합된 이후, 아직 딱지를 떼지 못한 수십 명의 우파는 펑타이 문교국文教局 건설대에 모여 노동을 하게 되었다. 나는 다시 전력을 다해 일에 몰입했는데, 지난번 시황촌에서 분뇨 푸는 작업 성적이 뛰어나서인지 이번에는 나를 조장組長으로 삼았다. 나중에는 나에게 창고 일을 시켰고, 정치지도원도 제대 군인으로 바뀌었다. 그 지도원이 항미원조에 참가해서인지 혹은 내 경력을 잘 알아서인지 모르지만, 어쨌든 그가 나에게 관심이 많다는 것을 알아차렸다. 지도원은 자주 나를 찾아 대화하면서 열심히 일해 연말에는 딱지를 뗄 수 있도록 하자고 격려해주었다. 나는 당연히 매우 감동했고 전보다 더욱 열심히 일했다. 나는 자신의 "사상개조에 몰두하지 않는다"라는 단점을 극복하기 위해 매주 한 번씩 지속해서 사상보고서를 제출했다. 나는 국가의 형세가 호전되고 있음을 환호하고 중국공산당의 소련 수정주의자에 대한 투쟁을 옹호하는 등의 신문 기사 문구에다 나의 잘못에 대한 비판을 결부시켜 끊임없이 "당에 속마음을 털어놓았다". 다만 내가 다른 우파분자의 언행을 고발하거나 비판하는 내용이 너무 적은 게 유일한 약점이었다.

같은 해 가을 나는 또 그다지 떳떳하지 못한 한 가지 일을 저질렀다. 문교국에서 직접 만든 양어장의 물고기를 잡는 작업에 내가 참여하면서 살아 있는 고기 1마리를 훔친 것이었다. 당시 모두가 그물에 밀려 양어장 물가로 몰린 고기떼가 펄떡펄떡 뛰는 것을 보며 대풍년을 기뻐하고 환호할 때, 물속에서 그물을 당기고 있던 나는 갑자기 바지통 안에서 고기 한 마리가 좌충우돌해대는 걸 느꼈다. 그 순간 나는 심장박동이 빨라지면서 물고기를 가지고 돌아가면 아들놈이 얼마나 기뻐할까! E도 정말 기뻐할 텐데! 라는 생각에 사상 투쟁을 하기 시작했다. 결국 나는 허리띠를 풀고 허리를 숙여 사람들이 주의하지 않는 틈을 타, 그 물고기를 허벅지와 아랫배를 거쳐 허리 위로 밀어 넣은 다음 속옷을 허리띠 안에 단단히 집어넣었다. 그러자 그 고기가 매우 불편한 듯 한참을 퍼덕이다 겨우 잠잠해졌다. 나는 그렇게 수시로 나를 툭툭 건드리는 미끄러운 물고기를 품에 안고 휴가를 내어 자전거를 타고 집으로 갔다. 돌아가면서 나는 자신이 정말 많이 변했고 뻔뻔해졌음을 실감했다. 태어나 처음으로 도둑질을 했음에도 마음이 그저 즐겁고 전혀 부끄럽지 않았으며, 심지어 "기회를 타서 물건을 슬쩍 가져가는 게 도둑질이 아니듯이, 손이 가는 대로 물고기를 잡는 것도 도둑질이 아냐!"라고 스스로 위안하기도 했다.

집에 거의 다 와서야 나는 끈적하고 눅눅한 속옷 안에서 족히 500g이 넘는 초어草鱼를 꺼내 책가방에 넣었다. 집에 들어가 물고기를 꺼내며 직장에서 나눠준 것이라고 하자, 다섯 살짜리 아들이 기뻐서 손뼉을 치며 내가 지를 안고 찐하게 뽀뽀하도록 내버려 두었다. 다른 가족들도 이 기회에 E가 만든 홍소어红烧鱼(물고기에 기름과 설탕을 넣어 살짝 볶고 간장을 넣어 익혀 검붉은색이 되게 하는 중국 요리-역자)를 즐겼다.

다행히 옳지 못한 이번 행위는 발각되지 않아서 연말에 나는 딱지 떼기 심사를 통과했다.

그날 정치지도원은 회의에서 딱지를 뗀 5명의 우파 명단을 발표하면서, 우리 몇 명이 최근 2년간 사상 개조 중에 성적이 아주 뛰어나고 일도 열심히 했기에 인민의 대오로 복귀시키기로 했으며, 각 학교에서도 이 결정을 동시에 선포할 거라고 말했다. 지도원은 우리에게 교만하거나 성급해서는 안 된다고 충고했고, 딱지를 떼지 못한 우파들에게는 우리를 배우라고 했다. 몇 년 동안 그렇게도 갈망하던 날이 왔음에도 무슨 이유인지 내 마음은 오히려 아주 편안했다. 아마도 아직 "자기 직장으로 돌아가지" 못하는 나머지 우파들의 상심한 모습을 보고 기뻐할 수 없었기 때문인 듯했다.

하지만 그날 밤 나는 쉬이 잠들지 못했다. 이제 막 끝난 6년 가까운 우파

살이에 대한 온갖 상념이 떠올랐다. 이 몇 년 동안 내가 받은 정신적 고통은 포로수용소에서 받았던 그것보다 훨씬 컸다. 반면에 포로수용소에서는 가질 수 없었던 지지와 위로를 한편 얻을 수 있었다. 나는 제일 먼저 나 때문에 E가 겪은 시달림과 나에 대한 원망이나 후회 없이 할 수 있는 모든 것을 다한 그녀의 사랑이 생각났다. 만약 E가 일부 우파의 아내들처럼 나를 버리고 떠났다면, 나 역시 일찌감치 죽음의 길로 들어섰을지도 모른다. 더구나 평범한 가정주부인 장모님께서 딸에게 "쩌스가 지금 곤경에 처해있는 것만 보지 마. 언제가 때가 되면 운이 트일 거야!"라고 말씀하셨다니. 1961년 가을 먹고사는 게 너무나도 어려웠던 시절, 장모님은 내가 딱지를 떼고 강단으로 다시 돌아갈 때 입히라고 하면서 40위안을 억지로 E에게 주어 순모 바지를 사게 하셨다. 그 외에도 장모님은 절약해 생활한 돈으로 나에게 영양을 보충해 주려고 하셨고, 나의 옛 전우 중췬화는 E에게 편지를 써서 "쩌스는 반드시 인민의 대오로 복귀할" 것이니 굳게 믿으라고 했다. 나는 또 농촌에서, 댐 공사장에서 인내심을 갖고 나에게 땅 갈기와 보리 베기, 수레 밀기와 구멍 뚫기를 가르쳐 준 선량한 시골 사람들이 생각났다. 특히 내가 사경을 헤맬 때 나에게 달걀 1개, 당근 1개, 양젖 1컵을 지원해 준 마음씨 좋은 사람들을!

"앞으로 어떻게 당신들에게 보답해야 할까요? 바로 당신들의 사랑과 혈육의 정 그리고 우정이 가혹한 광풍을 막아준 덕분에 내 생명의 불이 꺼지지 않았으니까요!"

다음 날 북경제9중학에 재직하다 오리타중학宼里地中学 교감으로 전근 간 G 선생이 특별히 펑타이로 나를 데리러 와 오리타중학에서 외국어 강의를 맡게 했다. 이로써 5년여에 걸친 나의 우파 시절은 끝이 났다. 나는 이제부터 정상적인 생활을 할 수 있을 걸로 생각했다. 이를 증명이라도 하듯 나의 딸이 그해 연말에 태어났다.

제7장

새로운 삶을 모색하다

1963년 초 ~ 1966년 6월, 베이징

1. 다시 취업을 하다

1962년 말 나는 우리 지역에서 우파 딱지를 뗀 마지막 그룹의 1명으로 확정되었고, 교사 복직도 허가되어 오리타중학으로 전근되었다. 1963년 초 북경제9중학 당 지부는 나의 우파 신분 해제하고 "인민의 대오로 복귀하라"고 공식 선포했다. 얼마 후 오리타중학 인사 담당 간부가 "당신은 대학 출신으로 새로 취업하는 사례이므로 원래는 중등 교직 9급에 해당하지만, 노동 개조 중에 성적이 비교적 좋았던 점을 고려해 정책 규정에 따른 등급 책정 때 중등 교직 8급으로 1단계 올렸고 월급은 62위안입니다"라고 알려주었다. 이에 나는 당연히 당의 '친절한 배려'에 감격한다고 말했지만, 이를 통해 내가 우파로 지낸 지난 6년은 물론이고 그 이전의 근무 연수마저 인정받지 못하게 되었음을 알았다. 마치 1955년 내가 새롭게 취업한 것처럼 다시 한번 처음부터 출발해야만 했다. 곰곰이 생각해보면 이 또한 나름 합리적인 결정이었으니, 나는 응당 "환골탈태하여 죽었다 다시 살아 난" 사람으로 간주해야 했기 때문이다. 한 가지 유감스러운 건 환생한桓生영동靈童(영험한 힘을 지닌 동자-역자)마냥 정말로 새로운 생명, 새로운 청춘을 얻 지 못했다는 점이다. 내 청춘은 이미 다 지나버려 다시는 돌아오지 않았으 니까!

하지만 나도 얼마 전까지 마음속으로 "이미 환골탈태했으니 나에게 재 생의 길을 열어주시오!"라고 외쳤던 걸 잊지 않았기에 그대로 만족할 수밖 에 없었다.

"만족해야만 해요!" E가 머리맡에서 나에게 말했다. 나의 교직 등급이 다시 정해질 때, 우리 사랑의 나무에 맺힌 또 하나의 '쓴 열매'인— 우리 딸이 100일을 맞았다. 딸아이의 울음소리가 너무 컸던지, 북경제9중학 지 도부는 그들 모녀가 독방을 사용하도록 혜택을 주었다. 그래서 내가 자주 그곳에 가서 머물렀기에, 우리도 다시 가정을 꾸린 셈이 되었다. 나는 집 에 돌아가면 항상 딸아이를 바로 안아주었다. 딸아이는 그 순진무구한 두 눈으로 궁금한 듯 분쟁 가득한 이 세상을 바라보며, 옥빛 죽순玉筍처럼 작 은 손으로 자격도 없는 아버지 얼굴의 면도 안 한 수염을 만지길 좋아했다. 나는 늘 마음속으로 "아! 사랑하는 나의 딸, 널 위해서라도 아빠가 사람답 게 살 거야!"라고 아이에게 말했다.

"잘하거라!" 어머니가 식사하다 나에게 말씀하셨다. 그때 어머니는 이 미 철강학원을 졸업하고 학교에 남아 일하던 여동생이 모셔가, 학교 숙소 에 함께 살면서 여동생의 어린 아들을 돌봐주고 계셨다. 매제가 철강학원 정치공작 간부여서 어머니가 그곳에 사시는 게 퍽 마음이 놓였다. 어머니 는 내가 갈 때마다 맛있는 음식을 만들어 셋째 아들을 "위로해 주셨다". 내가 딱지를 떼고 교직을 회복하여 다시 등급이 정해졌다는 소식을 듣고 어머니는 더욱 기뻐하며 아주 많은 음식을 만들어 축하해주셨지!

"셋째야, 새로운 삶을 열도록 해!" 큰형과 큰형수가 편지를 보내 나에게 말했다. 큰형은 베이다황에서의 노동 개조를 끝내고, 큰형수가 있는 산시성山西省 양취안陽泉 광무국鑛務局 병원으로 직장을 옮겼다. 큰형수는 둘째 형수의 아주 친한 대학 동창으로 정직하고 유능하며 정숙하고 너그러운 훌륭한 의사였다. 큰형과 큰형수는 늘 나에게 큰 관심을 가졌다. 내가 딱지를 떼었다는 기쁜 소식과 등급이 다시 정해졌다는 걸 알고서, 새롭게 시작해 공을 세우도록 격려하는 편지를 나에게 보낸 것이었다.

"거센 불 속에서만 순금을 단련할 수 있다!" 둘째 형과 둘째 형수는 나에게 보낸 편지에서 이 말로 서로의 용기를 북돋웠다. 하얼빈哈尔滨으로 '하방下放'(간부나 지식인들이 사상 단련을 위해 공장·농촌·광산 등지로 노동하러 가는 일-역자) 당한 둘째 형과 둘째 형수는 그 무렵 둘 다 딱지를 떼고 직장에 복귀한 상태였다. 인생에 대해 여전히 낙관적이고 진취적인 태도를 가진 그들은 강요된 운명에 굴복하지 않았다. 나는 정말로 이 점에 매우 고무되었다.

나는 가족들의 격려 속에서 새로운 생활에 대한 자신감을 쌓아갔다. 넷째 동생은 광업학원을 졸업한 후, 줄곧 푸순 탄광에서 열심히 일하며 무사히 반우파운동을 비껴갔다. 비록 이번 정치 폭풍이 아버지의 목숨을 앗아갔음에도 불구하고, 아버지와 어머니가 함께 심으신 우리 가족이라는 이 생명의 나무는 여전히 억세게 우뚝 서서 앞으로도 계속 번성해나가리라는 걸 난 알았다. 이는 그들의 노고로 키운 나무가 우리 이 오래된 나라의 대지에 이미 깊이 뿌리내렸음을 입증한 것이다. 아버지, 이제 구천에서 편히 잠드소서!

우리 가족의 비참한 운명에 대한 이러한 새로운 인식과 자신의 운명에 굴하지 않겠다는 의지를 품고, 아버지가 남기신 이 생명의 나무 뿌리를 더욱 깊이 내려 무성하게 키우겠다는 책임감에 나는 새로운 삶을 추구하기 시작했다.

"인민의 대오로 복귀한" 걸 축하하기 위해 생활보조금이 아닌 월급을 내가 처음 받은 후 E의 주도로 동안시장의 동래순東來順 식당에 손님을 초대해, 내가 곤경에 처했을 때 소중한 지지를 보내준 친척과 친구에게 사의를 표했다. 북경에 사는 장 씨氏와 양 씨楊氏 집안의 친척 외에도 E의 제부 반 씨와 그의 어머니도 특별히 초대했다. "급할 때 도움을 준" 그들의 은혜를 내 평생 잊지 않으리라! 또 나와 E는 따로 '둘째 누나' 부부를 찾아가 감사의 뜻을 표했다.

오리타중학은 1958년에 처음 세워진 스징산구 가장 변두리에 있는 학교였다. 이곳 학생은 대부분 노동자나 농민 자제들이었다. 나는 1963년 이 학교에 부임한 후 외국어를 가르쳤다. 그해 중·소 관계가 이미 나빠졌지만, 중등학교의 외국어 과목은 여전히 러시아어였다. 나는 다행히 거제도 '전범수용소'에서 1년간 조선 동지 신태봉으로부터 러시아어를 배운 적이 있었다. 신태봉은 포로가 되기 전 조선러시아어대학 총장이었고, 그전에는 소련 타슈켄트사범학원 학장을 지냈다. 나는 그에게서 표준에 가까운 러시아어를 배워 나름 튼튼한 기초가 있어서 중학교 1학년 러시아어 강의는 별문제가 없었다. 나는 과목을 배정받은 후, 자진해 베이징시 교사 연수원에 가서 교재와 강의법을 배웠다. 게다가 나는 〈조국 행진곡〉·〈카츄샤〉·〈광명찬〉 같은 러시아어 원어 노래 몇 곡을 부를 줄 알아서, 내가 맡은 반의 러시아어 수업은 매우 성공적이었다. 내가 가르친 아이들은 적지 않은 수업 용어 및 일상생활 용어를 배웠고, 러시아어 노래도 한두 곡 부를 수 있었다. 러시아어에 관한 관심이 상당히 높아서, 1963년 여름방학 후 새 학년부터 스징산구 내 러시아어 교사들이 팀을 짜서 나의 수업을 참관하기 시작했다. 그리고 나 자신도 중학교 1학년 아이들과 함께 지내면서 특별한 소득이 있었다. 그(그녀)들의 천진하고 선량하며 아름다운 마음은 선생인 나의 영혼을 정화하여 세상의 온갖 추악함과 쟁탈, 박해로 인해 상처받은 내 마음에 큰 위안이 되었다. 나는 바로 그때부터 점차 의식 깊숙한 곳에서 내 삶이 추구할 목표가 마땅히 진실하고 선량하며 아름다운 세상, 진실하고 선량하며 아름다운 인생, 진실하고 선량하며 아름다운 인간성임이 분명하다고 생각했다. 교사라는 직업은 이 목표를 실현할 가장 직접적인 방법이었기에, 교사 일에 대한 나의 열정은 더욱 커졌다.

1964년 여름방학 후 학교의 영어 수업이 늘어나기 시작하자, 포로수용소 영어 통역관이던 나에게 영어 교사를 맡게 했다. 꼬박 10년 동안 영어를 접한 적이 없었던 나로서는 당연히 매우 기뻤다. 다만 학교 당국에서 학생들에게 미국식 영어가 아닌 반드시 표준 영어, 즉 런던 발음을 가르치라고 요구하는 게 아닌가! 나는 나의 미국식 영어 발음을 영국식 발음으로 바꾸기 위해 외국어 서점에서 영국의 유명한 링거폰Linguaphone(1901년 런던에 설립된 외국어 학습 프로그램 기업-역자) 학교의 영어 음성 음반을 사서, 국제음표에 나오는 단음短音 발음의 입 모양부터 배워 나의 발음 방식을 완전히 고쳤다. 물론 정서상으로 나는 활달하고 부드러운 미국식 발음을 여전히 좋아하고 너무 점잖고 엄숙한 영국식 발음을 별로 좋아하지 않지만, 훌륭한 영어 교사가 되기 위해 학교 당국의 요구에 따랐다.

나는 수업 시간 녹음기를 사용하기 위해 여름방학 때 베이징시 교육국

전자화 교육관이 개설한 녹음기 사용 및 수리 훈련반에 특별히 참가했다. 당시 녹음기는 아주 육중한 진공관 녹음기였지만, 그것의 전자기电磁气 전환 원리와 정류整流 진동 그리고 증폭 회로는 현재의 녹음기와 기본적으로 같았다. 이는 내가 나중에 물리 전기학을 가르칠 때, 특히 학생들이 전기공학 조작 기술을 실습하는 데도 큰 도움이 되었다.

지난 6년간 감시받으며 일하느라 잃어버린 세월이 너무나 아까워서, 나는 모든 학습 기회를 놓치지 않고 자신의 지식과 기능技能을 충실히 함으로써 그 손실을 조금이나마 메우려고 늘 생각했다.

2. "다시 당의 품으로 돌아가기"를 염원하다

1963년 여름부터 1966년 여름까지의 3년간은 나의 교사 생활 중에 충분히 되돌아볼 만한 시기였다. 이 3년 동안 나는 자신의 재능을 충분히 발휘하여 사회에 이바지했을 뿐 아니라 본인의 삶을 위해 다시 열과 빛을 발할 수 있어서 기뻤다. 또한 나는 학생들의 사랑과 지지, 학부모들의 존경, 동료들의 우의를 얻었기 때문에 인간으로서의 존엄을 새롭게 되찾았다고 느꼈다. 내가 겪은 고통스러운 경험 속에서 특히 중시한 것은 바로 이 점이었다.

교사 일을 다시 맡게 되면서부터 나는 오리타중학 당 지부 서기 겸 교장인 K 동지에게 더 많은 일을 하고 싶다는 희망을 간곡히 표명했다. 당시 딱지를 뗀 우리 우파 대부분은 지도부에 "공을 세워 실수를 만회하겠다"라는 의사를 표시했고, 심지어 "공을 세워 속죄하겠다"라고 말하는 사람도 있었다. 나는 속으로 실수한 적이 없으며 죄를 지은 적은 더더욱 없다고 생각했지만, "공을 세워 실수를 만회하겠다"라고 말함으로써 반우파운동에 대해, 당과 정부에 대해서 전혀 불만과 불복의 뜻이 없음을 표했다. 이러한 행동은 당시에 꼭 필요한 일종의 자아 보호조치였다. 한편 당시 나는 나를 우파로 간주하고 게다가 2급 우파라는 모진 처분을 내린 이유를 논리적으로 이해하지 못했지만, 당 중앙과 마오 주석에 대해서는 여전히 확실하게 신뢰하고 옹호하고 있었다. 나는 나와 아버지, 그리고 형들과 형수들의 비극은 하부 당 조직이 초래한 대중운동 과정에서 피하기 어려운 오류이지, 반우파 투쟁 운동 자체는 잘못된 것이 아니라고 생각했다. 그 당시 나는 언론 보도의 선전을 믿고 자산계급 우파가 당을 공격하고 있는 것이 분명하다고 여겼다.

그렇게 생각했던 더 근본적인 이유는 바로 마음속 깊은 곳에서 내가 여전히 공산당원, 적어도 '당 밖의 볼셰비키'라고 굳게 믿었기 때문이다. 나는 공산당원으로서 일찍이 이 혁명정권의 수립과 보위에 참여했기에, 이당과 이 정권이 공격당하는 것을 보고 싶지 않았다. 나는 여전히 포로수용소에 있을 때처럼 당과 조국을 동일시했다. '조국 인민에 충성하는 너는 마땅히 당에 충성해야 하니, 당은 조국과 마찬가지로 너의 어머니이기도 하기 때문이다!' 이런 생각에 나는 아주 자연스럽게 나에 대한 당의 부당한 대우를 어머니가 아들을 잘못 때린 것으로 간주하였다. 그래서 나는 반복해서 모욕당하고 짓밟히고, 땅바닥에 내동댕이쳐지고 가문에서 쫓겨나더라도 변함없이 울부짖으면서 되돌아가고 싶었다. ……

딱지를 떼고 교직에 복귀하자마자, 나는 재차 진지하게 학교의 당 지부에 '재입당 신청서'를 제출했다. 그런데 20여 년이 지난 후에서야, 나는 자신이 포로로 잡혔다 돌아온 이후부터 진작에 '변절자'로 낙인되어 "평생 임용을 제한하는" 별도의 호적부에 편입되었고, 모든 우파분자는 딱지를 뗀 후에도 여전히 신뢰할 수 없는 '딱지 뗀 우파'로 간주하였음을 알게 되었다. 그제야 나는 그 당시 그러한 '짝사랑'의 서러움을 고통스럽게 깨달았다.

3. 성실히 일하다

다행스러운 것은 내가 오리타중학에서도 좋은 서기를 만났다는 점이다. 당시 K 서기는 북경제9중학의 자오 서기와 마찬가지로 나를 격려하며 교학과 교육에서 내가 성과를 낼 것으로 믿는다면서, 내가 제9중학에 있을 때의 근무 성과를 G 선생에게서 이미 들었다고 말했다. 공교롭게도 내가 속한 외국어 교육 연구팀 팀장이 바로 제9중학 졸업생이었다. 비록 내가 그 팀장을 직접 가르치지 않았음에도, 그가 나에게 호감을 느끼고 있어서 업무 중에 팀원인 나를 매우 존중해주었다. 그리하여 중학교 1학년 2개 반의 영어를 가르치고 그중 한 반의 담임을 맡아 교장부터 교감, 연구팀 팀장의 지지까지 얻은 상황에서, 남은 것은 내가 어떻게 일하느냐에 달려있었다.

나는 러시아어를 1년 반 가르친 경험이 있는 데다, 교회학교에 다니며 외국인 선생님으로부터 영어를 배울 때 익힌 여러 교수법이 많은 도움을 주어서 영어 강의를 하는 데 충분히 자신이 있었다. 나는 자신이 코가 높고 눈이 파란 중국말을 조금밖에 못 하는 외국인이며, 내가 좋아하는 중국 아이들에게 영어를 가르친다고 상정했다. 첫 시간에 내가 강단에 올라가서 한 첫마디는 "Good morning, boys and girls!"였다. 앳되고 호기심 많은 초롱초롱한 아이들의 눈이 나를 쳐다보는 가운데, 나는 계속해서 영어로 "이제 수업을 시작할게요. 먼저 자기소개를 하면, 나는 여러분의 영어 선생님이고 이름은……"라고 말했다. 물론 나는 말을 비교적 천천히 하고 손짓을 섞어가며 이해를 도왔다. 그러자 아이들이 점차 내 말을 알아듣고 즐거워했다. 나도 나의 외국인 선생님처럼 그림을 이용해 "그림을 보며 글자를 익히게" 하고 그림으로 간단한 동화 이야기를 설명하며 카드로 단어를 질문하였다. 또 당번인 학생에게는 영어로 출석 인원과 결석자 명단, 그날 오전과 오후에 몇 교시 무슨 수업이 있는지, 그날의 날짜와 요일 및 날씨 등을 보고하게 하였다. 그 외에도 학생들이 서로 영어로 교과서에서 나온 질문에 대답하도록 하고 영어 노래를 가르치기도 했다. 나는 특히 학생들의 발음 정규화를 중시해 국제음표 외에 병음拼音 규칙도 함께 가르쳤다. 유일한 차이점이라고는 내 중국어가 나의 외국인 선생님보다 훨씬 낫다는 것뿐이었다. 물론 이런 방식의 수업은 항상 학생들에게 새로운 단어를 따라 읽히고 쓰게 하고, 교과서 내용을 읽고 외워 받아쓰게 하거나 그냥 외워 쓰게 하는 등의 틀에 박힌 기존 교수법에 비해 준비하기가 훨씬 힘들었다. 하지만 수업 분위기와 학습효과는 그야말로 천양지차였다.

1964년 크리스마스와 1965년 새해를 맞이하여 나는 아이들에게 연하장을 만들어 거기에다 영어로 서로 축하하는 문구를 쓰라고 했다. 수업 시간에는 친목회를 열어 "Happy New Year to you" 노래를 부르고 영어로 숫자 세는 놀이를 한 다음, 아이들이 서로 손을 잡고 둥글게 서서 "When we are dancing together" 등에 맞춰 함께 춤추며 매우 흥겨운 시간을 보냈다. 1965년 여름 첫 학년이 끝날 때쯤, 나는 학생들을 조직하여 전교 선생님과 1학년 학생을 대상으로 영어 공연을 했다. 프로그램 중에는『백설 공주』의 일부분,『성냥팔이 소녀』의 일부분, 노래·'시 낭송'·'스토리텔링' 등이 포함되어있었다. 공연 중 외국 아이로 분장한 학생들의 정확한 발음과 유창한 회화, 그리고 천진난만한 연기와 함께 그들의 동시통역이 더해져 공연 후 강렬한 반응을 불러일으켰다. 나의 이러한 교수법에 대해 좋은 평가를 한 선생님도 있는 반면, 교과서 내용을 너무 벗어나서 만약 구 단위나 시 단위의 연합고사를 치르게 되면 학교 순위에 영향을 미칠 수 있다고 여기는 선생님도 있었다.

그 후 스징산구 교학 연구실에서 영어 교사들을 편성해 나의 영어 수업을 청강하거나 견학하고 좌담회를 연 적이 여러 번 있었다. 나는 항상 나의 이러한 교수법이 실험일 뿐이며 아직 완벽하지 않아서, 반드시 다른 학교에 널리 보급할 필요는 없다고 말했다. 나는 이러한 교수법을 실천하기 위해 담당 교사가 갖추어야 할 조건이 매우 까다롭다는 걸 잘 알고 있었다. 통역해본 경험에다 성악과 연극을 한 적이 있으면 가장 바람직하지만, 이 일과 학생에 대한 깊은 애정도 있어야 했다.

내가 고생한 만큼 얻은 것도 적지 않았다. 학생들이 강한 흥미를 갖고 비교적 좋은 성적을 거두었을 뿐 아니라 학생과 학부모들이 나를 이해하고 사랑해주었다. 특히 나에 대한 학생들의 진지한 감정이 그러했다. 그들의 순진한 웃음 띤 얼굴은 내가 비판받을 때 보았던 사나운 표정, 구직할 때 만났던 냉담한 얼굴, '귀관처'에서 나의 당적 박탈을 선언할 때 본 냉혹한 얼굴, 그리고 포로수용소에서 부딪쳤던 배신자와 특무들의 흉악스럽고도 야비한 얼굴 등과 비교하면 달라도 너무 달랐다. 나는 이것이야말로 인류의 미래 희망이라고 생각했다. 설날에 아이들이 앳된 글씨로 나에게 써

준 축복의 글귀는 항상 나를 눈물 글썽이게끔 감동을 주었다. 가정방문 때 나를 대하는 학부모들의 열정과 진실하고 순박한 언어로 전하는 나의 일에 대한 이해와 존중이 나를 얼마나 훈훈하게 했던지! 아마도 얼마 전까지만 해도 아이를 부추겨 자기 집 화장실을 치우던 나를 모욕한 사람도 있었기에, 서로 비교해 보면 너무나 대조적이기 때문인 것 같았다.

1965년 가을부터 날로 악화하던 중·소 관계로 인해 러시아어 수업이 완전히 중단되고, 영어가 중등학교 외국어 주요 과목이 되었다. 많은 러시아어 선생들이 영어를 가르치게 되면서, 나의 영어 수업은 더욱 중시를 받았다. 학교에서는 교사를 대상으로 영어 연수반을 편성해 나의 주관하에 영어 음성과 문법을 강의하게 했다. 적지 않은 선생님들이 이 연수반에 참가하였고, 나는 선생님들의 선생이 됨으로써 더욱 나의 생명에 대한 가치를 느끼며 더욱 열심히 일하게 되었다.

4. 아들과 딸에게 미안해

나는 학생들을 위해 선생으로서의 직무를 다 한지 몰라도 자녀에게는 아버지의 역할을 다하지 못한다고 스스로 생각했기에 항상 죄책감을 느꼈다.

아들이 채 1살도 되기 전에 내가 우파로 몰리면서 집사람이 놀라 젖을 제대로 먹이지 못한 데다, 곧바로 내 월급 70위안이 삭감되고 생활비 18위안만 받게 되면서 집안 경제 사정이 매우 어려워 고생해야 했다. 당시 집사람의 월급 62위안을 합쳐 겨우 80위안의 총수입으로 온 집안 의식주를 해결해야만 했다. 외할머니가 만들어주신 천 인형과 내가 농사일을 하다 밭에서 잡은 '여치'가 아들의 장난감이었다. 나는 매달 1번 집에 돌아올 때, 먼저 작은 가게에서 2푼짜리 밥풀과자 1봉지나 4푼짜리 과단피果丹皮(아가위나무 열매나 사과를 설탕에 절여 말릴 때 생기는 부산물을 원료로 만든 음식-역자) 1개를 사서 아들에게 '선물'로 주었다. 우리가 아들을 데리고 거리에 나갔을 때, 가장 안타까웠던 것은 초콜릿이나 비싼 사탕을 먹는 다른 아이를 아들이 손가락을 입에 넣고 부럽게 바라보는 모습이었다.

아들이 4살 될 때까지, 우리는 그를 데리고 적수담積水潭(베이징 도심 서북쪽에 있는 호수로 과거 조운漕运의 총 부두가 있던 곳-역자)이나 당시의 태평호太平湖(베이징시 시청구에 있는 호수로 문화대혁명 때 라오서老舍가 자살한 곳으로 유명함-역자) 등 입장료를 받지 않는 공원에만 가서 놀았다. 한 번은 아들이 공원에서 우리를 끌어당기며 못 가게 했는데, 알고 보니 자기 또래 사내아이가 전기자동차 장난감을 갖고 노는 걸 바라보고 있었다. 그 순간 가지고 싶어 갈망하는 아들의 눈빛이 마치 나를 채찍질하는 듯했다. 나는 모질게 마음먹었지만, 2년이 더 지나서 내가 학교로 복직해 첫 월급을 받은 후에야 5위안을 주고 아들에게 그 장난감을 사줄 수 있었다. 그 후 아들은 초등학교에 입학했지만, 나는 아들의 숙제를 거의 봐준 적이 없다. 당시 교직에 복귀한 나는 평소 학교에 살면서 몸과 마음을 전부 일에 열중했다. 물론 이렇게 한데에는 내가 일을 잘해 월급이 빨리 오르면 아들의 생활도 나아지리라는 바람이 있었지만, 이런 식으로 어떻게 제대로 아비 노릇을 할 수 있었겠는가!

딸아이가 태어난 후 나의 정치 상황이 호전되고 급여도 나왔지만, 식구가 많아져 살림살이는 여전히 옹색했다. 특히 당시 손녀딸을 봐주던 장모님이 여러 일로 책임이 너무 무거운 데, 우리 딸까지 처가댁에 더 이상 맡길 수가 없었다. 학교 탁아소는 이미 해체되어버려서 E가 딸을 데리고 학교에 다니던 반년 동안, 수업에 들어갈 때 다른 교사에게 대신 봐달라고 부탁해야만 했다. 딸아이가 만 6개월 되었을 때, 학교에서 E를 새로 개교한 금정가중학金顶街中学으로 전근시키는 바람에 우리는 모질게 마음먹고 딸을 동네 탁아소에 보냈다. 하지만 그 탁아소는 비록 비용은 저렴했지만, 환경이 매우 열악해서 매번 딸을 보낼 때마다 한바탕 울면서 난리를 칠 뿐 아니라 병이 자주 나서 어른이 휴가를 내야만 했다. 내가 딸을 데리러 갔던 마지막 날 아이는 나를 꼭 껴안은 손을 놓지 않고 울지는 않았지만, 애원하는 듯한 그 눈빛에 나는 갑자기 눈물이 쏟아져 몸을 돌려 아이를 안고 집으로 돌아왔다. E는 우리 부녀의 그런 모습을 보고 아무것도 묻지 않았다. 우리는 50위안을 주고 이웃 아줌마에게 딸을 돌봐달라고 부탁했다. 그 아줌마에게는 입양한 어린 딸이 있었는데, 우리가 딸아이 먹이라고 준 음식을 자기 아이에게 나눠 먹이는 걸 여러 번 발견했다. 그 아줌마는 난간이 달린 작은 침대를 별도로 만들어 그 안에 아이를 두었는데, 내가 갈 때마다 딸이 동물원의 사슴처럼 그 안에 갇혀있고 아무런 장난감도 없는 걸 보았다. 일요일 날 딸애를 그 아줌마 집에 데려다줘야 할 때면, 나는 먼저 애를 안고 거리로 나가 한나절을 데리고 놀다 애가 피곤하거나 잠이 들려고 하면 아줌마 집에 데려갔지만, 그냥 내려놓기가 정말 쉽지 않았다. 분명히 잠이 든 것 같았는데, 내가 손을 놓기만 하면 '아빠!'하고 울며 소리쳤다. 나는 한 가닥 영혼의 끈이 우리 부녀의 마음을 끌어당기고 있음을 고통스럽게 느꼈다.

이런 상황은 딸아이가 2살 조금 넘을 때까지 계속되었다. 어느 날 배가 고팠던 딸애가 발돋움해 식탁 가에 놓여있던 솥에서 막 꺼낸 짜장 그릇을 건드리는 바람에, 뜨거운 짜장이 아이의 손을 타고 목으로 흘러들어 손과

목, 가슴에 화상을 입었다. 우리가 서둘러 갔을 때, 아이는 이미 울다가 기절해 있었다. 딸을 안고 병원으로 달려간 나는 눈물을 글썽이며 의사에게 내 피부를 이식해 딸아이의 피부를 살려달라고 부탁했다. 의사는 화상 정도를 살펴보고 나서 목에만 흉터가 남을 것 같고 피부 이식도 아이 본인 피부만 사용할 수 있다고 말했다. 딸의 목에 아직도 남아있는 흉터는 늘 붉은 느낌표처럼 나의 아픈 기억을 불러일으킨다. 딸이 화상을 입은 후, 외할머니가 몹시 마음 아파하며 다시 본인 집으로 데리고 가 키우게 되었다.

그 후로 우리는 아이를 더 이상 갖지 않았다. 그때는 아직 산아제한 시행 이전이었지만, 아이를 더 원하지 않은 게 아니라 감히 더 가질 수가 없었다. 우리는 아무리 어렵더라도 아이들을 잘 키우고 어른들을 잘 모시자고 의견을 모았다. 우린 둘 다 최대한 절약해서 양말도 깁고 또 기워서 신었고 새것 사는 것을 아까워했다. 교단에 서서 학생들을 대할 때 입는 비교적 좋은 외투 1벌은 토요일마다 돌아와 세탁해 월요일에 입고 나갔고 수업 없으면 다른 옷으로 갈아입었다. 평소 학교에서 식사할 때는 배곯지 않을 정도로 하고, 집에 돌아오면 가능한 한 노인과 아이들에게 고기 음식을 조금이라도 더 해주려고 했다.

우리는 비바람 속에서 미력한 힘이나마 서로 도우며 국가가 안정되고 번영하길 바랐다. 그리고 우리가 열성적으로 일에 매진함으로써 비교적 여유로운 생활의 미래를 가질 수 있을 거라 기대했다. 그리하여 우리 자녀들이 우리와 함께 더 행복하고 덜 고통 받길 희망했다.

1966년 상반기가 되면 이러한 소망이 머지않아 실현될 듯 보였다. 우리는 곧 더 무시무시한 폭풍이 몰아닥칠 것을 전혀 예상하지 못했다.

제8장

10년간의 배신자

1966년 6월 ~ 1976년 5월, 베이징

1. "모든 우귀사신牛鬼蛇神[1]을 싹 쓸어버리자"

1966년 5월 나는 중학교 영어교육 혁신을 위한 대담한 실험을 열정적으로 진행하면서 담임을 맡은 반의 40명 어린 학생들을 세심하게 지도하고 있었다. 그 외도 교사 영어 연수반에서 선생님들에게 영어를 가르치느라 정신이 없었다. 그래서 나는 사회에서의 정치적 불안이 이미 학교로까지 번지고 있음을 전혀 알지 못했다. 다만 선생님들이 교육연구팀이나 숙소에 모여 얼마 전 신문에 발표된「신편 역사극 해서파관을 평하다評新編历史剧海瑞罢官」[2]가 무엇을 의미하는지〈해서파관〉이라는 새로 창작한 역사극의 작가가

---

1 우귀사신(牛鬼蛇神) : '소 귀신과 뱀 귀신'이라는 뜻으로 온갖 잡귀신이나 갖가지 악인을 비유하는 고사성어인데, 문화대혁명 시기 모든 전통적인 가치와 부르주아적인 것들, 거기에 속한 사람들이 여기에 포함되어 수많은 무고한 자들이 희생되었다.
2 「신편 역사극 해서파관을 평하다(评新编历史剧海瑞罢官)」: 나중에 사인방의 1명이 된 야오원위안[姚文元]이 작성해 1965년 11월 10일『문회보(文汇报)』에 게재한 글로 문화대혁명의 신호탄으로 여겨지고 있다. 원서에「评海瑞罢官」이라 되어 있는 것을 본래

당시 베이징시 부시장이며 내가 경애하는 청화대학의 은사 우한 선생이었기 때문에) 이야기할 때, 비로소 나는 여러 번 비판받았던 경험을 통해 또 다른 정치적 회오리바람이 중국 땅에서 점점 형성되고 있음을 의식했다.

1966년 6월 1일 오후 신문이 연구팀에 배달되었을 때, 나는 마침 사무실에서 학생들의 숙제를 고치고 있었다. 내가 급히 『인민일보』 1부를 집어서 펴보니, "모든 우귀사신을 싹 쓸어버리자"라는 커다란 표제가 눈에 확 들어왔다. 이 사설을 급히 읽어 내려가던 나는 갈수록 심장이 심하게 두근거리는 걸 느꼈다. 사설의 어조와 가리키는 방향이 1957년 6월 8일의 유명한 「이것은 무엇 때문인가?」라는 『인민일보』 사설과 서로 어찌나 비슷하던지! '우귀사신', '지주·부농·반혁명·악질·우파분자', '계급투쟁의 새로운 동향' 등등. 세상에나 맙소사! 나는 사설을 읽으면서 이 모든 게 자신과 무관하다는 것을 증명할 뭔가를 찾아내려 애쓰며 우귀사신에 귀국 포로나 딱지를 뗀 우파, 그리고 당적을 박탈당한 계급 이색분자가 포함되지 않은 점을 확인하고자 전력을 다했다. 그러나 내가 초조해할수록 더욱 사설에서 가리키는 대상이 바로 나인 것 같다는 느낌이 들었다. ……

나는 동료들이 모두 이상한 눈초리로 나를 보고 있는 것 같아서 재빨리 신문을 내려놓고 마치 아무 일도 없는 양 담배를 피우고 차를 마시면서 숙제를 고쳤다. 하지만 전쟁터에도 나갔고 감옥에도 갇혀봤으며 노동 개조까지도 경험한 자신이 화살에 놀란 새처럼, 베인 풀에 놀란 뱀 마냥 이렇게 의외로 과민 반응을 보이는 게 속으로 가소로웠다. "너무 웃겨! 황당하구먼!" 나는 끊임없이 자책함으로써 떨리는 가슴을 안정시키려 했다.

제목으로 바로잡았다.

그러나 마르크스가 말한 "역사의 발전은 결코 어떤 개인의 의지로 바뀌지 않는다"라는 가르침대로, 내가 두려워했던 폭풍이 결국 몰려왔다. ……

학교는 교육국의 지시에 따라 학년 고사를 앞당겨 서둘러 끝내고, 7월 초 교사들은 석경산중학石景山中学에 모두 모여 '문화대혁명'을 전개했다.

「5·16 통지通知」[3] 등 문건을 다 익혀 "인식을 제고"한 후, "대명大鳴·대방大放·대변론大辯论·대자보大字报" 이른바 '사대四大'를 시작으로 "모든 우귀사신을 싹 쓸어버리자"가 개시되었다.

학교 당 지부의 K 서기와 G 주임이 나를 보호해 주려고 했는지 아니면 교사 영어 연수반 수강생들의 나에 대한 존중이 아직 좀 남아 있었기 때문인지, 어쨌든 운동 초기에는 나를 괴롭히지 않고 나에게 '후방 근무 팀장'을 맡겨 학교 지도자를 도와 다른 학교에 모여 학습하는 선생님들의 먹고 싸고 잠자는 일을 관리하도록 했다.

이 단계의 대자보에 고발된 내용은 '스승의 존엄师道尊严', '지육智育 우선' 등 수정주의 교육노선과 ○○ 여교사의 생활 태도 문제 등이었다. 하지만 나의 최대 관심사는 나를 겨냥한 대자보가 있는가였다. 신의 가호가 있었는지 다행히 1장도 보이지 않았다.

---

3 「5·16 통지(通知)」: 마오쩌둥이 기초한 문화대혁명의 지도원칙이 담긴 「중국공산당 중앙위원회통지(中国共产党中央委员会通知)」로 1966년 5월 16일 중공중앙정치국 확대회의에서 통과되어 붙여진 이름이다. 문화대혁명의 본격적인 시작을 알리는 문건으로 잘 알려져 있다.

2. "수업을 중지하고 혁명을 일으키다"

얼마 후 우리 교사들은 '학교로 복귀'하여 '공작조工作組'의 지도하에 "수업을 중지하고 혁명을 일으키기" 시작했다. 그 중점은 '수정주의 교육노선'을 걷는 반동적인 인물을 색출하는 것이었다. 이때 G 교감 선생님과 다른 1명의 '구區 선진 모범 교사'인 Y 선생님이 호명되어 비판받았다. 나는 대자보를 쓰지 않으면 그들과 '한통속'이라는 혐의를 받게 되고, 대자보를 쓰려해도 그들에게 무슨 죄가 있는지 몰라서 매우 난처했다. 할 수 없이 나는 남이 말하는 대로 따라서 씀으로써 임무를 대충 처리했다. 하지만 최대한 글씨를 작게 쓰고 눈에 잘 띄지 않는 구석에 붙여 놓았다. 나는 정말로 "제가 제 무덤을 팔까" 봐 두려웠다.

나중에 공작조가 철수한 후, 일부 교사들이 앞장서 '공작조'가 "반동 인물을 보호하고 혁명 군중을 진압했다"라고 비판하면서부터 "학교의 당 지부가 썩었다" "당 지부는 누구를 중용하는가"라는 대자보가 붙기 시작했다. 이때 교사들 사이에 관점이 서로 다른 두 파벌이 나타났다. 하나는 해방 후 17년간의 교육 현장은 대체로 마오 주석의 "교육은 무산계급 정치를 위해 복무하고, 교육은 생산노동과 서로 결합해야 한다"라는 혁명노선을 집행한 것이므로 학교 당 지부도 기본적으로 문제가 없다고 주장했다. 이 파벌은 주로 당원이나 단원 그리고 나이 많은 교사들로 구성되어있었다. 다른 하나는 17년 동안 완전히 '류사오치刘少奇[4]와 덩샤오핑의 수정주

---

4   류사오치(刘少奇, 1898~1969) : 후난성 닝샹[宁乡] 출신으로 1921년 중국공산당 성립과 동시에 가입했고 대장정에도 참가한 중화인민공화국 개국 원훈(元勛)이다. 대약진 실패 후 국가주석을 맡아 조정정책을 통해 경제를 회복시켰으나, 문화대혁명이 시작되면서 비판받아 실각하고 감옥에서 사망했다.

의 교육노선'을 집행한 것이며, 학교의 당 지부는 류사오치와 덩샤오핑 반동 노선의 앞잡이고 반동분자의 거점이라고 주장했다. 이 파벌은 주로 젊은 교사로 구성되어있고, 그 대부분 당원이나 단원이 아니었다.

이때부터 '보황파保皇派'(보수파로도 부르며 문화대혁명 초기 활동한 '홍오류红五类' 출신의 홍위병-역자)와 '조반파造反派'[5] 간의 대립이 생겨났다. 하지만 두 파벌 모두 자신들이 마오 주석을 바짝 뒤따르고 있으며 가장 혁명적이라고 말했다. 또 두 파벌은 일반 교직원에게 자신들의 관점을 적극적으로 선전했다. 나와 같은 숙소에서 사는 두 선생은 마침 서로 다른 파에 속해서 밤에 잠자기 전 항상 자기 파벌의 관점을 변호하느라 얼굴을 붉히며 다투었다. 한 번은 나에게 그들의 논쟁에 대해 태도 표명을 해달라고 요청한 적이 있었다. 솔직히 말해 내가 어렵게 기회를 얻어 3년 동안 제대로 가르칠 수 있었던 것은 학교 지도부가 나에게 그런 환경을 만들어 주고 지지해주었기 때문이어서, 나는 그(그녀)들에게 매우 감사했고 속으로 보황파의 관점에 찬성했다. 하지만 내가 어찌 감히 조반파의 미움을 살 수 있겠는가! 그래서 나는 "두 분 말씀을 들어보니 모두 일리가 있어요. 예전에 나는 강의하는 데만 신경 쓰고 뭐든지 학교에서 하라는 대로 했을 뿐, 이런 문제들을 깊이 생각한 적이 거의 없습니다"라고 말했다. 그러자 "당신은 속임수에 넘어갔으면서도 무슨 일인지 모르는 거예요. 어쩐지 그들이 수정주의 교육을 추진하는 게 아주 순조롭더라니까. 이건 당신에게도 매우 위험한 일이에요"라며 조반파 선생이 진지하게 나를 일깨워주었다. 나는 머리를 끄덕이며 동

---

[5] 조반파(造反派) : 1966년 8월 마오쩌둥의 "반란을 일으키는 데는 다 이유가 있다(造反有理)" 발표 이후, 주로 '흑오류(黑五类)' 출신 학생들로 조직된 홍위병. 나중에는 노동자·농민·의사·교사·간부·군인 등도 포함되었다.

감을 표하고 그의 깨우침에 감사하단 말을 하는 수밖에 없었다.

학교의 당 지부가 "옆으로 비켜선" 이후, 학교에서는 '선거'를 통해 '문혁영도소조文革領導小組'를 성립시켰다. 조장으로 뽑힌 L 선생은 출신이 좋은데다, 중앙의 어떤 노혁명가의 친척이라고 알려져 있었다. 문혁영도소조는 과거 당 지부의 부서기를 지냈던 C 선생을 '합류'시키기도 했는데, 그 여선생님은 학교 뒷산에 있는 해방군 공병대 장교 가족으로 부임한 지 얼마 되지 않았다. 조반파는 줄곧 C 선생에게 "되돌아서서 일격을 가하고 반동 거점에서 뛰쳐나오라"고 부추겼다. 그때 당 지부에는 조반파들이 급히 손에 넣고자 하는 학교 교직원 인사 당안이 있어서, 조반파들은 그것을 이용해 당 지부의 비호를 받고 숨어있는 반혁명분자들을 색출하려고 애썼다. 나는 당 지부가 이 문제를 어떻게 다룰지 알 수 없었는데, 과거 나의 포로 경력이 조반파에게 발각되는 것이 가장 걱정스러웠다. 그것은 내 목 위에 걸려있는 서슬 퍼런 날카로운 칼이나 다름없었다.

3. 여전히 재앙을 피하지 못하다

1966년 8월의 어느 월요일 나는 아침 일찍 집에서 나와 버스를 3번 갈아타고 학교에 도착했는데, 조반파로부터 '보황파의 용장勇將'이라 비판받던 선생 몇 명이 대자보를 안고 풀 통을 들고서 나무 사다리를 짚고 뒷마당 벽에 대자보를 붙이려는 장면을 보았다. 그때 이미 많은 선생과 학생들이 그들을 뒤따라가 대체 무슨 내용인지 보려고 했다. 그 대자보의 부피를 보고 모두 이것이 지난주 조반파가 명방대회鳴放大会(많은 사람이 서로 다른 의견을 공개적으로 발표하는 자리-역자)에서 보황파를 향해 일으킨 강력한 공세에 대한 거센 반격이라고 생각했다. 나도 이끌려 따라갔다가 사람들에게 밀려 맨 앞에 서게 되었다.

첫 번째 대자보가 붙었다. 거기에는 해서체로 "미국을 숭배하고 장제스를 숭배하는 반당, 반사회주의, 반인민의 …… 타도하자!"라고 짙은 먹물로 묵직하게 눌러 쓴 큰 글씨가 적혀 있었다. '응, 이건 누구를 타도하려는 건가?'라고 생각하다 나는 깜짝 놀랐다. 내가 반응을 보기도 전에 두 번째 대자보가 붙었다. 거기에는 예상치도 못하게 "대 우파, 대 배신자, 대 간첩 장쩌스!"라고 적혀 있었다.

나는 본능적으로 뒤로 물러나려 했으나, 뒤편에는 이미 사람들로 빼곡히 들어차 있었다. 나는 몸을 돌려 빠져나가려 애썼지만, 다들 목을 길게 빼고 감당할 수 없을 정도로 앞으로 밀고 들어왔고 그 뒤에도 계속 사람들이 내 쪽으로 몰려들고 있었다. 나는 피할 수 없다는 걸 인정하고 몸을 다시 돌릴 수밖에 없었다. 세 번째와 네 번째 대자보도 벽에 붙었다. 놀라면 다리에 힘이 빠지는 나의 나쁜 버릇이 또 도졌다.

"버텨야 해, 버텨야 해!" 나는 속으로 스스로 명령했다. 나는 이번에 정말 쓰러지면, 다시는 일어나기 힘들다는 것을 알고 있었다.

"네가 이런 상황을 전혀 대비 안 한 것도 아니잖아! 감을 먹을 때 부드러운 것을 먼저 고르듯이 너는 정치적으로 무른 감이야. 운동이 시작되었으니, 너를 먼저 선택하지 않으면 누구를 선택하겠어!" 나는 스스로 반드시 자신을 정확히 알고, 더욱이 선견지명이 있어야 한다고 설득했다.

"사실 너는 기껏해야 '죽은 호랑이'일 뿐이고 방패에 불과할 가능성이 커. 최근 몇 년 동안 당 지부가 딱지를 뗀 우파인 너에게 상당히 잘해 주었잖아. 만약 지금 너를 이용해 화살을 막으려 한다면, 너는 기꺼이 헌신해야만 해. ……"

나는 자신을 위로하고 격려했다. 대자보를 보던 사람들이 나를 우측으로 떠밀자, 나는 아예 고개를 쳐들고 사람들과 함께 그 내용을 읽어 내려갔다.

장쩌스는 자본가 겸 지주 반동 가정에서 태어나 어릴 때부터 교회학교에서 미 제국주의의 노예화 교육을 받아서 시종 미국과 장제스를 숭배했다. 항미 원조전쟁에서 비겁하게 죽음이 두려워 미 제국주의에 투항하였고, 포로수용소에서 통역관을 맡아 미 제국주의를 위해 충실히 일하며 조국을 배반하고 양놈의 주구가 되었으니 절대로 용납할 수 없는 짓이로다! 한국전쟁이 정전된 후에 미 제국주의에 의해 파견되어 귀국했지만 반역죄로 판정받아 당적을 박탈당했다. 그런데도 1957년에는 미 제국주의의 지시하에 당을 맹렬하게 공격하고 사회주의를 악랄하게 모독함으로써 망령되이 인민의 강산을 찬탈하려는 극악무도한 우파분자로 전락해버렸다. 이어 적극적인 개조를 가장하여 딱지를 떼고 업무에 복귀한 후에도 음험하게 수정주의 교육노선을 실행했으니, 특히 가증스러운 것은 제국주의 언어를 세상 물정 모르는 어린 학생들에게 가르치는 데 열중하고 영어 수업 중에 미국 숭배 사상을 학생에게 주입함으로써 그의 양놈 주인을 대신해 또 다른 양놈의 주구를 계속 양성하려 했다는 점이다. 이는 그가 미 제국주의의 앞잡이이며 미 제국주의가 파견한 대간첩임을 충분히 증명하는 게 아니겠는가! 장쩌스의 흉악한 낯짝을 반드시 백일하에 공개시키자! 장쩌스는 반드시 머리 숙여 죄를 인정하라! 대 우파, 대 배신자, 대 간첩 장쩌스를 타도하자!

한 무리의 분노에 가득 찬 혁명 군중!

나는 대자보를 다 보고서 등골이 오싹하고 다리가 후들거리는 걸 느끼지 않을 수 없었다.

'절대로 내가 겁나 떨고 있는 걸 남에게 보여서는 안 돼!' 나는 재빨리 몸을 돌려 사람들 사이를 헤치고 나갔다. 그런 중에 어떤 학생이 "알고 보니 장 선생님이 이런 사람이었구나!"라고 말하는 걸 들었다. 그래서 더욱 걸음을 재촉하여 숙소로 돌아가 침대에 누우니, 머릿속에 온갖 생각이 맴돌기 시작했다.

'한 무리의 분노에 가득 찬 혁명 군중이라니! 도대체 누가 나에게 그렇게 분노로 가득 찼을까?' 나는 보황파 선생 몇 명이 대자보를 붙이면서 웃고 떠드는 모습이 떠올랐다. '내가 무슨 일로 그들의 미움을 샀길래, 유언비어를 퍼뜨리고 대중을 현혹해 나부터 먼저 손보는 걸까?'

'내가 어떻게 해야 하지? 학교 당 지부에 가서 나를 위해 바른말을 해달라고 할까? 하지만 당 지부는 이미 주도권을 상실해 버렸잖아. 그렇다면 어떤 선생들을 찾아가 변론하면 될까? 문제는 그들이 결코 개인이 아니라 조직이 있고 출신도 좋으며 경력도 깨끗하다는 거야! 포로가 된 적이 있고 우파로 판정된 적도 있는 네가 그들에게 도전할 수 있겠어?'

'그냥 운명을 받아들여! 너는 당시 자원해 조선에 가서 전선에서 저항할 힘을 잃고 포로가 되었는데, 이번 혁명 중에는 더더욱 저항할 힘이 아예 없으니 온순하게 비판받을 준비나 하자.'

'안 돼! 더 이상 남에게 마음대로 유린당할 순 없어! 그들과 끝까지 싸워야 해. …… 하지만 누구와 싸워? 포로수용소에서는 미국 놈들과 얼굴을 맞대고 싸울 수 있었지만, 여기서는 내 대자보를 붙인 선생들을 모두 적으로 삼을 수 없잖아.'

'이 모든 게 도대체 무슨 일이란 말인가?'

'……'

20여 년 뒤 내가 쓴 『난 미군 포로수용소에서 돌아왔다我从美军集中营归来』라는 책의 일부 내용이 『북경만보北京晚报』에 연재되어 열렬한 반향을 불러일으킨 후, 어느 날 나는 『북경만보』로부터 건네받은 '독자 편지' 중에서 뜻밖에 그 대자보의 초고를 보았다. 독자 편지의 내용은 다음과 같았다.

경애하는 장 선생님

선생님께서는 아마도 저를 기억하지 못하시겠지만, 20여 년 동안 저는 선생님을 늘 생각하고 있었습니다. 어제 우연히 『북경만보』에서 선생님의 글을 읽다가 성함을 발견했습니다. 그 성함은 선생님께서 우리 반 첫 번째 영어 수업 시간 때 칠판에 쓰신 이후로 저의 마음속에 새겨졌습니다. 장 선생님, 저는 선생님 과목의 반 대표를 맡았고 새해 영어 친목회에서 『성냥팔이 소녀』의 소녀 역을 했으며, 메가폰을 들고 투쟁대회에서 선생님이 제국주의 언어와 사상으로 우리를 해쳤다고 '규탄'하는 발언도 했습니다. 우리 반 학생을 대표해 발언하기로 한 저에게 어떤 선생님이 선생님을 적발한 그 대자보 초고를 주시면서 그것에 근거해 발언문을 쓰라고 하셨습니다. 그때 그것을 읽고 중학교 2학년이던 저는 선생님이 왜 나라를 배반하고 당을 반대했는지 정말 미웠습니다. 저와 다른 학우들 마음속에 있던 선생님의 그 숭고하고 위대한 이미지는 한순간에 흔적도 없이 사라지고, 남은 거라고는 속았다는 고통스러운 느낌뿐이었죠! 그 때문에 제가 선생님 앞에 서서 투쟁할 용기도 가질 수 있었고요! 지금 저는 당시 선생님이 책상 2개를 쌓아 올린 위에 서서 머리에 커다란 모자를 쓰고 목에 무거운 칠판을 걸고서 허리를 굽힌 채 저의 규탄 발언을 듣던 모습을 생각만 하면, 회한의 눈물이 주르륵 흐르는 걸 금할 수가 없습니다. 장 선생님, 저는 오늘에야 제가 얼마나 유치했고 너무도 쉽게 남의 말을 믿었는지 알게 되어 선생님께 얼마나 미안한지 모르겠습니다. 당시 저는 선생님 마음을 너무나 상하게 했습니다. 선생님이 우리 특히 저에게 그렇게 많은 심혈을 쏟고 그렇게 많은 사랑을 주셨지만, 저는 오히려 그런 식으로 선생님을 대했으니! 장 선생님, 저는 오늘 일부러 열람실에 가서 신문에 실린 선생님의 「난 미군 포로수용소에서 돌아왔다」 연재 글을 단숨에 다 읽었습니다. 글을 읽으면서 억제할 수 없는 뜨거운 눈물을 닦느라 손수건이 흠뻑 젖었답니다. 알고 보니 선생님은 배신자가 아닐뿐더러 충절을 다한 애국자이셨더군요! 조국을 위해 그렇게 많은 고통을 당하셨음에도 귀국 후 오히려 그렇게 불공평한 대우를 받으신데다, 그중에 선생님이 가장 좋아하셨던 학생인 제가 드린 상처도 포함되어있으니, 제가 어찌 눈물 흘리지 않을 수가 있겠어요. ……

장 선생님, 시간이 어언 20여 년이 흘러 제 딸이 다 중학생이 되었습니다. 선생님은 지금 어디에 계시나요? 머리가 다 하얗게 세셨겠죠? 여전히 건강하신지요? 제가 지금 얼마나 선생님께 영어를 계속 배우고 싶은지 모르시죠! 제 딸아이의 영어 교과서를 읽는 발음이 너무 나쁜 것을 들을 때마다, 선생님께서 그 애를 가르치면 얼마나 좋을까 하는 생각이 들어요. 장 선생님, 만약 문화대혁명이 없었다면, 저는 틀림없이 외국어대학 졸업생이 되었을 거예요. 하지만 지금 저는 기껏해야 판매원 일을 하고 있을 뿐이네요! 생각해보면 너무도 원망스러워요!

장 선생님, 제가 방금 중학교 때 쓴 일기장을 들추다가 예상대로 그사이에 끼어 있는 당시 선생님을 고발한 대자보 초고를 찾았습니다. 처음에는 그것을 갈기갈기 찢고 싶었지만, 선생님께서 앞으로 책 쓰실 때 필요할 수도 있겠다는 생각이 들었습니다. 그래서 그것을 선생님께 보내드리면서 아울러 저의 깊은 사과와 반성의 뜻을 전하고자 합니다. 선생님, 저를 용서해 주실 수 있나요?

기억할 가치도 없는 학생 Q.S.H.

내 학생의 그 '독자 편지'는 당연히 12급 태풍이 불어닥칠 당시의 재난 상황을 아주 일부만 보여줄 뿐이었다.

그때 나와 유사하게 또 다른 두 선생님이 갑자기 '과거 문제'를 적발하는 대자보 공격을 받아, 각각 '중통中统6 특무'와 '현행 반혁명'이란 딱지가 붙었다. 이와 동시에 그날 저녁 문혁영도소조는 긴급회의를 열어 '반동분자黑帮 관리소'를 세워서 통일된 관리 감독하에 '혁명 군중'이 색출한 우귀사신에 대해 강력한 통제专政와 비판을 진행하고, 아울러 '혁명 소장小将'을 위주로 '군중전정대群众专政队'를 조직해 감시 임무를 맡기기로 했다.

4. '반동분자 관리소'

어느 날 점심시간 내가 마침 숙소에서 쉬고 있는데, 갑자기 '홍위병' 완장을 찬 학생 몇 명이 문을 박차고 들어왔다.

---

6   중통(中统) : 중국국민당 중앙집행위원회 조사통계국(调查统计局)의 준말로 중통국(中统局)으로도 불린다. 중국국민당의 정보기관 중 하나로 1947년 중국국민당 당원통신국(党员通讯局)으로 개명하였다.

"장쩌스, 일어나!" 선두에 선 꺽다리 남학생이 손에 군용 가죽 벨트를 들고 나에게 소리를 질렀다.

"혁명의 이름으로 지금부터 네가 체포되었음을 선포한다. 너는 우리 무산계급의 강력한 통제를 성실히 받아들여야 한다." 다른 한 소녀가 매우 위엄있는 목소리로 영화 〈10월의 레닌〉[7]의 대사를 흉내 내며 나를 향해 소리쳤다. 그녀는 학교 문예반의 엘리트로 내가 분장해 준 적이 있었다.

"지금부터 너는 함부로 지껄이거나 행동해서는 안 되고 이 방 안에만 머물 수 있으며 아무 때나 혁명 군중의 비판을 받길 기다려야 한다." 또 다른 남학생이 손에 쥔 가죽 벨트를 내 머리 위로 한 바퀴 휘두르면서 말했다.

"혁명적 인도주의 차원에서 가족에게 본인이 '반동분자 관리소'에 입소하게 되어서 집으로 돌아갈 수 없다는 메모를 쓸 수 있도록 허용한다. 필요한 생활용품도 함께 적으면 너의 집에 사람을 보내서 가지고 오겠다." 학교에 부임한 지 얼마 안 된 한 젊은 교사가 뒤늦게 방안에 들어와 말했는데, '군중전정대' 책임자 중 1명인 것 같았다.

나는 제자리에 서서 최대한 머리를 숙이고 순순히 호통치는 소리를 들었다. 내가 이미 마음의 준비를 하고 있던 데다가 비판받은 경험도 많았기 때문에, 그 순간 못에 가득 고인 물처럼 마음이 평온하였다.

그리하여 1966년 8월부터 나는 다시 '대 우파, 대 배신자, 대 간첩'으로 승격되어 우귀사신이란 우리 오천 년 역사의 문명 고국古國에서나 출현 가능한 괴물 집단에 편입됨으로써 다시금 신체의 자유를 잃어버렸다.

---

7 〈10월의 레닌(Ленин в Октябре)〉: 10월 혁명 20주년을 경축하기 위해 스탈린의 지시 하에 소련의 영화감독 미하일 롬(Mikhail Il'ich Romm, 1901~1971)이 1937년에 만든 작품이다.

5. 크고 작은 비판 투쟁대회

'반동분자 관리소'가 성립된 다음 날, 학교 교직원과 학생들이 모두 모인 비판 투쟁대회가 열렸다. 나를 포함한 총 7명의 우귀사신은 종이로 만든 흑색 고깔모자를 쓰고, 각자의 죄명과 성명이 적힌 작은 칠판을 목에 걸었다. 성명 위에는 붉은색으로 큰 "X"가 그려져 있고, 칠판 걸이는 가는 철사로 바뀌어서 우리의 목 뒤를 깊게 파고들었다.

우리는 각각 2명의 '혁명 소장'에 의해 두 팔이 뒤로 묶이고 머리가 아래로 눌러진 채, 회의장 앞쪽에 줄지어 서서 돌아가며 비판대에 올라 비판 투쟁을 받았다. 비판대는 2개의 사각형 탁자 위에 다시 2개의 학생 책상을 쌓아 만든 것이었다.

K 서기가 맨 먼저 비판대에 올라가 비판 투쟁을 받았다. 나이가 50이 넘고 평생 교육에 종사한 교장은 바들바들 떨면서 높은 비판대 위로 올라가 허리를 굽히고 비판받으며 땀을 비 오듯 흘렸다. 나는 그가 기절할까 봐 정말로 걱정되었다. 그다음은 G 주임이었다. 나는 확성기에서 흘러나오는 '수정주의 교육 반동 노선의 용장'으로 규정된 그녀에 대한 고발 중에서 "대 배신자 장쩌스를 중용하고 정치적으로 그를 두둔했다"라는 죄명을 듣고 속으로 '정말 죄송합니다. 저 때문에 피해를 보게 해서요'라고 생각했다.

내 차례가 되자 확성기에서 나에 대한 구호가 나오기도 전에, 나는 자발적으로 높은 비판대로 올라갔다. 하지만 잠시 기다렸으나 '분노의 성토'는 들리지 않고 아래에서 "장쩌스, 내려와!"라고 외치는 소리만 들렸다. '나를 비판 안 하려나!'라고 생각하며 내려와 보니, 나를 압송했던 홍위병이 나의 고깔모자와 칠판을 떼어내고 방송실로 끌고 가면서 "얼른, 스피커에서 소리가 안 나. 빨리 확성기를 고쳐!"라고 말했다.

그 당시 학교의 라디오부터 텔레비전·녹음기·확성기에 이르기까지 각종 전기제품 수리는 항상 내가 책임졌는데, 확성기도 나만 고칠 수 있었다. 내가 확성기의 고장 부분을 점검하려 할 때, 옆에 있던 혁명 소장이 "만약 제대로 수리하지 않으면 너의 개 대가리를 박살 내버릴 거야!"라고 호통치는 소리를 얼핏 들었다. 순간 내가 회로계回路計(휴대용 전류 전압계-역자)를 내던지고 확 몸을 돌려 화난 얼굴로 그 학생을 쳐다보자, 놀란 소녀가 손으로 입을 가리고 두려운 듯 나를 바라보기만 했다. 난 속으로 깊은 한숨을 내쉬고 나서 다시 몸을 돌려 수리를 했다. 다행히 고장 난 부분을 빨리 고쳐서 바깥에 있는 스피커에서 다시 소리가 나기 시작했다. "다음은 대배신자 장쩌스를 끌어내라!" 나는 다시 비판대에 올라갔다. 첫 발언자는 바로 20여 년 후 나에게 편지를 쓴 그 여학생이었다. 그녀는 내가 방금 고친 확성기를 통해 앳된 목소리로 발언 원고를 보며 읽었는데, 소리가 작은 데다 말투도 너무 여렸다. 나는 그만 그 여학생이 걱정되어 마음이 초조해지기 시작했다. "Q야, 좀 더 큰소리로 분노의 감정을 넣어. 거기에다 한두 마디 욕을 보태면 더욱 좋고!" 그녀가 "너처럼 학생을 해치는 나쁜 선생은 마땅히, 마땅히, 마땅히 ……"라고까지 읽다가 말을 잇지를 못하자, 내가 조급한 마음에 큰소리로 "마땅히 18층 지옥에나 가야 해!"라고 그녀 대신 말을 이어 나갔다. 와! 회의장에서 웃음과 욕설이 터져 나왔다. 사회를 보던 선생이 마이크를 잡아채고는 "엄숙하시오! 조용! 조용히!"라고 외쳤다. 그래도 회의장이 조용해지지 않자, 또 다른 사회자가 마이크를 잡고 "장쩌스가 투항하지 않으면 그를 파멸시키자!"라고 구호를 외쳤다. 이에 회의장은 겨우 구호 함성과 함께 마침내 안정을 되찾았다. ……

이어진 며칠간 실내에서 소형 비판 투쟁대회가 열렸는데, 주로 교사들이 참석했다. 나에게 자백하라고 요구한 세 가지 큰 문제가 있었다. 첫 번째는 내가 영국 대사관과 무슨 비밀 연락을 했느냐는 것으로 발단은 다음과 같다. 내가 외국 동화 원서를 사러 외문서점外文书店에 갔을 때, 마침 금발에 파란 눈을 가진 한 여성이 판매원에게 루쉰의 『축복祝福』(1924년에 출판된 소설집 『방황彷徨』에 수록된 단편 소설-역자) 영역본이 있는지 물어보고 있었다. 그 판매원이 외국 여성의 말을 알아듣지 못해서, 내가 즉석에서 통역해 주었다. 그 외국 여성이 감사한 나머지 나와 몇 마디 말을 나누고 서로의 직업과 이름을 교환하였는데, 그제야 그녀가 영국 대사관 직원이라는 것을 알게 되었다. 나는 학교에 돌아와 교육연구팀원들과 이 일을 이야기하면서 외문서점 직원을 위한 외국어 훈련반을 열어야만 하겠다고 말했다. 이 일이 나의 간첩 혐의가 될 줄이야 생각지도 못했다. 두 번째는 내가 교사들을 상대로 영어 훈련반을 그렇게 적극적으로 운영한 목적이 영어를 할 줄 아는 미국 간첩 몇 명을 키우려고 한 게 아니냐는 문제였다. 이에 대해 나는 지도부의 조사를 요청하면서, 만약 자신이 숨긴 것이 있으면 어떤 처분을 받아도 좋다는 뜻을 표하는 수밖에 없었다. 마지막 문제는 내 이름에 마오쩌둥毛泽东의 '쩌'와 장제스蒋介石의 '스'가 왜 들어있느냐면서, 반혁명 기회주의자가 될 생각이 아니었는가였다. 이 문제에 대해서는 이름을 지어주신 부친이 이미 세상을 떠났기 때문에 나는 확실하게 대답할 수가 없었다.

　크고 작은 비판 투쟁대회가 일단락되면서, 우리는 반나절 반성문을 쓰고 반나절 교정校庭에서 풀을 뽑거나 똥 푸는 일을 했다. 나는 이런 일에 아주 익숙했기에 늘 K 서기와 G 주임을 몰래 돌봐주었다.

6. 잊지 못할 '반동분자' 경험

어느 날 오후 '군중전정대' 대장이 나에게 "오늘 너는 일하러 가지 않아
도 돼. 너는 문공단 단원으로 일한 적이 있으니, 오후에 '반동분자의 노래'
1곡을 지어서 너희 우귀사신들에게 책임지고 가르쳐 주는 게 일이야!"라
고 말했다. 나는 오후 내내 '반동분자의 노래'를 창작했는데, 가사는 "반동
분자인 저의 죄는 천만 번 죽어 마땅합니다……"로 시작되고, 곡조는 내가
소년 시절 교회 성가대에서 불렀던 〈예수께서 나를 구한다耶穌救我〉라는 〈찬
송가〉 가락을 사용했다. '군중전정대' 우두머리는 내가 시험삼아 부른 노래
를 듣고 괜찮다고 여겼는지, 나에게 그날 안으로 다른 반동분자들이 부를
수 있게 가르치라고 했다. 하지만 유감스럽게도 나의 반동분자 동료들은
음악적 재능이 부족했고, 그중에서도 K 서기와 G 주임은 정말 음치였다.
그렇게 간단한 곡조를 한참을 가르쳤어도 노래 시작부터 음정이 틀리는 바
람에 밖에서 몰래 듣던 혁명 소장들이 포복절도하는 매우 진지하지 못한
정치적 영향을 끼쳤지만, 다행히 나에게 책임을 묻지는 않았다.

내가 '반동분자 관리소'에 갇혀있는 동안 가장 인상 깊게 각인된 두 가
지 큰일이 있었다. 하나는 9월 초 우리 학교의 홍위병들 역시 한 차례 '파
사구破四旧'[8]와 '계급투쟁'을 크게 벌린 일이었다. 홍위병들은 소대로 나눠
인근 명승지에 가서 불상을 때려 부수고, 몇몇 생산대대에 가서 '지주·부
자·반동분자·나쁜 놈'들의 온 집안 식구를 어른이나 아이 할 것 없이 가
죽띠로 한 차례 때리는 '징벌'을 가했다. 나는 그(그녀)들이 우리 '우붕牛棚'[9]

---

8   파사구(破四旧) : 낡은 사상(旧思想), 낡은 문화(旧文化), 낡은 풍속(旧风俗), 낡은 습
     관(旧习惯) 이른바 '사구(四旧)'를 척결한다는 뜻이다.

문 앞에서 이런저런 이야기하는 것을 들었다. "그 지주 노파는 정말 구타를 견뎌내지 못했어. 내가 몇 대 안 때렸는데도 의식을 잃어버리잖아! 죽은 척했을 수도 있지만!" "사람 때리는 것이 힘들 줄이야 몰랐어. 그 부농 영감탱이를 패느라 하마터면 숨도 못 쉴 뻔했다고!" 과거 위(伪)[10] 경찰로 일했던 학교 경비실의 장 씨 영감은 바로 그날 겁이 나서 농약을 마시고 자살해버렸다. 그가 죽은 후, "처벌이 무서워 자살한 장○○는 스스로 인민과의 관계를 단절한 것이다!"라는 커다란 표어가 벽에 붙었다.

나머지 하나는 우리 학교에서 10월 중순부터 대교류大串连(홍위병들이 전국 각지를 다니며 교류했던 문화대혁명 시기의 용어-역자)를 위해 베이징에 와서 마오 주석의 접견에 참석하려는 외지 홍위병을 맞이하기 시작한 것이다. 우리 반동분자들은 교실을 숙소로 바꿔 깨끗이 청소하고 찻물을 준비하는 일을 책임졌다. 날씨가 추워진 후에는 보일러를 틀어 난방을 제공하는 일까지 했다. 그들이 무료로 전국 여행을 할 수 있는 것을 그때 내가 속으로 얼마나 부러워했던지! 우리 학교의 많은 젊은 선생들 역시 홍위병 완장을 차고서 기차를 타고 떠난 후에 나는 '자유'의 소중함을 더욱 절실히 느꼈다.

외지의 홍위병들도 물을 길어다 주고 바닥을 쓸어주는 선생님들이 '반동분자'라는 것을 알고 나서 우리에게 큰소리로 호통쳤지만, 나는 여전히 마음속으로 천 리 멀리 집을 떠나온 아이들이 걱정되었다. 둥베이나 시베이西北 지역에서 온 중학생 홍위병들은 대부분 몸이 비교적 튼튼해서 고생을 견딜 수 있었으나, 남방 특히 상하이나 쑤저우 · 항저우에서 온 학생들

---

9   우붕(牛棚) : 문화대혁명 시기 비판 대상이 된 사람들이 연금되었던 장소. 정규 형무소는 아니며 한촌(寒村)의 외양간 건물 등이 임시 감금 장소로 쓰였다.
10   중국에서는 일본제국이 침략 과정에 세운 괴뢰정권을 인정하지 않는다는 차원에서 위만주국(伪满洲国)과 같이 가짜라는 뜻의 위(伪) 자를 정권 이름 앞에다 붙인다.

은 비교적 나약해서 대부분 붉은 오성五星이 수 놓인 군용 가방 안에 과자와 사탕이 가득 담겨있었다. 어느 날 어떤 여학생 홍위병이 아파서 혼자 숙소에 누워있어서 내가 물과 약을 주러 갔는데, 그 애가 "너 같은 반동분자가 주는 물은 안 마셔!"라고 하면서 눈물을 닦았다. 그 말을 듣고도 내가 여전히 웃으며 자기를 보살피는 것을 보고 결국에는 내가 건넨 물로 약을 삼켰다.

1967년 초 상하이에서 권력 탈취의 '1월 폭풍'이 일어난 지 얼마 지나지 않아서, 우리 학교 학생 홍위병의 두 파벌인 '정강산전투대井岗山战斗队'와 '전기불도조반병단战旗不倒造反兵团'이 각각 두 파 선생들로 구성된 '혁명군중조직'의 인솔하에 학교 '권력'의 상징인 학교 직인과 '여론 조성의 최전선'인 '방송실'을 차지하기 위해 싸우기 시작했다. 처음에는 양쪽 모두 "글을 통해 싸워야지, 폭력으로 싸워서는 안 된다要文斗, 不要武斗"라는 중앙의 호소를 나름 준수하여 서로 대자보와 확성기로만 평론을 하고 변론을 했다. 하지만 점차 서로 욕을 해대다가 나중에는 무장 투쟁까지 벌이게 되었다. 결국 '정강산전투대'가 승리하여 학교 직인을 빼앗고 방송실을 점거한 뒤, 실험실(거기에는 화학 독극물이 있음)과 도서관을 봉쇄했다. 학교의 문혁영도소조가 완전히 주도권을 상실한 후, 우리가 갇힌 '반동분자 관리소'는 누구의 통제도 받지 않게 되었다.

1967년 4월 우리는 '정강산전투대'로부터 "너희 반동분자들은 일단 집에 돌아가 반성하며 언제든지 소환되길 대기하라"라는 지시를 받았다.

7. 재산을 몰수당하다

그날 정오 나는 가족에 대한 그리움과 가정의 따뜻함에 대한 갈망을 품고 서둘러 집으로 돌아갔지만, 집에 발을 들여놓는 순간 놀라 문 앞에서 얼어붙고 말았다. 집 안 거실이 완전히 비었고 원래 있던 좁고 긴 자목紫木 탁자와 꽃무늬가 조각된 대형 사각 나무 탁자, 그리고 구식 팔걸이 나무 의자가 모두 보이지 않았다. 게다가 여기저기 깨진 도자기 조각과 찢어진 종잇조각이 흩어져 있었다. E가 발소리를 듣고 안방에서 뛰어나와 나인 걸 보고는 "드디어 돌아왔네요!"라고 한마디만 하고 벽에 기대어 눈을 감아버렸다. "무슨 일이야? 재산을 몰수당했어? 아이들은? 어머니와 아버지는?" 9살 아들과 8살 조카딸이 달려와 내 다리를 붙잡고 "아빠, 그들이 우리 집 돈을 뺏어갔어요. 물건도 많이 싣고 갔고요!"라고 소리쳤다. 내가 안방을 들여다보니, 4살짜리 막내딸이 바닥에 널브러져 있는 주판알을 줍고 있었다. 나는 성큼 건너가 딸을 안고 가슴에 꼭 껴안았다. "아빠, 왜 항상 집에 안 와!" "아빠가 잘못했어!" 나는 목이 메었다. E가 와서 나를 데리고 북쪽 방으로 장인어른을 뵈러 갔다. 커튼을 걷자 장모님이 침대 앞에 앉아 어지럽게 널브러진 한 무더기 옷가지를 정리하고 계셨고, 장인어른은 눈을 감고 침대에 누워 계셨다. "아버님, 어머님, 제가 너무 늦게 왔습니다!" 장모님이 고개를 들며 속이 타서 말씀하셨다. "그놈들이 현금과 통장을 다 뒤집어 뺏어갔으니, 우리 식구들은 어떻게 살란 말이야?" 장인어른은 눈을 감고 아무 말도 하지 않으셨다. E가 우리 방으로 가자고 눈짓해서 돌아오니, 학생들 숙제 노트에 쓴 인수증 1장을 꺼내 보여주었다. 거기에는 '사구四日' 물품 몇 건을 싣고 간다고 쓰여 있고, 시청구 홍위병 연합행동사령부 가오高○의 서명이 적혀 있었다. 나는 그 인수증을 보며 말했다. "좋아, 소속 기관과 이름이 있으니 돈을 되찾아올 수 있을 거야! 근데 아버지한테 뭔 일이 있었어?" 순간 E가 손으로 얼굴을 가리며 흐느끼기 시작했다. 나는 마음이 급해져 "도대체 아버지한테 무슨 일이 있었는데?"라고 물었다.

"홍위병들이 아버지를 쇠사슬로 개처럼 묶어 끌고 다니고 가죽띠로 때리면서, 큰오빠와 셋째 오빠가 타이완에 가기 전에 남겨놓은 총기와 탄약, 금은보화를 내놓으라고 윽박지르는 바람에 하마터면 노인네를 괴롭혀 죽일 뻔했어요!"

"파시스트, 철저한 파시스트 야수 놈들!" 나는 분노를 참지 못하고 소리쳤다. E가 급히 나에게 손을 흔들고 창밖을 가리키며 이웃이 들어선 안 된다는 사인을 보냈다.

나는 평소 가깝게 지낸 이웃을 찾아가 당시 저명했던 시청구 홍위병 '연합행동사령부' 규찰대의 본거지 주소를 물어보고, 아울러 그에게 붉은 완장을 빌려달라고 부탁했다. 그 이웃은 "나한테 있으니, 자네가 먼저 가져다 써!"라고 말했다. 그리고는 그가 일하는 공장의 '홍위공인조반단紅卫工人造反团' 완장을 꺼내 나에게 주었다. 나는 고등학교도 가지 않고 진공관 공장에 취직해 노동자가 됨으로써 '정치적 금고'에 들어간 거나 다름없는 그가 정말 부러웠다. 나는 나의 지원군 솜 외투를 걸치고 소매에 눈에 띄게 빨간 완장을 두르고는 북경제41중학에 가서 시청구 홍위병 연합행동사령부 본부가 뒤뜰에 있다는 것을 알아냈다. 내가 거들먹거리며 들어가려 하자, 보초를 서던 한 홍위병이 나에게 누구를 찾느냐고 물었다. 나는 "가오○가 어디에 있어?"라고 되물었다. 다른 더 어린 한 '여병女兵'이 나를 아래위로 훑어보더니, "가오 삼촌이세요?"라고 떠보듯 물었다. "가오 삼촌? 아! 그래, 그래, 가오○를 보러왔어." 그러자 그녀는 교실 하나를 가리키며 "그는 저기에 있어요"라고 말했다. 내가 교실로 걸어갈 때, 등 뒤에서 그녀가 "가오○의 아버지는 팔로군이었음이 분명해!"라고 말하는 목소리가 들렸다.

나는 정신을 바짝 차리고 교실 입구에 서서 주변을 살펴보았다. 교실 안에는 두 줄로 침대가 놓여 있었는데, 그중 일부 침대에는 당시로서는 매우 귀중한 카메라·축음기·소형 반도체 라디오·탁상시계·손목시계·금은 장신구·모피코트·양담배 보루·양주…… 등 그들이 재산을 몰수할 때 가져온 게 분명한 전리품이 가득 쌓여있었다. 다른 침대에는 남녀 홍위병들이 퍼져 누워서 담배를 꼬나물고 손으로 사람 때리는 벨트를 돌리는 녀석, 다리를 꼬고 축음기에서 나오는 〈님은 언제 다시 오시려나何日君再来〉[11] 노래에 따라 박자를 맞추는 녀석, 외국 화보를 들고 보는 녀석도 있었다. 그들은 내가 위엄 있게 이맛살을 찌푸리고 문 앞에 서 있는 것을 보고 다리를 풀고 얼른 일어나 앉았다. 나는 목청을 깔고 "누가 가오○야?"라고 말했다. 군복 차림이지만 분위기가 완전 학생인 젊은이가 일어나며 "제가 가오○입니다!"라고 했다.

나는 손으로 그를 가리키며 "그래, 밖으로 나와봐!"라고 말했다.

"네!" 가오○는 나의 기세에 눌려, 즉시 순순히 걸어와 나를 따라 뜰 가운데로 몇 걸음 이동했다.

"이거 너희들 짓이야?" 나는 그가 남긴 '재산 몰수 인수증'을 꺼냈다.

"네!" 그는 그 종이를 힐끔 쳐다보고는 약간 불안한 눈빛으로 나를 바라

---

11 〈님은 언제 다시 오시려나(何日君再来)〉: 1937년에 나온 영화 〈삼성반월(三星伴月)〉의 삽입곡으로 1978년 타이완 가수 덩리쥔[邓丽君, 1953~1995]이 다시 불러 우리에게도 널리 알려진 노래이다.

보았다.

"그렇군. 나는 718공장의 무산계급 혁명 조반파인데, 이 집은 나의 이웃이야. 난 오늘 오전 너희가 그 집에 취한 혁명행위를 전적으로 지지하지만, 우리의 임무는 '사구' 타파이지 강탈이 아니야! 그런데도 네 부하 놈들이 그 집의 현금과 통장을 모두 빼돌린 것은 너희의 혁명행위는 물론 홍위병 운동 전반에 먹칠한 것이야. 알겠어?" 나의 어조가 아주 매서워졌다.

"정말요?" 그의 뽀얀 얼굴에 두려움이 확실히 드러났다.

"절대 틀림없어! 너희가 몰수할 때, 내 아들놈이 구경 갔다가 창밖에서 어떤 홍위병이 통장을 주머니에 몰래 넣는 걸 목격했다니까!" 나는 검증하기 어려운 이야기를 하나 만들어냈다.

"잠시만 기다려 주세요." 가오○는 노기 띤 얼굴로 돌아서서 교실로 들어갔다.

내가 뜰을 왔다 갔다 하며 서성이는 중에 그 교실 유리창을 통해 이따금 나를 내다보는 홍위병의 모습이 비쳤다. 얼마 후 가오○이 저축통장 하나를 들고나와 머리를 숙이고 나에게 "잘못을 지적해 주셔서 감사합니다. 우리는 꼭 이 일을 거울로 삼겠습니다. 이걸 그 집에 전해주길 부탁드립니다. 근데 현금은 이미 다 써버렸답니다"라고 말했다.

"마오 주석께서 우리에게 말씀하신 '잘못을 바로잡기만 하면 훌륭한 동지다'라는 가르침이 있잖아. 네가 앞으로 부하를 엄하게 단속해 다시는 그들이 이런 잘못을 범하지 않기를 바란다. 그럼, 잘 있어!" 내가 통장을 받아들고 그와 헤어진 후 침착하게 학교 문을 나서자 심장 박동이 빨라지기 시작했다. 난 만약 나 같은 반동분자가 감히 혁명 조반파를 사칭해 그들을 위협한 사실이 발각되면, 그들이 나를 산 채로 쳐죽일 수 있다는 걸 알고 있었다.

나는 곧바로 신제커우에 있는 저축소儲蓄所에 가서 우리 가족 7명이 먹고 살 통장 잔고 300여 위안을 모두 찾아 집으로 돌아와 장모님께 드렸다. 그 제야 노인네 얼굴의 주름이 비로소 펴졌다.

그날 밤 아내가 눈물을 흘리며 나에게 말했다. "그들이 당신을 다시 가 두지는 않겠죠? 집에 노인네와 어린애들밖에 없는데, 당신이 없어서 난 정 말 무서워 죽을 것 같았어요! 오늘 때마침 당신이 돌아오지 않았더라면 …… 우리 가족이 어떻게 살 수 있었겠어요!"

나는 "아! 당신을 정말 고생시키는구려!"라며 그녀의 눈물을 닦아 주었다.

"전 어떤 고생도 두렵지 않지만, 노인네와 아이들을 괴롭힐까 봐 걱정돼 요. 그 흉악한 홍위병 놈들이 다시 오면 어떡해요?"

"내가 볼 때 당분간 학교 내 무장 투쟁이 멈추지 않을 거여서, 지금 우리 같은 우귀사신에 신경 쓸 겨를이 그들에겐 없어. 내가 이번에 돌아왔으니 또 어디로 끌려가는 일은 없을 거야!" 나는 애써 그녀를 위로했다.

"그리되면 정말 좋겠네요!" 그녀는 마치 내가 다시 잡혀갈까 두려운 듯 나를 더욱 꽉 껴안았다. 나는 그녀의 어깨와 등을 쓰다듬다 그녀가 많이 야위었음을 알게 되었다. 생각해보면 지난 반년 동안 혼자서 일찍 출근했 다 늦게 귀가하면서 학교에서는 반동분자 가족이자 타이완 국민당 가족으 로 항상 비판받을 준비를 해야 했고, 집에 돌아와서는 노인 2분과 아이 3 명을 돌봐야 했으며, 또 매일같이 '우붕'에 갇힌 남편 걱정을 해야 했으니 사실 나보다 그녀가 훨씬 힘들지 않겠는가!

"당신, 내일 셋째 여동생 가족 보러 가 봐요. 홍위병이 그들 집을 먼저 몰수하고 나서 우리 집에 들이닥친 거였어요. 판 씨네가 평소 우리에게 잘

해주었는데, 가서 도와줄 수 있는 게 없는지 확인해 봐요." 아내가 옆에서 자는 아이들이 깰까 봐 작은 소리로 내게 당부했다. 나는 그러겠다고 답하고는 속으로 '주변의 가까운 모든 가족을 걱정하면서도 자기 자신은 걱정하지 않는구려!'라고 생각했다. 나는 어둠 속에서 아무 말 없이 그녀의 머리에 키스했다.

다음날 나는 우리 집과 같은 날에 재산을 몰수당하고 구타당한 판 씨 어머니를 만나러 서직문西直門에 있는 매제 집으로 서둘러 갔다. 마당에 박살이 난 '사구'가 온통 널려 있어서 조심스레 유리 조각과 도자기 조각을 밟으며 남쪽 방에 들어가 보니, 온통 백발의 어르신이 침대에 누워 고통스럽게 신음하고 계셨다. 나는 얼른 가서 어르신의 손을 잡고 말했다. "큰어머님, 힘드시죠!" 어르신은 앉으라는 손짓을 한 뒤 말씀하셨다. "난 두렵지 않아. 내 평생 토비나 반란군叛兵을 한두 번 본 줄 알아. 다만 이 학생 애들을 잘못 가르친 게 너무 안타까워!" 나는 셋째 여동생을 도와 집 정리를 하면서 동생으로부터 홍위병들이 보석 숨긴 곳을 알아내기 위해 어르신을 심하게 때리고 발바닥과 손바닥 심지어 귀 안까지 담뱃불로 지졌지만, 강인한 어르신께서 끝까지 견뎌내셨다는 이야기를 들었다.

판 씨네 집을 나와 찬바람 세차게 부는 행인 뜸한 거리를 걸으며, 어르신이 담뱃불에 지져져 살이 타는 참혹한 광경이 계속 내 눈앞에 떠올랐다. 나는 갑자기 히틀러가 어떻게 정권을 잡았는지 알 것 같았다.

8. 내가 어째서 이 혁명에 참가할 수 없었는가

1967년 4~5월 쓰촨성에 살던 나의 동료 리즈잉·딩셴원·장다가 잇달아 자기 직장에서 적발되어 비판받고 매달려 맞으며 학대당했다. 그들은 살기 위해 연이어 베이징으로 도망쳐 왔다. 그들에 대한 '수배령'이 곧바로 베이징 거리에 나붙었다. 나 역시 이들 "적에 투항하여 반역한 범죄자" 3명을 "숨겨주는" 모험을 감행했다.

리즈잉은 베이징에 온 후, 우리 집안이 반우파운동 중에 겪은 비참한 운명을 알게 되었다. 특히 아버지의 죽음에 대해 무척 슬퍼했다. 그는 본래 중앙에 자신의 억울함을 재차 호소하려 했지만, 내무부에 가서 여기저기 대자보가 가득 붙어있는 혼란한 상황을 보고는 그 생각을 접었다. 게다가 나의 장인 집이 '몰수'되어 서쪽과 남쪽 방에 가도街道[12] 주민위원회의 '적극분자'들이 들어와 살고 있어, 우리 식구 7명이 3칸짜리 북쪽 방에서 끼여 살 수밖에 없는 걸 보고는 머문 지 며칠 만에 바로 결연히 쓰촨으로 돌아가 그의 동생 집에 '피난'하러 갔다.

장다는 고등학교를 졸업한 후에도 여전히 국가로부터 직장을 배정받지 못해 이런저런 막일을 하다가, 마침내 성쿤成昆철도(쓰촨성 청두와 윈난 쿤밍을 연결하는 철도로 1958년 착공됨—역자) 건설 노동자가 되었다. 그는 활동 능력이 뛰어나 베이징으로 탈출한 후, '사천공인조반병단四川工人造反兵团' 베이징 주재 대표들이 북경지질학원北京地质学院에 머물고 있다는 소식을 알아냈다. 그는 그곳에 가서 빠르게 조반병단 우두머리들의 신임을 얻어 '교통분단交通分团' 잡역부

---

12 가도(街道) : 도시의 '구(区)' 아래의 행정단위로 지역 주민과 관련된 사무 기구인데, 한국의 행정단위인 동(洞)과 유사하다.

로 일하게 되었다. 장다는 곧바로 지질학원으로 이사하여 숙식을 모두 해결했다. 며칠 뒤 그는 나를 찾아와 중국인민대학中國人民大學에서 열리는 '펑더화이彭德怀[13]·뤄루이칭罗瑞卿[14]·우한·랴오모사廖沫沙[15] 비판투쟁대회'에 참석하자고 했다. 내가 그 자리에 간 후 뜻밖에도 '사천공인조반병단'의 정식 대표가 갑자기 중앙의 소견召见을 받게 되므로 인해, 쓰촨 출신인 나와 장다가 그들 병단의 임시 대표로 주석단에 앉게 되었다. 대회 사회자의 발언 요청에 나는 그 자리에서 발표문을 썼고, 장다가 나서서 10,000여 명의 '무산계급 혁명 조반파 전우들'에게 다음과 같이 말했다.

"우리는 백만 '사천공인조반병단'의 혁명 전사를 대표하여 수도 홍위병 전우들에게 배웁니다! 당신들에게 무산계급의 숭고한 경례를 올립니다! 우리는 전우들의 조금도 두려워하지 않는 혁명 행동을 아낌없이 지지할 것입니다. ……" 당시 나는 단상 아래에서 누군가 갑자기 일어나 "혁명 조반파를 사칭한 반동분자 장쩌스를 끌어내라!"라고 외칠까봐 두려워 속으로 안절부절못했다. 그래서 나는 머리를 최대한 숙이고 자료를 보는 척했다. 다행히 곧바로 누군가 "펑·뤄·우·랴오를 단상으로 끌어내라!"라고

---

13 펑더화이(彭德怀, 1898~1974) : 후난성 샹탄[湘潭] 출신으로 마오쩌둥 주더와 함께 당시 소비에트 근거지를 개척하였고 대장정에도 참여하였다. 중일전쟁 중 팔로군 부총사령관, 국공내전 시기 인민해방군 총참모장을 지냈다. 1950년 중국인민지원군 사령관으로 한국전쟁에 참전하였고 1954년 국방부장이 되었다. 1959년 대약진운동의 문제를 지적하다 반당집단의 수괴로 낙인찍혀 해임되었다. 문화대혁명 때 비판 투쟁과 박해를 받다 사망했다.

14 뤄루이칭(罗瑞卿, 1906~1978) : 쓰촨성 난충[南充] 출신으로 신중국 수립 후 공안부장과 해방군 총참모장 등을 역임했고 1955년 대장으로 진급했다. 군 현대화 문제로 린뱌오와 대립하다 문화대혁명 시기 하반신이 마비되는 잔혹한 박해를 받았다.

15 랴오모사(廖沫沙, 1907~1990) : 후난성 창사[长沙] 출신으로 중국의 현대 작가이다. 1961년 중국공산당 베이징시 위원회의 간행물 『전선(前线)』에 '삼가촌찰기(三家村札记)' 코너를 설치해 덩퉈[邓拓]·우한 등과 잡문을 기고했는데, 그 이유로 문화대혁명 시기 '삼가촌 반당집단'으로 몰려 노동 개조 처분을 받았다.

외치는 소리가 터져 나왔다.

펑더화이 사령관이 단상 앞으로 끌려 나왔을 때, 해방군 부총사령관이자 지원군 사령관이었던 그를 이런 자리에서 만나리라고는 내 평생 정말 생각하지도 못했다. 모욕을 당해 거의 사형수나 다름없이 변한 그의 모습을 보고 나는 가슴이 미어터지는 것 같았다. 이어서 내 바로 앞으로 끌려 나온 우한 선생님의 본디 많지 않던 머리카락이 다 쥐어뜯긴 모습을 보았다. 나는 그가 '제트기喷气式' 자세[16]로 고통스럽게 허리를 구부리고 있는 뒷모습만 볼 수 있었지만, 청화대학 시절 그가 강단에서 명사明史를 강의할 때 유물사관에 입각한 핵심을 찌르는 가르침이 생각났고, 우리 지하당 외곽조직인 '과벽초독서회'가 선생님 댁에서 모임을 했을 때 선생님과 사모님께서 너무나 자상하게 대해주셨던 장면이 떠올랐다.

'아, 나의 선생님, 너무 고통스러우시죠! 이 모든 것이 다 무엇 때문이란 말입니까!' 나는 속으로 외쳤다. 결국 나는 장다에게 화장실에 다녀오겠다고 말하고는 자신이 비판받는 것보다 더 참기 힘든 대회장을 벗어났다.

딩셴원은 베이징에 오자마자 쓰촨성 몐양 '81조반병단八一造反兵团'의 소개로 화북국 청사[17]로 가서 '전국 제대 군인 81조반병단'을 찾은 끝에, 그들 업무 그룹에 참여할 수 있게 되었다. 하루는 그가 나를 찾아와 '거친 글군硬笔杆子'을 찾는다면서 자기 우두머리를 보러 가자고 했다. 그 우두머리는 나의 군대와 포로수용소에서의 경력을 들은 뒤, 바로 나에게 선전부장

---

16   제트기(喷气式) 자세 : 비판 대상자의 상반신을 구부리게 하고 두 사람이 옆에서 손으로 목덜미를 누르고 팔을 뒤로 들어 올리는 문화대혁명 시기에 행해진 사형(私刑)의 일종으로 '喷气式飞机'의 준말이다.

17   화북국(华北局)은 1966년 최종적으로 철폐되었으므로 여기서 말하는 화북국 청사(大楼)는 1966년 이전에 화북국이 사용했던 건물을 말하는 것 같다.

을 맡아달라고 부탁했다. 나는 신중히 고려한 뒤에 다시 답하겠다고 말했다. 그때 딩셴원이 "너는 반드시 이 대혁명에 투신해야 해. 우리가 살아 돌아온 것은 바로 한 자루 비수가 되기 위함이야! 모든 나쁜 세력과 끝까지 맞서 싸워야 해!"라며 나를 부추겼다. 나는 그이처럼 그렇게 과격하진 않지만, '왜 난 무슨 운동이 벌어질 때마다 혁명의 대상이 될 뿐, 혁명의 동력이 될 수 없는가? 무슨 이유로 내가 이번 문화대혁명에 참여할 수 없는 건가?'라는 생각이 들었다. 하지만 집에 돌아와 아내에게 "화북국 청사로 출근하겠다"라는 말을 꺼내자마자 걱정부터 하였다. 마침 셋째 매제인 판 씨가 장인을 뵈러 와있다가, 내가 혁명 조반파 활동을 하러 가겠다는 말을 듣고는 "형님이나 저는 이런 정치적 위험을 무릅쓸 형편이 못 됩니다. 형님이 만약 출신이 아주 좋고 과거 문제도 전혀 없고 가족 부담도 없다면, 제가 절대 막지 않겠지만요!"라며 단호하게 그만두도록 말렸다. 얼마 후 나는 장루이푸를 찾아가 내 생각을 얘기했다. 그러자 그는 "이게 정말 무슨 혁명이라고 생각하나? 내가 보기에 이건 완전히 위에 있는 사람들 간의 권력 쟁탈 투쟁일 뿐이야. 우리가 어느 한쪽 편에 서서 희생양이 될 필요가 전혀 없어!" 그 순간 나는 장루이푸가 너무 우파적이라고도 생각했지만, 결국에는 그 '선전부장'을 맡지 않았다. 그 주된 이유는 셋째 매제의 충고대로 '아내와 자녀를 위해서 절대로 다시는 위험을 무릅쓸 수 없어!'라고 생각했기 때문이다. 아니나 다를까 얼마 지나지 않아, 그 '전국 81조 반병단'은 중앙 문혁에 의해 "나쁜 우두머리의 조종을 받는 반동 조직"으로 선포되었다.

세상에나 맙소사! 내가 가지 않았기에 망정이지! 반면 딩셴원은 몐양으로 압송되어 구금된 상태로 재판을 받았다. 그의 '비수'는 인간 세상의 나

뿐 세력을 이기기도 전에 자신이 먼저 부러져버리고 말았다. 하지만 '거친 글 꾼'인 나는 우리 학교 '홍색혁명조반대红色革命造反队' 선생들의 눈에 또 들게 되었다. 그들은 우리 집에 와서 나한테 자기들 '전투대'에 참가해주길 요청했다. 이는 그들 눈에 내가 본래 우귀사신이 아니었다는 증거이기에 나에게는 정말로 큰 위로와 격려가 되었다. 나는 그 붉은 완장이 갖는 보호 작용에 관심이 많던 데다, 이 조직에 인도네시아나 태국 화교 출신으로 착하고 정직해서 평소 나와 내내 사이가 아주 좋았던 선생 여럿이 있었기에 참가를 승낙했다. 다만 내가 변론에 나서지 않으며 무장 투쟁에 참여하지 않겠다는 두 가지 조건을 내걸었는데, 그들이 받아들였다. 그리하여 나는 때때로 학교에 가서 그들을 도와 몇 편의 변론 원고를 썼다.

처음 학교로 돌아갔을 때, 나는 부서져 상처투성이가 된 교실을 보았다. 도서실조차 유리창이 산산조각 나고 찢어지거나 가져가버린 책이 숱하게 많을 뿐 아니라 책더미에 똥오줌이 묻어있기도 해서 정말로 마음 아팠다. 만약 하늘에 계신 공자께서 이 일을 알게 되면 얼마나 슬퍼하실까 하는 생각이 들었다. 이번 문화대혁명은 "문화의 운명을 크게 위태롭게 한" 것으로 변질하고 말았다. 문화의 씨를 뿌리는 한 사람으로서 아무것도 할 수 없는 나 자신의 무능함에 비통했지만, 그저 "구차하게라도 어지러운 세상에서 살아남기"만을 바랄 수밖에 없었다. 하지만 나에게는 그조차도 허용되지 않았으니!

9. 어머니, 당신을 지켜드리지 못했습니다

1967년 6월 어느 날 나는 갑자기 여동생으로부터 시간을 내 자기 집에 와서 어머니를 뵙길 바란다는 짧은 편지를 받고 곧장 서둘러 갔다. 여동생이 사는 교직원 숙소에 들어가기 전, 나는 입구 담벼락에 붙은 매제를 '반동분자', 어머니를 '지주 노파'로 칭하며 어머니에게 일주일 내에 "고향으로 돌아가 빈하중농貧下中農(빈농·하층 농민·중농-역자)의 감독하에 노동 개조하라"고 '강제 명령'한 대자보 1장을 보았다. 이 커다란 대자보는 철강학원의 한 혁명 조반파가 작성한 것이었다. 내가 여동생의 숙소 문을 두드렸지만 아무런 반응이 없어서 당황한 나머지 여러 이웃집 문을 연달아 두드렸다. 한 나이 든 선생이 문틈 사이로 어머니가 운동장에서 풀을 뽑고 있을지도 모른다고 황급히 알려주고는 바로 문을 닫아버렸다. 내가 운동장으로 뛰어가 보니, 앞가슴과 등에 각자의 이름과 ○○분자라고 적힌 '명패銘牌'를 단 노인들이 한 구석에 일렬로 앉아 땡볕 아래에서 손으로 풀을 뜯고 있었다. 내가 가까이 가보니 정말로 어머니도 그 중에 계셨다. 어머니는 마침 땅바닥에 두 손을 대고 한숨 돌리고 계셨는데, 윗옷 등 쪽이 땀에 흠뻑 젖어 '지주 노파 ○○○'라고 적힌 천마저 다 젖어있지를 않는가! 그 모습에 나는 가슴이 너무나도 저렸다. "어머니, 무능한 아들이 당신을 지키지 못해 고통받으시게 했네요!" 주위에 마침 아무도 감시하는 사람이 없는 걸 확인하고, 나는 즉시 어머니 옆에 쭈그리고 앉아 조용히 "어머니!"라고 불렀다. 어머니는 땀으로 범벅이 된 얼굴을 돌리더니 깜짝 놀라며 "셋째 왔구나!"라고 하셨다. 어머니는 내 눈에 눈물이 가득 찬 걸 보고 다시 억지로 웃으면서 "일 좀 하는 것도 단련이야!"라고 말씀하셨다. 나는 일어서서

"어머니, 차표 다 끊어놓았어요. 돌아가서 짐을 챙겨 바로 기차역으로 가요!"라고 소리쳤다. 나는 어머니를 부축하고 숙소로 돌아갔다. 여동생에게 쪽지를 남기고 어머니를 도와 갈아입을 옷 몇 벌과 약간의 건량을 챙겨 길을 떠났다. 나는 베이징역에서 산시성 양취안으로 가는 기차표를 사고, 그곳에 있는 큰형에게 전보를 보낸 다음 어머니를 기차에 타시게 했다. 내 마음 깊은 곳에 생이별하는 듯한 두려움이 있었지만, 이를 드러내 어머니의 마음을 상하게 할까 봐 걱정도 되었다. 기차 벨이 울리고 출발하려 할 때, 기차에서 뛰어내린 나는 창문 옆으로 달려가며 "어머니, 몸조심하세요"라고 외치고는 손을 흔들 뿐이었다. 열차는 멀어졌고 나의 눈물 어린 눈에는 어머니의 꿋꿋한 모습만 남았다.

오래지 않아 어머니께서 고향 쓰촨성 광안현 다이스진에서 보내온 편지를 받았다. 편지에는 다음과 같이 적혀 있었다. 양취안역에 도착한 어머니는 마중 나온 사람이 없어서 혼자 광무국 병원을 찾아갔는데, 알고 보니 큰형이 '반군현행반혁명反軍現行反革命' 죄명으로 투쟁대회에서 비판받는 중이었다. 큰형수는 어머니를 다시 기차에 태워 광안현으로 가시게 하는 수밖에 없었다. 어머니는 다이스진 지도부에 자신이 고향으로 돌아온 이유를 사실대로 보고했다. 그 젊은 지도부는 우리 할아버지가 읍내에서 제지공장을 운영하며 종이 만드는 사업을 했다는 얘기만 들은 적이 있어, 어머니를 친척 집에 머물게 하고 매일 오류분자五类分子(지주·부농·반혁명·악질·우파분자-역자)들과 함께 큰길 청소를 하게 했다. 하지만 어머니가 나이도 많고 몸도 약한 점을 참작해 집 근처의 거리 청소를 맡겼다. 그 외에는 아침저녁으로 가서 훈시를 듣는 일뿐이라고 하셨다. 어머니는 또 할아버지께서 읍내 사람들을 너그럽고 후하게 대해주셨기에, 나이 든 세대 이웃 모두가 잘 대해주고 있으니 걱정하지 말라고 하셨다.

한 달이 지나 큰형도 고향으로 내쫓겨 노동하게 되어, 어머니가 형님의 보살핌을 받게 됨으로써 나는 겨우 마음속 돌덩이를 내려놓을 수 있게 되었다.

10. 다시 '우붕'에 들어가다

1968년 6월 학교로부터 모두 복귀하여 수업을 재개하고 혁명을 진행한다는 통지가 왔다. 나는 운동이 곧 끝나고 정상 질서가 회복될 것 같아서 기쁘게 생각했다. 학교로 돌아가 보니 '군선대軍宣队'(인민해방군 마오쩌둥 선전대의 준말-역자)가 와 있었다. 나 같은 '노병老兵'에게 있어 해방군은 당연히 더 친밀하다고 여겼기에, 속으로 '설령 운동을 다시 전개하더라도 전쟁이 어떤 것인지 잘 아는 해방군은 전쟁의 생존자인 나에게 사정을 좀 봐주겠지'라고 생각했다. 처음에 그들은 학교의 모든 교사와 학생들에게 열병 위주의 군사 훈련을 시행했고 간혹 '야영 훈련'도 진행했다. 다른 선생들은 견디기 힘들다고 느꼈겠지만, 나에게 그 정도의 고생은 식은 죽 먹기나 다름없었다.

나 스스로 군사 훈련 중 성적이 나쁘지 않다고 우쭐해 있을 때, 군선대가 '계급 대오 청산' 운동을 전개한다고 선포했다. 그리하여 "학습 토론하여 인식을 높이고, 몰래 검거 적발하여 안팎으로 두루 조사한다"가 시작됐다. 나는 이내 가슴이 조마조마해졌다. 아니나 다를까 하루는 학교의 모든 교사와 학생들이 소집된 대회에서 군선대의 L 부단장이 고개를 끄덕이자, 우리 학교 C 부서기가 단상에 올라 "검거 적발과 안팎으로 두루 조사한 결과, 우리 학교에서 계급의 적 3명을 잡아냈습니다. 이번에는 확고부동해 틀림이 없습니다"라고 선포했다. 모두가 긴장한 채 목을 길게 뽑고 이름이 발표되길 기다렸다. 그녀는 "첫 번째는 현행 반혁명분자 왕王○○, 두 번째는 특무분자 마马○○, 세 번째는——"라고까지 말하고 나를 한번 쳐다봤다. 나는 마치 불에 덴 듯 온몸이 오싹해졌다.

"세 번째는 대 배신자 장쩌스입니다. 이제 계급의 적인 왕·마·장을 단상으로 압송하시오." 단상 아래에서 즉시 "류·덩·타오刘邓陶를 타도하자! 왕·관·치王关戚를 타도하자! 양·위·푸杨余傅를 타도하자! 왕·마·장을 타도하자!"[18]라는 구호 소리가 울리기 시작했다. 신체 건장하고 힘센 홍위병 6명이 와서 우리 3명을 단상 위로 압송하여 미리 만들어 놓은 칠판을 우리 목에 걸었다. 홍위병 2명이 힘껏 나의 두 팔을 뒤로 묶고 머리카락을 쥐어뜯었을 때, 나는 소리를 내지 않고 나름 버틸 수 있었다. 하지만 그들이 잔인하게 나의 중지를 반대 방향으로 꺾었을 때, 극심한 통증에 "아!"라는 비명과 함께 바닥에 무릎을 꿇고 말았다. 철사로 된 칠판 걸이가 내 목 안으로 깊이 파고들고, 이어서 등을 세게 밟히는 바람에 나는 지탱하지 못하고 머리를 땅에 곤두박질쳤다. 그때 나의 두 팔은 여전히 붙잡혀 있는 상태여서 팔이 곧 부러질 것만 같았다. 나는 얼핏 "극악무도한 계급의 적을 만 개의 발로 밟아 영원히 회생할 수 없게 하라!"라고 외치는 구호 소리를 들었다. 나를 밟고 있던 발이 더 세게 등을 짓누르는 바람에 전혀 숨을

---

18 류·덩·타오는 류사오치·덩샤오핑·타오주(陶铸, 1908~1969), 왕·관·치는 왕리 (王力, 1921~1996)·관펑(关锋, 1919~2005)·치번위(戚本禹, 1931~2016), 양 ·위·푸는 양청우(杨成武, 1914~2004)·위리진(余立金, 1913~1978)·푸충비(傅 崇碧, 1916~2003)를 가리키며, 왕·마·장은 바로 위에 언급된 이 학교 교사 왕○○와 마○○랑 저자 본인을 가리킨다.

쉴 수가 없고, 하늘과 땅이 빙빙 돌면서 점점 고통이 사라지며 소리가 멀어졌다. …… 다시 끌려 일어나 의식을 되찾은 나는 격렬한 메스꺼움에 웩웩거리며 다 토해버렸고, 나 자신도 참을 수 없을 만큼 악취가 퍼졌다. 나는 부축 당한 채 끌려가 어두운 방에 내던져졌고 문이 바깥에서 잠겼다. 잠시 후 왕 선생과 마 선생도 버려지듯 방에 들어왔다. 신음하며 천을 찢는 소리가 나더니 왕 선생이 나에게 다가와 "장 선생, 나 대신 싸매 주세요. 손가락이 부러졌나 봐요!"라고 말했다. 내가 불을 켜서 보니, 정말로 왕 선생의 왼손 중지의 두 번째 관절이 호두만 하게 부어올라 있었고 똑바로 펴지를 못했다. 나는 그를 위해 손가락을 대충 싸매고 그의 왼손을 평평하게 들어올려줄 수밖에 없었다. 그러고 나서 내 손가락을 하나씩 만져보았으나 그나마 천만다행으로 부러진 데는 없었다.

우리 세 사람 모두 그날 점심과 저녁 식사로 반입된 완두와 짠지를 손도 대지 않은 채 줄곧 어둠 속에서 각자의 침상에 누워있었다. 나는 머릿속이 극히 혼란스러웠다. 내가 포로수용소에서 그토록 그리워하던 조국으로 돌아왔는데, 왜 오히려 포로수용소보다 더 잔인한 학대와 박해를 받아야 하는지 알 수가 없었다. 그뿐만 아니라 가장 고통스러운 것은 앞을 내다보아도 끝이 보이지 않고 빛이 보이지 않는 점이었다. 만약 오늘처럼 매일 학대를 받는다면 내가 견딜 수 있을지, 견뎌내고 산들 무슨 의미가 있을지 알지 못했다. …… 밤이 되어 나는 어떤 방식으로 자살하면 더 좋을지 궁리하기 시작했다. 목을 매는 것은 너무 고통스럽고, 자동차 바퀴에 깔려 죽으면 통쾌하겠지만 시신이 너무 보기 흉할 테니, 차라리 감전되어 죽는 것이 더 낫지 않을까? 나는 나도 모르는 사이에 고개를 들고 천장에 달린 전등의 높이를 가늠하며 어떻게 하면 그것에 닿을 수 있을지 계산하고 있었다. 그때 갑자기 "아빠, 왜 항상 집에 안 와!"라는 딸의 목소리가 들리는 것 같더니, 이어서 딸의 천진난만한 얼굴이 떠올랐다. 아들의 손을 잡고 나를 바라보는 E의 눈빛도 분명 "당신, 잔인하게 우리를 그냥 두고 갈 거예요?"라고 묻고 있었다. 나는 벌떡 일어나 앉아 "너의 목숨은 너만의 것이 아니니, 네가 마음대로 처리할 권한이 없어!"라고 스스로 맹세했다.

이번 '군중전정대'는 '군선대'의 훈련을 받아서 이전 '반동분자 관리소'에 비해 더 정규적이고 더 지독했다. 우리는 완전히 계급의 적으로 취급되어, 매일 반나절은 반성과 자백을 하고 나머지 반나절은 노동했으며 또 수시로 비판을 받아야 했다. "수업을 재개하고 혁명을 진행한다"가 시작된 후, 주된 수업은 당연히 정치 과목이었고 정치 과목도 '배신자 류사오치 철학'을 비판하는 데 중점을 두었다. 그래서 '배신자'로 지목된 나는 정치 과목의 살아있는 교재가 되어 각 반 수업에 돌아가며 끌려가서 학생들의 비판을 받았다. 문제는 매번 끌려갈 때마다 반드시 '군중전정대'가 압송할 뿐 아니라 항상 '제트기 자세'를 취하게 하였고, 비판 투쟁이 끝나고 감방으로 돌려보낼 때 왕왕 내 엉덩이를 발로 차서 앞으로 고꾸라지게 했다. 이런 모욕은 보름여 동안 지속되었고, 학생들의 정치 수업이 다른 과목으로 바뀌면서 비로소 줄어들었다.

곧이어 내가 "왜 타이완에 안 갔느냐"에 대해 집중 심사를 진행했다. 나는 이에 대해 여러 차례 설명했지만 모두 통과되지 못했다. 한 번은 한밤중에 나를 끌고 가 심문을 했는데, 군선대 책임자가 옆에서 심문을 감독하고 있었다. 너무 다그치는 바람에 내가 참지 못하고 "제가 어떻게 귀국했냐고요? 혁명군사박물관과 항미원조기념관에 제가 중국 전쟁포로 총대표로 우리 측 정전회담 대표의 지명을 받아 돌아왔다는 증빙 자료가 있으니 조사해보시길 바랍니다"라고 말하는 순간, 등짝에 몽둥이세례가 쏟아졌다. "너 이 새끼 까불고 있어!" "이 새끼가 아직도 구린내 나는 공적을 자랑하고 있네!" 몽둥이를 들고 좌우에 서 있던 2명의 홍위병이 나를 때리며 욕을 해댔다. 심문을 감독하던 군선대 책임자가 손을 내저으며 그들에게 몽둥이를 내려놓게 한 뒤 나에게 말했다. "장쩌스, 우린 원래 때릴 생각이 없었는데, 너의 완고한 태도가 혁명 소장들의 계급적 분노를 자아냈어. 그들은 이미 더는 참을 수가 없었던 거야! 너는 마땅히 태도를 바꿔서 자신이 어떻게 파견돼 돌아왔는지, 너에게 부여된 간첩 임무가 무엇인지 철저히 자백해야 해. 너 같은 지주 자본가 집안 출신으로 교회학교의 노예 교육을 오랫동안 받은 놈이 타이완으로 가지 않았다는 건 불가능하잖아! 이는 3살 난 아이도 판단할 수 있는 일이거든!"

나는 고개를 숙인 채 "제가 반드시 사실대로 자백하겠습니다!"라고 말했지만, 속으로는 '네 놈들은 정말 3살짜리 아이만도 못하구나!'라고 생각했다. 감방으로 돌아온 나는 밤새워 이전에 쓴 자백서를 1부 베껴 썼다. "내가 타이완으로 가지 않은 것은 공산당원이자 포로수용소 지하투쟁 지도자 중 1명이기도 해서, 타이완에 가면 죽을 수밖에 없었기 때문이다." 그러면서 또 한 차례 심하게 얻어맞을 각오를 했다.

사흘째 되던 날 운동장에 끌려가 돌을 깨고 있는데, 갑자기 '군중전정대' 대원 몇 명이 나를 에워싸고는 내가 돌을 규격에 맞지 않게 깬 것은 일부로 '해코지'한 짓이라며 나를 때려눕히고 발로 허리와 머리를 마구 찼다. 나는 아파서 머리를 감싸고 땅바닥에 데굴데굴 뒹굴다가 그만 종아리가 구두못에 크게 베여 피를 많이 흘렸고, 후에 곪는 바람에 아직도 그 흉터가 남아 있다.

11. "우리는 절대로 '스스로 인민과의 관계를 단절'해선 안 돼!"

운동장에서 구타당한 날 저녁, 나는 집에서 보내준 마지막 '삼홍三红'표 담배를 단숨에 다 피워버렸다. 나는 담뱃갑에 쓰인 3개의 '홍红' 자를 반복해 읽으며 속으로 '나의 홍아, 아빠가 반드시 버텨내어 살아서 너를 만날 거야!'라고 생각했다. 당시 (군선대는) 우리에 대한 혁명적 인도주의를 표방하기 위해 매달 가족으로부터 약간의 음식과 담배를 받을 수 있도록 했지만, E와의 만남은 허용되지 않았다. E도 동봉한 쪽지에다 감히 뭐라고 쓰지 못하고 "집안 어른과 아이들 모두 잘 지내니, 당신은 노동 개조에만 전념하세요……"와 같은 상투적인 말만 적었다. 매번 보내오는 담배 이름에 '홍' 자가 있었으니, 난 그녀가 이를 통해 아빠가 돌아오길 기다리는 딸 홍이를 잊지 말라고 일깨워주는 것임을 알고 있었다. 다만 담배는 매달 10갑으로 제한된 데 반해, 나의 흡연량은 오히려 갈수록 더 늘어났다. 담배가 떨어지면 매일 아침 복도 청소하러 끌려 나갈 때, 바닥에 떨어진 담배꽁초가 없는지 살폈다. 나는 라디에이터 밑을 청소하면서 특히 신경을 썼는데, 거기에 종종 담배꽁초가 많이 있었기 때문이다. 나는 마치 보물을 얻은 것처럼 꽁초를 주워서 남아 있는 담뱃잎을 종이에 말아서 피웠다.

1968년 10월 1일은 건국 19주년 국경일이었다. 공화국 창건과 보위를 위해 피 흘렸던 노병으로서 나는 비범한 '기념 예우'를 받았다. 그날 저녁 스징산 꼭대기에서 국경일을 경축하기 위한 불꽃놀이가 벌어졌다. 우리가 감방 창문을 통해 불꽃을 구경하고 있을 때, 갑자기 군중전정대 대원 몇 명이 문을 열고 들이닥쳐 느닷없이 우리에게 주먹질과 발길질을 하며 한바탕 호되게 때렸다. 나는 앞니 2개가 부러져 입안이 온통 피투성이가 되었다. 그 우두머리가 "왕·마·장, 너희들 잘 들어. 다시는 불꽃놀이 볼 생각 하지 마! 오늘은 전국 인민이 기뻐하는 날이기도 하지만, 바로 너희 같은 반혁명분자들이 괴로워해야 할 때야!"라고 말하고는 불을 끄고 문을 쾅 닫아버렸다. 우리 셋은 어둠 속에서 말없이 바닥에 누워있었다. 한참이 지나 나보다 젊은 왕 선생이 낮은 소리로 "나 목숨 걸고 그들과 싸우고야 말겠어!"라고 말했다. 그러자 나보다 나이 많은 마 선생이 깊이 한숨 내쉬고 "장 선생, 난 정말 살기 싫어!"라고 했다. 나는 부러진 이를 뱉어내고 "마 선생, 왕 선생, 우리는 절대로 경비실 장 씨 영감처럼 '스스로 인민과의 관계를 단절하는 반혁명분자'가 되어서는 안 되며, 우리의 가족들도 '반혁명 가족'이 되게 해서는 안 됩니다"라고 속삭이듯 말했다. 다들 다시 침묵에 잠겼다.

곧이어 마 선생이 일어나 물건을 더듬어 찾더니, 컵에 끓인 물을 붓고 숟가락으로 젓는 소리가 들렸다. "장 선생, 왕 선생, 일어나요. 내가 설탕을 좀 남겨두었으니, 설탕물 한 모금씩 마시고 기쁜 마음으로 우리의 국경일을 축하해요!"

12. 어두운 밤 속 인간의 빛

비교해 보면 '계급의 적 왕·마·장 3명' 중에 내가 받은 고통이 왕과 마 두 사람보다 좀 적은 편이었다. 거기에는 두 가지 원인이 있는데, 하나는 내가 가진 전기 기술 덕분이었다. 소련에서 수입한 우리 학교의 낡은 텔레비전이 자주 고장이 나서, 나도 자주 끌려가 그것을 수리해야 했다. 수리를 마친 뒤에도 소리와 화면에 이상이 없는지 한동안 앉아서 관찰하도록 했다. 다른 하나는 나의 기억력이 왕 선생과 마 선생보다 좋아서 마오 주석의 글 3편[19]을 외울 때, 그들보다 실수가 적었고 두들겨 맞는 횟수도 적었기 때문이다. 특히 군선대가 철수하기 직전, 나는 반도체 라디오를 1인당 1대씩 조립하란 명령을 받았다. 그들은 나에게 부품목록을 작성하게 하고 구매할 장소를 알려달라고 했다. 필요한 부품을 사 온 후에는 군중전정대 대원의 감시하에 나에게 조립하도록 했다. 나는 대략 1달이 걸려 이 '영광스럽고 힘든' 임무를 완성했는데, 그동안은 육체노동과 신체에 대한 학대도 피할 수 있었다.

1968년 겨울은 유난히도 추웠다. 군선대가 떠나고 '공선대工宣队'(노동자 마오쩌둥사상 선전대의 준말-역자)가 왔다. 우리 3명의 우귀사신은 여전히 풀려나지 못하고 찬바람 속에서 똥을 푸고, 운동장을 청소하고, 복도를 청소해야 했다. 가장 힘든 것은 식사였다. 우리 3명은 반드시 식사 시간 전에 고개를 숙이고 줄지어 식당 밖에 서 있어야 했다. 모든 교사가 음식을 다 구매한 다음에야 우리는 식당에 들어가 밥을 살 수 있었다. 그때 나는 더럽고 찢어진 군용 솜 외투에 다 찌그러진 면 군모를 쓰고 새끼줄로 허리를 묶고는 양손으로 반합을 들고 허리와 고개를 숙인 채 찬바람 속에서 벌벌 떨며 서 있었다. 게다가 항상 노란 콧물을 가슴 앞에 늘어뜨리고 있었다. 이런 모습에 공선대와 선생들은 모두 거지나 다름없는 우귀사신인 나를 피했다. 나는 자연에서 약한 곤충이 보호색으로 강자의 공격을 피하는 능력을 배웠고 이 때문에 몰래 웃기도 했다.

---

19 문화대혁명 기간에 자주 인용되었던 마오쩌둥이 쓴 3편의 글. 즉 「인민을 위해 봉사하자(为人民服务)」·「노먼 베쑨을 기리며(纪念白求恩)」·「우공이산(愚公移山)」을 말한다.

한편 나에게 감히 동정을 표하는 사람도 있었으니, 바로 취사장의 장張 요리사로 그녀의 두 아들 모두 내가 가르쳤다. 만약 갈비찜 같은 좋은 요리가 있으면, 그녀는 나를 위해 남겨두기도 했다. 내가 밥을 사러 가면, 그녀는 좋은 반찬을 밥 밑에 숨기고 재빨리 내 밥그릇에 무나 배추를 한 주걱 덮어주었다. 이럴 때마다 나는 눈빛으로 그녀에게 고마움을 표시할 수밖에 없었다. 그녀는 자신이 나에게 준 음식이 단지 추위를 이겨낼 열량만이 아니라 우리 민족에 대한 나의 믿음을 높여주었음을 분명 생각하지 못했을 것이다.

1969년 설날 이틀 전 '간수'가 갑자기 우리에게 다음과 같이 통지했다. "너희들이 집에 가서 설을 보내도록 허락한다. 너희들 문제는 일단 적과 아군 간의 모순으로 인민 내부에서 처리하기로 했지만, 너희들의 죄명은 여전히 군중의 손에 쥐여 있다. 누가 감히 나쁜 행동을 한다면, 다시 죄명을 쓰고 갇히게 된다는 점을 명심해라! 돌아가서 먼저 가도 주민위원회에 너희들의 신원을 자발적으로 보고하고, 아울러 주민위원회에 너희들의 언행을 감독해주길 요청해야 해. 꺼져!"

나는 짐을 정리할 틈도 없이 그 낡은 군용 솜 외투를 입고 서둘러 시내로 돌아갔다. 나는 명령대로 먼저 가도 주민위원회에 가서 그곳의 장張 주임에게 도착을 알렸다. 나는 "돌아가서 얌전하게 지내고 함부로 지껄이거나 행동해서는 안 돼"라는 주임의 말에 그러겠다고 머리를 끄덕였다. 그리고는 아득한 밤빛을 헤치며 부리나케 집으로 들어갔다.

13. "어머님 어디 가셨어?"

귀가한 날 밤 마침 정전이 되어 내가 북쪽 방의 문을 여니, 가족들이 어두운 촛불 아래서 식탁에 앉아 식사하고 있었다. 문 여는 소리에 그들은 나를 향해 몸을 돌렸다. 순간 공기가 굳어버린 듯한 분위기에 11살 난 아들이 큰소리로 "아빠! 아빠가 돌아오셨다!"라고 외쳤다. 나는 바로 눈물이 쏟아졌다. 먼저 E가 와서 내가 벗은 솜 외투를 받아주었다.

집 안으로 들어간 나는 일어서 계시는 장인어른을 보고 부축해 자리에 앉히며 "아버님, 식사하세요!"라고 말했다. 나는 장모님이 식탁에 안 계시는 걸 발견하고 몸을 돌려 E에 물었다. "어머님은?" E는 아무 말도 하지 않았다. 나는 돌아서서 안방으로 들어가 봤지만, 여전히 장모님이 안 보였다. 불길한 느낌이 엄습해와 나는 나와서 큰소리로 E에게 물었다. "어머님은? 어머님 어디 가셨어?" 그 순간 E가 의자에 털썩 주저앉더니 두 손으로 얼굴을 가렸다. 아들이 울면서 나에게 말했다. "외할머니 없어요. 외할머니는 돌아가셨어요!"

나는 바로 안방으로 달려가 장모님 침대에 엎드려 고통스럽게 불렀다. "어머님, 왜 제가 돌아올 때까지 기다리지 않고 가셨어요?" E가 들어와서 나를 부축해 앉히고는 나에게 기대며 말했다. "어머니는 암에 걸려서 지난달에 돌아가셨어요. 당신이 견딜 수 없을까 걱정돼서 말하지 못했어요!"

"하늘이여, 당신은 왜 좋은 사람만 괴롭히십니까?" 나는 내 앞에 혼자 서 있는 어린 조카딸을 보고는 갑자기 딸의 목소리를 듣지 못했다는 걸 깨달았다. 나는 일어나 밖으로 나가서 질겁해 소리쳤다. "훙아! 훙이 어딨어?" E가 얼른 나와 문 뒤에 숨은 딸아이를 끌고 나오며 말했다. "훙아, 너종일 아빠 달라고 소리 질렀잖아. 이 사람이 바로 네 아빠야!" 6살 된 딸이 그제야 나를 알아보고 쭈뼛쭈뼛하더니 '아빠!'라고 부르며 달려와 나를 안았다. 나는 딸을 안고 비통해하며 뽀뽀를 했고, 딸 얼굴은 온통 내 눈물로 범벅이 되고 말았다.

그해 청명절 나는 온 가족을 데리고 바바오산八宝山(베이징시 스징산구 동쪽에 있는 작은 산-역자) 납골당에 가서 장모님께 제사를 지냈다. 나는 장모님의 유골함을 안고 E와 함께 묵묵히 눈물을 흘렸다. 나는 속으로 "어머님, 편히 쉬세요. 우리가 반드시 아버님을 잘 모시고 아이들을 잘 키울게요!"라고 어르신께 약속했다.

14. '배신자'란 죄명을 쓴 채 일하다

'우붕'에서 나온 후, 학교 혁명위원회는 '배신자'인 나에게 공적을 세워 죄과를 보상하라고 했다. 그리하여 나는 잇달아 학교가 운영하는 공장을 세우고 지진과학연구팀을 창설하는 데 참여했다. 나는 전처럼 이들 업무에 전력을 다했다. 겉으로는 "반드시 공적을 세워 죄과를 보상하겠다"라고 했지만, 속으로는 '인민을 위해 봉사하겠다'라는 나의 열정과 능력을 증명해 보이겠다고 생각했다. 다행히 우리 학교에 주둔한 '공선대'는 수도강철공사首都钢铁公司 정비창에서 파견된 숙련공들이어서 '군선대'보다 훨씬 나았다. 그들은 내가 책임지고 학교 공장을 세우는 데 지원을 아끼지 않았으며, 기술·설비·관리 등에 있어서도 그들이 큰 역할을 했다. 그들은 나를 차별하지도 않아서 우리 사이의 협업은 매우 유쾌했다. 학교 운영 공장에서 생산한 디젤유 필터는 알바니아에까지 수출되었다. 2년 동안 번 돈으로 학교 소유의 자동차 2대를 샀고, 우리 구⊠로부터 여러 차례 표창을 받는 등 유명한 학교 운영 공장이 되었다. 하지만 표창에는 당연히 나 같은 '배신자'의 몫은 없었다.

내가 세운 지진과학연구팀도 베이징시 지진 관측예보 네트워크에 편입되어 베이징 서쪽 교외의 중요한 군중 관측예보 지점이 되었다. 내가 발명한 '전자동全自動지자편각地磁偏角주야기록기晝夜记录仪'는 전국 지진 관측예보 기기 전람회에서 2등 상을 받았지만, 학교에서 나를 발명자로 등록할 수 없었기 때문에 내 몫의 상금과 상장 및 메달은 당연히 없었다. 그래도 당시 새로 부임한 Y 서기가 나란 '배신자'를 "과감하게 임용해" 내 삶을 덜 낭비하게 한 데 대해 지금도 감사하고 있다.

1970년 여름 "수업을 재개하고 혁명을 진행한다"가 시작되자, 학교 당국은 나에게 죄명을 쓴 채 중학교 물리 과목을 가르치게 했다. 이 기간에 나는 교육 법칙에 어긋나는 극좌적 행태에 대해 가능한 한 교묘히 저항했다. 일단 소위 "교육은 정치를 위해 복무한다"에 대한 저항이었다. 수업을 재개한 초기에는 나도 다른 선생들처럼 수업을 시작하기 전에 학생들을 데리고 10여 분간 마오 주석 어록을 읽었지만, 나중에는 이런 시간 낭비를 최소화하고 지식을 전달하는 데 좀 더 많은 시간을 할애했다. 그 방법은 마오 주석의 "배운 것을 실제로 활용해야 한다"와 "목표를 정하고 일을 한다" 등 어록에 나오는 문구를 가지고 학생들조차 아주 싫어하는 형식주의적인 행태를 배척했다. 당시에는 교재도 극좌 논리에 따라 편찬되었으니, "교육과 생산노동은 서로 결합한다"라는 '최고 지시'에 따라 『신편초중물리교과서新編初中物理教科书』중 '역학力学'의 첫 장 첫 번째 강의는 타워크레인에 관한 내용이고, 그 뒤에도 뉴턴Isaac Newton의 3대 법칙과 같은 기본 원리와 법칙 대신 각종 노동과 생산 기계의 구조 및 사용법 등을 가르치게 되어 있었다.

몇 년 후 이 교재를 만든 편집장을 만났는데, 그는 나에게 "그 당시 누가 감히 '맹목적으로 서양을 숭배하여' 뉴턴 같은 '외국 양반'을 교과서에 집어넣을 수 있었겠는가?"라고 말했다. 나는 실제 생산에 관한 지식을 설명한 다음, 그것들을 기본 원리와 법칙으로 최대한 귀결시키는 수밖에 없었다. '뉴턴'이라는 이름은 언급하지 않은 채 그의 3대 법칙을 강의해야 했다. 당시 마오 주석의 노동자·농민·군대로부터 배우라는 호소에 따라, 한 학기 중 절반은 공사장으로 가고 농촌으로 내려가 각종 야영 훈련을 해야 해서 강의 계획은 전혀 달성할 수 없었다. 그래서 나는 마오 주석의 "끊임없이 경험을 총괄한다"라는 지도에 따라 학생들에게 일하러 갈 때 교과서를 가지고 오게 해서 노동자와 농민으로부터 배우는 중에 경험한 물리 지식을 총괄해 강의했다. 학생들은 댐 공사장의 천막이나 생산대대의 축사 안에 둘러앉아 나의 물리 수업을 들었다.

1972년 여름 학교는 고등학교 2개 반을 추가 개설하여 나에게 혼자서 물리와 화학 2과목을 담당하게 했다. 나는 국가를 위해 예비 대학생들을 육성하는 데 최선을 다했다.

당시 960만km²의 국토는 논밭만 황폐해졌을 뿐 아니라 문화 분야도 더욱 마음 아프게 잡초가 무성해 활기라고는 전혀 없었다. 5천 년 문명 고국古國의 문명은 이미 거의 다 파괴되고 말았다. '4인방'은 여전히 "사회주의의 풀을 원할지언정 자본주의의 새싹은 원치 않는다!" "지식이 많으면 많을수록 반동적이다!"라며 미쳐 울부짖고 있었다. 심지어 "대학 입학시험에서 백지를 제출한 영웅 장티에성张铁生"을 조작해 얼마 남지 않은 문화의 나무마저 베어버리려 했다. 다행히 우리 민족문화의 뿌리가 이미 넓고 깊게 뻗어있어서 진시황의 분서갱유나 마오쩌둥의 '전면 독재'에도 완전히 뿌리 뽑지를 못했고, 수많은 '공자의 충실한 후계자'들 중에 여전히 "죽어도 뉘우치지 않는" 이들이 극히 열악한 환경에서도 비바람을 맞으며 묵묵히 교육에 계속 종사하고 있었으니 더 말할 나위가 없지 않은가! 슬픈 것은 자신에게 문명을 전수하는 교사를 배격하고 심지어 증오하는 학생들이 실제로 존재했다는 점이다. 나와 같은 숙소에 있던 인도네시아 화교 린루이메이林瑞美 선생은 뒤에서 학생이 내려친 돌멩이에 뒤통수를 맞아 죽고 말았다. 그 학생은 물론 목숨을 배상할 필요가 없었지만! 그러한 상황에서도 나는 여전히 많은 교사와 함께 꿋꿋이 교단에 섰다.

15. 가족의 사랑으로 상처를 치유하다

1971년 '9 · 13' 린뱌오林彪[20] 모반 사건이 터지자, 전국 인민이 모두 크게 한숨을 돌렸다. 특히 우리 같은 우귀사신들은 염라대왕이 하나 줄어서 좀 더 '자유로워질' 수 있었기에 남몰래 기뻐했다. 그해 겨울 우리는 둘째 형네가 헤이룽장성黑龙江省 자오위안현肇源县 카오산둔촌靠山屯村에서 보낸 장

---

20 린뱌오(林彪, 1907~1971) : 후베이성 황강[黄冈] 출신으로 황포군관학교 졸업생이다. 중국공산당에 가입하여 북벌과 난창봉기, 대장정 등에 참가했고 국공내전 때 랴오선[辽沈]전역 등을 지휘하여 공산당의 승리에 크게 공헌했다. 신중국 수립 후 국무원 부총리 등을 지냈고 펑더화이를 뒤이어 국방부장을 맡게 된다. 문화대혁명 기간 마오쩌둥의 후계자로 지명되었으나, 캉성[康生] 등과의 권력투쟁 결과 마오와의 관계가 파열되자 1971년 9월 13일 비행기로 탈출하려다 몽골에서 추락해 사망했다.

문의 편지를 받았다. 거기에 그들 부부가 하얼빈에서 우파와 '딱지를 뗀 우파'로 겪은 고통스러웠던 경험, 문화대혁명이 시작되자 곧바로 베이다황 남쪽에 있는 카오산둔으로 하방되어 농사일을 한 사연 등이 적혀 있었다. 자신들이 열심히 일하고 아껴 써서 이제 저축한 돈이 좀 있으니, 동생들 모두 가족을 데리고 자기 집에 와서 설 명절을 함께 보내자고 했다. 만약 여비가 부족하면 그들이 도와주겠다고도 했다. 우리는 그 친절한 초청을 매우 기쁘게 받아들였다.

1972년 음력 정월 초이튿날 이용객이 적은 틈을 타서 우리 가족 4명은 하얼빈으로 가는 기차를 탔다. 객실은 지저분하고 추웠지만, E와 아들딸 모두 처음 먼 길을 떠나는 거여서 흥분하면서도 긴장을 했다. 기차가 산하이관을 지나자 기온이 더 내려가서 객실 안의 물까지 얼어버렸다. 우리는 갖고 간 옷을 전부 다 입었음에도 추워서 얼어 죽을 지경이었다. 밤에 우리는 원래 긴 의자에 한 사람씩 따로 잤는데, 나중에는 일어나 서로 함께 밀착해 온기를 취하며 날이 새길 기다리는 수밖에 없었다.

기차를 2번 갈아타고 우리는 마침내 쑹화강松花江 강가에 있는 카오산둔에 도착했다. 넷째 동생도 아이를 데리고 왔다. 어머니와 큰형은 멀리 쓰촨에서 여전히 통제받고 있고 여동생도 아이가 너무 어려 오지 못한 것을 제외하고, 우리 혈육들은 15년간의 이별과 두 차례의 재난을 겪은 후 다시 한자리에 모일 수 있었다. 비록 시베리아에서 불어온 찬바람이 광활한 베이다황 초원에서 노호하고 바깥은 영하 20여 도에 쑹화장에는 이미 몇 척 두께의 얼음이 얼었지만, 둘째 형네가 사는 2칸짜리 작은 초가집 온돌은 매우 뜨겁게 불을 때서 정말로 봄처럼 따뜻했다. 밤에 우리는 구들에 모여 앉아 수많은 이야기를 나눴는데, 지난 10여 년 각자가 겪은 일만 아니라 국가와 민족의 운명에 대한 우려와 전망이 더 많았다. 우리는 그때 이미 맹신에서 깨어났기에, 소수의 몇 사람이 국가 운명을 결정하는 건 너무도 위험한 일이라고 가장 염려했다. 국가 경제, 특히 농업 생산에서 "일한 정도에 상관없이 똑같은 대우를 하고 놀고 게으름 피우는 놈을 먹여 살리는" 정책이 지금처럼 장기간 지속된다면 어떻게 되겠는가?

둘째 형에게는 4명의 아이가 있었는데, 병단兵團에서 일하는 첫째를 제외하고 3명이 집에 있었다. 거기에 우리 집 아이 2명과 넷째 동생 집 1명을 더해서 총 6명이 매우 즐겁게 놀았다. 둘째 형은 아이들을 데리고 물웅덩이에 가서 얼음낚시를 하거나 강변 얼음판에 가서 썰매를 태워줬다. 둘째 형수는 온돌 아궁이에서 콩을 구워 아이들에게 먹였다. 둘째 형네가 키우던 닭·개·염소도 모두 아이들의 좋은 친구가 되었다. 게다가 둘째 형수가 오랫동안 시골 사람들을 무료로 진료하고 조산해 주었기에, 우리는 더욱 그곳 사람들의 따뜻한 보살핌을 받게 되었다. 나에게는 그곳의 순박한 민심이 가장 인상 깊게 남았으니, 마치 정치 투쟁과 권력 충돌로 가득한 소란스러운 세계에서 무릉도원으로 들어온 듯한 느낌이 들었다.

아쉽게도 겨울방학이 후딱 지나버려, 우리는 혈육 간의 정을 가득 품은 채 헤어지기 아쉬워하며 귀로에 올랐다. 돈이 없어 우리는 위험을 무릅쓰고 아이들 용으로 입장권 2장만 사서 기차에 올라 돌아오는 내내 마음을 졸이며 검표를 피했다. 친황다오秦皇島에 도착한 후 나는 아내와 아이들을 데리고 기차에서 내려 바다를 보러 갔다. 우리는 바닷가의 파손된 목선 안에 앉아 차디찬 건량을 씹으면서, 연회색 하늘 아래 끝없이 펼쳐진 푸른 바다의 거센 파도를 바라보고 끝없이 울부짖는 포효 소리를 들으며 인간의 미미한 존재와 세상의 고달픔을 더욱 절감했다. 하지만 내가 그때 아이들에게 들려준 것은 거꾸로 헤밍웨이의 유명한 『노인과 바다』에 나오는 녹새치와의 악전고투 이야기였다. 사람은 운명과 싸우는 용감한 투사가 되어야만 한다. 이번 여행이 아이들에게 정말 평생 잊지 못할 기억이 되었기를!

16. 민원인 행렬에 참여하다

어머니와 큰형이 뒤집어쓴 '오류분자'의 고통스러운 상황에서 하루빨리 벗어나게 하려고, 나는 1971년 린뱌오 모반 사건 후 탄원 활동을 시작했다. 처음에는 당 중앙·국무원·전국인민대표대회·최고법원·최고검찰원에 편지를 써서 어머니가 지주로 잘못 판정되어 베이징에서 쫓겨난 경위를 설명하고, 당시 하달된 관련 정책에 따라 외롭고 고달픈 노인네가 베이징의 자녀 곁으로 돌아올 수 있도록 허락해 달라고 부탁했다. 이와 함께 큰형이 현행 반혁명분자로 잘못 판정된 것에 대해 억울함을 호소하고, 큰형을 산시성 양취안으로 이송해 현지에서 심사하여 편향을 바로잡아 공직에 복귀시켜주길 요청하는 편지도 썼다.

수만 자에 달하는 나의 탄원서는 마치 돌이 바다에 가라앉은 듯 아무런 반응이 없었다. 그래서 나는 중앙기관의 민원 접수처를 방문해 사건의 정황을 직접 진술함으로써 해결해 보고자 했다. 이리하여 나는 수천수만의 '민원인' 행렬에 참여하게 되었고 중화민족 역사상 보기 드문 비극적 장면을 직접 목격하고 체험할 수 있었다.

당시 이들 중앙기관의 '민원 접수처'는 대부분 영정문永定门 기차역 부근에 집중되어있어서, 전국에서 온 수만 명의 민원인 역시 그 일대에 운집해

있었다. 그들 대부분 남루한 옷에 누렇게 뜬 낯빛으로 온 가족을 거느리거나 노인과 아동을 동반한 채, 역 광장과 접수처 원내院內에 머물며 거적때기나 비닐 1장 혹은 마대 1조각 심지어 종이 판지 1장을 바닥에 깔고 앉거나 잠을 자면서 언제 끝날지 모르는 탄원 활동을 지속하고 있었다. 나는 그들이 접수원에게 자신이나 친지가 '오류분자'로 잘못 분류되어 공직에서 추방당하거나, 모든 재산을 빼앗기고 쫓겨나거나, 핍박으로 타향으로 도망할 수밖에 없거나, 비판과 투쟁으로 집안과 가족을 잃었다는 등의 억울함을 울면서 하소연하는 것을 들었다. 일부 접수원들은 높은 책임감과 인내심을 갖고 그들을 응대하면서 민원인에게 관련 부서에 가서 문제를 해결하도록 공문을 써 주기도 했지만, 탄원을 듣기만 하고 도와줄 힘이 없다고 하며 그냥 돌려보내는 경우가 더 많았다. 더욱이 일부 태도가 거친 접수원들은 민원인에게 큰소리로 호통치면서, 그들이 무리하게 소란을 피운다며 몰아붙이고 언쟁을 벌리다 민원인을 대기실 밖으로 쫓아내기도 했다.

나는 여러 차례 퇴짜를 맞았음에도 2년여간 꾸준히 민원을 넣은 끝에, 운 좋게 동정심 많은 접수원을 만나서 1973년 여름 국무원 민원실로부터 공문을 받았다. 거기에는 중앙의 관련 정책에 따라 농업부 퇴직 직원 자오인위에趙印月(나의 어머니)의 베이징 귀환을 허가하며, "현행 반혁명분자 장쩌런張澤人(나의 큰형)이 본래 직장으로 돌아가 그곳에서 노동 개조하는"데 동의한다고 적혀 있었다.

여름방학을 맞아 나는 '대면 선물'로 약간의 옷감을 준비해서 30년 만에 고향으로 서둘러 돌아갔다. 나는 고향이 나의 어린 시절보다 더 황폐하고 쇠퇴해진 것을 보고 개탄을 금치 못했다. 내가 친척들을 찾아가서 현縣 공안국公安局과 진鎭 혁명위원회 관계자들에게 '선물'을 전해달라고 부탁해,

비교적 순조롭게 어머니와 큰형을 산시성 양취안으로 모시고 왔다. 그리하여 장장 6년에 걸친 그들의 '오류분자' 노동 개조 생활은 끝이 났다. 어머니와 큰형이 다이스진에서 빌려 살던 어둡고 습한 감옥 같은 집에서 겪었던 처참한 고통, 먹고 살기 위해 물지게를 지고 똥통을 지거나 심지어 수십 리 떨어진 산에 가서 석탄 파야 했던 큰형, 거기에다 수시로 훈시받고 비판 투쟁 당하고 주된 비판 대상자와 함께 비판받던 시절은 마침내 한바탕 지나간 악몽이 되어버렸다. 양취안에서 나는 어머니, 큰형과 형수, 그리고 조카들과 며칠을 함께 보내며 매우 불안정한 시국 속에서 가족애의 엄청난 온기를 만끽할 수 있었다. 내가 떠날 때, 어머니께서 나의 손을 붙잡고 "셋째야, 네 아버지의 억울함을 씻어드리는 걸 잊어선 안 돼!"라고 말씀하셨다. 나는 눈물을 머금고 고개를 끄덕이며 떠났다. 베이징에 돌아온 즉시 나는 중앙에 탄원서를 제출했지만 아무런 반응이 없었다.

1975년 덩샤오핑 동지가 복권되자 큰형이 특별히 베이징에 와서 나와 함께 최고인민법원과 최고인민검찰원에 아버지의 억울한 사정을 호소하여 철저한 명예 회복을 요구하였고, 동시에 덩샤오핑 동지에게 편지를 보냈다. 당시 법원과 검찰원의 민원실 접수원들의 태도는 눈에 띄게 나아져서 진지하게 검증하겠다고 응답했다. 그러나 생각지도 못하게 얼마 되지 않아 "덩샤오핑 수정주의 부활에 대한 비판"이 시작되었다. 결국 법원에서 사람을 보내 우리 학교 혁명위원회를 찾아와, 나 같은 '배신자'가 얌전히 있지 않고 감히 반혁명분자 아버지를 대신해 이미 결정된 판결을 뒤집으려 했다며 질책했다. 큰형에게도 같은 공문이 보내졌다. 이로 인해 우리에게는 죄상이 하나 더 늘어났다. 우리는 구름과 안개가 걷힐 그 날이 오기를 기다릴 수밖에 없었다.

1976년이 되자 먼저 저우언라이周恩來[21] 총리가 사망하고 곧바로 천안문 4·5운동이 일어났다. 나는 아이들을 데리고 천안문광장에 몇 차례 가서 산처럼 쌓인 화환과 바다 같은 인파를 보고 깊은 슬픔과 분노로 가득 찬 추도 시를 읽으며 '4인방'을 성토하는 분노의 시 낭송과 연설을 들었다. 꼬박 10년 동안 억눌렸던 인민의 분노가 마침내 불타오르고 땅속에 10년 간 묻혀 있던 인민의 각성이 화산처럼 폭발하였다. 얼마 후 탕산唐山 대지진으로 30만 명의 사상자가 발생함으로써 국가와 인민의 고난은 극도에 다다랐으니, "사물의 발전이 극에 달하면 반드시 반전反轉한다"라는 때가 된 것이었다.

---

21 저우언라이(周恩來, 1898~1976) : 장쑤성 화이안[淮安] 출신으로 대장정에 참가했고 서안사변(西安事変) 때 중국공산당 대표로 담판에 나섰다. 중일전쟁 때는 팔로군 충칭 사무소 주임으로 국·공 간의 조정을 맡았다. 일본 항복 후 중경담판(重庆谈判)에 참여했고 국공내전 때는 중앙군사위원회 총참모장을 지냈다. 신중국 수립 후 정무원(국무원) 총리와 외교부장 등을 맡아 죽을 때까지 마오쩌둥의 급진적 정책을 완화하는 역할을 다했다.

제9장

3년간의 탄원 활동

1977년 10월 ~ 1979년 말, 베이징 · 둥베이 · 쓰촨

1. 탄원서 작성에 정통한 전문가

4인방이 실각한 후 1977년부터 1979년까지 3년 동안, 나는 아버지를 위해, 큰형을 위해, 자신을 위해, 나의 6천 명 전우를 위해, 심지어 친지의 친구들을 위해 많은 정력을 쏟아부어 탄원 활동을 했다. 내가 얼마나 많은 탄원서를 썼는지, 얼마나 자주 '민원실'을 드나들었는지, 얼마나 많은 '접수원'을 만났는지, 그리고 진정하러 베이징에 온 얼마나 많은 전우를 우리 집에서 접대했는지, 얼마나 많은 눈물겨운 이야기를 들었는지, 마음속에서 얼마나 자주 감정의 노도가 일었는지 헤아릴 수 없을 정도였다. 나중에 나는 반성문 작성에 정통한 전문가만이 아니라 탄원서를 잘 쓰고 '민원' 신청을 잘하는 베테랑이 되었다!

내가 탄원서를 작성할 때 주의했던 요점을 정리하면 다음과 같다. 문장 서술은 최대한 해당 책임자가 싫증내지 않도록 반드시 간단명료해야 하고

지루해서는 안 된다. 사용하는 단어도 해당 책임자의 반감을 일으키지 않도록 반드시 차분해야 하고 자극적인 표현을 써서는 안 된다. 탄원 사건의 경위를 진술할 때는 중점을 택해 이치에 맞게 설명해야 하며, 논점이 명확하고 논리가 정연하여 해당 책임자의 주의를 끌어야 한다. 그보다 더 중요한 것은 이치를 따질 때 마오쩌둥사상과 마오 주석의 어록을 잘 활용하는 "경서나 전고典故 인용"에 능해야 한다. 물론 당 중앙의 관련 정책을 인용하는 것도 매우 중요하다. 사실 탄원서를 잘 쓰는 주요 핵심은 바로 여기에 있다. 억울한 사정으로 겪은 고난과 결과를 반영함으로써 읽는 사람의 감정에 호소하여 마음을 움직이게 하는 것도 물론 필요하지만, 이에 대한 설명은 반드시 적당해야지 너무 많거나 중복되게 되면 역효과를 낼 수가 있다. 특히 탄원을 처리하는 사람이 그 억울한 사건을 일으킨 당사자이거나 관련자라면, 그는 이러한 불쾌감을 받아들이려 하지 않을 것이다. 이런 사람은 나중에 자신도 비슷한 고통을 맛보지 않는 한, 결코 탄원자를 위해 이런 감정에 마음을 움직이지 않기 때문이다.

2. 아버지의 완전한 명예 회복을 위해 뛰어다니다

이른 시일 내에 아버지의 억울한 누명을 벗겨 드리기 위해, 나는 검찰원의 '공소장'을 반복해 검토하고 마오 주석의 관련 '최고 지시'와 당 중앙의 관련 정책을 조사했다. 아버지의 첫 번째 죄목은 항일전쟁 시기 아버지가 류원후이刘文辉[1] 밑에서 시캉성 성립省立 모직공장 공장장을 맡았을 때, 단체로 국민당에 입당했으며 '구분부区分部 서기书记'를 한 차례 맡았다는 것이다.

그러나 당시는 국공합작 시기로 정책에 따르면 반혁명 역사로 간주할 수 없으며, 더욱이 아버지가 신중국 정부 업무에 참여한 후 이 사실을 조직에 자백했으므로 이는 잘못 판결한 사건이었다. 두 번째 죄목은 아버지가 해방 직전 지하당의 지시에 따라 공장을 보호하기 위해 세운 '공장 수호대'를 '반공자위대'라고 판정한 것인데, 이는 모함으로 인한 억울한 사건이었다. 세 번째 죄목은 집에서 비밀회의를 열어 자녀들에게 당을 미친 듯이 공격하게 했다는 것으로, 이는 완전히 주관적인 억측이며 허위로 날조한 사건이었다. 나는 어머니와 5남매의 명의로 탄원서를 작성한 뒤, 당 중앙·국무원·검찰원·최고법원·농업부·전국인민대표대회·전국인민정치협상회의와 덩샤오핑 동지에게 각각 1부씩 보냈다. 그때는 정말 지푸라기라도 잡는다는 심정에다, 어느 곳이 문제 해결에 가장 도움이 될지 몰라서 가능한 많은 곳에 탄원서와 자료를 보냈다. 처음에는 탄원서 원본을 복사해서 보냈는데, 나중에 다른 단골 민원인들의 경험을 배워서 모든 탄원서를 직접 손으로 작성했다. 이렇게 함으로써 각 기관의 책임자들에게 해당 문건이 본인에게만 올라왔다는 인상을 주어서 더 중시를 받을 수 있게끔 했다. 하지만 그런 작업은 더 많은 나의 정력과 시간을 소모하게 했다.

　나는 번거로움을 마다하지 않고 탄원의 중점 대상 기관인 농무부와 검찰원에 직접 찾아가 아버지의 억울함을 호소했다. 애초 이들 부서 민원실에서는 무성의하게 응대했고, 접수원에게 재촉하면 "문혁 중에 발생한 억울하고 날조되고 잘못 판결한 사건冤假錯案이 너무 많아서 그러니 너무 서둘

1　류원후이(刘文辉, 1895~1976) : 쓰촨성 다이[大邑] 출신으로 1938년 말부터 시캉성 정부 주석을 맡았다. 1949년 말 부대를 이끌고 봉기하여 중국공산당에 투항하였고 중화인민공화국 성립 후 임업부(林业部) 부장 등을 지냈다.

러서는 안 된다"라고 대답했다. 제대로 된 대규모의 재평가정책은 1978년 11월 중국공산당 제11기 3중전회 이후, 특히 후야오방胡耀邦[2]이 총서기를 맡고 중앙에서 우파분자에 대한 재조사 및 개정改正 문건을 하달한 후에 실행되었다. 우리의 탄원은 '덩샤오핑 판공실'의 개입으로 농업부 재평가정책 소조小組가 중심이 되어 1979년 5월까지 검찰원과의 합동 재조사가 이루어진 2년여의 노력 끝에, 아버지의 억울한 사건은 완전히 명예 회복되었다. 농업부 당 조직은 우리 남매의 소속 기관에 "장즈위안張止淵의 누명이 완전히 벗겨져서 그의 정치적 명예를 회복시킨다"라는 '통지'를 보내, 그의 억울한 사건으로 인한 정치적 연루를 취소할 것을 건의했다. 또한 농업부에서는 '장즈위안 장례위원회'를 만들어 아버지의 명예 회복 관련 자료와 "불행히 사망했다"라는 부고를 인쇄하여 배포했다. 아버지는 국가 11급 간부로 고위 간부에 대한 대우에 따라 바바오산 혁명 공동묘지에 유골이 안치되었고, 규정에 따라 어머니에게 장례비와 미망인 위로금 등이 지급되었다.

나와 여동생은 먼저 바바오산 혁명 공동묘지 제9호실을 방문했다. 아버지의 유골은 그 방의 한 벽감壁龕 안에 안치되어야 했지만, 우리에게는 유골이 남아 있지 않았다. 그곳에는 억울하게 죽은 많은 고위 간부들의 벽감이 있었고, 아버지와 마찬가지로 화장했을 때 유골을 가져갈 수 없어 위패만 놓여 있는 게 적지 않았다. 나는 그중에서 저명한 공연예술가 쑨웨이스

---

2   후야오방(胡耀邦, 1915~1989): 후난성 류양[柳阳] 출신으로 1933년 중국공산당에 가입, 대장정에 참가했다. 문화대혁명 이전 주로 공청단 업무를 맡았고 덩샤오핑 권력 장악 후 당 총서기로 개혁개방 추진과 사면 복권 정책을 집행하였다. '자산계급 자유화'에 적극적으로 반대하지 않았다는 이유로 1987년 사직당했고, 1989년 사망 후 그를 추모하던 행렬이 6.4 천안문 사건의 도화선이 되었다.

孫維世[3]의 위패에 매료되었는데, 크지 않은 타일에 구운 그녀의 두상頭像은 여전히 아름답고 의연했다. 타일의 제문祭文에는 쑨웨이스의 생애와 사망 경위가 간단하게 기록되어 있었다. 우리는 이것에 영감을 얻어 아버지께도 같은 형식의 타일을 구워 드리기로 했다. 현재 아버지의 벽감 속에 놓여 있는 것이 바로 그렇게 만든 위패이다.

1979년 6월 3일 장즈위안의 친척과 후손 총 24명이 바바오산 혁명 공동묘지에 모여 아버지께서 돌아가신 지 꼬박 20년 후에 유골 없는 유골 안장식을 거행했다. 우리의 부축을 받으며 아버지의 위패에 절을 하시던 허약한 어머니는 힘없이 무릎을 꿇었고, 우리도 모두 무릎을 꿇고 눈물을 흘렸다. 우리 남매 세대를 대표하여 나는 아버지께 쓴 긴 시를 낭독했다.

돌아가신 아버지를 애도하며

아버지, 사랑하는 아버지

우리 모두 당신을 부르고 있습니다.

들리십니까?

당신의 자식들이 목메어 부르고 있습니다.

어디에 계십니까? 아버지

우리가 당신을 뵙지 못한 지 만 20년이 흘렀습니다.

---

3 쑨웨이스(孫維世, 1921~1968) : 쓰촨성 난시[南溪] 출신으로 국민혁명군 총정치부 비서장 쑨빙원(孫炳文, 1885~1927)의 장녀이며 저우언라이의 양녀이다. 신중국 중국 희극의 창시자, 신중국 3대 감독 중 1명이다.

지난 20년 동안 당신의 영혼은 어디서 쉬고 계셨습니까?

월궁이 아름답다지만 너무 멀고 차가우며
황천이 조용하다지만 너무 어둡고 음산하니,
그 모두 당신께서 가고 싶지 않은 곳이겠지요!

우린 알고 있습니다. 당신께서 얼마나 우리를 사랑하셨다는 것을
당신께서 어찌 이 따뜻한 집을 미련 없이 떠날 수 있었겠습니까!
우리는 알고 있습니다. 당신께서 얼마나 조국을 사랑하셨다는 것을
당신께서 말씀하셨죠. 당신은 전국 유료작물油料作物의 보모保姆라고
앞으로 완성해야 할 수많은 유료 발전 계획이 아직도 당신을 기다리고 있
는데!

아! 아버지
20년 동안
당신의 영혼은 여전히 조국 대지의 유료작물을 시찰하고 계시나요!
당신께서 말씀하셨죠. 파산촉수巴山蜀水의 금빛 유채화를 가장 좋아하신다고.
당신께선 둥베이 평원의 대두와
황허 옥야沃野의 참깨
그리고 창장 남북의 수만 송이 해바라기를 가장 염려하셨죠.
꼭 가셔서 그 낟알이 여문 지 만져보시고
그것들이 모두 건강하고 굳세게 자라는지 확인해 보세요.

아! 아버지, 우리의 훌륭한 아버지

햇빛이 신주神州를 두루 비출 때

당신의 에너지는 그렇게나 왕성하셨는데,

조국의 첫 엄동설한이 당신의 빛나는 생명을 빼앗아 갈 줄 누가 예상이나

했겠습니까!

……

나는 복받치는 설움에 낭독을 여러 번 중단해야 했다. 이어서 할아버지 안장식에 참석하기 위해 멀리 하얼빈에서 온 어린 조카딸 홍닝虹宁이 제3세대를 대표해 쓴 제문을 그 앳된 목소리로 낭독했다.

할아버지, 당신은 돌아가시지 않았어요

경애하는 할아버지 : 엄마 아빠를 따라 산하이관을 넘어 조국의 수도에 도착한 우리는 푸른 소나무의 청록색이 가득한 혁명 공동묘지에서 하늘을 향해 당신을 부르고 있습니다. 할아버지 들리세요? 제 동생 이름은 융신禾新이고 저는 홍닝이에요. 그리고 스터우石头 오빠, 이훙一虹 언니, 루루路路, 레이레이雷雷 등 모두 15명의 손주가 있답니다. 할아버지께서는 비록 우리를 본 적이 없으시지만, 저는 당신께서 분명 우리의 부름을 들을 수 있다고 믿어요. 왜냐하면 우리의 몸에 영원히 당신의 피가 흐르기 때문이죠!

할아버지, 당신은 돌아가시지 않았어요! 당신께서 불멸의 푸른 소나무처럼 이미 무수한 씨앗을 조국의 대지에 뿌렸기 때문이에요!

할아버지, 당신은 돌아가실 리가 없어요! 당신의 이상, 당신의 한과 사랑을

우리가 이어받을 것이기 때문이에요! 사랑하는 할아버지, 편히 쉬세요!

이 세상에 아이들의 혈육의 정보다 더 순진하고 눈물나게 하는 것이 또 있을까!

3. 6천 명의 전우와 나 자신을 위해 억울함을 호소하다

1977년 여름부터 나는 포로가 되었다가 돌아온 일부 전우들과 함께 개인 명의로 중앙에 탄원서를 제출하기 시작했다. 우리가 불행히 포로가 된 후 왜 돌아오려고 했으며 어떤 과정을 거쳐 돌아왔는지, 귀국 후 20여 년간 각자 어떤 고난을 겪었는지를 호소했다. 그리고 우리에 대한 의심과 차별을 철폐하고 우리의 군적과 당적을 회복해줄 것 등을 중앙에 요구했다. 그러나 아무런 회답이 없었다.

내가 개인의 힘이 너무 미약할 뿐 아니라 "지위가 낮아서 의견이 무시되어" 상부의 주목을 받지 못한다고 느낄 때, 랴오닝성 번시시本溪市에서 보내온 두툼한 등기우편을 받았다. 열어보니 포로수용소 지하 당 위원회 총비서이자 나의 연대 정치위원이던 자오쭤돤 동지의 편지였다. 거기에는 "1년 동안 우리는 많은 전우로부터 억울한 사정을 중앙에 호소해 달라는 편지를 받았다네. 우리는 중앙에 편지를 쓰기로 하여 3명이 각자 1통씩 작성해 그중에서 가장 잘된 것을 보내자고 결정했지만, 완성하고 보니 한결같이 그다지 마음에 들지 않았지. 그러던 차에 수재인 자네가 생각나서, 자네에게 원고 내용을 바탕으로 수정한 다음 중앙에 발송해주길 부탁하기로 했네"라고 적혀 있었다. 편지와 함께 자오 정치위원 외에 포로수용소 지하당 총위원회 위원이던 궈자오린郭兆林과 왕화잉王化英이 서명한 탄원서가 들어있었는데, 그 내용은 다음과 같았다.

우리는 항미원조전쟁 중에 불행히 포로가 되었다가 구조되어 조국으로 돌아온 지원군 지휘관이자, 미 제국주의의 포로수용소에서 적에 대한 투쟁을 2년 넘게 견지한 조직자와 지도자들입니다. 포로가 되었다는 전력 때문에 귀국 후 둥베이군구 '귀관처'란 조직이 내린 근거 없는 결론에다 린뱌오와 '4인방'의 반혁명 수정주의의 박해가 더해짐으로 인해, 6,000여 명의 귀국 장병들은 각종 억울한 누명을 뒤집어쓰게 되었습니다. 현재 화궈펑華國鋒[4] 주석을 대표로 하는 당 중앙은 일거에 '4인방'을 분쇄하고, 원칙에 근거해 나라의 질서를 세우며 어지러운 세상을 바로잡아 정상을 회복시킴으로써 전국 인민을 이끌고 새로운 장정長征을 진행하고 있습니다. 우리는 더할 나위 없이 기쁘고 자신감으로 가득 차 있습니다. 우리는 당 중앙과 화 주석에 대한 더없는 존경과 신뢰의 심정으로 우리의 충정을 호소합니다! 당 중앙·중앙 기율위원회·중앙 군사위원회·인민해방군 총정치부 재평가정책판공실·중공 랴오닝성위원회·선양군구에서 우리의 집단적 억울한 사건을 재심의하고 재조사하여 당의 실사구시 정책에 따라 처리해 주시길 요청합니다. 삼가 지시 내려주시길 앙망합니다!

첨부: 한국전쟁 제5차 전역 패배 원인과 지원군 포로의 투쟁 상황 보고서.

---

4   화궈펑(华国锋, 1921~2008) : 산시성[山西省] 뤼량[吕梁] 출신으로 마오쩌둥의 공식 후계자로 지명되어 1976년 마오 사후 중국공산당 주석, 국무원 총리, 중앙군사위원회 주석이 되었으나, 1978년 덩샤오핑이 공산당을 장악한 후 차례로 자리에서 물러나 권력 무대에서 사라졌다.

열람하시고 지시 주시길 부탁드립니다!

이에 경례를 드립니다!

1978년 12월 올림

이 탄원서에 첨부된 문건에는 한국전쟁 제5차 전역에서 패한 후 지원군이 펼친 반 포위 작전이 결국 궁지에 몰리게 되었던 과정, 불행히 포로가 된 이후 적들이 어떻게 우리에게 조국을 배반하도록 강요했으며 우리가 투쟁을 견지하여 죽음을 무릅쓰고 귀국한 경위가 요약되어 있었다. 그리고 귀국 후 우리 6천 명 귀국 포로에 대한 부당한 심사와 처리가 초래한 심각한 결과를 호소하면서 두드러지고 전형적 패가망신의 사례들을 열거하고 있었다.

나는 자오 정치위원의 편지와 그들의 탄원서를 읽고 매우 기뻤다. 나는 즉시 원고 내용을 고친 다음, 수정본을 다시 그 3명의 옛 지도자에게 보내 검토를 부탁했다.

나는 탄원서 수정본과 함께 동봉한 답신에서 다음과 같이 적었다. "당신들이 기초한 탄원서를 읽고 매우 감격했습니다. 그것은 당신들이 여전히 포로수용소에서처럼 우리 6천 명 전우의 운명에 관심이 있음을 보여주고 서로 생사를 같이 한 우리 사이의 전우애를 체현한 것입니다. …… 귀국 후 20여 년 동안 우리가 겪었던 고난은 우리 개인의 문제가 아니라, 한 나라의 지도자가 귀국 포로를 어떻게 대하는가 하는 사상 인식과 정책처리의 문제입니다. 우리의 억울한 사건은 집단적인 역사적 억울한 사건이므로 역시 집단적 항소를 해야만 중앙의 일괄적 해결을 도모할 수가 있습니다. 저는 포로수용소에서처럼 당신들의 비서로서 우리 자신뿐 아니라 우리 자손들의 운명, 나아가 국가의 위상과 당의 신망이 걸린 이 막중한 일을 당신들의 지도하에 전력을 다해서 해내고 싶습니다."

나는 곧 그들이 전혀 손대지 않고 원래 그대로 부친 수정원고를 받았다. 자오 정치위원은 편지에서 "잘 고쳤으니 관련기관에 빨리 보내도록 하게. 효율을 높이기 위해 앞으로 우리 명의로 중앙에 탄원할 경우, 자네가 직접 작성해서 우리 이름을 적도록 전권을 위탁하네. 포로수용소에서 자네가 우리 모두의 대표를 맡았듯이 지금 다시 한번 맡아주게나"라고 말했다.

1978년 12월 말 우리는 처음으로 집단 명의로 당 중앙·중앙군사위원회·중앙기율위원회·중앙고문위원회·국무원·전국인민대표대회 상임위원회·전국정치협상회의 상임위원회·최고법원·최고검찰원·군사위원회 총정치부·중앙조직부·둥베이군구 등 기관에 비교적 완벽한 탄원 자료를 보냈다.

1979년 1월 자오 정치위원은 옛 둥베이군구 귀관처의 우리에 대한 심사처리 지도 사상과 처리 기준 및 이에 대한 우리 측 의견을 담은 탄원 원고 1통을 또 보내왔다. 나는 그 탄원서 앞에 서문 몇 구절을 써서, 곧바로 그들 명의로 다시 중앙의 각 관련기관에 부쳤다.

그들의 이 탄원서는 역사적 사실이 정확하고 관점이 분명하며 논거가 충분하여, 우리 귀국 포로의 억울한 사건의 원인과 결과를 설명하는 데 매우 큰 도움이 되었다. 그 내용을 발췌하면 다음과 같다.

　　귀관처의 귀국 포로에 대한 처리 기준과 지도 사상 및 우리의 의견을 동봉하오니, 지도부에서 참고해주시기 바랍니다.

1. 옛 귀관처 지도자가 당시 귀국 포로를 대했던 지도 사상

(1) 어떤 상황에서였든 간에 포로가 되었다는 자체는 우경이고 죽음을 두려워한 것이며 수치스러운 일이다. 그렇지 않다면 왜 적과 목숨을 걸고 싸우거나 자살하지 않았는가(이것은 귀관처 각급 지도자 동지들이 각종 회의 석상에서 자주 언급했던 말입니다).

(2) 죽음이 두려워 포로가 된 사람이 어찌 적과 결사적으로 싸울 수 있었겠는가? 설령 약간의 투쟁을 했더라도 마지못해 반항했던 것일 뿐이다. 이처럼 포로수용소에서의 투쟁에 대해 회의적이었기 때문에 귀국 포로 동지들에게 각자의 잘못만 자백하게 하고 공로를 거론하지 못하게 하면서, 공은 공이고 과는 과이며 공과는 상쇄될 수 없다고 거듭 강조했습니다.

이런 사상의 지배하에 극소수만 활약이 좋았고 나머지 대다수는 나빴다는 결론이 내려졌습니다. 이 때문에 95% 이상이 당적을 박탈당했고 100%가 불신임당하여 '종신 등용 제한終身控制使用'이란 처분 결과를 받았으며 '간첩 혐의'가 있다고 명기된 사람들도 꽤 많습니다.

그들의 사고방식과 업무 태도는 다음과 같았습니다.

(1) 형이상학, 주관주의, 현상만 보고 본질을 보지 않았습니다. 사소한 결점을 물고 늘어지며 나머지는 고려하지 않았습니다.

(2) 실천은 진리 검증하는 표준이라는 원칙을 위반하여 분석하거나 연구하지 않고, 본인이 자백한 문제를 물고 늘어지며 하찮은 일을 과장해서 엄격하게 처리했습니다.

(3) 불행히 포로가 되었다 돌아온 장병들에 대해 차별과 증오심을 가졌고, 심지어 처분 결론을 본인에게 보여주지 않거나 선포한 내용과 결론이

어긋나는 등 기만행위까지 있었습니다.

(4) 귀국 장병 중 적과의 투쟁 과정에 형성된 각급 지도자들을 아예 인정하지 않고, 곧바로 주관적 유심주의의 수렁에 빠져 감정으로 정책을 대체했습니다. 귀국 포로가 하는 말을 믿지 않거나 듣지 않고 주관적 추측대로 일을 처리함으로써 실제상황과 당의 정책을 이탈했습니다.

2. 귀관처가 당시 처분한 귀국 포로의 유형은 대략 다음과 같습니다.

(1) 처분을 받지 않은 자. 포로가 된 후 심사를 받지 않아 신분이 드러나지 않은 몇 명에 불과했으나, 그들 역시 등용이 제한되었습니다.

(2) 군적과 당·단적은 회복되었으나 무거운 처분을 받은 자. 이런 유형의 동지는 적극적으로 투쟁을 지도하고 참여해서 성과가 현저하고 착오가 아주 적을 수 있었던 겨우 10여 명뿐이었습니다. 그렇지만 결론과 거기에 적힌 어투가 모두 매우 거칠었으며 역시 등용 제한을 받았습니다.

(3) 군적을 인정받아 군적은 회복하였으나 당·단적은 박탈당한 자. 이런 유형의 동지들은 대부분 적극적으로 투쟁을 지도하고 참여하여 성과가 현저했습니다. 그중에는 한때 투쟁 의지가 소침해졌다가 나중에 용감하게 싸운 자도 있고, 일반적인 정보를 노출한 자도 있으며, 적에 맞아 기절하거나 압박을 받아 본의 아니게 반동 글자 문신이 새겨지고 혹은 본의 아니게 잘못된 말이나 일을 한 사람도 있습니다. 이런 유형이 대다수로 90% 이상을 차지했습니다.

(4) 군적과 당적 모두를 박탈당한 자. 이 유형에는 적을 위해 한때 봉사했지만 어떤 심각한 뒤탈이 없었고, 나중에 특히 용감하게 투쟁하여 특별한 공헌을 한 사람들이 포함되었습니다. 그들은 단지 개인적으로 비

교적 엄중한 잘못을 범했을 뿐인데, 군적과 당적을 모두 박탈한 처분은 과중하다고 생각합니다.

이상의 설명을 통해 당시 귀관처의 귀국 포로에 대한 처리방식이 실사구시적이 아니며, 포로가 된 이후의 모든 활동에 근거하지 않고 사소한 결점을 잡아 나머지는 고려하지 않은 고립적이고 단편적인 것이었음을 알 수가 있습니다.

3. 우리는 귀국 포로를 다섯 가지 상황에 따라 처분해야 옳다고 여깁니다.

(1) 포로가 된 후 시종일관 투쟁을 견지하여 현저한 성과를 거둘 수 있었던 자는 마땅히 군적과 당·단적을 회복시키고 표창을 해야 하며, 투쟁 중에 희생한 자는 일률적으로 열사로 추인해야 합니다.

(2) 포로가 된 후 적의 압박으로 본의 아니게 잘못된 일이나 잘못된 말을 했지만, 항상 적과 투쟁할 방법을 생각해 투쟁함으로써 일정한 성과를 거둔 자들이 있습니다. 이러한 유형의 동지들은 대부분 당·단원과 간부, 노련한 전사들로 기본적으로 그들의 당·단적과 군적을 회복시켜야만 합니다. 이와 함께 과실의 정도와 그 결과의 경중에 따라 공적이 과실보다 크면 처분을 면해주어야 합니다. 개별적으로 어느 정도 심각한 결과를 초래했더라도 적당한 기율 처분을 할 수 있을 것입니다.

(3) 포로가 된 초기 일부 동지들은 패했다는 감정으로 인해 단기간 적을 위해 약간의 일반적인 심부름을 하였지만, 아무런 나쁜 결과를 초래하지 않은 상황에서 빠르게 적의 통제에서 벗어나 투쟁 행렬에 참여했습니다. 이 유형은 대부분 새로 입대한 전사, 청년 학생, 일부 해방전쟁 시기 봉기한 전사들로 원칙적으로 그들의 군적을 회복시키고 처분을 면해주어야 합니다. 개별적으로 언동이 비교적 열악한 자는 당시 상황

을 봐서 서로 다른 기율 처분을 할 수 있을 것입니다.

(4) 귀국 귀향하고 싶은 마음은 절실하지만, 투쟁 참여를 원치 않거나 감히 참가하지 못하고 투쟁이 두려워 시종 의기소침한, 적의 압박으로 본의 아니게 문신을 새기고 일부 나쁜 짓을 한 자는 원칙적으로 당적을 박탈하고 비교적 무거운 처분을 해야 합니다.

(5) 개별적으로 심각한 과실이 있는, 예컨대 자발적으로 문신을 새기고 (타이완으로 가겠다는) 신청서를 쓰거나 심지어 동지들에게 해를 끼친 자는 군적을 박탈해야만 합니다.

4. 당 중앙은 당시 귀국 포로 처리에 관해 "열정적인 관심으로 인내심 있게 교육하고 엄격하게 심사하여 신중하게 처리하며 적절하게 배치한다"[5]라는 20자 방침을 발표했습니다. 이는 조선에서의 작전, 특히 제5차 전역에서 패배한 뒤 불행히 포로가 된 장병들의 실제상황과 부합하는 것입니다. 우리는 실사구시에 근거해 공과와 시비에 대한 재평가를 시행한 후, 관대한 태도로 대다수 귀국 포로 문제를 처리해야만 한다고 생각합니다. 그 이유는 다음과 같습니다.

(1) 제5차 전역의 패배는 순전히 지휘로 인한 손실이기에, 포로가 된 만 명의 동지 역시 잘못된 군사 지휘의 피해자입니다. 귀국한 6,000여 명의 장병은 지원군 포로 가운데 거듭된 시련을 견뎌낸 핵심분자라 할 수 있습니다. 당시 상황에서는 죽을 각오가 되어있지 않으면 귀국 포로수용

---

5   원서에는 "热情关怀, 耐心教育, 弄情问题, 妥善处理."으로 되어있어 하편 제1장 내용과 차이가 있는데, 통일을 기하기 위해 앞서 나온 20자 방침("热情关怀, 耐心教育, 严格审查, 慎重处理, 妥善安排")대로 번역하였다.

소로 갈 수 없었기 때문에, 이들 6,000여 명은 대부분 훌륭하거나 비교적 훌륭한 동지들입니다. 이런 총체적인 개념은 긍정되어야 합니다.

(2) 비록 포로가 되어 재난을 당했지만, 적에 대한 투쟁에 적극적으로 참여하고 심지어 피를 흘리고 희생하는 것을 두려워하지 않을 수 있었던 그 자체가 혁명 영웅주의를 나타낸 것입니다. 단순히 죽음이 두려워 포로가 되었기에 용감하게 투쟁할 수 없다고 뭉뚱그려 여기는 것은 유심론자의 망언입니다.

(3) (우리는) 사랑하는 조국과 침략에 저항하기 위해 각종 고문과 학대를 견디고 장기간 지옥 같은 생활을 하며 굴복하지 않고 계속 적과 투쟁했습니다. 격렬하고 복잡하며 잔혹한 투쟁 중에 일부 동지들이 일반적인 잘못을 범했지만, 스스로 계급투쟁과 노선투쟁의 관점에서 검토하여 잘못을 깨달았습니다. 우리는 이것으로 충분하고 지나치게 추궁할 필요가 없으며, 더욱이 정치적 강령과 노선을 무한정 적용하여 결론지으면 안 된다고 생각합니다.

(4) 적의 잔혹한 탄압과 포로를 강제 구류하는 상황에서 감히 생명의 위험을 무릅쓰고 호구(虎口)를 벗어나 조국으로 귀환했다는 것은, 포로가 된 우리 모든 동지에게 최대의 시련이자 당과 조국을 열렬히 사랑했음을 나타내는 표징입니다. 그렇게 힘들게 조국에 돌아온 동지들에게 죽음을 두려워했다, 변절했다, 스스로 항복했다, 배신했다, 적을 위해 일했다는 죄명을 쉽게 뒤집어씌우면 안 되었습니다. 심지어 적의 괴롭힘에도 죽지 않고 살아남았던 동지가 오히려 조국의 감옥에서 죽는 일마저 있었습니다.

5. 몇 가지 정책 개념의 문제

(1) 무엇이 군사비밀이고, 무엇이 일반적인 군사비밀입니까? 이른바 군사
    비밀은 모두 시간적 제약이 있습니다. 총체적으로 말하면 시간과 동기
    와 결과를 고려하여 나쁜 영향과 나쁜 결과를 초래하지 않았다면 군사
    기밀을 노출했다고 보아서는 안 됩니다.

(2) 무엇이 송환을 원치 않는다는 공개적 표시입니까? 문신을 새기고 혈서
    를 쓴 것이 공개적인 송환 거부의 표시이긴 하지만, 자발적인 경우, 본
    의 아니게 한 경우, 강요에 의한 경우, 심하게 구타당한 경우(기절한 자
    도 있음)의 네 가지 상황을 구별해야 합니다.

(3) 무엇이 적을 위한 봉사이며, 무엇이 반혁명 활동입니까? 포로가 된 초
    기에 적과 투쟁할 지도자를 찾지 못해서 적을 위해 일반적인 봉사를
    한 사람들이 있지만, 우리 측에게 아무런 위해가 없었으므로 적을 위
    한 봉사라고 간주해서는 안 됩니다.

(4) 무엇이 반역이고, 무엇이 변절행위입니까? 또 무엇이 동요動搖입니까?
    이런 문제에 관한 판단은 그 동기와 결과, 특히 위해가 있었는지를 살
    펴야 합니다.

4. 단결하여 분투하다

1979년 2월 창춘의 쑨쩐관과 안산의 구쩌성 두 정치지도원이 잇달아
편지를 보내와, 내가 모든 귀국 포로를 대표해 탄원하는 것을 지지하고 그
들 포로수용소 지하 당 조직 총위원회 부서기의 명의로 중앙에 연명 탄원

서를 쓰는 데 동의했다. 마침 산시성山西省의 마싱왕 대대장과 우한의 펑린 · 타오쥔산陶均善 전우가 잇달아 탄원하려 베이징에 왔다. 나는 그들과 우리 집에서 함께 의견을 나눈 끝에 또 하나의 탄원서를 작성했다. 초고를 완성한 다음 180사단의 옛 전우 멍웨이자이孟伟哉[6] 동지에게 '자문'을 부탁했다. 그는 제5차 전역 때 다행히 미리 포위를 뚫고 나와서, 후에 대학에 들어갔고 당시 이미 유명 작가가 되어있었다. 멍웨이자이는 우리의 초고를 보고서 솔직하게 다음과 같이 말했다.

여러분의 탄원서를 읽으면서 제 눈앞에 당신들 수천 명이 자식을 데리고 천안문광장에 무릎을 꿇고 머리 숙여 억울함을 호소하는 장면이 떠올랐습니다. 우리는 스스로 자신을 이처럼 낮춰서는 안 되며 아주 당당하게 중앙 지도부 동지들에게 이치를 따질 수 있어야 합니다. 인류가 전쟁을 시작한 이래 포로란 항상 있었으니, 나라를 위해 싸우다 저항력을 잃고 불행히 포로가 된 것은 결코 부끄러운 일이 아닙니다. 부끄러운 것은 포로가 된 후에 나라를 배반하고 적에게 몸을 의탁하는 짓이지요! 하지만 당신들은 포로가 된 후 조국에 대한 충성심을 견지하고 용감히 적들과 완강한 투쟁을 했으며 조국의 영예를 지키기 위하여 그렇게나 많은 고통을 받았으니, 마땅히 국가의 표창을 받아야만 합니다. 우리 함께 한번 바꿔봅시다!

그의 일장 연설에 우리의 답답했던 마음이 확 뚫렸다. 그리하여 우리는 장루이푸의 10m²밖에 안 되는 작은 집에 함께 비집고 앉아 「우리 용감히

---

6   멍웨이자이(孟伟哉, 1933~2015) : 산시성[山西省] 훙둥[洪洞] 출신의 작가 겸 화가로 중공중앙 선전부 문예국 국장과 중국문학예술계연합회 비서장 등을 지냈다.

투쟁한 6천 7백 명 중국인민지원군 귀국 포로의 억울한 사건을 바로잡아 줄 것을 당 중앙·중앙군사위원회·중앙기율위원회·인민대표대회 상임위원회·국무원·최고인민법원·최고검찰원에 강력히 요구한다」라는 제목의 연명 편지를 다시 작성했다. 나는 이 편지를 100부 이상 등사해 연락되는 각지의 동료들에게 보내어, 다들 먼저 스스로 허리를 꼿꼿이 세우고 행동하며 당당하게 현지에서 탄원하여 재평가정책 실행을 요구하라고 격려했다.

중앙의 중시를 좀 더 불러일으키기 위해 우리는 각지의 동료들에게 연명하여 중앙에 탄원서를 제출하도록 제안했다. 탄원 내용은 그들이 포로수용소에서 전개한 투쟁과 귀국 후 개개인이 받은 불공정한 대우에 중점을 두라고 했다. 전쟁 당시 '꼬마'로 불렸던 쓰촨성 청두의 동료들이 쓴 탄원서는 내용이 진실하고 절실하여 읽는 이의 눈물을 자아내게 했다.

1979년 6월 제5기 전국인민대표대회 제2차 전체 회의가 열렸다. 나는 신문을 통해 대회에 제안위원회가 있으며 그 위원 중에 바진·마오둔茅盾[7]·빙신冰心[8]·차오위曹禺[9]·라오서老舍[10]·궈모뤄[11]·딩링丁玲[12] 등 내가 존경

---

7 마오둔(茅盾, 1896~1981) : 저장성 퉁샹[桐乡] 출신으로 현대 중국 최고의 장편소설 작가로 평가받는다. 신중국 수립 후 문화부장을 지내다 문화대혁명 때 해임되었다가, 1979년 중국작가협회 주석으로 선출되었다.

8 빙신(冰心, 1900~1999) : 푸젠성 창러[长乐] 출신의 중국 현대 작가이다. 일본 동경대학에서 가르치다 1951년 귀국 후, 중국작가협회 명예 주석 등을 지냈다. 문화대혁명 때 자산계급 작가로 탄압받고 노동 개조 처분을 받았다가 1972년 베이징으로 돌아왔다.

9 차오위(曹禺, 1910~1996) : 톈진 출신의 중국 현대 극작가로 '중국의 셰익스피어'로 불린다. 신중국 수립 후 중앙희극학원 부원장과 북경인민예술극원 원장 등을 지냈다.

10 라오서(老舍, 1899~1966) : 베이징 태생의 만주인으로 현대 중국의 소설가 겸 극작가이다. 문화대혁명 초기 홍위병에 의해 모욕과 굴욕을 당한 다음 날(8월 24일) 새벽 베이징 서북쪽에 있는 태평호에 뛰어들어 자살했다.

11 1966년에 자살한 라오서와 1978년 사망한 궈모뤄 등은 이번 전국인민대표대회에 참석할 수 없음에도 함께 나열한 것은 저자의 착각이 아닌가 한다.

하는 노작가들이 포함되어있음을 보고, 이를 활용하면 정말 얻기 어려운 탄원 기회가 될 수 있겠다고 생각했다. 마침 산시성의 장칭위안 등 전우들도 진정하기 위해 베이징에 와있어서, 우리 집의 어스름한 불빛 아래에서 우리는 밤새 제안위원회에 제출할 탄원서를 작성했다. 그 많은 인민대표대회 제안위원들에게 보내야 해서 우리 가족 모두를 동원하여 함께 탄원서를 베껴 썼다. 그 편지의 탄원인으로 서명한 사람에는 과거 포로수용소의 거의 모든 지도자가 포함되었다. 마침 당시 인민대표대회 상무위원회 비서실에서 요직을 맡고 있던 옛 지휘관 장샹산張向善의 아내 쉬후이루안許慧鸞은 내가 지하당 활동을 하던 시절의 전우였다. 쉬후이루안은 장샹산이 반드시 탄원서를 인민대표대회 상무위원회에 가져가 제안위원회의 노작가들에게 전달할 것이라고 약속했다.

제5기 제2차 전국인민대표대회 제안위원회 대표들에게 강렬한 충격을 불러일으킨 이 탄원서의 내용을 발췌하면 다음과 같다.

경애하는 ○○○ 대표 동지께

먼저 제5기 제2차 인민대표대회 개최를 열렬히 축하하고 대표님의 건강을 진심으로 기원하며 전국 인민의 행복을 위해 더 많은 투쟁을 해주길 부탁합니다. 우리는 인민대표대회 개최를 틈타서 당신께, 그리고 당신을 통해 전국 인민대표대회에 헌법·국가·군대·인민과 상호 관련된 중대한 문제를 제기하고자 합니다. 그것은 바로 국제전쟁 중에 포로가 되었다가 귀국한 해방군

---

12 딩링(丁玲, 1904~1986) : 후난성 린리[臨澧] 출신으로 중국 현대 여성주의 작가이다. 신중국 수립 후 『인민문학』 주편 등을 맡았으나, 반우파투쟁과 문화대혁명 시기 극심한 비판을 받고 하방되고 감옥에 갇히기도 했다. 1979년 사면 복권되어 당적을 회복했다.

전사를 국가가 어떻게 적절하게 대우하고 타당하게 처리해야 하는지에 관한 문제입니다. 우리 헌법은 모든 공민이 조국 수호의 의무를 지고 있다고 규정하고 있을 뿐, 조국 보위 전쟁에서 각종 원인으로 불행히 포로가 된 참전자들을 어떻게 대우해야 할지 규정하는 걸 잊고 있습니다. 특히 포로가 되기 전 용감하게 싸우다 전투에서 패하여 불행히 포로가 된 후에도, 여전히 불굴의 의지로 계속 적과 용감히 투쟁하고 목숨을 걸고 조국에 돌아온 충성스러운 아들딸들을 마땅히 어떻게 대우해야 할지를 규정하지 않고 있습니다.

우리가 몸소 체험한 바에 따르면, 이들에 대해 우리의 많은 지도자가 줄곧 취한 태도는 "이들이 포로가 된 이상 '의심스러운 분자', '변절분자'인 것이 분명하므로 귀국 후 결코 정당한 공민의 권리를 다시 누릴 수 없다. 정치적으로 일절 신뢰해서는 안 되고 직장에서 일절 중용해서는 안 되며 생활에서도 차별하지 않을 수 없다"라는 겁니다. 아무튼 그들은 귀국 포로 중에 좋은 사람이 아무도 없으며, 설령 포로가 되기 전 수많은 전투에서 공을 세웠어도, 포로가 된 후 혹독한 시련 속에서 무한한 충성을 다했을지라도 믿을 수 없다고 생각합니다. 이로 인해 여러 차례 정치 운동 중에 타도 대상이 되어 비판받고 규탄당하고 패가망신 당했더라도, 그 역시 자업자득이고 아주 당연한 일이라고 생각합니다.

경애하는 대표 동지, 이는 결코 일부러 과격한 말로 사람을 놀라게 하려는 것이 아닙니다. 우리가 바로 몸소 이러한 불공정한 대우를 받고 비참한 처지를 겪은 6,000여 명의 인민지원군 귀국 포로이며 중화인민공화국의 등외^{等外} 공민이니까요!

우리는 한국전쟁 중 전투에 패하여 부대가 겹겹이 포위된 후, 부상·불구·질병·굶주림 등으로 인해 포위를 뚫지 못하고 적의 수중에 떨어졌습니다.

한국전쟁 기간 중국인민지원군 포로는 총 21,000여 명이었는데, 결국 우리 6,000여 명만 조국으로 돌아왔고 나머지 14,000여 명은 모두 타이완으로 가 버렸죠! 왜 우리 6,000여 명만 돌아왔을까요? 또 우리는 어떻게 해서 돌아왔 던 걸까요?

우리가 포로수용소에 갇히자마자, 적들은 온갖 방법을 다 동원해 우리에게 조국을 배반하고 타이완으로 가길 강요했습니다. 첫 번째 방식은 기만欺瞞으 로 "너희들이 포로가 된 이상 공산당은 더 이상 너희들을 믿지 않을 것이고, 대륙에 돌아가도 비판받고 규탄당할 뿐 평생 정당한 대우를 받을 수 없을 것 이다"라고 늘 말했습니다. 두 번째 방식은 이익을 미끼로 유혹하는 것으로 타 이완으로 가겠다는 말만 하면 추위와 굶주림에서 벗어날 수 있고 고된 노동 을 하지 않아도 되며 각종 육체적 학대도 당하지 않을 거라고 했습니다. 세 번째 방식은 정치적 모함으로 포로들에게 당원 간부들을 적발하고 타이완으 로 가겠다는 혈서를 쓰며 심지어 몸에다 반동적인 글자를 새기도록 강요하였 습니다. 그리고 포로들의 저항을 진압하기 위해 그들은 헌병·특무·배신자 ·싸움꾼을 동원하여 포로수용소에서 흉악하고 잔혹한 공포통치를 실행했고 요! 그런 상황에서 당시 사람들은 어느 길로 갈 것인지 스스로 결정해야만 했습니다. 우리 6천 명은 "살아서도 중국인이고 죽어서도 중국 귀신이다"라 는 죽어도 굽히지 않는 길을 단호히 선택하여 적과 첨예하게 맞서 싸우며 적 의 후방에서 항미원조와 보가위국保家卫国의 새로운 전장战场을 열었습니다.

하지만 우리의 모든 투쟁 행동은 하나같이 적의 잔혹한 탄압을 받았습니 다. 예컨대 538연대 참모장 두강 동지는 사병들을 규합해 지하 귀국조직을 발전시켰다는 이유로 적에 의해 매달린 채 참혹하게 매질을 당하여 앞니가 전부 빠져버렸고, 양원화 열사는 제70 포로수용소의 권력 탈취 투쟁에 참여했다가 산채로 맞아 죽었으며, 린쉐부 열사는 제72 포로수용소에서 공개적으로 동료들에게 고국으로 돌아가자고 호소함으로 인해 배가 갈리고 심장이 도려내지기도 했고요!

특히 1952년 국경절 날 우리는 제주도에서 10장의 오성홍기를 동시에 게양함으로써 전 세계에 중국 전쟁포로의 본국 송환에 대한 확고한 의지를 엄숙히 선포하는 과정에 국기를 지키기 위해 102명의 동료가 중상을 입고 56명의 동료가 장렬하게 희생되었답니다! 벌써 27년이 흘렀지만, 국가는 아직도 조국을 위해 용감히 몸 바친 이들 충실한 아들딸을 열사로 인정하지 않고 있습니다. 그들의 유해는 일찌감치 태평양의 쓰디쓴 바닷물로 화해버렸지만, 그들의 충혼은 여전히 이국땅에서 떠돌고 있지 않을까요!

경애하는 대표 동지, 우리 이 6천 명은 지극히 잔혹한 투쟁을 이겨내고 사력을 다해 조국으로 돌아왔지만, 귀국 후 어떤 대우를 받았을까요?

우리에 대한 처분을 책임진 옛 둥베이군구 귀관처는 꼬박 1년 동안 심사를 진행했습니다. 그들은 우리에게 포로가 된 후 귀국하기까지의 '잘못'만을 자백하도록 허락하고, 개개인의 투쟁에 대해 말하지 못하게 하면서 "공과는 상쇄될 수 없다"라고 말했습니다. 또한 우리에게 "잘못을 범한" 원인과 배경을 설명하지 못하게 하면서 객관 상황을 핑계로 삼으면 안 된다고 말했습니다. 더불어 우리에게 잘못을 정치적 원칙의 높이까지 올려 자아비판 하길 요구했습니다. 그 결과 마침내 우리에 대한 조직의 처분 결론에 '심각한 비밀 누설', '적을 위해 복무', '변절행위' …… 등의 죄목이 추가되었고요! 더욱 심각한 것은 우리 몰래 개인 신상 자료檔案에 "적을 위해 복무한 자로 확정", "반역 성격의 정치적 동요", "평생 등용을 제한해야 함", "계통 내부의 전정專政 대상" 등을 적어넣었다는 겁니다. 이러한 조치는 우리를 사실상 적대적 모순으로 몰아세웠고 우리에 대한 처분을 매우 엄중하게 만들었습니다. 그 결과 귀국 포로 중 2,000여 명의 당원 가운데 30여 명만 당적을 유지할 수 있었고, 나머지 98.1%는 당적을 박탈당했습니다('10·1 오성홍기 수호' 전투에서 중상을 입은 지도자 한즈젠 동지마저 당적을 박탈당했습니다). 또 우리 6,000여 명 중 300명 정도만 군적을 회복했고, 나머지는 모두 포로가 된 이후의 군적을 인정받지 못했습니다. 그리고 심지어 군적까지 박탈당한 사람도 적지 않았습니다.

이러한 죄명과 결론, 처분은 우리 6,000여 명의 귀국 포로, 그리고 그들의 수만 명 자녀와 친지들에게 끔찍한 결과를 가져왔습니다. 지난 25년 동안 여러 차례 정치 운동 때마다 주요 공격 대상이었던 우리는 '고참 선수'가 다 되었습니다. 특히 문화대혁명 시기 우리는 한 사람도 빠짐없이 '배신자'로 몰려 비판 투쟁 당하고 감금되었습니다. 그 과정에 많은 사람이 괴롭힘을 당해 불구가 되거나 심지어 박해받아 죽기까지 했죠! 아내가 이혼을 강요당하고, 어머니가 핍박당하다 목매어 자살하고, 괴롭힘에 집과 가족을 잃은 사례는 부지기수였답니다! 살아남은 사람도 정신적으로 치유하기 힘든 상처를 받았지요! 우리의 수만 명 자녀 중 입대入队·진학進學·입단入团·입당入党할 수 있었던 사람은 하나도 없으니, 모두 우리의 '과거 문제'로 정치 심사에서 합격하지 못했기 때문이죠!

포로이던 당시 적들이 "너희들은 대륙에 돌아가도 비판받고 규탄당할 뿐 평생 정당한 대우를 받을 수 없을 것이다"라고 한 기만 선전이 도리어 우리 6,000여 명의 비참한 현실이 된 것을 생각할 때마다 너무나 고통스럽고 도무지 이해할 수 없을 따름입니다. 지난 25년 동안 조국에 충성했던 우리 귀국 포로들이 공정한 대우를 받지 못했기 때문에 우리 당과 정부의 위신은 이미 중대한 손상을 보았습니다. 오죽하면 우리의 자녀들이 "아빠, 왜 남들은 항미원조에서 승리하고 돌아와 영예를 누리고 존경받고 있는데, 똑같이 항미원조에 참가했던 당신들은 오히려 지위도 명예도 잃고 우리까지 함께 고생해야 하는 거죠?"라고 묻겠습니까.

우리는 이번 인민대표대회에서 헌법을 개정할 때, 귀국 포로를 어떻게 제대로 대우해야 할지를 진지하게 연구하여 이에 상응하는 규정을 만들어 우리의 집단적 억울한 과거 사건을 철저히 해결해주길 촉구합니다.

우리는 당신께서 정의를 신장하고, 국가의 정치활동 중 이 극히 비정상적인 현상을 시정하고, 국가의 법률 제도를 보완하고, 국가와 군대, 공민 사이의 이 중대한 문제를 잘 처리하기 위해 우리의 호소를 하나의 제안으로 채택해 전국인민대표대회에 제출해 주길 요청합니다. 우리는 전국인민대표대회에 아주 큰 기대를 걸고 있으며 당신께도 아주 큰 믿음을 갖고 있습니다. 우리는 당신께서 반드시 인민의 대표로서 숭고한 직책을 다할 수 있으리라 굳게 믿습니다!

전前 중국인민지원군 포로수용소 지하당 조직 주요 지도자 및 투쟁 핵심 간부

(총 46명의 서명)

1979년 6월 15일

중앙군사위원회 총정치부는 전국인민대표대회 상무위원회로부터 우리의 억울한 사정을 조사하여 처리해달라는 제안을 받은 후, 총정치부 지도부는 보위부保卫部에 이 임무를 구체적으로 실행하도록 맡겼다. 보위부의 책임을 맡고 있던 저우근룽周根龙 동지는 원래 인민지원군 180사단의 노병이어서 우리 부대가 패퇴한 상황과 우리가 포로가 된 후 용감히 투쟁한 상황을 잘 알고 있었기에, 우리에 대한 재평가정책의 절차를 추진하기 위해

총정치부 내에서 많은 작업을 했다.

당시 우리 문제에 대한 총정치부의 전면적인 심층 조사 진행에 능동적으로 협조하기 위해, 우리는 한편으로 중대와 소대 간부가 비교적 많이 모여 사는 산시山西 지역 전우들에게 대표를 시기와 조별로 나누어 베이징으로 보내 총정치부에 상황을 보고하도록 요청했다. 이렇게 함으로써 재평가정책 구현具現에 급한 나머지 전우 개개인이 베이징에 오는 경제적인 부담을 줄이고, 너무 많은 사람과 집중적인 탄원으로 인해 총정치부가 지는 부담을 줄일 수도 있었다. 그때 베이징에 있던 옛 사단 참모장 베이사北沙 동지를 비롯한 180사단 전우들의 집과 함께 포로가 되었다가 귀국한 동료 장루이푸 · 왕진汪尽 · 차오위에차오曹月乔 등 동지의 집도 모두 외지에서 온 동료들의 따뜻한 접대 장소가 되었다. 다른 한편 쓰촨 · 둥베이 등 베이징에서 멀리 떨어진 지역의 전우들 실태 파악을 위해, 우리는 사람을 보내 조사한 뒤 자료를 취합해 총정치부에 보고하기로 정했다. 이 임무는 내가 자진해서 수행하기로 했고, 먼 길 떠나는 나를 위해 둥베이와 산시의 일부 전우들이 3위안, 5위안을 십시일반 보내 여비를 마련해 주었다. 그중에서도 산시성 윈청運城의 우청더 주임과 안산의 구쩌성, 창춘의 쑨쩐관이 가장 큰 지지를 보내주었다.

1979년 여름 나는 여름방학을 이용해 먼저 둥베이로 간 다음에 쓰촨으로 갔다. 둥베이에서 나는 지린성 창춘, 랴오닝성 번시 · 안산 · 선양을 다니며 옛 포로수용소 지하당의 대부분 지도자 동지들과 인터뷰를 진행했다. 큰 재난을 겪고 살아남은 우리는 다시 만나 함께 당시 포로수용소에서의 힘든 시절 중 전우애를 되새기며 귀국 20여 년의 험난했던 경험을 이야기 나누었다.

나는 원래 그들이 대대 이상의 간부인데다 직접 광공업 부문으로 전역했기에, 우리보다 상황이 좀 나았을 것으로 생각했었다. 하지만 그들 역시 요 몇 년 동안 매우 어렵게 살았고, 특히 정신적 부담이 더욱 무거웠음을 어찌 알았겠는가! 번시의 옛 홍군 출신 자오 정치위원과 궈자오린은 전역 후 '등용 제한 대상'이 되어 너무나 고통스러웠으니, 25년 동안 죽으라고 열심히 일해 뛰어난 성과를 거뒀음에도 단 한 번 승급하지 못했고 항상 보좌역만 맡았다고 말했다. 창춘의 쑨쩐관은 그때까지도 '국제간첩 혐의'가 남아있었다. 안산에서 나는 부산 포로수용소에 있을 때 적에 의해 수옥水獄에 갇히고도 살아남은 웨이광밍韦光明이 문화대혁명 중에 어떻게 배신자로 몰려 몽둥이로 맞아죽었는 지 좀 더 상세히 알게 되었다. 나는 문화대혁명 중에 자살 미수에 그친 왕유칭王友清도 만났는데, 그의 이마에는 파란색의 커다란 흉터가 있었다. 그것은 그가 몇십 미터 높이 굴뚝 꼭대기에서 뛰어내릴 때, 굴뚝 벽에 긁혀서 다친 상처의 흔적이었다. 그러니 이들 나의 옛 지도자가 지난 25년 동안 얼마나 큰 정신적 스트레스를 받았는지 짐작 가지 않겠는가!

옛 전우들은 생활이 여전히 매우 어려움에도 불구하고 최선을 다해 나를 접대해주어서, 나는 더욱 따뜻함을 느꼈고 매우 고무되었다. 안산을 떠날 때, 그곳에 사는 10여 명의 옛 부대 대대급 간부와 포로수용소 지하당 총위원회 위원들이 모두 기차역에 나와서 나를 배웅해 주는 바람에 미안하여 정말 몸 둘 바를 몰랐다. 구쩌성은 나에게 "쩌스, 베이징에서 우리의 억울함을 풀어주느라 너무 수고가 많다는 걸 잘 알고 있지만, 다들 자네를 여전히 우리의 대표로 여기고 있으며 많은 기대를 걸고 있다네!"라고 말했다.

특히 내가 선양에 도착했을 때, 기차역에 마중 나온 옛 제86 포로수용소 연대본부의 안바오위안·궈나이젠·양용청이 나를 보자마자 서로 껴안고 함께 눈물 흘렸던, 소리까지 내며 울던 궈나이젠의 모습은 잊을 수가 없다. 기차에서 내린 승객들 모두 "낡은 옷에 수염 꺼칠꺼칠한 이 늙은이들이 왜 이러지?"라며 신기한 눈으로 우리를 쳐다보았다. 그들이 어찌 우리가 살아서 다시 만날 수 있게 되기까지 얼마나 힘들었는지 알리요!

둥베이에서 베이징으로 돌아와 잠시 휴식을 취한 다음, 나는 다시 쓰촨으로 떠났다. 청두에 도착한 후 나는 중췬화의 허름한 시골 기와집에 머물렀다. 그 집은 실내조명이 지붕에 설치된 '채광용 얇은 기와'뿐이어서 수집한 자료 정리를 하려면 낮에도 불을 켜야만 했다. 청두에 사는 동료 10여 명이 모여 나를 위해 '환영회'를 마련했다. 우리는 교외의 한 작은 식당에서 음식을 주문했는데, 직접 만든 요리를 갖고 온 동료도 있었다. 그들은 돌아가며 나와 쓰촨의 대표 고량주인 노주대곡을 1잔씩 비웠다. 그날 나는 정말 많이 취했다. 고향의 진한 맛있는 술에다 진실한 동료들의 우정에 더욱 도취되었다. 그때 마침 나의 50세 생일을 맞아 청두에 사는 큰고모와 사촌 동생들이 아주 흔쾌히 나를 위한 '가족 연회'를 열어 가족애를 전하며, 내가 반백半百 이후로 고생 끝에 낙이 올 수 있길 기원했다. 옛 사천대학 지하당 전우들과 옛 천강변인민유격종대川康边人民游击纵队 전우들도 내가 "돌아왔다"라는 소식을 듣고 나를 위해 여러 차례 모임을 열었는데, 주로 나를 위로하고 우리의 탄원에 대한 지지를 나타냈다. 그들 대다수는 문화대혁명 중에 '배신자' 또는 '토비'로 몰렸다고 했다. 사천대학 '방언극예사方言剧艺社'에서 나와 가장 가까웠던, 나이순에 따라 서로 형제자매로 불렀던 옛 친구들은 '아홉째' 왕능차이王能才 집에 모여서 '여섯째'인 내가 겪은 포로수용소에서의 경험을 들었는데, 대학생 자녀를 데리고 와 '여섯째 아저씨'가 하는 이야기를 듣게 한 이도 있었다. 저녁 식사 후부터 자정까지 이어진 자리에서 나는 처음으로 우리의 고난과 투쟁, 그리고 귀국 후 겪은 일들을 비교적 체계적이고 포괄적으로 설명할 기회를 얻었다. 다들 나와 함께 분노하고 함께 눈물을 흘렸다. 마지막에는 또 내가 더 많은 곳을 다니며 더 많은 자료를 수집하여 우리 6천 명의 억울한 사정을 중앙에 더 잘 반영함으로써 하루빨리 명예 회복할 수 있도록 모두가 앞다투어 주머니를 털어 여비를 지원해주었다.

쓰촨은 우리 동료들이 가장 많은 성省이었다. 내가 수집한 동료들이 겪은 고난은 정말이지 다 털어놓기 힘들 정도였다. 린모어충·볜스마오边世茂 등은 간신히 사천대학에 합격했지만, 포로였다는 이유로 입학 허가를 받지 못해 어쩔 수 없이 윈난으로 가 막노동을 해야만 했다. 장제스의 비서였던 린모어충의 아버지는 아들이 포로가 된 것을 알고 타이완에서 포로수용소로 사람을 보내 그에게 타이완으로 오라고 설득했으나 끝내 거절당했다. 린모어충은 귀국 후에 이런 취급을 받으리라고는 상상하지도 못했다고 했다. 리즈·왕훙두王洪度·뤄다유罗大犹·하오안성郝安生 등은 고향에서 직장을 구하지 못해 무작정 신장으로 가서 살길을 찾았다. 옛 포로수용소 투쟁의 핵심 간부였던 쩡바오위안曾宝元·딩셴원·뤄싱이는 반역죄로 노동개조 판결을 받았다. 거제도 제70 포로수용소 귀국 투쟁 중에 큰 공을 세운 가오판高攀은 나라를 배신한 자로 몰려 칭하이青海에 유배된 후 옥중에서 억울하게 목숨을 잃었다. 거제도 제86 포로수용소의 투쟁 영웅 다이위수는 귀향 이후 오랫동안 실업 상태로 지내면서 구두 수선으로 생계를 유지했다(1989년 빈곤과 질병으로 사망). ······

나는 비통한 마음에 "가능한 한 빨리 이런 상황을 당 중앙에 반드시 보고하고야 말겠다"라고 스스로 다짐했다.

충칭에 도착해 나는 병이 나서 리즈잉의 집에 몸져눕게 되어 그의 온 집안 식구의 친절한 보살핌을 받았다. 그 집은 창서우의 룽시허龙溪河 강변 산에 있어서 경치가 매우 아름다웠다. 집 앞에는 연못이 있고 집 뒤에는 푸른 대나무 숲이 있었다. 나는 그의 집에서 요양하던 일주일 동안 연못에서 자란 연근을 많이 먹었다. 게다가 형수는 자신이 연못에서 키우던 오리 3마리를 모두 잡아서 베이징에서 온 형제인 나를 '위로'해주기도 했으니! 충칭에 있는 동안 나는 학교 교사로 일하고 있는 샤오양도 만나 그녀의 온 집안 식구로부터 성대한 대접을 받았다. 나는 이 여자 전쟁포로가 지난 25년간 겪었던 특별한 고통스러운 경험을 들으며 마음이 찢어질 듯 아팠다. 나는 과거 포로수용소에서 함께 싸웠던 기억을 되살리며 샤오양에게 꿋꿋이 살라고 격려하는 수밖에 없었다.

나는 둥베이로부터 쓰촨을 거쳐 돌아가는 길에 우한을 들러 리시얼과 펑린 등의 전우를 만나고 비로소 베이징으로 왔다. 2달간 만 리 길에 달하는 이번 여정은 내가 수집한 수많은 탄원 자료는 물론, 더할 나위 없이 소중한 우정과 혈육의 정을 가득 싣고서 그야말로 "큰 성과를 거두고 돌아왔다"!

나는 귀국 후 동료들이 당했던 수난 및 그 가족과 자녀들이 연루되었던 사연을 중점적으로 정리했다. 유형과 지역 그리고 부대 계급은 다르지만, 모두 차별과 박해를 당한 대표적인 사례를 선택해서 총정치부에 보냈다.

내가 이렇게 크게 한 바퀴를 돈 후, 내가 총정치부에 자료를 제출하고 있음을 알게 된 많은 만나지 못한 각지의 동료들이 우리 집으로 보내온 편지가 갑자기 대폭 증가했다. 주로 개개인의 탄원 자료였고 모두 내가 직접 총정치부 담당 동지를 만나 전해주길 바랐지만, 나는 일정 기간 모아서 자료를 한거번에 보낼 수밖에 없었다. 베이징에 오는 동료들도 많아져 매번 총정치부 담당 동지에게 데려가는 것이 적절치 않았지만, 옛 지하당 총위원회 지도자인 자오 정치위원과 궈자오린·쑨쩐관·구쩌성·왕화잉·마싱왕·리시얼·장청위안 등은 전반적 상황을 잘 알고 있기에, 총정치부 보위처保卫处 처페이장车培章 처장과 쑨훙자오孙洪照 간사의 동의를 얻어 그들과 함께 보위부에 가서 상황을 반영하고 재평가정책에 대한 의견과 건의를 전달했다. 다른 동료들은 대부분 총정치부 민원실 면담에 동행하여 나름 책임지고 처리하겠다는 대답을 받아 내기도 했다.

우리의 이 중대한 역사적 억울한 사건에 대한 탄원과 중앙의 관심을 끌기 위해 나는 주어진 여건하에서 내가 할 수 있는 일을 했을 뿐이고, 수많은 대단히 어렵고도 힘든 진정과 탄원은 결국 각지의 동료들에 의해 이루어졌다. 그 외에 우리 6천 명이 최종적으로 명예를 회복할 수 있었던 데에는 각 분야의 정의감 강한 사람들의 동정과 지지도 당연히 큰 역할을 했다. 전국인민대표대회 제안위원회의 노작가 대표들, 우리에 대한 재조사를 결정한 후야오방 총서기와 총정치부의 보위부, 그리고 각 지방에서 우리의 재평가정책을 책임진 동지들이 여기에 포함된다.

우리가 고통스러운 삶을 마무리하고 다시 밝은 세상을 볼 수 있도록 지지해 준 모든 이들을 귀국 포로 일동과 우리 가족 후손 모두 영원히 마음에 새겨 두고 잊지 않을 것이리라!

제10장

30년 만의 재평가정책

1979년 말부터 현재까지, 베이징

1. '딱지 벗은 우파'라는 신분을 '시정_{是正}하다'

중앙에서 '우파분자에 대한 시정' 문건이 하달된 후, 나는 여러 번 북경 제9중학 당 지부에 가서 나의 우파 문제를 다시 조사해 시정해 주길 요구했다. 하지만 돌아온 답은 항상 "더 기다려 주세요" "이미 보고했으니 며칠만 더 기다리세요"였다. 당시 나는 "포로가 된 것이 변절"이라는 문제를 탄원하느라 바빴고, 게다가 '이렇게 오랫동안 참았는데 며칠만 기다리라고 하니 기다려보자'라고 생각했다. 그러나 1979년 말에 이르러 옛 북경제9중학의 우파분자들이 차례로 명예 회복되고 오직 내 문제만 해결되지 않았다는 사실을 알고 나서, 나는 더 이상 기다릴 수 없다고 판단했다.

나는 제9중학에 가서 새로 온 류劉 서기에게 나의 우파 신분이 시정되지 못하는 구체적인 원인을 분명히 알고 싶다고 했다. 류 서기는 문화대혁명 중의 고난을 이겨낸 정직한 공산당원으로 나에게 다음과 같이 설명해 주었다. "당신의 신상 자료를 자세히 살펴보았는데, 가장 큰 문제는 당과 군중 간의 갈등이 격화되면 대항적 모순으로 전환될 수 있고 인민들이 들고 일어나 공산당을 전복할 수 있다는 발언이에요. 이 발언을 전형적인 우파의 주장이라 여겨서 매우 심각하게 보는 사람들이 있어요. 다행히도 당신 신상 자료 중에 군중들이 적발하거나 고발한 기록이 없으니, 자신에게 잘못된 관점이 있었던 사실을 인정하는 신청서를 다시 작성하면 어떨까 싶습니다. 단 그것은 당 지부에서 조직에 사상보고를 할 때 제출하는 것일 뿐 군중에게는 전혀 유포되지 않습니다. 중앙의 정책 규정에 따라 우파 언론이라 할 수 없다는 이유로 우파 신분 시정 실행을 요구하는 거죠."

류 서기는 내가 고개를 숙인 채 아무 말도 하지 않는 모습을 보고 "장 형, 당신에 관한 많은 이야기를 들었어요. 당신은 오랜 동지로서 어떤 일들은 항상 돌고 돌아서야 목적지에 도달할 수 있다는 걸 이해할 겁니다. 하물며 반드시 퇴로를 열어줘야만 문제를 해결해주는 사람들도 있으니까요. 당신 생각은요?"

나는 류 서기의 간절한 태도와 각별한 마음에 감동했다. 이틀 뒤 나는 그의 권고에 따라 나의 우파 문제 시정 실행을 재차 촉구하는 '신청서'를 보냈다.

나는 이 '신청서'를 쓰면서 여러 생각을 했다. 소위 좌와 우라는 것은 완전히 상대적인 개념으로 판단 기준을 어디에다 두느냐에 달려있다. 만약 판단 기준을 극좌의 위치에 두면 모든 정상적인 것들이 '우'가 될 수밖에 없다. 긴 세월 동안 수많은 뜻있는 인사들이 사회 발전의 방향과 방법을 줄곧 탐색해온 결과, 온갖 다양한 관점이 존재하는 것은 전혀 이상하지 않고 조금도 두려워할 일이 아니다. 두려운 것은 자기만 절대적으로 옳고 혁명적이라고 여기는 사람이 정책을 제정하고 다른 사람 심지어 국가와 민족의 운명을 결정하는 위치에 있으며, 게다가 이런 개인의 주관적 의지로 한 나라·한 지역·한 부서·한 개인의 운명을 좌우하는 위험을 제약할 수 있는 그 어떤 힘도 없다면, 언젠가 이 국가·지역·부서 혹은 개인에게 반드시 재난이 닥쳐온다는 점이다. 반대로 사람들은 재난으로부터 자신을 보호하기 위해 그와 다른 자신의 관점을 포기하거나 숨기려 할 것이 분명하다. 만약 누군가가 소극적으로 재난을 피하려고만 하지 않고 자신의 처지를 개선하려고까지 한다면, 자기주장 없이 남의 의견에 영합하거나 심지어 깃발을 흔들며 큰소리로 외치게 될 것이다. 그리하여 누가 그 권력자를 가장 옹호하고 가장 혁명적인지를 경쟁하는 국면이 나타날 것이다. 그와 동시에 있는 힘을 다해 '반대편'을 찾거나 심지어 만들어내어 들러리나 표적으로 삼아서 자신의 충성과 정확성을 증명하려는 자들이 틀림없이 생기지 않겠는가! 하지만 대다수 사람이 진정으로 이 모든 것을 확실히 이해하고 자신의 민주 권리를 수호하겠다는 기본적인 각성이 있기 전에는, 우리가 바라는 그러한 개인의 전제 독재를 제약할 수 있는 강력한 역량을 가질 수 없다. 이것이야말로 진정한 비극의 핵심이 아닐까!

'자신이 완전히 잘못했다고 인정하도록 요구하는 것도 그들을 너무 난처하게 만드는 거겠지!'라는 생각을 하자, 나의 우파 문제를 시정하지 않으려 고집부리는 권력자들을 양해할 수 있을 것 같았다.

1980년 3월 15일 나는 스징산구 재평가정책 사무실의 정식 통지를 받았다. 이에 따르면 나의 우파 문제가 시정되어 월급이 이전대로 중등교사 7급 즉 70위안으로 회복된다고 했다. 당시 나의 월급이 69위안이었기에 다음 달부터 1위안이 인상되는 것이었다. 그 외 내 신상 기록 중 우파 관련

자료들을 '문서보관소'에 일괄 봉인하겠다고 알려주었는데, 이는 우파 문제가 시정되었다고 아주 기뻐하고 감격하던 나의 기분을 크게 상하게 했다. 나는 원래 그러한 '고발자료'·'자백자료'·'사상개조 보고'를 본인에게 넘기거나 사람들 앞에서 불태울 줄 알았다. 이 때문에 나는 '사람을 괴롭히던 그 우두머리들이 이것으로 나와 같은 '시정된 우파들'에게 기고만장하지 마라. 그렇지 않으면 기회를 봐서 결판을 보겠다고 경고하는 것이 아닌가?'라는 생각이 들었다.

이러한 '시정'이 결코 '철저한 사면 복권'이 분명 아니라는 점을 많은 사실이 입증하고 있었다. 우선 그해 과거 '반우파운동'을 주도했던 덩샤오핑이 "반우파운동은 전혀 잘못한 일이 아니라 단지 확대되었을 뿐이다"라고 공언했다는 점이다. 다음으로 우리 '시정된 우파'는 여전히 암암리에 차별받고 있었다는 점이다. 나에 대한 직무 배정이 바로 그 명확한 증거이다. 석경산직공대학石景山職工大學은 나 혼자서 창설했지만, 나는 '부총장'만 맡을 수 있었다. 내가 베이징시 과학기술협회로 자리를 옮긴 후 실제로 한 부서의 업무를 책임졌지만, 나는 여전히 '부주임'일 뿐이었고 나의 행정직급은 이직할 때까지도 '부처장급'에 머물 수밖에 없었다. 나중에야 '시정된 우파'는 '기관장'을 맡을 수 없다는 중앙의 내부 규정이 있음을 알게 되었다.

하지만 그 당시 나는 자신이 '시정' 받을 수 있었다는 자체로 이미 매우 만족했다. 나의 몇몇 친지와 친구들은 내가 시정되었다는 기쁜 소식을 알고 축하해주면서, 임금 취소부터 회복 때까지 22년 동안 나에게 적게 지급된 만 위안이 넘는 월급을 보전補塡받지 못한 것에 대해 분개했다. 그러면서 문화대혁명 시기 비판받은 '주자파走資派'(자본주의 노선을 걷는 실권파의 준말-역자) 노간부의 월급은 모두 보전해주면서, 똑같이 비판받은 '우파' 지식인에게는 왜 한 푼도 주지 않는가라고도 했다. 그럴 때마다 나는 웃으며 "우리는 정치적 청산만 하지 경제적 청산은 하지 않아!"라고 말했다. 그때 나는 정말로 나의 정치적 명예가 회복된 것만으로도 아주 좋은 일이라고 생각했다. 하물며 그때는 국가가 이제 막 십 년 재난에서 벗어나 겨우 숨을 돌리고 지체된 많은 일을 다시 시행해야 할 시기였으니! 게다가 나의 경우 '정치적 명예'도 절반밖에 회복되지 않았기에, 나는 '나머지 절반'을 찾기 위해 노력해야만 했다.

2. 1980년 중앙에서 제74호 문건을 반포하다

1980년 7월 자오쮀된 정치위원이 번시에서 산시성 고향으로 돌아가던 중 베이징에 들른 기회를 이용해, 나는 그와 같이 총정치부 보위부에 가서 우리 귀국 포로에 대한 재평가정책의 진척 상황을 파악하고자 했다. 보위부의 쑨훙자오 간사가 친절하게 우리를 접대하면서, 자오 정치위원에게 그들이 이미 중앙에 우리의 재평가정책을 위한 심사용 문건과 비교적 상세한 조사보고서를 함께 보냈다고 말했다. 우리의 요청으로 쑨 간사는 그 조사보고서의 기본내용을 우리에게 다음과 같이 소개해 주었다.

(1) 우리가 포로가 된 상황이 결코 우경화하여 죽음을 두려워해서가 아니고 더욱이 배신하여 적에 투항한 게 아니라는 점을 인증한다.
(2) 우리가 포로수용소에서 조국으로 돌아가기 위해 용감하고 완강하게 적과 투쟁을 벌였다는 사실을 인증한다.

(3) 우리에 대한 옛 둥베이군구 귀관처의 심사 결론이 성질 규정상 잣대가 너무 높아서 처분이 매우 과했음을 인정한다.

(4) 그 결과 우리와 우리의 친인척 및 자녀들에게 심각한 피해를 초래한 점을 인증한다.

(5) 우리가 포로가 된 과거사 문제를 재조사하여 재처분할 필요성을 인증한다.

　우리 둘은 쑨 간사의 설명을 듣고 너무 기뻐서 그에게 재삼 감사를 표했다. 그러자 쑨 간사는 "이는 저 혼자만의 공로가 아니라 우리 조사팀이 1년 넘게 조사연구 작업을 한 결과입니다. 그중에는 당신들이 보내온 수많은 탄원서류를 읽고 정리하고 확인하는 작업도 포함되죠"라고 말했다. 그는 우리를 전송하러 아래층으로 내려가면서 두세 달 안에 우리에 대한 재평가정책을 실행할 문건이 반포될 수 있을 것 같다고 말했다.

　그 후 자오 정치위원은 나에게 그의 명의로 쑨 간사에게 다시 편지를 보내 재평가정책에 대한 두 가지 희망 사항을 제출해 달라고 부탁했다. 첫째, 귀관처의 우리에 대한 태도는 "성질 규정상 잣대가 너무 높아서 처분이 매우 과했던" 게 아니라, 흑백이 전도되고 충성스러운 사람을 모함한 것임으로 마땅히 철저히 사면 복권해서 억울한 누명을 벗게 해야 할 문제라는 점. 둘째, 동료의 생활고를 해결할 구체적인 규정과 조치를 해야 한다는 점이었다. 내가 편지를 보낸 지 며칠 지나지 않아 쑨 간사가 전화로 나에게 자신이 처부 처장과 함께 자오 정치위원의 건의를 검토해본 결과, 그의 생각은 이해되지만 현 단계에서는 일단 차근차근 나가야 하니 우선 문건이 통과될 수 있도록 노력하여 정치적으로 문제를 해결해야 한다고 말했다. 그러면서 나보고 자오 정치위원에게 대신 전해달라고 했다.

1980년 10월 중순 나의 한 청화대학 동창이 전화로 좋은 소식이 있다면서, 즉시 그가 당서기로 있는 기관으로 오라고 했다. 내가 서둘러 가보니 그가 마침 사무실에서 나를 기다리고 있었다. 내가 들어오는 것을 보고 그는 소파 앞 탁자에 놓인 중앙 지도부에서 공포한 문건을 가리키며 "쩌스, 자네들이 오랫동안 애타게 기다리던 중앙 문건이 내려왔어. 빨리 읽어봐!"라고 말했다.

나는 재빨리 건너가서 우리 6,000명과 우리의 친족 및 자녀 수만 명의 운명을 바꿀 그 몇 장의 얇은 16절 종이를 움켜 집었다. 위쪽 한가운데 '중공중앙문건中共中央文件'이란 6개의 붉은색 큰 글자가, 왼쪽 위 가장자리에는 괄호 안에 비밀이란 글자가, 오른쪽에는 '중발中发(1980)74호'라는 글자가 인쇄되어있었다. 제목과 전문前文은 다음과 같았다.

중공중앙·국무원·중앙군사위원회가 전송轉送을 인가한 총정치부의
「지원군 귀국 포로 문제에 관한 재조사 처분 의견」

각 성省·시市·자치구自治区 당 위원회, 각 대군구大军区·성군구省军区·야전군 당 위원회, 중공 각 부部와 위원회·국가기관 각 부와 위원회 당 조직, 군사위원회 각 총부总部·각 군军 병종兵种 당 위원회, 각 인민단체 당 위원회에게:
중공중앙과 국무원 및 중앙군사위원회는 총정치부의 「지원군 귀국 포로 문제에 관한 재조사 처분 의견」에 동의하여 곧바로 전송을 인가하니 이대로 집행하기를 바란다.

중공중앙·국무원·중앙군사위원회

1980년 9월 27일

(이 문건은 현縣과 연대 단위까지 발송할 것)

문건의 본문 첫 단락은 다음과 같았다.

총정치부의 지원군 귀국 포로 문제에 관한 재조사 및 처분 의견

항미원조전쟁의 정전협정이 체결된 후 송환된 지원군 포로는 총 6,064명인데, 그중 전장에서 적에게 투항한 극소수를 제외하고 대다수는 부상이나 질병 혹은 다른 이유로 전투력을 잃고 포로가 된 자들이다. 포로로 잡혀있는 동안 미국과 장제스가 보낸 특무의 잔혹한 박해로 인해 한때 일정한 서로 다른 과실을 범한 자도 있었지만, 그들의 마음은 시종 조국을 향하고 있어서 불굴의 공산당원 혁명 간부의 조직적 지도하에 적과 단호히 투쟁하여 조국으로 송환될 수 있었다. 1954년 그들이 포로로 있던 동안의 언행에 대해 엄격한 심사가 진행되어 상황은 기본적으로 확실히 조사되었으나, 결론과 처분에서 그들 문제에 대한 구체적인 분석이 부족하고 지나치게 엄중히 대함으로써 성질 규정상 잣대가 너무 높아서 매우 과한 처분이 내려졌다. 문화대혁명 시기에는 린뱌오와 4인방의 극좌 노선 영향으로 그들 중 일부에게 '배신자'·'특무' 등의 죄명이 더해져 타격을 받고 박해를 당했다. 어떤 이들은 박해로 인해 죽거나 불구가 되었으며 친척과 자녀들도 연루되어 심각한 결과를 초래했다. 최근 몇 년간 귀국 포로들이 부단히 탄원하여 그들 문제에 대한 재조사를 요구했다. 긍정적인 요인을 동원하여 안정과 단결을 촉진하고 일심동체가 되어 4개 현대화 건설을 진행하기 위해서는 이들 귀국 포로 문제를 철저히 재

조사하는 게 매우 필요하다고 본다. 역사적으로 남아있는 문제 해결에 있어서 세밀한 조사보다 전체 상황을 파악하고 적절하고도 관대하게 처리한다는 중앙의 정신에 따라, 지금부터 관련 정책의 문제와 재조사 방법에 대해 아래와 같은 의견을 제시한다.

……

나는 "그들의 마음은 시종 조국을 향하고 있어서 불굴의 공산당원 혁명간부의 조직적 지도하에 적과 단호히 투쟁하여 조국으로 송환될 수 있었다"라는 구절을 읽는 순간, 소파에 등을 기대고 문건으로 얼굴을 가린 채 눈물을 콸콸 쏟았다. "아, 조국이여! 마침내 우리가 당신의 충실한 자녀라는 것을 인정하셨네요! 생사를 함께 했던 나의 동료들, 우리의 고난은 곧 끝나겠군요! 이국땅에 묻힌 나의 열사들이여, 조국의 부름을 들으셨습니까? 혼이여 어서 돌아오십시오. ……"

나는 동창이 차 한잔을 묵묵히 손에 쥐여주는 것을 느끼고 자세를 바로잡으며 그에게 고개를 끄덕여 감사의 뜻을 표했다. 일단 문건을 내려놓고 손수건을 꺼내 눈물을 훔친 다음 단숨에 전체 내용을 읽어 내려갔다. 이 문건에서 제시한 '관련 정책'은 당적 처리 문제, 군적 처리 문제 그리고 배치 문제 세 가지로 나눌 수 있었다. 기본 요지는 적이 파견한 특무가 아닌 한, 포로수용소에서 심각한 변절행위가 없는 한 당적과 군적을 모두 회복시켜야 한다는 것이었다. 나는 이 문건을 통해 이제야 당 중앙이 포로수용소에서 우리가 받은 잔혹한 박해를 확실히 이해하고 우리가 진행한 결연한 투쟁을 진정으로 믿는다고 느꼈다. 비록 문건에 '철저한 사면 복권'이란 글자는 없지만, 사실상 우리의 명예를 회복시키고 향후 우리가 누려야 할 인간으로서의 존엄과 공민의 권리, 제대 군인으로서의 처우를 모두 명시하고 있었다. 배치 문제에 대해서도 문건은 당시 여건에 맞는 실현 가능한 규정들을 제시하고 있었다. 문건 마지막에는 각급 정부의 무장武裝부서를 중심으로 민정民政과 조직부서의 협조를 받아 재조사 업무팀을 구성하여 해당 지역 지원군 귀국 포로에 대한 재조사 처분 및 문건에 명시된 정책 실행을 책임지도록 명확히 규정하고 있었다.

내가 문건을 다 읽고 내려놓자, 동창이 웃으며 나에게 "어때, 이 문건?"이라고 물었다. 나는 "너무 좋아. 나의 동료들이 이 소식을 알면 얼마나 기뻐할까! 그들이 그렇게 갈망하던 이 문건을 좀 더 일찍 볼 수 있게 내가 1부 필사할 수 있겠나?"라고 물었다. 동창은 시계를 한번 보더니 "그럼 빨리 베껴 쓰게. 퇴근하기 전에 기밀실机要室로 돌려보내기만 하면 돼"라고 말하며 나에게 종이와 펜을 주고 안쪽 문을 열어 그의 휴게실로 들여보내고는 문을 닫았다.

나는 즉시 가장 빠른 속도로 문건을 베껴 쓰고는 집에 돌아와 밤새 몇 부를 더 필사하여 안산·타이위안太原·청두·우한 등지에 있는 동료들에게 각각 1부씩 보냈다. 그리고 그들에게 가능한 한 빨리 다시 베껴서 해당 지역 동료들에게 보내주라고 부탁했다. 나는 우청더·자오줘돤·쑨쩐관 등 옛 지도자와 푸순 시골에 있는 궈나이젠에게 특별히 따로 1부씩 보냈다. 나는 궈나이젠에게 보낸 편지에서 "형님, 우리 드디어 고난에서 벗어날 수 있게 됐어요. 중앙에서 우리를 사면 복권하는 문건을 반포한대요!"라고 적었다. 이 엄청난 기쁨을 단 1분이라도 먼저 그들과 함께 나눌 수 있길 내가 얼마나 바랐던가!

얼마 후 나는 동료들로부터 격한 감정으로 가득한 답신을 받았다. 그 편지들에는 "이번에야말로 짙은 안개를 헤치고 푸른 하늘을 보게 되는구나!" "우리가 이날까지 살 수 있을 줄 몰랐는데 이젠 죽어도 눈을 감을 수 있겠어!"라고 적혀 있었다. 궈나이젠은 가족들에게 문건을 읽어준 뒤 온 가족이 부둥켜안고 울었다고 편지에 적었다..

3. 군적과 당적을 회복하다

나의 우파 문제가 시정되자, 학교 지도부는 즉시 나를 물리·화학·생물 교육연구팀의 팀장으로 임명하며 나에게 이 몇 과목 수업의 질을 잘 관리하라고 했다. 나는 74호 문건이 반포된 후, 학교의 당 지부에서 내가 무장부武裝部에 가서 재평가정책 실행을 요구할 수 있도록 공문을 발송해주길 요청했다. 학교의 Y 서기는 흔쾌히 승낙했을 뿐 아니라 그의 오랜 친구인 무장부 부장에게 직접 전화를 해 나의 문제에 관심을 가져달라고 했다. 구區 무장부에서는 아주 친절하게 나를 대해주었고, 곧바로 학교에 와서 나의 신상 기록을 확인했다. 그리고 나의 탄원과 제출한 증인의 진술에 근거하여 나의 포로수용소에서의 언행에 대해 우편 조사를 진행했고, 2달도 안 되어 재조사 결론 및 나의 군적과 당적을 회복시킨다는 결정이 나왔다. 그러나 이를 베이징 위수구衛戍區(수도의 경비를 책임지는 군사조직-역자)에 보고하여 심사와 비준을 받는 데 도리어 거의 1년이란 시간이 걸렸다. 그 이유는 베이징 지역의 각 무장부에서 총 20여 명의 재조사 자료를 모두 제출하길 기다려 함께 심사를 진행했기 때문이다. 내가 평소 자주 만나는 5명의 동료와 함께 여러 번 위수구에 가서 민원을 넣었지만, '천자天子의 발아래'(중앙정부가 있는 베이징이란 의미-역자)에서조차 억울함을 풀기가 이렇게 어려운 줄 몰랐다. 결국 옛 상관인 총정치부의 저우근룽을 통해 위수구 황黃 정치위원에게 알린 후에야, 우리의 재조사 결론이 차례로 심사 비준되었다.

1981년 말 베이징 위수구의 공식 회답에 따라, 나는 1947년 중국공산당원이 된 이래의 당령黨齡과 1949년 군에 입대한 이후의 모든 군령軍齡이 회복되었다. 스징산구 무장부에서는 나에게 제대 군인 증명서를 발급하고 380위안의 제대보조금과 의료보조금을 추가로 지급해주었다. 중공 스징산구 위원회 조직부에서는 우리 학교의 당 지부에 문서를 보내 30년이나 중단된 나의 중국공산당 당적을 회복시킨다고 선포했다. 학교 당 지부에서는 지부 대회를 열어 나의 '귀대歸隊'를 환영해주었다. 대회에서 지부의 서기와 동지들이 위로와 격려의 말을 많이들 했지만, 나는 무슨 이유에서인지 그 순간 굶주림에 지친 사람이 막상 음식을 보고는 입맛을 잃는 것처럼 오히려 그다지 감동스럽지 않았다. 당시 나의 기분은 매우 무거웠다. 내가 청화대학에서 공산당에 처음 가입했을 때의 거룩했던 느낌, 포로수용소에서 당 조직을 다시 찾았을 때의 그 놀람과 기뻤던 감정은 더 이상 하나도 남아 있지 않았다. 나는 대회 석상에서 당에 대한 감사와 함께 당의 교육사업을 계속해 나가겠다는 의지를 밝혔지만, 사실 내가 정말 하고 싶었던 말은 이런 인간적 비극이 다시는 발생하지 않도록 우리 공산당이 근본적으로 역사적 교훈을 총결산하고 사상과 제도적으로 개인의 독재 문제를 철저히 해결할 수 있길 바란다는 거였다.

4. 행방을 찾기 어려운 동료들

1980년 10월부터 총정치부는 74호 문건의 실행을 추진하기 시작했다. 그 임무는 26년 전 지원군 귀국 포로 6,064명이 받은 정치적 결론과 조직의 처분을 일일이 재조사하여 시정하는 일이었다. 하지만 이들 6,000여 명의 소재를 파악하는 것이 문제였다. 총정치부에서 선양군구 정치부가 보관하고 있던 옛 '귀관처'의 원본 당안 전부를 이관받았지만, 그중 일부는 이미 분실되어 4,000여 명의 명부만 확인할 수 있었다. 총정치부의 문의에 대해 선양군구는 문화대혁명 시기 조반피造反派의 탈취를 막기 위해 동굴 속에 숨겨둔 당안이 수몰되어 일부가 훼손되었다고 회신했다. 원래 처분 유형별로 등록된 귀국 포로 명부를 다시 본적별로 분류해보니, 당시 본적지로 돌아간 이들 4,000여 명이 이미 타이완과 티베트를 제외한 전국 각 성시省市와 자치구에 흩어져 살고 있음을 발견했다. 그래서 총정치부는 가지고 있는 기존 본적 기록에 따라 분류한 명부를 각 대군구로 내려보낸 다음 다시 성군구와 군분구를 거쳐 각 현 무장부에 보내, 먼저 각 무장부가 현재의 명단으로 등록된 주소에 근거하여 자발적으로 해당 지역 귀국 포로를 재조사하여 처리토록 할 수밖에 없었다. 그리고 각 지역에서 다시 대책을 세워 지역별로 당안이 분실된 1,000여 명의 행방을 찾도록 했다.

우리는 총정치부의 쑨 간사를 통해 상술한 정황을 알고 이에 협력하기로 했다. 먼저 각 지역의 동료를 동원, 가능한 한 빨리 74호 문건의 내용을 연락되는 이들에게 전달하여 주동적으로 재조사를 요구토록 하고 이미 연락이 끊어진 동료들을 최대한 찾아보도록 했다. 우리는 우청더 주임을 중심으로 옛 포로수용소의 일부 핵심 투쟁 간부를 지역 연락책으로 하는 연락망을 구축했다. 중점 지역 연락책으로는 산시성의 장청위안, 청두의 중 쥔화, 충칭의 허핑구, 우한의 리시얼, 랴오닝성의 구쩌성이 있었다. 3개월 후 각 지역 연락책들이 우 주임에게 보낸 「동료 통신록」을 한데 모아보니 겨우 500여 명뿐이었다. 이는 1954년 헤어진 뒤 26년 동안 동료들이 서 로 멀리 떨어져 만나기 힘들었던 데다, 온갖 고난을 겪는 바람에 대부분 감히 연락하질 못했음을 말해준다. 인제 와서 동료들의 종적을 찾아본 결과, 누구는 이미 고인이 되었고 누구는 고향을 등지고 떠날 수밖에 없었음을 알게 되었다. 예컨대 스잔쿠이는 일가족을 데리고 네이멍구로 도피하였고, 뤼지에뭄炪는 헤이룽장의 군마장軍马场으로 도망갔으며, 하오안성·뤼 다유·왕훙두 등 쓰촨의 동료들은 맹류盲流(맹목적으로 어느 한 지역으로 이동한다는 뜻-역자)를 따라 멀리 신장으로 떠나갔다. …… 이러한 현실에 다들 심히 마음 아파했다. 내가 이상의 경과와 상황을 쑨 간사에 전하자, 그는 우리의 노력을 치하하면서 각 군구 보위부서가 자발적으로 74호 문건을 실행하도록 독촉하겠다고 약속했다.

5. 재평가정책 실행에 적극적이지 않은 주관부서

1981년 여름까지 각지에서 보내온 동료들의 편지에 따르면 각 지역 무장부가 자발적으로 귀국 포로를 찾아 재조사를 진행한 곳은 소수였고, 그 중에는 동료들을 진정으로 따뜻하게 대하고 정책을 실행한 주관부서도 일부 있었다. 하지만 안타깝게도 이렇게 한 지역은 많지 않았고 대부분의 지방 주관부서 책임자들은 주동적이고 열정적이지 않았으며 심지어 우리 동료들의 잦은 방문을 귀찮게 여기기도 했다. 그렇게 된 데에는 그들이 귀국 포로의 상황을 제대로 알지 못해서이기도 하였지만, 더 주된 이유는 사상적으로 저촉이 되었기 때문이다. 쓰촨의 한 동료가 총정치부에 전해달라고 나에게 보낸 편지에 의하면, 그 현의 무장부 부장이 "당신은 전장에서 포로가 되고도 부끄러움을 모르고 무슨 낯짝으로 명예 회복해달라고 하는가!"라며 그를 질책했다고 한다. 어떤 동료는 공안부서에 보관된 개인 당안을 찾을 수 없다는 이유로 무장부에서 재조사해주지 않는다고 전했다. 어떤 동료는 비록 군적은 회복되었지만, 포로였다는 이유로 문화대혁명 중에 박탈된 공직 문제가 해결되지 않고 있다고 했다. 어떤 동료는 군분구와 성군구를 찾아 탄원했지만, 푸대접받고는 나에게 총정치부가 직접 해당 지역 무장부서에 문제 해결을 지시하도록 요청해 달라고 부탁했다. 또 탄원하러 베이징에 온 동료들의 경우 내가 그들과 함께 총정치부 민원실을 방문하여 현지 무장부서에 진지하게 재조사하라고 제안하는 공문을 발급받아 돌아가게 하는 수밖에 없었다.

한번은 쉐산와薛山蛙가 산시성 원청에서 나를 찾아왔다. 그는 우리 538연대 선전대 지도원으로 포로수용소에서 대단히 출중한 투쟁을 벌였다. 당시 나는 이미 재평가정책이 실행되어 석경산직공대학 부총장으로 자리를 옮긴 상태였다. 옷차림이 남루했던 쉐산와는 학교 수위에게 가로막혀 바깥에서 한참을 기다리다, 내가 회의를 끝내고 수위의 연락을 받은 다음에야 나를 만날 수 있었다. 그는 "난 자네가 대학 총장이 돼서 나를 안 만나려 하는 줄 알았다"라고 했다. 동료들의 열등감을 너무나 잘 알고 있던 나는 그의 말에 무척 마음이 아팠다. 나는 수위에게 "나중에 또 누가 나를 찾아오면 반드시 나에게 즉시 알리도록 하세요"라고 분명하게 말했다. 내 숙소로 자리를 옮기고 나서 그가 베이징에 온 이유를 설명했다. 쉐산와는 당적을 박탈당하고 제대한 뒤 산골 농촌에 있는 집으로 돌아갔지만, 정말로 살 수가 없어서 원청 시내로 나가 길거리에 자리를 펴고 자전거 수리를 했었다. 74호 문건이 반포된 후 그 현의 무장부가 계속 재평가정책을 실행해 주지 않자, 그는 마침내 우청더 주임에게 여비를 빌려서 베이징으로 나를 찾아왔다고 했다. 다음날 나는 그를 데리고 총정치부에 가서 쑨 간사를 만났다. 쉐산와는 자신의 억울함을 다 진술한 다음, '지도자'께서 우리가 당시 미국 놈들과 어떻게 싸웠는지 알도록 그가 〈10월 1일의 홍기红旗〉란 노래를 부를 수 있게 해달라고 부탁했다. 내가 말리려 하자, 쑨 간사가 손사래를 치며 웃으면서 쉐산와에게 노래를 청했다. 하지만 쉐산와는 노래를 반쯤 부르다 울음이 터져 잇지를 못했다. 쑨 간사는 원청 군분구에 보내는 공문 1통을 써서 그에게 가지고 돌아가게 했다. 1달 뒤 쉐산와는 당적과 군적을 모두 회복하였다. 그러나 농촌에 사는 6,000여 명 동료의 절대다수가 만약 쉐산와처럼 이렇게 개별적으로 문제를 해결해야만 한다면 너무도 어려운 일이 아니겠는가!

1982년 봄 나는 우청더 주임으로부터 두툼한 편지 1통을 받았다. 편지에서 그는 마침내 한 생물학 잡지에 인간의 대뇌 신경이 마이크로파에 의해 강한 자극을 받으면 정신 착란이 일어나고 머리카락이 크게 빠진다는 내용의 기사 1편을 찾았으니, 이는 과거 포로수용소에서 그가 미군으로부터 받은 그런 마이크로파 전기고문이 초래한 결과를 증명하는 데 충분히 활용할 수 있을 거라고 했다. 그러면서 우 주임은 나에게 그의 탄원을 그 문장과 함께 직접 쑨 간사를 만나 제출해서 그에 대한 재평가정책이 신속히 이행될 수 있도록 해주길 부탁했다. 쑨 간사는 편지를 읽고 나서 나에게 가능한 한 빨리 우 주임을 베이징으로 오게 해달라고 했다. 우 주임이 베이징에 도착한 후, 처 처장과 쑨 간사가 특별히 호텔을 방문하여 그의 상세한 탄원을 들었다. 3개월 뒤 타이위안군구에서 전담 직원을 우 주임의 집으로 보내 그의 당적과 군적이 회복되었으며 노^老 홍군의 대우를 누리게 되었다고 통보했다.

전국 각지에서 많은 동료가 재평가정책 실행에 대한 저항과 생활상의 어려움을 호소함으로 인해, 총정치부는 1982년과 1983년 다시 제54호와 제13호 보충 문건을 공포해 각 성군구와 군분구 무장부에 74호 문건 실행의 중요성을 강조했다. 전자는 1954년 표준에 따라 제대 전역 지원금과 의료보조금을 추가로 지급하는 방법을 보충한 것이었다. 후자는 중앙 민정부民政部와 합동으로 공포한 문건으로 성省마다 조사팀을 구성해 74호 문건의 이행실태를 지역 순회를 통해 점검하도록 요구함으로써 각 지역의 재평가정책 실행을 추동하고자 한 것이었다. 하지만 여전히 많은 지역에서 정책 실행에 대한 저항이 심했고, 더욱이 일부 변경 지역에서는 힘이 미치지 못했다.

6. 귀국 포로 당사자의 저항

나는 재평가정책 실행에 대한 저항이 귀국 포로 자신에게서 나오리라고는 전혀 예상하지 못했다. 산시성山西省 신장현新绛县의 한 동료는 무장부에 가서 그의 당적 회복 통지서를 받길 거절했다. 그 이유는 자신이 가족을 부양하기도 어려운데 어디서 돈을 구해 당비를 낼 수 있겠느냐는 것이었다. 한편 오랜 기간 비판 투쟁을 당해 신경과민에 빠진 쓰촨성 청두의 리정원李正文은 무장부에서 사람을 보내 그에게 다음날 무장부로 오라고 했다는 소식을 가족으로부터 전해 듣고, 또 심문받고 비판받아야 하는 줄 알고 그날 밤 결국 목매달아 자살했다.

선양 송풍기 공장의 안바오위안은 재평가정책 시행 후 노동자에서 엔지니어로의 승진을 거부했다. 사천대학 기계과 학생이었던 안바오위안은 아버지가 국민당의 고위 장교였다. 1949년 청두 해방 직전 그는 함께 타이완으로 가자는 아버지의 권고를 듣지 않고 도리어 1950년 지원군 180사단에 입대하여 항미원조전쟁에 참가했다. 포로가 된 후, 그는 타이완으로 갈 수 있는 가장 좋은 조건이었으나 결연히 귀국 투쟁에 가담했다. 하지만 귀국 후 그는 예상치도 못한 '반역죄'로 선양 감옥에 갇혔다가, 1958년에서야 '증거불충분'으로 풀려나 선양 송풍기 공장 노동자로 배치되었다. 안바오위안은 나에게 자신이 엔지니어직을 거절한 이유가 노동자 신분으로 있는 게 정치적으로 좀 더 안전하기 때문이라고 말했다. 1990년 그가 타이완에 가서 아버지를 선양으로 모셔와 봉양할 때가 되어서야 공장에서 노동자인 그에게 집 1채를 배정해주었다.

1982년 여름 청두의 종준화가 나에게 편지를 보내, 특무 혐의 죄명으로 쓰촨 궁현鞏县 탄광에서 노동 개조하고 있는 뤄싱이가 자기 권고를 듣지 않고 지금까지 여전히 탄원서를 쓰지 않고 있으니, 내가 나서서 그를 설득해보라고 했다. 나는 그에게 장문의 권유 편지를 쓰면서, 특별히 내가 작사하고 그가 작곡한 〈만가挽歌〉 동봉하여 그의 투지를 북돋아 줄 수 있기를 바랐다. 그러자 뤄싱이가 답장을 보내 "쩌스, 난 이미 집과 가족을 잃고 혈혈단신이 되어서 이 불공정한 인간 세상에 아무런 희망도 품고 있질 않네.

그냥 여기서 홀로 남은 세월을 보내게 날 내버려 두게"라고 말했다. 나는 그에게 "난 반드시 포로수용소에서의 그 용감했던 뤄싱이를 되찾고야 말 겠어! 만약 생사를 함께 했던 우리의 불같은 전우애마저 자네를 묶고 있는 비관적인 염세의 밧줄을 끊을 수 없다면, 더 이상 아무 말도 하지 않겠네" 라고 답장을 보냈다. 오래지 않아 나는 뤄싱이가 총정치부에 전해 달라고 보낸 탄원서를 받았다. 그는 동봉한 편지에서 자신이 여러 날 불면의 밤을 지새우며 많은 눈물을 흘린 뒤에야 비로소 펜을 들었다고 했다. 나는 그의 탄원서를 나와 자오 정치위원이 그를 위해 쓴 증빙 자료와 함께 쑨 간사에 게 보냈다. 몇 달 뒤 뤄싱이는 정치적 명예를 회복하고 청두로 돌아가 일 자리를 배정받았다.

1983년 겨울 산시성山西省 링스현靈石縣의 자오밍즈가 편지를 보내, 링스 현 무장부가 현지 귀국 포로를 위한 자발적인 재평가정책을 전혀 실행하 지 않고 있으며, 그가 이웃 마을에 사는 동료 쉬궁두에게 탄원서 작성을 권했으나 반응이 없었다고 했다. 쉬궁두의 경력은 매우 특이했으며 포로 수용소에서 뿐만 아니라 귀국 후에도 끔찍한 고초를 겪었다. 그는 1946년 북경대학 재학 시절, 당시 국민당 보밀국保密局 국장 정제민鄭介民의 딸로 알 려진 연경대학 학생 정란수鄭兰姝와 연애 결혼해 애를 낳았다. 1947년 그는 베이핑에서 중국공산당 지하당에 가입하였고 아내 정란수의 인맥을 이용 해 지하당에서 맡긴 중요한 임무를 수행했다. 1949년 그는 먼저 쑤이위안 綏远에 가서 푸쭤이의 부하 둥치우董其武[1]를 책동하여 모반을 일으키는 작업

---

1 둥치우(董其武, 1899~1989) : 산시성[山西省] 허진[河津] 출신으로 북벌전쟁에 참가 하던 중 1928년 푸쭤이 휘하에 들어갔다. 국공내전 시기 쑤이위안성 정부 주석을 지내다 공산군에 투항하였고 인민지원군 사령관으로 한국전쟁에도 참전하였다. 중국인민정치 협상회의 전국위원회 부주석·인민해방군 상장(上将) 등을 역임했다.

에 참여하였고, 그 후 닝샤宁夏 인촨银川에 가서 해방을 맞이하는 모반을 획책했다. 쉬궁두는 인촨에서 불행히도 마훙쿠이马鸿逵에게 체포되어 감옥에 갇혔다가, 인촨 해방 후 출옥했으나 당 조직과의 연락이 끊어졌다. 정란수 모자가 정제민을 따라 청두로 갔다는 소식을 들은 그는 시안과 바오지를 거쳐 쓰촨에 들어가 1950년 초 청두에 도착했지만, 정란수 모자는 이미 정제민을 따라 타이완으로 철수한 뒤였다. 이에 쉬궁두는 제60군 180사단에 입대하여 항미원조전쟁에 참전했으나 불행히도 포로가 되고 말았다. 포로수용소에서 그는 타이완 송환을 택하여 처자와 만날 기회가 충분히 있었으나, 결연히 대륙으로 돌아가는 길을 선택해 '배신 반대' 투쟁에 적극적으로 나섰다. 쉬궁두는 거제도 제86 포로수용소에서의 국기 뺏기夺旗 투쟁 중에 팔이 부러졌고, 제70 포로수용소에서의 권력 탈취 투쟁에 실패한 뒤 제72 포로수용소에 갇혀 고초를 겪었음에도 여전히 귀국 의지를 굽히지 않았다. 그러나 귀국 후 도리어 '특무 혐의 죄'로 당적과 군적을 모두 박탈당하는 처분을 받았을 뿐 아니라 잉커우营口에 있는 노동 개조 농장으로 유배되었다. 1957년에는 불공정한 처분에 대해 탄원했다는 이유로 다시 우파로 몰렸다. 그 후 중병으로 고향인 링스현 시퍼촌西坡村으로 보내져 현지에서 감시받으며 노동을 하다, 마을 초등학교 옆에서 문구점을 운영하면서 생계를 유지하고 있었다. 1983년 말까지 산시 지역의 동료 대부분에 대한 재평가가 이미 이행되었으나, 쉬궁두는 여전히 탄원서를 제출하지 않고 있었다. 나는 편지를 보내 그를 설득하려 했지만, 그는 "관심을 가져줘 고마우나 난 이미 속세의 덧없음을 깨달아서 난세에 그냥 구차하게 하루하루 살아갈 생각이네!"라고 답장을 보내왔다. 나는 재차 편지를 써서 "자네가 베이징에 오면 나와 함께 총정치부에 가서 분명히 문제를 해결할 수 있을 거네. 자네가 오지 않으면 내가 직접 링스에 가서 자네를 끌고라도 올 거야!"라고 말했다. 며칠 후 쉬궁두가 베이징에 와서 내 손을 잡고 한바탕 펑펑 울었다. 우리는 함께 총정치부에 갔고, 일찌감치 그의 사정을 알고 있던 쑨 간사가 공문을 작성해 그에게 직접 산시성 위츠愉次군분구에 전달하게 함으로써 그를 위한 재평가정책을 구현하였다.

7. "74호 문건의 재평가정책 실행 범위에 속하지 않는 귀국 포로"

1) '간접 송환'된 귀국 포로

1952년 '4·8 선별' 과정에서 "대륙으로의 송환을 원하지 않는다"고 밝혔던 14,000여 명의 지원군 포로들은 정전 협의에 따라 인도군의 감시하에 판문점에서 우리 측 대표에게 해명할 기회를 얻었다. 그 가운데 400여 명이 온갖 방해를 뚫고 조국 송환을 선택했는데, 그들을 '간접 송환 귀국 포로 인원'이라 부른다. 180사단 교도원 처쉐즈車學智도 그중 1명이었다. 그는 선별심사가 있던 날 중병으로 참석하지 못해 '귀국지대'에 들어갈 기회를 놓쳤지만, 판문점에서의 '해명작업' 과정에 목숨을 걸고 100여 명의 동료를 이끌고 변절자들의 삼엄한 통제를 뚫고 조국으로 돌아왔다. 하지만 귀국 후 당적과 군적을 모두 박탈당하고 귀향하여 농사를 짓도록 처분되었다. 1984년 나는 산시성에서 베이징에 온 처쉐즈와 함께 총정치부에 가서 그의 군적과 당적 회복을 요청했다. 쑨 간사는 그의 탄원을 듣고 나서 지도부의 의견을 물어야 하니 이틀 뒤에 전화를 달라고 했다. 이틀 뒤 쑨 간사는 나에게 처쉐즈가 74호 문건에 명시된 6,064명에 속하지 않아서 그를 위한 재평가정책을 실행할 수 없다고 알려주었다. 혁혁한 전공을 세운 팔로군 출신의 영웅 처쉐즈는 집으로 돌아간 후 얼마 지나지 않아 병사했다.

2) 적기를 폭파하고 낙하산으로 뛰어내려 귀국한 포로

옛 황포군관학교에서 봉기를 일으킨 사관생도 장원룽張文榮은 우리 지원군 포로 중 제일 먼저 조국으로 돌아온 사람이라 해야 할 것이다. 180사단 무전실 통신병이던 그는 포로로 잡힌 뒤 미군에 의해 강제로 일본 도쿄로 이송되어 공수 특무 훈련을 받았다. 1952년 2월 19일 심야에 미군의 C-46 수송기가 장원룽과 10명의 미군 탑승원을 태우고 몰래 전선을 넘어 우리 측 후방으로 깊이 들어갔다. 장원룽은 낙하산으로 뛰어내리는 순간 수류탄을 던져 적기를 폭파시켜 기내의 미군 중 조종사 해리슨만 낙하산으로 탈출했고, 장원룽은 우리 측 진지에 무사히 착지했다. 해리슨이 비행기가 장원룽에 의해 폭파됐다고 증언했음에도 그는 '특무 혐의'를 받아 본국으로 송환되어 심문받았다. 1958년 3월 장원룽은 "자수하여 공을 세운 행동이 있는" 적위敵僞(본래 적과 그 괴뢰 정권이란 의미이나 여기서는 무엇을 지칭하는지 분명하지 않음-역자) 요원 신분으로 800위안의 상금을 받고 고향으로 보내졌다. 1983년 나는 장원룽이 총정치부에 대신 전해달라고 보낸 그의 군적 회복 청원 탄원서를 받았다. 나는 이 일로 직접 총정치부에 가서 탄원서를 제출했는데, 돌아온 대답은 역시 "장원룽은 74호 문건의 실행 범위에 속하지 않는다!"였다.

평소 지원군 귀국 포로를 안쓰럽게 생각하던 옛 허베이군구 정치위원 허밍賀明2 장군이 나중에 장원룽의 문제를 알게 되어 직접 여러 차례 총정치부에 호소한 결과, 2000년 6월 그의 군적을 회복시키는 중앙 문건이 그의 집으로 배송되었지만, 이미 그가 세상을 떠난 지 석 달이 지난 뒤였다. 장원룽의 딸은 「장원룽의 군적 회복에 관한 결정」이라는 중앙 문건 인쇄본을 가지고 부친의 무덤에 가서 "아버지, 몇십 년 동안 그렇게 갈망하던 군적이 오늘 당신 앞으로 도착했답니다!"라며 울먹였다.

3) 정전 후 중립지역에서 '월경' 하여 귀국한 지원군 이탈자

1951년 5월 제5차 전역 후 적의 포위망을 뚫지 못한 일부 지원군 장병들은 적 후방의 높은 산 깊은 숲속에 흩어져 적의 봉쇄선을 넘을 기회를 찾거나, 숨어서 '제6차 전역'이 시작되어 아군이 다시 공격해오기를 기다렸다. 그러나 환경이 워낙 열악한 탓에 그들 대부분 잇달아 적군 수색대에 사로잡히거나 산속에서 굶어 죽거나 병들어 죽고 얼어 죽었다. 그러나 뜻밖에도 8명의 소분대小分队가 기적적으로 1953년 봄까지 살아남았고 운좋게 조선인민군 적후敵後 정찰대를 만났다. 다만 정찰대는 1번에 2명만 데리고 아군 진지로 복귀할 수 있었고, 게다가 왕복하는 데 보름이 넘게 걸렸다. 그래서 그들은 4개 조로 나뉘어 인민군을 따라 돌아가기로 하고 다치거나 병든 자와 몸이 약한 사람을 먼저 보내기로 했다. 앞서 3차례에 걸쳐 6명이 모두 무사히 우리 측 진지로 귀환했을 때는, 이미 7월 10일 정전협정이 조인되어 중립지대를 설정하고 양쪽 다 각각 지뢰와 철조망을 설치한 상태였다. 그래서 조선인민군 정찰대는 넘어갈 수 없었고 마지막 남은

---

2   허밍(贺明, 1919~2012) : 산시성[陝西省] 우궁[武功] 출신으로 구이저우성군구 정치위원·제5기 전국인민대표대회 대표 등을 지냈으며 1964년 중국인민해방군 소장(少将) 계급을 수여받았다.

지원군 2명도 돌아갈 수가 없었다. 전우에게 삶의 희망을 건네고 죽음의 위험을 자신이 떠안은 이 2명의 착한 사람은 정전 사실을 전혀 알지 못했다. 두 사람은 1달을 기다렸으나 아무도 오지를 않고 게다가 전선에서 총포 소리가 완전히 사라진 걸 발견하고는 자력으로 북쪽을 향해 돌파하기로 했다. 그들이 야간에 철조망 앞에 도착해 땅 밑으로 굴을 파서 뚫고 나가려던 그때, 미군 순찰병에게 발각되어 붙잡혀 버리고 말았다. 미군은 그들의 신원을 파악한 뒤, 그들에게 북쪽으로 돌아갈 조건을 제시했다. 즉 그들이 중립지대에 진입해 북측 봉쇄선과 최대한 가까운 곳에 매복하여 공산군 측 순찰병이 순찰하는 시간과 인원 및 무기 배치 등을 관찰하고 기록해서 돌아오면 판문점을 통해 돌려보내 준다는 것이었다. 그날 밤 미군은 사람을 보내 그들이 중립지대로 들어가 지뢰밭을 무사히 넘어 맞은편을 관찰할 수 있는 관목숲에 도착하게 한 다음, 정보를 빼내 오도록 두 사람을 남겨두었다. 다음 날 아침 햇살 속에서 우리 측 순찰병이 다가오는 것을 본 그들은 옷을 벗고 오랜만에 마주친 전우들에게 소리 없이 몸을 흔든 끝에 마침내 발견되었다. 그들은 순찰병에 이끌려 우리 측 지뢰밭과 철조망을 벗어나 고난 속에서 2년 넘게 고대하던 '집'으로 돌아왔다. 하지만 그 두 사람은 자신들이 '특무 혐의'로 몰려 조국으로 송환되어 재판받게 될 줄 전혀 예상하지 못했다. 그들이 원래 소속된 부대에서 일찌감치 그 두 사람을 '실종 인원'으로 보고한 데다, 먼저 돌아온 6명 전우의 이름, 부대의 상세 번호, 집 주소 등을 아무리 애를 써도 명확하게 말하지 못했기에, 포로가 된 뒤 특무 훈련을 받고 파견된 자가 아님을 아무도 증명할 수가 없었다. 결국 '귀순한 적군'으로 간주된 두 사람은 상금을 받고 집으로 돌아갔다.

1983년 74호 문건이라는 게 있음을 안 그들은 총정치부를 방문해 탄원하면서 군적과 당적 회복을 요청했다. 하지만 역시 74호 문건 실행 범위에 속하지 않다는 이유로 거부당했다.

이 실화를 듣고서 나는 한국전쟁 중에 고난을 겪은 사람이 우리 6,064명의 '귀국 포로'만 있는 게 아니라는 걸 비로소 깨달았다.

제11장

40년 후 타이완을 방문하여 동료를 다시 만나다

1990년대, 베이징 · 타이완

1. 비행기를 타고 타이완 해협을 건너다

1994년 3월 처남이 처음으로 우리 부부가 친지 방문을 위해 타이완에 올 수 있도록 초청했다.

당시 타이완 당국의 규정에 따르면 1, 2촌 직계 가족만이 친지 방문을 위해 타이완에 갈 수 있었다. 나의 집사람은 2촌 친족에 해당하여 형제 관계 증명만 있으면 되었지만, 나는 3촌 친족이어서 반드시 집사람이 가족의 보호가 필요한 병에 걸렸다는 진단서가 있어야 비로소 타이완에 갈 수 있었다.

우리에게는 이전에 가르친 학생 중에 병원에서 일하는 사람이 있어 이런 진단서를 떼는 것은 어렵지 않았다. 하지만 우리를 곤란하게 한 것은 타이완 당국이 작성하도록 요구한 「타이완 입국 친척 방문자 조사표」 안에 있는 공산당원인지, 군정軍政 기관에서 근무했는지 등을 묻는 내용이었다. 우리는 사실대로 적으면 입국이 거절될까 걱정되었지만 그렇다고 거짓말을 하고 싶지도 않았다. 고민 끝에 결국 사실대로 작성하기로 했다.

우리는 초조한 마음으로 1달 넘게 기다린 끝에 마침내 「입국 허가 통지서」를 받게 되었다. 이 통지서를 받았을 때 나는 집사람보다 더 기뻐했다. 왜냐하면 나는 이 기회에 친지를 만날 수 있는 것 외에, 타이베이시台北市에 가서 한국전쟁 정전 후 타이완으로 간 동료들을 만나고 싶은 개인적인 큰 소망을 실현할 수 있기 때문이었다.

나와 그 동료들은 본래 한 부대 소속으로 함께 조선 땅에 들어가 첫 전투의 승리를 같이 기뻐했고 또 함께 적에 포위되어 포로가 되었지만, 다른 점은 포로가 된 후 여러 가지 이유로 인해 귀착점이 상이했다는 것이다. 최근 몇 년 사이 그들 가운데 중국 대륙에 와서 가족 상봉을 한 이들이 이미 있었고, 그중에는 나와 원래 매우 가까웠던 L도 포함되어있었다.

그가 베이징을 경유할 때, 우리 재경 전우들은 연회를 열어 그를 대접하였다. 하지만 수십 년 동안 서로 보지 못해 상대방의 마음을 알 수가 없어서 비록 식탁에서 잔을 들고 축하 술을 마셨지만 시시한 이야기만 나누었을 뿐, 전쟁 당시 참호 속에서 함께 부딪히고 기며 뒹굴고 싸우던 친밀감은 없었고 막 포로가 되었을 때 서로의 상처를 싸매 주고 조국에 두고 온 가족에 대한 그리움으로 가득 찬 눈물을 서로 닦아 줄 때의 통하는 마음 역시 찾을 수 없었다. 악수하고 헤어질 때 그는 분명히 하고 싶은 말이 있지만 그냥 삼키는 것 같았다.

그때 나는 만약 기회가 있어 타이완에 간다면, 반드시 너의 집에 가서 마음속에 있는 말을 실컷 나누고 싶다고 말했다.

1994년 5월 15일 나는 집사람과 함께 베이징에서 비행기를 타고 선전深圳으로 갔다. 선전의 모 대기업 사장인 집사람의 옛 학생이 공항에 마중 나와 우리를 자기 회사 건물에서 하룻밤을 묵게 하고, 다음 날 아침 일찍 우리가 나호교罗湖桥를 지나 홍콩으로 들어가도록 전송해주었다.

우리는 홍콩의 '중화여행사中华旅行社'[1]에서 타이완 입국 절차를 다 마쳤다. 그날 저녁 석양이 빅토리아만 해안가에 밀집해있는 웅장한 고층 건물들을 눈부신 황금색으로 물들일 때, 타이완 '중화항공공사中华航空公司'의 보잉 747기를 탑승하여 카이 탁Kai Tak, 启德 공항을 이륙하였다.

집사람의 좌석이 마침 창가여서 우리는 몸을 서로 기대며 함께 창밖을 내다보았다. 비행기 날개 아래로 보이는 새파란 바닷물은 바람이 고요해 물결이 잔잔했다. 어선과 범선들이 그 위를 장식하듯 떠 있고 그 가운데 섬들이 우뚝 솟아있으니, 바로 이것이 타이완 해협이 아니던가? 아, 원하건대 이곳에 다시는 전운이 감돌지 않고 다시는 험한 파도가 일지 않길! 그러나 이 순간 나의 마음속에서는 온갖 상념이 소용돌이치기 시작했다.

40년 전 일찍이 필사적으로 타이완 가기를 거절했던 내가 지금은 도리어 절실하게 가고자 하지 않는가! 40년 전 타이완으로 가기로 한 모든 동료를 배신자로, 줏대 없는 놈으로 간주하고 모든 국민당 군인을 원수로 여겼던 내가 오늘 도리어 그들을 만나러 가고 싶어 하지 않은가! 변화무쌍한 세상사 어찌 감히 예측할 수 있으리오!

여성 승무원의 듣기 좋은 '타이완식 보통화普通话'가 앞에서 들려왔다. "비행기가 곧 타오위안桃园 중정中正 공항[2]에 도착하겠으니 안전띠를 매어

---

1   중화여행사(中华旅行社) : 중화민국 행정원 대륙위원회 소속으로 주로 중국 대륙 사람의 타이완 방문비자 발급 등의 업무를 담당했다.

주시길 바랍니다." 아내는 나의 어깨에 머리를 기대면서 "정말로 타이완에 온 거에요? 난 아무리 생각해도 꿈을 꾸고 있는 것 같아요"라고 말했다.

나는 그녀의 손을 꽉 붙잡고 그녀의 귀에 대고 조용히 "이건 꿈이 아니라 오빠와 올케가 반평생 고생한 여동생 당신을 위로하고자 만든 기회요. 설사 꿈이라 할지라도 그건 더 이상 악몽이 아니라 아름다운 꿈이 아니겠소!"라고 답해 주었다.

2. "제집에 돌아온 것처럼 편안한 대접을 받는" 느낌

타오위안 공항에 도착한 우리 2명의 공산당원이 마음속으로 가졌던 전혀 낯선 땅에 대한 두려움과 불안함은 공항 직원들의 진심에서 우러나오는 미소를 보자마자 바로 사라졌다. 우리가 공항 대합실의 출입문을 나서자, 처남댁 조손祖孫 3대 10여 명이 일찌감치 5대의 멋진 자가용을 준비해 기다리고 있었다. 친지들의 열렬한 환영을 받으며 우리가 탄 차량 행렬은 휘황찬란한 불빛이 넘실대는 타이베이 시내로 들어갔다. 차를 타고 가는 동안 나는 줄곧 흥분을 가라앉힐 수가 없었다.

"아! 내가 어쩌다가 갑자기 귀빈이 되었지?"

"타이베이의 남경로南京路와 상하이의 남경로가 어찌 이리도 닮았을까!"

"누가 감히 여기가 중국 땅이 아니라고 말해?"

---

2   중정[中正] 공항 : 장제스의 이름을 따서 명명한 것으로 1979년부터 정식으로 운영되기 시작했다. 민진당의 천수이볜[陈水扁] 총통 시절인 2006년 타오위안 공항으로 개명되었다가, 중국국민당의 마잉지우[马英九]가 총통이 된 이후 원래 이름을 회복하였으나, 현 차이잉원[蔡英文] 총통 집권 후 다시 타오위안 공항으로 불리고 있다.

"길거리의 저 사람들은 틀림없는 염황의 자손이야!"

......

처남은 우리를 위해 타이베이 시내의 유명한 미라마Miramar, 美丽华 호텔에 세 테이블의 술과 음식을 차려놓고 환영회를 열어주었다. 그 진귀한 큰 바닷가재와 커다란 꽃게, 아이슬란드산 메로 등은 모두 우리가 처음 맛보는 것이었다. 하지만 우리의 마음을 더욱 사로잡은 것은 그 끈끈한 골육의 정이었다.

나의 처남은 원래 국민당 공군의 고급 장교로 항일전쟁 초기 학업을 중단하고 군대에 투신, 전투기 조종사가 되어 일찍이 일본군 전투기와 생사를 건 전투를 펼친 사람이었다. 그는 사람됨이 정직하고 솔직하며 효제충신孝悌忠信을 매우 추앙하여, 그것이 중화민족 전통의 미덕이라 여겼다. 1988년 타이완 당국이 대륙의 친지 방문을 허용한 이래, 그는 매년 베이징에 와서 90세가 넘은 아버지와 3개월을 함께 생활하며 지난 40년간 효도를 다 하지 못한 회한을 달래고자 하였다.

그는 우리 부부가 줄곧 성심껏 어르신(아버지)을 봉양한 것에 대해 매우 감사해했다. 어르신은 1992년 97세의 고령으로 세상을 떠났고, 처남은 1993년 베이징에 와서 친히 아버지의 유골을 모시고 허베이성 싱탕현行唐县에 있는 고향 땅에 가서 안장하였다. 그리고는 다음 해 우리가 타이완에 와서 가족과 만날 수 있도록 초청해 주었던 것이다.

3. 국부기념관国父紀念馆과 장 씨蔣氏 부자의 능침陵寢

타이베이시에 도착한 후 우리는 줄곧 처남의 큰아들 집에서 묵었다. 도착 다음 날 처남 부부는 우리를 데리고 타이베이의 고궁박물관故宮博物館[3]에 가서 참관토록 하였다.

나는 고궁박물관에 전시되어있는 삼황오제三皇五帝부터 현대에 이르는 중국문화의 우수한 작품에 빨려 들어갔고, 문물의 분류 보관과 건물의 조형설계 등 박물관의 높은 과학적 예술적 수준에 대해서도 매우 찬탄했다.

3일째 되는 날 처남 부부는 또 우리를 데리고 국부기념관[4]을 참관하러 갔다. 커다란 쑨원孫文[5]의 조소雕塑 상 앞에 서서 나는 중산中山 선생이 청조를 타도하고 민국을 건립하였을 뿐 아니라 국공합작을 영도하여 북벌을 성공하게 한 위대한 공적을 생각했다. 나는 마음속으로 '경애하는 중산 선생님! 대륙에서 온 두 공산당원의 진심 어린 경례를 받아주십시오. 당신께

---

3 고궁박물관(故宮博物館) : 소장품 대부분 국민당 정부가 국공내전에서 패하여 타이완으로 이동할 때 대륙에서 가져온 문화재이다. 소장품 수가 총 60만 8,985건이나 되어 세계 4대 박물관의 하나로 손꼽히고 있다. 워낙 유물이 많아서 3개월에 1번씩 전시 작품을 교환하고 있는데, 모든 소장품을 관람하려면 8년 정도 걸린다고 한다.

4 국부기념관(国父紀念館) : 중화민국 건국의 아버지인 쑨원의 탄생 100주년을 기념하여 타이베이시에 세운 것이다. 관내에 2천 명 수용의 홀과 자료 전시실·도서관·음악당이 있다. 특히 중화민국 혁명의 역사와 쑨원의 생애 및 그의 일용품 등이 전시되어있다.

5 쑨원(孫文, 1866~1925) : 광동성 샹산[香山] 출신으로 호는 중산이다. 공화제 창시자로 '국부'로 추앙되었다. 흥중회(兴中会)를 조직하여 반청 혁명 운동을 전개하였고 신해혁명 후 임시 대통령으로 추대되었으나, 곧 정권을 위안스카이[袁世凱]에게 넘겨주었다. 제2혁명 실패 후 다시 일본으로 망명, 중화혁명당을 창설하였고 위안스카이 사후 군벌 혼전하에서 광저우를 중심으로 정권 수립에 힘썼다. 제1차 국공합작을 주도하였고 국민회의 개최를 위해 베이징에 들어갔으나 지병인 간경화로 사망했다. 그의 정치사상은 민족·민권·민생의 삼민주의로 대표되며, 만년에는 연소(联苏)·용공(容共)·부조농공(扶助农工)의 3대 정책으로 발전시켰다.

서 만약 몇 년만 더 생존하셔서 국·공 양당의 합작을 이끄셨다면 중국의 역사는 크게 달라졌을 겁니다!'라고 말하면서, 아내와 함께 나란히 서서 중산 선생을 향해 깊이 허리 숙여 3번 절하였다.

4일째 되는 날 우리는 츠후慈湖에 있는 장제스 부자의 능침을 둘러보았다. 예상했던 것보다 능침은 매우 소박했다. 처남 말에 따르면 장제스 부자의 유해는 모두 땅에 매장하지 않았는데, 그들의 고향인 저장성 평화奉化에 언젠가는 돌아가 묻힐 수 있기를 바랐기 때문이라고 하였다. 나도 모르게 국가통일을 견지하고 타이완 독립에 반대한 장제스의 정신에 경의가 일었다. 또 나라를 잘 다스리기 위해 정치에 힘썼던, 마지막에는 신문과 정당 설립 금지를 해제하고 특히 대륙의 친지 방문을 허용한 장징궈蔣経国[6]에 대해 더욱 감복하였다.

우리는 처남과 함께 장제스 부자의 위패 앞에서 묵도를 한 뒤 그곳을 떠났다. 그날 저녁 아내가 나에게 말하길, 처남이 늙은 공산당원인 내가 국가의 운명을 귀중하게 여길 줄 알아서 장제스 부자가 과거 저질렀던 잘못을 따지지 않고 존중을 표한 것에 매우 감동했다고 하였다.

5일째 되는 날 원래 집에서 쉬려고 했으나, 내가 아침 식사 때 잘 아는 사람 몇 명 ― 이전에 같은 부대에 있다 한국전쟁 중 포로가 된 후 타이완으로 온 옛 전우가 타이베이에 살고 있다는 말을 일부러 꺼냈다. 처남은 즉시 그

---

6 장징궈(蔣経国 : 1910~1988) : 장제스의 장남으로 모스크바 중산대학에서 수학했고 러시아 여인과 결혼했다. 1938년 국민정부 장시성 행정관서 전문요원이 되어 반공구국(反共救国)을 주창했다. 중일전쟁이 종전 후 외교부 둥베이 특파원·상하이 경제독찰관(経済督察官)이 되었다. 1949년 국민정부의 타이완 이전 이후 국민당 타이완성 주임(主任)·국방부 총정치부 주임으로 특무조직을 장악했다. 국방부장·행정원장·국민당 주석을 거쳐 1978년 제6대 총통이 되었다. 삼민주의에 의한 중국통일을 주창했지만, 1987년 점증하는 민주화 요구에 밀려 계엄령을 해제한 후 여러 민주화 조치를 시행했다.

때 한국에서 만 명이 넘는 중국인민지원군 전쟁포로가 타이완에 온 사실을 아직 기억하고 있다고 말했다. 그리고 내가 이들 동료 특히 L을 방문하고 싶다고 하자, 바로 대신 전화를 걸어 나의 뜻을 전했다. 상대는 내가 타이베이에 왔다는 말을 듣고 흥분해 바로 차를 몰고 나를 보러오려고 했으나, 결국 처남의 큰아들이 자가용으로 우리 부부를 L에게 데려다주었다.

4. 타이베이에서 동지를 다시 만나다

L이 베이징에서 나에게 주었던 주소대로 타이베이시 근교의 작은 정원이 딸린 그의 3층짜리 별장을 찾았을 때, 나는 놀라 멈추어 섰다.

매우 놀랍게도 L은 온 집안 식구 7명을 데리고 문밖에서 우리를 환영해주었는데, 그 분위기가 베이징에서 우리를 만났을 때와는 완전히 달랐다. 넓고 깔끔하게 정리된 그의 집 거실에 앉아 아리산阿里山[7]에서 재배된 향기로운 차를 마시며 우리는 흥분되어 무릎을 맞대고 이야기를 나누었다. 나의 아내는 자진해서 주방으로 가 이 집 안주인과 함께 식사를 준비했다.

L은 미소를 지으며 타이베이에서 정말로 나를 보게 될 줄 꿈에도 생각하지 못했다고 하였다. 이어서 나의 요청을 받아들여 지난 40년간 있었던 일들을 처음부터 이야기하기 시작했다. 그는 타이완에 온 후 병참부대로

---

7   아리산[阿里山] : 타이완 중부에 있는 산으로 해발 2,481m이다. 위산[玉山] 산맥의 서쪽 지맥이며 아리산 산맥의 주봉이다. 자이시[嘉义市] 동쪽에 있으며 자이에서 아리산 역까지 철도가 통한다. 1904년 일본인이 삼림개발을 시작한 이후 노송나무·측백나무·삼나무의 양재(良材)를 산출한 타이완 주요 삼림구역의 하나이다. 또한 다양한 삼림식물의 경관, 수령 3,000년이 넘는 신목(神木), 일출의 운해 등 '타이완 팔경' 중 하나로도 유명하다.

배속되어 군용차를 운전하다 1968년 제대했다고 말했다. 그 당시 규정에 따르면 퇴직금을 매월 나눠서 받을 수도 있고 종신 퇴직금을 한 번에 다 찾을 수도 있었는데, 그는 후자를 선택했다고 하였다.

"당시 나는 그 돈으로 집 1채 사고 결혼을 했었지. 나중에 나는 또 타이베이시 공공버스회사 기사 시험에 합격해서 60세 정년퇴직할 때까지 일했고 퇴직할 때 회사로부터 퇴직금 한 몫을 받았어. 현재 이 집이 바로 그때 원래 있던 집을 팔고 거기에 돈을 보태서 구매한 거야." L이 친절하게 설명해 주었다.

"마당에 있는 저 차 3대 모두 자네 것인가?" 나는 창문을 통해 마당을 내다보며 그에게 물었다.

"당연히 모두 내 것이지. 저 소형 자동차는 우리 부부 두 사람이 모는 것이고, 저 중형 승합차는 온 가족이 움직일 때 사용한다네. 그리고 저 큰 차는 현재 나의 돈벌이 도우미로, 나는 매일 저 차로 부근에 사는 초등학생을 태워 등교시키고 있다네. L의 말투에는 자부심이 묻어있었다.

L은 내 표정을 보고 나의 놀란 기분을 알아차리고, 그들이 타이완에 막 도착했을 때의 아주 힘들었던 생활 이야기로 바로 화제를 돌렸다. 매월 나오는 군대의 급여는 겨우 한 사람 용돈 정도에 불과했고, 그런 상황은 퇴역할 때까지도 크게 나아지지 않았다고 했다.

"생활이 힘든 건 아무것도 아니었고 마음속의 괴로움을 견디기가 어려웠지. 그때 집 생각 때문에 저녁마다 몰래 얼마나 눈물을 훔쳤는지 몰라."

L은 고개를 떨어트리고 한숨을 쉬면서 "아! '4·8분가四八分家' 그날 만약 대대장이 나를 구타해 다치게 하고 특별히 사람을 보내 나를 감시하지 않았다면, 어쨌든 간에 난 집과 고향을 버리는 이 길을 걷지 않았을 거야!" L

의 눈가에 살짝 눈물이 비쳤지만, 그 순간 나는 그를 위로해줄 말이 생각나지 않았다.

"우리 타이베이시에 사는 몇 사람은 자네가 베이징에서 나에게 보내준 『난 미군 포로수용소에서 돌아왔다』 그 책을 돌려가며 읽고, 모두가 자네에 대해 매우 감격해했었네!"

"왜?" 나로서는 정말 의외의 일이었다.

"바로 자네가 책 속에서 우리 모두를 배신자라고 말하지 않았기 때문이지"

"그 당시 자네들 대부분은 강제로 타이완에 보내졌던 게 너무도 분명했어. 생각지도 못한 건 자네들이 이제 고향에 돌아가 친지를 방문하게 되면 금의환향이 된다는 거지" 내가 웃으면서 말했다.

"장 형! 재작년 내가 처음으로 고향을 방문했을 때, 우리 현의 당서기와 현장이 돌아가며 연회를 열어 나를 접대하면서 나에게 투자하여 공장을 세우라고 하더군. 게다가 마을의 유지들도 매일같이 찾아와 안부를 묻는 통에 내 마음이 아주 불편했었지. 나는 아버지와 어머니께 실로 얼굴을 들 수 없었지만 체면 불고하고 겨우 돌아간 건데, 무슨 금의환향 같은 걸 어디 생각이나 했겠나!"

"여보게, 그 점 나도 충분히 이해하네." 나는 그의 눈을 바라보며 말했다.

"하지만 고향 사람들 특히 젊은이들은 단지 우리가 지금 얼마나 풍족하고 호화스러운지만 부러워할 뿐 이 수십 년 동안 우리가 얼마나 많은 차별과 배제를 받았고 많은 고생을 했는지 어떻게 알겠는가!"

"자네가 말하지 않는다면 우리는 정말 알 도리가 없네."

"우리가 타이완에 온 이후 타이완 현지 사람들은 우리를 자신들 밥그릇을 **빼앗으려** 대륙에서 온 자로 간주해서 사사건건 우리를 배제했고, 대륙에서 장제스를 따라온 사람들도 우리를 믿을 수 없는 인물로 간주하여 항상 생트집을 잡고 우리를 멸시했다네. 더욱 견디기 힘든 것은 우리 스스로가 우리를 경멸했다는 거야! 타이베이가 이처럼 덥지만, 우리는 1년 내내 반소매 옷을 입기를 꺼렸어. 왜냐하면 다른 사람들에게 우리 팔에 새겨진 그 영예롭지 못한 글자를 보여주고 싶지 않았기 때문이지. 공산당원인 나는 지금까지도 공산당에 대한 이 양심의 가책을 마음속에서 지울 수가 없다네!" L의 눈빛이 어두워졌다.

"……." 나는 입을 열었지만 아무 말도 할 수가 없었다.

"사실대로 말해서 타이완에 막 건너온 몇 년 동안 나는 장제스가 반공대륙反攻大陸 하길 정말로 기대했었어! 정찰대 출신인 내가 뭘 무서워했겠나. 한국에서의 그 전쟁, 만약 말이 통하지 않는 이국 타향만 아니었다면, 이 한 몸 진작에 포위를 뚫고 나갔을 거야! 장제스가 정말로 나를 타이완 해협 건너편으로 보내 싸우게 했다면, 내가 달아나지 못했을 거라곤 믿지 않아!" L은 약간 흥분된 듯이 보였다. 나는 동정 어린 눈으로 그를 바라보며 그가 말을 이어가길 기다렸다.

"나중에 장제스가 입만 살아서 큰소리 칠뿐 반공대륙이 근본적으로 불가능하다는 것을 보면서, 나도 그런 마음을 포기하고 온종일 필사적으로 일하며 아무것도 생각하지 않으려고 했었네."

"좀 일찍 결혼할 생각은 안 했나?" 내가 조용히 물었다.

"결혼? 그 당시 타이완은 남자는 많고 여자는 적어서 정말로 성실한 '국군国军'(중국국민당 군대의 군인을 지칭함-역자) 중에도 홀아비로 사는 사람이 적지 않았는데, 어디 우리에게 차례가 돌아왔겠나! 우리 대부분은 마흔이 넘어 겨우 결혼했어." L은 말을 하면서 고개를 돌려 주방에서 한창 음식을 장만하고 있는 부인을 바라보면서 낮은 소리로 말했다. "자네 형수도 고산족高山族[8]이야!"

"여보게, 이번 기회에 나는 비로소 지난 수십 년간 자네들이 어떻게 지내왔는지 제대로 알게 되었네!"

"사실 우리 중에 나는 그래도 괜찮은 편이야. 타오위안현에 있는 '영민지가榮民之家'(일반적으로 장제스를 따라 타이완으로 건너온 국민당 군대의 퇴역 군인들이 모여 사는 곳을 말함-역자)에는 아직 천 명이 넘는 우리 사람들이 혼자서 노년을 보내고 있으니, 그들에게 이번 생애는 아무런 희망도 없는 거지!"

L의 이 말에 나는 가슴이 바싹 오그라들면서 마음속으로 "설마 이 모든 것이 그들의 잘못이란 말인가!"라고 외쳤다.

우리가 깊은 생각에 빠져있을 바로 그때, 친구 부인이 와서 식사 준비가 다 되었다고 알려주었다. L은 급히 몸을 일으켜 술 장식장에서 모태주茅台酒 1병을 꺼내 기분 좋게 "이 술은 대륙에서 갖고 온 것으로 아까워서 아직 마시지 못했는데, 오늘 우리 옛 친구 둘이서 다 비워버리세!"라고 말했다. 나는 아직 술을 입에 대지도 않은 그의 얼굴이 이미 붉어지는 걸 보았다.

"우리 둘이 많이 마시면 안 되지. 자네 좀 있다 차로 학생들 하교시켜야 하지 않나." 나는 정말로 그가 많이 마실까 두려웠다.

"자네가 어렵게 찾아왔는데, 오늘은 아들놈에게 나 대신 한 번 갔다 오게 하면 돼!"라고 말하면서 L은 이미 술을 잔에 가득 채웠다.

---

8 고산족(高山族) : 타이완 원주민 중 평포족(平埔族)을 제외한 여러 부족을 총칭하는 말. 청나라 때에는 한화(汉化)한 종족을 숙번(熟蕃), 그렇지 않은 종족을 생번(生蕃)이라고 불렀고 일본 식민지 시대(1895~1945)에는 고사족(高砂族)이라고 하였으며 중국국민당 정권하에서는 산포(山胞)라고도 불렀다. 분포지역은 주로 타이완 본섬의 중앙 산지와 동부 협곡 및 란위[兰嶼] 등지이다.

나는 집사람이 식탁 아래에서 무릎으로 나를 건드리며 빨리 승낙하라고 신호 보내는 것을 알아차리고 "그래, 고마워. 좋아, 우리 둘이 실컷 마셔보세!"라고 바로 답하였다.

"장 형! 내가 먼저 자네에게 감사해야 하네. 자네가 나를 무시하지 않고 이 쓸모없는 늙은 전우를 잊지 않고 나를 보러 와주었으니까! 자, 이 잔을 비우세!" L의 목소리가 떨리면서 눈가가 붉어졌다. 그의 가족 모두가 함께 자리에서 일어났다.

나는 떨리는 가슴을 주체하지 못하며 재빨리 술잔을 들고 말했다. "자, 자, 오랜 고생과 분투 끝에 이룩한 이 아름다운 가정을 위하여, 우리 두 사람 40년 후에도 살아서 만날 수 있기를 위해 건배!"

나는 아주 오랫동안 독한 술을 마시지 않았기에 그 1잔의 모태주가 배 속에 들어가자 즉시 온몸에 열이 나는 것을 느꼈지만, L이 했던 그 말들이 더욱 나의 마음을 떨리게 하고 아프게 하였다. 나는 그의 마음속에 있는 고통이 이처럼 심각할 줄은 헤아리지 못했다. 나는 한국전쟁이 그와 나 그리고 모든 참전국 군인과 그 가족들에게 준 상처가 얼마나 깊고 얼마나 메우기 어려운 것인지를 다시 한번 느꼈다.

식사 후 L 부부는 우리 부부를 자신의 안방으로 데리고 갔다. L이 베개 밑에서 번쩍이는 손목시계와 아주 묵직한 금 팔지를 꺼내면서 나에게 말했다. "장 형! 당신들이 불원천리하고 대륙에서 왔으니 우리의 이 작은 선물을 두 사람에게 기념으로 드릴까 하오." L의 말이 끝나자마자 친구 부인은 벌써 내 집사람의 손목에 팔지를 끼워 넣었다.

그녀는 손뼉까지 치면서 "당신 피부가 나보다 훨씬 희어서 손목에 낀 팔지가 더욱 아름답네요!"라고 말했다.

집사람은 두 팔을 쭉 뻗고 고개를 가로저으며 곤란한 표정으로 나를 쳐다보았다. 나는 그녀의 얼굴이 갑자기 빨개지는 것을 보고 급히 L에게 말했다. "여보게, 당신들 마음을 받아들여 이 손목시계는 내가 갖겠지만, 이 팔지는 대륙에서 정말로 차고 다닐 수가 없네. 자네가 부인께 설명해서 우리 집사람을 곤란하게 하지 말아 주면 어떻겠나?"

L은 나와 집사람을 한참 쳐다보더니 민난화闽南话(푸젠성 남부 지방 방언으로 타이완 주민의 다수인 민난인이 사용하는 언어-역자)로 조용히 자기 부인과 의논하였다. 그러더니 친구 부인이 자기 손에서 금반지를 빼 내 집사람을 보며 말했다. "언니, 우리 남편이 예전부터 나에게 당신이 매우 어질고 총명하다고 칭찬했어요. 이 반지가 당신에게 좋은 운을 가져다주도록 더 이상 사양하지 않았으면 좋겠어요."

친구 부인의 목소리가 변한 것을 듣고 나는 급히 집사람에게 승낙하라는 눈빛을 보냈다. 그러자 집사람도 반지를 받아서 손가락에 끼우면서 말했다. "부인, 제가 반지를 가져가서 기념으로 삼을게요. 고맙습니다." 말을 마치고 나서 팔지를 빼서 탁자 위에 올려놓았고 그제야 겨우 모두 기뻐하였다.

L과 나는 상의하여 만약 우리의 시간이 빠듯해서 친구들 집을 일일이 방문할 수 없다면, 그가 타이베이 시내에 사는 5명의 우리 180사단 전우를 소집해서 내일 요릿집에서 한꺼번에 모여 식사하기로 하였다. 나는 그에게 각자 부인을 대동하라는 말을 잊지 말고 꼭 전하라고 환기시켰다.

5. 멀리서 찾아온 전우

다음날 새벽 L이 차를 몰고 와서 우리 두 사람을 데리고 모임 장소로 갔는데, 전우들은 이미 음식점에서 우리를 기다리고 있었다. 모두가 40년을 보지 못했기 때문에 어렴풋하게 옛 모습을 찾을 수밖에 없었다. 처음에는 다들 다소 조심스러워했지만 내가 마지막으로 우리 538연대 선전대의 전우 Z와 악수를 하자, 그가 먼저 나의 손을 잡은 채 놓지 않다가 와락 나를 끌어안고는 끝내 울음을 터뜨리고 말았다.

나도 흐르는 눈물을 참을 수가 없었고 내 등 뒤에 서 있던 부인들도 흐느끼기 시작했다. 바로 이때 L이 앞으로 나서며 "어이, 어이, 친구가 멀리서 왔는데 마땅히 기쁘지 아니한가? 여러분들 뭐 하는 겁니까? 모두 앉으세요, 앉으세요. 차 드세요, 차!"라고 말하며 분위기를 바꾸어 놓았다.

대화를 통해 나는 이들 전우가 타이완에 온 후 자포자기하지 않고 모두 매우 맹렬하고 부지런하게 일하였고, 퇴역 후에는 진학하거나 연수를 받으며 타이완의 경제 발전에 뒤처지지 않게 노력하여 현재에는 작가·변호사·교사·의사가 되었으며 모두 상당한 재산이 있음을 알게 되었다. 나는 진심으로 그들을 위해 기뻐했다. 다만 나이가 들면서 고향으로 돌아가고픈 바람이 갈수록 강렬하지만, 가족을 거느리고 있는 현재 상황은 그들 혼자 고향으로 돌아가 말년을 편안히 보낼 수 있도록 허락하지 않았다. 나는 아직 돌아다닐 수 있을 때 그들이 자주 고향 집으로 돌아가 둘러보기를 권하는 수밖에 없었다.

헤어질 때 L은 나에게 "우리 180사단 사단본부의 기밀 담당 과장机要科长이던 원칭원文清元도 타이베이에 살고 있는데, 현재 원샤오춘文曉村이란 이름으로 타이완의 저명한 시인이 되어있다네. 지금 그가 마침 대륙의 친지 방문을 하고 있으니, 그가 돌아올 때까지 자네가 떠나지 않는다면 다시 한번 모이도록 함세"라고 말했고, 나는 흔쾌히 승낙했다.

6. '국군영웅관国军英雄馆'

몇 달이 지난 후 내가 핑둥屏东에 있는 처남 집에서 쉬고 있을 때, 원샤오춘이 타이베이에서 걸어온 전화를 받았다. 그는 나에게 타이베이에 와서 모임을 하자고 초대하면서, 자신이 이미 타이베이 '국군영웅관'[9]에 방을 예약했으니 타이베이에 사는 우리 180사단 동료들이 함께 묶으며 이틀 동안 제대로 뭉쳐보자고 했다. 나는 다음날 일찍 기차를 타고 북상하여 황혼 무렵 타이베이에 이르렀다. '국군영웅관'에 도착해보니 원샤오춘과 L 등 6명의 동료가 이미 식당에서 기다리면서 나를 환영해주었다.

과거 '공산군'이던 내가 타이베이 '국군영웅관'에서 '국군' 퇴역 군인과 똑같은 예우를 누리게 되니 정말 감개무량하였다. 그 이틀 동안 우리 옛 전우와 동료들은 아침부터 저녁까지 끊임없이 대화를 나누었다. 우리는 먼저 타이웬을 공략하고 청두를 해방시켰던 잊지 못할 이야기를 함께 회상했고, 조선에 들어가 전투할 때 겪은 수많은 고초를 되돌아보았다. 이어서 그들은 우리 6천 명의 귀국 후 상황을 묻기 시작했다. 나는 그들에게 우리가 대륙으로 돌아간 후의 처지와 우리 180사단의 연대·대대 지휘관과

---

9   국군영웅관(国军英雄馆) : 원서에는 국군영웅기념관(国军英雄纪念馆)으로 나오나 착오로 보여 바로잡았다. 군인과 퇴역 군인 및 그 가족, 국방과 관련된 사람들이 숙박하고 휴식할 수 있는 호텔로 타이베이 외에 가오슝·타이중·화롄·펑후[澎湖] 등지에도 동명의 호텔이 있다.

나 자신이 경험한 고난 및 우리가 재평가정책을 쟁취하기 위해 노력한 힘든 과정을 중점적으로 소개했다. 모두가 듣고서 탄식을 금치 못했다. L이 "우리나라에서는 일단 포로가 되면 어찌했든 좋은 결말이 있을 수 없어!"라고 한마디 했다.

원샤오춘이 나를 그와 한방을 쓰게 배정함으로써 우리 둘은 더 많은 교류를 나눌 시간을 가졌다. 타이베이는 불야성이어서 새벽 1, 2시가 되어도 창밖에는 불빛이 휘황찬란했고, 우리는 '국군영웅관' 안에서 밤새 무릎을 맞대고 이야기를 나눴다.

원샤오춘의 설명에 따르면, 전쟁 당시 부대가 포위된 후 그 역시 포위망을 뚫고 전선 후방으로 돌아가지 못한 채 깊은 산속에서 13개월 동안 말도 못 할 정도로 고생스러운 야생인 생활을 했다. 1952년 6월 산악 수색대에 붙잡힌 그는 서울_{漢城} 남쪽의 김포공항에 있던 전쟁포로수용소로 압송되었다. 그곳에서 한 달간 심문을 받은 다음 거제도로 보내지지 않고 다른 동료 4명과 함께 오키나와에 있는 군사 감옥으로 보내져 힘든 노동을 했다. 1953년 7월 정전 후 미군이 개별적으로 송환 의향을 물었을 때, 그들 5명의 지원군 포로는 모두 대륙으로 돌아가겠다고 단호하게 표명했다. 집으로 돌아가길 학수고대하고 있던 그들은 1954년 3월 12일이 되어서야 겨우 비행기에 태워졌는데, 떠나기 전 미군이 "너희들을 집으로 돌려보내려는 거야!"라고 알려주었다. "우릴 집으로 보내준다는 말을 듣는 순간, 나는 얼마 안 있어 부모와 처자식을 볼 수 있다는 생각에 비행기 안에서 쏟아지는 눈물을 멈출 수가 없었어! 하지만 비행기에서 내리자마자, 우리를 마중하러 나온 국민당군 휘장이 달린 모자를 쓴 장교를 보게 될 줄 어찌 알았겠나! 나는 완전히 등골이 오싹해졌지!"라고 원샤오춘이 말했다. 잠시 있다 그는 쓴웃음을 지며 "이게 바로 내가 직접 겪은 미국식 '인권 존중'과 '전쟁포로의 자유의지 존중'이었다네!"라고 말을 맺었다.

원샤오춘은 자신이 결코 원해서 타이완에 온 것이 아니며 '반공의사反共义士'가 될 생각도 없다는 것을 분명하게 표명함으로 인해, 타이베이 신뎬新店의 '반공의사감훈대感训队'와 '뤼다오绿岛10감옥'에서 2년여의 심사와 '감화感化교육'을 받고 1956년 8월에야 군부대에 배치되었다. 어려서부터 문학과 시가诗歌를 몹시 사랑했던 원샤오춘은 시를 쓰고 발표하기 시작하면서 시가를 통해 자기 가족과 고향에 대한 그리움, 자신의 불행한 운명을 바꾸고자 하는 갈망을 표현함으로써 엄청난 공명共鸣을 불러일으켰다. 1958년 퇴역 후 그는 타이완 사범대학 중문과에 입학해 더 공부하였다. 타이완 시단诗坛에서 수십 년간 부지런히 노력을 기울인 결과 원샤오춘은 타이완의 유명한 대시인이 되었다. 나는 분발하여 발전해간 그의 경력이 타이완으로 간 14,000명 동료의 본보기라고 여겼다. 심지어 나는 그들이 우리처럼 귀국 후 '종신 등용 제한'이라는 징벌적 속박을 받지 않았기에, 자유롭게 자신의 취향과 특기에 따라 분투하고 자기 인생의 가치와 이상을 실현할 수 있었다고 생각했다.

타이베이 '국군영웅관'에서의 그 얻기 어려운 모임을 통해 나는 타이완에 온 동료들의 운명이 결코 우리가 상상했던 것처럼 처참하지 않았음을 알게 되었다. 가족과 고향에 대한 그리움의 고통을 빼면, 그들의 처지가 사실상 대륙으로 돌아간 우리 대다수 동료보다 훨씬 나았던 것 같다.

---

10 뤼다오[绿岛] : 타이완 동부 타이둥현[台东县]에서 33km떨어진 태평양상에 있는 섬으로 원래 이름은 훠샤오다오[火烧岛]이다. 타이완 원주민의 거주지였으나 국민정부 계엄시기 정치범 수용소가 설치되었던 곳으로 유명하다. 현재는 관광명소로 변해있다.

7. 풍광風光만 아름다운 곳이 아닌 타이완宝岛

나와 집사람은 타이완에서 꼬빡 3개월을 머물렀는데, 이 3개월은 매우 홀가분하고도 유쾌한 나날들이었다. 책임질 일이나 걱정거리가 없었을 뿐 아니라 도리어 보살핌과 사랑을 받는 대상이 되었으니!

처남 부부의 세밀하고 지극한 관심과 동행하에 우리는 유명한 아리산과 르웨탄日月潭[11] · 양밍산阳明山[12] · 타이루거太鲁阁 협곡峡谷[13] · 구관谷关[14] · 컨딩 垦丁 국가공원[15] ……을 유람하였고, 중정기념당中正纪念堂[16] · 고궁박물관 · 츠 후의 능침 · 신주新竹의 청화대학清华大学 · 가오슝高雄의 중산대학中山大学, 가오 슝 해변에 세워진 기세 웅장하고 건물이 매우 휘황찬란한 불교 성지 불광

---

11 르웨탄[日月潭] : 타이완 중부 난터우현[南投县]의 깊은 산중 해발 870m에 있는 산정 호수며 둘레 24km의 타이완 최대 담수호이다. 호수의 북쪽 지형은 둥근 해 같고, 남쪽은 초승달 모양으로 시간과 날씨 그리고 보는 위치에 따라 호수의 모습과 물색이 바뀌는 게 매력이다.

12 양밍산[阳明山] : 타이베이 시민들이 즐겨 찾는 나들이 명소로 산 하나를 일컫는 게 아니라 타이베이 북쪽에 자리한 10개 이상의 산과 온천, 목장, 공원 등을 모두 칭하는 지명이다. 1985년 타이완의 3번째 국가공원으로 지정되었다. 산 중턱 여기저기서 샘솟는 유황 온천에서 노천욕도 즐길 수 있다.

13 타이루거[太鲁阁] 협곡(峡谷) : 타이완 동부 화롄현에 있는 대표적 명승지로 깊게 파인 석회암 계곡이다. 중부횡단도로의 시발점으로 엔즈커우[燕子口]를 지나 지우취둥[九曲洞]에 이르는 계곡이 제일 볼만한 코스이며, 장춘사(长春祠)와 톈샹[天祥] 등의 명소가 있다.

14 구관[谷关] : 타이완 중부 타이중시[台中市]에 있는 관광지로 본래는 타이야족[泰雅族]의 거주지였으나 일제시대 온천으로 개발되었다. 해발 약 800m로 찬산[参山] 국가풍경구(国家风景区)에 속하며 무색무취의 약 알칼리성 탄산 온천과 아름다운 벚꽃으로 유명하다.

15 컨딩[垦丁] 국가공원 : 타이완에서 처음 지정된 국가공원으로 남부 헝춘[恒春] 반도에 위치해있다. 풍부한 해산물과 싱그러운 열대 경관으로 유명한 곳으로 해안에는 모래 결이 고운 해수욕장과 세계적으로 보기 드문 산호초군락이 형성되어있다. 원서에는 悬丁으로 잘못 표기되어 있어서 바로잡았다.

16 중정기념당(中正纪念堂) : 중화민국 초대 총통 장제스를 기념하기 위해 1980년 완공한 건물과 광장 및 공원의 총칭이다. 타이베이시 중심에 약 25만m²의 면적을 차지하고 있다. 2007년 민진당 정부가 타이완민주기념관(民主纪念馆)으로 개명하려 했지만, 성공하지 못했고 현재에도 여전히 중정기념당으로 국내외에 잘 알려져 있다.

신佛光山[17]……을 참관하였으며, 타이베이·타오위안·화롄花莲·신주·가오슝·

펑둥 등지에 흩어져 사는 많은 친척과 친구들을 방문하였다.

그러나 나를 더욱 기쁘게 한 것은 타이완 사회에 대한 실제 관찰을 통해

적지 않은 계발과 수확을 얻었다는 점이다. 국민당은 타이완에 온 후 진정

으로 과거의 모습을 씻고 혁신하며 힘을 다해 나라를 다스려 쑨중산 선생

의 '삼민주의'를 성실히 집행하고 '평균지권平均地权'[18]과 '절제자본节制资本'[19]

및 '오권헌법五权宪法'[20]을 실시하였다. 특히 장징궈는 당금党禁[21]과 보금报

禁[22]을 해제하고 일당독재에서 민주법치사회로 전환함으로써 사회적 화해

와 경제적 번영을 크게 촉진하였다.

친지 방문이 곧 끝나갈 무렵, 처남이 나에게 타이완을 실제 관찰한 후

---

17 불광산(佛光山) : 가오슝시 북쪽 마주웨이[麻竹围]에 있는 타이완 최대의 불교 성지로
대웅보전·대비전(大悲殿)·대지전(大智殿)·대석전(大碩殿) 외에 높이 36m의 접인
대불(接引大佛)과 불교대학·불교문물진열관 등이 있다.

18 평균지권(平均地权) : 쑨원의 삼민주의 가운데 민생주의적 정책의 하나로, 주로 도시 지
가(地价)의 앙등(昂腾)으로 일부 사람이 부당한 이익을 얻는 것을 방지하기 위해 토지
소유의 균등화를 꾀한 것이다.

19 절제자본(节制资本) : 쑨원이 제창한 민생주의 실시 방법의 하나로, 은행이나 철도 등
독점적 성격 혹은 대규모 기업을 국가가 경영 관리함으로써 국가자본을 발전시키고 사적
자본을 제어하여 균부(均富)를 이루려는 것이다.

20 오권헌법(五权宪法) : 국가 권력 작용을 사법·입법·행정·고시(考试)·감찰(監察) 5
권으로 나누는 헌법 이론을 말한다. 1905년 중국동맹회 결성 때 쑨원이 삼민주의와 함께
기본강령으로 채택한 헌법 체계로 1928년 국민정부 조직법으로 실현되었고 1947년과
1957년의 중화민국 헌법의 기초가 되었다.

21 당금(党禁) : 중화민국 정부가 1949년 5월 타이완성에 계엄을 실시함과 동시에 집회
결사 및 시위 청원을 정지시키면서 시작되어 1987년 7월 계엄 해제 후 효력을 잃게 되
다. 하지만 이미 1986년 7월 현 집권당인 민주진보당이 창당되어 실제 선거에 참여하고
있었다.

22 보금(报禁) : 1949년 국민정부의 타이완 이전과 함께 많은 대륙의 문화 인사들도 타이
완에 와서 신문을 발행함으로써 1953년이 되면 총 30개의 신문사가 임립(林立)하게
된다. 이에 국민정부는 "한증(限证)·한장(限张)·한가(限价)·한인(限印)·한지(限
纸)"의 5금(禁) 정책을 폈고, 그로 인해 신문의 수가 오랫동안 30개 전후로 유지되게
된다. 장징궈 사망 직전인 1988년 1월 이 제한이 해제되었다.

어떤 감상이 있는지 물어왔다. 이에 나는 "타이완이 이처럼 훌륭하게 발전했을 줄 전혀 생각지 못했습니다. 저는 충심으로 양안兩岸이 조속히 통일되길 기원합니다"라고 진심을 담아 대답했다.

그러자 처남이 웃으면서 "나는 입당한 지 60년이 된 오랜 국민당원이고 자네는 입당한 지 50년이 된 오랜 공산당원이니, 우리 처남 매부가 다시 국·공 평화회담을 열어 조속한 국가통일을 쟁취함으로써 우리의 만남이 앞으로는 이렇게 복잡하지 않게 해야지 않겠는가!"라고 말했다. 나도 웃으면서 "다만 우리 둘 다 이미 역사의 무대에서 물러나 아무런 역할을 할 수 없어 아쉽네요!"라고 답했다.

우리가 타이완을 떠나기 전에 태풍을 만났는데, 그 맹렬한 기세는 실로 간담을 썰렁하게 하였다. 그러나 폭풍우가 지나간 뒤, 그 맑게 갠 하늘은 너무나도 눈부시게 푸르렀다.

제12장

50년 후 거제도와 제주도로 다시 돌아오다

2000년대, 베이징 · 한국

1. 한국에 다시 돌아오다

2000년 6월 베이징에 거주하던 우리 중국인민지원군 전쟁포로 귀환자 몇 사람은 베이징 TV 방송국의 〈조국의 부름을 받았을 때当祖国召唤的时候〉 드라마 팀의 요청을 받아 지원군 전쟁포로를 감금했던 한국의 부산·거제도·제주도 등지에 가서 영상을 찍었다.

〈조국의 부름을 받았을 때〉는 베이징 TV 방송국이 항미원조 50주년을 기념하기 위해 제작한 6편의 특집 영상물로, 주제는 우리 지원군의 숭고한 애국주의 정신을 선양하는 데 있었다. 그중 제1편은 귀국을 견지했던 우리 6,000여 명의 동료가 당시 포로수용소에서 벌린 애국투쟁을 집중적으로 반영한 것이었다. 50년 전 한국전쟁이 발발한 6월 25일 다음 날인 2000년 6월 26일 우리는 한국을 향해 출발하였다. 부산으로 가는 비행기 안에서 나는 이런저런 온갖 상념에 빠져들었다.

그 당시 조선에 들어가 참전했다 전투에 패하여 포로가 되어 장기간 포로수용소에 갇혀있으면서 떨쳐 일어나 투쟁했던 체험들이 하나씩 나의 머릿속에 다시 떠올랐다. 거제도에 불던 피비린내 나는 바람과 노호하던 파도 소리가 다시 귓가에 울리는 듯했다. 그 섬에 있던 '최고 감옥'은 아직 남아있을까? 제주도에 있던 열사 묘지는 아직 그대로 있을까? 당시 부상 입고 질병에 시달리며 부산으로 압송되었던 우리가 반세기 후에 비행기를 타고 이 가슴 아픈 땅을 다시 방문하게 되리라고는 꿈에서도 생각하지 못한 일이었는데. ……

사전에 알아본 바에 따르면, 원래 부산에 있던 포로수용소는 벌써 흔적도 없이 사라지고 없으나 거제도에 있던 포로수용소 자리에는 '전쟁박물관'이 세워져 있다고 하였다.

우리는 부산에서 하룻밤을 자고 다음 날 일찍 바로 거제도로 가는 배가 있는 부두로 향했다. 하지만 공교롭게도 그날따라 풍랑이 너무 세어 배편이 임시 결항되었다. 다행히 차를 타고 바다를 가로지르는 대교를 건너 거제도 땅을 밟을 수 있었다. 가는 도중 차창 밖으로 보이는 곳곳의 아름다운 여행지, 거대한 공장 건물, 화원이 딸린 호화로운 별장들…… 과거 그 황량하고 음산했던 경관과 비교해 거제도는 그야말로 정말 크게 변해있었다.

2. 거제도 전쟁박물관

우리가 탄 중형버스가 당시 지원군 포로를 가두었던 제71, 제72, 제86 포로수용소가 있던 그 산골짜기 안으로 들어서자, 과연 그 '전쟁박물관'이 보였다. 박물관 안에는 실물을 전시하고 있는 전람 홀과 당시 포로수용소의 자료 영상을 방영하는 시청각실이 있었다. 전람실 건물 밖에는 당시 거제도 미군 사령부가 남겨놓은 병영과 탄약고, '최고 감옥' 등 석조 건물의 산산조각 부서진 잔해가 남아 있었다. 더욱이 마치 진짜처럼 생긴 포로수용소 모형이 있었는데, 철조망과 망루, 잠자던 막사와 의무실, 취사장과 변소 등이 모두 갖추어져 있었다. 곳곳마다 그에 맞는 시설 세트와 인물 소상塑像이 배치되어있고 전반적인 전시와 그 해설문도 비교적 객관적이었다.

드라마 팀의 비디오카메라가 돌아가는 가운데, 우리는 한편으로 전시물을 참관하면서 당시 우리가 포로수용소에서 겪은 경험과 항쟁했던 이야기를 진술하였다.

우리는 1952년 4월 8일 미국 측이 지원군 포로에 대해 이른바 '송환 희망 선별'을 강행했던 상황을 집중적으로 회고하면서, 동료들이 귀국을 견지하도록 격려하기 위해 당시 '제71 포로수용소 마당'에 거제도에서의 첫 번째 오성홍기를 게양하다 미군의 진압을 받고 유혈 투쟁을 펼쳤던 과정을 설명하였다. 또 적이 제72 포로수용소 안에서 동료들을 협박하여 귀국을 거부하도록 백색테러를 어떻게 자행하였는지 회고하면서, 린쒜부와 양원화 동지가 앞장서서 동료에게 귀국을 호소하다 장렬히 희생한 사적에 관해 설명하였다.

나는 또 그 '최고 감옥' 옛터 정문에 서서 '4·8 선별' 후 적의 우두머리 도드 장군을 납치했던 투쟁과 '도드 사건' 후 나와 쑨쩐관이 '전쟁포로 대표단'의 나머지 조선인민군 포로 대표와 함께 '최고 감옥'에서 3개월간 감옥살이를 한 일을 소개하였다. 나는 쑨쩐관 동지가 두 달 전 안타깝게도 세상을 떠나는 바람에, 그가 직접 이 사건을 설명하지 못한 것이 매우 유감스러웠다.

3. 제주도에서 열사들의 묘지를 찾다

다음날 우리는 제주도로 갔다. 당시 황량하고 빈궁했던 제주시 역시 이미 아름다운 전원도시로 변해있었다. 우리가 탄 비행기가 착륙한 그 규모가 작지 않은 현대식 공항이 바로 당시 우리를 가두었던 제8 포로수용소 캠프가 있던 곳이라니 정말 상전벽해가 아니던가!

그곳에 서서 주위의 화려하고 웅장한 건물들을 보면서, 우리는 평화의 소중함을 느꼈고 한국 인민의 반세기에 걸친 부지런한 국가건설의 열정을 느낄 수 있었다. 그러나 나의 눈앞에는 1952년 10월 1일 적이 우리의 국기 게양을 잔혹하게 진압할 때 쏘았던 총탄의 화약 연기와 국기를 지키려는 용사들이 맨손으로 적과 용감히 육박전을 펼치다 56명의 동료가 그 자리에서 장렬히 희생당한 장면도 함께 떠올랐다.

우리는 차를 빌려 당시 열사들을 매장했던 묘지를 찾아갔다. 다행히 장루이푸 동지가 그 당시 자신이 포로수용소 포로 대표로 묘지에 가서 열사추도식에 참가했던 과정을 아직 기억하고 있었다. 그의 인도를 받으며 우리는 제주도 서남쪽 '모슬포' 해변에서 뒤로 가파른 절벽을 끼고 대해를 마주하고 있는 열사 묘지의 옛터를 마침내 찾아냈다.

우리는 뜨거운 눈물을 흘리며 열사들의 영령에 헌화하고 내가 추도사를 읽었다. 그 추도사의 일부를 소개하면 다음과 같다. "친애하는 전우들이여! 50년이 지난 지금에서야 당신들을 보러오게 되어서 정말 미안하지만, 지난 수십 년간 우리 모두 당신들을 잊지 않았고 감히 잊을 수도 없었습니다. 당신들을 잊는다는 것은 바로 우리가 함께 싸웠던 젊은 시절을 잊는 것이고 조국에 대한 우리의 충성을 잊어버리는 것입니다. 제주도의 저 푸른 산과 바다가 증명할 것입니다. 당신들은 그 당시 조국의 존엄을 지키기 위해 자기 선혈을 이 낯선 이국땅에 뿌렸고 당신들의 뼈를 이 태평양상의 외로운 섬 위에 묻게 하였습니다. ……"

마지막으로 우리는 눈물을 머금고 100여 송이의 생화를 파도가 일렁대는 바다에 던져 넣음으로써 우리 6천 명 동료의 수십 년 묵은 염원을 해결하였다. 우리는 세차게 부딪치는 파도 소리를 들으며 그것이 마치 열사들의 영령이 호응하는 소리인 듯해서 오랫동안 차마 그 자리를 떠나지 못했다.

4. 판문점을 참관하다

사흘째 되는 날 우리는 서울에서 출발하여 판문점을 참관하였다. 우리는 정전 담판이 열렸던 회의장의 담판 탁자 앞에 서서 당시 쌍방 대표가 전쟁포로 송환 문제로 격렬한 논쟁을 벌였던 장면을 회상하였고, 우리가 우리 측 대표를 지원하기 위해 전개했던 완강한 투쟁을 회상하였다. 군사분계선 남측 산비탈 위에 서서 우리는 당시 '조국의 품'이란 현판을 달고 산골짜기에 세워져 있던 그 아치의 옛터를 바라보며, 47년 전 우리가 상처투성이의 아픈 몸을 이끌고 아치를 지나 조국의 품을 향해 뛰어들던 광경이 떠올라 정말 만감이 교차하였다.

판문점에서 서울로 돌아왔을 때, 1,400만 인구를 보유한 매우 정결하고 안정되고 번영된 이 도시에는 이미 화려한 불빛이 들어오기 시작하였다. 서울 시내 전체가 마치 불빛의 바다처럼 보였고 한강 위를 가로지르는 십여 개의 다리들은 마치 십여 개의 무지개가 하늘에 떠 있는 것 같아 눈부시게 다채롭고 아름다웠다. 한강 다리에서부터 한강 양안을 따라 도로가 가지런하게 쭉 뻗어있고, 그 양측에 높은 빌딩들이 즐비하게 솟아있는 가운데 도로 위를 달리는 자가용 헤드라이트의 찬란한 불빛이 길게 이어지고 있었다.

아! 그 옛날 화약 연기 가득 차고 차마 볼 수 없을 만큼 무참히 파괴되었던 서울은 어디로 갔단 말인가? 우리가 투숙한 호텔에서는 얼마 전 이루어진 남북정상회담이 가져다준 경축 분위기를 아직 느낄 수 있었다.

나는 문득 그 당시 포로수용소에서 우리와 함께 생사를 넘나들며 동고동락했던 조선인민군 전우들이 그리워졌다. 당신들은 지금 어디에 있소? 잘 지내고 있나요? 아시나요. 당신의 조국이 하루빨리 통일되어 골육이 다시 모여 단란하게 지내길 우리가 얼마나 희망하는지, 형제 같은 조선 민족이 지금부터 평화롭고 우애롭게 함께 부유한 나라에서 살아가길 우리가 진정으로 기원하고 있음을!

다음날 새벽 우리는 대한항공의 보잉 747기를 타고 베이징으로 돌아왔다. 비행기 안에서 나는 어쩐지 마치 꿈을 꾸고 있는 듯했다. 설마 내가 여러 해 동안 줄곧 애써왔던 한국에 다시 가서 열사들의 묘지를 찾겠다는 꿈이 정말로 이루어진 것인가 하구?

베이징에 도착했다는 안내 방송을 듣고서야 나는 겨우 정신이 돌아왔다. 시계를 보니 서울에서 베이징까지는 2시간도 채 걸리지 않는 거리였다. 그러나 반세기 전 우리가 포로수용소에 갇혀있을 때는 망망대해로 가로막힌 조국이 어찌나 그리도 아득히 멀게 느껴졌는지. ······

5. 한국 재방문

2006년 6월 나는 다시 한국에 가서 '여행'을 하였다.

이번에는 180사단 동료의 자녀 3명이 서로 약속하여 그들의 아버지 세대가 고통받았던 당시의 전쟁터와 포로수용소를 같이 둘러보기로 한 것이었다. 그들은 사단 정치부 주임 우청더의 아들 우칭푸吳青浦, 538연대 부참모장 두강의 아들 두젠훙杜劍虹, 사단의 특급 전투 영웅 우텅하이武騰海의 아들 우웨정武跃征이었다. 그들은 나와 중쥔화, 그리고 '전쟁포로 시리즈 총서'를 출판하기 위해 크게 애쓴 천하이빈陳海濱과 가오옌싸이高延賽를 초청했고 당연히 그들의 처와 자녀도 데리고 함께 갔다. 우리는 지난번과 마찬가지로 여행사를 통해 '개별 여행단'을 구성하고 베이징에서 출발해 부산→거제도→제주도→서울→북한강→판문점→서울→베이징으로 돌아오는 특별 여행 일정을 예약했다. 이번에는 내가 '가이드' 역할을 하고 중쥔화가 '해설자'를 맡았다.

이번 한국 여행에서 나에게 가장 인상 깊었던 것은 동료들의 후손이 보여준 감정, 그들의 아버지 세대가 당시 국가를 위해 이국땅에 참전하여 받은 고난에 대한 이해와 자부심이었다.

그들은 부산과 거제도의 포로수용소 옛터에 서서, 중쥔화와 내가 회상하는 그 당시 포로수용소에서의 경험을 들으며 늘 눈물을 글썽거렸다.

6. 태평양 연안에서 치러진 추도회

제주도에 도착한 후 우리는 가장 먼저 '모슬포'를 찾았다. 한국인 가이드 미스 김金이 여러 사람에게 수소문한 끝에, 우리가 다시 '모슬포'와 푸른 산을 등지고 태평양을 마주하고 있던 열사 묘지를 찾도록 도와주었지만 이젠 이미 온통 농지로 변해있었다. 다행히 산비탈에는 아직 푸른 송백松柏이 남아 있고 눈부시게 아름다운 진달래꽃杜鵑花이 무성한 녹색 풀 속에 한창 만발해있는 것이 더욱 소중하게 다가왔다.

우리는 진달래와 송백이 어우러진 태평양 해안가에서 추도회를 열었다. 중쥔화가 자신이 가져온 애도 대련挽聯을 풀밭 위에 펼쳐놓았다.

> 정위[1]라는 새는 작은 나무를 물어와精卫衔微木,
>
> 천추토록 바다를 메우려는 장한 뜻 품었다네千秋壮志填大海.[2]
>
> 푸른 소나무 우뚝한 제주도苍松屹济岛,
>
> 만고의 슬픈 노래가 나라의 혼을 위로하는구나万古悲歌慰国魂.

모두가 술을 뿌리고 절을 하며 조용히 애도를 표했다. 나는 진달래꽃을 두 손으로 받쳐 들고 추도사를 하면서 열사들에게 동료의 후손들이 당신들을 보러왔다고 알렸다. 이어서 나와 중쥔화가 열사들을 칭송하는 군가

1 　정위(精卫) : 상고시대 때부터 전하는 환상의 새로 모양이 까마귀 같다고 한다. 염제의 작은 딸 여왜(女娃)가 동해로 놀러 갔다가 물에 빠져 죽었는데, 그 혼이 새가 되어 늘 서쪽 산의 나무를 물어다 동해를 메운다는 이야기가 『산해경(山海经)』「북산경(北山经)」에 나온다.

2 　도연명(陶渊明, 365~427)의 시 「독산해경(读山海经)」 제10수에 나오는 "精卫衔微木, 将以填沧海"에서 가져온 듯하다.

인 〈10월 1일의 홍기〉를 합창했다.

10월 1일의 홍기가 하늘 높이 휘날리네十月一的红旗高高飘扬,

공산당원들의 선혈로 적은 미 제국주의의 피비린내 나는 죄상共产党人的鲜血写下了美帝的血腥罪状,

적들이 잔학해질수록 우리는 더욱 군세어지니敌人越残暴, 我们更坚强,

주먹으로 총검을 막아내고 돌멩이로 기관총을 저지하며拳头挡住刺刀, 石头抵住机枪,

어깨와 어깨를 맞대고 가슴으로 철벽을 쌓는다네臂膀靠着臂膀, 胸膛筑成铁墙.

......

노래가 끝난 뒤 우리 둘은 다시 내가 열사들을 추모하기 위해 쓴 〈만가挽歌〉를 불렀다.

태양이 없는 곳에서在没有太阳的地方,

고난의 날들 속에서在苦难的日子里,

당신들의 선혈은 이국땅을 붉게 물들였네你们的鲜血染红了异国的土地.

광명을 추구하고 진리를 견지하기 위해为了追求光明坚持真理,

적들의 총검 아래서在敌人的刺刀下,

당신들은 죽을지언정 굽히지 않았다네你们宁死不屈…….

우리는 목이 쉴 때까지 부르고 또 부르다가 뒤에서 훌쩍이며 우는 소리가 나는 걸 들었다. 그 순간 난 열사들이 우리의 노래를 들을 수 있길 얼마나 바랐던가!

7. 북한강 강변에서의 애도

서울에 도착한 후 우리는 계획했던 대로 서울에서 약 50km 떨어진 북한강으로 갔다. 강변에 도착해보니 강물은 맑고 물살은 평온했다. 중쿼화와 나는 강변에 서서 55년 전 5월 24일 저녁 겹겹의 포위를 뚫기 위해 총탄이 비 오듯 쏟아지는 가운데 북한강을 건너던 광경을 회상했다. 그때 북한강은 대포의 굉음과 화약 연기 가득한 가운데 물기둥이 하늘 높이 치솟으며 아수라장이 되어 선혈로 붉게 물든 강물에 무수한 전우들이 떠내려 갔다. 나는 내 곁에서 노새 꼬리를 붙잡고 강을 건너던 여전사의 마지막 모습을 특별히 이야기했다. 노새가 포탄에 맞아 쓰러지면서 허우적거리던 그녀를 내가 막 붙잡으려 했으나 모자만 잡고 사람은 그냥 물살에 떠내려 가버린 일을. 나의 설명을 듣고서 모든 이가 강물을 바라보며 오랜 침묵에 빠졌다. 산시성 원청 가무단歌舞団 단원인 우칭푸의 아내는 감격에 겨워 영화 〈영웅아녀英雄儿女〉(1964년 중국에서 제작된 항미원조전쟁을 소재로 한 작품-역자)의 주제 곡 〈영웅찬가英雄赞歌〉를 부르기 시작했다.

봉화 연기 솟아오르며 영웅을 부르니烽烟滚滚唱英雄,

사방 푸른 산에서 귀를 기울여 듣고四面青山侧耳听,

맑은 하늘에 종 치는 것처럼 우렛소리 울리니晴天响雷敲金鼓,

큰 바다가 화음 하듯 파도 일렁이네大海扬波作和声,

인민의 전사가 침략자들을 몰아내고人民战士驱虎豹,

생사를 잊고 평화를 지켰네舍生忘死保和平,

왜 전사의 깃발은 그림처럼 아름다운가为什么战旗美如画?

영웅의 선혈이 그것을 붉게 물들여서지英雄的鮮血染紅了它.

왜 대지에 봄이 항상 찾아오는가为什么大地春常在?

영웅의 생명이 고운 꽃을 피운 것이지英雄的生命开鲜花.

......

노래를 다 부르기도 전에 그녀의 얼굴은 온통 눈물로 얼룩졌다.

8. '자유의 다리'

우리는 판문점 군사분계선 남측에서 작은 하천을 가로지르는 매우 견고한 다리를 보았다. 한국인 가이드 미스 김의 설명에 따르면, 그 다리는 1954년 초 미군이 바퀴가 10개인 그들의 대형 트럭을 통과시키기 위해 건설한 것이라고 했다. 당시 미군은 이 다리를 통해 14,000명의 지원군 포로를 판문점 중립지역에서부터 타이완으로 수송하면서 그 이름을 '자유의 다리'라고 붙였다.

다리 어귀에 붙어 있는 '자유의 다리' 동판 표식을 보면서, 나는 '우리의 그 14,000명의 동료가 이 다리를 통과해 진정 자유를 얻었는가?'라고 속으로 생각했다.

'자유의 다리' 곁에서 우리는 또 군사분계선 남측의 철조망과 경비병들을 보았다. 그것은 한반도에 분단된 국가가 여전히 존재한다는 것을 세계에 알리고 있었다.

미스 김은 "저 철조망은 우리 한국인의 북쪽 친지들을 바라보는 눈을 막을 수 없고, 우리 한국인이 갈망하는 민족통일의 소원을 막을 수가 없습니다"라고 말했다.

그녀는 이 '자유의 다리'가 언젠가는 남북한을 서로 연결되게 할 것이라고 확신했다.

제13장

60년이 지났어도 완성되지 못한 '전쟁포로사업'

1988년 ~ 2010년, 베이징

1. '전쟁포로사업'의 유래

포로가 된 후 60년 동안 우리는 줄곧 우리의 '포로 운명'을 바꾸고 포로들의 권리를 쟁취하며 봉건적 전통 '포로 관념'을 혁신하기 위해 끊임없이 분투하였다.

포로수용소에서 우리는 자신의 믿음과 귀국할 권리를 지키기 위해 목숨을 걸고 항쟁하였고, 귀국 후 우리는 공평한 생존권을 쟁취하고 '변절자'라는 누명을 벗어 '종신 등용 제한'이란 징벌을 철회시키기 위해 있는 힘을 다하였다. 우리 개개인은 '재평가정책' 이후에도 더 많은 동료가 정치적 명예를 회복하고 생존 환경이 개선되도록 노력하였다. 우리는 또 포로수용소에서 애국 투쟁하다 희생된 동료에게 열사 칭호를 추인해 줄 것을 국가에 요구하기 위해 동분서주하며 호소하였고, 포로수용소의 지하당 조직이 합법적인 중국공산당 조직임을 추인받기 위해 당 중앙에 반복해서 제소하였다. 최근 20년 동안 우리 자신과 많은 공정한 인사들이 한국전쟁 중 지원군 포로수용소의 특수한 역사와 지원군 포로의 불행한 운명을 여러 형식으로 파헤쳐 그 역사적 교훈을 총괄함으로써 우리 수만에 이르는 포로와 그 가족들이 겪은 고난을 사회 문명을 진전시키는 정신적 자산으로 전환하고자 애썼으니, 그중 가장 중요한 것은 사람들 마음속에 문명화된 인도주의적 '포로 관념'…… 을 세우는 일이었다.

그리하여 중국 땅에서 '전쟁포로사업'이란 특수한 사업이 시작되었다.

2. 최초의 자전체自传体 전쟁포로 작품

1988년 7월 나의 자전체 르포문학 『난 미군 포로수용소에서 돌아왔다』가 중국문사출판사中国文史出版社에서 출판되었다.

내가 이런 책을 쓸 구상을 처음 한 것은 거제도의 최고 감옥 감방 안에서였다. 당시 나는 만약 내가 살아서 조국에 돌아간다면 반드시 포로수용소에서 겪고 생각한 모든 것을 동포들에게 알려야겠다고 다짐했다. 하지만 지원군 포로들이 미군 포로수용소에서 투쟁한 역사가 귀국 후 은폐되고 아무도 거들떠보지 않을 줄 예상하지 못했다. 게다가 "전혀 두려울 게 없는 철저한 유물주의자"라고 자칭하는 일부 지도자의 '우리 영웅적인 군대가 전투에서 패해 포로가 되었다는 건 치욕이요 아픈 상처이다'라는 생각에 따라 우리 당과 우리 군의 역사에서 이를 철저히 지우는 것이 가장 바람직했다.

우리의 새 세대 지도자가 고통스러운 역사를 성찰하던 중 각성하여 진정 조금도 두려워하지 않는 정신으로 "잘못된 것을 바로잡고" "실사구시의 전통을 회복시켜" "실천이 진리를 검증하는 유일한 표준임"을 강조하면서 중앙 문건 형식으로 우리의 애국 투쟁 역사를 인정한 후에야, 나는 이 책을 써야겠다는 생각이 새삼 떠올랐다. 이후 중앙 74호 문건 실행 과정에서 온갖 장애에 부딪히면서, 나는 재평가정책의 집행 권한을 가진 이들 머릿속의 포로 문제에 대한 잘못된 관념이 여전히 가장 큰 장애라는 점을 알게 되었다. 이에 나는 인민과 우리 후세들에게 그 역사를 이해시키는 것이 우리를 위한 가장 근본적인 정책 실현이라는 점을 인식하게 되었다.

그리하여 몇몇 신·구 작가, 영화감독, 희곡작가가 우리의 그 시절 역사를 쓰기 위해 진행하는 인터뷰와 창작을 후원함과 동시에 나 자신도 글이 쓰고 싶어 안달이 났다.

1982년 4월과 10월 당시 『중국청년보中国青年报』 편집장 서스광余世光이 적지 않은 방해에도 불구하고 포로수용소 중요 투쟁 사건을 국민에게 소개하는 나의 보고서 「그의 심장은 조국 인민과 함께 뛴다– 린쉐부 열사 희생 30주년을 기념하며他的心和祖国人民一起跳动 –纪念林学逋烈士牺牲30周年」와 「공산당원의 정기가– 제주도 중국 포로 국기 게양 투쟁 30주년을 기념하며共产党人的正气歌 –纪念济州岛中国战俘升旗斗争30周年」 2편을 잇달아 발표했다.

1984년 전국정치협상회의에서 일하는 모교 동문 장쿠이탕张魁堂이 나의 책 집필을 적극적으로 권하면서 정치협상회의 문사판공실文史办公室의 궈리칭郭丽卿을 소개해주었다. 그녀는 나의 포로수용소 경험을 듣고는 군인의 후손으로서 전쟁에 대한 이해와 군인에 대한 동정심을 갖고 내가 책을 내도록 온 힘을 다해 지원하였다. 그녀는 자진해서 이 책의 편집 책임을 맡았다. 이렇게 해서 나는 본격적인 집필을 시작했으나, 그 당시 업무 책임이 무겁고 '사회활동'이 너무 많아서 간간이 작업을 진행하여 1987년 말에야 비로소 이 책의 2차 수정원고를 서둘러 완성했다. 1988년 봄 먼저 그 축약 버전을 『종횡纵橫』 잡지와 『북경만보』에 '연옥의 불'이란 제목으로 2달간 연재하여 적지 않은 반향을 불러일으켰다. 1988년 7월 중국문사출판사에서 이 책을 정식 출간한 후, 1990년과 1991년에 연이어 근 10만 책을 재인쇄하였음에도 비교적 빨리 매진되었다. 상하이 『문회보文汇报』·『인민일보』해외판 등에서도 잇달아 그 발췌문을 연재했다. 나도 대학·중고등학교·초등학교·기관공장 등에 연이어 초빙되어 여러 차례 강연하였고, 청중의 열렬한 반응은 나에게 커다란 위안과 격려가 되었다.

1989년 이 책은 '베이징시 건국 40주년 우수 보고문학 작품상'을 받는 영예를 누렸다. 나 또한 베이징 작가협회 회원이 됨으로써 작가가 되는 나의 꿈을 이루었다.

3. 『미군 포로수용소 체험기美军集中营亲历记』

1988년 중국문사출판사는 우리가 『미군 포로수용소 체험기─귀국 지원군 포로 공동 회고록原志愿军被俘归来人员集体回忆录』을 출판하는 데 다시 동의함으로써 더욱 완전하게 그 역사를 전면적으로 기록하길 기대했다. 이와 함께 포로수용소에서 사망한 열사와 고난을 겪은 6천 전우 그리고 그 가족에 대해 우리가 오랫동안 품어왔던 중대한 염원도 해결하고자 했다.

이 작업은 1982년 겨울부터 이미 시작되었다. 먼저 포로수용소 투쟁 사료를 수집하고 보존하기 위해 포로수용소 지도자였던 우청더 주임과 자오

쥐된 정치위원이 앞장서 '포로수용소 투쟁 사료 편집 및 원고모집 위원회'를 조직하여 「원고모집 제안서」를 발송했다. 그리고 청두 출신 전우 중권화와 뤄지에차오罗节操가 중심이 되어 30여 편을 모아 『포로수용소 투쟁 사료 회편集中营斗争史料汇编』을 등사한 것이 이 책의 기초가 되었다. 나는 동료들에 의해 주요 원고 의뢰와 편집 작업의 책임을 떠맡았다. 좀 더 자유롭게 활동하기 위해 나는 1988년 여름 1년 일찍 정년퇴직离休[1]을 신청해서 허가 받았다.

1990년 가을 나는 『미군 포로수용소 체험기』 '원고 심사회의'를 청두에서 소집한다는 초청서 발송을 전국정협 문사판공실에 부탁했다. 이는 재평가정책 이후 우리가 대거 집결한 모임으로 포로수용소 당 조직의 주요 지도자와 투쟁 핵심 인물이 모두 회의에 참석했고 쓰촨 서부 지역의 백 명이 넘는 동료도 함께 했다. 회의에서 정식으로 이 책의 편집위원회와 원고심사위원회를 구성하였는데, 내가 편집장으로 리즈잉과 중권화가 부편집장으로 선출되었다. 그리고 이 책의 편집 책임자 궈리칭의 참여하에 총 30만 자에 달하는 20여 편의 원고를 심사 선정하고 원고 추가 모집과 수정 업무도 확정했다. 이 회의의 경비 대부분은 당시 식당 지배인이었던 뤄지에차오가 사재私财를 내어 지원하였다.

1991년 가을 나는 쓰촨성 두장옌시都江堰市로 가서 편집위원 우취두 가족의 지원으로 2명의 부편집장 및 우춘성 편집위원과 함께 1달 동안 40만 자에 달하는 원고를 집중해서 수정하였다. 두장옌시 시위원회市委员会 기밀실

---

1   리휴(离休) : 1949년 9월 30일 이전 공산혁명에 참가한 중화인민공화국 노간부의 정년 퇴직을 말한다. '퇴휴(退休)'는 일반 간부의 정년퇴직을 말하며 '리휴'는 퇴직 후의 생활 보장이 '퇴휴'보다 좋다.

에서 할인된 가격으로 컴퓨터를 사용해 수정원고를 인쇄하도록 해주었다.

1992년 봄 베이징에서 열린 완성 원고의 마지막 '심사 회의'에 각지의 주요 심사위원이 참석했다. 이 회의에서 지식분자가 포로수용소에서 한 행동과 역할에 대한 평가 문제를 다루면서 약간의 논쟁이 있었다. 편집장이던 나는 원고를 수정하면서 애국 지식분자가 포로수용소 투쟁 중에 보인 능동적이고 확고하며 융통성 있는 행동과 기밀·외교·통신·선전·교육 등에 있어서 발휘한 중요한 역할을 칭찬하는 데 확실히 많은 지면을 할애했다. 이에 대해 일부 심사위원들이 너무 많이 기술된 것 같다는 의견을 내었다. 이를 변론하면서 나는 약간 감정이 격해져서 "우리 당과 군대 내 많은 지도자가 예로부터 지식분자에 대한 편견을 갖고 있어서, 지식분자란 말만 나오면 최소한 소자산계급에 귀속시키거나 연약하고 확고하지 못하다는 등의 죄명을 반드시 씌우고 있습니다. 포로수용소에 도착해 우리 애국 지식 청년은 자진해서 당원 지도 간부를 찾았지만 늘 의심을 받았고, 투쟁 중에도 많이 활용되었지만 믿고 의지함은 적었습니다. 하지만 그들 대부분 대국적 견지에서 개인의 득실을 따지지 않고 여전히 온 힘을 바쳐 조국을 위해 자신의 재능과 지혜 심지어 생명까지 헌신하지 않았습니까! 린쉐부와 양원화 두 애국 지식 청년이 바로 가장 먼저 용감하게 희생하지 않았던가요!"라고 말하면서 뜨거운 눈물을 보이고 말았다.

회의가 끝나고 나서 한 옛 지도자가 나에게 "쩌스, 자넨 지식분자일 뿐 아니라 오랜 당원이고 간부이네!"라고 말했다. 나는 "바로 이 때문에 제가 지식분자를 더욱 이해하고 존중해야 한다고 역설했던 것입니다"라고 답했다.

이리하여 『미군 포로수용소 체험기』는 마침내 심사를 완료하고 1995년 중국문사출판사에서 초판을 발행하였다. 그리고 1998년에 『시련考驗—

지원군 포로 미군 수용소 체험기志愿军战俘美军集中营亲历记』로 제목을 바꾸어 재판되고 1999년 재인쇄되었다.

4. 『전쟁포로 수기战俘手记』와 『나의 조선전쟁』

『난 미군 포로수용소에서 돌아왔다』는 나의 포로수용소 투쟁 경험만을 쓴 것이었다. 이 책이 출판된 후 커다란 반향을 불러일으키자, 많은 전우와 동료들이 귀국 후 우리가 받았던 고난에 대해서도 글을 쓰도록 나를 설득했다. 하지만 나는 쓴 책이 출판되지 못할 것을 염려하여 계속 집필을 미루고 있었다. 그러다 광저우『양성만보羊城晚报』편집인이 나에게 귀국 후의 개인 경험을 써주면 책을 낼 지방 출판사를 알아볼 수 있다고 먼저 제안했다. 그래서 나는 2년에 걸친 작업 끝에 1992년 말『한 지원군 귀국 포로의 운명一个志愿军归俘的遭遇』을 완성하였고, 그 편집인이 원고를 홍콩의 '중국풍출판사中国风出版社'에 보내 출판하게 했다. 1993년 봄 내가 한창 번체자로 세로짜기 된 책 견본을 즐거운 마음으로 교정하고 있을 때, 그 편집인이 유감스럽게도 '중국풍출판사'가 사정으로 인해 해체되었다고 나에게 알려왔다. 1993년 가을 베이징 작가협회가 작가와 출판사가 함께 참가하는 '베이징 작가 저작 초고书稿 전시회'를 개최하였는데, 하얼빈에서 온 개인 서적상 쥐鞠 씨가『난 미군 포로수용소에서 돌아왔다』를 진작에 읽어보았다고 하면서 나의 저작 초고를 한눈에 마음에 들어 했다. 그는 초고를 보고 나서, 나에게『난 미군 포로수용소에서 돌아왔다』와『한 지원군 귀국 포로의 운명』을 하나로 합쳐서『전쟁포로 수기』란 이름으로 출판할 것을 제안했다. 그 후 그는『전쟁포로 수기』의 저작 초고를 갖고 하얼빈·허베이·청두 등지를 돌아다녔지만, 어떤 출판사도 감히 출판할 엄두를 내지 못했다. 쥐 씨가 전화로 "장 선생님, 조급해하지 마세요. 제가 감옥에 가는 한이 있더라도 선생님 책을 출판할 곳을 찾을 겁니다!"라고 말했다. 1994년 봄 마침 내가 타이완에서 친지를 만나고 있을 때 칭하이에 온 전화를 받았는데, 그가 마침내 용기 있는 출판사를 찾아서 연말이면『전쟁포로 수기』를 정식 출판할 수 있을 거라고 말했다. 나는 그의 포기하지 않는 끈질김에 깊이 감동을 받았다.

1994년 말『전쟁포로 수기』가 세상에 나왔다. 1995년 연초에 쥐 씨가 나를 데리고 충칭과 청두에 가서 '저자 사인 판매' 행사를 열었다. 그 지역 신문이 먼저 소식을 보도하자, 나의 친구와 전우들이 꽃을 들고 현장에 와서 축하하였고 독자들은 긴 줄을 서서 나의 사인을 기다렸다. 이어서 베이징 작가협회에서도 나를 위해 '『전쟁포로 수기』작품 좌담회'를 개최하였는데, 린진란林斤瀾[2]·뢰이지雷加[3]·멍웨이자이·중지에잉中杰英[4]·자오다녠趙大年[5] 등 여러 저명한 작가들이 참석해 발언하였고 관화管樺[6]와 구샹은 서면

2 린진란(林斤瀾, 1923~2009) : 저장성 원저우[溫州] 출신의 소설가로『북경문학』주편과 중국작가협회 베이징 분회 부주석 등을 지냈다.
3 뢰이자(雷加, 1915~2009) : 랴오닝성 단둥[丹東] 출신의 소설가로 옌안 항일군정대학(抗日軍政大學)을 다닌 후 중국공산당에 가입했다. 중화인민공화국 초기 경공업부 조지처(造紙处) 처장 등을 지냈다.
4 중지에잉(中杰英, 1934~) : 광둥 사오관[韶关] 출신의 엔지니어 겸 극작가·소설가이며 베이징 작가협회 계약 작가이다.
5 자오다녠(趙大年, 1931~2019) : 만주족 출신의 소설가 겸 영화 극작가이다. 베이징 작가협회 부주석을 지냈고 소설『여 포로의 운명(女战俘的遭遇)』등을 썼다.
6 관화(管樺, 1922~2002) : 허베이성 펑룬[丰润] 출신의 소설가로 중화인민공화국 초기 그의 단편 소설이 초등학교와 중학교 국어 교과서에 실리기도 했다. 문화대혁명 기간 활동을 정지당했다가 개혁개방 후 정치협상회의 위원과 중국작가협회 베이징 분회 주석 등을 지냈다.

으로 발언을 보내왔다. 그들은 포로수용소 투쟁에서 우리가 보여준 불굴의 군은 지조에 대해 매우 높은 평가를 하였고, 우리가 국가를 위해 짊어졌던 고난에 대해 깊은 동정을 표했다. 이 모든 것 역시 나에게 막대한 격려와 위안이 되었다.

2000년 '베이징 화생문고花生文庫' 책임자 왕루이즈王瑞智가『전쟁포로 수기』를 재판하자고 나에게 제안하였다. 이에 나는 '타이완 방문'과 '항미원조 50주년 기념' 두 장章을 더하여『나의 조선전쟁』이라 개명하였고, 그가 시사출판사時事出版社와 섭외해 2000년 10월에 출판 발행하였는데 상당히 빨리 매진되어서 2003년 다시 재인쇄하였다.

5. 『지원군 전쟁포로수용소 창작 가곡 걸작 모음집志愿军战俘营创作歌曲集锦』

항미원조 50주년을 맞이하는 2000년 이른 봄날 베이징시 펑타이구 구위원회区委员会 선전부의 가오옌싸이 동지가 나를 찾아와, 그가 작년부터 촬영하고 있는 중국인민지원군 한국전쟁 참전 50주년 특집 다큐멘터리〈평화를 위하여 – 602 귀국지대 추적为了和平-602回国支队追踪〉이 거의 완성되어서 옛 포로수용소 지도자 몇 명을 초청해 그 영상물에 대한 의견을 듣고자 하니 나도 참가해달라고 했다.

5월 중순 나는 우한에 있는 무한수리전력대학武汉水利电力大学 초대소招待所(Ho-stels : 초대받아 온 손님을 위해 각 기관에서 설치한 숙박시설-역자)에 가서 그 회의에 참석하였다. 일찍이 그 대학 부총장을 지낸 리시얼 전우가 이번 모임을 위해 많은 준비를 했고, 줄곧 우리에게 관심을 보여준 허밍 장군도 회의에 친히 왕림했다. 회의 석상에서 나는 뜻밖에 우리 포로수용소의 음악가였던 뭐페이莫非 전우를 만났다. 그는 1953년 4월 다치거나 병든 포로를 교환할 때 먼저 귀국했는데, 그 후 수십 년간 모두 그의 행방을 찾았지만 끝내 찾지를 못했었다. 그러다 지난달에서야 어떤 기자가 포로수용소의 가곡 창작 상황을 취재하던 도중 우여곡절 끝에 광저우에서 그를 겨우 찾았다고 했다. 서로에 대한 오랜 그리움으로 우리는 얼싸안고 뜨거운 눈물을 흘렸다.

우리는 가오옌싸이 동지가 편집한 몇 편輯의 견본 영상을 가슴 가득 흥분된 마음으로 관람하였다. 모두 다 이 다큐멘터리가 포로가 되었다 귀환한 지원군 장병들의 조국에 대한 순수한 마음과 역경 중에도 애국심을 잃지 않았던 분투 정신을 생동감 있게 반영했다고 여겼다. 이 다큐멘터리의 사운드트랙 효과를 강화할 방법을 논의하던 중 한 전우가 당시 포로수용소에서 우리 자신이 만든 가곡들을 집어넣으면 어떻겠냐고 제안했다.

마침 뭐페이 동지가 송환되어 귀국할 때 자신의 의족义足 안에 숨겨서 가져나온 『전쟁포로수용소 창작 가곡집战俘营创作歌曲集』을 갖고 있었다. 우리 모두 이 노래들을 다시 부르면서 매우 감격했다. 당시 지하당 당위원회 서기였던 팔순이 넘은 자오줘郢 정치위원은 "자네들, 이 노래들을 반드시 녹음해서 내가 죽으면 마지막 가는 길에 이를 들려주게!"라고 말했다.

나중에 우리는 먼저 우리가 만든 30여 곡 중 비교적 중요한 10곡을 고른 다음, 당시 포로수용소의 문예 공작대원 중 일부를 초청하여 쓰촨 청두에 모여서 무대 연습과 노래 연습을 하고 나레이션과 반주 그리고 배경 화면을 갖추어 정식 MTV 디스크 『우리는 조국을 열렬히 사랑했다我们热爱祖国 -지원군 전쟁포로수용소 가곡 걸작 모음집』을 제작하기로 하였다. 가오

엔싸이 동지가 후원금 모집을 책임지고 아울러 제작자가 되겠다고 자원하였다. 나도 이번 일의 주최자가 되겠다고 자진해서 나섰고 청두에 사는 중쥔화 전우는 쓰촨 지역의 연락책임을 맡기로 했다.

내가 우한에서 베이징으로 돌아오자, 중앙방송국CCTV '동방시공东方时空' 프로그램의 각본 겸 연출자인 루민鹿敏 동지도 항미원조 50주년 기념 특집 드라마 〈조국祖国〉을 촬영하기 위해 나를 찾아왔다. 그녀는 우리가 온 힘을 다해 『지원군 전쟁포로수용소 가곡 걸작 모음집』을 제작하려 한다는 이야기를 듣고, 또 내가 이미 고른 10곡의 노래와 내가 쓴 '내레이션'을 보고 나서 이 일이 매우 의미 있는 작업이라 생각했다. 그녀는 이 노래들이 확실히 당시 포로수용소에 있던 우리의 조국에 대한 깊은 그리움과 무한한 충성심을 선명하고 생동감 있게 반영하고 있으며, 또 전쟁포로를 강박해 조국을 배신하도록 한 적들에 대한 우리의 극도의 원망과 굳은 투쟁 정신을 반영하고 있으므로 마땅히 이들 노래를 청년 세대에게 소개하고 후세에 전해야 한다고 여겼다.

그녀는 또 이 『지원군 전쟁포로수용소 가곡 걸작 모음집』이 우리가 항미원조 50주년을 기념하기 위해 국가에 바치는 지극히 가치 있는 선물이 될 것이라고 하였다. 그녀는 우리가 이 희망을 실현할 수 있도록 힘을 다해 협력하기로 하고, 아울러 우리가 진행하고 있는 정력적 노력을 처음부터 추적 보도하면서 그녀가 제작하려는 특집 드라마 〈조국〉의 주요 내용으로 삼기로 했다.

긴박한 준비 과정을 거쳐 우리 20명의 '전쟁포로 출신 가수 출연자'들은 2000년 9월 초 마침내 청두에 집결했다. '동방시공'의 각본 겸 연출자 루민과 촬영기사 린훙林宏도 동행하였다. 먼저 그녀들의 협조하에 두 군데

후원 기관인 충칭시 3533피복공장被服厂과 청두 항공항광고공사航空港广告公司를 방문하여 두 기관 책임자의 열정적인 지지를 얻어냈다. 3533피복공장은 인민폐 1,500원의 찬조금 외에 우리 '출연자' 모두에게 참신한 장교복을 증정하여 출연 때 입도록 해주었고, 청두 항공항광고공사는 선뜻 10,000원의 제작비를 기증해 주었다. 우리는 마치 항미원조를 위해 기꺼이 기부 헌납하던 그 시절 사람들의 열정을 다시 보는 듯했다.

이러한 물질적 기초가 생기게 되자 모두 즐거운 마음으로 뤄지에차오 전우의 집에 모여 빡빡한 일정으로 연습을 시작했다. 다들 흥분하여 너무 열심히 연습하는 바람에 3일 만에 대다수 전우의 목이 쉬어버렸다. 게다가 다들 자신의 목소리가 노쇠해서 녹음 결과가 나쁠까 봐 걱정했지만, 루민은 도리어 "원래 있는 그대로가 가장 좋아요. 만약 젊은 가수 출연자를 찾아서 부르게 하면 분명 당신들의 감정을 표현해내지 못할 거에요"라고 말했다.

외지에서 어렵사리 청두에 온 전우 중 적지 않은 사람이 사천대학에 있는 열사 기념비에 가서 린쉐부 열사에게 몹시 헌화하고 싶어했다. 그래서 우리는 9월 10일 단체로 사천대학에 가서 간소하지만 장엄한 추도 의식을 거행하였다. 나는 모두를 대표하여 며칠 밤에 걸쳐 쓴 추도사를 낭송하였다.

　친애하는 린쉐부 동지

　당신을 보러 우리가 왔습니다.

　올해는 항미원조 50주년 되는 해입니다. 우리가 전투하며 함께 했던 그 젊은 시절을 당신과 같이 기념하고 회상하기 위해 베이징·충칭·쿤밍·랴오닝·산시·허난 그리고 청두 교외에서 온 우리가 여기에 모였습니다.

쉐푸 동지! 당신은 1950년 겨울 우리가 함께 청두에서 출발해 조선 전선으로 떠날 때, 친지들이 우리를 환송해주던 광경을 아직 기억하고 있습니까? 모두가 만 리 길 산을 넘고 강을 건너 단둥을 향해 나아갈 때, 끓어 올랐던 그 뜨거운 피를 당신은 분명 잊지 않았겠지요. 압록강을 건너 전쟁으로 연일 불타고 있던 조선 땅을 밟았을 때, 우리 마음속에서 솟아올랐던 조국 보위의 강렬한 격정을 잊지 않았겠지요. 바로 이러한 격정이 연속 15일의 야간 강행군 중 극도의 육체적 피로와 적기의 무차별 폭격으로 인한 정신적 공포를 극복하고 38선에 서둘러 도착해 대단히 격렬했던 제5차 전역 전투에 우리를 뛰어들게 한 힘이 되었습니다. 또 우리 부대가 대거 반격에 나선 적들을 견제하고 전 전선에서 후퇴하던 아군을 엄호하기 위해 북한강 강변에서 싸우던 그 피비린내와 화약 냄새가 진동하던 나날들을 잊지 않았겠지요. 더욱이 우리가 탄약과 식량이 다 떨어지고 부상과 질병, 그리고 굶주림으로 인해 포위를 뚫지 못하고 적의 손에 포로가 되었을 때의 무시무시한 두려움과 비통함을 잊지 않았겠지요…….

아, 쉐푸 동지! 우리가 포로가 된 후 적들이 각종 음험한 수단으로 전쟁포로들이 사람 된 존엄을 포기하고 조국을 배반하도록 강요당할 때, 당신은 우리 중에 가장 먼저 일어나 단호하게 항쟁했던 한 사람이었습니다. 당신은 배신자들이 당신을 끌어들여 그들의 통역으로 삼으려는 유혹을 거절하였습니다. 당신은 동료들 사이에 '연대 지하 그룹'과 '귀국 그룹'을 비밀리에 조직하였고 모두가 혁명 기개와 민족 대의를 견지하도록 격려하였습니다. 적들이 제72 포로수용소에서 '송환 희망 선별'을 강행하려 했던 결정적인 순간, 당신은 이것저것 고려하지 않고 용감히 일어나 동료들에게 단호히 조국으로 돌아갈 것을 호소하였습니다. 쉐푸 동지! 당신은 '신중국 만세'를 외치다 쓰러져 그날 새벽 우리 제71 포로수용소에 오성홍기가 올라가는 모습을 보지 못한 채 영원히 우리 곁을 떠났습니다. 50년이 지났지만 적의 비수에 찔린 당신의 그 선홍색 심장은 아직도 우리의 가슴 속에서 뛰고 있습니다.

친애하는 쉐푸 동지! 새로운 세기가 도래하였습니다. 당신은 저승에서 조국의 대지에 울려 퍼지는 우르릉거리는 굉음이 들리십니까? 그것은 바로 당신의 12억 피를 나눈 동포들이 늠름한 걸음으로 새천년을 향해 진군하는 발걸음 소리입니다. 쉐푸! 당시 우리의 청춘과 생명을 바쳐 지켰던 조국이 오늘날 아무도 감히 무시하지 못하는 나라가 되었고, 우리의 사랑하는 조국이 진정 번영되고 부강하며 고도로 문명화되고 민주화된 밝은 미래를 향해 막 날아오르고 있습니다.

쉐푸! 당신께 또 하나 좋은 소식을 알려드립니다. 당시 포로수용소에서 우리가 작사 작곡하여 애국 투쟁 중에 불렀던 그 노래가 많은 친구와 뜻을 같이하는 인사들의 열렬한 지지하에 곧 녹음되어 후세에 전할 수 있는 MTV 디스크로 제작되어 나오게 되었습니다. 우리는 그 이름을 『우리는 조국을 열렬히 사랑했다 – 지원군 전쟁포로수용소 가곡 걸작 모음집』이라 지었습니다. 이 또한 이번에 우리가 청두에 와서 완성해야 할 중요한 임무입니다. 평소 노래 부르길 좋아했던 당신, 분명 이를 위해 기뻐하시리라 믿습니다.

편안히 쉬세요. 편안히, 친애하는 쉐부 동지여!

여기에 모인 우리 그 당시 당신과 함께 사선을 넘나들며 고락을 같이했던 형제들이 당신에게 정중히 경례합니다!

베이징 : 장쩌스 · 장루이푸, 쿤밍 : 린모어충, 안양安阳 : 우춘성, 푸순 : 양융청, 타이위안 : 하오즈근郝智根, 충칭 : 팡샹첸 · 자오완밍赵万铭, 메이산 : 관퉁잉管

同应, 단링丹棱 : 우원시우伍云修, 쐉류 : 런스띠任时弟, 청두 : 중췐화 · 뤄지에차오 · 장후이중 · 차이핑성蔡平生 · 허루이何瑞 · 가오쉐신高学信 · 류주잉刘柱英 · 리궈룽李国荣 · 양커창杨克强 · 뤄딩숭罗定松.

2000년 9월 10일

추도식이 끝난 후 루민은 나에게 자신과 린훙이 눈물을 흘리며 우리를 위해 이 추도식 장면을 찍었다고 말했다.

노래의 반주는 아미영화제작소峨眉电影厂의 국가 1급 연주자인 류주페이刘祖培 선생을 모셔 전자 합성함으로써 우리 노래의 감정적 깊이를 크게 풍부하게 만들었다. 녹음은 청두 텔레비전 방송국의 녹음실에서 고품질로 완성하였고, 영상은 청두군구 전기战旗연극단의 촬영장에서 신중하게 완성하였다. 그들은 제작비용을 저렴하게 해주었을 뿐만 아니라 양질의 서비스를 제공하면서 우리 '지원군 아저씨'들을 진실한 감정으로 대해주어 우리에게 더욱 감동을 줬다.

원래 나와 함께 538연대 선전대에 있었던 옛 전우 인즈쥔尹志军이 요청을 받아들여 '나레이션' 낭송 작업을 맡아주었다. 정식으로 녹음할 때 그녀는 다정스러운 완벽한 목소리로 내가 쓴 〈『우리는 조국을 열렬히 사랑했다－전쟁포로수용소 지원군 가곡 걸작 모음집』 나레이션〉을 낭송하였다.

우리는 청두에서 열흘 간의 일정으로 예정했던 목표를 달성하였다. 9월 하순 가오옌싸이가 제작 완료된 녹음테이프와 비디오테이프를 가지고 베이징으로 돌아와 음향과 영상의 합성 작업을 진행한 끝에, 베이징시 청소년음상출판사青少年音像出版社에서 MTV 디스크를 출판하였고, 『사지에서 부른 군가绝地战歌－전쟁포로수용소 지원군 가곡 걸작 모음집』이 정식 전시 판매되었다. 우리는 이 MTV 디스크를 항미원조 50주년 기념 선물로 동료들에게 보내고 전국 각지의 방송국에도 기증하였다.

이해 10월 중앙방송국 '동방시공' 프로그램에서 지원군 전쟁포로를 소재로 제작한 특집 TV 드라마 〈조국〉도 정식으로 방영되어 매우 큰 반향을 불러일으켰다.

6. 『조국이여! 우리가 돌아왔습니다祖国, 我们回来了!』

2003년은 우리 지원군 포로가 귀국한 지 50주년 되는 해였다. 나는 아직 건재한 옛 포로수용소 지도자와 핵심 투쟁 동료 및 그 자녀들의 지지를 얻어, 중국국제광파음상출판사中国国际广播音像出版社 부편집장을 맡고 있던 가오옌싸이와 우리의 '포로수용소 화가'였던 우춘승을 초청해 편집에 참여시키고 해방군화보사解放军画报社에 근무했던 옛 전우 멍셴창孟宪常도 객원 편집으로 초청해 '지원군 포로가 겪은 혹독한 시련의 귀국 과정 동영상 사료집'『조국이여! 우리가 돌아왔습니다』를 편집 출판했다.

이 책은 사진·그림·그림엽서를 위주로, 글을 부차적인 것으로 한 그림과 글이 풍부하고 다채로운 화집이다. 그 안에는 모두 다음과 같은 12가지 큰 내용을 담고 있다.

1. 조국의 친지들에게 이별을 고하고 항미원조에 투입되다.

2. 변화무쌍한 전쟁터에서 불행히 적의 포로가 되다.

3. 전쟁포로수용소 개황

4. 미국의 포로 정책

5. 포로들의 항쟁

6. '송환 희망 선별'

7. 중국 전쟁포로 귀국지대

8. 세계를 놀라게 한 '도드 사건'

9. 제주도 제8 전쟁포로수용소

10. 조국이여! 우리가 돌아왔습니다.

11. 귀국 후 시종 조국에 대한 충성을 지킨 동료들

12. 항미원조 특수 전쟁터에서의 애국자 군상群像

　이 책은 우리가 조선에 들어가 참전한 때부터 귀국해 지금에 이르기까지의 전 과정을 개괄하고 있으며 대표적인 인물과 사건을 열거하고 있다. 특히 소중한 것은 우리가 최대한 노력하여 수집한 500여 명에 달하는 동료들 사진을 '항미원조 특수 전쟁터에서의 애국자 군상'의 대표로서 화집에 인쇄해 넣었다는 점이다. 화집의 동영상 디스크에는 미군 전쟁포로수용소 창작 가곡집 『사지에서 부른 군가』도 넣어서 중국국제광파음상출판사에서 정식으로 내놓았다. 화집과 디스크는 전국에 흩어져 있는 동료와 그 자녀들에게 보내고 각 지역 도서관에도 기증하였다.

　우리는 이 화집을 당시 포로수용소에서 희생한 선열과 먼저 세상을 떠난 동료들에게 바치는 제수祭品로 삼았다.

7. 전쟁포로를 소재로 한 많은 작품이 출판되다

1980년 중앙에서 정식으로 문건을 반포하여 지원군 포로의 애국 투쟁을 승인한 이후, 전쟁포로를 소재로 한 작품이 끊임없이 출판되기 시작했다.

가장 먼저 멍웨이자이의 「전쟁포로战俘」가 『옥원沃原』과 『소설월보小说月报』에 발표되었고, 이어서 비예碧野의 『죽음의 섬死亡之岛』, 다잉大鹰의 『지원군 전쟁포로 기록志愿军战俘纪事』, 왕궈즈王国治와 차오바오밍曹保明이 쑨전관을 인터뷰해서 쓴 『한 지원군 전사의 경력一个志愿军战士的经历』 등의 중·장편 작품들이 발표되었다. 특히 『액운厄运』의 저자이자 軍 여성작가인 위징于勁, 『증인见证』과 『충성忠诚』 두 책의 저자이자 정전 담판 대표단원이었던 허밍 장군, 『안덕사필기安德舍笔记』[7]의 저자이자 『해방군문예解放军文艺』 부편집장이었던 우진펑吴金锋, 그리고 『겹겹의 포위重围』와 『사지에서 부른 군가』 두 책의 저자이자 현 중국국제광파음상출판사 부편집장 가오옌싸이 등이 매우 진실한 동정심과 이해심으로 만 리 길을 마다하지 않고 우리 수백 명의 동료를 심층 인터뷰하여 엄숙하면서도 풍성한 작품을 쓴 것은 너무나도 귀중한 일이었다. 동료들도 중국문사출판사 편집부의 궈리칭과 천하이빈의 노력으로 '전쟁포로 시리즈 총서'가 발행되어 세상에 나올 수 있게 된

---

7 『안덕사필기(安德舍笔记)』: 한국전쟁 당시 종군기자였던 우진펑이 1983~85년 둥베이·산시·쓰촨·베이징 등지에서 440여 명의 귀국 포로를 직접 인터뷰한 기록을 바탕으로 1953년 귀국 상병포로를 방문했을 때 기록한 필기와 각 시현(市县) 무장부, 현민정국 및 각 지방 공안국에 남아 있는 귀관처 심사 과정에서 귀국 포로들이 제출한 진술서 및 일부 귀국 포로의 소원서(申诉信)를 정리 보완해 완성한 자료집이다. 중국인민해방군 총정치부의 허가를 받지 못해 아직 출판되지 못하고 있으며, '안덕사'는 1998년 본 자료의 초고를 완성한 베이징시 둥청구 안더리[安德里]에 있는 총정치부에서 운영하는 퇴직 간부 휴양소이다.

것에 감격해하였다. 이 총서는 『난 미군 포로수용소에서 돌아왔다』, 『시련 – 지원군 포로 미군 수용소 체험기』, 『충성 – 지원군 귀국 포로의 기구한 경력志愿军战俘归来人员的坎坷经历』, 『증인 – 조선전쟁 포로 송환 해명 대표의 일기朝鲜战争战俘遣返解释代表的日记』, 『겹겹의 포위 – 지원군 180사단 정치위원 대리 우청더와 전우들志愿军180师代政委吴成德与战友们』 등 총 5권이다.

상하이 TV 방송국·중앙 TV 방송국·베이징 TV 방송국·후베이 TV 방송국·신화사 해방군 지사分社·봉황凤凰 위성TV 방송국 등에서도 잇따라 우리를 인터뷰하고 〈충정忠贞〉·〈조국〉·〈신념信念〉·〈충성〉 등의 전쟁포로를 소재로 한 특집 드라마를 제작 방영하였다.

『염황춘추炎黄春秋』·『백년조百年潮』·『종횡』·『중국청년보』·『북경만보』·『중국노년中国老年』 등의 간행물들도 여러 차례 우리를 인터뷰한 기사와 우리가 쓴 전쟁포로 소재의 문장을 발표하였다.

2001년 10월 26일 중국문사출판사 주최로 『증인 – 조선전쟁 포로 송환 해명 대표의 일기』 작품 좌담회가 열렸는데, 이 책의 저자인 허밍 장군과 베이징에 사는 동료들 외에도 판문점 정전 담판 대표단원이었던 리선즈李慎之[8] 원로가 특별히 초대되었다. 좌담회가 끝나고 나서 리 선생은 나에게 "쩌스, 오랫동안 난 양심의 가책을 줄곧 느껴왔다네. 내가 당시 「4·6 성명声明」 초안을 작성하면서 자네들에게 귀국 후 우대받을 것이라고 약속했지만, 자네들이 돌아와서 도리어 그렇게도 심한 처분을 받고 말았으니 마치 내가 자네들을 속여서 데리고 온 꼴이 되어버렸다네!"라고 말했다. 나는

---

8   리선즈(李慎之, 1923~2003) : 장쑤성 우시[无锡] 출신으로 중국의 국제 문제 전문가이다. 1953년 판문점 정전 담판에 참가했고 저우언라이의 외교 비서를 맡았으며 중국사회과학원 부원장을 지냈다.

그의 손을 꽉 잡고 "리 선생님, 당시 우리는 포로수용소에서 「4·6 성명」을 듣고 저것이 조국의 목소리이구나 하면서 더운 피가 끓어올랐습니다. 우리가 돌아와 받은 불공정한 대우는 당신과 전혀 관계가 없습니다!"라고 답했다.

2003년 7월 『백년조』와 중앙당교中央党校[9]의 『학습시보学习时报』에 궁위즈龚育之[10]가 쓴 「장쩌스의 자서전 『1949년 난 청화원에 있지 않았다1949我不在清华园』와 『나의 조선전쟁』 두 권을 읽고서」가 잇달아 게재되었다. 중앙선전부 부부장과 중앙당교 부총장을 지낸 궁위즈는 그 글에서 해방 이전의 지하투쟁과 포로수용소에서 지하투쟁을 한 청화대학 동문인 나의 활약을 십분 인정하면서, 내가 귀국 후 받았던 불공정한 대우에 대해 깊은 동정을 표했다. 그는 또 "비록 30년이란 시간이 지났지만 굴욕과 고난을 겪은 장병들에 대한 잘못된 처분을 바로잡아야 하며, 관계 당국은 '포로가 되면 변절이다'라는 인류에 어긋나는 잘못된 포로 관념을 여전히 심각하게 반성해야 한다"라고 힘주어 지적했다. 더욱이 그는 2004년에 발표한 「당사찰기党史札记」에서 "당사 인물에 관한 글을 쓸 때, 지도자만 대상으로 할 게 아니라 보통 당원이라도 그의 혁명 투쟁경력이 일정한 당사의 가치가 있으면 마땅히 당사 안에 포함해야 한다. …… 예컨대 장쩌스는 한국전쟁 포로수용소에서 벌인 애국 투쟁 중에 일정한 대표성을 갖고 있으며, 공산당원이 이끈 그 지극히 힘들고 어려웠던 국제적 투쟁은 마땅히 우리 당의 역사에서 빠져서는 안 되는 한 페이지임이 분명하다"라는 견해를 제시했다.

---

9 중앙당교(中央党校) : 정식명칭은 중공중앙당교이고 전국의 고급·중급 지도자 간부와 우수한 중년·청년 간부를 훈련 양성하는 학교이다.
10 궁위즈(龚育之, 1929~2007) : 후난성 창사 출신으로 중국의 저명한 마르크스주의 이론가 겸 교육자이다.

2008년 3월 19일 중앙군사위원회의 '중앙군사당안관中央军事档案馆' 빌딩에서 특별한 '당안 인수인계 의식'이 거행되었다. 의식 행사에는 중앙군사당안관 관계자 외에 베이징에 사는 우리 지원군 포로와 전쟁포로 작품을 쓰거나 편찬한 작가 및 편집인 10여 명이 출석했다. 행사 중 당안관 지도자가 우리로부터 우리가 여러 해 동안 보관하던 전쟁포로 관련 서적과 간행물, 음반과 영상 제품을 전달받음과 동시에 우리에게 당안관에서 인쇄 제작한 정교하고 아름다운 '귀중 당안 기증 증서捐献珍贵档案证书'를 발급해주었다. 당안관 지도자는 연설에서 "항미원조전쟁 중 포로가 된 우리 지원군 장병들이 포로수용소에서 벌인 영웅적인 투쟁은 우리 군의 역사상 빛나는 한 페이지이며, 그 투쟁과 관련된 역사자료는 우리 당안관에서 마땅히 소장해야 하는 귀중한 사료입니다. 우리는 충심으로 우리 업무에 대한 여러분의 지지에 감사드립니다!"라고 말했다. 우리는 그의 연설에 진정으로 깊은 기쁨과 위안을 느꼈다.

8. '전쟁포로사업' 중 아직 완성하지 못한 몇 가지 큰일

60년 동안 동료들이 줄곧 노력하여 쟁취하고자 했으나 아직 완성하지 못한 다음 몇 가지 큰일이 있다.

(1) 포로수용소에서 애국 투쟁하다 희생된 동료들에게 열사 칭호를 추인해 줄 것을 정부에 요구한 일. [주注 1]

(2) 포로수용소의 지하당 조직인 '공산주의 단결회'를 합법적인 중국공산당 조직으로 추인해 줄 것을 당 중앙에 요구한 일.

(3) "포로가 된 자체가 변절이다"라는 인륜에 어긋나는 잘못된 포로 관념에 대한 심각한 반성을 중앙정부 관련기관에 요구한 일. 이는 당시 귀국 포로에 대한 대우가 결코 "정성평가가 지나치게 엄격했고, 처분이 지나치게 무거웠던定性偏严, 处理偏重" 게 아니라 근본적으로 잘못된 것임을 인정하게 함으로써 전 사회에 문명화된 인도주의적 포로 관념을 확립하여 앞으로 비극이 재연되는 것을 막으려는 것이다.

(4) 타이완으로 간 1만 4천 명의 지원군 포로 문제에 대해 전면적인 심도 있는 조사를 진행하여 실사구시에 입각한 정성 분석과 역사적 평가를 하도록 요구한 일.

(5) 국가를 위해 참전했던 군인이 저항 능력을 상실하여 불행히 포로가 되었으나 지조를 굽히지 않고 조국으로 돌아온 후, 국가가 어떻게 그들을 올바르게 우대해야 하는지를 명확히 규정한 「전쟁포로법」을 정식으로 공포하도록 정부에 요구한 일.

우리는 '전쟁포로사업'이라는 것이 사실 중화민족이 문명과 진보를 추구하는 위대한 사업 중 하나의 구체적 사건에 불과하며, 사회가 발전하고 혁신되고 진보해야 만이 온전하게 실현될 수 있다는 것을 잘 알고 있다. 하지만 그동안 '지원군 귀국 포로'들의 운명이 이미 크게 개선되었기에, 우리는 '전쟁포로사업'을 열정적으로 지원해준 수많은 정의로운 분들에게 무한히 감격하고 있다.

[주註 1] 「전쟁포로수용소 애국 투쟁 중 사망한 열사 명단」

둥베이군구 귀관처는 1953년 11월 랴오닝 창투에서 일찍이 포로수용소에서 사망한 열사를 위한 추도식을 성대하게 거행했는데, 당시 집계된 열사 명단은 150명이 넘었다. 그 명단은 나중에 선양군구 조직부에 보내져 보관되었다. 1980년 중앙정부가 제74호 문건을 반포한 후, 우리는 중앙군사위원회 총정치부에 여러 차례 열사 추인 문제에 관한 청원을 제출하였다. 총정치부 보위부에서 선양군구에 열사 명단을 요구했지만, 열사 명단이 이미 '문화대혁명 동란' 중 파손되었다는 답신을 받았다. 여러 해에 걸친 우리의 노력에도 불구하고 확인된 열사 명단은 60명이 채 되지 않는다.

(1) 거제도·부산·판문점에서 '선별 반대' 투쟁 중 희생된 열사

린쉐부·양원화·치중탕[11]·장쩐룽张振龙·런다오무任道木·탕카이졘唐开建·스쩐칭石振清·증위톈曾玉田·장커우张克武·정둥하이郑东海·류유수이刘友水·리훠진李伙金·장궈빈江国斌·왕칸王侃·마즈탕马志堂·탄지우谭九·자오차오저우赵潮洲·리웨이李威·장리우타이张六泰·위안충원袁崇文·차오리싱曹利兴·커우란칭寇兰清·쉬구이许贵·스위즈时雨志·양지에푸杨介甫·장쯔룽张子龙……

(2) 제주도에서 '반박해反迫害' 및 1952년 '10·1 국기 게양' 투쟁 중 희생된 열사

왕샤오치·양옌화杨延华·왕화이[12]·왕빙중王炳中·장둥하이张东海·리완칭李万青·후수성胡树生·량궈화梁国华·판지에范杰·왕시위안王西元·가오융高勇·마루룽马如龙·천졘중陈建中·덩훙빈邓鸿斌·리다차이李大才·왕바오위안王保元·런신任新·위에윈우岳蕴武·리위샹李玉祥·왕루수이王如水·자오훙루赵洪录·류진

---

11 원서에는 戚忠堂으로 되어 있는데, 본문 상권 11장 2절에서 언급한 戚忠唐과 동일 인물로 보인다.

12 본문에 따르면 제주도가 아니라 거제도에서 도드 납치사건 직후 사망한 것으로 나온다.

스刘金石 · 마허칭马和清 · 리서우시엔李守贤 · 왕차오위안王操源 · 장수성张树生 · 천젠화陈建华 · 딩스쿠이丁世魁 · 왕쉬팅王旭亭 · 궈바오창郭宝长 · 왕후이팅王辉庭 · 궁롄춘巩连春 …….

친애하는 동지 여러분

여러분은 자신의 소망을 마침내 실현하여 미국 침략자의 도살장에서 벗어나 다시금 조국의 품으로 돌아왔습니다. 여러분은 적의 포로수용소에 구금되어 온갖 비인도적인 학대와 박해를 받으면서 용감하게 불굴의 투쟁을 전개하였습니다. 우리 중국인민지원군 동지 일동은 여러분의 귀환을 열렬히 환영하고 진심으로 위로합니다.

1951년 7월부터 시작된 한국전쟁 정전 담판이 최근에 와서야 겨우 협의에 도달하였습니다. 이 2년에 걸친 정전 담판 투쟁 중 미국 침략자는 특히 전쟁포로의 송환 문제와 관련하여 각종 음모와 모략을 펼치며 정전협정의 협의 달성을 지연, 방해하고 파괴하였습니다. 반면 우리 측은 공평하고 합리적인 원칙을 견지하며 각종 엄정한 투쟁을 통해 적의 음모를 잇달아 분쇄하였습니다. 특히 1950년 6월 25일부터 시작된 조선인민군의 용감한 저항과 1950년 10월 25일 우리 중국인민지원군의 참전 이후 조선인민군과의 공동 작전으로 3년 1개월 동안 미국과 이승만 침략군 109만 3천여 명(그중 미군이 39만 7천여 명을 차지함)을 섬멸하는 위대한 승리를 얻었습니다. 이에 적은 군사적으로 큰 타격을 입었고 미국 침략자의 국제적 지위도 갈수록 고립되어 간 반면, 소련을 위시한 평화·민주 진영의 역량은 날로 강대해져 전 세계 인민의 침략전쟁 반대운동과 평화수호 운동이 갈수록 고양되었습니다. 이리하여 미국 침략자는 결국 정전협정에 조인하지 않을 수 없게 되었습니다. 따라서 조선에서의 정전 실현은 곧 우리 중국과 조선 인민이 군사와 정치 투쟁에서 승리한 성과이며, 또 전 세계의 평화를 애호하는 인민이 벌린 침략전쟁 반대와 세계 평화수호 투쟁의 중대한 승리입니다.

'전쟁포로 송환'은 정전 담판 중 가장 오랫동안 가장 격렬하게 투쟁했던 문제였습니다. 이 문제에 대해 미국 침략자는 일찍이 담판 회의에서 강제 구류 방법을 억지로 무리하게 고집하여 우리 측 포로 동지 대부분을 붙잡아 이승만과 장제스 집단의 총알받이로 삼으려는 망령된 생각을 하였습니다. 그뿐 아니라 포로수용소에서 여러분들에게 잔학하고도 피비린내 나는 박해를 가하고 폭력을 동원한 선별심사를 하여 여러분의 몸에 본인의 의지에 반하는 글자를 강제로 새기게도 하였습니다. 이러한 온갖 악랄한 방법을 사용하여 위협하고 협박해서 여러분이 조국으로 귀환하고 싶은 소망을 자유롭게 표현하지 못하게 함으로써 여러분을 억지로 붙잡아 두려는 목적을 달성하고자 하였습니다. 이에 우리는 진리를 지키기 위해, 여러분의 정의와 소망을 지키기 위해 전쟁포로 강제 구류에 반대하는 원칙을 견지하면서 확고부동하고 엄정한 투쟁을 전개하였고, 이에 대한 평화를 사랑하는 전 세계 인민들의 힘찬 지지를 얻었습니다. 이와 함께 여러분 스스로 귀환 견지를 위해 용감한 투쟁을 전개하여 많은 뛰어난 동지들이 불굴의 투쟁 중 영예롭게 자신의 목숨을 희생한 결과, 적의 강제 구류 음모를 분쇄하고 당당히 조국으로 귀환할 수 있게 되었습니다. 여러분이 참혹한 고통에서 빠져나와 자유를 회복할 수 있도록 조국의 인민 더 나아가 전 세계의 정의로운 인민들은 매우 중대한 노력을 하였습니다.

친애하는 동지 여러분, 모든 중국인민지원군의 동지들은 언제 어디서나 여러분의 처지에 대해 항상 관심을 두고 있습니다. 여러분이 포로수용소에서 겪은 불행을 동정하고, 여러분이 견지한 용감한 투쟁을 지지하고, 그 무도한 적의 포로수용소에서 용감하게 자신을 희생한 동지들을 영원히 잊지 못할 것입니다.

우리의 모든 동지는 전쟁에서 승리하여 우리 측 전쟁포로를 강제 구류하려는 적의 음모를 분쇄하고 정전을 성공적으로 쟁취하기 위해 수많은 동지가 피를 흘리며 용감히 희생하는 중대한 대가를 치렀습니다. 자유롭고 행복한 조국에서 사는 동포들도 여러분이 위대한 조국의 품으로 하루빨리 돌아오길 항상 기원하면서 온 힘을 다해 적이 여러분의 강제 구류를 포기하고 정전을 시행할 수밖에 없을 때까지 우리의 전쟁 수행을 지원하였습니다. 이제 여러분이 돌아오게 되었으니, 우리 모든 중국인민지원군 동지는 여러분을 충심으로 열렬히 환영합니다. 우리는 여러분이 돌아온 후에 우선 건강을 회복하길 희망합니다. 동시에 미국 침략자가 여러분에게 가한 온갖 모욕과 학대 및 박해를 잊지 말고, 조국을 위해 평화를 위해 정의를 위해 전선에 나갔던 전우와 적의 잔혹한 박해하에 영예롭게 자신을 희생한 동지들을 잊지 말기를 바랍니다. 또 끊임없이 자신의 투지를 불태워 조국의 평화 건설을 위해 여러분의 역량을 바칠 준비를 하길 기대합니다.

마지막으로 여러분께 말씀드립니다. 우리는 적의 방해와 박해로 여전히 조국으로 돌아오지 못하게 된 모든 동지가 그들의 소망대로 조국으로 돌아올 수 있도록 계속 노력해야 한다는 겁니다. 우리의 투쟁은 정의로운 것이므로 반드시 승리할 것입니다. 여러분이 하루빨리 건강을 회복하여 조국의 위대한 평화 건설 사업에 적극적으로 참여할 수 있기를 미리 기원합니다. 포로수용소에서 끝까지 투쟁하다 영예롭게 희생한 열사들이여, 영원히 잊히지 않고 후세에 전해지리라!

중국인민지원군 사령부 정치부

1953년 8월 14일

　　조선인민군과 중국인민지원군 포로 동지 여러분 :

　　조선인민군과 중국인민지원군은 상대방과의 담판 중에「전쟁포로 대우에 관한 제네바 협약」규정에 근거하여 정전 후 여러분들이 각자 조국의 집으로 돌아가 평화스러운 생활을 할 권리가 있음을 일관되게 견지하였고, 아울러 1952년 4월 6일 성명을 발표하여 여러분이 조국의 품으로 돌아오는 것을 전적으로 환영한다고 밝혔습니다. 현재 조선에서는 정전협정이 이미 체결되어 여러분이 조국으로 돌아올 때가 되었습니다. 중립국 송환위원회의 직권 범위에 관한 규정에 따르면 어떤 사람도 여러분을 위협하거나 여러분이 조국으로 돌아오고자 하는 소망을 방해할 수 없게 되어 있습니다. 우리는 조국에 대한 여러분의 그리움과 포로가 된 후 겪었던 불행한 처지를 깊이 이해하고 있습니다. 여러분 가운데는 구류기간 동안 강제로 팔에 글자를 새기거나, 모종의 문건을 작성하거나, 모종의 조직에 참여하거나, 상대방 포로수용소 내의 직무를 맡거나, 혹 기타 유사한 행위를 한 사람이 일부 있음을 알고 있습니다. 하지만 우리는 이러한 모든 행위가 여러분의 자유의사에서 나온 게 아니기 때문에 여러분 스스로 책임질 필요가 없다고 생각합니다. 이에 특별히 우리는 정중히 다음과 같이 선포합니다. 우리 측 전쟁포로로 상대방 포로수용소 내에서 위에 언급한 어떤 행위를 했을지라도 조국에 돌아온 후에는 일체 지난 잘못은 묻지 않으며, 모든 귀국 포로들은 모두 가족과 함께 살고 조국의 건설 사업에 참여하여 평화로운 삶을 지낼 수 있음을 책임지겠습니다. 이런 의미에서 대표를 파견하여 여러분을 위로하고 여러분의 조국 귀환과 관련된 사항을 알려드리며

아울러 여러분의 조국 귀환을 환영할 것입니다. 우리 두 사람 그리고 조선
과 중국의 모든 인민이 여러분을 걱정하고 여러분의 귀환을 간절히 바라
고 있습니다.

조선인민군 최고사령관 김일성

중국인민지원군 사령관 펑더화이

1953년 9월 14일

친애하는 동지 여러분 :

우리는 조선과 중국의 모든 인민을 대표하여 여러분을 환영하고 위문합니다. 아울러 여러분의 안부를 묻기 위해 조선 적십자회와 중국 홍십자회의 대표를 파견하였습니다.

여러분이 포로가 된 이래로 우리 양국 인민은 시시각각 여러분의 안위를 걱정하였습니다. 우리는 여러분이 정신적, 육체적으로 온갖 괴로움을 겪으면서 항상 자신의 조국을 그리워하며 각자의 조국으로 돌아가기 위해 용감하게 노력해왔음을 알고 있습니다.

여러분의 이와 같은 진실한 소망은 우리 양국 인민이 더욱 여러분을 그리워하게 하였을 뿐 아니라 줄곧 양국 인민이 지지하는 바가 되었습니다. 여러분이 고난에서 벗어나 각자 조국의 품으로 다시 돌아오도록 양국 인민은 할 수 있는 최대의 노력을 다하였습니다.

지금 조선에서는 정전협정이 이미 체결되었습니다. 정전협정의 규정에 따르면 여러분 모두가 두 달 내에 자기 조국의 품으로 돌아갈 수 있게 되어 있습니다. 여러분의 고난에 찬 생활은 이제 곧 끝이 납니다. 여러분이 자유를 되찾을 날도 이미 도래하였습니다. 조선과 중국의 인민 모두가 여러분을 열렬히 환영합니다. 여러분이 돌아와 오랫동안 헤어진 부모님, 처자식과 재회하게 된 것을 환영하며 위대한 조국의 평화 건설 사업에 함께 참여하게 된 것을 환영합니다. 우리는 여러분이 다시 고향에 돌아올 것을 대비해 모든 준비를 다 해두었습니다.

조선민주주의인민공화국 만세!

중화인민공화국 만세!

조선민주주의인민공화국 적십자회 중앙위원회

조선직업총동맹 중앙위원회

조선민주여성동맹 중앙위원회

조선민주청년동맹 중앙위원회

조선농민동맹 중앙위원회

중국홍십자회 총회

중화전국총공회總工會

중화전국민주부녀연합회

중화전국민주청년연합총회

1953년 8월 1일

제1편 총칙

제3조 한 체약국^{締約国} 영토 내에서 발생한 국제적 성격을 띠지 않는 무력 충돌의 경우, 충돌 당사국은 최소한 다음 규정을 준수해야 한다.

(1) 무기를 버린 전투부대원 및 질병, 부상, 억류, 기타의 사유로 전투력을 상실한 자를 포함하여 실제 전투에 참여하지 않은 자는 인종, 피부색, 종교 또는 신앙, 성별, 출신 혹은 재력 및 기타 유사한 기준에 근거한 차별 없이 모든 경우에 있어서 인도적 대우해야 한다.

따라서 상기한 자에 대해서는 때와 장소를 불문하고 아래 열거한 행위가 있어서는 안 된다.

1. 생명과 신체에 대한 폭행, 특히 각종 살인, 상해, 학대 및 고문 같은 행위

2. 인질로 잡는 행위

3. 개인의 존엄성에 대한 침해, 특히 모욕하거나 신분을 멸시하는 행위

4. 문명인에게 필수라고 여겨지는 법적 보장을 갖춘 정규 조직인 법정의 선고를 거치지 않고 서둘러 형을 확정하거나 사형을 집행하는 행위

(2) 부상자와 병자는 마땅히 수용하여 간호해야 한다.

국제 적십자 위원회와 같은 공정한 인도주의 단체가 충돌 당사국에 봉사를 제공할 수 있어야 한다.

충돌 당사국은 특별 협정의 방식으로 본 협약의 다른 규정 전부 또는 일부가 효력을 발휘할 수 있도록 더욱 노력해야 한다.

상술한 규정의 적용은 충돌 당사국의 법적 지위에 영향을 미치지 아니한다.

제5조 본 협약은 제4조에서 열거한 자들이 적국의 권력 하에 들어간 때부터 최종적으로 석방되어 송환될 때까지 적용된다.

교전을 하다 적의 수중에 빠진 자가 제4조에서 열거한 여러 부류 중 어디에 속하는지 의문이 생길 경우, 그 신분이 주관 법정에 의해 결정될 때까지 본 협약의 보호를 받아야 한다.

제2편 포로의 일반적 보호

제13조 포로는 항상 인도적 대우를 받아야 한다. 감금하고 있는 포로를 사망케 하거나 그 건강에 중대한 위해를 가하는 억류 국가의 어떠한 불법 행위 또는 부작위도 반드시 금지되어야 하며, 이를 어기면 본 협약에 대한 중대한 위반으로 간주한다. 특히 포로의 신체를 손상해서는 안 되며 포로 본인의 치료, 치과 치료 혹은 입원 진료에 필요하고 도움이 되는 처치가 아니면 어떠한 의학적 과학적 실험도 해서는 안 된다.

또한 포로는 어떠한 상황에서도 보호받아야 하니, 특히 폭행, 협박, 모욕 및 대중의 호기심으로 인한 성가심을 당하지 않아야 한다.

포로에 대한 보복 조치는 마땅히 금지되어야 한다.

제14조 포로는 모든 경우에 있어서 그들의 신체와 명예를 존중받을 권리를 가진다.

여자 포로에 대한 대우는 여성이라는 점이 충분히 고려되어야 하며 어떤 경우에도 남자와 동등하게 우대받아야 한다.

포로는 그들이 포로가 될 때 누렸던 모든 사법상의 행위 능력을 보유한다. 포로라는 신분 때문에 불가피한 경우를 제외하고 억류 국가는 자국의 영토 내외에서 포로가 이러한 행위 능력이 부여한 권리를 행사하는 것을 제한할 수 없다.

제15조 포로를 억류하는 국가는 무상으로 포로의 생활을 책임져야 하며 그들의 건강상 필요한 의약품을 제공하여 돌봐야 한다.

제16조 억류 국가는 계급과 성별에 관한 본 협약의 규정 및 건강 상태, 나이, 전문능력을 이유로 부여한 특별 대우를 제외하고 인종, 국적, 종교 신앙, 정치적 의견 내지 유사한 기준에 근거한 어떤 다른 구별로 인해 차별받지 않도록 모든 포로를 똑같이 대우해야 한다.

제3편 포로의 신분

제1부 포로 신분의 시작

제17조 모든 포로는 심문받을 때 자신의 성명, 계급, 출생 일자 및 소속된 군과 연대, 개인 군번만 진술하면 되고, 만약 이것이 불가할 경우 이에 상당하는 사항을 제공해야 한다.

만약 포로가 고의로 이 규칙을 위반하면 이로 인해 그의 계급 또는 지위에 해당하는 특전을 제한받을 수 있다.

각 충돌 당사국은 그의 관할 하에서 포로가 될 자격이 있는 자에게 소지자의 성명, 계급, 소속 군과 연대, 개인 군번 또는 이에 상당하는 사항 및 출생 일자를 적은 신분증명서를 발급해야 한다. 아울러 신분증명서에는 소지자의 사인이나 지문, 또는 양자를 모두 남길 수 있고 충돌 당사국이 그 전투부대에 소속된 자에 관해 부가하길 원하는 기타 사항도 기재할 수 있다. 증명서는 가능한 한 6.5×10cm 크기로 하며 정본과 부본 2통을 발급해야 한다. 이 증명서는 요구가 있을 때 포로가 제시해야 하지만 여하한 경우에도 본인에게서 탈취해서는 안 된다.

포로에 대한 육체적 정신적 고문이나 다른 온갖 형태의 협박을 통해 그들로부터 어떠한 정보도 획득해서는 안 된다. 답변을 거부하는 포로에 대해 위협이나 모욕을 가해서는 안 되며 포로에게 불쾌하거나 불리한 어떤 대우를 해서도 안 된다.

신체적 또는 정신적 상태로 인해 그 신분을 밝힐 수 없는 포로는 의료 기관으로 이송되어야 한다. 이런 포로의 신분은 각종 가능한 방법을 동원해 증명해야 하지만 전항의 규정에 따라야 한다.

포로에 대한 심문은 그들이 이해하는 언어로 실시해야 한다.

제18조 무기, 말, 군사 장비나 군사 문서를 제외한 모든 개인용품은 포로에게 돌려줘 계속 소지하게 해야 하며, 철모와 방독면 및 개인을 보호하기 위해 발급된 물품도 마찬가지이다. 의식衣食에 사용되는 물품 역시 그것이 군대에서 규정한 장비의 일부이더라도 포로들이 계속 소지하게 해야 한다.

포로는 항상 신분증명서를 휴대해야 한다. 억류 국가는 신분증명서가 없는 포로에게 이러한 증명서를 발급해야 한다.

계급장과 국가 휘장, 훈장 또는 개인적으로나 정서적으로 특별한 가치를 지닌 물품을 포로로부터 압수하면 안 된다.

상관의 명령이 있거나 금액과 소지자에 관한 구체적 내용이 특별 장부에 기록되고 발행자의 성명과 계급 및 부대가 분명하게 기록된 상세 영수증이 발급된 경우를 제외하고는 포로가 가진 금전을 압수하면 안 된다. 그 금전이 억류 국가의 화폐이거나 포로의 요청으로 억류 국가의 화폐로 교환했을 경우 제64조의 규정에 따라 포로의 계좌에 입금해야 한다.

억류 국가는 단지 안전을 위해서만 포로로부터 귀중품을 압수할 수 있는데, 이런 물품을 압수할 때는 금전 압수에 관한 절차를 적용해야 한다.

이런 물품과 억류 국가 화폐가 아닌 원소유자의 태환 요청 없이 압수한 금전은 억류 국가가 보관하였다가 그들이 포로에서 풀려날 때 원래대로 반환해야만 한다.

제2부 포로의 구금

제1장 총칙

제21조 억류 국가는 포로를 가둘 수 있다. 포로가 억류 수용소의 일정한 경계를 벗어나지 못하도록, 만약 억류 수용소에 울타리가 설치되어있으면 울타리 밖으로 나가지 못하도록 할 수 있다. 형벌과 기율 징계에 관한 본 협약의 규정을 적용한 경우 외에 포로를 감금해서는 안 된다. 다만 그들의 건강을 보호하는 데 필요하거나 반드시 감금할 필요가 있는 사정이 계속되는 동안만 예외로 한다.

포로가 의존하는 국가의 법률이 허용하는 범위 내에서 선서나 언약으로 포로를 불완전 또는 완전히 석방할 수 있다. 이러한 조치는 포로의 건강 상태를 개선하는 데 도움이 될 때 특히 취해져야 한다. 단 어떤 포로도 선서나 언약으로 석방되도록 강요받아서는 안 된다.

전쟁이 시작되면 각 충돌 당사국은 그 국민이 선서나 언약으로 석방되는 것을 허용하거나 금지한다는 자국 법령을 상대국에 통지해야 한다. 그렇게 통지된 법령에 따라 선서나 언약으로 석방된 포로는 개인의 명예를 걸고 그들이 의존하는 국가 및 그들을 포로로 잡은 국가에 대해 자신이 선서하고 승낙한 조건을 엄수해야만 한다. 이러한 경우에 그들이 의존하는 국가는 선서나 언약에 어긋나는 어떤 복무服務도 요구하거나 받아들이게 할 수 없다.

제22조 포로는 위생과 건강을 보장받을 수 있는 육상 장소에만 가둘 수 있다. 포로 자신에게 도움이 된다고 인정되는 특수한 장소 외에는 포로들을 교도소에 가둘 수 없다.

비위생적이거나 기후가 몸에 해로운 지역에 구금되어있는 포로는 속히 기후가 적절한 곳으로 이송해야 한다.

억류 국가는 포로의 국적과 언어 및 관습에 따라 각 수용소에 집단 수용해야 한다. 단 포로 본인의 동의가 없는 한, 포로가 되었을 때 복무하던 전투부대에 함께 소속된 포로들과 분리해서는 안 된다.

제23조 어떤 경우에도 포로를 포화에 노출되는 전투 지역으로 보내거나 억류해서는 안 되며, 포로를 일정한 지점이나 지역에 배치함으로써 군사 공격을 피하려 이용해서도 안 된다.

포로수용소는 군사적 고려가 허용하는 범위 내에서 주간에 고공에서도 명료하게 식별할 수 있도록 PW 또는 PG 이니셜을 표지해야 한다. 관련 국가는 그 표지 방법에 대해 협의할 수도 있다. 단 오직 포로수용소만이 이처럼 표지할 수 있다.

제2장 포로의 숙소, 음식 및 피복

제25조 포로의 숙소는 같은 지역 내 주둔하는 억류 국가 부대의 거주 조건과 똑같이 좋아야 한다. 거주 조건은 포로의 습관과 풍속을 고려한 것이어야 하며, 또한 어떤 경우에도 포로의 건강을 해치게 해서는 안 된다.

포로 개인이나 집단을 위해 설치된 건물은 습기가 완전히 차단되어야 하고, 특히 일몰과 소등 때까지 온도와 빛이 충분히 제공되어야 한다. 화재의 위험에 대해서도 철저한 예방조치가 취해져야 한다.

모든 포로수용소는 남녀 포로를 동시에 수용하는 경우 그 숙소를 따로 설치해야만 한다.

제26조 매일의 기본 급식은 양과 질 그리고 종류에 있어서 포로들이 건강을 유지하고 체중 감소나 영양 부족을 방지하기에 충분해야 한다. 포로들의 식습관을 고려한 음식도 제공해야 한다.

억류 국가는 노동하는 포로에게 그들이 일한 만큼 필요한 추가 급식을 제공해야 한다.

포로에게 충분한 음료수를 공급해야 하며 흡연을 허가해야 한다.

포로는 자신들의 식사 조리에 최대한 참여해야 하며 이를 위해 취사장에서 일할 수 있다. 그 외 포로들이 소지하고 있는 별도의 식품을 <u>스스로</u> 조리할 수 있는 도구를 제공해야 한다.

포로들이 식사하기에 적합한 장소를 갖추어야 한다.

음식 섭취에 영향을 미치는 집단적 징벌 조치는 금지한다.

제27조 억류 국가는 포로가 억류되어있는 지역의 기후를 고려하여 피복과 내의, 구두와 양말을 충분히 공급해야 한다. 만약 기후에 적합하다면 억류 국가가 포획한 적군의 제복을 포로의 피복으로 제공해야 한다.

억류 국가는 정기적으로 상술한 의류의 교환과 수선을 보장해야 한다. 그 외 노동하는 포로에게는 작업 성격상 필요에 따라 적당한 피복을 공급해야 한다.

제28조 각 포로수용소 내에 포로들이 식품, 비누, 담배 및 일상 용품을 구매할 수 있는 판매처를 설치해야 한다. 판매 가격은 그 지역의 시장 가격을 초과해서는 안 된다.

포로수용소 판매처에서 얻은 이익금은 포로를 위해 사용해야 하며, 이

목적을 위해 특별 기금을 설립해야 한다. 포로 대표는 판매처 및 해당 기금의 관리에 참여할 권리를 가져야 한다.

포로수용소가 폐쇄될 때 남은 특별 기금은 국제 복지기구에 인도하여 기금을 모은 포로와 같은 국적의 포로들 이익을 위해 사용해야 한다. 만약 모든 포로가 송환되게 되면, 이 이익금은 관련 국가 간에 상반된 방법이 논의되지 않는 한 억류 국가가 보관해야 한다.

제3장 위생과 의료 돌봄

제29조 억류 국가는 포로수용소의 청결과 위생 확보 및 전염병 방지를 위해 필요한 위생 대책을 취할 책임이 있다.

포로는 주야를 막론하고 위생 규칙에 부합하고 항상 청결한 설비를 사용할 수 있어야 한다. 포로수용소에 수용된 여자 포로에게는 그들을 위한 별도의 설비가 제공되어야 한다.

포로수용소는 목욕탕 및 샤워 시설을 갖추어야 할 뿐 아니라 포로 개인에게 세면과 세탁을 위한 충분한 물과 비누를 공급해야 한다. 또한 이를 위해 포로에게 필요한 설비와 편의 및 시간이 주어져야 한다.

제30조 각 포로수용소 내에는 포로들이 필요한 돌봄과 적절한 음식을 제공받을 수 있는 적당한 진료소가 있어야 한다. 필요한 경우에는 전염병 또는 정신병 환자를 위한 격리 병동이 마련되어야 한다.

중병에 걸리거나 특별한 의료, 외과 수술 또는 입원 치료가 필요한 포로들은 송환이 임박했더라도 이러한 진료를 할 수 있는 군 또는 민간 의료 기관에 반드시 수용해야 한다. 송환 전까지 장애인 특히 시각장애인에 대한 돌봄 및 회복을 위해 특별한 편의를 제공해야 한다.

포로는 그들이 의존하는 국가의 의료인에게 돌봄 받는 것이 가장 좋지만, 가능하다면 같은 국적 의료인의 돌봄을 받을 수 있다.

포로가 의료당국에 검사를 요청했을 때 제한을 해서는 안 된다. 억류 당국은 요청이 있을 때 치료받은 포로에게 그들의 질병 혹은 부상의 정도와 치료받은 기간 및 종류를 설명한 정식 증명서를 발급해야 한다. 이 증명서의 사본은 포로 중앙사무소에 보내야 한다.

포로의 건강 유지를 위해 필요한 기구, 특히 의치나 기타 신체 보조 장구 및 안경 등의 비용을 포함한 의료비용은 억류 국가가 부담해야 한다.

제31조 포로의 건강 검진은 최소 월 1회 실시해야 한다. 검진에는 각 포로에 대한 체중 측정과 기록이 포함되어야 한다. 그 목적은 포로의 일반적인 건강 상태와 영양 및 청결을 특별히 점검하고 전염병 특히 폐결핵과 이질 및 성병을 발견하는 데 있다. 이를 위해 정기적인 소형 엑스레이 집단 촬영을 통한 폐결핵 조기 발견과 같은 가장 유효한 방법을 사용해야 한다.

제32조 포로 중 의사, 외과 의사, 치과 의사, 간호사 또는 의료봉사자는 비록 그 본국 군대의 의무대에 배속되지 않은 자이더라도, 억류 국가는 그들이 의존하는 국가의 포로 이익을 위해 의료 임무를 행하도록 명령할 수 있다. 이 경우 그들의 포로 신분은 계속되지만, 억류 국가가 유임시킨 대등한 의료인과 같은 대우를 받아야 한다. 그들에게는 제49조 중에 규정된 어떠한 작업도 면제해야 한다.

제5장 종교, 문화, 체육 활동

제34조 포로는 군사 당국이 정한 일상 규율의 준수를 전제로 그들 신앙의 종교의식 참석을 포함한 그 종교상 의무를 이행할 수 있는 완전한 자유

를 가져야 한다.

종교의식을 거행할 수 있는 적당한 장소가 제공되어야 한다.

제38조 억류 국가는 포로 개개인의 취미를 존중하여 포로의 문화, 교육오락, 운동, 유희 활동을 장려해야 한다. 아울러 필요한 조치를 하여 포로들에게 적당한 장소와 필요한 설비를 제공함으로써 실제 이러한 활동을할 수 있도록 보장해야 한다.

포로는 운동, 유희 및 옥외 체류를 포함한 신체 단련의 기회를 얻어야한다. 모든 포로수용소는 이를 위해 필요한 충분한 공터를 제공해야 한다.

제6장 규율

제39조 모든 포로수용소의 관리는 억류 국가 정규군대의 책임 있는 장교가 직접 맡아야 한다. 해당 장교는 본 협약의 사본을 소지해야 하고 포로수용소 직원과 경비원 모두 본 협약의 규정을 확실히 알도록 보장해야하며 그 정부의 지시하에 본 협약의 실행을 책임져야 한다.

장교를 제외한 포로들은 억류 국가의 모든 장교에게 경례해야 하며 자국 군대에서 적용하는 규칙에 규정된 예의를 표해야 한다.

장교 포로는 억류 국가 장교 중 본인보다 계급이 높은 자에게만 경례해야 한다. 단 포로수용소 소장에게는 그 계급에 상관없이 경례해야 한다.

제41조 모든 포로수용소는 본 협약과 그 부속 조문 및 제6조에 규정된특별 협정 내용을 포로가 사용하는 언어로 모든 사람이 읽을 수 있는 장소에 게시해야 한다. 이 게시 문건을 가서 볼 수 없는 포로가 사본 발급을 요구하면 이를 제공해야 한다.

포로의 행동에 관한 각종 규칙, 명령, 통고 및 인쇄물은 포로가 이해하는 언어로 발급해야 한다. 이들 규칙, 명령 및 인쇄물은 상기한 방식으로 게시해야 하고 그 사본을 포로 대표에게 교부해야 한다. 포로에게 개별적으로 내리는 모든 명령도 해당 포로가 이해하는 언어를 사용해야 한다.

제42조 포로 특히 탈주하거나 탈주하려는 포로에 대한 무기 사용은 최후의 수단이 되어야 하며, 이에 앞서 반드시 당시 사정에 적합한 경고를 해야 한다.

제3부 포로의 노동

제49조 억류 국가는 특별히 포로의 신체적 정신적 건강 유지하기 위해 그들의 나이, 성별, 계급 및 체력을 고려하여 체력적으로 감당해낼 만한 포로의 노동을 이용할 수 있다.

포로 중 부사관은 감독 업무만 해야 한다. 이 업무가 없는 자는 다른 적당한 업무를 요구할 수 있으며 최대한 그를 위한 업무를 찾아주어야 한다.

장교나 그에 상당하는 지위를 가진 자가 적당한 업무를 요구할 경우, 최대한 그를 위한 업무를 찾아야 한다. 단 어떤 경우에도 그들에게 업무를 강요해서는 안 된다.

제50조 포로수용소의 관리, 시설 또는 정비와 관련된 업무 외에 포로는 아래에 열거한 각종 업무에만 종사하도록 강제할 수 있다.

1. 농업
2. 원료 생산 또는 채굴·정제와 관련된 공업 및 야금, 기계, 화학을 제외한 제조공업 그리고 군사적 성격 또는 목적을 갖지 않는 공공 공사와 건축
3. 군사적 성격 또는 목적을 갖지 않는 운송과 물자 관리
4. 상업 및 예술과 공예

5. 가내家庭 노역

6. 군사적 성격 또는 목적을 갖지 않는 공익사업

위의 조문을 위반하면 포로가 제78조에 따라 청원 제출 권리를 행사할 수 있도록 허용해야 한다.

제5부 포로의 외부와의 관계

제71조 포로가 편지와 엽서를 받거나 보내는 것을 허용해야 한다. 만약 억류 국가가 포로들이 발송하는 편지와 엽서 수량을 반드시 제한할 필요가 있다고 판단하더라도, 그 수량은 제70조에 규정된 포로 엽서 외에 매월 편지 2통 및 엽서 4장 이하이어서는 안 된다. 이들 편지와 엽서의 격식은 본 협약에 첨부된 양식과 최대한 같아야 한다. 억류 국가가 검열에 필요한 언어 능통자를 충분히 찾지 못해 번역에 어려움이 생기고 관련 포로의 이익을 위해 반드시 통신을 제한해야 한다고 보호국이 확인한 경우에만 제한을 추가할 수가 있다. 만약 포로의 편지 발송을 반드시 제한해야 한다면, 통상 억류 국가의 요청에 따라 포로가 의존하는 국가만이 이를 명령할 수 있다. 이들 편지와 엽서는 반드시 억류 국가가 가진 가장 신속한 방법으로 전달해야 하며 기율을 이유로 지연시키거나 압류해서는 안 된다.

오랫동안 소식을 받지 못한 포로와 일반 우편 노선으로는 가장 가까운 가족과 서로 소식을 전할 수 없는 포로 및 집이 아주 먼 곳에 있는 포로는 전보를 보낼 수 있도록 허가해야 한다. 그 비용은 억류 국가에 있는 포로의 계정에서 공제하거나 포로가 소지한 화폐로 지급하게 한다. 긴급한 상황에 부닥친 포로도 이런 조치의 혜택을 똑같이 받아야 한다.

포로의 통신은 원칙적으로 모국어로 작성되어야 한다. 충돌 당사국은 다른 언어로도 포로가 통신할 수 있도록 허가해야 한다.

포로의 우편물을 담은 자루는 확실하게 봉인하고 그 내용을 분명하게 표시한 다음 목적지 우체국으로 보내야 한다.

제6부 포로와 당국과의 관계

제1장 억류 조건에 관한 포로의 이의 제청

제78조 포로는 억류 조건에 관한 요청을 관할 군사 당국에 제기할 권리를 가진다. 또한 포로는 그 대표를 통하거나 필요하다고 여길 때 직접 보호국 대표에게 억류 조건 관한 포로의 이의 제청에 관심을 두길 요청할 무제한의 권리를 가진다.

이러한 요청과 이의 제청은 제한해서는 안 되고 제71조에서 지적한 통신 한도 수량의 일부로 인정해서도 안 되며 반드시 즉시 전달해야 한다. 이러한 요청과 이의 제청에 근거가 없다고 인정되더라도 이를 이유로 처벌해서는 안 된다.

포로 대표는 보호국 대표에게 포로수용소의 상황 및 포로의 요구에 관한 정기적 보고를 보낼 수 있다.

제2장 포로 대표

제79조 장교가 있는 경우를 제외한 포로가 있는 모든 곳에서는 6개월마다 또는 결원이 생겼을 때 비밀 투표 방식으로 자유롭게 포로 대표를 선출함으로써 군사 당국, 보호국, 적십자국제위원회 및 포로를 원조하는 기타 조직이 그 대표 행위를 위임하게 해야 한다. 이런 포로 대표는 재선되어 연임할 수 있다.

제80조 포로 대표는 포로의 물질적, 정신적, 문화적 복지를 위해 이바지해야 한다.

본 협약의 여타 규정이 포로 대표에게 부여한 특별 임무와는 별도로 포로들 스스로 상호 부조 조직을 결성한다면, 이 조직의 운영은 더욱 포로 대표의 권한 범위에 속한다.

포로 대표라는 이유로 포로가 범한 과실에 대해 어떠한 책임도 물어서는 안 된다.

제4편 포로 신분의 종료

제1부 직접 송환 및 중립국의 수용

제109조 본 조문 제3항에 규정된 제한을 제외하고 충돌 당사국은 치료 후 여행이 가능한 중상 및 중병 포로를 그 수와 계급 여하를 불문하고 반드시 다음 조문 제1항의 규정에 따라 본국으로 송환해야 한다.

전쟁 기간 중 충돌 당사국은 관련 중립국과의 협력을 통하여 다음 조문 제2항에서 열거하는 병환 또는 부상 포로를 중립국에 수용하는 방법을 도출하도록 노력해야 한다. 그 외 충돌 당사국은 장기간 포로 신분으로 있던 건강한 포로의 직접 송환 또는 중립국에 구금하는 것에 관한 협정을 체결할 수 있다.

본 조문 제1항의 규정에 따라 송환 대상이 되는 병환 또는 부상 포로를 전쟁 기간 중 본인 의사에 반하여 송환해서는 안 된다.

제110조 다음에 열거하는 자는 직접 송환해야 한다.

(1) 치료가 불가한 부상자 또는 병자로서 그 정신과 체력이 심각할 정

도로 손상되었다고 인정되는 자.

(2) 1년 이내에 회복할 가망이 없다고 의학적으로 진단된 부상자 또는 병자로서 치료가 필요한 상태일 뿐 아니라 그 정신과 체력이 심각할 정도로 손상되었다고 인정되는 자.

(3) 이미 회복된 부상자 또는 병자이나 그 정신과 체력이 심각할 정도로 그리고 영구적으로 손상되었다고 인정되는 자.

다음에 열거하는 자는 중립국에 수용할 수 있다.

(1) 부상 또는 발병한 날로부터 1년 내 회복될 희망이 있는 부상자나 병자로서 중립국에서 치료하면 더욱 확실하고 신속하게 회복될 가능성이 있다고 인정되는 자.

(2) 포로 신분으로 계속 있으면 심신 건강에 현저한 위험이 있다고 의학적으로 진단되는 포로로서 중립국에 수용하면 이러한 위험에서 벗어날 수 있다고 인정되는 자.

중립국에 수용된 포로가 송환되기 위해 반드시 갖춰야 할 조건 및 신분은 관계국 간의 협의를 통해 결정해야 한다. 일반적으로 중립국에 수용된 포로로 다음 부류에 속하는 자는 송환해야 한다.

(1) 건강 상태가 직접 송환 조건에 이를 정도로 악화한 자.

(2) 치료 후에도 심신 건강이 여전히 매우 손상된 자.

만약 충돌 당사국 간에 특별 협정을 체결하지 않고 직접 송환 또는 중립국에 수용하는 장애 또는 질병 문제를 결정할 경우, 본 협약에 부속된 부상 또는 병환 포로의 직접 송환 및 중립국 수용에 관한 시범 협정 및 혼성 의료위원회 규칙에서 정한 원칙에 따라 결정해야 한다.

제114조 자해한 경우를 제외하고 사고를 당한 포로는 본 협약에 규정된

송환 또는 중립국 수용의 혜택을 누릴 수 있다.

제115조 기율 위반 처벌을 받은 포로로 직접 송환 또는 중립국 수용 조건에 부합하는 자는 처벌을 아직 다 받지 않았다는 이유로 억류해서는 안 된다.

사법 소추나 유죄판결을 받고 억류된 포로로 송환 또는 중립국 수용이 지정된 자는 억류 국가의 동의를 얻으면 소송 종료 이전 또는 형기 만료 이전에도 송환 또는 중립국 수용의 혜택을 누릴 수 있다.

충돌 당사국은 소송이 종료되거나 형기가 만료될 때까지 억류하고 있는 포로 명단을 서로 통지해야 한다.

제116조 포로 송환 또는 중립국 이송 비용은 억류 국가의 변경에서부터 해당 포로가 의존하는 국가가 부담해야 한다.

제117조 송환된 자를 현역 군인으로 복무시켜서는 안 된다.

제2부 전쟁 종료 후 포로 석방과 송환

제118조 전쟁이 사실상 정지된 후, 포로는 즉시 석방하여 송환해야 하며 지체해서는 안 된다.

충돌 당사국이 정전을 위해 체결한 협정에 상기한 사항에 관한 규정이 없거나 이러한 협정이 성립될 수 없으면, 각 억류 국가는 전항에서 정한 원칙에 따라 자체적으로 송환 계획을 제정하여 집행해야 하며 지체해서는 안 된다.

억류 국가가 채택한 조치는 어떠한 상황에서도 포로들이 다 알 수 있도록 해야 한다.

포로 송환 비용은 어떠한 상황에서도 억류 국가와 포로가 의존하는 국가가 공평하게 분담해야 한다. 분담은 아래 열거한 기초 위에서 집행되어야 한다.

1. 만약 양국이 국경을 접하고 있으면, 포로가 의존하는 국가가 억류 국가 변경에서부터의 송환 비용을 부담해야 한다.

2. 만약 양국이 국경을 접하고 있지 않으면, 억류 국가가 자국 영내를 통과해서 변경 또는 포로가 의존하는 국가와 가장 가까운 승선 항구에 이르는 포로 운송비용을 부담해야 한다. 나머지 비용은 관련 각국이 공평하게 분담하도록 협의해야 한다. 이 협정의 체결을 포로 송환의 지연 이유로 삼아서는 결코 안 된다.

저자 편집 설명: 본 협약은 유엔 웹사이트 인권 사무 중국어 홈페이지(http://www. un.org/chinese/hr/issue/u.htm)에서 내려받은 것이다. 「전쟁포로 대우에 관한 제네바 협약」은 전쟁 피해자 보호에 관한 국제협약 외교 회의(1949.4.21~8.12, 제네바)의 토론을 거쳐 1929년 7월 27일 제네바에서 체결된 「전쟁포로 대우에 관한 협약」을 수정하여 1949년 8월 12일에 통과되고 1950년 10월 21일부터 발효되었다. 이 협약은 총 6편에 143조, 5개 부속 문건을 포함하고 있다. 여기서는 앞의 4편, 즉 제1편 총칙, 제2편 포로의 일반적 보호, 제3편 포로의 신분, 제4편 포로 신분의 종료에서 발췌하였는데, 포로의 신분 확인, 포로 보호 원칙, 일반적인 보호조치, 포로 대우와 송환 규칙에 관한 조문에 중점을 두었다. 개별 조문은 층위를 더욱 분명히 하기 위해 원문의 일련번호를 조정하였다. 예컨대 (子) (丑) (寅)을 '(一)' '(二)' '(三)'으로, (甲) (乙) (丙) (丁)을 차례대로 '1.' '2.' '3.' '4.'로 바꾸었지만, 내용은 전혀 손대지 않았다.

저자 후기

    지난 60년 전의 전쟁을 회고하니 감개무량하다. 나는 세계 대공황이 발생한 1929년에 태어나 어릴 때부터 청년 시절까지 국공내전·항일전쟁·해방전쟁·한국전쟁 등 끊임없이 전란을 겪었는데, 그중에서도 특히 한국전쟁은 나의 일생에 너무나도 많은 고통을 주었다.

    그러나 내가 경험한 4년여의 한국전쟁을 우리 중화민족 근 100년의 역사발전 과정 중에 넣어서 생각해보면, 다음과 같은 새로운 인식을 하게 된다. 먼저 한국전쟁은 당시 세계 최강국과 싸워 비긴 전쟁으로 100년 이래 중화민족이 열강으로부터 부단히 모욕받았던 굴욕의 역사를 다시 쓰게 했다. 아울러 전 세계가 전쟁의 먹구름으로 뒤덮였던 시기 신중국에 60년의 안정을 가져주었고 최근 30년의 개혁개방도 순조롭게 추진할 수 있게 보장하였다. 한국전쟁의 또 다른 중요한 결과는 타이완 해협에서 전쟁이 발발하는 것을 막았다는 점이다. 그런 면에서 한국전쟁은 중화민족의 부흥을 위해 견실한 기초를 다지게 했다고 말할 수 있다. 중화의 아들과 딸들이 이를 위해 바친 대가와 희생은 정말 가치 있는 일이었다.

    지금 당시 전쟁포로수용소에서의 투쟁을 다시 되돌아보면, 역시 새롭고 더 깊은 인식이 든다. 미국은 전쟁에서 군사적으로 중국을 이기지 못하자 정전 담판 테이블에서 정치적으로 일부 보상받길 바랐다. 이 때문에 미국 측은 판문점에서 "전쟁포로 스스로 송환 방향을 선택하게 하자는" 제안을 하였고, 일부 타이완으로 가고자 하는 전쟁포로(전장에서 자진 항복한 지원군 중 선발되어 도쿄로 보내져 타이완 비밀정보원이 참여한 특수 훈련을 받은 다음 포로 관리관으로 임명된 귀순자를 포함)들이 중국 포로수용소를 통제하는 것을 적극적으로 지지함으로써 최대한 많은 지원군 포로들이 자신의 귀국 희망을 포기하게끔 했다. 그리하여 마지막으로 '송환 희망 선별'을 거치면서 중국 포로 중 무려 2/3가 "대륙으로 돌아가길 원치 않게" 되었다. 이는 미국 당국이 사전에 전혀 예상하지 못한 '대 승리'였고, 우리 정부로서는 결코 받아들일 수 없는 쓰라린 경험이었다. 이로 인해 정전 담판은 교착 상태에 빠졌고 한국전쟁도 1년 이상 더 계속되었다. 따라서 전쟁 당사국 쌍방이 더욱 큰 희생을 치러야 했고, 특히 억지로 타이완으로 가게 된 10,000여 명의 우리 동료들이 고향을 떠나 골육과 헤어지는 고통을 겪어야 했다. 그렇다면 미국이 중국 포로수용소에서 '의외의 승리'를 거두게 된 이유는 도대체 무엇이었을까? 수십 년 동안 나는 줄곧 이 문제의 해답을 찾으려 무진 애를 썼다. 그 당시 우리는 미군이 배신자와 특무를 이용해 아무 무기도 없는 포로에게 잔혹한 백색공포 통치를 시행하고 위협과 유혹, 신체적 학대, 정치적 모함 등 비열한 수단을 전개함으로써 그런 결과가 만들어진 것으로 간단히 결론을 내렸다. 하지만 지금 와서 생각하면 더 심층적인 뭔가, 즉 문화·역사·인성 면에서 우리 중국 군인이 가진 자체적인 원인이 있었다고 본다.

수천 년 황제 통치의 전통문화 속에서 백성은 황제에게 "충성을 다 해야盡忠"하며 군인은 황제 권력을 지키는 '국가 보위 전쟁卫国战争'에서 '살신성인'하고 '사생취의舍生取义'해야만 했으니, 투항은 불충不忠이요 포로가 되는 것은 변절变节과 같았다. 이처럼 병사를 전쟁 도구로 간주하는, 인권을 무시하고 인류에 어긋나는 봉건적 '포로 관념'으로 말미암아 우리는 포로가 된 후 늘 무거운 정신적 압박에 시달렸다. 그리하여 당원 간부들은 소침해지고 지식분자는 수치스러워하며 일반 사병들은 투지를 상실하게 되었다.

게다가 당시 우리 군대는 문화 수준과 소양이 매우 낮아서 독립적 사고능력과 임기응변 능력이 떨어져 조직적인 지휘가 이루어질 땐 용감하게 싸우지만, 일단 지휘 계통이 무너지고 홀로 험악한 환경에 처하게 되면 대부분 어찌할 바를 몰라 속수무책이었다.

한편 중국인이 미국인을 상대로 전개한 포로수용소 내 "배반 반대, 귀국 쟁취" 애국 투쟁이 어떻게 해서 중국인 간의 내부 투쟁으로 변하였을까? 더욱이 산 사람의 심장을 파내고 인육을 먹는 참혹한 지경에 이르기까지 잔인해질 수 있었던가? 일찍이 어떤 이는 해방군 내에 국민당군 출신이 비교적 많았기 때문이라고 여겼다. 예컨대 우리 180사단의 지휘관 중에는 옌시산閻錫山[13] 부대에서 온 '해방 전사戰士'가 적지 않았고 국민당 95군과 황포군관학교 출신으로 봉기한 장병이 더 많았는데, 이들이 타이완으로 가서 국민당에 복귀하려 했다는 것이다. 하지만 사실은 전혀 그렇지 않았다. 거제도 제86 포로수용소에서 맨 처음 나서 "배반 반대, 귀국 쟁취" 투쟁을 지휘한 사람은 바로 황포군관학교 출신 장교였다. 제86 포로수용소에서 벌어진 국민당 깃발 게양에 반대하는 무력 투쟁 중에 앞장서 싸웠던 '형제회' 멤버 대부분은 95군 출신이었다. 그리고 사람 심장을 도려내고 인육을 먹은 도살자 리다안도 국민당 부대 출신이 결코 아니었다. 문제의 뿌리는 어쩌면 우리 민족이 폭력을 숭상한 역사 속에서 찾아야 할지 모르겠다. 2천여 년래 왕조교체는 전부 폭력을 통해 이루어졌을 뿐 아니라 부족과 가족 사이에도 폭력 충돌이 항상 발생했다. 중화민국 이래 국민당과

---

13 옌시산(閻錫山, 1883~1960) : 산시성[山西省] 우타이[五台] 출신으로 신해혁명 후 1949년까지 38년간 산시성을 지배한 군벌 정치가로 짧은 기간 중화민국 행정원장과 대리(代理) 총통을 맡기도 했다.

공산당 간 벌어진 장기간의 대규모 격렬한 내전이 중화민족에 미친 영향은 아주 깊었다. 우리가 포로수용소 내에서 벌인 투쟁은 1949년 이후의 또 다른 국공내전으로 볼 수 있을 것이다. 다만 이번에는 국민당 세력이 미국의 직접 지원으로 마침내 미국인을 대신해 큰 승리를 거둔 것일 뿐이었다. 우리 중국인이 쉽게 선동되어 서로 폭력투쟁을 전개하는 약점은 문화대혁명 과정에서 더욱 완전히 드러났다.

전쟁포로수용소에서의 역사를 되돌아보며 나는 인간의 존엄을 유지하는 것이 인성人性을 지키는 마지막 방어선이라는 하나의 중요한 인식을 얻게 되었다.

인성 중에서 가장 귀한 것은 자애로움이고 자유와 정의에 대한 추구이고 강제된 액운에 굴복하지 않는 것이며 혈육 간의 정과 우정 및 애정에 대한 집착이다. 바로 이런 것들이 인류 사회의 발전을 유지하고 촉진해 왔다. 하지만 사람이 만약 인격과 존엄을 박탈당하게 되면, 그 사람의 모든 아름다운 인성도 따라서 사라져 버리고 그의 내면에 감춰져 있던 야수성野獸性이 폭발하게 된다. 제네바 전쟁포로 협약의 요점은 포로의 인권을 지키는 데 있으니, 그 핵심은 사람의 존엄을 지키는 것이다. 미국 측이 제네바 전쟁포로 협약 중 모든 포로는 무조건 송환해야 한다는 규정을 무시하고 중국 포로가 '자원해서' 타이완으로 갈 수 있다고 결정한 후, 가장 효과적인 수단은 먼저 포로의 인간으로서의 존엄을 박탈하고 포로들 인성의 마지막 방어선을 돌파하여, "사람이 영혼을 잃는 것보다 더 비통한 것은 없다"는 절망감에 빠지게 함으로써 귀국해 집으로 돌아가려는 갈망을 포기하게 만드는 것이었다. 그리고 이미 자진해서 인간으로서의 존엄을 버린 투항자들도 자신의 인성을 지키길 포기하고 특정 조건하에서 야수성을 드러내었다. 리다안이 바로 그 전형적인 예였다. 그는 죽음이 두려워 적에 투항한 후 우대를 받으리라 믿어 의심치 않았다. 그래서 부산에 도착하여 전쟁포로 카드를 등록할 때, 기다릴 여유도 없이 쑨쩐관에게 자신이 자진 귀순했음을 말하고 어떤 보상을 받을 수 있는지 물었다. 이에 분노한 쑨쩐관이 이 배신자를 징벌하고자 조선 동료들에게 말해 그날 밤 리다안을 흠씬 두들겨 팼다. 그러자 리다안은 기회를 틈타 미국인에게 머리를 조아리며 억울함을 호소했고, 미군은 리다안으로 하여금 쑨쩐관에게 주먹세례를 퍼붓게 함으로써 복수를 하게 했다. 그리고 나중에 리다안을 도쿄에 보내 훈련받게 한 다음 '72연대' 부연대장으로 임명하였다. 리다안은 미국인의 은혜에 감동한 나머지 더욱 잔인하게 자기 동포를 대함으로써 미군 특무인 종군목사 우페이리의 유능한 졸개가 되었다. '우 목사'가 리다안을 '86연대'로 보내 부연대장을 맡도록 했으나, 리다안은 도리어 '형제회' 용사들에게 흠씬 심하게 두들겨 맞았다. 리다안은 '72연대'로 돌려보내진 후, '우 목사'에게 자신이 하마터면 목숨을 잃을 뻔했다고 울면서 설명했다. 우페이리는 그를 위로하고 그에게 비수 하나를 주며 스스로 지키라고 했다. 리다안은 '송환 희망 선별' 전야에 그 비수로 린쉐부의 심장을 도려내어 사람들 앞에서 이를 베어 삼켰다. 리다안은 바로 이렇게 인간에서 차츰 야수로 변해갔던 것이다.

이제 우리도 귀국 후 우리가 받았던 불공정한 대우의 원인을 비교적 완전하게 상세히 인식할 수 있게 되었다. 제2차 세계대전 당시 히틀러가 포로로 잡은 스탈린의 아들을 독일 장군 포로와 교환하자고 스탈린에게 요구했을 때, 스탈린은 "홍군에는 배신자만 있을 뿐 전쟁포로는 있을 수 없다"라고 공언하면서 히틀러의 제안을 단번에 거절하였다. 이 사실을 안 스탈린의 아들은 전기 철조망에 뛰어들어 죽었다. 마오쩌둥도 자신이 통솔하는 군대가 패하고 그 중 투항하여 포로가 된 자가 있다는 걸 인정하고 싶지 않았다. 마오쩌둥은 국민당 전쟁포로, 일본 전쟁포로, 미국 전쟁포로에게는 매우 너그러웠으나, 포로가 된 자기 군대의 장병에 대해서는 매우 냉담했다. 그는 우리를 냉혹하게 대했을 뿐 아니라 지원군 포로 문제를 공개하지 못하게 하였다. 물론 이는 마오쩌둥 개인의 제왕적 사고 때문이었지만, 황권皇權 문화 전통과 봉건적 전쟁포로 관념에 기인한 것이기도 했다.

지난 60년간 중국과 미국의 관계 변화를 돌아보아도 실로 감개무량하지 않을 수가 없다. 60년 전 한국전쟁에서 정신없이 싸운 두 나라였지만, 올해 미국은 역사상 최대 규모의 방문단을 보내 우리 중국과 제2차 전략과 경제 대화를 진행하였고, 그 결과 양국은 에너지, 무역, 융자, 원자력 이용, 공공위생 등 여러 영역에 걸쳐 8개 항의 합작 합의서에 서명하였다. 이에 세계 여론은 "양국이 최신 밀월 관계에 접어들었다"라고 평가했다. 이야말로 "전쟁을 평화로 바꾼" 것으로 지난 30년간의 개혁개방으로 중국의 국력이 증진된 이유 말고도 분명 60년 전 "싸우면서 정이 들었던" 까닭이 아니겠는가!

나는 한국전쟁이 남긴 역사적 교훈이 중·미 관계를 촉진하고 세계 평화를 강화할 수 있길 충심으로 희망한다. 그리고 우리 지원군 포로들이 겪은 고난이 인성 회복과 인권 각성을 호소하는 데 일조할 수 있길 바란다.

2010년 5월 30일

역자 후기 및 해설

본서의 저자 장쩌스는 1929년 상하이에서 태어나 유년과 학창 시절을 부모님의 고향인 쓰촨성에서 보내고 1946년 청화대학 물리학과에 입학하였다. 1947년 여름 중국공산당 지하당에 가입한 후 국공내전 기간 지하 해방투쟁에 투신했다. 1950년 인민해방군에 입대하여 1951년 중국인민지원군의 일원으로 한국전쟁에 참전했으나, 제5차 전역에서 포위되어 부상을 입고 포로가 되었다. 전쟁포로수용소에서 애국 투쟁을 지도하면서 인민지원군 귀국 희망 포로의 총대표와 총통역을 맡기도 했다. 정전협정 체결 후 귀국하였으나, 포로가 되었다는 이유만으로 당적을 박탈당했고 '반우파투쟁'과 '문화대혁명' 시기에 극심한 박해를 받았다. '개혁개방' 이후 귀국 포로의 복권과 명예 회복을 위한 노력 끝에 1981년 재평가정책으로 당적을 회복한 후에도 전쟁포로 문제를 해결하기 위해 진력하였다.

장쩌스는 자신의 포로수용소 체험을 쓴『난 미군 포로수용소에서 돌아왔다我从美军集中营归来』中国文史出版社, 1988, 귀국 이후의 역경逆境에 관해 쓴『한 지원군 귀국 포로의 운명一个志愿军归俘的遭遇』未刊, 그리고 이를 묶은『전쟁포로 수기战俘手记』青海人民出版社, 1995를 출간한 외에도 귀국 포로의 경험을 기록한 집단체험수기『미군 포로수용소 체험기美军集中营亲历记』中国文史出版社, 1995를 책임 편집하였고, 여러 번 타이완을 방문하여 타이완으로 간 포로들과의 인터뷰 결과를『외로운 섬-타이완으로 간 항미원조 지원군 포로孤岛-抗美援朝志愿军战俘在台湾』金城出版社, 2012라는 제목으로 출판하기도 했다.

역자(손준식)는 일찍이 2000년 베이징 시사출판사时事出版社에서 나온 저자의『나의 조선전쟁-한 지원군 포로의 자술我的朝鲜战争-一个志愿军战俘的自述』

중 일부를 번역하여『중국군 포로의 6·25전쟁 참전기』2009, 비매품란 제목으로 출간한 적이 있다. 다만 국방부 군사편찬연구소의 의뢰를 받아 번역출판한 것이었기에 저자와의 직접적인 접촉과 연락은 없었다. 그 후 중앙대학교 역사학과 대학원을 다니던 중국 유학생 이사사李沙沙(리사사로 읽어야 하나 학적에 등록된 대로 표기함)가 '한국전쟁 참전 중국군 포로의 송환과 귀국 이후의 삶'이란 주제로 석사논문을 준비하던 중에 주요 참고자료의 저자인 장쩌스를 방문하면서 인연이 다시 이어지게 되었다. 저자는 이사사가 자신의 책을 번역한 한국인 교수 밑에서 지원군 귀국 포로에 관한 글을 쓰고 있다는 말을 듣고 무척 기뻐하며 논문 작성에 활용하라고 미간 원고인『안덕사필기安德舍笔记』를 선뜻 제공하기도 했다. 이 자료는 한국전쟁 당시 종군작가였던 우진펑吴金锋이 오랜 기간에 걸쳐 완성한 아주 중요한 귀국 포로 관련 기록이지만, 민감한 내용을 담고 있어서 중국 정부로부터 출판 허가를 받지 못한 상태였다. 저자의 이런 파격적인 배려로 이사사는 지금까지 아무도 이용하지 않은 1차 사료를 바탕으로 석사논문을 순조롭게 완성할 수 있는 행운을 갖게 되었다.

이와 함께 저자는 본인의 작품2000년 판 중 일부만 한국어로 번역된 데 아쉬움을 표하며, 이를 수정 보완한 2010년 판이 완역되길 희망한다면서 이사사에게 그 임무를 완수해주길 부탁했다. 심지어 한국어판 판권과 저작권료를 모두 이사사에게 위탁함(2020년 2월)으로써 번역을 독려하기도 했다. 그리하여 역자들(손준식/이사사)은 번역을 진행하는 한편 이를 간행할 출판사를 찾던 중에 마침 중앙대·한국외대 HK+'접경인문학' 연구단의 번역총서로 선정이 되었다. 이에 힘입어 고령인 저자 생전에 한국어판이 출간될 수 있도록 작업을 서둘렀으나, 여러 사정으로 인해 2년이 훨씬 지난 지금에서야 책을 내게 되어 송구스럽기 짝이 없다. 더욱이 저자의 한국어판 서문을 받기 위해 작년부터 계속 연락을 취했으나 아무런 소식이 없어 걱정이 앞선다. 출판 때까지 생존해 있길 간절히 바랄 뿐이다.

본서는 앞서 언급한 한국전쟁 발발 50주년을 맞이하여 2000년에 간행된 『나의 조선전쟁』을 수정 보완한 것으로 한국전쟁 발발 60주년인 2010년에 맞춰 출판되었다. 번역을 처음 시작할 당시 2000년 판 상권이 이미 완성되어있으니 하권만 작업하면 될 줄 알았다. 그래서 하권의 번역을 이사사에게 맡기고 손준식은 기존 한국어판을 교정하기로 했다. 하지만 작업을 시작해보니 이미 번역한 상권의 내용이 크게 바뀌어(약 40% 이상) 있었다. 장절章節의 제목이 변경된 것은 물론, 장마다 시기와 장소를 표기하였고 새롭게 보충한 서술도 매우 많았다. 예컨대 절이 없던 상권의 1장과 2장은 각각 8개와 6개 절로, 3장은 3개에서 8개, 4장은 3개에서 5개, 6장은 9개에서 10개, 7장은 6개에서 9개, 11장은 4개에서 6개, 12장은 9개에서 10개, 13장은 8개에서 9개, 14장은 14개에서 15개 절로 늘어났고, 15장과 16장은 15장으로 통합되어 있었다. 그리고 부록에도 「전쟁포로 대우에 관한 제네바 협약」 초록과 「저자 후기」가 첨가되어있었다. 또한 2000년 판에서는 실명과 소속 단위 및 직위계급 등을 감춘 경우가 많았지만, 2010년 판에서는 극소수를 제외하고는 모두 밝히고 있다. 이런 연유로 결국 상권도 처음부터 한 문장씩 대조하면 수정 증보된 부분을 이사사가 번역할 수밖에 없었고, 그 번역문을 손준식이 검토하느라 시간이 지체되었다.

본서는 저자가 체험한 한국전쟁과 포로 생활 및 귀국 후 겪은 역정历程을 자전체自传体 르포문학 형식으로 기록한 것으로 다음과 같은 특징과 가치를 지니고 있다.

첫째, 한국전쟁에 참전했다 포로가 된 중국인민지원군의 삶을 다룬 당사자가 쓴 가장 종합적인 저술이란 점이다.

지금까지 한국전쟁에 참전한 중국인의 회고록이나 인터뷰 모음 등은 꽤 많이 출간된 편이다. 대표적으로 홍쉐즈洪学智의 『항미원조전쟁 회고抗美援朝战争回忆』解放军文艺出版社, 1991, 두핑杜平의 『지원군 총사령부에서在志愿军总部』解放军出版社, 1989, 우신취안吴信泉의 『조선전장 1,000일－조선에서의 39군朝鲜战场1000天－三十九军在朝鲜』辽宁人民出版社, 1996, 양디杨迪의 『지원군사령부 시절－잘 알려지지 않은 진실의 실상在志愿军司令部的岁月里－鲜为人知的真情实况』解放军出版社, 1998, 멍자오후이孟照辉의 『잊지 못할 전쟁－한 지원군 노병의 항미원조 이야기难忘的战争－一个志愿军老兵笔说抗美援朝』白山出版社, 2010, 『펑더회 자술彭德怀自述』国际文化出版公司, 2009, 『양덕지 회고록杨得志回忆录』解放军出版社, 1993, 『왕평 회고록王平回忆录』解放军出版社, 1992, 『유진 회고록刘震回忆录』解放军出版社, 1990, 『정문한 일기－항미원조 시기郑文翰日记-抗美援朝战争时期』军事科学出版社, 2000 등 지휘관들의 회고나 일기가 있다. 일선 사병과 기자들이 남긴 것으로는 룽쟈린龙加林의 『나의 조선으로 가는 길我的朝鲜路』香港银河出版社, 2011, 정스원郑时文의 『포연을 뚫고 가는 군용열차－한 학도병의 조선전쟁 체험기穿过硝烟的军列－一个学生兵的朝鲜战场亲历记』作家出版社, 2015, 천싱지우陈兴九의 『조선전장 1,000일－한 지원군 병사의 일기朝鲜战场一千天－一个志愿军的战士的日记』军事科学出版社, 2003, 셰셔우캉谢受康의 『평화의 신－한 지원군

의 전선 일기和平之神--一个志愿军的战地日记』上海文艺藝出版社, 1998, 위민於民의『오늘 밤

아무도 잠들지 못했다- 한 지원군 병사의 일기今夜无人入眠--一个志愿军战士的日记』金城出

版社, 2017, 뤄천罗尘이 편찬한『조선전장 체험기- 지원군 노병의 구술 실록朝

鲜战场亲历记-志愿军老兵口述实录』江苏凤凰文艺出版社, 2015, 장다화张大华가 편찬한『나는

조선전장에 있었다我在朝鲜戰場』新华出版社, 2013 등이 나와 있다.

이에 반해 귀국 포로에 관한 것은 앞서 언급한 책자료 외에 멍웨이자이孟

伟哉의 중편소설「전쟁포로战俘」『小说月报』, 1980, 비예碧野의 장편소설『죽음의

섬死亡之岛』花城, 1987, 진다잉靳大鹰의『지원군 전쟁포로 기록志愿军战俘纪事』解放军文

艺出版社, 1986,『지원군 전쟁포로 속집志愿军战俘续集』中国青年出版社, 1990,『지원군

전쟁포로 기록 속집- 주어진 생은 단 한 번 뿐志愿军战俘纪事续集-生命只有一次』中国

青年出版社, 1993, 왕궈즈王国治와 차오바오밍曹保明의『한 지원군 병사의 경력一个

志愿军战士的经历』时代文藝出版社, 1990, 위징于劲의『액운厄运』江苏文艺出版社, 1988, 허밍贺

明의『충성忠诚』中国文史出版社, 1998과『증인见证』中国文史出版社, 2001, 가오옌싸이高延

赛와 장청위안张城垣의『겹겹의 포위重围』中国文史出版社, 2001 등이 전부이다. 또

그 대부분 포로수용소에서의 경험과 포로 송환 등을 다룬 내용들로 포로

수용소의 실상과 귀국 이후의 처지 및 복권을 위한 노력 등을 포괄적으로

상세히 서술한 책은 본서가 유일하다. 저자 본인이 겪은 참혹한 전쟁의 상

처를 후세에 전하고 자신을 포함해 귀국 후 억울하고 불행한 삶을 산 동료

들의 한을 풀어주려는 사명감이 없었다면 완성되기 어려웠다는 점에서 숙

연한 마음이 든다.

둘째, 포로수용소에서 발생한 여러 사건과 귀국 후 각종 정치투쟁 및 복

권과 명예 회복을 위한 시도에 관한 많은 자료와 사진 등을 수집 정리함으

로써 사료적 가치도 뛰어나다는 점이다.

예컨대 거제도 포로수용소 소장 도드Dodd 장군 납치사건 후 일어난 일련의 사건으로 신임 소장 보트너Portner와 가진 협상에 저자 대신 참석한 총통역 가오지에高子의 회고 전문(상권 12장 9절), 둥베이군구东北军区 '귀관처被俘归来人员管理处'의 귀국 포로에 대한 심사 처분의 문제점을 지적한 탄원서(하권 9장 3절)와 전국인민대표대회 제안위원회에 보낸 귀국 포로 대표의 탄원서(하권 9장 4절), 귀국 포로에 대한 재평가를 지시한 1980년 제74호 문건의 일부(하권 10장 2절) 등은 본서 외에는 보기 드문 자료들이다. 그 외 족히 수백 장이 넘는 관련 사진 중 일부는 저자의 끈질긴 노력으로 발굴한 것들로 매우 소중한 참고자료이나, 원서의 화질(특히 오래된 개인 사진)이 나빠서 번역서에 첨부하지 못해 너무나 아쉽다.

셋째, 한국전쟁 참전 중국인의 인식, 특히 포로 생활을 했던 당사자로서의 전쟁 인식을 엿볼 수 있다는 점이다.

저자는 한국전쟁을 "당시 세계 최강국 미국과 싸워 비긴 전쟁"으로, 그 결과 신중국 60년의 안정과 최근 30년의 개혁개방 추진을 보장하였고 타이완 해협에서의 전쟁 발발도 막음으로써 중화민족 부흥의 견실한 기초를 다지게 했다고 평가했다. 또한 군사적으로 중국을 이기지 못한 미국이 포로 송환 문제를 가지고 정치적으로 보상받고자 했기 때문에 전쟁이 장기화 되었다고 보았다. 이런 관점은 중국 정부나 교과서에 나오는 인식과 별반 차이가 없지만, 포로 송환에서 미국이 '의외의 승리'를 거두게 된 이유를 중국 전통문화 속의 "투항은 불충이요, 포로가 되는 것은 변절"이라는 봉건적 '포로 관념'에서 찾았다는 점에서 색다르다. 나아가 귀국 포로들에 대한 불공정한 대우의 원인이 자신의 군대가 패하고 투항하여 포로가 된

자가 있다는 걸 인정하고 싶지 않았던 마오쩌둥 개인의 제왕적 사고 때문이지만, 이 역시 황권皇權 문화 전통과 봉건적 포로 관념에 기인한 것으로 해석하고 있다.

　본서는 저자 개인의 기억을 바탕으로 한 일종의 회고록이기에 간혹 주관적인 서술과 중복된 내용이 나오고 크고 작은 오류들도 간간이 보인다. 하지만 대부분 사소한 것들이고 전체 내용의 흐름에 지장을 줄 만한 심각한 정도는 아니다. 번역 과정에 발견한 것들은 역자주를 붙여 바로 잡았다. 중국공산당 일당 체제하의 정치 환경에서 과거 거듭된 엄혹한 정치투쟁을 경험한 저자가 속마음을 이 책에 다 표현하지 못하였겠지만, 본문 곳곳에 감춰져 있는 행간의 의미를 읽어내는 것도 독서의 또 다른 즐거움이 되리라 생각한다. 능력 부족으로 원서의 뉘앙스를 제대로 전달하지 못하거나 번역상의 오류나 미흡한 부분이 있는 것은 전적으로 역자의 책임이다. 독자 여러분의 날카로운 질정을 바란다.

2022년 11월
역자를 대표하여 흑석골 연구실에서
손준식

찾아보기

인명

지(국)명